MedR Schriftenreihe Medizinrecht

Herausgegeben von
Professor Dr. Andreas Spickhoff, Regensburg

T0190318

Markus Glöckner

Ärztliche Handlungen bei extrem unreifen Frühgeborenen

Rechtliche und ethische Aspekte

 Springer

Dr. Markus Glöckner
Universität Rostock
Referat 1.1 - Recht
Universitätsplatz 1
18055 Rostock
markus.gloeckner@uni-rostock.de

ISSN 1431-1151

ISBN 978-3-540-69893-7 Springer Berlin Heidelberg New York

Bibliografische Information der Deutschen Nationalbibliothek
Die Deutsche Nationalbibliothek verzeichnet diese Publikation in der Deutschen Nationalbibliografie; detaillierte bibliografische Daten sind im Internet über http://dnb.d-nb.de abrufbar.

Dieses Werk ist urheberrechtlich geschützt. Die dadurch begründeten Rechte, insbesondere die der Übersetzung, des Nachdrucks, des Vortrags, der Entnahme von Abbildungen und Tabellen, der Funksendung, der Mikroverfilmung oder der Vervielfältigung auf anderen Wegen und der Speicherung in Datenverarbeitungsanlagen, bleiben, auch bei nur auszugsweiser Verwertung, vorbehalten. Eine Vervielfältigung dieses Werkes oder von Teilen dieses Werkes ist auch im Einzelfall nur in den Grenzen der gesetzlichen Bestimmungen des Urheberrechtsgesetzes der Bundesrepublik Deutschland vom 9. September 1965 in der jeweils geltenden Fassung zulässig. Sie ist grundsätzlich vergütungspflichtig. Zuwiderhandlungen unterliegen den Strafbestimmungen des Urheberrechtsgesetzes.

Springer ist ein Unternehmen von Springer Science+Business Media

springer.de

© Springer-Verlag Berlin Heidelberg 2007

Die Wiedergabe von Gebrauchsnamen, Handelsnamen, Warenbezeichnungen usw. in diesem Werk berechtigt auch ohne besondere Kennzeichnung nicht zu der Annahme, dass solche Namen im Sinne der Warenzeichen- und Markenschutz-Gesetzgebung als frei zu betrachten wären und daher von jedermann benutzt werden dürften.

Herstellung: LE-TeX Jelonek, Schmidt & Vöckler GbR, Leipzig
Umschlaggestaltung: WMX Design GmbH, Heidelberg

SPIN 11978176   64/3100YL - 5 4 3 2 1 0   Gedruckt auf säurefreiem Papier

Vorwort

Die vorliegende Arbeit wurde im Wintersemester 2005/2006 von der Juristischen Fakultät der Universität Rostock als Dissertation angenommen. Es dürfte daher nicht weiter verwundern, dass die rechtlichen Probleme im Vordergrund stehen und die medizinischen und ethischen Aspekte nicht genauso eingehend behandelt werden. Berücksichtigt werden Literatur und Rechtsprechung bis Herbst 2005, vereinzelt auch darüber hinaus. Insbesondere wurden die bis Herbst 2006 neu aufgelegten gängigen Kommentare und Lehrbücher eingearbeitet.

Angesichts der kontrovers geführten Diskussion im Bereich der allgemeinen Sterbehilfe und zur selektiven Behandlung von schwerstgeschädigten Neugeborenen wird diese Arbeit keine Ergebnisse vorlegen, die jeden überzeugen. Dies dürfte auch kaum zu leisten sein, sind die Ansichten in letzter Instanz doch auch von der eigenen Einstellung zu Leben und Tod geprägt. Ich bin mir deshalb bewusst, nicht den „Stein des Weisen" gefunden zu haben. Der Zweck meiner Arbeit wäre vielmehr schon erreicht, wenn es mir gelänge, der Diskussion neue Impulse zu geben. Ich bin offen für jede (konstruktive) Kritik und lerne gerne dazu.

Es gibt viele, denen ich danken möchte. Mein Dank gilt zunächst meinem „Doktorvater" Prof. Dr. Ralph Weber für die fachliche Förderung und seine Betreuungsarbeit. Er weckte nicht nur mein Interesse für das bearbeitete Thema, sondern stand auch jederzeit für Gespräche und Diskussionen zur Verfügung. Seine kritischen Anregungen halfen mir über manche Schwierigkeit hinweg und auch sein Vertrauen sowie der mir in jeder Hinsicht zugebilligte Freiraum während meiner Zeit an seinem Lehrstuhl haben zum Gelingen dieser Arbeit beigetragen. Dank gebührt ferner meinem Bruder und meinen Freunden, die vielfach gar nicht wissen, welche Impulse sie mir für diese Arbeit gaben. Dies gilt ganz besonders für meinen ehemaligen Arbeitskollegen an der Juristischen Fakultät, Herrn Dr. Birger Bonin, aber auch für Herrn Frank Ivemeyer. Erwähnen möchte ich auch die Damen von der Juristischen Fachbereichsbibliothek, die stets für einen unkomplizierten und zeitnahen Zugang zur benötigten Literatur sorgten. Mit am meisten möchte ich mich jedoch bei meiner Freundin Franziska Fleischer bedanken, für die meine jahrelange Arbeit an der Dissertation wohl die größten Einschränkungen mit sich brachten. Sie war mir nicht nur eine ständige Gesprächs- und Diskussionspartnerin, sondern stand mir auch darüber hinaus rücksichtsvoll zur Seite. Abschließend möchte ich an dieser Stelle meinen Eltern ganz herzlich für all das danken, was sie bisher für mich getan haben.

Rostock, im Januar 2007 Markus Glöckner

Inhaltsverzeichnis

Abkürzungsverzeichnis

a.A.	anderer Ansicht
a.a.O.	am angegebenen Ort
a.E.	am Ende
a.F.	alte(r) Fassung
abl.	ablehnend
Abs.	Absatz
AcP	Archiv für die civilistische Praxis
Acta Pædiatr	Acta Pædiatrica
AG	Amtsgericht
AK-GG	Alternativkommentar zum Grundgesetz
Alt.	Alternative
Anm.	Anmerkung(en)
Arch Pediatr Adolesc Med	Archives of Pediatrics and Adolescent Medicine
Art.	Artikel
ArztR	Arztrecht
AT	Allgemeiner Teil
Aufl.	Auflage
Bd.	Band
BGB	Bürgerliches Gesetzbuch
BGBl.	Bundesgesetzblatt
BGH	Bundesgerichtshof
BGHSt	Entscheidungen des Bundesgerichtshofs in Strafsachen
BGHZ	Entscheidungen des Bundesgerichtshofs in Zivilsachen
Biol Neonate	Biology of the Neonate
BR	Bürgerliches Recht
BT	Besonderer Teil
BT-Drucks.	Drucksachen des Deutschen Bundestags
BTPrax	Betreuungsrechtliche Praxis
BVerfG	Bundesverfassungsgericht
BVerfGE	Entscheidungen des Bundesverfassungsgerichts
cit.	zitiert
DÄBl.	Deutsches Ärzteblatt
ders.	derselbe
DGAI	Deutsche Gesellschaft für Anästhesiologie und Intensivmedizin
DGGG	Deutsche Gesellschaft für Gynäkologie und Geburtshilfe
DGMR	Deutsche Gesellschaft für Medizinrecht
DÖV	Die öffentliche Verwaltung
Ed.	Edition
Einl.	Einleitung
et al.	et alii

Ethik Med	Ethik in der Medizin
Eur J Pediatr	European Journal of Pediatrics
f.; ff.	folgende; folgenden
FAZ	Frankfurter Allgemeine Zeitung
FG	Festgabe
Fn.	Fußnote
FS	Festschrift
GA	Goltdammer's Archiv für Strafrecht
Geburtsh. Frauenheilk.	Geburtshilfe und Frauenheilkunde
GedSchr	Gedächnisschrift
GG	Grundgesetz
GK	Grundgesetzkommentar *(Dreier)*
GKK	Grundgesetzkommentar *(von Münch/Kunig)*
h.L.	herrschende Lehre
h.M.	herrschende Meinung
Hrsg.; hrsg.	Herausgeber; herausgegeben
HStR	Handbuch des Staatsrechts der Bundesrepublik Deutschland
i.d.F.	in der Fassung
i.S.v.	im Sinne von
insb.	insbesondere
J Pediatr	The Journal of Pediatrics
JA	Juristische Arbeitsblätter
JR	Juristische Rundschau
Jura	Juristische Ausbildung
JuS	Juristische Schulung
JVL	Juristen-Vereinigung Lebensrecht e.V.
JWE	Jahrbuch für Wissenschaft und Ethik
JZ	Juristenzeitung
KJ	Kritische Justiz
krit.	kritisch
KritV	Kritische Vierteljahresschrift für Gesetzgebung und Rechtswissenschaft
Lfg.	Lieferung
LG	Landgericht
LK	Leipziger Kommentar zum Strafgesetzbuch
m.(w.)N.	mit (weiteren) Nachweisen
MBO(-Ä)	Musterberufsordnung für die deutschen Ärztinnen und Ärzte
MDR	Monatsschrift für Deutsches Recht
MedR	Medizinrecht
MMW	Münchner Medizinische Wochenschrift
MünchKomm	Münchener Kommentar
N Engl J Med	New England Journal of Medicine
n.F.	neue(r) Fassung
NJW	Neue Juristische Wochenschrift
NJW-RR	NJW-Rechtsprechungs-Report
NK-StGB	Nomos Kommentar zum Strafgesetzbuch
Nr.	Nummer
NStZ	Neue Zeitschrift für Strafrecht
OLG	Oberlandesgericht
p.c.	post conceptionem
p.m.	post menstruationem

PStG	Personenstandsgesetz
PStV	Ausführungsverordnung zum Personenstandsgesetz
RG	Reichsgericht
RGRK	Reichsgerichtsrätekommentar zum Bürgerlichen Gesetzbuch
RGSt	Entscheidungen des Reichsgerichts in Strafsachen
Rn.	Randnummer
Rspr.	Rechtsprechung
S.	Seite
SAMW	Schweizerische Akademie der Medizinischen Wissenschaften
SÄZ	Schweizerische Ärztezeitung
Sch/Sch	*Schönke/Schröder* (Kommentar zum Strafgesetzbuch)
SchKG	Schwangerschaftskonfliktgesetz
SchuldR	Schuldrecht
SGN	Schweizerische Gesellschaft für Neonatologie
SK-StGB	Systematischer Kommentar zum Strafgesetzbuch
sog.	so genannte(r)
Sp.	Spalte
StA	Staatsanwaltschaft
StGB	Strafgesetzbuch
Surfactant	Surface active agent
SZ	Süddeutsche Zeitung
TPG	Transplantationsgesetz
u.a.	und andere
U.S.	United States
vgl.	vergleiche
Vol.	Volume
Vorb.; Vorbem.	Vorbemerkungen
WHO	World Health Organisation
Z. ärztl. Fortbild.	Zeitschrift für ärztliche Fortbildung
Z. Geburth. Neonatol.	Zeitschrift für Geburtshilfe und Neonatologie
z.B.	zum Beispiel
ZEE	Zeitschrift für Evangelische Ethik
ZfL	Zeitschrift für Lebensrecht
ZRP	Zeitschrift für Rechtspolitik
ZStW	Zeitschrift für die gesamte Strafrechtswissenschaft

§ 1 Einführung

A. Thematischer Überblick

Im letzten halben Jahrhundert hat die medizinische Betreuung von kranken und frühen Neugeborenen einen „atemberaubenden Wandel" durchlaufen.[1] Noch in den sechziger Jahren des letzten Jahrhunderts wurde einzig Frühgeburten mit einem Geburtsgewicht von wenigstens 2.000 Gramm eine Überlebenschance eingeräumt, überlebende Säuglinge mit geringerem Geburtsgewicht waren die Ausnahmen. Heute ist es ein Phänomen der entwickelten westlichen Welt und deren Ressourcen, dass Leben von zahlreichen Neugeborenen, die früher unmittelbar nach der Geburt gestorben wären, erhalten werden kann.[2] Dank neuerer medizinischer Erkenntnisse in der vor- und nachgeburtlichen Behandlung und durch den Einsatz modernster medizinischer Apparaturen sowie der Einrichtung von Perinatalzentren und Neugeborenenintensivstationen mit hochqualifizierten Personal konnte die Sterblichkeitsquote bei Frühgeborenen wie auch bei Neugeborenen mit schwersten Schädigungen gerade im letzten Jahrzehnt spürbar gesenkt werden. Insbesondere die Überlebensgrenze bei Frühgeburten konnte Gramm für Gramm herabgesetzt werden und liegt nunmehr bei ca. 500 Gramm, was in etwa einem Siebtel des „normalen" Geburtsgewichts entspricht!

Ebenso wie die Geburt eines schwerstgeschädigten Kindes bringt die Frühgeburt Geburtshelfer wie Neonatologen[3] indes häufig in einen schweren Entscheidungskonflikt.[4] Bei der Klärung der Fragen, welche gesundheitlichen Störungen beim konkreten Frühgeborenen vorliegen, ob und wie sie therapierbar sind und ob eine Behandlung medizinisch indiziert ist, lässt sich eine Entscheidung nämlich

---

[1] *Mieth*, Arbeitskreis, S. 25.

[2] *Hentschel et al.*, Der Gynäkologe 34 (2001), S. 697 (698).

[3] Neonatologie heißt wörtlich Lehre vom Neugeborenen und bedeutet praktisch eine Arbeitsrichtung der Kinderheilkunde, die sich mit der Neugeborenen-Medizin befasst.

[4] Eine weitere Problemgruppe bilden zwar auch die noch nicht Geborenen, bei denen schwerwiegende Schädigungen durch den Einsatz von pränataler Diagnostik entdeckt werden konnten. Diese Arbeit wird sich jedoch nicht näher mit dieser Gruppe befassen. Nicht untersucht wird schließlich auch die rechtliche Situation vor der (Früh-)Geburt, wenn der Einsatz extrauteriner Behandlungsmaßnahmen von der Mitwirkung der Schwangeren wie beispielsweise der Einwilligung zu einer Sectio caesarea abhängt. Kurz angerissen wird diese Problematik etwa bei *Eberbach*, JR 1989, S. 265 (268f.) oder *Deutsch/Spickhoff*, Rn. 572.

nicht immer einfach treffen. Dies hängt damit zusammen, dass bei extrem unreifen Frühgeborenen trotz statistisch gestiegener Überlebenschancen[5] immer noch eine große Unsicherheit im Hinblick auf das Überleben, aber auch auf die infolge einer Behandlung möglicherweise eintretenden gesundheitlichen Schädigungen besteht. Die Prognoseentscheidung wird zusätzlich erschwert, weil eine verlässliche Bezugsgröße fehlt oder nicht exakt feststeht. Weit mehr die Komplexität der Situation offenbart jedoch die mit dem Einsatz des medizinischen Instrumentariums verknüpfte Frage, ob im einzelnen Fall das technisch Mögliche unbedingt ausgeschöpft werden soll oder vielmehr Grenzen einer Behandlungspflicht anzuerkennen sind. Die Beantwortung der so gestellten Frage nach der Angemessenheit einer Behandlung bedeutet freilich nichts anderes als eine Entscheidung zu treffen, bei der das menschliche Leben als Bezugspunkt selbst zur Debatte steht. Ärzte und Pflegepersonal sind in dieser Entscheidungssituation trotz guter Ausbildung oft überfordert. Mangelnde Erfahrung und die Angst vor einem zivilrechtlichen oder strafrechtlichen Verfahren bestimmen die Entscheidung mit. Es stellen sich in diesem Zusammenhang nicht nur vielfältige Fragen an die Medizin, an die Ethik und die Gesellschaft – sondern auch an den Juristen.

Zur Verdeutlichung: Einige dieser zu früh zur Welt gekommenen unreifen Neugeborenen sind nur durch den Einsatz medizinischer Apparaturen am Leben, leiden jedoch an Beeinträchtigungen, die letztlich zum frühen Tod führen werden. Muss dieses Frühgeborene dennoch mit allen Mitteln am Leben erhalten werden oder wird nicht zu viel und zu lange behandelt, wenn allein auf das medizinisch noch Mögliche abgestellt wird? Wird so gar nur der Sterbevorgang in unzulässiger Weise verlängert? Es fragt sich also, inwiefern Ärzte und Eltern rechtlich belangt werden können, wenn die moderne Technologie, die das Leben um einige Zeit, seien es Tage, Wochen oder Monate verlängert, nicht eingesetzt wird. Ist es rechtlich gar erlaubt, dem Säugling eine tödliche Injektion zu setzen, um den Sterbevorgang zu beschleunigen? Ähnliche Überlegungen gelten für Frühgeborene, die nicht unter lebensgefährdenden, aber schweren körperlichen und geistigen Beeinträchtigungen leiden, die sie ein Leben lang stark behindern werden, Beeinträchtigungen, die in bestimmten Fällen Selbstreflexion, Denken und ein vernünftiges Handeln sowie eine zwischenmenschliche Kommunikation ausschließen. Solche Kinder könnten am Leben erhalten werden, doch besteht hierzu eine rechtliche Pflicht, wenn eine Heilung aussichtslos ist? Wird dieses Neugeborene durch die Behandlung nicht einem Leben ohne „Lebensqualität" überantwortet, ohne menschliche und gesellschaftliche Akzeptanz? Auch hier stellt sich die Frage nach Behandlungsgrenzen. Andererseits ist nicht klar, warum für all diese Frühgebore-

---

[5] Vergleicht man die Mortalitätsraten von damals und heute, so lässt sich sagen, dass das Erreichen eines Geburtsgewichts von etwa 750 Gramm in der Überlebensprognose etwa dem von 2.000 Gramm aus den 1960er Jahren entspricht, so *Beller*, Der Frauenarzt 1996, S. 929; vgl. auch *Ewerbeck*, DÄBl. 81 (1984), S. C-2488, und *Hentschel et al.*, Der Gynäkologe 34 (2001), S. 697 (699), wonach zwischen den 1970er Jahren und heute der Graubereich des Überlebens um bis zu drei Wochen „unreifer" geworden ist.

nen etwas anderes gelten sollte als für jeden erwachsenen Patienten, dem im Krankheitsfall grundsätzlich alle medizinische und menschliche Hilfe zukommt.

Folge der instabilen Organsysteme und Vitalfunktionen der Frühgeborenen ist außerdem eine personell und apparativ äußert aufwendige neonatologisch-intensivmedizinische Versorgung und Überwachung zur Lebenserhaltung. Neonatalmedizin ist kostenintensiv, so dass zu untersuchen ist, ob überhaupt und wenn, wie dieser wirtschaftliche Aspekt bei der Entscheidung Beachtung finden darf.

Aber auch für die Eltern ist die Frühgeburt ihres Kindes ein einschneidendes Ereignis. Diese „planen" heute weit mehr als früher ihre Kinder und hoffen auf die Geburt eines gesunden Kindes, reklamieren mitunter sogar ein Recht darauf, hat sich doch in der Gesellschaft im Hinblick auf die Geburt eines gesunden Kindes ein Anspruchsdenken entwickelt.[6] Ein Frühgeborenes überfordert sie. Sie fühlen sich der psychischen wie finanziellen Belastung nicht gewachsen, die Aufziehen und Betreuung eines sehr frühgeborenen Kindes über Jahre hinweg bedeutet. Eine über medizinische Fragen hinausgehende psychische und soziale Beratung erfolgt nur selten. Welche Berücksichtigung dürfen nun solche soziale Belange bei der Behandlungsentscheidung finden? Wie lässt sich der Konflikt zwischen der Zumutbarkeit elterlicher Versorgungspflicht und dem Grundsatz, dass es kein „lebensunwertes" Leben gibt, auflösen?

Insgesamt betrachtet lassen sich sowohl gegen ein Ausschöpfen aller denkbaren intensivmedizinisch-technischen Möglichkeiten wie gegen eine abwartende Minimalversorgung oder aktive Tötung gewichtige Gründe ins Feld führen. Ein „goldener Mittelweg" ist jedenfalls nicht klar erkennbar, jedes Verhalten so oder so mit Leiden verbunden. In dieser Unsicherheit wäre dem Arzt mit eindeutigen rechtlichen Vorgaben zu seinen Handlungspflichten bei der Behandlung von Frühgeborenen sehr geholfen. Doch wird der Umgang mit Frühgeborenen ebenso wie der mit schwerstgeschädigten Neugeborenen zwar unter Juristen kontrovers diskutiert, ist aber noch weithin ungeklärt.[7] Auch die in diesem Bereich ergangenen standesrechtlichen Richtlinien helfen auf den ersten Blick nur begrenzt weiter, lassen sie doch den Ärzten einen weiten Beurteilungsspielraum. Die Handlungspflichten des Arztes am Beginn des Lebens sind somit nicht klar umrissen. Vor allem die Entscheidungskompetenz und die für die Behandlungsentscheidung maßgeblichen Kriterien sind nicht eindeutig und einheitlich festgelegt. Hinzu kommt, dass im Gegensatz zum erwachsenen Patienten das Neugeborene naturgemäß nicht nach seinem Behandlungswillen gefragt werden kann. Als Folge basiert die Behandlungsentscheidung in der Praxis bislang auf einem Gemisch aus Lebensprognose des Neugeborenen, Gewicht und Gestationsalter, Kostenfrage, persönlichen moralischen Vorstellungen der Ärzte und krankenhausinternen Vorgaben. Sie ist uneinheitlich und variiert von Arzt zu Arzt, Krankenhaus zu Krankenhaus. Der Lebensschutz des geborenen Kindes ist mithin abhängig von dem behandelnden Arzt und dem Ort der Behandlung. Eine rechtliche „Grauzone" ist entstanden.

---

[6]   *Hiersche,* MedR 1989, S. 304 (305); *Everschor,* S. 23 m.N.
[7]   Vgl. nur *Sch/Sch-Eser,* Vorbem 32a zu §§ 211ff.

Aufgabe dieser Arbeit ist es nun zu untersuchen, inwieweit die Entscheidungspraxis im ärztlichen Alltag den gesetzlichen Vorgaben entspricht. Ziel der Arbeit
ist, die mit den weiterhin zunehmenden medizinischen Möglichkeiten[8] in der
Neonatalmedizin sich immer komplexer darstellende Beziehung zwischen Arzt,
Eltern und Neugeborenen rechtlich zu erfassen und eine den betroffenen Interessen angemessene Lösung zu suchen. Dieser wird wie jeder Lösung ein Moralsys-
tem, eine ethische Vorentscheidung zugrunde liegen, weshalb die Handlungspflichten nicht ohne Berücksichtigung ethischer Gesichtspunkte näher bestimmt
werden sollen. Vor allem dem verantwortlichen Arzt sollen hierbei Anhaltspunkte
für das rechtliche Dürfen und Sollen in der konkreten Situation aufgezeigt werden.
Ich bin mir bewusst, dass es letztendlich bei der Frage nach ärztlichen Handlungspflichten um konkrete Einzelfälle geht, die nur unter Berücksichtigung der individuellen Umstände zufriedenstellend gelöst werden können. Es ist gleichwohl ein
Anliegen der Arbeit, zu untersuchen, ob allgemeingültige objektive Kriterien
gefunden werden können, die Arzt und Eltern die Entscheidung erleichtern und
aus Sicht des Juristen vor allem unter Beachtung des Lebensschutzinteresses des
Frühgeborenen zu einer größeren Einzelfallgerechtigkeit führen.

Darf die Medizin, was sie kann? – das ist die Frage, die hinter alldem auf-
scheint. Ohne bereits das Ergebnis vorwegzunehmen, lässt sich sagen, dass die
Antwort um die beiden Grundfiguren: „Sanctity of Life" und „Quality of Life"
kreisen wird. Fest steht jedenfalls, dass die Medizin aus sich heraus den Umfang
der Behandlungspflicht nicht bestimmen kann, sondern hierzu besonders der Mitwirkung des Juristen bedarf. Zusätzlich erschwert wird die Diskussion freilich
dadurch, dass die Entscheidung noch verschärfter als bei der Diskussion um Sterbehilfe am Lebensende als ein Werturteil über das Leben verstanden werden kann
und auch nach mehr als 50 Jahren noch von der Angst vor einer Verknüpfung mit
dem nationalsozialistisch besetzten Begriff des „lebensunwerten Lebens" geprägt
ist.[9]

B. Terminologische Klärung

Vorab noch ein einleitender Hinweis zum Sprachgebrauch: In dieser Arbeit wird
vielfach von „Behandlung", „Therapie", ärztlichen oder medizinischen „Maßnahmen" und „Eingriffen" und dergleichen die Rede sein. Diese Begriffe werden von
mir synonym verwendet, so dass auch unter „Behandlung" oder „Therapie" stets
konkrete einzelne Maßnahmen wie Untersuchungen, Operationen oder sonstige

---

[8] *Merkel*, Früheuthanasie, S. 20, übertreibt nicht, wenn er von den „ins vordem Ungeahn-
te erweiterten, den Laien geradezu futuristisch anmutenden Möglichkeiten der Behandlung und Lebenserhaltung in der Neonatalmedizin" spricht.

[9] Hierauf macht auch *Heinemann*, S. 244, aufmerksam. Für *Merkel*, Früheuthanasie,
S. 12, ist diese Sensibilität deutscher Ärzte und Juristen ursächlich für die Gegenwarts-
probleme im Bereich der Früheuthanasie.

invasive und nicht-invasive medizinische Eingriffe zu verstehen sind. Dementsprechend bedeutet auch „Behandlungsabbruch" und „Behandlungsverzicht" kein
reines Unterlassen und den vollständigen Abbruch und Verzicht jeder ärztlichen
Betreuung, sondern beziehen sich auf die Nichtvornahme konkreter ärztlicher
Maßnahmen.

Diese Arbeit wendet sich gleichermaßen an Frauen und Männer. Da es in der
deutschen Sprache leider nicht möglich ist, dies zum Ausdruck zu bringen, ohne
den Sprachfluss zu stören, wird zur besseren Lesbarkeit des Textes auf die ausdrückliche Nennung der weiblichen Form verzichtet. Mit „Patient" ist daher gleichermaßen auch die „Patientin" gemeint, mit „Arzt" auch die „Ärztin" usw.

Erster Teil:
Klinische Situation

§ 2 Medizinisch-biologische Grundlagen und Begriffe

Zu Beginn der Arbeit sollen die rechtstatsächlichen Hintergründe des Themas dargelegt werden. Zum besseren Verständnis der sich stellenden juristischen Fragen werden daher vorweg die medizinisch-biologischen Grundlagen und Begriffe näher bestimmt sowie die klinischen Phänomene schärfer umrissen. Es wird aufgezeigt, mit welchen gesundheitlichen Problemen der Arzt bei neugeborenen Säuglingen, die zu früh zur Welt kommen, rechnen muss und was unter einem schwerstgeschädigten Neugeborenen zu verstehen ist.

A. Das Neugeborene

Die Geburt ist mit einer Reihe eingreifender Veränderungen verbunden. Sie stellt einen der größten biologischen Einschnitte im Leben des Menschen dar.[10] Das Neugeborene muss sich innerhalb kürzester Zeit vom intrauterinen Leben auf das Leben außerhalb des Mutterleibes umstellen. Das bedeutet: Atmung und Ernährung erfolgen postnatal nicht mehr auf dem Blutwege von der Plazenta her, sondern über Lungenatmung und Nahrungsaufnahme durch den Magen-Darm-Trakt. Die eigene Nierentätigkeit setzt ein und auch die Temperaturregulation muss nun selbst übernommen werden. Das Zentralnervensystem hat die entsprechenden Funktionen zu regulieren. Ferner wird das an die sterilen Bedingungen im Uterus gewöhnte Neugeborene mit einer Vielzahl von Bakterien konfrontiert und von diesen besiedelt.[11] Diese Umstellung kann nun selbst gestört werden, sie kann Krankheiten aber auch erst manifestieren, die vor der Geburt den Fetus noch nicht gefährdeten. Als Folge können lebensgefährdende Erkrankungen und Schädigungen an Gehirn, Herz, Lunge, Kreislauf sowie des Magen-Darm-Trakts, aber auch lebensbedrohliche Infektionen auftreten. Welche akuten und chronischen Schädigungen der Vitalfunktionen durch die Umstellung im Einzelnen auftreten können und welche Auswirkungen eine Frühgeburtlichkeit hierbei zeigt, wird unter B.II. noch eingehend dargestellt. Zuvor soll jedoch kurz aufgezeigt werden, was unter einer Frühgeburt zu verstehen ist.

---

[10] *Von Loewenich*, in: Einbecker Workshop 1986, S. 41.

[11] Zur Adaption näher *von Loewenich/Kapp*, Neonatologie, Sp. 743f.; *Amato*, S. 30 ff.; *Speer*, in: von Harnack Kinderheilkunde (*Koletzko*, Hrsg.), S. 56ff.

B. Die Frühgeburt

I. Terminologie und Ursachen

1) Zur Terminologie der neonatalen Periode

Ein Frühgeborenes ist definiert durch die Unreife. Diese lässt sich sowohl durch das Gestationsalter[12], hierauf beziehen sich vorwiegend die Geburtshelfer, als auch durch das Geburtsgewicht[13], dem folgen eher die Neonatologen, bestimmen. In der medizinischen Literatur findet sich für den Gesamtbereich der Frühgeburten folgende terminologische Unterscheidung:[14]

- *Frühgeborenes („prematura newborn"):*
  Von einem Frühgeborenen wird gesprochen, wenn der Geburtstermin vor der vollendeten 37. Schwangerschaftswoche p.m. liegt.[15]
- *untergewichtiges Neugeborenes („low birth weight"):*
  Der Begriff des untergewichtigen Neugeborenen stammt aus den 1960er Jahren und beschreibt Säuglinge, die bei der Geburt weniger als 2.500 Gramm wiegen.

---

[12] Das Gestationsalter entspricht nach einer auf der WHO beruhenden Definition der postmenstruellen Tragzeit. Die Schwangerschaftsdauer (Dauer der Gestation) berechnet sich danach vom 1. Tag der letzten normalen Regelblutung der Mutter bis zur Geburt des Kindes. Das Gestationsalter wird in vollendeten Wochen und Tagen ausgedrückt und beträgt normal ca. 280 Tage, vgl. *Amato*, S. 10; *Speer*, in: von Harnack Kinderheilkunde (*Koletzko*, Hrsg.), S. 55. Die Festlegung scheint aber nicht immer befolgt und „post menstruationem" mit „post conceptionem" verwechselt zu werden, was einen Unterschied von 14 Tagen weniger entspricht, *Beller*, Der Frauenarzt 1996, S. 929. Während die Angaben in der medizinischen Literatur zum Gestationsalter meist korrekt erfolgt („p.m."), bevorzugt der Jurist „p.c."-Angaben.

[13] Nach der gebräuchlichen Definition der WHO ist das Geburtsgewicht das innerhalb der ersten Lebensstunden festgestellte erste Gewicht des Fetus oder Neugeborenen nach der Geburt, *Amato*, S. 11.

[14] *Peterec/Warshaw*, Oski's pediatrics, S. 185; *Papageorgiou/Bardin*, in: Neonatology, S. 445; *Anderson/Hay*, Jr., in: Neonatology, S. 411 (414); *Speer*, in: von Harnack Kinderheilkunde (*Koletzko*, Hrsg.), S. 55ff.; *Merkel*, Medizin-Recht-Ethik, S. 112 m.N.

[15] *Wolff*, Der Gynäkologe 30 (1997), S. 726. Anders die Richtlinie der WHO von 1950, die sich noch auf das Geburtsgewicht bezog und 2.500 Gramm als Grenze festlegte. Das Geburtsgewicht als Kriterium zu nehmen ist jedoch ungenau, als einerseits dystrophe (untergewichtige), aber reife Neugeborene („small for gestational age"; Mangelgeborene) fälschlich als Frühgeborene angesehen werden, andererseits hypertrophe (übergewichtige) Frühgeborene („large for gestational age", Riesenkinder) irrtümlich als reif definiert werden, vgl. *Illing*, S. 66; *Wood et al.*, N Engl J Med 343 (2000), S. 378 (383). Das Geburtsgewicht als Kriterium hat wiederum den Vorteil der Verlässlichkeit, weil es – im Gegensatz zum Gestationsalter – bei Frühgeburten postnatal gut zu bestimmen ist, vgl. *Allen et al.*, N Engl J Med 329 (1993), S. 1597f. m.N. *Von Loewenich*, Einbecker Workshop 1986, S. 44, spricht daher auch von einem „Notbehelf".

- *sehr kleines (unreifes) Frühgeborenes („very low birth weight"):*
  Bedingt durch verbesserte Überlebenschancen von Frühgeburten mit einem
  Geburtsgewicht unter 1.500 Gramm in den siebziger und achtziger Jahren des
  20. Jahrhunderts wurde diese Definition eingeführt, um Probleme und „outco-
  me"[16] von Säuglingen in dieser Gewichtskategorie besser zu beschreiben. Der
  Begriff des sehr kleinen oder sehr unreifen Frühgeborenen wird heutzutage für
  Säuglinge mit einem Gewicht zwischen 1.000 und 1.500 Gramm verwendet.

- *extrem kleines (unreifes) Frühgeborenes („extremely low birth weight"):*
  In den 1990er Jahren war eine weitere Untergliederung erforderlich, da immer
  mehr Frühgeborene mit einem Geburtsgewicht von weniger als 1.000 Gramm
  überlebten und von den sehr kleinen Frühgeborenen unterschieden werden sollten. Von extrem kleinen oder extrem unreifen Frühgeborenen wird mithin bei
  Säuglingen mit einem Geburtsgewicht von unter 1.000 Gramm gesprochen.
  Vielfach handelt es sich um Mehrlinge aus der Reproduktionsmedizin.

Jenseits dieser Terminologie werden hochgradig unreife Frühgeborene anhand des
Gestationsalters noch in sehr frühe Frühgeborene, d.h. mit weniger als 32
Schwangerschaftswochen p.m., und in extrem frühe Frühgeborene, d.h. mit weniger als 28 Schwangerschaftswochen p.m., unterteilt.[17] Da sehr frühe Frühgeborene
nach 30 Schwangerschaftswochen p.m. ca. 1.500 Gramm und extrem frühe Frühgeborene regelmäßig unter 1.000 Gramm wiegen[18], sind beide Einteilungen aber
insoweit weitgehend vergleichbar.

Seit den 1980er Jahren wird in Deutschland die Häufigkeit von unreifen Geburten vor Ende der vollendeten 37. Schwangerschaftswoche auf etwa 6% geschätzt[19]. Das entspricht der Rate an untergewichtigen Lebendgeborenen mit einem Geburtsgewicht unter 2.500 Gramm und ist vergleichbar mit der Situation in
anderen europäischen Ländern und den USA.[20] In Deutschland kommt somit ca.

---

[16] Der aus der internationalen medizinischen Literatur stammende Begriff „outcome" wird
      in Nachuntersuchungen (Studien) an Frühgeborenen über deren Überlebenschancen und
      Entwicklung verwendet, um die Ergebnisse hinsichtlich Mortalität und Morbidität dar-
      zustellen. Er lässt sich m.E. am ehesten mit „langfristige Prognose" oder „Ergebnisqua-
      lität"
      übersetzen.

[17] *Saling et al.,* Der Frauenarzt 2000, S. 952; *Kirschner/Hoeltz,* S. 117; *Wood et al.,*
      N Engl J Med 343 (2000), S. 378ff. sprechen bei einer Schwangerschaftsdauer von we-
      niger als 25 Schwangerschaftswochen p.m. von „extremely preterm infants", *Lorenz et
      al.,* Arch Pediatr Adolesc Med 152 (1998), S. 425ff. bezeichnen Frühgeborene unter 26
      Schwangerschaftswochen p.m. als „extremely immature infants".

[18] Einen tabellarischen Überblick über die Gewichtszunahme während der Fetalentwick-
      lung gibt *Illing,* S. 4; vgl. hierzu ferner *Wolff,* Der Gynäkologe 30 (1997), S. 726
      (735f.).

[19] *Saling et al.,* Der Frauenarzt 2000, S. 952; *Kirschner/Hoeltz,* S. 117; *Viehweg,* S. 137.

[20] *Saling et al.,* Der Frauenarzt 2000, S. 952 m.N. Genaue Zahlen liegen für Deutschland
      nur für die Gewichtsverteilung vor. Mit Zahlen zwischen 5,6% und 6,1% liegt Meck-

jedes 16. Kind zu früh und untergewichtig auf die Welt, was bei einer jährlichen Geburtenzahl von knapp unter 800.000 eine absolute Zahl von etwa 48.000 Neugeborenen bedeutet.[21] Nach Angaben des Statistischen Bundesamtes liegt dabei der Anteil der Lebendgeborenen mit einem Geburtsgewicht von weniger als 1.500 Gramm relativ konstant bei 0,8-1,5%.[22] Entbindungen nach einer Tragzeit von weniger als 28 Schwangerschaftswochen p.m., was überwiegend mit einem Geburtsgewicht von unter 1.000 Gramm einhergeht, stellen 0,3-0,6% des Geburtenguts dar.[23]

2) Ursachen der Frühgeburt

Eine Frühgeburt kann unterschiedliche Ursachen haben. Als erstes ist die spontane Frühgeburt zu nennen. Die Erklärungsversuche für das Auftreten von spontanen Frühgeburten sind vielfältig. So sind vor allem Infektionen der Gebärmutter als Ursache für etwa zwei Drittel aller Frühgeburten vor der 32. Schwangerschaftswoche p.m. anzusehen.[24] In den übrigen Fällen scheint es keinen klaren Grund zu geben. Als Ursachen werden etwa mütterliche, fötale oder sozioökonomische Gründe genannt.[25] Aufgrund der vielfältigen Ursachen von spontanen Frühgeburten verwundert es daher nicht, dass es bislang nicht gelungen ist, trotz umfangreicher Bemühungen in den Bereichen Prävention, Diagnostik und Therapie, die Inzidenz von Frühgeburten zu senken,[26] so dass gegenwärtig die Frühgeburtlichkeit für die Prognose des Kindes das wichtigste Problem der Geburts- und Perinatalmedizin darstellt und als wesentlicher Faktor zur perinatalen und neonatalen Sterblichkeit beiträgt.[27] Die Vermeidung von spontanen Frühgeburten stellt daher immer noch eine vorrangige Aufgabe der Geburts- und Perinatalmedizin dar – diesseits aller Erfolge der letzten Jahrzehnte sowohl durch die pränatale Gabe von

---

lenburg-Vorpommern im Bundesdurchschnitt, vgl. *Sordyl*, S. 125. Zum internationalen Vergleich *Saling et al.,* in: *Friese/Plath/Briese*, S. 150.

[21] Die Anzahl der Lebendgeborenen in Deutschland ist rückläufig. Nach Angaben des Statistischen Bundesamtes betrug sie für das Jahr 2002 nur noch 776.999.

[22] Vgl. auch *Speer*, in: von Harnack Kinderheilkunde (*Koletzko*, Hrsg.), S. 69: [1,5%]; *Schneider*, in: *Friese/Plath/Briese*, S. 329: [1%]; *Rettwitz-Volk*, Z Geburtsh Neonatol 207 (2003), S. 143 (145): [1,3%]; *Wolff*, Der Gynäkologe 30 (1997), S. 726 (727) [1,4%].

[23] Vgl. auch *Viehweg*, S. 137 [0,6%]; *FAZ* vom 18.04.2001, S. 13 [0,6%]. Zum Vergleich, in Kanada liegt die Rate bei 0,3%, so *Papageorgiou/Bardin*, in: Neonatology, S. 446; auch *von Loewenich*, der kinderarzt 27 (1996), S. 135 (136) nennt diese Zahl.

[24] *Saling et al.*, Der Frauenarzt 2000, S. 952 (953ff.); *Viehweg*, S. 145f.

[25] Näher *Wolff*, Der Gynäkologe 30 (1997), S. 726 (727ff.); *Illing*, S. 66f.; *Kirschner/Hoeltz*, S. 118ff. Vgl. auch *Danish Council of Ethics*, Debate Outline, S. 14.

[26] Für *Wulf*, DÄBl. 94 (1997), S. A-2061, ist dieses Ergebnis „überraschend und enttäuschend zugleich". Zu neuen Präventionsmaßnahmen vgl. *Wulf*, Der Gynäkologe 30 (1997), S. 539 (541f.); *Saling et al.,* in: *Friese/Plath/Briese*, S. 153ff.

[27] *Von Stockhausen*, DÄBl. 90 (1993), S. C-2224 (C-2225). Nach *Irrgang*, S. 115, stellen Frühgeburten etwa 75% der Patienten in der Pädiatrie.

Kortikosteroiden zur Stimulation der Surfactantbildung,[28] als auch in der Versorgung Frühgeborener durch postnatale Surfactantgaben, neue Beatmungstechniken sowie durch die Einrichtung von Perinatalzentren[29], d.h. Institutionen, in denen Geburtshilfe und Neonatologie einander räumlich und funktionell eng zugeordnet und damit am effizientesten sind.[30] Des weiteren kann es infolge medizinischer Eingriffe zu Frühgeburten kommen. Solche iatrogen induzierte Frühgeburten können das Resultat eines späten Schwangerschaftsabbruchs im Wege der Geburtseinleitung sein (sog. „Spätabtreibung"), sowie nach einer Sterilitätstherapie oder im Zusammenhang mit pränataler Diagnostik auftreten.

II. Die Unreife von Frühgeborenen

Das Grundproblem von Frühgeburten ist die Unreife von Organsystemen und -funktionen, die neben dem Tod zu einer Reihe von akuten Erkrankungen und chronischen pulmonalen und neurologischen Folgeschäden führen können. Im Einzelnen sind die nachfolgenden Schädigungen zu nennen:

1) Neurologische Schädigungen

Aufgrund der Unreife des Gehirns kann es in den ersten drei Lebenstagen sehr leicht zu schlaganfallähnlichen Blutungen in die Hirnkammern (IVH)[31] oder zum hypoxischen Hirnschaden kommen.[32] Intrazerebrale Blutungen treten mit einer Häufigkeit von über 50% in der Gewichtsklasse zwischen 500 und 750 Gramm auf[33] und können Zerebralparese (CP)[34] und andere zerebrale Schäden wie periventrikuläre Leukomalazie (PVL)[35] verursachen. Die einmal eingetretene Blutung

---

[28]   Surfactant (= surface active agent) besteht überwiegend aus verschiedenen Phospholipiden und trägt zur Stabilität des Alveolarsystems der Lunge bei. Die Substanz verhindert in der reifen Lunge durch die Erhöhung der Oberflächenspannung, dass die Lungenbläschen am Ende der Ausatmung kollabieren. Eine ausreichende Surfactantsynthese besteht natürlicherweise von der 35. Schwangerschaftswoche p.m. an, so *Speer*, in: von Harnack Kinderheilkunde (*Koletzko*, Hrsg.), S. 71.

[29]   Näher zur Organisation der Neonatologie *von Loewenich*, Neonatologie, Sp. 745ff.; s. auch *Merkel*, Früheuthanasie, S. 31; *Sordyl*, S. 131, jeweils m.N.

[30]   *Weber/Vogt-Weber*, Arztrecht 1999, S. 4 (8).

[31]   Die Abkürzung steht für die englische Bezeichnung „Intraventricular Hemorrhage".

[32]   Näher *Illing*, S. 68, 132ff.

[33]   *Ment*, in: Oski's pediatrics, S. 233; *Merkel*, Medizin-Recht-Ethik, S. 113 m.N.; *Piecuch et al.*, Pediatrics 100 (1997), S. 633 (635ff.); *Kirschner/Hoeltz*, S. 117 sprechen sogar von über 70%.

[34]   Die CP ist eine andauernde, aber in ihrem Verlauf keineswegs gleichbleibende Störung der Körperhaltung und der Bewegungen.

[35]   Bei der PVL (Gehirnerweichung) kommt es infolge zerebraler Minderperfusion zu einem Absterben der in der Umgebung der Hirnkammer gelegenen weißen Hirnsub-

ist keiner Behandlung mehr zugänglich. Die Langzeitprognose hängt von der Ausdehnung der Hirnblutung ab. Bei schweren Erscheinungsformen der IVH liegt die Sterblichkeitsrate bei über 50%.[36] Eine CP kann in unterschiedlicher Ausprägung verschiedene Bereiche der zerebralen Funktion betreffen, insbesondere Motorik, Sensorik, Intellekt, Sprache, Verhalten und emotionales Empfinden. Neurologische Folgeerscheinungen können Einschränkungen des Wortschatzes, motorische Behinderungen, Wahrnehmungsstörungen, aber auch eine Epilepsie sein.[37] Eine CP tritt bei etwa 8%-12% aller extrem unreifen Frühgeborenen auf.[38] Die Häufigkeit einer PVL liegt bei 4%-15%.[39] Auch hier entscheiden Ausdehnung und Lokalisation über die Spätprognose.

2) Pulmonale Schädigungen

Die Lungen eines Menschen sind erst mit 24 Schwangerschaftswochen p.m. so weit entwickelt, dass sie die Funktion des Gaswechsels übernehmen können.[40] Die durch die Unreife der Lunge bedingten Störungen der Lungenfunktion stellen daher ein Hauptproblem bei Frühgeborenen dar. So führt die Unreife der Lunge infolge des Surfactantmangels zum Atemnotsyndrom (RDS)[41], welches für Frühgeborene die häufigste Todesursache der Neonatalperiode darstellt. Bis zu 60%[42] der vor der 30. Schwangerschaftswoche p.m. Geborenen entwickeln ein RDS. Die Inzidenz steigt mit abnehmendem Gestationsalter.[43]

Bedingt durch die Lungenunreife, die fast ausnahmslos notwendige maschinelle Langzeitbeatmung und die Sauerstofftoxität in der Einatmungsluft kann sich ferner eine bronchopulmonale Dysplasie (BPD), eine schwere chronische Lungenerkrankung entwickeln[44]. Die Häufigkeit liegt bei Frühgeborenen unter 1.500 Gramm zwischen 10%-30%, bei extrem unreifen Frühgeborenen über 70%, allerdings bezogen auf das umfassendere Chronic Lung Disease (CLD).[45] Chronische Atemstörungen wie die BPD erzwingen nicht nur eine monatelange Langzeitbeatmung, unter der Beatmung kann es vielmehr zu fortschreitenden Lungenverän-

---

stanz, was zu mehr oder weniger großen Substanzverlusten führen kann, genauer *Speer*, in: von Harnack Kinderheilkunde (*Koletzko*, Hrsg.), S. 77.

[36] *Papageorgiou/Bardin,* in: Neonatology, S. 459.

[37] Näher *Gärtner,* in: von Harnack Kinderheilkunde (*Koletzko*, Hrsg.), S. 619ff.

[38] *Lorenz et al.,* Arch Pediatr Adolesc Med 152 (1998), S. 425 (427f.).

[39] *Papageorgiou/Bardin,* in: Neonatology, S. 459; *Rettwitz-Volk*, Z Geburtsh Neonatol 207 (2003), S. 143 (145f.).

[40] *Grauel,* S. 9.

[41] Respiratory Distress Syndrome.

[42] *Illing,* S. 87 spricht sogar von über 80%.

[43] Näher *Speer,* in: von Harnack Kinderheilkunde (*Koletzko*, Hrsg.), S. 71ff. *Illing,* S. 68, 87ff.

[44] Näher *Ewerbeck,* DÄBl. 81 (1984), S. C-2488.

[45] *Papageorgiou/Bardin,* in: Neonatology, S. 461.

derungen kommen, die in Verbindung mit den sekundären Überlastungserscheinungen des Herzens zum Tode führen können.[46]

Ausdruck eines unreifen Atmungssystems sind ferner Apnoen[47]. Sie können mit einer Bradykardie[48] einhergehen. Über 80% der extrem unreifen Frühgeborenen entwickeln innerhalb der 1. Lebenswoche Apnoen.[49]

3) Kardiovaskuläre Schädigungen

Geschädigt ist auch das Herz- und Kreislaufsystem. Da der Ductus arteriosus Frühgeborener schwächer auf die postnatalen Kontraktionsreize reagiert, kann der Ductusverschluss im Rahmen der Kreislaufumstellung ausbleiben und es kommt zu einem Defekt der Lungenarterie.[50] Ein hämodynamisch wirksamer persistierender Ductus arteriosus (PDA) stellt daher das häufigste kardiovaskuläre Problem bei Frühgeburten dar. Bei mehr als der Hälfte aller extrem unreifen Frühgeborenen wird in den ersten Lebenstagen ein PDA diagnostiziert.[51] Als Folge entwickelt sich eine teils erhebliche Herzinsuffizienz mit Rückwirkungen auf andere Organe. Spätfolgen oder weitere Beeinträchtigungen von Herz oder Kreislauf treten nach einem Verschluss nicht mehr auf.[52]

4) Gastrointestinale Schädigungen

Infolge der Unreife ist der Magen-Darm-Trakt der Frühgeborenen zu wenig entwickelt, um Nahrung aufnehmen zu können. Die Säuglinge müssen daher intravenös ernährt werden, was ein riskantes und schwieriges Unterfangen ist angesichts des nicht voll entwickelten Herzens und der Nieren sowie der geringen Körpergröße. Am Darm zeigt sich die Unreife u.a. durch eine erhöhte Infektionsdisposition, so dass in den ersten Lebenstagen eine nekrotisierende Enterokolitis (NEC)[53] gehäuft vorkommt. Es ist eine lebensbedrohliche Erkrankung, die unbehandelt immer zum Tode führt. Die Häufigkeit liegt bei Frühgeborenen unter 1.000 Gramm zwischen 9%-25%. Bis zu 50% der extrem unreifen Frühgeborenen versterben im Verlauf der Erkrankung, so dass eine NEC insgesamt betrachtet mehr

---

[46] Näher *Speer*, in: von Harnack Kinderheilkunde (*Koletzko*, Hrsg.), S. 73ff.

[47] Ein Apnoe ist ein Atemstillstand für mehr als 10 Sekunden.

[48] Eine Bradykardie ist eine Verlangsamung der Herzfrequenz.

[49] Näher *Speer*, in: von Harnack Kinderheilkunde (*Koletzko*, Hrsg.), S. 77ff.; *Illing*, S. 95ff.; *Papageorgiou/Bardin*, in: Neonatology, S. 464.

[50] Der fetale Kreislauf steht intrauterin über die Nabelschnurgefäße mit der Plazenta in Verbindung. Der Ductus arteriosus ist eine der Stellen, und zwar im Herz-Lungenbereich, an denen sich arterielles mit venösem Blut mischt. Der extrauterine Kreislauf hingegen ist geschlossen, arterielles und venöses Blut sind getrennt. Die Mischstellen müssen daher geschlossen werden.

[51] *Papageorgiou/Bardin*, in: Neonatology, S. 454 m.N.

[52] Näher zum PDA *Speer*, in: von Harnack Kinderheilkunde (*Koletzko*, Hrsg.), S. 73. *Illing*, S. 68, 104f.; *Papageorgiou/Bardin*, in: Neonatology, S. 454.

[53] Die NEC ist eine hämorrhagisch-negrotisierende entzündliche Erkrankung des Dünn- und Dickdarms.

zur Mortalität als zur Langzeitmorbidität von extrem unreifen Frühgeborenen beiträgt.[54]

5) Schädigungen der Augen und Ohren

Zu den Erkrankungen zählen außerdem Sehstörungen, deren Ursache in der unvollständigen Versorgung der noch unreifen Netzhaut mit Blutgefäßen liegt, sowie Hörstörungen bis hin zur Taubheit.[55] Die Frühgeborenen-Retinopathie (ROP)[56], eine bedrohliche Augenerkrankung, die im wesentlichen durch die akute und chronische Toxizität von Sauerstoff auf die sich entwickelnden retinalen Blutgefäße verursacht wird, kann bis zur Erblindung führen, wobei in Perinatalzentren eine vollständige Erblindung inzwischen sehr selten auftritt.[57] ROP tritt umgekehrt proportional zum Geburtsgewicht und Gestationsalter auf, insbesondere bei Frühgeburten in der 23. und 24. Schwangerschaftswoche p.m.[58] Etwa 8% der erkrankten Säuglinge erblinden. Taubheit tritt nur bei ca. 3% der extrem unreifen Frühgeborenen auf.[59]

6) Infektionen

Auch die Gefährdung durch Infektionen ist aufgrund der unvollkommenen Immunität bei Frühgeborenen weitaus höher als beim Termingeborenen. Infektionen tragen entscheidend zur neonatalen Mortalität und Morbidität bei.[60]

7) Temperaturregulation und metabolische Probleme

Neben den bisher aufgeführten Beeinträchtigungen, welche die größten Probleme für hochgradig unreife Frühgeborene darstellen,[61] zählen zu den akuten Folgeschäden noch Hypothermie[62] und Hypoglykämie.[63]

---

[54] Näher *Speer*, in: von Harnack Kinderheilkunde (*Koletzko*, Hrsg.), S. 100; *Genzel-Boroviczény/Friese*, DÄBl. 103 (2006), S. A 1960 (A 1961); *Illing*, S. 68, 119f.; *Papageorgiou/Bardin,* in: Neonatology, S. 463f.

[55] Zu den Hörstörungen näher *Papageorgiou/ Bardin*, in: Neonatology, S. 460.

[56] Die Frühgeborenen-Retinopathie (Retinopathy of Prematurity) ist eine Netzhautablösung.

[57] Näher *Speer*, in: von Harnack Kinderheilkunde (*Koletzko*, Hrsg.), S. 74ff.; *Illing*, S. 141; *Genzel-Boroviczény/Friese*, DÄBl. 103 (2006), S. A 1960 (A 1961).

[58] *Papageorgiou/Bardin,* in: Neonatology, S. 464; kritisch zu den statistischen Zahlen *Rettwitz-Volk*, Z Geburtsh Neonatol 207 (2003), S. 143 (146f.).

[59] *Lorenz et al.*, Arch Pediatr Adolesc Med 152 (1998), S. 425 (429f.).

[60] Näher *Speer*, in: von Harnack Kinderheilkunde (*Koletzko*, Hrsg.), S. 101ff.; *von Loewenich*, Neonatologie, Sp. 747; *Amato*, S. 174ff.

[61] *Papageorgiou/Bardin,* in: Neonatology, S. 446; *Wood et al.*, N Engl J Med 343 (2000), S. 378 (380ff.); *Saling et al.*, in: *Friese/Plath/Briese*, S. 151; *Pawlowski et al.*, S. 377 m.N.

[62] Frühgeborene können ihre Körpertemperatur nicht aufrechterhalten und sind deshalb besonders gefährdet, an den Folgen einer Unterkühlung zu Schaden zu kommen, vgl. *Speer*, in: von Harnack Kinderheilkunde (*Koletzko*, Hrsg.), S. 56ff.

III. Die neonatologische Behandlung von Frühgeborenen – Zur Mortalität und Morbidität extrem unreifer Frühgeborener

Die geschilderten instabilen Vitalfunktionen bei Frühgeborenen, besonders bei extrem unreifen Frühgeborenen erfordern eine äußert aufwendige neonatologisch-intensivmedizinische Versorgung und Überwachung der Frühgeborenen zur Lebenserhaltung. Schon der personelle Aufwand ist enorm. Neonatologie ist ein „besonders kooperatives und kooperationsbedürftiges" Fach.[64] Neben dem Geburtshelfer gehören Kinderkardiologen, Kinderchirurgen, Kinderneurologen sowie Kinderradiologen, Kardiochirurgen und Stoffwechselfachleute zu den Spezialisten, die der Neonatologe als eine Art „Allgemeinarzt für Neugeborene"[65] gegebenenfalls zur Behandlung zuziehen kann.[66] Hochspezialisiertes Pflegepersonal, das die Neugeborenen auf der Intensivstation rund um die Uhr betreut, kommt hinzu. Aber auch im apparativen Bereich erfordert die Neonatologie die neueste medizinische Technologie. Genannt seien nur spezielle Inkubatoren mit Regelungsvorrichtungen für Wärme, Feuchtigkeit und Sauerstoffgehalt der Luft; Respiratoren mit trachealer[67] oder nasaler Intubation und unterschiedlich regulierbaren Beatmungstechniken; zahlreiche Monitore zur Überwachung von Blutdruck, Blutgasen und Zirkulation, von Atem- und Herztätigkeit sowie weiterer biochemischer Parameter; schließlich Apparate für Ultraschalldiagnostik, Computer- und Kernspinresonanztomographie.[68] Neonatalmedizin ist damit kostenintensiv. Die durchschnittlichen Kosten für die medizinische Versorgung von Frühgeborenen sind dreifach höher als die einer normalen Entbindung.[69] Als Betrag werden zudem bis zu 150.000 Euro für eine erste Intensivbetreuung genannt.[70] Und auf ca. 500 Millionen Euro werden die Belastungen geschätzt, die pro Geburtenjahrgang durch schwerstgeschädigte Kinder auf die Gesellschaft zukommen.[71] Die Aufwendungen, die mit Frühgeburten einhergehen, dürften damit die jeder anderen Krankheit übersteigen. Hierin liegt der Grund, weshalb bei der lebenserhaltenden intensiv-

---

[63] Hypoglykämien sind Störungen der Energiezufuhr (Abweichungen im Glucose-Stoffwechsel). Näher hierzu *Harms/Koletzko/Kruse*, in: von Harnack Kinderheilkunde (*Koletzko*, Hrsg.), S. 160ff.; *Illing*, S. 179ff.; *Papageorgiou/Bardin*, in: Neonatology, S. 457.

[64] *Von Loewenich*, Neonatologie, Sp. 745.

[65] Diese Bezeichnung benutzt *Merkel*, Früheuthanasie, S. 30.

[66] Expertenliste bei *von Loewenich*, Neonatologie, Sp. 745.

[67] D.h. direkt durch die Luftröhre vorzunehmender Intubation.

[68] Aufzählung der technischen Möglichkeiten bei *Merkel*, Früheuthanasie, S. 30f. m.N.

[69] *Sordyl*, S. 128. Sie nennt durchschnittliche Kosten allein für die Frühgeburt in Höhe von DM 16.294.- gegenüber DM 4.928.- für eine normale Entbindung.

[70] Vgl. *Der Spiegel 34/2002*, S. 143; *FAZ* vom 18.04.2001, S. 13; *Hentschel et al.*, Der Gynäkologe 34 (2001), S. 697: bis zu 200.000 US-$; *Herbert Viefhues*, Medizinische Ethik in einer offenen Gesellschaft, in: <u>Sass</u>, Hans-Martin (Hrsg.): Medizin und Ethik, Stuttgart 1999, S. 36: ca. 300.000.- DM bei dreimonatigem Überleben.

[71] Diese Zahl nennt *Wenderlein*, Geburtsh. Frauenheilk. 63 (2003), S. 280 (281) m.N.

medizinischen Behandlung von extrem unreifen Frühgeborenen oft (zynisch) von einem „Verlustgeschäft"[72] gesprochen wird.

Infolge der aufwendigen und höchst effizienten neonatologischen Behandlung ist die Überlebensrate Frühgeborener in den letzten Jahrzehnten dramatisch angestiegen und immer kleinere und unreifere Frühgeborene bekommen eine realistische Lebenschance. So gesehen ist die moderne Medizin immer besser imstande, einen Teil der Schwangerschaft außerhalb des Mutterleibs zu übernehmen.[73] Zwar schwanken die Zahlen nationaler und internationaler Studien zu Mortalität und Morbidität Frühgeborener erheblich zwischen den erhebenden Staaten und auch zwischen den Perinatalzentren.[74] Dennoch ist zu erkennen, dass mit sinkendem Geburtsgewicht beziehungsweise Schwangerschaftsdauer das Risiko der Mortalität steigt und die Morbidität der überlebenden Kinder sehr hoch ist.[75] Ein direkter Zusammenhang zur reinen Frühgeburtlichkeit besteht nach derzeitigem Kenntnisstand allerdings nicht.[76] Vielmehr ist zu vermuten, dass andere Risikomomente wie Hirnblutungen, bronchopulmonale Dysplasie und soziale Faktoren die Ursache für schwergradige Langzeitbehinderungen darstellen.[77] Darüber hinaus belegen nationale und internationale Studien, dass auch die Tageszeit der Geburt Einfluss auf die neonatale Mortalität hat.[78]

Ausweislich von Untersuchungsergebnissen sind Frühgeburten vor der 22. Schwangerschaftswoche p.m. statistisch gesehen nicht lebensfähig.[79] Bei Frühgeburten in der 22. und 23. Schwangerschaftswoche p.m. steigt dann die Überlebenschance auf 1% bis 50% bei gleichzeitiger hoher Schädigungsrate.[80] Freilich wird immer wieder von Einzelfällen berichtet, in denen die Gewichtsgrenze von

---

[72] *Everschor*, S. 332.

[73] Für *Holschneider/Holschneider* ist das Vorantreiben dieser Entwicklung „beängstigend", Arztrecht 1998, S. 97 (98).

[74] Näher zu den vielfältigen Ursachen für diese Unterschiede *Genzel-Boroviczény/Friese*, DÄBl. 103 (2006), S. A 1960ff.

[75] *Merkel*, Medizin-Recht-Ethik, S. 114 m.N.; *Pawlowski et al.*, S. 374ff. m.N.; *Saling et al.*, Der Frauenarzt 2000, S. 952. Weitere Nachweise finden sich ferner in den Empfehlungen der *Schweizerischen Gesellschaft für Neonatologie* zur Betreuung von Frühgeborenen an der Grenze der Lebensfähigkeit, SÄZ 2002, S. 1589 (1590).

[76] *La Pine et al.*, Pediatrics 96 (1995), S. 479ff.; *Piecuch et al.*, Pediatrics 100 (1997), S. 633ff.

[77] *Piecuch et al.*, Pediatrics 100 (1997), S. 633 (639); *Papageorgiou/Bardin*, in: Neonatology, S. 468; *Hentschel et al.*, Der Gynäkologe 34 (2001), S. 697 (701).

[78] *Pluschke*, Geburtsh. Frauenheilk. 62 (2002), S. 622.

[79] *Pohlandt*, Z. Geburtsh. Neonatol. 202 (1998), S. 261ff.; *Pawlowski et al.*, S. 376f. m.N.; *Allen et al.*, N Engl J Med 329 (1993), S. 1597 (1598). Anders *Beller*, Z. Geburtsh. Neonatol. 202 (1998), S. 220, der die 24. Schwangerschaftswoche p.m. oder ein Geburtsgewicht von 500 Gramm als unterste Grenze der Lebensfähigkeit ex utero annimmt. Gar für die 26. Schwangerschaftswoche sprechen sich *Grauel/Heller*, S. 98, aus, allerdings im Jahr 1984.

[80] *Pohlandt*, Z. Geburtsh. Neonatol. 202 (1998), S. 261ff. m.N.; *Wood et al.*, N Engl J Med 343 (2000), S. 378 (379).

500 Gramm unterboten wurde und das Frühgeborene überlebt hat. In all diesen Fällen lag das Gestationsalter allerdings jenseits der 24. Schwangerschaftswoche p.m.[81] Eine kanadische Studie belegt vielmehr, dass bei Frühgeburten mit einem Geburtsgewicht von bis zu 500 Gramm nur 32% lebend geboren wurden, wovon 97% innerhalb der nächsten 3 Jahre starben, 78% bereits am ersten Tag. Bei 69% der überlebenden Kinder bestanden schwerwiegende Schädigungen wie Zerebralparese, geistige Retardation, Blind- und Taubheit.[82]

Bei Frühgeburten nach 24 bis 26 Schwangerschaftswochen p.m. steigt die Überlebenschance auf 40%-80%.[83] Das Risiko einer schwerwiegenden Behinderung wird in der medizinischen Literatur für diese Gruppe mit 18%-40% angegeben.[84] Ein Vergleich internationaler Studien zu Mortalität und Morbidität bei Frühgeburten in Abhängigkeit von Gestationsalter und Geburtsgewicht aus den Jahren 1970 bis Mitte 1997 belegt diese Zahlen. Danach ergibt sich bei Frühgeborenen mit weniger als 26 Schwangerschaftswochen p.m. eine mit der Schwangerschaftszeit ansteigende mittlere Überlebensquote von 41%, wobei bei 22% der überlebenden Kinder zumindest eine schwerwiegende Schädigung (Zerebralparese, geistige Retardation, Blindheit, Taubheit) vorliegt.[85] In Abhängigkeit vom Geburtsgewicht ergibt dieser Vergleich für Frühgeborene mit einem Geburtsgewicht von weniger als 800 Gramm eine mittlere Überlebensrate von 30% und eine Morbiditätsquote von 24%.[86] Zum Kontrast, in den frühen fünfziger Jahren lag die Überlebensrate von solchen Frühgeborenen noch bei 4%.[87] In Deutschland ermittelte schließlich Mitte der 1990er Jahre eine Umfrage an 21 perinatologischen Zentren zur Anzahl und Sterblichkeit von Frühgeborenen mit einem Gestationsalter von weniger als

---

[81] Ausführlicher *Sauve et al.*, Pediatrics 101 (1998), S. 438f. m.N.; vgl. auch *Weber*, in: *Friese/Plath/Briese*, S. 403 sowie *Merkel*, Medizin-Recht-Ethik, S. 114f. m.N. Laut einer Agenturmeldung, vgl. *SZ* vom 24.12.2005, S. 12, hat in den Vereinigten Staaten sogar ein 26 Wochen alter Säugling mit einem Geburtsgewicht von nur knapp 244 Gramm überlebt und entwickelt sich „prächtig". Bereits Anfang Februar 2002 wurde in Italien ein „Frühchen", das nur 285 Gramm wog, geboren, vgl. *FAZ* vom 27.05.2002, S. 9. Es entwickelte sich zu einem normalen und gesunden Säugling, dessen Chancen, ein normales Leben zu führen, auf fast 100% geschätzt werden. Allerdings handelte es sich auch um ein in der 27. Schwangerschaftswoche per Kaiserschnitt geholtes Mangelgeborenes. Von der Geburt eines Frühchens mit 340 Gramm nach 25 Wochen berichtet die *SZ* vom 27.08.2004 auf S. 36. Weitere Fälle aus Deutschland nennt *Hanke*, S. 18. Unzutreffend von einer Sterblichkeit um 100% ausgehend *Heinemann*, S. 74.

[82] *Sauve et al.*, Pediatrics 101 (1998), S. 438ff.

[83] *Pawlowski et al.*, S. 377 m.N.

[84] *Wood et al.*, N Engl J Med 343 (2000), S. 378 (383) m.N.

[85] Zu nahezu dem gleichen Ergebnis kommt eine britische Studie aus dem Jahre 1995. Danach wurden nach 30 Monaten bei 23% der überlebenden Kinder, die zwischen der 22. und 25 Schwangerschaftswoche p.m. geboren wurden, schwerwiegende Behinderungen festgestellt, detaillierter *Wood et al.*, N Engl J Med 343 (2000), S. 378ff.

[86] *Lorenz et al.*, Arch Pediatr Adolesc Med 152 (1998), S. 425ff.

[87] Diese Quote nennen *La Pine et al.*, Pediatrics 96 (1995), S. 479.

27 Schwangerschaftswochen p.m. eine Überlebenschance von 60%-80% für Frühgeborene dieses Alters.[88]

Untersuchungen von Kinder im Alter von vier Jahren, die als sehr unreife Frühgeborene mit einem Geburtsgewicht von weniger als 1.500 Gramm zur Welt kamen, zeigen auf, dass bei ca. 31% dieser Kinder schwere gesundheitliche Beeinträchtigungen vorlagen, im Vergleich zu 2,3% bei einer den Bevölkerungsquerschnitt repräsentierenden Population.[89] Andere Nachuntersuchungen, diesmal an ehemals mit einem Geburtsgewicht unter 1.000 Gramm geborenen Kindern, haben ergeben, dass sich nicht ganz so schwerwiegende Behinderungen häufig erst mit zunehmendem Alter zeigen.[90] Hiernach lagen im 4. Lebensjahr bei 31% leichtere Behinderungen[91] vor, im 8. Lebensjahr jedoch bei 53%. Aber auch starke Entwicklungs- und Intelligenzdefizite, reduzierte Leistungen in der Sprachentwicklung und in der Schule, Artikulationsstörungen und Verhaltensprobleme sowie Störungen der visomotorischen und lokomotorischen Integration, Hyperaktivität und Konzentrationsstörungen sind signifikant häufiger als bei Reifgeborenen. Die gesundheitlichen Schädigungen führen zudem zu vermehrten Arztbesuchen und Krankenhausaufenthalten.[92]

Bei all diesen Studien und Nachuntersuchungen an ehemaligen Frühgeborenen darf jedoch nicht vergessen werden, dass ein Großteil von ihnen hochgradig unreife Frühgeborene betreffen, die zwischen 1985 und 1995 zur Welt kamen. Sie können daher nur Aufschluss geben über das „outcome" nach den damaligen medizinischen und technologischen Behandlungsmöglichkeiten. Die Entwicklung in der peri- und neonatalen Intensivmedizin ist aber insbesondere in den letzten Jahren weiter fortgeschritten, so dass diese Gruppe von Frühgeborenen, damals noch an der Schwelle zur Lebensfähigkeit, inzwischen routiniert und erfolgreich behandelt wird. Nicht vergessen werden darf ferner die Bedeutung der Regionalisierung der Geburtsmedizin durch die Einrichtung von Perinanalzentren, was ebenfalls entscheidend die Behandlungssituation verbessert hat („better care")[93] und auch die Einrichtung von Neugeborenenintensivstationen hat sich positiv auf die Sterblich-

---

[88] *Pohlandt*, Z. Geburtsh. Neonatol. 202 (1998), S. 261ff. m.N.; vgl. auch *Wulf*, Der Gynäkologe 30 (1997), S. 539 (540), der eine damit korrelierende Mortalität bei Frühgeborenen mit einem Geburtsgewicht zwischen 500-1.000 Gramm nennt.

[89] *Saling et al.*, Der Frauenarzt 2000, S. 952f. m.N.; *Saling et al.*, in: *Friese/Plath/Briese*, S. 151 m.N.

[90] *Monset-Couchard et al.*, Biol Neonate 70 (1996), S. 328ff.

[91] Hierzu zählen *Monset-Couchard et al.* leichte Hypotonie, leichte motorische wie sensorische Störungen, Schwerfälligkeit, unterdurchschnittliche Feinmotorik, leichte Verhaltensstörungen, leichte Sprach- oder Entwicklungsstörungen sowie reduzierte schulische Leistungen, vgl. Biol Neonate 70 (1996), S. 328 (329).

[92] Zu den Spätfolgen vgl. *Saling et al.*, in: *Friese/Plath/Briese*, S. 151; *Stjernqvist/Svenningsen*, Acta Pædiatr 84 (1995), S. 500ff.; *Wood et al.*, N Engl J Med 343 (2000), S. 378 (384); *Hentschel et al.*, Der Gynäkologe 34 (2001), S. 697 (702).

[93] *Dudenhausen*, Z. ärztl. Fortbild. 87 (1993), S. 863 (866) sowie *Schneider*, Geburtsh. Frauenheilk. 62 (2002), S. 607.

keitsquote ausgewirkt. Überdies werden die Frühgeborenen heutzutage dem Pädiater in besserem Zustand von den Geburtshelfern übergeben („better babies").[94] Es gibt daher durchaus Anlass, in Zukunft mit besseren Ergebnisqualitäten bei Nachuntersuchungen zu rechnen. Gesicherte Daten zur kindlichen neurologischen Prognose bei frühen Frühgeburten, die diese Vermutung stützen, liegen derzeit jedoch noch nicht in genügender Weise vor.[95]

IV. Zusammenfassung

Für die Vorhersage über die weitere Entwicklung des Kindes nach einer Frühgeburt gibt es prinzipiell drei Möglichkeiten: Das Frühgeborene überlebt mit oder ohne Schädigungen oder es stirbt. Eine Prognose, welche der genannten Alternativen aufgrund der Unreife nun im individuellen Einzelfall eintritt, lässt sich kurz nach der Geburt nicht sicher stellen. Dafür gibt es zu viele Risiken und Unwägbarkeiten, weswegen sich die Richtigkeit der Prognose praktisch nur retrospektiv erkennen lässt und zum Teil auch erst zu einem weit nach der Geburt liegenden Zeitpunkt. Allgemein lässt sich aber feststellen, dass in den letzten Jahrzehnten die statistische Überlebensrate bei extrem unreifen Frühgeborenen merklich gestiegen ist. Dank der modernen Medizin können immer unreifere Frühgeborene extrauterin am Leben erhalten und weiterentwickelt werden. Vor allen bei Frühgeborenen zwischen der 24. bis 26. Schwangerschaftswoche p.m. und mit einem Geburtsgewicht von weniger als 700 Gramm ist eine signifikante Steigerung des Überlebens zu beobachten,[96] wobei die Überlebenschance schon bei geringen Zunahmen des Geburtsgewichts und des Gestationsalters steigen.[97] Es lässt sich also sagen, dass sich die Überlebenschance mit der intrauterin verbrachten Zeit verbessert.[98] Allerdings muss im Hinblick auf die anatomische Entwicklung der Lunge, die erst mit 24 Schwangerschaftswochen p.m. die Funktion des Gaswechsels übernehmen kann, die 22. Schwangerschaftswoche p.m. als unterste Grenze für die extrauterine Lebensfähigkeit angesehen werden. Bislang war jedenfalls unterhalb dieses Gestationsalters jedes Bemühen um eine Lebenserhaltung vergeblich.

Nicht eindeutig beantwortet werden kann zum jetzigen Zeitpunkt allerdings die Frage nach Spätschäden. Das liegt zum einen daran, dass die Überlebenden noch zu jung sind und ihre Anzahl zu gering ist, um auf gesicherter Basis langfristige Prognosen abzugeben. Zum anderen variieren die berichteten Raten der Spätschä-

---

[94] Auf beides weist *Wulf* hin, vgl. DÄBl. 94 (1997), S. A-2061 (A-2062), und in: Der Gynäkologe 30 (1997), S. 539 (540).

[95] *Wenderlein,* Geburtsh. Frauenheilk. 63 (2003), S. 280; *Mieth,* Das sehr kleine Frühgeborene, S. 54; *Genzel-Boroviczény/Friese,* DÄBl. 103 (2006), S. A 1960.

[96] *Pawlowski et al.,* S. 382 m.N.; *La Pine et al.,* Pediatrics 96 (1995), S. 479 (481).

[97] *Papageorgiou/Bardin,* in: Neonatology, S. 447 m.N.; *Allen et al.,* N Engl J Med 329 (1993), S. 1597ff.

[98] Der Grund hierfür liegt in der fortgeschrittenen Reifung der inneren Organe, in erster Linie von Lunge und Gehirn als Sitz des Atemzentrums, vgl. *Amato,* S. 22.

den danach, ob sie populationsbezogen (dann verhaltener) oder zentrumsbezogen (dann optimistischer) sind. Fest steht freilich, dass, wenngleich nicht in einem Maße wie noch in den 1960er Jahren befürchtet,[99] nach den vorliegenden Nachuntersuchungen mit körperlichen und neurologischen Schäden bei mindestens 50% der Überlebenden zu rechnen ist, außerdem die Schädigungsrate mit fallendem Gestationsalter steigt. Ferner kann ein Geburtsgewicht von weniger als 500 Gramm nicht mehr als unüberwindbare und starre Grenze für die Lebensfähigkeit angesehen werden, mit der Folge, dass ein Überleben vielfach möglich ist, wenn auch regelmäßig nur um den Preis einer schwergradigen körperlichen und geistigen Behinderung. Insgesamt betrachtet wächst damit nicht nur die Anzahl überlebender Frühgeborener, sondern auch die Zahl extrem unreifer Frühgeborener mit schweren Langzeitbeeinträchtigungen steigt an, mögen auch einzelne schwere gesundheitliche Beeinträchtigungen wie schwere Hirnblutungen und Retinopathien deutlich abgenommen haben.[100] Im Hinblick auf das hohe Risiko von schwerwiegenden Schädigungen stellt sich gerade bei den vor der 24. Schwangerschaftswoche p.m. Geborenen deshalb die Frage nach der Qualität und den Preis eines solchen Überlebens mit zum Teil lebenslanger medizinischer Betreuung und hiermit verbunden die Frage nach einer Disziplinierung des kostspieligen intensivmedizinischen Einsatzes.

Die Frühgeburtlichkeit stellt aufgrund der organischen Unreife der Frühgeborenen und der Unsicherheit der Prognose hinsichtlich der Kindesentwicklung nach all dem einen großen Problembereich bei der Frage nach dem Umfang der ärztlichen Behandlungspflicht dar. Vor allem die extrem unreifen Frühgeborenen stellen besondere Anforderungen an die perinatale und neonatale Medizin. „Das kleine Frühgeborene ist die Latte geworden, an der sich die Qualität eines Neonatologen oder seiner Abteilung misst."[101] Die Kumulation von Problemen bei der Behandlung, die infolge der Unreife um die Geburt herum und in den ersten Lebenswochen auftritt, stellt sich derart gehäuft erst wieder am Lebensende in vergleichbarer Weise. Es verwundert daher nicht, dass Frühgeborene mit einem Geburtsgewicht von unter 1.500 Gramm als die quantitativ umfangsreichste Gruppe neonataler Problemfälle zwischen Leben und Tod angesehen werden.[102] Allerdings sterben heute auf den Neugeborenenintensivstationen mehr Frühgeborene nach Änderung des Behandlungsziels von Lebenserhaltung zu Leidensminderung als nach verlorenem Kampf um ihr Leben.[103]

---

[99] *Kollmann*, Deutsche Krankenpflege-Zeitschrift 1991, S. 489 (490).

[100] *Pawlowski et al.*, S. 382; *Wulf*, Der Gynäkologe 30 (1997), S. 539 (540f.).

[101] So der Leitende Arzt der neonatologischen Abteilung des Universitätsspitals Zürich *Mieth*, Arbeitskreis, S. 25.

[102] *Merkel*, Medizin-Recht-Ethik, S. 112 m.N.; *ders.*, Früheuthanasie, S. 26.

[103] *Von Loewenich*, Monatsschrift Kinderheilkunde 151 (2003), S. 1263 (1265). Vgl. auch *Müller-Busch*, in: Nationaler Ethikrat, S. 11: Es sind immer weniger die Krankheiten, die zum Tode führen, sondern medizinisch-ärztliche Entscheidungen.

C. Die Fehlgeburt

Nicht alle zu früh zur Welt kommende Säuglinge sind – wie gesehen – überlebensfähig. Es scheint eine physiologische Grenze zu geben, welche überschritten werden muss, bevor eine intensivmedizinische Betreuung ein extrauterines Leben des Frühgeborenen überhaupt erst ermöglichen kann. Die Frühgeburt ist deswegen abzugrenzen von der Geburt eines Kindes, das aufgrund seines Entwicklungstandes als nicht lebensfähig zu bezeichnen ist und bei dem deswegen Therapiemaßnahmen, die auf eine extrauterine Lebenserhaltung abzielen, nicht eingeleitet werden brauchen – die sog. Fehlgeburt.

Bei der Abgrenzung der Frühgeburt von der Fehlgeburt wird auf Reifegrad und Lebensfähigkeit wegen der damit verbundenen Abhängigkeit von den fortschreitenden medizinischen Erkenntnissen bislang nicht zurückgegriffen.[104] Basierend auf einer Empfehlung der Weltgesundheitsorganisation (WHO) aus dem Jahre 1977 werden zur Unterscheidung vielmehr leichter zu bestimmende Kriterien herangezogen und die Geburt begrifflich in Lebendgeburt und Totgeburt einerseits sowie Fehlgeburt andererseits unterteilt.

I. Der Geburtsbegriff

Die Geburt eines Kindes wird von der WHO[105] definiert als die komplette Ausstoßung oder Extraktion eines 500 Gramm oder mehr wiegenden Fetus, wobei offen ist, ob beim Wiegen die Nabelschnur und die Plazenta mitzählen. Wird das Geburtsgewicht nicht bestimmt, so gelten 25 cm Länge als gleichwertig mit 500 Gramm. Das Gestationsalter findet nur dann Berücksichtigung, wenn weder Gewicht noch Länge vorliegen. Als gleichwertig gelten dann 22 Schwangerschaftswochen p.m.[106]

II. Zum Begriff der Lebendgeburt

Nach einer Umschreibung von *Wilfried Bottke* „lebt" ein geborener Mensch, „sobald und solange er für andere als virtuell leiblich-seelisch-geistige Einheit begreifbar ist."[107] Diese Definition wird von der WHO dergestalt konkretisiert, dass von einer Lebendgeburt („life birth") nur gesprochen werden kann, wenn ein Säugling während und nach der Geburt Lebenszeichen zeigt, wobei das Klopfen

---

[104] Dennoch wird in der medizinischen Literatur ein solches „Cut-off"- Gestationsalter oder Gewicht diskutiert. Einen kurzen Überblick über die Definitionen bietet *Mieth, Das sehr kleine Frühgeborene*, S. 48.

[105] Manual of the International Statistical Classification of Diseases, Injuries and Causes of Death, Vol. I, WHO Genf 1977, S. 765, zitiert nach *Ullmann*, ZRP 1992, S. 72.

[106] *Amato*, S. 10.

[107] *Bottke*, S. 53.

des Herzens, Atembewegungen, Pulsationen der Nabelschnur oder deutliche Bewegungen der willkürlichen Muskulatur als Lebenszeichen gelten.[108]

Da die Unterscheidung Lebend-, Tot- und Fehlgeburt nicht nur für den Geburtsmediziner von Bedeutung ist, sondern an eine Geburt auch rechtliche Konsequenzen geknüpft sein können, wie beispielsweise der Beginn der Rechtsfähigkeit nach § 1 BGB[109], finden sich im deutschen Recht die entsprechenden Definitionen wegen der Anzeigepflicht von Lebend- und Totgeburten nach § 16 Personenstandsgesetz (PStG) im Personenstandsrecht.[110] Nach der Legaldefinition in § 29 Abs. 1 der Ausführungsverordnung zum Personenstandsgesetz (PStV) liegt eine (meldepflichtige) Lebendgeburt vor, „wenn bei einem Kinde nach der Scheidung vom Mutterleib entweder das Herz geschlagen oder die Nabelschnur pulsiert oder die natürliche Lungenatmung[111] eingesetzt hat."

Deutschland hat die Definition der WHO somit nicht vollständig übernommen. Mit der Herausnahme des Kriteriums „deutliche Bewegungen der willkürlichen Muskulatur" hat man sich auf den ersten Blick in bestimmten Fällen zwar gegen die Annahme von Leben entschieden, doch zu Recht, denn diese Muskelbewegungen können nicht als Lebenszeichen angesehen werden, weil krampfhafte Muskelzuckungen auch noch längere Zeit nach dem Erlöschen der Lebensfunktionen möglich sind. Als Lebenszeichen besäße dieses Indiz mithin nur einen zweifelhaften Wert.[112] Hat sich indes eines der genannten gesetzlichen Lebensmerkmale auch nur für kurze Zeit gezeigt, handelt es sich stets um eine Lebendgeburt.[113] Demgemäß liegt eine Fehlgeburt nicht schon dann vor, wenn – wie es der Geburtsbegriff nahe legt - das Geburtsgewicht unter 500 Gramm liegt, unter bestimmten Voraussetzungen der Säugling kleiner als 25 cm ist oder das Gestationsalter weniger als 22 Schwangerschaftswochen p.m. beträgt.

---

[108] Aufzählung nach *Amato*, S. 10.

[109] Zu denken ist des Weiteren an erbrechtliche Konsequenzen, aber auch im Sozialrecht ist die Unterscheidung zwischen meldepflichtiger Lebend- oder Totgeburt und nicht meldepflichtiger Fehlgeburt im Hinblick auf eine Leistungserbringung von Bedeutung.

[110] Gemäß § 70 Nr. 8 PStG dürfen im Verordnungswege „die Begriffsbestimmungen für totgeborene Kinder und Fehlgeburten" festgelegt werden.

[111] Hierzu zählt auch die Schnappatmung, *Spann/Eisenmenger*, MMW 127 (1985), S. 39 (40).

[112] *Hepting/Gaaz*, PStR, Bd. 1, § 16 PStG Rn. 8 auch zu den Folgen für die Meldepflicht und deren Handhabung. Von zivilrechtlicher Seite wird § 29 Abs. 1 PStV vielfach unter Hinweis auf nachweisbare Hirnströme als Lebenszeichen als zu eng empfunden, vgl. nur MünchKommBGB/*Schmitt*, § 1 Rn. 16; Palandt/*Heinrichs*, § 1 Rn. 2. Gründe für die restriktive Auffassung ergeben sich für *Hanke*, S. 69f., aus der Funktion des PStG.

[113] *Weber/Vogt-Weber*, Arztrecht 1999, S. 4 (7 m.N.); *Hepting/Gaaz*, PStR, Bd. 1, § 16 Rn. 8.

III. Zum Begriff der Totgeburt

Von einer Totgeburt („stillbirth") ist nach der WHO auszugehen, wenn der Säugling während oder nach der Geburt keine Lebenszeichen zeigt.[114] Entsprechendes bestimmt § 29 Abs. 2 PStV, wenn er für den Fall, dass sich keines der gesetzlich genannten Merkmale des Lebens gezeigt hat, das Gewicht der Leibesfrucht jedoch mindestens 500 Gramm beträgt, bestimmt, dass die Leibesfrucht als ein totgeborenes oder in der Geburt verstorbenes Kind gilt.

Die fehlenden Lebenszeichen unterscheiden demnach die Lebend- von der Totgeburt. Das ist nicht unproblematisch, denn – worauf von medizinischer Seite hingewiesen wird – setzen bei vielen hochgradig unreifen Frühgeborenen Lungenatmung und Herzschlag sehr oft erst nach künstlicher Sauerstoffbeatmung ein. Ob aus diesem Grund die Feststellung einer Totgeburt nach derzeitigem Kenntnisstand erst getroffen werden kann, wenn trotz hinreichend langer künstlicher Beatmung die Vitalfunktionen nicht in Gang gesetzt werden konnten,[115] dementsprechend eine dahingehende intensivmedizinische Handlungspflicht zu fordern ist, wird uns an späterer Stelle noch genauer beschäftigen. Darüber hinaus ist bei der Definition der Totgeburt auch das Gewicht von Bedeutung. Es grenzt in anderer Richtung die Totgeburt von der Fehlgeburt ab.

Die Empfehlung der WHO hat erst spät und zwar mit Wirkung zum 1. April 1994 durch die 13. Verordnung zur Änderung der Verordnung zur Ausführung des Personenstandsgesetzes vom 24. März 1994[116] Eingang in § 29 PStV gefunden und zu einer Änderung des Unterscheidungskriteriums zwischen Tot- und Fehlgeburt von vormals 1.000 Gramm auf 500 Gramm geführt.[117] Eine Veröffentlichung des Magazins „Der Spiegel" im Frühjahr 1992, wonach zu Zeiten der DDR in der Frauenklinik Erfurt Frühgeborene unter 1.000 Gramm Geburtsgewicht in einem Wassereimer ertränkt sein sollen[118], ist wohl als Auslöser dafür anzusehen, dass der Gesetzgeber nunmehr gesetzlichen Regelungsbedarf erkannte.[119] Noch 1988 hatte jedenfalls der Petitionsausschuss des Deutschen Bundestages ein entsprechendes Elternbegehren als „unzweckmäßig" abgewiesen.[120]

---

[114] *Amato*, S. 10.

[115] So *Ullmann*, NJW 1994, S. 1575; *Weber*, in: *Friese/Plath/Briese*, S. 402.

[116] BGBl. 1994 I 621 ff.

[117] Ursprünglich wurde eine Länge der Leibesfrucht von 35 cm als Unterscheidungskriterium festgelegt, vgl. BGBl. 1977 I 381; dies wurde zum 1.7.1979 durch die Gewichtsgrenze von 1.000 Gramm ersetzt, vgl. BGBl. 1979 I 493.

[118] Zu diesem Vorwurf kritisch *Dauth/di Pol*, DÄBl. 89 (1992), S. C-453 ff.

[119] In diese Richtung äußert sich *Ullmann*, NJW 1994, S. 1575; auch Neonatologen und Geburtshelfer forderten eine Revision des PStG, vgl. nur *von Stockhausen*, DÄBl. 90 (1993), S. C-2224 ff.

[120] *Weber/Vogt-Weber*, Arztrecht 1999, S. 4 m.N. Zum Hintergrund und den Folgen der Senkung vgl. auch *Hepting/Gaaz*, PStR, Bd. 1, § 16 PStG Rn. 11 ff.

IV. Zum Begriff der Fehlgeburt

Nach all dem ist gemäß § 29 Abs. 3 PStV die Leibesfrucht als eine (nicht meldepflichtige) Fehlgeburt anzusehen, wenn sich keines der gesetzlichen Kriterien der
Lebendgeburt gezeigt hat und das Gewicht weniger als 500 Gramm beträgt. Folglich sind extrem unreife Frühgeborene mit einem Geburtsgewicht unter 500
Gramm, bei denen nach der Scheidung vom Mutterleib auch nicht bloß für kurze
Zeit eines der genannten Lebenszeichen beobachtet werden konnte, als Fehlgeburten zu betrachten.

D. Das sog. schwerstgeschädigte Neugeborene

Wenn in der medizinischen und juristischen Literatur Behandlungsgrenzen bei
Neugeborenen diskutiert werden, dann geht es begrifflich eher um „schwerstgeschädigte Neugeborene" denn um extrem unreife Frühgeborene. Doch schnell
stellt man fest, dass thematisch ein Zusammenhang besteht, dass schwerstgeschädigte Neugeborene und extrem unreife Frühgeborene in einer Beziehung zueinander stehen. Diese Verbindung soll nun im Folgenden herausgearbeitet werden und
anhand der wenigen expliziten Be- und Umschreibungen untersucht werden, ob
und inwiefern es möglich ist, das Phänomen des schwerstgeschädigten Neugeborenen begrifflich genauer zu fassen.

Die Geburt eines schwerstgeschädigten Neugeborenen ist keine Seltenheit. Allerdings gibt es in der medizinischen Literatur keine verlässlichen Angaben über
deren Anteil an der Gesamtzahl der Lebendgeburten. So bestehen laut dem Pädiater *Hans Ewerbeck,* der auf eine Arbeit aus dem Jahre 1980 verweist, bei „rund
12-13‰" der Neugeborenen „größere Missbildungen".[121] Realistischer dürfte
jedoch eine Größenordnung von 3% sein. Dieser Anteil ist in der jüngeren Vergangenheit trotz der Fortschritte bei Prävention und Therapie, insbesondere im
Bereich der pränatalen Diagnostik und fötalen Therapie, nahezu konstant geblieben, so dass davon ausgegangen werden kann, dass das Phänomen des schwerstgeschädigten Neugeborenen auch in Zukunft faktisch weiter bestehen bleibt.[122]
Die Anzahl der in Deutschland mit schweren Missbildungen geborenen Kinder
beträgt demnach jährlich ca. 24.000.

Zur ärztlichen Behandlungspflicht von „schwerstgeschädigten" Neugeborenen
gibt es inzwischen zwar zahlreiche Veröffentlichungen, betrachtet man aber den
Gebrauch des Begriffs genauer, so fällt auf, dass sowohl in der juristischen als
auch in der medizinischen Literatur eine allgemeingültige Definition von
„schwerstgeschädigt" anhand von objektiven Kriterien fehlt. Dies erstaunt vor

---

[121] *Ewerbeck*, Einbecker Workshop 1986, S. 17 m.N.
[122] Hiervon geht *Merkel*, Früheuthanasie, S. 24ff., unter Verweis auf die internationale
medizinische Literatur aus. Zum Wandel in der Pränatalmedizin vgl. *Mendling*,
S. 143ff.; *Heinemann*, S. 22ff.

allem im juristischen Bereich, entwickeln doch gerade die Juristen ansonsten eine wahre Definitionsakribie. Eine Begriffsbeschreibung erfolgt dennoch nur selten, die Vielzahl der Autoren legt ihren Veröffentlichungen vielmehr implizit eine Vorstellung von schwerstgeschädigten Neugeborenen zugrunde, die nicht näher dargelegt wird. Hinzu kommt, dass die Rechtsprechung bislang keine Gelegenheit zur Konkretisierung hatte. Dass zum Teil auch von „schwergeschädigten" statt von „schwerstgeschädigten" Neugeborenen gesprochen wird, ist indes ohne Bedeutung – auch inhaltlich.[123]

I. Bestandsaufnahme: Zum Begriff in der Literatur

Soweit ersichtlich war es *Albin Eser*, der sich ab 1977 zunächst und vor allem zur Behandlungspflicht von schwerstgeschädigten Neugeborenen äußerte und darüber hinaus dem Begriff des schwerstgeschädigten Neugeborenen erste Konturen gab. Er spricht vom geschädigten Neugeborenen und fasst darunter den Fall, dass das Kind mit Defekten geboren wird, die nur „wenig Hoffnung für eine sinnvolle Entfaltung seines Lebens" erwarten lassen wie „körperliche Verkrüppelungen, Gehirnschädigungen durch Komplikationen bei der Geburt oder ähnliche Handicaps."[124]

In vergleichbarer Weise gebraucht *Ernst-Walter Hanack* den Begriff. Er nimmt in seinem Beitrag zur Behandlungspflicht schwerstgeschädigter Neugeborener zwar keine ausdrückliche Begriffsbeschreibung vor, doch lassen seine Ausführungen folgende Kategorien schwerstgeschädigter Neugeborener erkennen:

- Neugeborene, die wegen schwerer Beeinträchtigung vitaler Funktionen nicht lebensfähig sind,
- wenn die Behandlung dem Neugeborenen schwere Qualen bereitet und lediglich zur Verzögerung des Sterbeprozesses führt,
- wenn das Neugeborene wegen schwerer Mikrozephalie oder schwerster perinataler Hirnschädigungen niemals die Fähigkeit zur Wahrnehmung und damit zu einem kommunikativen Leben erlangen wird,
- wenn das Neugeborene „wider die Natur" zwar auf Dauer oder mindestens doch auf längere Zeit erhalten werden kann, aber nur mit schweren körperlichen oder geistigen Schädigungen.[125]

Ähnlich äußern sich *Wilfried Bottke, Dieter Giesen, Jörg Laber* sowie *Gerhard H. Schlund*. So rechnet *Bottke* zu den schwerstgeschädigten Neugeborenen die Fälle, in denen das Neugeborene mehrfach geschädigt, das heißt lebensbedrohlich erkrankt ist und zugleich an einem „inkurablen Zustand" leidet, zudem die Aussicht eines „emotional-kognitiven Erlebens" seines Daseins fehlt und seine Lebensdauer

---

[123] So auch *Hiersche* in einem Diskussionsbeitrag in: *Hiersche/Hirsch/Graf-Baumann*, S. 37; *Everschor*, S. 235.

[124] *Eser*, in: *Auer/Menzel/Eser*, S. 141f.; *ders.*, in: *Lawin/Huth*, S. 90.

[125] *Hanack*, MedR 1985, S. 33 (36ff.).

durch eine Behandlung voraussichtlich nur kurz verlängerbar ist; ferner führt er Fälle an, in denen das Neugeborene aufgrund seiner Schädigung nie in der Lage sein wird, Bewusstsein zu erlangen und über das bloße biologische Dasein hinaus zum Erleben zu gelangen sowie unheilbar erkrankte Neugeborene mit verringerter Lebenserwartung, deren Erlebnisfähigkeit vermindert ist und die Eigenmündigkeit nicht erlangen können.[126]

Für *Giesen* zählen zu schwerstgeschädigten Neugeborenen zum einen mehrfachgeschädigte Neugeborene, die trotz ihrer Schädigung eine Chance auf ein längeres Überleben mit der Behinderung haben, wenn ein anderer Defekt als der der Behinderung zugrundeliegende behandelt wird, zum anderen Neugeborene, die aufgrund ihrer schweren Schädigungen nicht lange überleben, selbst wenn jede nur mögliche Behandlung durchgeführt wird. Als Beispiel für die erstgenannte Gruppe führt Giesen ein mongoloides Neugeborenes mit Darmverschluss an, zur letzteren zählt er Anenzephale.[127]

Laber spricht allgemein von Fällen, in denen ein Kind mit Defekten geboren wird, die nur wenig oder gar keine Hoffnung für eine „sinnvolle Entfaltung seines Lebens" erwarten lassen. Hierbei hat er Neugeborene vor Augen, deren Leben nicht auf Dauer erhalten werden, vielmehr nur der sichere Tod hinausgezögert werden kann, wie zum Beispiel bei schweren Dysraphien oder schwersten Hirnschädigungen; ferner das Neugeborene, das dank ärztlicher Behandlung zwar am Leben erhalten werden kann, aber auf Mittel der apparativen Medizin in der Intensivstation angewiesen bleibt (bleibende Respiratorabhängigkeit) beziehungsweise auf intensivmedizinische Maßnahmen (Ventilationsstörungen oder Nierenfunktionsstörungen ohne Heilungsaussicht); und schließlich das Neugeborene, das unter schwerer Mikrozephalie oder anderen schwersten Hirnschädigungen leidet, so dass es trotz Behandlung niemals die „Fähigkeit zur Kommunikation mit der Umwelt" erlangt.[128]

Die Fälle von *Laber* aufgreifend, begreift *Schlund* schwerstgeschädigte Neugeborene als:

- Neugeborene, bei denen die Lebensfähigkeit „unwiderruflich" aufgehoben ist,
- Neugeborene mit multiplen Fehlbildungen infolge mangelhafter Rückenmarksanlagen,
- Neugeborene mit schwersten Hirnschädigungen, die ihnen niemals die Fähigkeiten zur Kommunikation mit ihrer Umwelt gestatten,
- Neugeborene, die auf Dauer nur durch intensivmedizinische Maßnahmen am Leben erhalten werden können beziehungsweise bei Ventilationsstörungen oder Ausfall der Nierenfunktionen ohne irgendeine Heilaussicht sind.[129]

Anders umreißt *Edward W. Keyserlingk* den Begriff: Er teilt „behinderte" Neugeborene in zwei Hauptkategorien ein: Neben Neugeborenen mit angeborenen Schä-

[126] *Bottke*, S. 127.
[127] *Giesen*, JZ 1990, S. 929 (941).
[128] *Laber*, MedR 1990, S. 182.
[129] *Schlund*, Arztrecht 1991, S. 109f.

digungen, nennt er als zweite Kategorie diejenigen mit Untergewicht bei der Geburt, also Frühgeburten.[130] Neugeborene mit perinatalen Hirnschädigungen werden somit von ihm nicht ausdrücklich mit einbezogen, dafür der Begriff um Frühgeborene erweitert.

Noch weiter fasst *Hans Ewerbeck* den Begriff des schwerstgeschädigten Neugeborenen. Seiner Ansicht nach lassen sich drei Quellen benennen:

- Angeborene Missbildungen,
- Neugeborene mit schweren Schäden am Zentralnervensystem infolge einer erschwerten Entbindung und
- extrem unreife Frühgeborene.[131]

Die Mediziner *Ernst Ludwig Grauel* und *Karla Heller* folgen der gleichen Einteilung, ohne allerdings ausdrücklich den Begriff des schwerstgeschädigten Neugeborenen zu verwenden.[132]

Schließlich lässt sich in der Literatur noch eine interessante Parallele zu der bis 30. September 1995 geltenden Regelung des Schwangerschaftsabbruchs aus sog. kindlicher Indikation[133] in § 218 a Abs. 2 Nr. 1 StGB a.F.[134] finden. Nach dieser Regelung war der Schwangerschaftsabbruch durch einen Arzt nicht strafbar, wenn dringende Gründe für die Annahme sprachen, dass das Kind infolge einer Erbanlage oder schädlicher Einflüsse vor der Geburt an einer nicht behebbaren Schädigung seines Gesundheitszustandes leidet, die so schwer wiegt, dass von der Schwangeren die Fortsetzung der Schwangerschaft nicht verlangt werden konnte. Zwar geht es hier nicht um schwerste Schädigungen für ein Neugeborenes, sondern um schwerwiegende Schädigungen eines Embryos, welche eine Fortsetzung der Schwangerschaft für die Schwangere unzumutbar machen, wo also die Zumutbarkeit für die Mutter den leitenden Maßstab für den Schweregrad der Schädigung darstellt, so dass sich folglich sowohl Rechtssubjekt als auch Beurteilungsmaßstab unterscheiden. Dennoch verlange nach Ansicht von *Hans-Dieter Hiersche* und *Burkhard Jähnke*[135] der Wertungszusammenhang des Gesetzes in diesem Punkt eine einheitliche Lösung, weswegen die sachlichen Voraussetzungen der

---

[130] *Keyserlingk*, ZStW 97 (1985), S. 178 (179ff.).

[131] *Ewerbeck*, Einbecker Workshop 1986, S. 17ff.

[132] *Grauel/Heller*, S. 97.

[133] Der Begriff ist vielfach kritisiert worden, vgl. nur *Sch/ Sch-Eser*[24], § 218a Rn. 22; *Koch*, Landesbericht Bundesrepublik Deutschland, in: *Eser/Koch*, S. 122.

[134] § 218 a StGB wurde durch Art. 13 Schwangeren- und Familienhilfegesetz in der Fassung von Art. 8 Schwangeren- und Familienhilfeänderungsgesetz vom 21.8.1995 mit Wirkung ab 1.10.1995 neu gefasst. In der nunmehr geltenden Gesetzesfassung fehlt eine entsprechende Regelung. Nach dem Willen des Gesetzgebers soll die kindliche Indikation grundsätzlich von der medizinisch-sozialen Indikation nach § 218 II StGB mitumfasst sein, *BT-Drucks.* 13/1850, S. 25f. Zur geschichtlichen Entwicklung näher *Heinemann*, S. 288ff.

[135] *Hiersche/Jähnke*, MDR 1986, S. 1ff.; auf diese Publikation nimmt *Hiersche* in MedR 1989, S. 304 (306) noch einmal ausdrücklich Bezug.

kindlichen Indikation mit den Voraussetzungen eines Behandlungsverzichts bei schwerstgeschädigten Neugeborenen verknüpft werden könnten: Wenn eine Schädigung wegen ihrer Schwere einen Behandlungsverzicht nach der Geburt rechtfertige, könne ein deswegen angezeigter Schwangerschaftsabbruch nicht unzulässig sein.[136] Zu schwerwiegenden Schädigungen zählen sie hiernach Missbildungen und Funktionsstörungen, welche die Lebensfähigkeit des Neugeborenen ausschließen oder dazu führen, dass das Neugeborene dank ärztlicher Behandlung zwar am Leben erhalten werden kann, es aber auf die Mittel der apparativen Medizin in der Intensivstation angewiesen bleibt.[137]

Darüber hinaus haben sich seit 1986 ferner verschiedene als „Empfehlungen", „Grundsätze" oder „Richtlinien" bezeichnete Verlautbarungen professioneller ärztlicher Institutionen und interdisziplinärer Gesellschaften mit den Grenzen ärztlicher Behandlungspflichten bei schwerstgeschädigten Neugeborenen befasst. Auf sie wird später noch ausführlicher eingegangen. An dieser Stelle soll vorerst nur interessieren, welche Neugeborene von diesen Verlautbarungen als „schwerstgeschädigt" angesehen werden.

Als erstes erarbeitete eine Expertengruppe der Deutschen Gesellschaft für Medizinrecht (DGMR) eine „Empfehlung" zu „Grenzen der ärztlichen Behandlungspflicht bei schwerstgeschädigten Neugeborenen", die sog. „Einbecker Empfehlungen" von 1986.[138] Es erstaunt, dass es im Rahmen des 1. Einbecker Expertengesprächs kein vorbereitendes Referat gab, das sich näher mit dem Begriff der „schwersten Schädigung" beschäftigte, so dass insoweit nur der Text der Empfehlungen herangezogen werden kann.[139] Dort werden genannt und mit konkreten Krankheitsbildern als Beispielen versehen:

- Neugeborene mit Schädigungen, deren Leben „nicht auf Dauer erhalten werden kann, sondern nur der sichere Tod hinausgezögert wird", wie zum Beispiel bei schwerem Dysrhapie-Syndrom und inoperablem Herzfehler[140];
- es trotz Behandlung ausgeschlossen ist, dass das Neugeborene jemals die „Fähigkeit zur Kommunikation mit der Umwelt" erlangt, wie zum Beispiel bei schwerer Mikrozephalie und schwersten Hirnschädigungen[141];
- die „Vitalfunktionen des Neugeborenen auf Dauer nur durch intensivmedizinische Maßnahmen aufrechterhalten werden können", wie zum Beispiel bei Ventilationsstörungen oder Nierenfunktionsstörungen ohne Heilungsaussichten[142];

---

[136] *Hiersche/Jähnke*, MDR 1986, S. 1 (2).

[137] Ebenda.

[138] Abgedruckt u.a. in *Hiersche/Hirsch/Graf-Baumann*, S. 183ff; MedR 1986, S. 281f.

[139] Ursache hierfür könnte die von *Hirsch* in der Abschlussdiskussion erwähnte „naive" Vorstellung bei der Konzeption der Veranstaltung gewesen sein, es könne gelingen, von den Medizinern einen „Katalog von Schäden" zu bekommen, der eine Einteilung in bestimmte Gruppen ermöglicht und den Juristen befähigt, eine Grenzziehung der ärztlichen Behandlungspflicht vorzunehmen, vgl. *ders.* in: *Hiersche/Hirsch/Graf-Baumann*, S. 138.

[140] Punkt V.1.

[141] Punkt V.2.

- Neugeborene, deren Behandlung nur ein Leben mit „schwersten, nicht behebbaren Schäden ermöglichen würde, wie zum Beispiel schweren Hirnschädigungen und bestimmte Formen des Potter-Syndroms[143];
- Neugeborene mit schweren „multiplen Schäden"[144],

Insgesamt betrachtet handelt es sich bei den aufgeführten Fällen um unterschiedliche Gruppen von Neugeborenen mit angeborenen oder infolge einer erschwerten Geburt verursachten Schädigungen, welche unterschiedlichen Einfluss auf die Lebenserwartung haben. Ausdrücklich werden Neugeborene mit Behinderungen, die zu keiner Lebensverkürzung führen, nicht zu den schwerstgeschädigten Neugeborenen gezählt. [145]

1992 wurden die Einbecker Empfehlungen neu gefasst, die sog. „Revidierte Fassung", diesmal nicht nur getragen von der DGMR, sondern auch von der Akademie für Ethik in der Medizin und der Deutschen Gesellschaft für Kinderheilkunde[146]. Ausdrücklich genannt werden hier:

- Neugeborene mit Schädigungen, deren Leben „nicht auf Dauer erhalten werden kann, sondern ein in Kürze zu erwartender Tod nur hinausgezögert wird",[147]
- Neugeborene, deren Behandlung nur „ein Leben mit äußerst schweren Schädigungen ermöglichen würde, für die keine Besserungschancen bestehen".[148]

Unter „schwersten Schädigungen" werden mithin angeborene Schädigungen sowie Schädigungen, die Folge einer erschwerten Entbindung sind, erfasst, wobei sich im Grunde zwei Falltypen ausmachen lassen: Zum einen Neugeborene mit kurzer Lebenserwartung, zum anderen Neugeborene mit mehr oder minder schwer geschädigtem Leben.[149] Neugeborene mit Behinderungen ohne Lebensverkürzung werden weiterhin nicht als schwerstgeschädigt angesehen.[150]

Die „Grundsätze der Bundesärztekammer zur ärztlichen Sterbebegleitung" von 1998[151], neu gefasst 2004[152], befassen sich ebenfalls mit dem Umgang von schwerstgeschädigten Neugeborenen – wenn auch nicht ausdrücklich. Unter Abschnitt II. werden jedoch Empfehlungen für das „Verhalten bei Patienten mit infauster Prognose" gegeben, wozu folgende Gruppen von Neugeborenen gezählt werden:

---

[142] Punkt V.3.
[143] Punkt VI.1.
[144] Punkt VI.2.
[145] Punkt VII.
[146] Abgedruckt u.a. in: MedR 1992, S. 206f.
[147] Punkt V.
[148] Punkt VI.
[149] In diesem Sinne auch *Hoerster*, Neugeborene, S. 79ff.
[150] Punkt II.2.
[151] Abgedruckt in: NJW 1998, S. 3406f.
[152] Abgedruckt in: DÄBl. 101 (2004), S. A-1298f.

- Neugeborene mit schwersten Beeinträchtigungen durch Fehlbildungen, bei denen keine Aussicht auf Heilung oder Besserung besteht;[153]
- Neugeborene mit schwersten Beeinträchtigungen durch Stoffwechselstörungen, bei denen keine Aussicht auf Heilung oder Besserung besteht;
- extrem unreife Kinder, deren unausweichliches Sterben abzusehen ist;
- Neugeborene, die schwerste Zerstörungen des Gehirns erlitten haben.

Schließlich beschäftigten sich – wie ein grenzüberschreitender Blick zeigt – die „Medizinisch-ethische Richtlinien für die ärztliche Betreuung sterbender und zerebral schwerst geschädigter Patienten" der Schweizerischen Akademie der Medizinischen Wissenschaften (SAMW) von 1996[154] unter Punkt II.3.5. mit der Behandlung von Neugeborenen mit „schweren kongenitalen Fehlbildungen oder perinatalen Schäden des Zentralnervensystems, welche zu irreparablen Entwicklungs-Störungen führen würden", sowie mit Neugeborenen, die nur „dank fortdauernden Einsatzes außergewöhnlicher technischer Hilfsmittel" leben können. Kriterien für eine Eingrenzung des Begriffs des schwerstgeschädigten Neugeborenen werden damit auch hier genannt.

II. Stellungnahme und eigener Vorschlag

1) Stellungnahme

Es zeigt sich, dass Medizin und Rechtswissenschaften sich schwer tun, dem Phänomen des schwerstgeschädigten Neugeborenen begriffliche Konturen zu geben. Die Darstellung der inhaltlichen Verwendung des Begriffs zeigt auf, dass dieser in unterschiedlicher Weise verwendet wird und bislang nicht genau umrissen ist. Das liegt zum einen wohl daran, dass das Phänomen des schwerstgeschädigten Neugeborenen zu komplex und vielgestaltig und im Gegensatz zum Begriff des Frühgeborenen anhand objektiver naturwissenschaftlicher oder klinischer Kriterien nicht fassbar ist. Das schwerstgeschädigte Neugeborene lässt sich nicht als deskriptiver Begriff verstehen. Es lässt sich lediglich umschreiben. Es verwundert daher nicht, wenn sich die Thematik in der Literatur meist in einer Darstellung einzelner

---

[153] *M. u. R. Zimmermann*, ZEE 43 (1999), S. 86 (93), wollen die Einschränkung „bei denen keine Aussicht auf Heilung oder Besserung besteht", nur auf die unter 2. genannte Fallgruppe anwenden. Schon der Wortlaut von 1998 hat beide Lesarten erlaubt. Diese Auslegung ist m.E. aber im Hinblick auf Sinn und Zweck der Regelung damals wie heute nicht zutreffend. Nur über diese und die Einschränkung auf durch Stoffwechselstörungen bedingte schwerste Beeinträchtigungen wird der Anwendungsbereich sachgerecht eingegrenzt.

[154] Abgedruckt in: NJW 1996, S. 767ff.

Krankheitsbilder erschöpft und die entwickelten Kriterien durch große Unbestimmtheit gekennzeichnet sind.[155]

Eine weitere Schwierigkeit resultiert daraus, dass schon die Einordnung eines Krankheitsbildes als schwerwiegende Schädigung aufgrund der Fortschritte in der medizinischen Behandlung nicht unveränderlich ist und letztlich über streng medizinische Maßstäbe hinaus eine Frage der gesellschaftlichen Beurteilung derartiger Schädigungen ist. Das hat zur Folge, dass das Bejahen einer schwersten Schädigung letztlich eine Frage der „gesellschaftlichen Konvention" in einer Rahmengesellschaft ist, deren „Fehlertoleranz" abnimmt.[156] So gesehen, führt auch die Verfolgung des Ansatzes von *Hiersche* und *Jähnke* nicht weiter. Dieser erweist sich vielmehr als nicht ergiebig, denn klarere Konturen für den Begriff des schwerstgeschädigten Neugeborenen lassen sich hieraus nicht gewinnen. Das legt bereits der Blickwinkel von *Hiersche* und *Jähnke* nahe, denn von einer hochgradigen nachgeburtlichen Schädigung sollte auf den Schweregrad der Schädigung des Embryos i.S.v. § 218 a Abs. 2 Nr. 1 StGB a.F. geschlossen werden und nicht – wie hier interessierend – umgekehrt. Eine Konkretisierung des Begriffs „schwerstgeschädigt" kann aber auch deshalb nicht über die Verknüpfung mit § 218 a Abs. 2 Nr. 1 StGB a.F. erfolgen, weil der Begriff der nicht behebbaren Schädigung seinerseits weit gefasst ist, er Schädigungen umfasst, die dem Kind entweder nur kurze Überlebenschancen geben oder schwere und irreparable körperliche Schäden oder psychische Leiden mit sich bringen,[157] mit anderen Worten Schädigungen, für die nach ärztlicher Erkenntnis keine Aussicht besteht, dass sie im Laufe der Zeit von selbst verschwinden oder durch Behandlung oder andere Mittel ausgeheilt werden können.[158] Darüber hinaus war seinerzeit sogar umstritten, ob es überhaupt auf das Vorliegen eines spezifischen Krankheitsbildes ankommt.[159] Es gab zwar auch Autoren, die versuchten anstelle einer Auflistung denkbarer Schädigungen eine klare Grenzlinie zu ziehen. Ihre Ergebnisse erscheinen jedoch mehr als deren subjektive Einschätzungen, denn auf objektiv zwingende Kriterien beruhend.[160] Auch *Hiersche* und *Jähnke* selbst konkretisieren den Schweregrad der embryonalen Schädigung nicht näher, sondern nehmen entspre-

---

[155] Zutreffend *Hennies*, Arztrecht 1998, S. 127 (129); vgl. auch *Weber/Vogt-Weber*, Arztrecht 1999, S. 4 (10); zum Gebrauch des Begriffs im medizinischen und juristischen Schrifttum siehe auch *M. Zimmermann*, S. 29ff.

[156] Zutreffend *Eberbach*, JR 1989, S. 265 (266); *Weber/Vogt-Weber*, Arztrecht 1999, S. 4 (10).

[157] Als Beispiele seien körperliche Missbildungen von Gliedmaßen, Verkrüppelungen, Stoffwechselerkrankungen genannt sowie Epilepsien, Psychosen, Schizophrenie und Schwachsinn als seelische und geistige Leiden, vgl. *Dreher/Tröndle*, § 218 a Rn. 19; *Sch/Sch-Eser*[24], § 218a Rn. 21.

[158] *Lackner*, § 218a Rn. 14.

[159] Für ein der Schädigung entsprechendes Krankheitsbild: *Sch/Sch-Eser*[24], § 218a Rn. 21; *Lackner*, § 218a Rn. 14; a.A. *LK-Jähnke*, § 218a Rn. 52 m.N.

[160] Diese Einschätzung teilend *Heinemann*, S. 291 m.N.

chend der damaligen allgemeinen Ansicht nur eine grobe Differenzierung vor, die ergänzt wird durch eine Auflistung von Krankheitsbildern.[161]

Bei aller Breite des Begriffs lässt sich allerdings als Gemeinsamkeit festhalten, dass unter „schwerster Schädigung" ein besonderer Grad an dauerhafter, irreversibler körperlicher oder geistiger Schädigung mit mehr oder minder großen Einfluss auf die Lebenserwartung verstanden wird. Diese Schädigungen können angeboren oder Folge einer erschwerten Entbindung sein, wobei sich die Schädigungen je nach Grad und Lokalisation anhand eines damit verbundenen medizinischen Erscheinungsbildes noch weiter differenzieren lassen. Begrifflich umfasst werden zudem extrem unreife Frühgeborene.

2) Eigener Vorschlag

Dem eben Gesagten entsprechend lässt sich das Phänomen des schwerstgeschädigten Neugeborenen zwar nicht hinreichend genau definieren. Möglich bleibt jedoch, durch eine Unterteilung in bestimmte Gruppen den Begriff des schwerstgeschädigten Neugeborenen näher einzugrenzen und ihm dadurch klarere Konturen zu verleihen. So lassen sich schwerstgeschädigte Neugeborene zunächst am besten durch eine Einteilung in die Gruppen

- Neugeborene mit angeborenen Schädigungen,
- Neugeborene mit schweren Schäden am Zentralnervensystem infolge einer erschwerten Entbindung,
- extrem unreife Frühgeborene

näher umreißen. Diese Differenzierung hat den Vorteil, dass neben der Art der Schädigung auch deren Ursache ersichtlich wird, sie insoweit noch etwas genauer ist, als eine bloße Einteilung nach Schädigung und ihrer Lokalisation. Für die große und vielfältig verflochtene Gruppe der Neugeborenen mit angeborenen Schädigungen lassen sich wiederum objektive Kriterien benennen, nach denen zur besseren Ordnung eine weitere Unterteilung vorgenommen werden kann. Die nähere Darstellung kann dann anhand von Krankheitsbildern erfolgen.

III. Angeborene Schädigungen

Angeborene Schädigungen lassen sich zum einen nach ihrer kausalen Bedingtheit differenzieren.[162] Im Hinblick auf die später folgende Diskussion um Behandlungspflichten und -grenzen ist es allerdings sachgerechter, eine Einteilung zu wählen, welche die Schwere der Schädigung und die damit verbundene Lebenserwartung berücksichtigt, denn der Behandlungszweifel beruht nicht auf der Ursa-

---

[161] *Hiersche/Jähnke*, MDR 1986, S. 1 (2ff).

[162] Diese Unterscheidung findet sich bei *Merkel*, Früheuthanasie, S. 23. Es handelt sich um folgende fünf Typen: Chromosomenanomalien, Genmutationen, Außenweltfaktoren, multifaktorielle Bedingungen sowie die Gruppe der unbekannten Ursachen.

che des Schadens, sondern auf dem Umfang der Schädigung.[163] Hier lassen sich grob die nachfolgenden fünf Gruppen unterscheiden. Um die abstrakten Umschreibungen für den Leser plastischer werden zu lassen, folgt jeweils im Anschluss ein Katalog von dazugehörenden Krankheitsbildern. Diese sind vielfältiger Natur und es würde den Rahmen dieser Arbeit bei weitem sprengen und nicht unbedingt zu einer besseren Verständlichkeit beitragen, auf alle in Betracht kommenden medizinischen Sachverhalte kurz einzugehen, zumal ein Großteil der Missbildungen in unterschiedlichen Formen und Schweregraden auftreten. Die Aufzählung der medizinischen Erscheinungsformen erhebt daher keinen Anspruch auf Vollständigkeit und bleibt bewusst kursorisch. Genannt werden sollen nur Beispiele von schwerwiegenden Schädigungen, die mehrfach in der Literatur zu diesem Themenkomplex angeführt werden. Selbst die verkürzte Darstellung verdeutlicht aber die Komplexität dieser Gruppe von schwerstgeschädigten Neugeborenen.

1) Gruppe A: Behebbarer Schaden mit normaler Lebenserwartung

Bei dieser Gruppe leidet das Neugeborene an behandelbaren, zum Teil lebensbedrohlichen Fehlbildungen und Behinderungen, die das Leben beeinträchtigen, aber nicht verkürzen, so dass ein „normales" Leben geführt werden kann. Es handelt sich hierbei um früher teilweise noch als absolut tödlich geltende Missbildungen, die nunmehr pränatal erkannt und regelmäßig kinderchirurgisch therapiert werden können. Zu nennen sind folgende Krankheitsbilder:[164] Bestimmte Varianten des Speiseröhrenverschlusses (Ösophagusatresie)[165], bei denen die Kinder ohne Versorgung zu ersticken drohen, unkomplizierte Darmverschlüsse[166], aber auch die erschreckend aussehenden Bauchspalten (Gastroschisis)[167], bei denen die Baucheingeweide außerhalb des Körpers liegen; ferner gehören hierher die Lippen-Kiefer-Gaumenspalte, die Trichterbrust, verklebte Finger sowie Fehlbildungen der Harnröhre. Heutzutage erfolgreich therapierbar ist schließlich die Transposition

---

[163] Eine vergleichbare Einteilung findet sich bei *Gründel*, Einbecker Workshop 1986, S. 78 und auch *Holschneider* nimmt in einem Diskussionsbeitrag im Rahmen des 1. Einbecker Workshops eine derartige Unterscheidung vor, *ders.*, in: *Hiersche/Hirsch/Graf-Baumann,* S. 71.

[164] Beispiele aus *von Loewenich*, Einbecker Workshop 1986, S. 41f.; *ders.*, in: *Hegselmann/Merkel,* S. 131, sowie aus einem Diskussionsbeitrag von *Holschneider* in: *Hiersche/Hirsch/Graf-Baumann* S. 71.

[165] Zum Krankheitsbild näher *Speer*, in: von Harnack Kinderheilkunde (*Koletzko*, Hrsg.), S. 97ff.; *Nützenadel*, in: von Harnack Kinderheilkunde (*Koletzko*, Hrsg.), S. 471ff. Die Häufigkeit beträgt rund 1:4.000.

[166] Intestinale Atresien sind nicht selten mit anderen Fehlbildungen assoziiert. Siehe zum medizinischen Krankheitsbild auch *Speer*, in: von Harnack Kinderheilkunde (*Koletzko*, Hrsg.), S. 98.

[167] Näher *Speer*, in: von Harnack Kinderheilkunde (*Koletzko*, Hrsg.), S. 99; Die Häufigkeit liegt bei etwa ein bis vier Fälle bei 6.000 Geburten, *Holschneider*, Einbecker Workshop 1986, S. 60.

der Herzarterien, eine Missbildung des Herzens, bei der die Hauptschlagader (A-orta) aus der rechten statt der linken Herzkammer entspringt, die Lungenschlag-ader (Pulmonalarterie) umgekehrt aus der linken statt der rechten Herzkammer, so dass kein Gasaustausch zwischen venösen und arteriellen Blut stattfinden kann und das Kind somit ohne ärztliches Eingreifen prinzipiell keinen Sauerstoff auf-nehmen kann.[168]

2) Gruppe B: Nicht oder nur teilweise behebbarer Schaden mit normaler Lebenserwartung

Im Gegensatz zur vorigen Untergruppe besteht hier eine, wenn auch nicht tödli-che, so doch inkurrable, dauerhafte Fehlbildung. Die Lebenserwartung wird nicht wesentlich eingeschränkt. Die Kinder überleben also bei Behandlung, es bleibt aber ein „Handicap" in Form einer erheblichen Behinderung oder einer Schmerzen verursachenden Fehlbildung. Kurz gesagt: Der Arzt kann helfen, aber nicht heilen.

a) Hydrozephalus

Hier einzuordnen sind zunächst bestimmte Formen eines isolierten angeborenen Wasserkopfs (Hydrozephalus)[169]. Bei diesem Krankheitsbild kommt es durch den Rückstau der Hirnflüssigkeit zu einer Druckerhöhung in deren Folgen sich die Hirninnenräume zunehmend ausweiten, so dass das Hirngewebe zusammenge-presst und sein Gesamtvolumen reduziert wird. Dadurch kommt es zu erheblichen Hirnfunktionsstörungen. Ein Hydrozephalus ist außerdem eine Begleitmissbildung in der Mehrzahl der Fälle von Kindern mit einer Rückenmarkspalte. Operativ behandelbar ist der Hydrozephalus durch den Abtransport des Nervenwassers über ein sog. „Shunt-Ventil", wobei nicht selten Infektionen den Abtransport kompli-zieren und zu wiederholten Nachoperationen Anlass geben. Es bleibt je nach Ausmaß der präoperativen Druckschädigung und der Pathoätiologie des Hydro-zephalus eine mehr oder weniger ausgeprägte Schädigung der Hirnsubstanz, so dass bei diesen Kindern neben einer normalen geistigen Entwicklung auch alle Grade von geistiger und motorischer Behinderung möglich sind. Unbehandelt kann der Hydrozephalus zum Tode führen.

b) Ichthyosis

Zu nennen sind ferner leichtere Formen der sog. „Fischschuppenkrankheit" (Ichthyosis). Es handelt sich hierbei um eine vererbbare Hauterkrankung, bei der aufgrund einer trockenen und verdickten Hornschicht mit festhaftenden, an Fisch-schuppen erinnernden Hornplatten, am ganzen Körper schollenartig die Haut auf-platzt, was zu Schmerzen und Blutungen führt und in schweren Fällen zum Tod

---

[168] *Illing*, S. 109ff.; *Hausdorf*, in: von Harnack Kinderheilkunde (*Koletzko*, Hrsg.), S. 392ff.

[169] Zum Krankheitsbild *Strassburg*, in: Pädiatrie (*Speer/Gahr*, Hrsg.), S. 258ff.; *Illing*, S. 124ff.; *Gärtner*, in: von Harnack Kinderheilkunde (*Koletzko*, Hrsg.), S. 616ff.. Die Inzidenzrate für den angeborenen Wasserkopf wird derzeit mit 3‰ angegeben.

(sog. „Harlekinfetus"). Die Therapie erfolgt symptomatisch mit Kochsalz- und Ölbäder und einer Vitamin A-Behandlung.[170]

c) Osteogenesis imperfecta

Unter der Bezeichnung Osteogenesis imperfecta („Glasknochenkrankheit")[171] wird eine Gruppe von angeborenen Erkrankungen des Bindegewebes zusammengefasst, deren Hauptsymptom die erhöhte Knochenbrüchigkeit ist. Meist kommen die Neugeborenen bereits mit Knochenbrüchen zur Welt oder haben sich sogar schon intrauterin Frakturen zugezogen. Infolge der dauernden neuen Frakturen und der mangelnden Knochendichte werden vor allem die langen Röhrenknochen (Arme und Beine) hochgradig verbogen und verkürzt. Die Betroffenen werden kaum gehfähig. Das Erbleiden lässt sich nicht ursächlich behandeln. Die Therapie erfolgt symptomatisch und in erster Linie orthopädisch-chirurgisch. In ihrer schwersten Form verläuft die Krankheit meist letal.

d) Analatresien

Aber auch angeborene Verschlüsse des Enddarmes (Analatresien)[172] gehören hierher. Diese sind zwar operativ zu korrigieren, das Kind wird aber Stuhlentleerungsprobleme haben.

e) Trisomie 21

Schließlich kann dieser Untergruppe als Krankheitsbild noch die Trisomie 21 (Down-Syndrom) zugeordnet werden. Dieses chromosomale Erbleiden führt zu geistiger und motorischer Behinderung. Des Weiteren haben die Kinder häufig einen Herzfehler oder andere innere Fehlbildungen. Ihr Immunsystem ist geschwächt, die Leukämierate erhöht. Insgesamt betrachtet ist ihre Lebenserwartung geringer, wenngleich sich die Überlebensrate ständig erhöht.[173]

3) Gruppe C: Schwere Mehrfachschädigungen, die nur teilweise behebbar sind

Bei dieser Untergruppe folgt die Schwere der Schädigung daraus, dass eine keineswegs lebensbedrohliche, aber dauerhafte und unheilbare Grunderkrankung zusammentrifft mit einem oder einer Kombination aus unmittelbar lebensbedrohenden, aber leicht behebbaren Defekten. Das Leben wird mithin nicht durch den lebenslangen Defekt an sich gefährdet, sondern vielmehr durch den damit einhergehenden Geburtsfehler.

---

[170] *Wolff*, in: von Harnack Kinderheilkunde (*Koletzko*, Hrsg.), S. 582ff.

[171] Näher *Illing*, S. 151ff.; *Stotz/Stauffer*, in: von Harnack Kinderheilkunde (*Koletzko*, Hrsg.), S. 554ff. Die Häufigkeit ist selten und liegt bei ca. 1: 20.000 Neugeborenen.

[172] Näher *Nützenadel*, in: von Harnack Kinderheilkunde (*Koletzko*, Hrsg.), S. 473; *Illing*, S. 116ff. Die Häufigkeit beträgt ca. 1:5000 Geburten.

[173] Trisomie 21 ist die häufigste Chromosomenanomalie. Die Inzidenz liegt bei etwa 1:700. Ausführlich zum Down-Syndrom *Hinkel*, in: Pädiatrie (*Speer/Gahr*, Hrsg.), S. 40ff.; *Illing*, S. 200.

Als Beispiele werden häufig Neugeborene mit einem Down-Syndrom genannt, bei denen darüber hinaus innere Fehlbildungen wie eine Herzerkrankung oder Defekte im Verdauungstrakt, insbesondere Anal- und Ösophagusatresien bestehen.

4) Gruppe D: Schwerer, nicht behebbarer Schaden mit verringerter Lebenserwartung

In diese Kategorie gehören zum einen die Fälle, in denen ein Überleben nur bei dauerhaften Intensivmaßnahmen möglich ist, das Kind also lebenslang und vollständig vom medizinischen Instrumentarium abhängig ist, wobei die Gefahr besteht, dass die Art der Lebenserhaltung langfristig eine andere Todesursache schafft. Zum anderen gehören die Fälle hierher, in denen die Fehlbildung selbst nicht vollständig korrigierbar ist, sondern lebenslang als schwere Krankheit oder Behinderung bestehen bleibt und nur die Symptome der Erkrankung behandelt werden können. Dadurch wird das Leiden zwar verringert, doch auch die Überlebenszeit.

a) Dysraphien

Zu dieser Untergruppe gehören die häufigsten äußerlich sichtbaren Fehlbildungen des Zentralnervensystems, die sog. Neuralrohrdefekte (Dysraphien)[174]. Es handelt sich hierbei um Spaltbildungen des Nervensystems, meist des Rückenmarks und der umgebenden Wirbelsäule. Die Neuralplatte ist unvollständig verschlossen, so dass das Rückenmark zystisch vorgewölbt freiliegt. Die Erscheinungsformen der Dysraphien umfassen ein breites Spektrum neurologischer Krankheitsbilder und Schweregrade; in den schwersten Varianten ist die Fehlbildung tödlich. Soll das Neugeborene am Leben erhalten werden, ist innerhalb der ersten 24 Lebensstunden eine Frühoperation notwendig. Die neurologischen Ausfälle lassen sich durch die Operation allerdings nicht korrigieren.

Der häufigste dieser Neuralrohrdefekte sind die Rückenmarkspalten (Meningomyelozele), im allgemeinen Sprachgebrauch auch als „offener Rücken" bekannt (spina bifida).[175] Der Kinderchirurg *A.M. Holschneider* beschreibt die Auswirkung der Fehlbildung sehr anschaulich, indem er sie mit einem Schrotschuss in eine Telefonzentrale vergleicht: Teile der die Zentrale (Gehirn) mit der Peripherie (Blase, Mastdarm, Extremitäten) verbindenden Bahnen sind zerstört, andere intakt oder nur teilweise ausgefallen, so dass die spätere Übernahme von Funktionen anderer ausgefallener Bahnen möglich ist.[176] Die Folgen dieses Defektes hängen einerseits davon ab, in welcher Höhe der Defekt lokalisiert ist, zum anderen da-

---

[174] Eingehend *Gärtner*, in: von Harnack Kinderheilkunde (*Koletzko*, Hrsg.), S. 613; *Neuhäuser*, in: Pädiatrie (*Leutze/Schaub/Schulte/Spranger*, Hrsg.), S. 1285ff. Die Inzidenz liegt bei 1:1.000, die Zahl ist in den letzten Jahren aber deutlich zurückgegangen.

[175] Ausführlicher zur Meningomyelozele (englisch: „Myelomeningocele") *Strassburg*, in: Pädiatrie (*Speer/Gahr*, Hrsg.), S. 255ff.; *Gärtner*, in: von Harnack Kinderheilkunde (*Koletzko*, Hrsg.), S. 614ff.; *Illing*, S. 126ff.

[176] *Holschneider*, Einbecker Workshop 1986, S. 56.

von, wie stark die Funktion des Rückenmarks beeinträchtigt ist. Je höher die Spaltbildung liegt und die Lähmung ausgedehnt ist, desto schwerwiegender sind die Funktionsausfälle. Sitzen die Spaltbildungen hoch am Rückenmark, so ist unterhalb der Fehlbildung mit einer Querschnittslähmung zu rechnen, auch sind die Kinder infolge der Querschnittslähmung stuhl- und harninkontinent. Die geistige Entwicklung ist bedingt durch den Grad des sich häufig entwickelnden inneren Hydrozephalus und auftretender Komplikationen.

Die Neugeborenen können durch entsprechende medizinische Versorgung am Leben erhalten werden. Doch während der Hydrozephalus operativ zu beherrschen ist, bleiben die Lähmungen der unteren Körperhälfte zeitlebens bestehen. Wegen der fehlenden Gehfähigkeit sind diese Kinder immer auf Fremdhilfe angewiesen, wenn nicht sogar rollstuhlabhängig. Urologische Komplikationen führen zur Nierenschädigung und wirken lebensverkürzend. Mit der anfänglichen Intensivtherapie ist es also hier nicht getan, Nachoperationen sind aus verschiedenen Gründen erforderlich. Durch die Krankenhausaufenthalte werden die Kinder zudem immer wieder in ihrer Entwicklung beeinträchtigt. Sie benötigen eine dauerhafte intensive medizinische und familiäre Betreuung.

b) Nekrotisierende Enterokolitis
Auch die bereits an früherer Stelle erwähnte nekrotisierende Enterokolitis gehört in diese Kategorie. Diese lebensbedrohliche Erkrankung des Magen-Darm-Traktes lässt sich solange Darmtransplantationen noch experimentellen Charakter haben nur durch eine vollständige Resektion des Darmes therapieren. Für das Neugeborene bedeutet dies eine lebenslange intravenöse Ernährung, die ihrerseits teils selbst lebensbedrohliche Komplikationen nach sich zieht und langfristig zu schweren weiteren Schäden vor allem der Leber führt.[177]

5) Gruppe E: Schwerer, nicht behebbarer Schaden mit kurzer Lebenserwartung
Bei dieser Gruppe fehlen dem Neugeborenen lebenswichtige Organe oder diese sind weitgehend missgebildet. Aufgrund der lebensbedrohlichen Missbildungen ist die Prognose infaust. Durch Intensivmaßnahmen kann der Sterbeprozess lediglich hinausgezögert werden, so dass eine mehr oder minder lange Lebensspanne bleibt. Dem Neugeborenen fehlt mitunter die Fähigkeit zur Kommunikation.

a) Trisomie 13
Als erstes Krankheitsbild ist hier die nach dem Pädiater Pätau benannte Chromosomenaberration Trisomie 13 (Pätau-Syndrom)[178] zu nennen. Die von diesem Syndrom betroffenen Neugeborenen weisen meist schwere innere Fehlbildungen

---

[177] Genauer *Merkel*, Früheuthanasie, S. 48, 60ff. m.N.

[178] Näher *Illing*, S. 203ff.; *Schuffenhauer*, in: Pädiatrie (*Speer/Gahr*, Hrsg.), S. 245. Die Erkrankung kommt bei 1:5.000 Geburten vor, *Murken*, in: von Harnack Kinderheilkunde (*Koletzko*, Hrsg.), S. 30.

(u.a. Herzfehler, Nierenfehlbildungen) sowie massive Großhirnfehlbildungen auf, aufgrund derer sie innerhalb der ersten Lebenswochen oder –monate versterben. Nur 10-20% überleben das erste Jahr. Die weniger länger Überlebenden weisen keine geistige Entwicklung auf und haben eine Epilepsie; sie sind zudem blind und taub. Hier wie bei Trisomie 18 ist nicht auszuschließen, dass die statistische Lebenserwartung höher liegen könnte und durch Entscheidungen der Ärzte, nicht zu behandeln, verfälscht wird.[179]

b) Trisomie 18

Auch bei Trisomie 18 (Edwards-Syndrom)[180] ist die Prognose infaust, die Mortalität liegt bei 90% im ersten Lebensjahr und noch bei 50% in den ersten beiden Monaten. Die Krankheit tritt regelmäßig in Verbindung mit weiteren, schweren Defekten auf. Die Kinder haben Herzfehler, die Nieren sind in verschiedener Weise schwer geschädigt, und das Nervensystem sowie das Gehirn weisen Fehlbildungen auf. Mit einer psychomotorischen Entwicklung ist bei diesem genetischen Defekt praktisch nicht zu rechnen, die Kinder werden weder Gehen noch Spielen erlernen. Jede Form von Kommunikation ist ausgeschlossen.

c) Potter-Syndrom

Ein weiteres Beispiel für eine angeborene Fehlbildung, die nicht korrigierbar und mit dem Leben unvereinbar ist, ist das Potter-Syndrom[181]. Bei dieser Erkrankung fehlen beide Nieren oder sind fehlgebildet und funktionsunfähig. Kombiniert ist damit meist eine Unterentwicklung der Lunge (sog. Lungenhypoplasie), die dazu führt, dass solche Kinder trotz Beatmungsversuch innerhalb der ersten Lebensstunden sterben, noch bevor sich das Fehlen beider Nieren in irgendeiner Weise auswirken kann.

d) Hypoplastisches Linksherz

Beim hypoplastischen Linksherz ist die linke Herzkammer, die den Körperkreislauf mit Blut versorgt, mangelhaft angelegt, so dass diese Neugeborenen ohne chirurgische Maßnahmen in den ersten Lebenstagen sterben. Lange Zeit wurde angenommen, dass diese Fehlbildung des Herzens inoperabel und damit ohne alsbaldige Herztransplantation tödlich ist.[182] Nach neuerem Stand der medizini-

---

179 In diese Richtung äußert sich *Merkel*, Früheuthanasie, S. 372.
180 Detaillierter *Illing*, S. 202ff.; *Schuffenhauer*, in: Pädiatrie (*Speer/Gahr*, Hrsg.), S. 244; *Murken*, in: von Harnack Kinderheilkunde (*Koletzko*, Hrsg.), S. 29ff.. Die Erkrankung kommt bei 1:3.000 Geburten vor, vgl. auch *Merkel*, Früheuthanasie, S. 43ff. m.N.
181 Dazu näher *Brandis/Zimmerhackl*, in: von Harnack Kinderheilkunde (*Koletzko*, Hrsg.), S. 511; *Hiersche/Jähnke*, MDR 1986, S. 1 (3) m.N.; die Häufigkeit des Potter-Syndroms variiert und wird im Mittel mit 1: 3.000 bis 1:4.000 angegeben. Zum Krankheitsbild vgl. auch *von Loewenich*, Einbecker Workshop 1986, S. 42; *Ewerbeck*, Einbecker Workshop 1986, S. 19.
182 So noch *von Loewenich*, Einbecker Workshop 1986, S. 42; *ders.*, in: *Hegselmann/Merkel*, S. 131; *Hiersche/Jähnke*, MDR 1986, S. 1 (3) m.N.

schen Wissenschaft ist es jedoch durch wiederholte und sehr risikoreiche Eingriffe am offenen Brustkorb während des ersten Lebensjahres durchaus möglich (sog. Norwood-Operationen), ein Überleben bis in die Vorschulzeit zu gewährleisten, wobei spätestens dann eine Herztransplantation erforderlich ist.[183] Allerdings ist die Sterblichkeitsrate bei der Operation hoch und wegen der geringen Zahl von Spenderherzen kommt eine Transplantation auch nur für wenige Patienten in Frage.[184]

e) Rhachischisis

Rhachischisis (auch: spina bifida totalis) ist die schwerste Form der Rückenmarks-spaltbildung, bei der das Rückenmark in seiner Gesamtheit zwischen der klaffenden Haut und den nicht verschlossenen Wirbelbögen sichtbar ist. Das prognostische Spektrum ist breit und reicht von Querschnittslähmung bis infaust. Die für die Atmung erforderlichen Muskeln können in diesen Fällen des totalen Neuralrohrdefektes wegen der schweren Rückenmarksschädigung nicht enerviert werden, das Neugeborene müsste ein Leben lang künstlich beatmet werden. Hinzu kommen weitere Missbildungen, die die Lebenserwartung stark verkürzen können.[185]

f) Enzephalozele

Verwandt mit der Meningomyelozele und sehr viel seltener sind die schweren Spaltbildungen des Gehirns (Enzephalozele). Auch dieser Defekt gehört in seinen schweren Varianten hierher. Es handelt sich um eine Form von extrem hoher Meningomyelozele, bei der der Schädelknochen beschädigt ist und in der schweren Unterart ein Teil des Gehirns heraustritt, was mit schweren Hirnschädigungen verbunden ist. Da oft komplexe Hirnfehlbildungen bestehen kommt es bei einem Großteil der Kinder zu Krampfleiden und schweren geistigen und körperlichen Behinderungen. Eine gute Rehabilitation ist kaum möglich und die Kinder sterben meist innerhalb kurzer Zeit.[186]

g) Anenzephalus

Beim Anenzephalus[187] („Gehirnloser") handelt es sich um die Maximalform eines Neuralrohrdefektes, das heißt um die schwerste aller Missbildungen des zentralen Nervensystems, bei der eine knöcherne Schädeldecke vorhanden ist, nicht aber das Schädeldach und das Großhirn. Der Kopf erscheint wie in Höhe der Schädelbasis abgeschnitten und froschähnlich.[188] Beim Anenzephalus fehlt das Großhirn vollständig. Vorhanden, wenn auch unterschiedlich schwer geschädigt, sind hingegen

---

[183] *Grauel*, S. 11ff.; *von Loewenich*, Ethik Med 13 (2001), S. 196.

[184] *Hausdorf/Kececioglu*, in: Pädiatrie (*Speer/Gahr*, Hrsg.), S. 585.

[185] *Hiersche/Jähnke*, MDR 1986, S. 1 (3ff.) m.N.

[186] *M. Zimmermann*, S. 62

[187] Näher zum Krankheitsbild der Anenzephalie *Gescher*, S. 25ff. m.w.N.

[188] Wegen dieses typischen Aussehens wird der Anenzephale im Deutschen auch als „Krötenkopf" bezeichnet.

das Kleinhirn sowie die Hirnstammstrukturen. Regelmäßig bestehen weitere schwere Begleitdefekte. Die Anenzephalie ist die häufigste Fehlbildung des Gehirns.[189] Anenzephale sind infolge des fehlenden Großhirns zu keinerlei Empfindungen oder Wahrnehmungen fähig und auch die Möglichkeit von Schmerzempfindungen wird von Experten überwiegend ausgeschlossen. Sie sind dauernd und vollständig bewusstlos und können niemals etwas von der eigenen Existenz erfahren und erleiden. Ihr Dasein etwa als „sinnverkargt, erbarmungswert und entsetzlich" zu kennzeichnen,[190] geht daher fehl, weil bei dieser Beurteilung nicht deutlich zwischen der Schwere der Schädigung wie sie sich von außen darstellt und dem subjektiven Erleiden dieser Schädigung unterschieden wird.[191] Anenzephale überleben in der Regel nicht lang[192], ihr Leben dauert meistens nur Stunden, selten Tage oder Wochen, was besonders mit dem Ausmaß der neonatalen Intensivversorgung zusammenhängt.[193]

h) Mikrozephalus
Die Mikrozephalie stellt eine abnorme Verkleinerung von Inhalt und Umfang des Schädels dar. Sie kommt bei einer großen Anzahl von Missbildungssyndromen als Begleitphänomen vor und geht zumeist mit einer geistigen Behinderung und weiteren neurologischen Auffälligkeiten einher. In ihren gravierendsten Formen führt sie zu schwersten geistigen Behinderungen.[194]

6) Schwerer, nicht behebbarer Schaden ohne Überlebenschance als Gruppenmerkmal?
Zu denken wäre auch an eine Gruppe, die dadurch charakterisiert ist, dass dem Neugeborenen wegen der schweren Beeinträchtigung vitaler Funktionen die Lebensfähigkeit fehlt, eine Kategorisierung, die sich im Hinblick auf die Diskussion um Behandlungsgrenzen anbietet, meines Erachtens aber abzulehnen ist. Zwar erscheint auf dem ersten Blick die Lebensunfähigkeit als eindeutiges und geeignetes Kriterium für eine weitere Untergliederung. Doch die Vergangenheit hat gezeigt, dass sich Lebensunfähigkeit auf Grund der fortschreitenden medizinischen Entwicklung nicht unveränderlich an einen biologischen Entwicklungstand festmachen lässt, so dass bei näherer Betrachtung in mehrerlei Hinsicht Probleme bestehen, denn ab welcher prognozierter Lebensdauer kann vor diesem Hintergrund davon gesprochen werden, dass dem Neugeborenen bereits die Lebensfähigkeit fehlt und nicht vielmehr die Lebenserwartung nur relativ kurz ist? Und wann kann klinisch von Lebensunfähigkeit gesprochen werden? Setzt diese Prognose a priori die Wirkungslosigkeit von intensivmedizinischen Maßnahmen oder

---

[189] *Gescher*, S. 27 m.w.N.
[190] So *Bottke*, S. 61.
[191] Zutreffend daher die Kritik von *Merkel*, Früheuthanasie, S. 68 in Fußnote 123 an *Bottke*.
[192] *Gärtner*, in: von Harnack Kinderheilkunde (*Koletzko*, Hrsg.), S. 614.
[193] *Gescher*, S. 31f. Schärfer formulierend *Merkel*, Früheuthanasie, S. 377ff., beide m.w.N.
[194] *Gärtner*, in: von Harnack Kinderheilkunde (*Koletzko*, Hrsg.), S. 619.

das Unterlassen möglicher Behandlungsansätze voraus oder werden auch Fälle erfasst, in denen unter Einsatz der Medizin dem Neugeborenen ein kurzes Überleben gegeben ist? Zu bedenken ist auch, dass heutzutage der Tod kaum noch als unmittelbare und „natürliche" Folge einer Krankheit angesehen werden kann, sondern meist das Ergebnis einer Entscheidung, die lebensbewahrende medizinische Behandlung oder Medikation nicht fortzusetzen.[195]

Ich komme im Rahmen der juristischen Diskussion um Behandlungsgrenzen bei extrem unreifen Frühgeborenen noch einmal ausführlicher auf das Kriterium der Lebensunfähigkeit und die genannten Probleme zu sprechen.[196] An dieser Stelle soll es jedoch sein Bewenden damit haben und ausreichen, die Unbestimmtheit des Begriffs und die daraus folgende Ungeeignetheit als Charakteristikum für eine selbständige Untergruppe für angeborene Schädigungen aufzuzeigen.

IV. Schwere Perinatalschäden am Zentralnervensystem

Die zweite Hauptgruppe schwerstgeschädigter Neugeborener umfasst die Opfer perinataler Sauerstoffmangelschäden, die aus den Folgen einer erschwerten Entbindung mit lang dauerndem Sauerstoffmangel infolge Übergangsstörungen der Atmung resultieren. Der Sauerstoffmangel bedingt Hirnblutungen und daraus folgende Schäden im Zentralnervensystem.

Die Gehirnschäden lassen sich heute mit Ultraschalluntersuchungen frühzeitig erkennen, so dass die Kinder je nach Schwere der Hirnblutungen mehr oder weniger rehabilitiert werden können.[197] Allerdings ist die einmal eingetretene Blutung einer Behandlung nicht mehr zugänglich. Bei schweren Gehirnschäden ist mit einer Mikrozephalie und einer Imbezillität zu rechnen. Die Kinder leiden unter Sprachstörungen und haben motorische Defekte.[198] Auch bei dieser Gruppe kann es zu Mehrfachschädigungen kommen, wenn noch zusätzliche Komplikationen wie angeborene Herzfehler, schwere Lungenentzündung oder eine Hirnhautentzündung auftreten.

V. Extrem unreife Frühgeborene

Die dritte große Gruppe, aus der schwerstgeschädigte Neugeborene resultieren, sind die extrem unreifen Frühgeborenen. Hier lassen sich drei Typen ausmachen:

Zum ersten Typus zählen extrem unreife Frühgeborene, die an sich gesund, aber aufgrund ihrer Unreife als schwerstgeschädigt anzusehen sind. Diese Gruppe stellt insofern einen Sonderfall dar, als extrem unreife Frühgeborene anders als die

---

[195] *Giesen*, JZ 1990, S. 929; ähnlich *Laber*, MedR 1990, S. 182 (187).
[196] Siehe unten § 7.D.I.3.
[197] Näher *Ewerbeck*, Einbecker Workshop 1986, S. 19f. Ihm zufolge bleiben bei 4‰ der Kinder mehr oder weniger starke Schäden im Zentralnervensystem zurück.
[198] *Ewerbeck*, Einbecker Workshop 1986, S. 20.

sonstigen, als schwerstgeschädigt einzustufenden Neugeborenen nicht per se als krank bezeichnet werden können, weil ihre körperliche Entwicklung dem gewöhnlichen Reifegrad entspricht.[199] Dennoch besteht bei ihnen die Gefahr, dass ein gewisser Prozentsatz wegen der Unreife schwere gesundheitliche Schädigungen davonträgt. Wie gesehen ist diese Gefahr umso höher, je unreifer und untergewichtiger das Frühgeborene ist. Das breite Spektrum der auf der Unreife beruhenden möglichen Schädigungen, deren Schweregrade von „leicht" bis „letal" reichen, wurde bereits an früherer Stelle ausführlich dargestellt.

Des weiteren kann es sich unabhängig von der Unreife bereits um ein schwerstgeschädigtes Neugeborenes handeln. Hier weist das extrem unreife Frühgeborene zusätzlich angeborene Schädigungen oder perinatal erworbene Gesundheitsstörungen auf.

In der Regel kommen Frühgeborene aber – abgesehen von ihrer Unreife – gesund zur Welt. Auf Grund ihrer funktionellen Unreife sind jedoch gerade extrem unreife Frühgeborene von Anfang an auf intensivmedizinische Hilfe angewiesen, weshalb ferner die Gefahr besteht, dass sie erst durch die Intensivbehandlung (iatrogen) schwer und irreversibel geschädigt werden, ein Risiko, das wegen der physiologischen Empfindlichkeit dieser Neugeborenen nicht gerade gering einzuschätzen ist.[200] Die Schädigung ist hier somit Folge der Lebenserhaltung. Als Beispielsfall für diesen dritten und letzten Typus dieser Gruppe sei der von *Volker von Loewenich* genannte Fall eines extrem unreifen Frühgeborenen angeführt, das infolge einer langdauernden maschinellen Beatmung wegen des dadurch verursachten Lungendefekts sein ganzes Leben lang respiratorabhängig bleiben wird.[201]

VI. Die praktische Bedeutung der Definition

Geklärt ist somit, welches Neugeborene begrifflich als schwerstgeschädigt zu betrachten ist. Doch was bedeutet das gefundene Ergebnis für das medizinische Behandlungsteam in der konkreten peri- und neonatalen Situation? Die ärztliche Einschätzung über den Schädigungsgrad des Kindes und die davon abhängigen intensivmedizinischen Maßnahmen stützen sich auf eine Diagnose, die letztlich eine Prognoseentscheidung ist und grundsätzlich auf dem Wissen um ein bestimmtes Krankheitsbild basiert.[202] Die Anwendung des Begriffs „schwerstgeschädigt" findet also im Modus einer Prognoseentscheidung statt und beinhaltet damit eine subjektive Wertung, wobei der Arzt in der prä- und postnatalen Situation auf Hypothesen und Vermutungen angewiesen ist, denn prognostische Aussagekriterien fehlen vielfach. Gerade bei extrem unreifen Frühgeborenen konnte

---

[199] Darauf weist zu Recht *Kern* in einem Diskussionsbeitrag im Rahmen des 1. Einbecker Workshops hin, vgl. *Hiersche/Hirsch/Graf-Baumann* S. 70. Vgl. auch *Hepp,* Der Gynäkologe 25 (1992), S. 130 (132).

[200] *Merkel,* Früheuthanasie, S. 27, 565f.; *Danish Council of Ethics,* Debate Outline, S. 18

[201] *Von Loewenich,* MedR 1985, S. 30 (32).

[202] Näher zu Diagnose und Prognose, *Everschor,* S. 221ff.

man sich bislang nicht auf geeignete Prognoseindizes einigen.[203] Als solche Richtgrößen werden in der medizinischen Literatur insbesondere Geburtsgewicht und Gestationsalter des Frühgeborenen kontrovers diskutiert. Die aus der tatsächlichen Behandlungssituation resultierende Prognoseunsicherheit[204] zusammen mit der Unsicherheit in bezug auf die Wortbedeutung relativiert somit letztlich jeden Versuch einer sinnvollen exakten Definition im Zeitpunkt der Behandlungsentscheidung.[205] Dabei macht es keinen Unterschied, ob die Prognose anhand eines Krankheitsbildes oder eines der oben genannten, einen zeitlichen Aspekt beinhaltenden Kriterien vorgenommen wird. Jeder Versuch ex ante festzustellen, ob es sich um ein schwerstgeschädigtes Neugeborenes handelt, sei es anhand eines Katalogs von Krankheitsbildern, sei es anhand von objektiven Kriterien, ist wegen des beiden Ansätzen innewohnenden zeitlichen Moments zum Scheitern verurteilt. Die Richtigkeit der Einschätzung lässt sich praktisch nur retrospektiv erkennen, zu einem weit nach der Geburt liegenden Zeitpunkt. Deutlich wird damit einmal mehr die Aporie dieser Extremsituation am Beginn des Lebens. Faktisch bleibt auf diese Weise aber auch jeder Definitionsansatz solange bedeutungslos wie er sich in Ermangelung geeigneter prognostischer Indizes nicht in den klinischen Alltag übertragen lässt. Seine Bedeutung bleibt theoretisch, und er kann höchstens geistige Orientierungshilfe geben.

VII. Zusammenfassung

Zur ärztlichen Behandlungspflicht bei schwerstgeschädigten Neugeborenen gibt es inzwischen zahlreiche Veröffentlichungen. Dennoch fehlt sowohl in der juristischen als auch in der medizinischen Literatur in diesem Zusammenhang eine allgemeingültige Definition von „schwerstgeschädigt" – was vor allem daran liegt, dass sich das Phänomen des schwerstgeschädigten Neugeborenen nicht als deskriptiver Begriff verstehen lässt. Immerhin lässt sich das Phänomen des schwerstgeschädigten Neugeborenen begrifflich fassbarer machen über eine grobe Einteilung in die drei Gruppen: (1) Neugeborene mit angeborenen Schädigungen, wobei sich eine weitere Unterteilung an einzelnen Krankheitsbildern orientieren kann, (2) Neugeborene mit schweren Schäden am Zentralnervensystem infolge einer erschwerten Entbindung und (3), als Sonderfall, extrem unreife Frühgeborene, deren Unreife ursächlich für die körperlichen und geistigen Schädigungen ist. Es zeigt sich also, dass auch extrem unreife Frühgeborene zu den schwerstgeschädigten Neugeborenen zählen.

Die Einstufung des extrem unreifen Frühgeborenen ebenso wie die des termingerechten Neugeborenen als schwerstgeschädigt beruht in der Praxis allerdings

---

[203] *Hepp,* Der Gynäkologe 25 (1992), S. 130 (133); *von Loewenich,* Einbecker Workshop 1986, S. 48; *Everschor,* S. 335.

[204] Auf diese Prognoseunsicherheit wird auch ausdrücklich in Punkt VI. der Revidierten Fassung der Einbecker Empfehlungen von 1992 hingewiesen, vgl. MedR 1992, S. 206.

[205] Ähnlich *M. Zimmermann,* S. 29.

auf einer medizinischen Diagnose, so dass sich die Anwendung des Begriffs im
Modus einer Prognoseentscheidung vollzieht, für die bisher keine Kriterien erarbeitet wurden, deren Geeignetheit unbestritten geblieben ist. Die auf diese Weise
verbleibende Prognoseunsicherheit stellt das Grundproblem bei der Definition
eines Neugeborenen als schwerstgeschädigt dar und führt dazu, dass sich jede
Begriffsbestimmung nicht so einfach in den klinischen Alltag übertragen lässt. Sie
verhindert beim individuellen Neugeborenen entscheidend jeden Versuch einer
exakten Klassifizierung im Zeitpunkt der Behandlungsentscheidung. Jeder Defini-
tionsversuch bleibt so graue Theorie und bietet maximal geistige Orientierungshilfe. Gerade aber der Umstand, dass – wie an späterer Stelle noch gezeigt wird – in
der klinischen Praxis die Reichweite der ärztlichen Behandlungspflicht bei extrem
unreifen Frühgeborenen an unterschiedliche prognostische Indize geknüpft und
infolgedessen begrenzt wird, macht es notwendig, über die Existenz eines geeigneten objektiven medizinischen Entscheidungskriterium weiter nachzudenken. Da
die Diskussion über dessen Brauchbarkeit aber nicht bloß medizinische Aspekte
berührt, sondern auch von rechtlichem Interesse ist, soll sie erst an geeigneter
Stelle im rechtlichen Teil geführt werden.

Deutlich geworden ist in diesem Abschnitt erneut die Ambivalenz der insgesamt erfreulichen klinischen und technischen Fortschritte der Neonatologie bei der
Behandlung von unreifen und missgebildeten Neugeborenen: Einerseits die drasti-
sche Senkung der Mortalitätsrate, die zu einem Anstieg der Zahl solcher Neugeborenen, die am Leben erhalten werden können, führt. Andererseits das vielfache
Einhergehen dieses Überlebens mit schweren und dauerhaften Schädigungen,
deren Art und Ausmaß (ungewollt) die Fragen nahe legen, ob der maximale Einsatz des medizinischen Instrumentariums zur Lebenserhaltung für das betroffene
Neugeborene wirklich moralisch und rechtlich geboten ist oder ob nicht auch eine
Entscheidung gegen das Weiterleben des Kindes ethisch und normativ vertretbar
sein kann.

§ 3 Die klinische Praxis

Der folgende Abschnitt beleuchtet die klinische Praxis bei der Geburt eines Frühgeborenen. Es werden konkrete Fallbeispiele aus der Praxis genannt, außerdem
wird auf die Entscheidungspraxis bei der Behandlung schwerstgeschädigter und
zu früher Neugeborener an deutschen Kinderkliniken eingegangen.

A. Die Entscheidungssituation

Eine Frühgeburt bringt den Geburtshelfer wie die beteiligten Fachärzte häufig in
schwere Entscheidungskonflikte. Das betrifft bereits die geburtshilfliche Entscheidung, denn nach der 23. Schwangerschaftswoche p.m. ist in der Regel eine Sectio
caesarea statt der vaginalen Entbindung diskutabel, um den Fötus vor Schäden auf
Grund der erheblichen Druckwirkungen während der Geburt zu schützen. Derzeit
kann die Sectio – trotz eines klaren zahlenmäßigen Überwiegens dieses Entbindungsmodus bei der Geburt extrem unreifer Frühgeborener in der Praxis – aber
pauschal noch nicht als der bessere Entbindungsmodus angesehen werden, da es
bislang an ausreichend kontrollierten Studien fehlt, die diese Annahme stützen.[206]
Die Entscheidung erfordert deshalb eine genaue Einzelfallabwägung der aus einem Kaiserschnitt resultierenden Vorteile für das Frühgeborene mit den Risiken
der Sectio für die Mutter, was durchaus problematische Fragestellungen in sich
birgt.[207]

In der perinatalen Phase sind es dann die geschilderten, akut lebensbedrohlichen Ereignisse[208] sowie im weiteren Verlauf die chronischen Schädigungen[209],

---

[206] *Siegert,* S. 16, 215f. m.N.

[207] Etwa *Mendling,* S. 147: Ist eine Entbindung durch Kaiserschnitt auch dann noch unter
dem Gesichtspunkt der Linderung von Leiden zum Vorteil des Frühgeborenen, wenn
seine Chancen, gesund zu überleben, prognostisch als gering einzuschätzen sind und
eine vaginale Geburt zum schnellen Tod des Kindes führt? Vgl. auch *Schneider,* Geburtsh. Frauenheilk. 62 (2002), S. 607 (608f.); die Empfehlungen der *Schweizerischen
Gesellschaft für Neonatologie* zur Betreuung von Frühgeborenen an der Grenze der Lebensfähigkeit, SÄZ 2002, S. 1589 (1593); *Danish Council of Ethics,* Debate Outline,
S. 16f. Ein kritischer Beitrag zur Praxis findet sich in der SZ vom 29.06.2006, S. 16.
Ausführlich zu Aufklärungs- und Behandlungsfehler *Andrea Bülow,* Aufklärungs- und
Behandlungsfehler bei der Sectio caesarea, 2003.

[208] Z. B. Hirnblutung (IVH).

die weitere Entscheidungen erforderlich machen. Es geht mit anderen Worten um die intensivmedizinische Versorgung des Kindes, die einige Tage bis Wochen andauern kann. Im Einzelnen sind die folgenden intensivmedizinischen Behandlungsmaßnahmen in Betracht zu ziehen: Intubation (Reanimation), maschinelle Unterstützung der Atmung, zusätzliche Sauerstoffverabreichung, parenterale Ernährung oder Ernährung über eine Magensonde, Absaugen, Infusionen, Transfusionen, wiederholte Blutentnahmen, das Legen von arteriellen und zentralvenösen Zugängen, Hirnstromableitung, Monitorüberwachung sowie die Behandlung mit Surfactant und die Gabe von Schmerzmitteln und Sedativa.[210]

Während jedoch jenseits der Neugeborenenperiode bei Patienten in Notsituation alle medizinisch in Betracht kommenden Behandlungsmaßnahmen zur Lebensverlängerung oder auch nur zur Rehabilitation unabhängig vom Alter des Patienten und von statistischen Aussagen zu Überlebenschancen und Schädigungswahrscheinlichkeiten eingesetzt werden, stellt sich der Arzt bei der Intensivbehandlung von extrem unreifen Frühgeborenen, wohl aus der Erwägung, dass Schädigungen das Neugeborene ab Beginn seines Lebens belasten und somit länger als irgendwo sonst in der Heilkunde, die Frage, ob im individuellen Fall die technischen Möglichkeiten wirklich ausgeschöpft werden müssen und nicht etwa aufgrund bestimmter gruppenspezifischer Faktoren wie Gewicht, Gestationsalter oder Überlegungen zur Lebensqualität der Verzicht oder Abbruch der Behandlung geboten ist. Damit fragt er nach abstrakten Behandlungsgrenzen, die unabhängig von den subjektiven Belangen des einzelnen Frühgeborenen sind. Ob der Arzt sich hierbei bewusst ist, dass es bei der so gestellten Frage nach der medizinischen Gebotenheit der Behandlung nicht nur um die Herstellung der Gesundheit des soeben geborenen Menschen geht, sondern um mehr, nämlich darum, ihm als Zugehöriger einer bestimmten Neugeborenengruppe überhaupt ein Leben zu ermöglichen und ihm seine Zukunft zu erhalten, ist unklar. Jedenfalls steht dadurch das menschliche Leben als Bezugspunkt selbst zur Debatte.

Zu seiner Entscheidung über die medizinische Indikation einer Behandlungsmaßnahme, das heißt die Frage, „ob" eine Behandlung stattfinden soll, gelangt der Arzt über eine Nutzen-Risiko-Abwägung. Diese lässt sich in mehrere Erkenntnisakte und Wertungen zerlegen:[211]

1. Feststellung des Gesundheitszustandes (Diagnose)
2. Bestimmung der Behandlung
3. Beurteilung von Nutzen und Gefahren der Behandlung (Prognose)
    -   Einschätzung des künftigen Krankheitsverlaufes und der Effektivität der Behandlung
    -   Nutzen und Risiken erforderlicher Folgebehandlungen

---

[209] Z.B. BPD, PVL oder ROP.
[210] Näher zu den einzelnen Möglichkeiten sowie der Behandlungspraxis in deutschen Neonatologien *Siegert,* S. 17ff., 117ff.; vgl. auch *Danish Council of Ethics,* Debate Outline, S. 18ff.
[211] Ebenso *Heinemann,* S. 254.

4. Vergleich und Beurteilung des jeweiligen Zustands mit und ohne Behandlung
5. Beurteilung der Belastungen infolge der Behandlung
6. Abwägung der Vor- und Nachteile der Behandlung

Probleme bestehen bereits im Bereich der Diagnose und Prognose des Gesundheitszustandes des Frühgeborenen. Das Hauptproblem liegt hierbei in der Beurteilung, wie effektiv sich eine Behandlungsmaßnahme prognostisch auf den aktuellen Zustand des Patienten auswirkt und wie positiv der weitere Krankheitsverlauf einzuschätzen ist. Da sich die kindliche Prognose ebenso wie die Erfolgsaussichten des medizinischen Eingriffs fast nie mit absoluter Sicherheit vorhersagen lässt, birgt die Entscheidung ein Risiko. Zu denken ist beispielsweise an die geistigen und körperlichen Schädigungen, die das extrem unreife Frühgeborene aufgrund seiner Unreife davontragen kann und deren Ausmaß sich erst im Vorschulalter oder später zeigt. Diese Problematik kompliziert sich noch dahingehend, als bei Behandlungsbeginn regelmäßig ungewiss ist, ob und wie das soeben Geborene überhaupt geschädigt ist. Ein genaues Abschätzen ist hier in den ersten Lebensminuten oft nicht möglich, mögen auch statistische Daten zur Mortalität und Morbidität zur Verfügung stehen. Denn völlig richtig weist der pädiatrische Intensivmediziner *Peter Lemburg* darauf hin, dass mit der statistischen Beschreibung von Überlebens- und Schadenswahrscheinlichkeiten niemandem geholfen ist, weil diese nur eine generelle Aussage treffen und nicht alle bestimmenden Faktoren im individuellen Einzelfall berücksichtigen.[212] Und *Uwe Diederichsen* äußert die Ansicht, dass eine aus juristischer Sicht[213] sichere Entscheidung für oder gegen eine medizinische Behandlung wegen der prognostischen Unsicherheiten nur bei einer eindeutigen Wahrscheinlichkeit gefasst werden könne, wenn also hohe oder umgekehrt ganz niedrige Heilungschancen bestehen.[214] Wie „hoch" bei dieser Abwägung die Heilungschancen für eine sichere Entscheidung sein müssen, bleibt allerdings unklar. In seinen Beispielsfällen liegen die statistischen Heilungschancen jedenfalls immer über 80%. Es stellt sich folglich die grundsätzliche Frage nach der richtigen Prognosestrategie: Muss der Arzt angesichts der Prognoseunsicherheit bis zum Schluss lebenserhaltend behandeln oder können trotz der genannten Bedenken negative statistische Angaben zu Mortalität und Morbidität ein vorzeitiges Behandlungsende indizieren?

Des weiteren bestehen Probleme auf der Wertungsebene der Nutzen-Risiko-Abwägung. Für die Abwägung ist das „Wohl des Patienten" maßgebend, doch was verbirgt sich hinter diesem Begriff? So kann das Patientenwohl eng verstanden und allein auf die Interessen des Frühgeborenen bezogen werden. Es kann jedoch auch weiter begriffen werden und die elterlichen sowie gesellschaftlichen und Kosteninteressen berücksichtigen. Erschwert wird die Abwägung überdies durch den bestehenden Zeitdruck, sind es doch die ersten Minuten bei der Versor-

---

[212] *Lemburg,* Der Gynäkologe 25 (1992), S. 160 (162).
[213] Und zwar im Hinblick auf eine vormundschaftsgerichtliche Ersetzung der Einwilligung der Eltern gemäß § 1666 BGB.
[214] *Diederichsen,* Einbecker Workshop 1995, S. 106.

gung des Neugeborenen, die oft sein ganzes Leben bestimmen. Eine „richtige" Entscheidung im „richtigen" Moment zu treffen, erweist sich somit als schwierig.

Schließlich trifft der Arzt die Entscheidung über Umfang und Einsatz massiver Intensivmaßnahmen nicht alleine, oft werden die Entscheidungen in der Praxis vielmehr im Behandlungsteam getroffen. Auch werden die Eltern in diese Entscheidungsfindung mit eingebunden. Doch häufig lassen sich die Behandlungsmöglichkeiten nicht schon im Vorfeld mit den betroffenen Eltern beziehungsweise der Schwangeren besprechen, sondern die Frage danach stellt sich ad hoc in der konkreten Geburtssituation, in der der Arzt schnell handeln muss – ohne die Möglichkeit einer direkten Rücksprache und vielfach mitten in der Nacht. Hier deutet sich bereits eine weitere Schwierigkeit an: Im Normalfall ist es nämlich der Patient, der über seine Behandlung entscheidet, der die ärztliche Entscheidung für sich überprüft und wertet. Das extrem unreife Frühgeborene ist dazu aber nicht in der Lage. Es kann nicht selbst den ärztlichen Behandlungsauftrag erteilen und inhaltlich bestimmen. Wer ist statt seiner nun berechtigt, die Entscheidung zu treffen? Die Eltern oder die Ärzte? Diese Frage wird im Laufe der Arbeit zu klären sein.

Vor diesem Hintergrund stehen dem Arzt grundsätzlich drei Behandlungsalternativen offen:

1. Er kann das extrem unreife Frühgeborene bei gegebener Rettungschance maximal therapieren und dabei mehr oder weniger schwere Schädigungen des überlebenden Kindes in kauf nehmen; juristisch betrachtet besteht dabei die Gefahr, dass er zwar das Leben schützt, zugleich aber die Rechte des Kindes auf körperliche Unversehrtheit und Selbstbestimmung missachtet.[215]
2. Er kann seine Angst vor einer möglicherweise unerlaubten Sterbehilfe überwinden und selektiv behandeln, was bedeutet, Frühgeborene werden durch schrittweisen Abbau oder Verzicht auf medizinische Behandlungsmaßnahmen bis hin zur so genannten Basistherapie sterben gelassen.
3. Oder er kann das Frühgeborene zur „Leidvermeidung" durch gezielte Handlungen aktiv töten.

So gesehen geht es bei der Behandlung von extrem unreifen Frühgeborenen im Grunde um Hilfe zum Leben, die (paradoxerweise) zur ärztlichen Sterbehilfe mutieren kann, einen Bereich, den der Münchener Rechtslehrer *Karl Engisch* einmal wie folgt charakterisiert hat:

---

[215] Auf letzteres weist *Giesen,* JZ 1990, S. 929 (930), hin.

„*Hier* steht der Patient mit seiner schweren Krankheit, seinen Schmerzen, seinen Depressionen, normalerweise mit dem Willen zum Leben, der Hoffnung, geheilt zu werden, aber auch dem Wunsch, von Qualen befreit zu werden, mitunter resignierend, ohne Hoffnung, das „Mach End', o Herr, mach Ende..." auf den Lippen, jedenfalls immer mit dem Verlangen, dass ihm in seiner Not „geholfen" werde, sei es nun durch die beste Therapie, sei es durch mögliche Freistellung von Schmerzen, sei es durch Hilfe zum ruhigen Sterben. (...) *Dort* steht der Arzt, der berufene „Heiler und Helfer", bereit, den Wünschen des Patienten gemäß den Regeln seiner Kunst nach Kräften nachzukommen, ihm das Leben zu erhalten, die Gesundheit wieder zu schenken, die Schmerzen zu beseitigen, und wenn es Not tut, auch das Sterben zu erleichtern. (...) Der Patient möchte nur seine persönlichen Wünsche nach Möglichkeit erfüllt sehen, und der Arzt nur ungestraft das „Richtige" tun dürfen, um diese Wünsche nach Maßgabe seiner Kunst, seines Vermögens, seiner Kräfte zu befriedigen."[216]

Das Zitat verdeutlicht außerdem, dass der Arzt bei seiner Behandlungsentscheidung an Gesetz und die Regeln seines Berufes gebunden ist. Auch in einer Dienstleistungsgesellschaft hat, wer einen Arzt in Anspruch nimmt, selbstverständlich nur „Ärztliches" und nicht jeden Dienst nach eigener Wahl zu erwarten. Das medizinisch-technisch Mögliche darf der Arzt nur in den Grenzen des Erlaubten und Gesollten einsetzen.[217] Diese rechtlichen Grenzen in der Neonatalmedizin will diese Arbeit aufzeigen.

B. Zur Phänomenologie der Probleme

Als Grundlage für die weitere rechtliche und ethische Untersuchung soll zuvor aber noch dargestellt werden, wie überhaupt die Behandlungspraxis im Umgang mit Frühgeborenen aussieht. Hierzu werden zunächst Fallbeispiele aus der klinischen Praxis in Deutschland geschildert, die den rechtstatsächlichen Hintergrund plastischer werden lassen. Sie sollen nicht dramatisieren, sondern den vorherigen wie den nachfolgenden wissenschaftlichen Ausführungen deren Abstraktion nehmen und die klinische Wirklichkeit verdeutlichen. Zugleich bieten gerade Einzelfälle die Möglichkeit, sich seiner Vorstellung über Recht und Moral bewusst zu werden. Eine nähere Kommentierung unterlasse ich deshalb bewusst.

I. Fallbeispiele aus der klinischen Praxis

1) Fall 1

Vierzehn Wochen zu früh kommt per Notfallkaiserschnitt ein Junge mit gerade 500 Gramm Geburtsgewicht zur Welt. Die Ärzte schließen ihn an eine Beat-

---

[216] *Engisch,* FS für *Dreher,* S. 314f.
[217] *Laufs,* NJW 1998, S. 3399 (3400).

mungsmaschine an und verabreichen kreislaufunterstützende Medikamente. Doch am zweiten Lebenstag verschlechtert sich sein Zustand. Ursache hierfür sind schwere Blutungen im Gehirn. Das Frühgeborene werde überleben, prognostizieren die Ärzte, doch ein Leben ohne fremde Hilfe sei undenkbar. Voraussichtlich könne es weder Sprechen noch Laufen lernen, ferner seien epileptische Anfälle zu erwarten. Die Eltern wünschen einen Behandlungsabbruch, eine Fortsetzung der Behandlung empfinden sie als sinnlos – im Gegensatz zu den behandelnden Ärzten, die sich mit dem Vorschlag der Weiterbehandlung schließlich durchsetzen. Das Frühgeborene bleibt schwer behindert am Leben.[218]

2) Fall 2

Ähnlich liegt der Fall eines 490 Gramm schweren Jungen, der in der 26. Schwangerschaftswoche zur Welt kommt. Künstlich beatmet und unter Einsatz kreislaufunterstützender Medikamenten kann er am Leben erhalten werden. Doch nachdem in der ersten Woche eine ausgedehnte Hirnblutung auftritt, wünschen die Eltern, entsetzt über die Möglichkeit einer späteren Behinderung, das Ende der ärztlichen Behandlung. Die Ärzte verweigern auch hier den Behandlungsabbruch, so dass der Junge am Leben bleibt. Er muss regelmäßig Medikamente nehmen und leidet unter Krampfanfällen. Seine weitere Entwicklung ist ungewiss.[219]

3) Fall 3

Wegen einer Schwangerschaftskomplikation muss in der 25. Schwangerschaftswoche durch Kaiserschnitt ein Mädchen, geschätztes Gewicht: 380 Gramm, geholt werden. Die Eltern sind sich einig, dass ein derart unreifes Frühgeborenes aufgrund der großen Risiken einer späteren Behinderung nicht am Leben bleiben soll. Die Ärzte respektieren den Willen der Eltern und lassen das ohne Atmung, aber mit schlagendem Herzen aus der Gebärmutter gezogene Frühgeborene auf dem Wärmebett liegen. Zehn Minuten nach der Geburt ist das Mädchen tot.[220]

4) Fall 4

Schlagzeilen machte 1997 der sog. „Oldenburger Fall". Am Beginn der 26. Schwangerschaftswoche kommt es zur Geburt eines an Trisomie 21 leidenden 690 Gramm schweren Kindes. Diese Geburt ist ein „Versehen", denn beabsichtigt war ein Schwangerschaftsabbruch in Form der Herbeiführung einer lebensunfähigen Frühgeburt, das heißt eine sog. Spätabtreibung. Doch das Kind überlebt. In der Erwartung, es werde ableben, wird es lediglich in eine warme Decke gewickelt und beobachtet. Eine intensiv-neonatologische Versorgung beginnt erst neun

---

[218] Fallbeispiel entnommen *DER ZEIT* Nr. 43 vom 19.10.2000, S. 41.
[219] Fallbeispiel entnommen *DER ZEIT* Nr. 31 vom 29.07.1999, S. 29.
[220] Fallbeispiel entnommen *DER ZEIT* Nr. 31 vom 29.07.1999, S. 29.

Stunden nach der Geburt. Das Frühgeborene bleibt schwer geschädigt am Leben.[221]

Interessant wir der Fall vor allem durch das daraus hervorgegangene Strafverfahren. Zunächst wird das strafrechtliche Ermittlungsverfahren Anfang Mai 1999 mangels hinreichenden Tatverdachts eingestellt[222]. Nach Wiederaufnahme des Verfahrens und weiterer Ermittlungen ergeht im Frühjahr 2003 dann erneut eine Einstellungsverfügung gemäß § 170 Abs. 2 StPO.[223] Auch diese Einstellungsverfügung wird im Beschwerdeverfahren aufgehoben. Schließlich wird der verantwortliche Arzt im Frühjahr 2004 nach fast sieben Jahren im Strafbefehlsverfahren zu einer Geldstrafe über 90 Tagessätzen wegen Körperverletzung mittels einer das Leben gefährdenden Behandlung rechtskräftig verurteilt.[224] Zugleich sollen sich die Eltern an die Klinik, an der der Arzt seinen Dienst versah, gewandt haben, um zivilrechtliche Haftungsansprüche aus der Schlechterfüllung des Behandlungsvertrags, der ja einen Schwangerschaftsabbruch, mithin die Tötung der Leibesfrucht zum Inhalt hatte, geltend zu machen.[225] Über den Ausgang des Verfahrens ist nichts bekannt.

5) Fall 5

Von *Albin Eser*[226] stammt das folgende Beispiel eines Operationsverzichts bei einem Neugeborenen mit Missbildungen, das als „Freiburger Fall" Anfang der achtziger Jahre bekannt geworden ist. Bei einem Neugeborenen wird bei einer kinderärztlichen Untersuchung ein kaudales Dysplasiesyndrom[227] diagnostiziert. Zu dieser irreparablen Fehlbildung kommt die Gefahr einer Wasserkopfbildung hinzu. Die pädiatrische Basisuntersuchung ergibt darüber hinaus einen Verschluss

---

[221] Der Sachverhalt ergibt sich aus der Einstellungsverfügung von 1999, vgl. StA Oldenburg, NStZ 1999, S. 461ff.

[222] StA Oldenburg, NStZ 1999, S. 461ff. mit ablehnender Anmerkung von *Tröndle* im Anschluss. Nähere Sachverhaltsschilderung und rechtliche Ausführungen zur Einstellungsverfügung bei *Tröndle*, JVL Nr. 16, S. 95ff. Im Frühjahr 1999 soll in Zittau bei einer Spätabtreibung in der 29. Schwangerschaftswoche der Chefarzt das lebend Geborene aktiv getötet haben, vgl. *Der Spiegel 27/1999* vom 05.07.1999, S. 34ff.; *Wiebe*, ZfL 2002, S. 73. Der Arzt ist inzwischen verurteilt (BGH ZfL 2003, S. 83ff. mit kritischer Anmerkung von *Wiebe*) und seit August 2002 im Ruhestand. Ein Berufsverbot wurde nicht verhängt.

[223] Die zweite Einstellungsverfügung ist auszugsweise abgedruckt in ZfL 2003, S. 99ff. zum Verfahrensgang vgl. *Tröndle*, FS für *Müller-Dietz*, S. 923; *Foth*, JR 2004, S. 367f.

[224] Vgl. AG Oldenburg ZfL 2004, S. 117f. mit kritischer Anmerkung von *Wiebe*.

[225] Davon berichten *Klinkhammer*, DÄBl. 96 (1999), S. A-1332 (1335); *Tröndle*, NStZ 1999, S. 462 (463).

[226] Eingehend geschildert von *Eser,* in: *Lawin/Huth*, S. 77ff. In einem späteren Beitrag nimmt er hierauf wiederholt Bezug, vgl. FS für *Narr*, S. 47ff.

[227] Hierunter ist eine Fehlbildung im Bereich der Lendenwirbelsäule, des Beckens und infolge dieser Fehlbildungen auch Mangelentwicklungen im Bereich der unteren Extremitäten zu verstehen.

der Darmöffnung (Analatresie), die operativ korrigierbar wäre. Die Eltern werden über die Untersuchungsergebnisse aufgeklärt und insbesondere darauf hingewiesen, dass das Neugeborene mit den genannten Missbildungen weiterleben, an dem Darmverschluss jedoch sterben werde, wenn es nicht operiert würde. Dennoch verweigern die Eltern die Einwilligung zur Operation, weil das Kind wohl ein „Rollstuhlkind" bleiben werde und wahrscheinlich keine zuverlässige Blasen- und Mastdarmkontrolle zu erreichen sei. Die Kinderklinik holt daraufhin die Operationsanordnung im Wege der einstweiligen Anordnung durch das Vormundschaftsgericht ein. Nunmehr lehnen aber die zwei beigezogenen Anästhesisten ihre Mitwirkung an der Narkose ab, vornehmlich aus arzt-ethischen Gründen. Das nichtoperierte Kind verstirbt am 12. Lebenstag. Das wegen Verdachts des Totschlags gegen die Eltern und die beiden Anästhesisten eingeleitete Ermittlungsverfahren wird gemäß § 170 Abs. 2 StPO eingestellt.[228]

6) Fall 6

In mancherlei Hinsicht untypisch[229], dennoch thematisch einschlägig, ist der „Münchner Fall" von 1982, der damals in der Tagespresse starke Aufmerksamkeit gefunden hat und zusammen mit dem „Freiburger Fall" Auslöser für eine erste vertiefte juristische Diskussion um das Problem der sog. „Früheuthanasie" war.[230] Zum Inhalt: Aufgrund zahlreicher vorangegangener Untersuchungen erwarten der behandelnde Gynäkologe und seine Assistenzärztin die Geburt eines mikrozephalen Kindes, was sie den Eltern mitteilen. In der vorgefassten und von den Eltern gebilligten Absicht, bei Bestätigung des Verdachts das Neugeborene nicht weiter zu versorgen, sondern sterben zu lassen, kommt es in der 31. Schwangerschaftswoche zu einer medizinisch indizierten Kaiserschnittentbindung. Da die beiden Ärzte sich das Neugeborene nicht genauer ansehen, gehen sie weiter von der Annahme aus, es handele sich um ein zerebral schwer geschädigtes Kind und nicht wie es der Wirklichkeit entspricht, um ein der Tragzeit entsprechend normal entwickeltes Kind. Das Neugeborene wird daher nach der Geburt auf einen Ablagetisch im Operationsraum weggelegt und unversorgt gelassen. Trotz eindeutiger Lebenszeichen und ohne Narkotisierung werden dem Neugeborenen Gewebeproben aus Herz und Oberschenkel entnommen und, als es gleichwohl weiterlebt, es mit einer Injektion des atemlähmenden Narkosemittels Succinyl getötet. Die beiden Ärzte werden wegen eines Totschlags in Mittäterschaft gemäß §§ 212, 25 Abs. 2 StGB verurteilt.[231]

---

[228] Zur Einstellungsverfügung der StA Freiburg sowie zum Sachverhalt ausführlich *Koch,* in: *Eser/Koch* (Materialien zur Sterbehilfe), S. 131ff.

[229] Zum „typischen" Fall vgl. *Schmitt,* FS für *Klug,* S. 330.

[230] *Koch,* in: *Eser/Koch* (Materialien zur Sterbehilfe), S. 54f.

[231] Zum Urteil des LG München I sowie zum Sachverhalt ausführlich *Koch,* in: *Eser/Koch* (Materialien zur Sterbehilfe), S. 118ff.; *Schmitt,* FS für *Klug,* S. 330.

II. Der Umgang mit extrem unreifen Frühgeborenen in Kinderkliniken

Vom konkreten Einzelfall losgelöst soll nunmehr abschließend der Umgang mit extrem unreifen Frühgeborenen in deutschen Kinderkliniken beschrieben werden. Hierzu kann zum einen auf eine 1997 erschienene umfassende Erhebung zurückgegriffen werden, die auf einer Ärzteumfrage zur Behandlungspraxis bei schwerstgeschädigten Neugeborenen und Frühgeborenen aus dem Winter 1995/1996 basiert,[232] zum anderen auf die Ergebnisse einer 2000 publizierten Umfrage zur Entscheidungspraxis auf neonatalen Intensivstationen[233] in sieben europäischen Staaten.[234]

1) Zur Behandlungsentscheidung

Von Interesse ist als erstes die Frage nach der Behandlungshäufigkeit im klinischen Alltag, denn diese Zahl gibt Aufschluss über die Dringlichkeit der Problematik. Hier führte die deutsche Umfrage zu dem Ergebnis, dass in 11% aller Kliniken eine Behandlungsentscheidung über die Therapie bei einem schwerstgeschädigten Neugeborenen täglich und in einem Drittel mindestens wöchentlich ansteht; in 64% müssen immerhin monatlich solche Behandlungsentscheidungen gefällt werden.[235] Es ist anzunehmen, dass die Behandlungshäufigkeit sogar noch höher liegt, denn bei der Fragestellung in der Umfrage war nicht eindeutig zu erkennen, dass extrem unreife Frühgeborene miteinbezogen sind.[236] In Deutschland hat jedenfalls eine große Mehrheit der Neonatologen zumindest schon einmal in ihrem Berufsleben aufgrund einer tödlichen Erkrankung (86%) oder schlechter neurologischer Prognose (69%) den Einsatz intensivmedizinischer Maßnahmen bei Neugeborenen begrenzt.[237]

Kein eindeutiges Bild zeigt sich allerdings bei der kurz nach der Geburt zu treffenden Behandlungsentscheidung: Während 54% der Ärzte bis zur Absicherung von Diagnose und Prognose lebenserhaltend behandeln, praktizieren 43% eine Sofortentscheidung mit der Möglichkeit eines „hands-off". Im Umgang mit extrem unreifen Frühgeborenen kommt es dabei in 67% der Kliniken (30% häufig – 37% selten) zu Diskussionen über den Einsatz von Intensivmaßnahmen und nur in 32% erfolgt ohne weitere Diskussion immer eine maximale Behandlung. Wird sich dann für eine Behandlungsbegrenzung ausgesprochen, so wird häufig ein Mittelweg eingeschlagen, der versucht, die auf der einen Seite bestehende Be-

---

[232] Zusammengefasst sind die Ergebnisse dieser empirischen Untersuchung bei *M. u. R. Zimmermann/von Loewenich*, Ethik Med 9 (1997), S. 56ff. Ausführlicher zu den Ergebnissen und der Auswertung *M. Zimmermann*, S. 70ff.

[233] Sog. NICUs, was als Akronym steht für „Neonatal Intensive-Care Units".

[234] *Cuttini et al.*, Lancet 355 (2000), S. 2112ff.

[235] *M. Zimmermann*, S. 83ff., 109; *M. u. R. Zimmermann/von Loewenich*, Ethik Med 9 (1997), S. 56 (60).

[236] *M. Zimmermann*, S. 84.

[237] *Cuttini et al.*, Lancet 355 (2000), S. 2112 (2114).

handlungspflicht mit dem andererseits vorhandenen ärztlichen Unwillen zu einer als sinnlos empfundenen Therapie in Einklang zu bringen, was zu einer Beibehaltung des gewählten Behandlungsumfangs führt.[238] Ein prinzipieller Behandlungsverzicht wird indes klar abgelehnt.[239] Ziemlich eindeutig (88%) lehnen die Ärzte ebenfalls aktive Tötungshandlungen ab, wobei die Befürworter ihre Ansicht nahezu einhellig damit rechtfertigen, dass sie Leid mindern wollen (98%), aber zu 30% auch mit dem Argument, dass zwischen aktiver Tötungshandlung und passiver Nichtbehandlung kein Unterschied bestehe.[240]

Ein aufschlussreiches Meinungsbild gibt die Studie ferner zur Behandlung von spätabgetriebenen Frühgeborenen mit Lebenszeichen. Während Ärzte, die bereits mit lebenden Frühgeborenen nach einem Schwangerschaftsabbruch konfrontiert wurden, zu 32% nicht lebenserhaltend und gar 15% nicht einmal leidensmindernd behandelt haben, würden Ärzte, die solches noch nicht erlebt haben, fast alle lebenserhaltend und alle zumindest leidensmindernd behandeln.[241]

2) Zur Entscheidungsinstanz und Entscheidungskriterien

Die Entscheidung trifft nach der Studie in 73% der Kliniken ein Team[242] aus Ärzten und Geburtshelfern und nur bei 15% der Neonatologe allein. Allerdings urteilt bei 49% letztendlich dann doch der Teamchef. Nicht verwunderlich ist, dass die Frage eines „hands-off" im Kreißsaal als Einzelentscheidungen getroffen, hingegen spätere Behandlungsmaßnahmen im Team beschlossen werden.[243] Zu Revisionen bei einem Behandlungsverzicht kommt es nach Angaben der Ärzte eher selten (71%) als häufig (3%) und 26% der leitenden Ärzte wussten von keinen nachträglichen Korrekturen.[244]

Darüber hinaus wirken die Eltern in 95% der Kliniken auf mannigfache Art und Weise bei der Entscheidungsfindung mit, wobei ihre Meinung unterschiedlich berücksichtigt wird.[245] So können Eltern in 58% der Kliniken eine Behandlung ihres Kindes verweigern; in 36% steht ihnen dieses Vetorecht nicht zu. Allerdings können die Eltern umgekehrt mehrheitlich eine medizinisch nicht angezeigte Be-

---

[238] *Cuttini et al.*, Lancet 355 (2000), S. 2112 (2114).

[239] *M. Zimmermann*, S. 85f.; *M. u. R. Zimmermann/von Loewenich*, Ethik Med 9 (1997), S. 56 (61).

[240] *M. Zimmermann*, S. 100f.; *M. u. R. Zimmermann/von Loewenich*, Ethik Med 9 (1997), S. 56 (65).

[241] *M. Zimmermann*, S. 98f.

[242] Die Zusammensetzung des Teams variiert je nach Klinik. Im Regelfall beteiligt sind neben dem Neonatologen und dem Geburtshelfer, der Neurochirurg, der Allgemeinpädiater, der Neuropädiater und der Kinderchirurg.

[243] *M. Zimmermann*, S. 90, 111; *M. u. R. Zimmermann/von Loewenich*, Ethik Med 9 (1997), S. 56 (62, 70).

[244] *M. Zimmermann*, S. 97f.; *M. u. R. Zimmermann/von Loewenich*, Ethik Med 9 (1997), S. 56 (64).

[245] Zur Berücksichtigung der elterlichen Wünsche in anderen europäischen Ländern vgl. *de Leeuw et al.*, J Pediatr 137 (2000), S. 608 (610ff.)

handlung erwirken (54% gegenüber 37%). Ist die Prognose schlecht, kann sogar bei 87% der Ärzte der „Wunsch der Eltern" ausschlaggebend für die Behandlung sein. Sofern sich die Eltern indes entgegen dem ärztlichen Rat für einen Behandlungsabbruch aussprechen, ändert sich ihr Einfluss. Ihre Position findet dann nur noch bei 48% der Ärzte Gehör.[246] Interessant ist in diesem Zusammenhang der weit überwiegende Eindruck der Ärzte, dass die Eltern zwar beteiligt werden wollen, doch nur 15% der Ärzte auch glauben, die Eltern wollten tatsächlich mitentscheiden. Nach ihrer Einschätzung überließen die Eltern die Behandlungsentscheidung lieber den Ärzten (45%) beziehungsweise übernähmen die Meinung der Ärzteschaft (61%), was auf ein eher paternalistisches Grundverständnis ihrer Beziehung zu den Eltern des Neugeborenen schließen lässt.[247] Daraus folgt, dass die Eltern zwar angehört werden, letzten Endes aber der Arzt entscheidet.

Findet nach dem Ergebnis der Umfrage beim Umgang mit schwerstgeschädigten Neugeborenen an deutschen Kinderkliniken keine Maximaltherapie, sondern eine selektive Behandlung statt, stellt sich sodann die Frage nach den maßgeblichen Gründen und Kriterien für die Auswahl. Als Gründe für eine Behandlung trotz schlechter Prognose werden (in der Reihenfolge ihrer Häufigkeit) genannt: der Wunsch der Eltern, der Erkenntnisgewinn durch Behandlungsversuche, das Standesethos „Leben zu erhalten", die Angst vor einer Strafverfolgung, die Vermeidung einer „Lebensunwert-Diskussion" sowie bei wenigen die Angst vor öffentlicher Kritik. Gegen eine Behandlung bei schlechter Prognose werden folgende Motive ins Feld geführt: die Prognose selbst, Mitleid mit dem Kind, der Wunsch der Eltern sowie die Verkürzung von Schmerz und Leid der Eltern(!). Nahezu ohne Bedeutung sind für die Ärzte der Kostenfaktor und die technischen Bedingtheiten.[248]

Als Kriterien für die Entscheidung über lebenserhaltende Maßnahmen bei extrem unreifen Frühgeborenen sind Schwangerschaftswoche (74%), Allgemeinzustand (62%) sowie Geburtsgewicht (35%) von besonderer Bedeutung.[249] Beispielsweise werden intensivmedizinische Maßnahmen bezogen auf die Schwangerschaftswoche bei 7% der Kliniken dann eingeleitet, wenn die Geburt in der 22. Schwangerschaftswoche erfolgt, bei 20% ab der 23., bei 24% ab der 24. Schwangerschaftswoche und bei 18%, wenn die Dauer 25 Schwangerschaftswochen und mehr beträgt. Wird das Geburtsgewicht zugrunde gelegt, beträgt die untere Gewichtsgrenze 400 Gramm (8%). 18% der Kliniken ziehen die Grenze entspre-

---

[246] Näher zur Beteiligung der Eltern *M. Zimmermann*, S. 91 f.; *M. u. R. Zimmermann/von Loewenich*, Ethik Med 9 (1997), S. 56 (63).

[247] *M. Zimmermann*, S. 92, 111; *M. u. R. Zimmermann/von Loewenich*, Ethik Med 9 (1997), S. 56 (63, 71).

[248] *M. Zimmermann*, S. 93 f.; *M. u. R. Zimmermann/von Loewenich*, Ethik Med 9 (1997), S. 56 (63).

[249] *M. Zimmermann*, S. 89; *M. u. R. Zimmermann/von Loewenich*, Ethik Med 9 (1997), S. 56 (60 f.).

chend dem PStG erst bei 500 Gramm.[250] Relativ häufig wird zudem der Eltern-
wunsch als Kriterium benannt.[251] Insgesamt betrachtet zeigt sich, dass als maßgebliche Auswahlkriterien überwiegend medizinische Gesichtspunkte (65,4%) herangezogen werden. Eine eher untergeordnete Rolle spielen in der Praxis hingegen
die in der Literatur häufig genannten Faktoren wie bestimmte soziale oder kognitive Fähigkeiten des Neugeborenen, der Einsatz von „außergewöhnlichen Mitteln", Lebensqualität oder das soziale Umfeld.[252] Die Studie zeigt aber auch, dass
Auswahlkriterien wie Lebenserwartung oder die Todesnähe bei einer infausten
Prognose nur ungefähre Größen sind, weil sie sich schon nicht anhand objektiver
Merkmale präzise definieren lassen. So lag die Variationsbreite bei den Angaben
der Ärzte zur Lebenserwartung zwischen einer Woche und drei Jahren.[253]

III. Zusammenfassung

Die ärztliche Praxis im Umgang mit extrem unreifen Frühgeborenen ist durch
Entscheidungskonflikte über Umfang und Einsatz massiver Intensivmaßnahmen
geprägt, die ihre Ursache darin haben, dass anders als bei älteren und erwachsenen
Patienten aus bestimmten Erwägungen im Einzelfall nicht immer alle in Betracht
kommenden medizinisch-technischen Möglichkeiten eingesetzt werden, um die
akut lebensbedrohlichen Ereignisse sowie chronischen Schädigungen des Frühgeborenen zu behandeln. Grundlage der ärztlichen Entscheidung bildet dabei eine
Nutzen-Risiko-Abwägung, deren Hauptprobleme die Unsicherheit der kindlichen
Prognose ist. Hinzu kommt, dass die Behandlungsentscheidung rasch getroffen
werden muss, sind es doch die ersten Minuten der Versorgung, die über das Leben
des Neugeborenen entscheiden.

Der Blick auf die Behandlungspraxis hat aufgezeigt, dass der Umgang mit extrem unreifen und schwerstgeschädigten Neugebornen in deutschen Kliniken trotz
erkennbarer Grundtendenzen stark differiert. Das betrifft nicht nur die Behandlungsentscheidung selbst, sondern ebenso Entscheidungsmodus samt Elternbetei-
ligung wie Entscheidungskriterien. Zwar existieren nach 59% der befragten Ärzte
an der jeweiligen Klinik ethische Richtlinien zur ärztlichen Behandlungspflicht.
Diese erschöpfen sich jedoch in knapp der Hälfte der Fälle darin, dass bei der
Teamentscheidung der Teamchef nach Beratung im Team entscheidet.[254]

Anschaulich wurde, welch große Bedeutung das Verhalten der betroffenen Eltern und der an der Betreuung des Kindes beteiligten Ärzte im Einzelfall für des-

---

[250] *M. Zimmermann,* S. 89; *M. u. R. Zimmermann/von Loewenich,* Ethik Med 9 (1997),
S. 56 (62). Ähnliche Zahlen nennt *Hanke,* S. 19 m.N.
[251] *M. Zimmermann,* S. 90.
[252] *M. Zimmermann,* S. 94f., 112ff.; *M. u. R. Zimmermann/von Loewenich,* Ethik Med 9
(1997), S. 56 (72).
[253] *M. Zimmermann,* S. 113.
[254] *M. Zimmermann,* S. 106; *M. u. R. Zimmermann/von Loewenich,* Ethik Med 9 (1997),
S. 56 (68).

sen (Weiter-)Leben hat. Es wurden nicht nur die Probleme bei der Entscheidungs-findung erkennbar, sondern auch, dass, wer immer die Entscheidung über die Fortsetzung oder den Abbruch der ärztlichen Behandlung zu treffen hat, über Leben und Tod entscheidet. „Eine „unschuldige" Option, die der Zumutung „Schicksal zu spielen", entgehen könnte, gibt es nicht."[255] Damit wird deutlich, wie dringlich sich einerseits die Frage nach den normativen Grundlagen und dem Umfang der ärztlichen Handlungspflichten in dem sensiblen Bereich der Neona-talmedizin stellt, und andererseits danach, wer stellvertretend für das extrem unrei-fe Frühgeborene den Behandlungsauftrag erteilt, um so einem Missbrauch der Entscheidungsmacht zu begegnen.[256] Dies gilt umso mehr, als es sich bei den dargestellten Fallkonstellationen nicht um selten auftretende Extremfälle han-delt.[257] In Erinnerung gerufen sei nur die Zahl von etwa 48.000 Frühgeburten mit einem Anteil der extrem kleinen Frühgeborenen an den Lebendgeburten von 0,3-0,6% sowie das große Risiko einer schwergradigen Gesundheitsschädigung bei diesen extrem kleinen Frühgeborenen.[258]

Eine nicht zu unterschätzende Rolle in der Praxis spielen ferner Frühgeborene, die – wie im Fall 4 – eine Spätabtreibung überleben. Dieses Risiko dürfte jenseits der 26. Schwangerschaftswoche p.m. deutlich über 50% liegen.[259] Nach Angaben in der Literatur überleben etwa 100 Spätabgetriebene im Jahr den Abbruch, ge-nannt wird auch eine Überlebensrate von 30%.[260] Hier laufen die Ärzte in jedem Fall Gefahr, rechtlich belangt zu werden. Denn überlebt das Frühgeborene, haben sie ihren Auftrag, die Schwangerschaft abzubrechen, nicht erfüllt und müssen die Zahlung von Unterhaltsleistungen befürchten. Lassen sie das Kind sterben oder töten es sogar aktiv, machen sie sich strafbar und verstoßen gegen ihre ärztliche Pflicht, Leben zu retten.[261] Darüber hinaus wird geschätzt, dass jedes Jahr in Deutschland 1.200 schwerstgeschädigte Neugeborene zur Welt kommen, bei de-

---

[255] *Merkel*, Früheuthanasie, S. 32.

[256] Die Dringlichkeit hat *Eser* bereits 1982 erkannt, vgl. *ders.* in: *Lawin/Huth*, S. 77, und Ende der achtziger Jahre wiederholt in: FS für *Narr*, S. 47.

[257] Das Dunkelfeld insgeheim praktizierten Sterbenlassen von schwerstgeschädigten Neu-geborenen dürfte hoch sein, in diesem Sinne bereits die Zeugenaussage des Klinikleiters im Münchner Prozess von 1982, zitiert bei *Kreuzer*, Kriminalistik 1982, S. 491 m.N.; *Kaufmann*, JZ 1982, S. 481.

[258] Siehe oben § 2.B. und *von Loewenich*, der kinderarzt 27 (1996), S. 135 (136).

[259] NK-StGB-*Merkel*, § 218 Rn. 58 m.N.

[260] *Hanke*, S. 29f.; *Philipp*, Frauenarzt 1998, S. 1504 (1512); *Wiebe*, ZfL 2004, S. 118; *FAZ* vom 18.11.1998, S. 9.

[261] Näher zu dieser Pflichtenkollision *Philipp*, Frauenarzt 1998, S. 1504 (1514f.), der hier zu Recht den Gesetzgeber gefordert sieht; *Wiebe*, ZfL 2002, S. 73f. Andere Lösungs-wege für die zivilrechtliche Haftung des schwangerschaftsbegleitenden Frauenarzts nennt *Philipp* in: Einstandspflicht für den Tod, ZfL 2000, S. 71 (79ff.). Zu Haftungs-prozessen kann es aber auch im Falle einer iatrogenen Frühgeburt nach pränataler Dia-gnostik kommen, vgl. *Hepp*, Der Gynäkologe 25 (1992), S. 130 (134).

nen speziell lebenserhaltende Maßnahmen unterlassen werden.[262] Die Angabe stammt allerdings noch aus dem Jahre 1982 und bezieht sich nur auf die westdeutschen Bundesländer. Es handelt sich aber um die einzige kompetente Schätzung, die aus Deutschland bekannt geworden ist.[263] Die zitierte deutsche Studie gibt insoweit keine Zahl an.

Bestätigung haben die Umfragewerte von 1995/96 inzwischen durch das Ergebnis einer im Jahr 2000 publizierten und in elf europäischen Ländern durchgeführten Studie erhalten, die sich an Neonatologen richtete und sie nach ihrer jeweiligen Behandlungsentscheidung bei extrem unreifen Frühgeborenen in vorgegebenen Situationen befragte.[264] Erneut wird die grundsätzlich lebensschützende Haltung der deutschen Neonatologen deutlich, wenn beispielsweise 98% von ihnen ein Frühgeborenes von 24 Schwangerschaftswochen und 560 Gramm Geburtsgewicht reanimieren und zur Intensivbehandlung verlegen würden, während etwa in den Niederlanden 63% der Ärzte von vornherein auf eine Reanimation verzichten würden.[265] Beinahe erwartungsgemäß offenbaren die Umfragedaten jedoch ein sehr heteronomes Meinungsspektrum.[266] Die nationalen Unterschiede lassen sich zwar annähernd mit den verschiedenen rechtlichen wie auch den kulturell-religiösen Rahmenbedingungen erklären.[267] Dennoch fragt der Neonatologe *Diego Mieth* angesichts der unterschiedlichen „Expertenmeinungen" in den verschiedenen Ländern zu Recht nach der ethischen Vertretbarkeit letztlich darauf basierender Entscheidungen.[268]

---

[262] Diese Zahl nennt *Merkel* in mehreren Beiträgen, vgl. JZ 1996, S. 1145 (1146); *ders.*, in: *Brudermüller*, S. 134, jeweils mit Nachweisen auch zu amerikanischen und holländischen Studien. Sie geht zurück auf eine Äußerung des Direktors der Abteilung für pränatale Diagnostik an der Bonner Universitäts-Frauenklinik *Manfred Hansmann*.

[263] So *Merkel*, Früheuthanasie, S. 37, der sie wenig später (S. 38, Fußnote 63) noch als „eher vorsichtig" qualifiziert.

[264] *De Leeuw et al.*, J Pediatr 137 (2000), S. 608ff.

[265] *De Leeuw et al.*, J Pediatr 137 (2000), S. 608 (612f.)

[266] So auch die Einschätzung von *Baumann-Hölzle*, S. 66; *Mieth*, Das sehr kleine Frühgeborene, S. 47. Zu möglichen Gründen, die letztlich bloße Spekulation sind, vgl. *de Leeuw et al.*, J Pediatr 137 (2000), S. 608 (613).

[267] *Cuttini et al.*, Lancet 355 (2000), S. 2112 (2116). *Schöne-Seifert et al.*, S. 245: Konfessionslose Ärzte sind deutlich verzichtsfreudiger als konfessionell gebundene; *Everschor*, S. 62.

[268] *Mieth*, Das sehr kleine Frühgeborene, S. 47f.

Zweiter Teil:

Rechtliche und ethische Grundlagen der ärztlichen Behandlungspflicht

Der Einfluss des Rechts auf die ärztliche Tätigkeit ist heute immens. Weit mehr als früher konnte die Ärzteschaft in den letzten Jahrzehnten erfolgreich in den Bannkreis des Rechts gezogen werden, mit der Folge, dass heutzutage der Arzt seine Arbeit in einem Dschungel ärztlicher Pflichten verrichtet. Diese Verrechtlichung ging einher mit der wachsenden Transparenz und Objektivierbarkeit der ärztlichen Leistungsinhalte, sie dürfte nicht zuletzt aber auch ein Zeichen dafür sein, dass ein sittlicher Wertekonsens im medizinischen Bereich nicht mehr vorhanden ist.[269] Art und Umfang der therapeutischen Eingriffe bestimmen somit heute mehr und mehr nicht die Ärzte, sondern die Juristen; das Hippokratische Standesethos wird dabei teils rechtlich überhöht, zum Teil aber auch rechtlich beseitigt. Doch nicht nur in Deutschland wurde die Autonomie der Ärzte weitgehend durch staatliches Recht beseitigt. Es handelt sich hierbei vielmehr um ein weltweites Phänomen.[270]

---

[269] In diesem Sinne äußern sich *Weber/Vogt-Weber*, Arztrecht 1999, S. 4 (6). Zur Verrechtlichung im medizinischen Bereich näher (und kritisch) *Katzenmeier*, S. 30ff.; *Schreiber*, BGH-FG-Wiss, S. 503; *Uhlenbruck/Laufs*, in: *Laufs/Uhlenbruck*, § 39 Rn. 7.

[270] *Hanau*, FS für *Deutsch*, S. 963.

Die Verrechtlichung wird – was nahe liegt – von den Ärzten beklagt, gehört in ihren Augen doch gerade die Beurteilung des Gesundheitszustandes des Patienten und der daraus folgende Behandlungsumfang zu ihren ureigensten Aufgaben. Sie sehen sich bevormundet, in ihrer Arbeit gehindert und das personale Arzt-Patienten-Verhältnis gestört. Hinzu kommt eine gewisse Verunsicherung und Hilflosigkeit angesichts der Vielfalt von juristischen Meinungen und divergierenden richterlichen Entscheidungen insbesondere zu Fragen über Abbruch und Fortführung lebenserhaltender Maßnahmen am Beginn und am Ende des Lebens. Sie sähen lieber einen möglichst weitgehenden Ermessensspielraum, denn sobald Paragraphen das ärztliche Handeln reglementieren, verliert nach ihrer Ansicht die Medizin an Menschlichkeit.

Mag diese ärztliche Haltung auch einiges für sich haben, ihr kann nicht entsprochen werden, und zwar schon deshalb, weil sie oft im Kontrast zu dem gleichzeitig geäußerten Wunsch nach Rechtssicherheit für ärztliches Handeln steht. Ärztliche Tätigkeit gehört daher wie jede andere berufliche Tätigkeit rechtlich kontrolliert. Sie kann nicht dem Belieben des einzelnen Arztes überlassen werden.[271] Rechtliche Kontrolle des Arztes ist notwendig, das wird besonders deutlich, wenn man die allgemeinen Funktionen des Rechts im ärztlichen Bereich betrachtet: Vertrauensstabilisierung, Richtlinienfunktion und Missbrauchsabwehr.[272] Nur so kann möglicher Willkür bei der Behandlung vorgebeugt und die Einhaltung anerkannter medizinischer Standards gewährleistet werden. Dies gilt umso mehr, wenn man die betroffenen Rechtsgüter des Patienten im Auge hat: Menschenwürde, Gesundheit und Leben sowie Selbstbestimmung. Dem Mediziner *Paul Fritsche* ist daher zuzustimmen, wenn er schreibt: „Sterben und Tod sind doch eine zu ernste Sache, als dass man sie den Ärzten allein überlassen könnte.“[273]

Zur näheren Bestimmung der rechtlichen Grundlagen von ärztlichen Handlungspflichten auf das Arztrecht zu verweisen, liefert zwar ein gutes Stichwort, hilft in der Sache aber zunächst nicht weiter. Zum Arztrecht zählen nämlich nicht wenige Rechtsnormen. Es sind alle Rechtsnormen, unter denen der Arzt und seine Berufstätigkeit stehen. Eine umfassende Kodifikation des Arztrechts besteht genauso wenig wie beim Arztrecht von einem konsolidierten Ordnungssystem gesprochen werden kann; es reicht vielmehr in die unterschiedlichsten juristischen Spezialfächer hinein.[274] Häufig muss zudem auf die für jedermann geltenden Rechtsnormen zurückgegriffen werden, wenn in den verschiedenen Gesetzen besondere Vorschriften zum ärztlichen Handeln fehlen. Vor allem im Bürgerlichen Gesetzbuch, im Strafgesetzbuch oder direkt im Grundgesetz lassen sich allgemein verbindliche Vorschriften finden, die auch wesentliche Fragen des ärztli-

[271] *Laufs*, Arztrecht (Lexikon der Bioethik), S. 263.

[272] Näher *Eser*, FS für *Narr*, S. 50ff.; *ders.,* in: *Auer/Menzel/Eser,* S. 79ff.; *Katzenmeier,* S. 33f.

[273] *Fritsche*, MedR 1993, S. 126 und wiederholend 1995 in: Lebensverlängerung, S. 3. So auch *Laufs*, Arztrecht, Rn. 21.

[274] *Laufs*, in: *Laufs/Uhlenbruck*, § 5 Rn. 2, 3; *ders.,* MedR 1986, S. 163.

chen Handelns regeln. Zumeist im Zusammenhang mit Haftpflichtprozessen hat die Rechtsprechung diese Rechtsnormen zudem näher spezifiziert und ist weitgehend an die Stelle der Gesetzgebung getreten.[275] Ferner umfasst das Arztrecht eine Vielzahl von gesetzlichen und statutarischen Berufsregeln, von denen hier nur die (Muster-) Berufsordnung für die deutschen Ärztinnen und Ärzte (MBO-Ä 1997/2004) genannt werden soll. Nicht zu vergessen sind schließlich die zahlreichen Verlautbarungen ärztlicher Fachgesellschaften und interdisziplinären Arbeitsgemeinschaften. An dieser Stelle muss außerdem bereits auf die Handlungsgebote und –verbote der ärztlichen Standesethik hingewiesen werden wie sie etwa aus dem Hippokratischen Eid folgen. Wenn es sich hierbei auch nicht um rechtliche Gebote und Verbote handelt, so ist doch zu berücksichtigen, dass Standesethik und Arztrecht eng miteinander verflochten sind und sich beeinflussen, was es meines Erachtens rechtfertigt, nicht strikt zwischen Recht und medizinischer Ethik zu trennen, sondern die Standesethik zugleich miteinzubeziehen.

Der zweite Teil wird sich daher mit der ärztlichen Behandlungspflicht beschäftigen, wie sie durch die medizinische Wissenschaft, Recht und Sittlichkeit festgelegt ist. Es werden zum einen die normativen Grundlagen der ärztlichen Handlungsgebote und –verbote im hier interessierenden Bereich der Neonatalmedizin aufgezeigt. Beleuchtet wird in diesem Zusammenhang das Verfassungsrecht als das ranghöchste innerstaatliche Recht sowie der strafrechtliche und zivilrechtliche Schutz, den das Frühgeborene im Behandlungsverhältnis genießt. Zum anderen wird erörtert, welche Handlungspflichten das Standesrecht den Ärzten auferlegt und welche ethischen Vorstellungen das ärztliche Handeln dabei leiten.

---

[275] *Laufs*, in: *Laufs/Uhlenbruck*, § 5 Rn. 8ff.; Ehlers/*Broglie*, Rn. 611; *Schreiber*, BGH-FG-Wiss, S. 504.

§ 4 Der verfassungsrechtliche Hintergrund

Zu klären ist in einem ersten Schritt also, welche Rechte und Pflichten das Verfassungsrecht als der allgemeine und grundsätzliche Regelungsrahmen für die ärztliche Behandlung von Neugeborenen konstituiert. Grundrechtsdogmatisch gesehen lautet dabei angesichts der primär als Abwehrrechte formulierten Grundrechte die korrekte Fragestellung: „Ist die Fortsetzung der Behandlung erlaubt?"[276]. Es wäre deshalb verkehrt, nach einer Behandlungspflicht oder danach zu fragen, ob ein Verzicht oder Abbruch der Behandlung rechtmäßig ist. Ausgangspunkt aller Überlegungen soll Art. 2 Abs. 2 Satz 1 GG sein, der das Recht auf Leben und körperliche Unversehrtheit enthält.

A. Das Grundrecht auf Leben und körperliche Unversehrtheit

I. Das Grundrecht auf Leben

Das Grundrecht auf Leben nach Art. 2 Abs. 2 Satz 1 GG stellt – wie es das Bundesverfassungsgericht treffend ausdrückt – innerhalb der grundgesetzlichen Ordnung einen „Höchstwert"[277] dar, was schon allein deshalb folgerichtig ist, weil das menschliche Leben die „vitale Basis" für die Ausübung der anderen Grundrechte ist.[278] Gleichwohl besteht nicht zu jedem Zeitpunkt des menschlichen Lebens ein absoluter Lebensschutz. Das Grundrecht erfährt vielmehr mit dem Gesetzesvorbehalt in Art. 2 Abs. 2 Satz 3 GG eine wesentliche Einschränkung, die es dem Gesetzgeber erlaubt, das Grundrecht auf Leben durch förmliches Parlamentsgesetz zugunsten anderer Rechtsgüter einzuschränken.[279] Dies hat dazu geführt, dass im

---

[276] So zu Recht *Hufen,* NJW 2001, S. 849 (850); *Taupitz,* Gutachten, S. A 18; *Verrel,* KritV 2001, S. 440 (443); *Weber,* Arztrecht 2004, S. 300 (303); nicht so deutlich *Ankermann,* MedR 1999, S. 387 (388).

[277] Ständige Rspr. seit BVerfGE 39, 1 (42) - Schwangerschaftsabbruch I; vgl. auch *Kunig,* in: *von Münch/Kunig,* GKK I, Rn. 44 zu Art. 2. Inhaltlich zweifelnd angesichts der demonstrativen „Selbstverständlichkeitsrhetorik" im Prinzipiellen *Höfling,* ZfL 2002, S. 34.

[278] BVerfGE 39, 1 (42) - Schwangerschaftsabbruch I.

[279] BVerfGE 88, 203 (253f.) - Schwangerschaftsabbruch II.

Bereich der Embryonenforschung und der Forschung an genetischem Material noch ein nahezu absoluter Schutz des menschlichen Lebens besteht, während das intrauterine Leben zu einem späteren Zeitpunkt – wie sich gerade an den Regelungen zum Schwangerschaftsabbruch erkennen lässt – unter bestimmten Voraussetzungen geringeren Schutz genießt.[280] Mit der Geburt endet wiederum diese Verfügbarkeit über das Leben, so dass de lege lata dem geborenen Menschen ein Lebensschutz zukommt, der sich aufgrund der vorhandenen Ausnahmen insgesamt betrachtet allenfalls als „strikt" bezeichnen lässt.[281] Im hier interessierenden Bereich der Neonatologie fehlen bisher freilich ausdrückliche gesetzliche Regelungen, die den Lebensschutz bei der medizinischen Behandlung von extrem unreifen Frühgeborenen einschränken. Zwar existieren Richtlinien und Empfehlungen der Bundesärztekammer oder anderer ärztlicher Fachgesellschaften. Diese reichen im Hinblick auf die „Wesentlichkeitstheorie"[282] jedoch schon formal nicht aus, um die intensiven Eingriffe in das Leben verfassungsrechtlich zu rechtfertigen, die insbesondere im Zusammenhang mit extrem unreifen Frühgeborenen in diesen Verlautbarungen diskutiert werden.[283]

1) Zum personalen und sachlichen Schutzbereich

Art. 2 Abs. 2 Satz 1 Alt. 1 GG bestimmt schlicht: „Jeder hat das Recht auf Leben". Das Grundrecht schützt damit das körperliche Dasein, das heißt die biologisch-physische Existenz jedes Menschen.[284] Es dient dem individuellen Lebensschutz[285] des einzelnen Menschen um seiner selbst willen und zielt auf die Auf-

---

[280] Zu den Stufungen des vorgeburtlichen Lebensschutzes jüngst *Horst Dreier,* ZRP 2002, S. 377ff., mit der kritischen Erwiderung von *Rainer Beckmann,* Wachsendes Lebensrecht?, ZRP 2003, S. 97ff.; zur medizinethischer Sicht vgl. *Urban Wiesing,* Widersprüchliche Regelungen, DÄBl. 96 (1999), S. A-3163ff.

[281] Ähnlich *Eser/Koch,* Schwangerschaftsabbruch, S. 281: „prinzipieller Lebensschutz"; vgl. zu den Ausnahmen etwa *Schulze-Fielitz,* in: *Dreier,* GK I, Art. 2 II Rn. 62; *Duttge,* ZfL 2004, S. 30 (32).

[282] Gemäß der vom BVerfG entwickelten „Wesentlichkeitstheorie" hat der Gesetzgeber alle wesentlichen Entscheidungen selbst zu treffen. Bei der Entscheidung müssen die Intensität des Eingriffs und der Verfassungsrang der betroffenen Rechtsgüter berücksichtigt werden. vgl. etwa BVerfGE 88, 103 (116) – Streikeinsatz von Beamten; *Pieroth/Schlink,* Rn. 264ff.

[283] Im Ergebnis ebenso *Storr,* MedR 2002, S. 436 (441); *Lorenz,* in: HStR VI, § 128 Rn. 48. Allgemein zu den formellen Voraussetzungen *Jarass*/Pieroth, Art. 2 Rn. 95 m.N. Nicht so eindeutig *Eggert Beleites,* Vorsitzender der Kommission für Medizinisch-Juristische Grundsatzfragen der Bundesärztekammer, in einer Anmerkung, die abgedruckt ist bei *Uhlenbruck/Ulsenheimer,* in: *Laufs/Uhlenbruck,* § 132 Rn. 20.

[284] *Jarass*/Pieroth, Art. 2 Rn. 81, 84; *Kunig,* in: *von Münch/Kunig,* GKK I, Rn. 47 zu Art. 2.

[285] Genau genommen ist zwischen „Lebensschutz" und „Lebensrecht" zu unterscheiden, wobei „Lebensrecht" als „qualifizierter", das heißt individueller und besonders strikter

rechterhaltung des Lebens, so dass auch jede Maßnahme, die nicht schon den Tod des geschützten Lebens, sondern nur dessen Gefährdung bewirkt, in das Grundrecht eingreift.[286] Die Norm verlangt den gleichen Schutz und die gleiche Wertigkeit für jedes menschliche Leben. Ein „lebensunwertes" Leben kennt das Grundgesetz nicht. Es stellt sich daher zunächst die Frage, wann menschliches Leben beginnt.

Menschliches Leben ist die kontinuierliche Entwicklung des Menschen zwischen der Verschmelzung von Ei- und Samenzelle und dem Tod, dem Funktionsende des gesamten Organismus. So lässt sich jedenfalls der Begriff aus biologischer Sicht definieren. Das Recht ist aber nicht strikt an die Tatsachenfeststellungen der Biologie und Medizin gebunden. Menschliches Leben im Rechtssinne kann nicht mit diesem naturwissenschaftlichen Lebensbegriff ohne weiteres gleichgesetzt werden, ist die juristische Begriffsbildung doch keine bloße Rezeption empirischer Daten, sondern stets das Ergebnis normativer Wertungen. Anders ausgedrückt: Während die naturwissenschaftlichen Erkenntnisse das Sein beschreiben, haben rechtliche Normen das Sollen zu regeln. Der Begriff des Rechtsguts Leben ist also normativer Natur und keine Frage der schlichten Rechtserkenntnis.[287] Es verwundert daher nicht, dass unterschiedliche Standpunkte vertreten werden, ab wann menschliches Leben den Schutz des Art. 2 Abs. 2 Satz 1 GG genießen sollte. Einer abschließenden Klärung dieses Meinungsstreits bedarf es hier jedoch nicht, weil das Leben unabhängig vom Lebensalter nach allen Ansichten spätestens ab der Geburt und bis zum Tod geschützt wird.[288]

Art. 2 Abs. 2 Satz 1 Alt. 1 GG verbietet, den Lebensschutz von der Lebensfähigkeit, der Lebenserwartung oder dem Lebensinteresse des Einzelnen, von seiner körperlichen oder psychischen Konstitution, vom Alter sowie von seiner gesellschaftlichen Funktionstüchtigkeit und der ihm von Anderen entgegengebrachten Wertschätzung abhängig zu machen.[289] Es geht allein um biologisches Leben im Unterschied zum Tod.[290] Wenn also verschiedentlich zwischen menschlichem und personalem Leben differenziert wird und das Lebensrecht zusätzlich vom Innehaben des Status „Person", das heißt von bestimmten kognitiven Fähigkeiten abhängig gemacht wird, so kann diesen Ansichten aus verfassungsrechtlicher Sicht, zumal angesichts des Benachteiligungsverbots in Art. 3 Abs. 3 Satz 2 GG, nicht gefolgt werden.[291] Gegen diese Konzeptionen lässt sich einwenden, dass es sich

---

„Lebensschutz" verstanden werden kann, dazu näher *Hoerster*, Embryonenschutz, S. 31 ff.

[286] *Jarass*/Pieroth, Art. 2 Rn. 86, 90 ; *Murswiek*, in: *Sachs*, Art. 2 Rn. 160 f., jeweils m.N.

[287] *Laber*, S. 2 ff.; *Lorenz*, in: HStR VI, § 128 Rn. 8.

[288] *Kunig*, in: *von Münch/Kunig*, GKK I, Rn. 44, 46 zu Art. 2.

[289] *Dürig*, in: *Maunz/Dürig*, Art. 2 Abs. 2 Rn. 8ff. (1958); *Schulze-Fielitz*, in: *Dreier*, GK I, Art. 2 II Rn. 25 sowie Sch/Sch-*Eser*, Rn. 14 vor §§ 211ff.

[290] So ausdrücklich *Kunig*, in: *von Münch/Kunig*, GKK I, Rn. 49 zu Art. 2; näher zum „offenen Menschenbild" des Grundgesetzes *Rixen*, S. 288ff.

[291] Im Ergebnis auch *Weber*, ZfL 2002, S. 94 (102f.); *Vogt-Weber/Weber*, Traditio et Innovatio, 2000, S. 33 (34); *Höfling*, ZfL 2002, S. 34

im Grunde um nichts anderes als eine verschleierte Entscheidung über den Wert des Lebens handelt und es dann eine Institution geben müsste, „die über das „volle" Menschsein entschiede."[292] Beides widerspricht dem gängigen Verfassungsverständnis. Als von einem Menschen geborenes Kind fällt daher das lebende Neugeborene unter den Schutzbereich des Art. 2 Abs. 2 Satz 1 Alt. 1 GG – und zwar ungeachtet einer organischen Unreife infolge einer Frühgeburt oder sonstiger Schädigungen.[293] Zwar hat namentlich der Rechts- und Sozialphilosoph *Norbert Hoerster* noch 1995 ein Lebensrecht des Frühgeborenen an das Erreichen eines Gesamtalters von mindestens 28 Schwangerschaftswochen p.c. geknüpft, weil vor diesem Zeitpunkt ein Frühgeborenes praktisch keine Überlebenschance besäße.[294] Inzwischen hat er aber diese Extremposition zurechtgerückt und geklärt, dass nach der von ihm vertretenen Theorie des Überlebensinteresses prinzipiell auch das Frühgeborene – wie alle menschlichen Individuen nach der Geburt – Träger des Lebensrechts ist und mithin Mensch im biologischen wie normativen Sinne.[295] Eine nähere Auseinandersetzung mit seiner philosophisch begründeten Ansicht kann somit unterbleiben.

2) Das Recht auf Leben als Abwehrrecht

Art. 2 Abs. 2 Satz 1 Alt. 1 GG schützt über Art. 1 Abs. 3 GG den Patienten vor Tod bringenden ärztlichen Maßnahmen in öffentlich betriebenen Einrichtungen, die der Daseinsvorsorge im Gesundheitsbereich dienen.[296] Dies sei vor dem Hintergrund erwähnt, dass sich derzeit noch über 90% der Krankenhäuser in öffentlicher Trägerschaft befinden, wobei jedoch absehbar ist, dass der Anteil privater Betreiber im Krankenhaussektor in den nächsten Jahren stark zunehmen wird. Nach klassischem Verständnis ist das Freiheitsrecht auf Leben primär zwar ein Abwehrrecht des Einzelnen gegen lebensgefährdende Eingriffe des Staates, weshalb die Abwehrfunktion an sich allein ein staatliches Unterlassen gebietet und nicht verbietet. Gleichwohl stellt neben der aktiven Tötung auch die Tötung durch Unterlassen generell einen Eingriff in den Abwehrgehalt des Art. 2 Abs. 2 GG dar, sofern nur die Unterlassung den Tod zurechenbar bewirkt.[297] Der Arzt im staatlich

---

[292] Dazu ausführlich *Peters*, S. 234ff.

[293] Wie hier *Kunig*, in: *von Münch/Kunig*, GKK I, Rn. 12 zu Art. 1.; *Peters*, S. 240; *Jarass*/Pieroth, Art. 2 Rn. 84: jede natürliche Person. Ausführlich zu den ablehnenden Minderansichten in der Literatur zu schwerstgeschädigten Neugeborenen *Everschor*, S. 137ff.

[294] *Hoerster*, Neugeborene, S. 49ff., insb. 57ff.

[295] Näher *Hoerster*, Embryonenschutz, S. 88ff., insb. 95. Dies entspricht übrigens wieder seiner ursprünglichen Auffassung, vgl. *Hoerster*, Neugeborene, S. 132.

[296] So auch *Storr*, MedR 2002, S. 436.

[297] *Schulze-Fielitz*, in: *Dreier*, GK I, Art. 2 II Rn. 44; *AK-GG-Correll*, Art. 2 Abs. 50; *Kunig*, in: *von Münch/Kunig*, GKK I, Rn. 51 zu Art. 2. Dogmatisch sauberer erscheint, über die Schutzfunktion des Art. 2 Abs. 2 Satz 1 Alt. 1 GG eine Pflicht des Staates zur Leistungsgewährung abzuleiten, so dass über die Abwehrfunktion hinaus eine Leistungspflicht des Staates bestünde, wenn die Vorenthaltung lebensnotwendiger Mittel

beherrschten Bereich, der wegen dessen Unreife oder Schädigungen ein Frühgeborenes durch eine gezielte Behandlungsmaßnahme aktiv tötet, greift daher in den
Schutzbereich des Art. 2 Abs. 2 Satz 1 Alt. 1 GG ebenso ein wie der Arzt, der die
Aufnahme oder Fortsetzung lebenserhaltender Versorgungsmaßnahmen[298] verweigert und damit zurechenbar den Tod des Frühgeborenen herbeiführt.[299] Dabei
kommt es nicht auf den mit der Tötung verfolgten Zweck an, so dass der Arzt,
mag er auch zur Erleichterung von Qualen töten, gleichsam das Grundrecht auf
Leben verletzt.

Nun erlauben aber die medizinisch-technischen Möglichkeiten, Leben auch bei
irreversiblen Schädigungen zu erhalten, so dass sich fragt, ob es Sinn des grundrechtlichen Lebensrechts ist, unter allen Umständen Leben zu schützen oder, konkret gesagt, der Arzt aus Art. 2 Abs. 2 Satz 1 Alt. 1 GG stets verpflichtet ist, dem
„defizitären" Leben des unreifen Neugeborenen erst zur Existenz zu verhelfen.
Dafür spricht einerseits, dass es das Grundrecht verbietet, Leben in irgendeiner
Weise qualitativ zu bewerten und aus ihm umgekehrt auch kein Recht auf die
Beendigung des eigenen Lebens ableitbar ist.[300] Andererseits gibt es Stimmen,
wonach es ebenso wenig eine rechtliche Pflicht des Einzelnen gegenüber der Gesellschaft (dem Staat) zum Leben gibt wie sich aus Art. 2 Abs. 2 Satz 1 GG eine
Pflicht begründen lässt, durch den Einsatz aller technischen Möglichkeiten, das
Leben eines unheilbar Kranken ad infinitum künstlich zu verlängern.[301] Hinzu tritt
die Überlegung, ob in dieser Situation die Fortsetzung der Behandlung nicht zum
medizinischen Selbstzweck wird, weshalb das Frühgeborene als bloßes Objekt der
Intensivmedizin anzusehen und in seiner Menschenwürde betroffen ist.

Doch auch aus einem anderen Grund steht nicht fest, ob eine todbringende ärztliche Maßnahme verfassungswidrig ist. Für die Beurteilung der Zulässigkeit ärztlicher Maßnahmen ist nämlich insbesondere der Wille des Patienten zu berücksichtigen. Situationen, in denen das individuelle Interesse am Weiterleben für den
Patienten augenscheinlich an Wert verliert und ein früherer Tod höherwertig erscheint, sind durchaus denkbar. Daraus folgen sterbensbezogene Entscheidungsprobleme, die sich unter den Begriff der „Sterbehilfe"[302] fassen lassen. Zwar
kommt beim Grundrecht auf Leben ein die Beeinträchtigung ausschließender
Schutzverzicht im Wege einer Einwilligung in eine unmittelbare Tötungshandlung

---

ansonsten zum Tode führen würde. Dazu *Dürig*, in: *Maunz/Dürig*, Art. 2 Abs. 2
Rn. 26f. (1958).

[298] Zu denken ist explizit an künstliche Beatmung, Sauerstoffversorgung, künstliche Was-
ser- und Nahrungszufuhr sowie Operationen.

[299] AK-GG-*Correll*, Art. 2 Abs. 50f.

[300] *Kunig*, in: *von Münch/Kunig*, GKK I, Rn. 50 zu Art. 2 m.N.; *Czerner*, MedR 2001,
S. 354 (356); *Conradi*, S. 427; *Wassermann*, in: *Winau/Rosemeier*, S. 385.

[301] *Bottke*, S. 45; *Heyers*, S. 192f.; *Hufen*, NJW 2001, S. 849 (852); *Starck*, in: *v. Man-
goldt/Klein/Starck*, GG I, Art. 2 Rn. 191.

[302] Es handelt sich nicht um einen Rechtsbegriff. Näher zum Begriff und seiner Begründung *Saliger*, KritV 2001, S. 382 (392ff.).

nicht in Betracht.[303] Für diese Unverfügbarkeit des Lebens sprechen sowohl der Wortlaut des Art. 2 Abs. 2 GG als auch eine historische und teleologische Auslegung.[304] Ferner sind die Bedeutung des Rechtsguts, die irreversiblen Folgen eines Verzichts sowie Tabuisierungsgründe und die Missbrauchsgefahr bei Gestattung einer einverständlichen Tötung gewichtige Gründe. Nicht zuletzt wird im medizinischen Bereich damit aber auch dem ansonsten wohl drohenden gesellschaftlichen Druck auf Ärzte und Patienten vorgebeugt.[305] Eine direkt lebensverkürzende ärztliche Maßnahme ist nach der geltenden Rechtslage folgerichtig als aktive Fremdtötung gemäß §§ 211, 212 StGB ebenso strafrechtlich verboten wie im beiderseitigen Einvernehmen als Tötung auf Verlangen nach § 216 StGB.

Nicht ausgeschlossen ist hingegen die Einwilligung in eine lebensbedrohliche Situation durch die Ablehnung einer medizinischen Behandlung. Das führt beispielsweise dann zu einer rechtlich komplexen Sachlage, wenn es sich bei der konsentierten Therapiemaßnahme um eine gebotene medizinische Behandlung insbesondere zur Schmerzbekämpfung handelt, die als unbeabsichtigte und unvermeidbare Nebenfolge den Todeseintritt beschleunigt. Auch in diesem Fall, der sog. indirekten Sterbehilfe[306] oder wie man sie besser bezeichnen sollte: der „unabsichtlichen aktiven Sterbehilfe", handelt es sich zweifellos um eine verfassungswidrige aktive Tötungshandlung – trotz des primär therapeutischen Zwecks der Medikation. Dennoch ist die auf Ablehnung einer (weiteren) lebensschützenden Behandlung gerichtete autonome Entscheidung des Patienten nicht verboten, weil sie unmittelbar Schmerzbefreiung und keine Tötung verlangt. Invasive Eingriffe können so unterbunden werden, weil die Ablehnung in Anbetracht der gleichfalls grundgesetzlich geschützten Patientenautonomie und des in Art. 2 Abs. 2 Satz 1 Alt. 2 GG als Ausdruck körperlicher Unversehrtheit geschützten Rechts auf Schmerzfreiheit nicht einfach ignoriert werden darf. Gleiches gilt in Fällen der sog. passiven Sterbehilfe[307] – definiert als Nichtaufnahme beziehungsweise Abbruch lebenserhaltender medizinischer Maßnahmen – mithin wenn dem Arzt die Aufnahme oder Fortsetzung der Behandlung vom Patienten untersagt wird.[308] Die Untätigkeit stärker betonend, kann auch von „Sterbehilfe durch Unterlassen" gesprochen werden.

---

[303] *Jarass*/Pieroth, Art. 2 Rn. 86; *Conradi*, S. 426; a.A. *Schulze-Fielitz*, in: *Dreier*, GK I, Art. 2 II Rn. 55 (anders noch die Vorauflage, vgl. dort unter Rn. 36).

[304] Näher *Heyers*, S. 190 m.N.

[305] Sch/Sch-*Eser*, § 216 Rn. 13; *Laber*, MedR 1990, S. 182 (183); *Kutzer*, MedR 2001, S. 77 (78); *Taupitz*, Gutachten, S. A 49f.; *Hufen*, NJW 2001, S. 849 (855); *Opderbecke/Weißauer*, MedR 1998, S. 395 (398); *Verrel*, Beilage zu NJW Heft 22/2006, S. 14 (15).

[306] Zum Begriff nur BGHSt 46, 279 (284f.) - Exit; *Saliger*, KritV 2001, S. 382 (386), jeweils m.N.

[307] Zum Begriff *Czerner*, MedR 2001, S. 354 (357) m.N.; *Bottke*, S. 96, redet insoweit vom „Recht auf passiven Suizid".

[308] Zur Klarstellung: Passive Sterbehilfe meint nur die Nichtaufnahme oder den Abbruch konkreter einzelner Maßnahmen, nicht das Unterlassen jeglicher Behandlung, vgl. nur

Zu bedenken ist bei all diesen Überlegungen zur Patientenautonomie jedoch, dass es sich bei dem Patienten um ein Frühgeborenes handelt, das seinen eigenen Willen selbst noch nicht äußern kann, so dass sich fragt, inwieweit nicht Dritte stellvertretend für das Kind entscheiden können. Dabei ist zu berücksichtigen, dass es nicht bloß um die Entscheidung gegen eine Behandlungsmaßnahme geht, die letzten Endes zum Tode des Neugeborenen führt, sondern gerade auch um die Umstände und das Verfahren, die den Weg dorthin begleiten.

Diese Ausgangslage macht einen verhältnismäßigen Ausgleich der konkurrierenden Rechtsgüter des Neugeborenen unumgänglich. Als konkurrierende verfassungsrechtlich geschützten Rechtsgüter des Neugeborenen sind neben dem Lebensrecht die bereits genannten und ebenfalls hochrangigen Grundrechte der Selbstbestimmung (Art. 2 Abs. 1 GG) und Menschenwürde (Art. 1 Abs. 1 GG) sowie der Glaubens- und Gewissensfreiheit (Art. 4 Abs. 1 GG) zu nennen. Zu beachten sind darüber hinaus das Elternrecht (Art. 6 Abs. 2 GG) und die Glaubens- und Gewissensfreiheit des Arztes als kollidierende Grundrechte Dritter. Ferner ist die grundrechtlich geschützte Berufsausübungsfreiheit (Art. 12 GG) des Arztes von Bedeutung, weil sie den Rahmen bestimmt innerhalb dessen der Arzt eine Behandlung oder Weiterbehandlung überhaupt anbieten muss.

Abschließend festhalten lässt sich an dieser Stelle jedenfalls, dass das Lebensrecht gemäß Art. 2 Abs. 2 Satz 1 Alt. 1 GG für sich betrachtet ärztliche Handlungen verbietet, die aktive oder passive Tötungshandlungen darstellen und ohne – wie auch immer geartete – Einwilligung des Frühgeborenen ergriffen werden.[309] Ungeachtet einer Einwilligung ist nach geltendem Recht aber auch eine als aktive Sterbehilfe einzustufende Behandlungsmaßnahme für unzulässig zu erachten.[310] Darunter ist die gezielte direkte Tötung eines todkranken Menschen durch positives Tun zum Zwecke der „Leiderlösung" zu verstehen.[311] Hierauf besteht kein verfassungsrechtlich verbürgter Anspruch.[312] Weiter zu untersuchen bleibt die

---

von der Bundesärztekammer verabschiedeten „Grundsätze zur ärztlichen Sterbebegleitung" vom 11. September 1998, NJW 1998, S. 3406f.; *Saliger*, KritV 2001, S. 382 (399).

[309] Bedenklich, weil auf die Überlebenschance abstellend: *Starck*, in: *v. Mangoldt/Klein/Starck*, GG I, Art. 2 Rn. 198.

[310] Statt vieler *Herdegen*, in: *Maunz/Dürig*, Art. 1 Abs. 1 Rn. 85 (2003); AK-GG-*Correll*, Art. 2 Abs. 2 Rn. 67; *Taupitz*, Gutachten, S. A 49, jeweils mit zahlreichen Nachweisen. Zu einer möglichen gesetzlichen Regelung, die aktive Sterbehilfe erlaubt, vgl. *Schulze-Fielitz*, in: *Dreier*, GK I, Art. 2 II Rn. 64.

[311] BGHSt 37, 376; *Saliger*, KritV 2001, S. 382 (385) m.N.

[312] Offengelassen in BVerfGE 76, 248 (252), was die Literatur nicht davon abhält, sie de lege ferenda mehr oder weniger dezisionistisch teils für zulässig, teils für unzulässig anzusehen. Einerseits *Jarass*/Pieroth, Art. 2 Rn. 100 m.N.; *Schulze-Fielitz*, in: *Dreier*, GK I, Art. 2 II Rn. 85: Die aktive Sterbehilfe kann unterbunden werden, muss aber nicht; *Storr*, MedR 2002, S. 436 (437); wohl auch *Hufen*, NJW 2001, S. 849 (854). Als rangniederes Recht steht § 216 StGB diesem Befund durchaus nicht entgegen. Andererseits BGHSt 32, 367 (371ff.) - Dr. Wittig; AK-GG-*Correll*, Art. 2 Abs. 2 Rn. 67, 71; *Eberbach*, Heidelberger Workshop, S. 14.

verfassungsrechtliche Rechtfertigung der indirekten und passiven Sterbehilfe, wobei erstgenannte auch im Bereich der Neonatalmedizin eine Rolle spielen dürfte, auch wenn sie im Regelfall eine bereits länger laufende Dauermedikamention voraussetzt, die sich negativ auf das Leben des Betroffenen auszuwirken droht, eine Situation, die bei der perinatalen Behandlung von extrem unreifen Frühgeborenen – um die es hier primär geht – noch nicht vorliegt.[313] Da sich die Frage nach der Zulässigkeit von ärztlichen Maßnahmen aber noch zu einem späteren Zeitpunkt während der kritischen Phase der ersten 72 Lebensstunden stellen kann, soll auch die indirekte Sterbehilfe weiter im Blickpunkt bleiben. Es handelt sich dann um Frühgeborene, denen medizinisch nicht mehr geholfen werden kann, so dass die lebensverkürzende medikamentöse Behandlung lediglich zur Schmerzlinderung bis zum Todeseintritt dient. Unbeantwortet ist bislang ferner die Frage, unter welchen Voraussetzungen der Arzt eine lebenserhaltende oder –verlängernde medizinische Maßnahme verweigern kann, ohne das Lebensrecht des Frühgeborenen zu missachten.

Ärztliche Versorgungsmaßnahmen indes, die das Sterben des Frühgeborenen erleichtern, ohne dessen Tod zu beschleunigen, zählen nicht zu Eingriffen in Art. 2 Abs. 2 Satz 1 Alt. 1 GG und dürfen vorgenommen werden. Zu denken ist an ärztliche und palliative Versorgungsmaßnahmen wie beispielsweise Pflege, Schmerzlinderung, Wasser- und Nahrungszufuhr sowie Zuwendung.

3) Art. 2 Abs. 2 Satz 1 GG als objektive Wertentscheidung

Der Grundrechtsgehalt des Art. 2 Abs. 2 Satz 1 Alt. 1 GG erschöpft sich jedoch nicht in seiner Abwehrfunktion. Für praktisch bedeutsamer als die Abwehrfunktion des Grundrechts auf Leben wird heute allgemein dessen objektive Grundrechtsseite gehalten. Denn die Grundrechtsordnung enthält nach der Rechtsprechung des Bundesverfassungsgerichts[314] eine objektive Wertordnung, aus der sich im Falle des Rechts auf Leben eine umfassende staatliche Pflicht ergibt, durch aktives Handeln Leben vor Tötung und Gefährdung zu schützen – auch und gerade im Verhältnis der Bürger untereinander.[315] Der Staat stellt auf diese Weise nicht bloß die Grundrechtsgefahr dar, sondern ist gleichermaßen Grundrechtsgarant. Diese positive Schutzpflicht gebietet dem Staat, sich schützend und fördernd vor das Leben zu stellen und es vor rechtswidrigen Eingriffen von Seiten anderer zu bewahren.[316] Dieser Pflicht kommt der Staat de facto vorrangig durch die Nor-

---

313 Ohne nähere Begründung behauptet *Laber*, MedR 1990, S. 182 (184) zwar, die indirekte Sterbehilfe spiele im Rahmen der Früheuthanasie keine Rolle, zutreffend dagegen allerdings *Merkel*, Früheuthanasie, S. 152f.

314 Bahnbrechend für Art. 2 Abs. 2 GG BVerfGE 39, 1 (41f.) – Schwangerschaftsabbruch I.

315 Grundlegend zur Schutzpflicht des Staates *Isensee*, in: HStR V, § 111; vgl. auch *Laber*, S. 40ff.; knapper *Jarass*/Pieroth, Vorb. 3ff. vor Art. 1.

316 Näher *Kunig*, in: *von Münch/Kunig*, GKK I, Rn. 54ff. zu Art. 2; *Czerner*, MedR 2001, S. 354 (356) sieht darüber hinaus auch eine staatliche Schutzpflicht gegenüber Angriffen durch den Grundrechtsträger selbst.

mierung strafrechtlicher Regelungen zum Schutz des Lebens nach.[317] Ich werde auf diese Normen später noch im Einzelnen eingehen. Ob jedoch das gesetzgeberische Handeln des Staates der Schutzfunktion des Lebensrechts genügt, soll an dieser Stelle nicht weiter diskutiert werden. Diese Diskussion würde den Rahmen der Bearbeitung sprengen, weswegen anderen die Prüfung überlassen sei, ob und inwieweit der Gesetzgeber seine Schutzpflicht für das Leben im hier interessierenden Bereich auch ohne Erlass ausdrücklicher gesetzlicher Regelungen über die medizinische Behandlung von extrem unreifen Frühgeborenen in ausreichendem Maße erfüllt hat und welche gesetzgeberischen Möglichkeiten der weite Beurteilungsspielraum beim Schutz des Lebens bietet.

Aus der Schutzfunktion von Grundrechten lässt sich allerdings auch die „mittelbare Drittwirkung" oder besser: „Ausstrahlungswirkung" von Grundrechten ableiten.[318] Danach kann der Rechtsgehalt von Grundrechten auf privatrechtliche Beziehungen einwirken. Grundrechte gelten im Verhältnis zwischen Privatpersonen nicht unmittelbar, weshalb im Grunde ärztliche Handlungen und Entscheidungen außerhalb öffentlich betriebenen Krankenhäusern nicht direkt an Grundrechten gemessen werden können. Da aber im Streitfall die ärztlichen Maßnahmen wie auch die Entscheidungen der Sorgeberechtigten auf Seiten des Kindes von staatlichen Gerichten auf ihre Rechtmäßigkeit und damit auf Grundrechtskonformität kontrolliert werden, haben wir es, falls die streitentscheidenden Normen auslegungsfähige Rechtsbegriffe enthalten, mit einem Anwendungsfeld der Ausstrahlungswirkung von Grundrechten zu tun.[319] Daraus folgt: Der Richter hat das einfache Recht im Lichte der Verfassung auszulegen und – wo nötig – weiter zu konkretisieren, um dadurch den jeweiligen Grundrechten zur Geltung zu verhelfen. Hierbei kann für die Anwendung und Auslegung des Rechts aus Art. 2 Abs. 2 Satz 1 Alt. 1 GG ein wichtiges Prinzip abgeleitet werden, das angesichts der zumeist unsicheren Prognose im Hinblick auf den Krankheitsverlauf und der fehlenden Möglichkeit, auf den Willen des neugeborenen Patienten unmittelbar Bezug zu nehmen, besondere Wichtigkeit erlangt: Das Prinzip *„In dubio pro vita!"*[320]. Von Verfassungs wegen ist deshalb eine grundsätzliche lebensbewahrende Hilfspflicht anzunehmen, deren Befolgung nicht zuletzt bei totgeborenen Frühgeborenen erst die Lebensfähigkeit erweisen wird. Als Folge der mittelbaren Drittwirkung greift darüber hinaus das Grundrecht auf Leben ebenso wie das Recht auf körperliche Unversehrtheit und das Selbstbestimmungsrecht des Patienten auf privatrechtlicher Ebene als absolutes Recht im Sinne des § 823 BGB ins Arzt-Patienten-Verhältnis ein.

---

[317] *Lorenz*, in: HStR VI, § 128 Rn. 59; zu neueren Gesetzesinitiativen vgl. nur *Verrel*, Beilage zu NJW Heft 22/2006, S. 14 (15) und *Zuck*, ZRP 2006, S. 173ff., jeweils m.N.

[318] Dazu nur *Pieroth/Schlink*, Rn. 173ff.; *Sachs*, in: Sachs, Vor Art. 1 Rn. 32. Die mit der Drittwirkung von Grundrechten verbundene Problematik kann und soll hier nicht weiter vertieft werden.

[319] *Hufen*, NJW 2001, S. 849 (850); *Dauster*, Heidelberger Workshop, S. 92.

[320] *Storr*, MedR 2002, S. 436 m.N.; *Höfling*, JuS 2000, S. 111 (117). Ähnlich *Lorenz*, in: HStR VI, § 128 Rn. 50.

II. Das Verhältnis zur Menschenwürdegarantie in Art. 1 Abs. 1 GG

Kurz einzugehen ist des weiteren auf das Verhältnis des Lebensrechts zur Menschenwürdegarantie, denn einige Autoren, geleitet von unglücklichen Formulierungen des Bundesverfassungsgerichts in seiner ersten Abtreibungsentscheidung, setzen Lebensrecht und Menschenwürde mit unterschiedlicher Begründung gleich, was zur Folge hat, dass dann jede Tötung gleichzeitig eine Verletzung der Menschenwürde darstellte und damit im Ergebnis jeder Eingriff in das Lebensrecht verfassungswidrig wäre.[321] Diese Interpretation des Grundgesetzes wird zu Recht kritisiert und verdient keine Gefolgschaft, denn Lebensrecht und Menschenwürde sind nicht rechtlich identisch. Das Leben lässt sich zwar als „vitale Basis der Menschenwürde" charakterisieren,[322] doch der Verlust des Lebens bedeutet nicht zwingend auch eine Verletzung der Menschenwürde.[323] Eingriffe in das Leben sind vielmehr grundsätzlich nur an Art. 2 Abs. 2 Satz 1 GG zu messen. Ob die Tötung zugleich das Menschenwürdegebot verletzt, lässt sich nur unter Berücksichtigung der Begleitumstände sowie besonderer Eigenschaften der entsprechenden Handlung beurteilen;[324] auf die Zielsetzung kommt es dabei nicht an.[325] Die Fragen nach Lebensschutz und Menschenwürdegarantie gehören daher rechtsdogmatisch und rechtsethisch entkoppelt.[326] Für diese Auslegung spricht zudem die unterschiedliche Ausgestaltung des rechtlichen Schutzniveaus: Während Art. 1 Abs. 1 GG die Menschenwürde für unantastbar erklärt, mithin keine Einschränkungsmöglichkeit vorsieht, und die Menschenwürde zudem in Art. 79 Abs. 3 GG sogar vor einer Grundgesetzänderung geschützt wird, unterliegt der Lebensschutz der Schrankenregelung des Art. 2 Abs. 2 Satz 3 GG.

---

[321] Nachweise bei *Fink,* Jura 2000, S. 210 (211) und *Schulze-Fielitz,* in: *Dreier,* GK I, Art. 2 II Rn. 118.

[322] So BVerfGE 39, 1 (42) - Schwangerschaftsabbruch I; eine ähnliche Verknüpfung findet sich auch in BVerfGE 88, 203 (252) - Schwangerschaftsabbruch II.

[323] *Duttge,* ZfL 2004, S. 30 (33); *Hufen,* NJW 2001, S. 849 (851); *Höfling,* in: *Sachs,* Art. 1 Rn. 11.

[324] Näher *Höfling,* in: *Sachs,* Art. 1 Rn. 57, 60, der diesen Lösungsansatz als „Grundsatz der partiellen Spezialität und Subsidiarität" umschreibt. Zustimmend *Kunig,* in: *von Münch/Kunig,* GKK I, Rn. 69 zu Art. 1; *Lorenz,* in: HStR VI, § 128 Rn. 5; anders *Dreier,* in: *Dreier,* GK I, Art. 1 I Rn. 162, der den Menschenwürdesatz im rechtsgrundsätzlichen Verhältnis der Fundamentalität zu den einzelnen Freiheits- und Gleichheitsrechten sieht.

[325] So die ganz herrschende Literatur, vgl. nur *Dreier,* in: *Dreier,* GK I, Art. 1 I Rn. 53. Anders *Denninger,* KJ 1992, S. 282 (286) unter Bezugnahme auf BVerfGE 30, 1 (26) - Abhörurteil; *Kunig,* in: *von Münch/Kunig,* GKK I, Rn. 24 zu Art. 1.

[326] *Dreier,* in: *Dreier,* GK I, Art. 1 I Rn. 67 m.w.N.

III. Das Grundrecht auf körperliche Unversehrtheit

In seiner zweiten Alternative bestimmt Art. 2 Abs. 2 Satz 1 GG das Grundrecht auf körperliche Unversehrtheit. Es schützt lebende Menschen vor allen Einwirkungen, welche die Gesundheit im biologisch-physiologischen Sinne beeinträchtigen. Unterhalb dieser Schwelle schützt es das psychische Wohlbefinden vor nichtkörperlichen Einwirkungen, sofern diese zu körperlichen Schmerzen vergleichbaren Wirkungen führen. Schließlich wird auch die körperliche Integrität als solche geschützt.[327] Körperliche Unversehrtheit bedeutet also unter anderem das Freisein von Schmerzen, Verunstaltungen oder von Verletzungen der körperlichen Gesundheit. Vom Schutzbereich erfasst werden insbesondere auch ärztliche Heileingriffe wie Operationen sowie diagnostische Maßnahmen.[328] Wie bei dem Grundrecht auf Leben ist auch hier ein Eingriff bereits dann zu bejahen, wenn eine Gefährdungslage besteht.[329]

Das Recht auf körperliche Unversehrtheit des Frühgeborenen wird somit beeinträchtigt durch medizinische Maßnahmen, die im Rahmen einer apparativen Lebensverlängerung vorgenommen werden und zumindest Schmerzen verursachen. Im Verzicht oder der Einstellung einer medizinischen Behandlung selbst liegt hingegen keine Verletzung des Art. 2 Abs. 2 Satz 1 Alt. 2 GG. Die Schutzpflicht ist jedoch verletzt, sofern das Frühgeborene unter Schmerzen leidet und das medizinisch indizierte Maß an schmerzlindernden Medikamenten verweigert wird.[330] Dieser Gesichtspunkt erlangt besondere Bedeutung bei schmerzlindernden Maßnahmen, die unbeabsichtigt lebensverkürzend oder den medizinischen Zustand verschlechternd wirken. Nicht zu Eingriffen in die körperliche Integrität des Neugeborenen können jedenfalls nicht gesundheitsgefährdende und nicht invasive, schmerzfreie ärztliche Behandlungsmaßnahmen gezählt werden wie Pflege, Schmerzlinderung, das Stillen von Hunger und Durst auf natürlichem Wege sowie Zuwendung.

Das Recht auf körperliche Unversehrtheit dürfte freilich bei lebenserhaltenden Maßnahmen im Normalfall weniger Gewicht haben als das Lebensrecht. Aber wie bereits an früherer Stelle kurz angedeutet, kann es durchaus Fälle geben, in denen für den Patienten das Recht auf körperliche Unversehrtheit höher wiegt als der mit intensivmedizinischen Maßnahmen verbundene Lebensschutz. Wie beim Recht auf Leben sind dann die autonome Behandlungsentscheidung des Patienten und sein überwiegendes Interesse an einem möglichst schmerzfreien Tod zu berücksichtigen. Von einer rechtswidrigen Beeinträchtigung des Grundrechts auf körperliche Unversehrtheit kann daher generell nicht gesprochen werden, wenn die medizinische Behandlung mit Einwilligung des betroffenen Patienten vorgenommen

---

[327] *Schulze-Fielitz*, in: *Dreier*, GK I, Art. 2 II Rn. 33ff.; *Jarass*/Pieroth, Art. 2 Rn. 83.

[328] *Kunig*, in: *von Münch/Kunig*, GKK I, Rn. 62 zu Art. 2; *Murswiek*, in: *Sachs*, Art. 2 Rn. 154.

[329] *Jarass*/Pieroth, Art. 2 Rn. 90 m.N.

[330] *Hufen*, NJW 2001, S. 849 (854) m.N.; *Knopp*, MedR 2003, S. 379 (386).

wird.[331] Weil aber das Frühgeborene naturgemäß noch nicht zur Selbstbestimmung fähig ist, muss seine persönliche Einwilligung ersetzt werden. Ob nun den Eltern als den gesetzlichen Sorgeberechtigten oder Dritten gestattet ist, den mutmaßlichen Willen des Kindes zu interpretieren und für dieses zu entscheiden, soll erst bei der Darstellung des Selbstbestimmungsrechts des Frühgeborenen und dem Elternrecht ausführlich diskutiert werden.

B. Die Menschenwürde

Als nächstes soll untersucht werden, welche Hinweise für den Umfang der ärztlichen Behandlungspflicht bei extrem unreifen Frühgeborenen sich aus Art. 1 Abs. 1 GG ergeben. Die Menschenwürde gilt als das vornehmste Grundrecht[332] des einzelnen Menschen. Ihre Garantie folgt aus Art. 1 Abs. 1 GG, wonach die „Würde des Menschen" unantastbar und vom Staat zu achten und zu schützen ist.[333] Es ist das einzige Recht, das uneingeschränkt gilt und daher die Bezeichnung „absolut" verdient. Damit ist jeder Eingriff in die Menschenwürde verfassungswidrig. Soweit es um die Stellung eines Patienten im Arzt-Patienten-Verhältnis geht, wird der Menschenwürde indes eine weniger zentrale Bedeutung als den Grundrechten aus Art. 2 Abs. 1 und 2 GG eingeräumt,[334] was auf den ersten Blick etwas erstaunt, ist die anschließend näher zu würdigende Patientenautonomie doch strukturell eng mit dem aus Art. 1 Abs. 1 GG folgenden Autonomie- und Fürsorgeprinzip verknüpft.[335] Selbstbestimmung ist „der Kern der Menschenwürde"[336].

I. Zum personalen Schutzbereich

„Menschenwürde (…) ist nicht nur die individuelle Würde der jeweiligen Person, sondern die Würde des Menschen als Gattungswesen. Jeder besitzt sie, ohne Rücksicht auf seine Eigenschaften, seine Leistungen und seinen sozialen Status. Sie ist auch dem eigen, der aufgrund seines körperlichen oder geistigen Zustandes nicht sinnhaft handeln kann."[337]

---

[331] *Kunig*, in: *von Münch/Kunig*, GKK I, Rn. 65 zu Art. 2; bereits eine Grundrechtsbeeinträchtigung ablehnend *Jarass*/Pieroth, Art. 2 Rn. 89.

[332] Zur vorliegend nicht relevanten Frage, ob Art. 1 Abs. 1 GG ein Grundrecht enthält, kurz *Jarass*/Pieroth, Art. 1 Rn. 3; ausführlicher und mit weiteren Nachweisen zum Meinungsstand *Starck*, in: *v. Mangoldt/Klein/Starck*, GG I, Art. 1 Rn. 24ff.

[333] Die Schutzpflichtfunktion ist einer der wenigen Fälle der unmittelbaren Drittwirkung, *Kunig*, in: *von Münch/Kunig*, GKK I, Rn. 27 zu Art. 1; *Jarass*/Pieroth, Art. 1 Rn. 3a.

[334] *Hufen*, NJW 2001, S. 849 (850).

[335] *Jarass*/Pieroth, Art. 1 Rn. 10; ausführlich *Koppernock*, S. 18ff.; 49ff.

[336] *Hufen*, NJW 2001, S. 849 (851). Ähnlich *Dauster*, Heidelberger Workshop, S. 94.

[337] BVerfGE 87, 209 (228) - „Tanz der Teufel".

In dieser Aussage des Bundesverfassungsgerichts kommt klar zum Ausdruck, dass die Definition des Menschen als Träger des Grundrechts aus Art. 1 Abs. 1 GG nicht durch irgendwelche objektiven Eigenschaften normativer Art bestimmt werden darf, die an bestimmte physische, psychische oder sittliche Voraussetzungen anknüpfen. Nur so lässt sich vermeiden, dass gerade diejenigen, die der Menschenwürdegarantie besonders bedürfen, aus ihrem Schutzbereich ausgeklammert werden.[338] Es ist zu Recht die Absage an die Vertreter eines leistungsbezogenen Ansatzes des Menschenwürdebegriffs sowie an die nicht nur im Dritten Reich vertretene Lehre vom „lebensunwerten Leben" mit ihrer Annahme von „Ballastexistenzen". Zum personalen Schutzbereich zählen daher alle Formen menschlicher Existenz, die potentiell zur Selbstbestimmung fähig sind, mithin jedes menschliche Wesen.[339] Damit kommt auch Neugeborenen Menschenwürde zu, und zwar ungeachtet ihrer organischen Unreife oder körperlichen Schädigungen und unabhängig von Bewusstsein, ihren Interessen, und der Fähigkeiten zu geistig-sittlicher Selbstbestimmung.[340] Aus diesem Grunde kann auf der Basis des geltenden Rechts keine Argumentation durchgreifen, die bezweifelt, dass man es überhaupt mit einem Menschen, dessen Würde geschützt werden muss, zu tun hat, wenn mit Sicherheit feststeht, dass das Neugeborene, obschon es mit Hilfe von Apparaten am Leben erhalten werden könnte, weder Bewusstsein besitzt noch jemals wird erlangen können.[341]

II. Zum Gewährleistungsgehalt

Das Bundesverfassungsgericht bezeichnet die Menschenwürde in dieser oder ähnlicher Formulierung als den „obersten" Wert der Verfassung, als wichtigste Wertentscheidung.[342] Im Unterschied zu anderen Grundrechtsnormen weist Art. 1 Abs. 1 GG allerdings keinen sachlich eigengeprägten Schutzbereich auf, so dass wohlwollend von einem Verfassungsrechtssatz von „umfassender Allgemeinheit" gesprochen werden kann.[343] Mit *Norbert Hoerster* kann aus diesem Grund aber auch von einer „Leerformel" gesprochen und dem Prinzip der Menschenwürde in

---

[338] Dazu *Fink*, Jura 2000, S. 210 (212); *Di Fabio*, in: *Maunz/Dürig*, Art. 2 Abs. 1 Rn. 205 (2001).

[339] *Starck*, in: *v. Mangoldt/Klein/Starck*, GG I, Art. 1 Rn. 17; *Dreier*, in: *Dreier*, GK I, Art. 1 I Rn. 64; bereits *Dürig*, in: *Maunz/Dürig*, Art. 1 Abs. 1 Rn. 19, 25 (1958); *Fink*, Jura 2000, S. 210 (213).

[340] *Höfling*, in: *Sachs*, Art. 1 Rn. 48; *Kunig*, in: *von Münch/Kunig*, GKK I, Rn. 12 zu Art. 1; *Pap*, S. 141; *Peters*, S. 242.

[341] So aber *Denninger*, KJ 1992, S. 282 (286f.), nach dem die Menschenwürde ihr Spezifikum in der personalen Existenz des Menschen findet, zu der Ichbewusstsein und mindestens potentielle Kommunikation mit anderen personalen Individuen, also Ich-Du-Beziehungen gehören.

[342] *Jarass/Pieroth*, Art. 1 Rn. 2; *Kunig*, in: *von Münch/Kunig*, GKK I, Rn. 4 zu Art. 1.

[343] *Höfling*, in: *Sachs*, Art. 1 Rn. 7.

seiner rechtlichen Bedeutung die praktische Relevanz und eigenständige Bedeutung abgesprochen werden.[344] In der so gekennzeichneten rechtlichen Eigenart liegt jedenfalls die zentrale rechtsdogmatische Problematik des Art. 1 Abs. 1 GG und es fragt sich, wie dieser Norm Konturen verliehen werden können, damit sich seine Anwendung methodisch überprüfbar und rational nachvollziehbar gestaltet.[345] Auf dem Begriff der Menschenwürde lasten immerhin über zweieinhalbtausend Jahre philosophische Diskussion. Vielfältig sind deshalb die Versuche, den normativen Schutzgehalt des Menschenwürdesatzes zu bestimmen und zu klären, was er rechtlich und rechtsphilosophisch bedeutet.

Begriff und Inhalt der Menschenwürde positiv zu umschreiben, ist sehr schwierig.[346] Näher betrachtet ermöglichen diese positiven Bestimmungsversuche nämlich eher eine philosophische Begründung denn eine genaue begrifflich-inhaltliche Bestimmung. Größeren Erfolg verspricht vielmehr, sich an den Bedürfnissen der praktischen Rechtsanwendung zu orientieren und den Würdegehalt von seiner Verletzung her zu bestimmen, weshalb die vom Bundesverfassungsgericht in seiner Rechtssprechung herangezogene, an *Immanuel Kant* angelehnte und auf *Günter Dürig* zurückgehende „Objektformel"[347] – trotz aller Kritik[348] an deren Vagheit – griffiger erscheint. Hiernach wird Art. 1 Abs. 1 GG immer dann verletzt, wenn der Mensch zum bloßen Objekt eines beliebigen Verhaltens gemacht oder einer Behandlung ausgesetzt wird, die seine Subjektivität prinzipiell in Frage stellt.[349] Menschenwürde ist dementsprechend objektiv zu verstehen und begreift Mensch und Leben als Selbstzweck; mit ihr ist der soziale Wert- und Achtungsanspruch verbunden, der dem Menschen wegen seines Menschseins zukommt. Der Mensch darf folglich mit seinesgleichen nicht nach Belieben oder anders ausgedrückt: in verächtlicher Weise umgehen. Seine Selbstbestimmung darf grundsätzlich nicht in Frage gestellt werden.

Zu untersuchen ist somit, wann eine ärztliche Behandlung die Menschenwürde verletzt, das Frühgeborene als Patient im konkreten Fall also nicht mehr um seiner selbst willen behandelt und als „Subjekt" wahrgenommen, sondern zu einem bloßen „Objekt" entwertet wird. Will man die Normativität des Art. 1 Abs. 1 GG ernst nehmen, wird allerdings von einem Eingriff lediglich dann gesprochen werden können, wenn die Menschenwürde schwerwiegend beeinträchtigt ist. Denn die Menschenwürdegarantie schützt allein einen absoluten Kernbereich menschli-

---

[344] *Hoerster*, Embryonenschutz, S. 11ff, insb. 25f.

[345] *Kunig*, in: *von Münch/Kunig*, GKK I, Rn. 22 zu Art. 1, hält dies für ausgeschlossen.

[346] Näher zu den verschiedenen abstrakten Würdetheorien (Wert-, Leistungs-, Kommunikationstheorie) etwa *Dreier*, in: *Dreier*, GK I, Art. 1 I Rn. 54ff.

[347] *Dürig*, in: *Maunz/Dürig*, Art. 1 Abs. 1 Rn. 28 (1958).

[348] Jüngst hat *Herdegen* in seiner Neukommentierung von Art. 1 Abs. 1 GG in *Maunz/Dürig* die Objektformel als „letztlich nicht mehr tragende Orientierungshilfe" abgetan, näher *Herdegen*, in: *Maunz/Dürig*, Art. 1 Abs. 1 Rn. 35 (2003).

[349] BVerfGE 87, 209 (228) - „Tanz der Teufel"; 96, 375 (399). Näher *Dreier*, in: *Dreier*, GK I, Art. 1 I Rn. 53; *Kunig*, in: *von Münch/Kunig*, GKK I, Rn. 22f. zu Art. 1, jeweils m.w.N.

cher Existenz.[350] Es wäre verfehlt, die Menschenwürde „zu kleiner Münze zu schlagen und für und gegen alles und jedes in Stellung zu bringen."[351]

Nach der Objektformel darf es gemäß Art. 1 Abs. 1 GG kein Kriterium geben, das den Lebenswert bestimmter Menschen beeinflusst. Eine „Verobjektivierung" droht also insbesondere dann, wenn nach objektiven Kriterien für „lebenswertes" Leben gesucht wird.[352] Das trifft auf eine Behandlung von Neugeborenen zu, die von eugenischen Gesichtspunkten geleitet und davon abhängig gemacht wird, ob die Neugeborenen schwere Schädigungen, gravierende Krankheiten oder bestimmte Eigenschaften aufweisen, verbunden mit der Absicht, sie bei negativen Befund nicht (weiter) zu behandeln und sterben zu lassen. Diese Behandlung kann nur als eine Selektion von Menschen nach ihrem Wert angesehen werden, denn den betroffenen Neugeborenen wird hierdurch das Lebensrecht abgesprochen; ihr Tod lässt sich nicht einmal als ein solidarischer Einsatz, ein Sichaufopfern für die Gemeinschaft verstehen. Eine solche selektive Behandlung stellt eine Tabuverletzung dar und ist menschenunwürdig, weil sie im hohen Maß die Subjektqualität des neugeborenen Menschen in Frage stellt. Im Hinblick auf die extrem unreifen Frühgeborenen stellt daher eine Behandlung in Abhängigkeit von Eigenschaften wie Geburtsgewicht oder Gestationsalter einen eklatanten Verstoß gegen Art. 1 Abs. 1 GG dar. Ebenso erscheinen vordergründig finanzielle Erwägungen als Maßstab nicht mit der menschlichen Würde vereinbar, hätte ansonsten doch ein Sachwert Vorrang vor dem kranken Mensch als Person.[353] Auf beides wird später noch einmal ausführlich zurückzukommen sein.

Die Verfassungsgarantie des Art. 1 Abs. 1 GG erlangt aber auch unter einem anderen Aspekt Beachtung, nämlich in seiner Ausprägung als „Recht auf einen würdigen Tod"[354]. Inhaltlich steht dieses Recht in einem engen Zusammenhang mit dem gleich noch zu behandelnden Selbstbestimmungsrecht. Zwar kann die intensivmedizinische Lebenserhaltung grundsätzlich nicht als Beeinträchtigung der Menschenwürdegarantie angesehen werden, liegt sie doch regelmäßig im Interesse des Patienten und achtet dadurch auch dessen Würde. Es lässt sich aber durchaus überlegen, ob nicht der unbedingte Einsatz aller lebenserhaltenden medizinischen Behandlungsmaßnahmen ausnahmsweise selbst ein nicht zu rechtfertigender Eingriff in die Menschenwürde darstellt, weil ein Sterben ohne Ausreizen aller intensivmedizinischer Möglichkeiten eher der Menschenwürde des Patienten entspricht. Denn was ist, wenn die ärztliche Maßnahme dem Patienten nicht um seiner selbst willen hilft, er vielmehr zum Objekt der Intensivmedizin wird, wenn folglich die Fortsetzung der Behandlung bloßer medizinischer Selbstzweck und ihr kein seinerseits durch Lebensschutz und Menschenwürde gerechtfertigter Sinn

---

[350] *Höfling*, in: *Sachs*, Art. 1 Rn. 16; ähnlich *Pieroth/Schlink*, Rn. 358: Menschenwürde-verbürgung als Tabugrenze.

[351] *Hufen*, NJW 2001, S. 849 (850).

[352] *Kunig*, in: *von Münch/Kunig*, GKK I, Rn. 36 (Stichwort : „Sterbehilfe") zu Art. 1.

[353] Vgl. nur *Dürig*, in: *Maunz/Dürig*, Art. 1 Abs. 1 Rn. 33 (1958).

[354] Vgl. etwa *Lorenz*, in: HStR VI, § 128 Rn. 66; *Murswiek,* in: *Sachs*, Art. 2 Rn. 212; *Heyers*, S. 196.

abzugewinnen ist? Es sind diese Grenzsituationen, in denen einige Autoren und auch die ältere Rechtsprechung mit dem Recht auf ein humanes Sterben in Würde eine menschenwürdezentrierte Lösung suchen.[355] Der Patient solle als „Person" sterben; er soll die Möglichkeit haben, sein Leben selbstbestimmt und in Achtung vor seiner Subjektqualität zu vollenden. Dementsprechend wird bezogen auf Neugeborene die Menschenwürde als verletzt angesehen, wenn die lebensverlängernde Behandlung angesichts eines unabwendbaren nahen Todes einzig von eigennützigen, vor allem finanziellen Interessen der Sorgeberechtigten – etwa die Auszahlung von Kindergeld – oder Belegungsinteressen des Krankenhauses bestimmt wird und nur eine Verlängerung des Sterbevorgangs bedeutet.[356] Angesichts der Ergebnisse empirischer Umfragen ist es ferner vorstellbar, dass eine Lebensverlängerung allein aus Angst des Arztes vor einer Strafverfolgung bei Nichtbehandlung erfolgt und deshalb würdeverletzend ist.

Gewiss kann von einer bloßen Verobjektivierung immer dann ausgegangen werden, wenn ein Neugeborenes ohne reelle Überlebenschance nicht zur Erhaltung des Lebensrests behandelt wird, sondern um medizinisch-technische Möglichkeiten oder ärztliche Kunstfertigkeit auszuprobieren und zu erforschen. Ein solcher medizinischer Eigennutz dürfte in der Praxis aber selten vorliegen und noch seltener so evident sein, dass auch ein gerichtstauglicher Nachweis gelingt.[357] In den anderen geschilderten Situationen fällt es allerdings schwer, eine menschenunwürdige Degradierung des Neugeborenen zum bloßen Objekt fremder Interessen zu sehen, wobei bereits stark bezweifelt werden kann, ob angesichts der hohen Kosten einer neonatologischen Intensivbehandlung das angenommene Belegungsinteresse überhaupt besteht. Dessen ungeachtet stellen Fremdinteressen in diesen Beispielen zwar tatsächlich die wichtigsten Beweggründe für die Fortführung der Behandlung dar, doch dies muss keineswegs bedeuten, dass gleichzeitig auch wesentliche eigene Interessen des Neugeborenen an der lebenserhaltenden Maßnahme fehlen. Die Verletzung der Menschenwürde ergibt sich mithin allein aus dem unterstellten Fehlen eines positiven Interesses des Neugeborenen an der Lebenserhaltung. Dieses Interesse wäre aber vorrangig zu bestimmen, wobei als Kriterien auf die konkret betroffenen Rechtsgüter des Neugeborenen wie das Recht auf Leben, das Selbstbestimmungsrecht und das Recht auf körperliche Unversehrtheit zurückgegriffen werden kann.[358] Dient die Behandlung wie in den genannten Beispielsfällen folglich auch der (noch so kurzen) Lebenserhaltung, so

---

[355] Vgl. nur BGHSt 32, 367 - Dr. Wittig; 42, 301 (305); *Otto*, Grundkurs Strafrecht, BT, § 6 Rn. 33; *Hufen*, NJW 2001, S. 849 (850ff.).

[356] Sch/Sch-*Eser*, Rn. 29 vor §§ 211ff. und *ders.* in: *Auer/Menzel/Eser*, S. 136f.; *Ulsenheimer*, MedR 1994, S. 425 (427); *M. Baumann*, S. 130; kritisch *Laber*, MedR 1990, S. 182 (188); allgemein im Zusammenhang mit der Sterbehilfe *Höfling*, JuS 2000, S. 111 (114); *Lorenz*, in: HStR VI, § 128 Rn. 47; *Weber/Vogt-Weber*, MedR 1999, S. 204 (207).

[357] *Everschor*, S. 407, unter Bezug auf *Laber*, S. 243, der zutreffend auf die Beweisschwierigkeiten aufmerksam macht.

[358] *Rieger*, S. 37.

ist zunächst zu klären und zu begründen, warum in diesen Situationen stets kein Interesse des Neugeborenen am erhaltbaren Lebensrest besteht – und dies obwohl Art. 2 Abs. 2 GG Leben in jeder Qualität und Quantität schützt. Die Verletzung der Menschenwürde durch die lebenserhaltende ärztliche Maßnahme in Sterbensnähe wird also mehr behauptet denn begründet.[359] Das inhaltliche Dilemma einer solchen Argumentation ausgeblendet, bedeutet das aber auch, dass, angesichts der partiellen Spezialität und Subsidiarität der Menschenwürdegarantie, deren Beeinträchtigung in der Regel durch die Verletzung eines spezielleren Rechtsguts des Neugeborenen präjudiziert wird, so dass eine Heranziehung der Menschenwürde insoweit überflüssig ist. Für einen Rückgriff auf Art. 1 Abs. 1 GG bleibt somit nur dort Raum, wo die Lebenserhaltung aufgrund der Begleitumstände sowie besonderer Eigenschaften der konkreten lebensbewahrenden Maßnahme das Neugeborene zum bloßen Objekt einer technischen Intensivmedizin erniedrigt.[360]

Aber auch aus anderen Erwägungen ist der Rückgriff auf die Menschenwürde nicht ergiebig, um in den hier interessierenden Grenzsituationen menschlicher Existenz den Vorrang des Todes gegenüber dem Leben zu verbürgen. Anführen lässt sich zunächst, dass bereits im Ausgangspunkt der wesentliche Gehalt des Hinweises auf die Menschenwürde auf Grund seiner Abstraktionshöhe überaus undeutlich bleibt.[361] So ist keineswegs klar, was "Person" im Sterben bedeutet.[362] Problematisch ist auch die weitere Inhaltsbestimmung, denn was ist genau unter menschenwürdigem Sterben zu verstehen? Betrifft die Fragestellung nur die medizinische Versorgung oder auch die Intensität und pflegerische Seite der Behandlung? Welcher Einsatz medizinischer Maßnahmen zur Lebenserhaltung ist ferner seiner Art nach noch als menschenwürdig zu betrachten? Es erscheint mehr als fraglich, ob insoweit eine allgemeine und pauschale Festlegung überhaupt getroffen werden kann.[363]

Des weiteren wird die Objektsqualität an einer Differenzierung zwischen menschenwürdiger Lebenserhaltung und würdeloser Sterbensverlängerung festgemacht. Eine strenge Trennung von Lebens- und Sterbensverlängerung ist aber unmöglich, da Leben und Sterben keine Zustände sind, die sich gegenseitig ausschließen.[364] Dieser Ansatz hilft folglich dann nicht weiter, wenn – was praktisch häufig der Fall ist – ein „naher" Tod nicht eindeutig prognostizierbar ist oder es sich nicht um ein sterbendes Neugeborenes, sondern um eines mit schwersten Schädigungen handelt.

Nicht zuletzt ist kaum verständlich, warum ein Patient zum bloßen Objekt medizinischer Möglichkeiten herabgewürdigt sein soll, wenn ihm die Möglichkeit zu einem persönlichen Dasein erhalten werden soll. Zu Recht spielt die Menschenwürde in der verfassungsrechtlichen Diskussion zur Begründung von Entschei-

---

[359] Näher *Merkel*, Früheuthanasie, S. 316f.
[360] *Höfling*, JuS 2000, S. 111 (114); allgemein *Jarass*/Pieroth, Art. 1 Rn. 4.
[361] Eingehender *Merkel*, Früheuthanasie, S. 314f.; *Irrgang*, S. 91.
[362] MünchKommStGB/*Schneider*, Vor §§ 211ff. Rn. 102.
[363] So auch *Dauster*, Heidelberger Workshop, S. 96.
[364] *Conradi*, S. 478 m.N. Kritisch auch *Everschor*, S. 401f.

dungen pro vitam eine wichtige Rolle. Dass sie im Rahmen einer Sterbehilfe hingegen ohne weiteres auch contra vitem in Ansatz gebracht werden kann, will nicht einleuchten. Wie kann sich auf einmal das Interesse an der Wahrung der Menschenwürde im Sterben gegen den Erhalt des einen verfassungsrechtlichen Höchstwert verkörpernden Rechtsguts Leben durchsetzen, wo doch das menschliche Leben die physiologische Voraussetzung der Menschenwürde und jedes Leben zu schützen ist? Jede dahingehende Argumentation muss zwangsläufig inkonsistent bleiben.[365]

Schließlich spricht noch der subjektsbezogene Charakter der Menschenwürdebestimmung gegen die pauschale Begrenzung einer Behandlungspflicht über dieses Kriterium. Denn in Anbetracht des Autonomieprinzips gehört zum Kern der Menschenwürde, selbst die maßgebliche Instanz für die Bestimmung der eigenen Würde zu sein.[366] „Im Klartext: Menschenwürde schützt den Menschen auch davor, zum Objekt der Menschenwürdedefinition eines anderen zu werden."[367] Das heißt aber, dass der Begriff der Menschenwürde trotz seines objektiven Gehaltes letzten Endes einer objektiven Definition nicht zugänglich ist. Der betroffene Patient muss vielmehr selbst die mögliche medizinische Behandlung als menschenunwürdig betrachten und den Behandlungsverzicht oder -abbruch samt den damit verbundenen Tod verlangen. „The dignity begins with their choice."[368] Freilich geht es hier um einen neugeborenen Menschen, der nicht äußerungsfähig ist, dessen Wille vielmehr nur vermutet werden kann. Das erfordert einen besonderen Schutz vor „paternalistischer Unterminierung"[369], weshalb – wenn überhaupt – nur auf eine auf den mutmaßlichen Willen des Neugeborenen gestützte Einschätzung abgestellt werden kann. Hierfür müssten jedoch die Entscheidungsdeterminanten offen gelegt werden, woran es bislang aber fehlt. Damit liegt eine Fremdbestimmung vor, denn ob das Neugeborene die als menschenunwürdig bezeichnete Behandlung auch als solche betrachtet, bleibt eine unbegründete Behauptung. Es kommt zu einem Lebensunwerturteil durch Außenstehende, die damit festlegen, was einzig und alleine Sache des Patienten ist. Diese Fremdbestimmung durch die Beteiligten, die beim jeweiligen Rechtsanwender ihren Abschluss findet, ist nicht hinnehmbar.

Insgesamt betrachtet, ist der Hinweis auf Art. 1 Abs. 1 GG in seiner Ausprägung als „Recht auf einen würdigen Tod" daher wenig hilfreich. Der Rückgriff auf die Menschenwürde verdeckt hier mehr, als er zur Entwicklung tragfähiger Lösungen beiträgt. Er spielt darüber hinaus die grundgesetzlichen Höchstwerte Le-

---

[365] *Merkel*, Früheuthanasie, S. 321.

[366] *Starck*, in: *v. Mangoldt/Klein/Starck*, GG I, Art. 1 Rn. 32.

[367] So völlig zu Recht *Hufen*, NJW 2001, S. 849 (851). Deswegen ist grundsätzlich auch kein legitimer Grund ersichtlich, der es rechtfertigen könnte, den Einzelnen gegen seinen Willen durch medizinische Maßnahmen am Leben zu halten, vgl. *Dreier*, in: *Dreier*, GK I, Art. 1 I Rn. 152; *Murswiek*, in: *Sachs*, Art. 2 Rn. 212.

[368] *Joel Feinberg*, Harm to Self (The Moral Limits of the Criminal Law, Vol. 3), 1989, S. 354.

[369] *Kunig*, in: *von Münch/Kunig*, GKK I, Rn. 36 (Stichwort : „Sterbehilfe") zu Art. 1.

bensschutz und Menschenwürde unzulässig gegeneinander aus und sollte schon deshalb aus einer rationalen Sterbehilfediskussion gestrichen werden.[370] Die Menschenwürde wird allenfalls dann tangiert, wenn das Neugeborene unter Berücksichtigung der Begleitumstände sowie besonderer Eigenschaften der konkreten lebensbewahrenden Maßnahme zum reinen Objekt der medizinischen Behandlung degradiert wird.

Bedeutung kann die Menschenwürdegarantie deswegen auch nur bedingt nach einem Abbruch beziehungsweise Verzicht auf die Behandlung als Kriterium für dessen Form und Intensität erlangen, wenn es darum geht, dass das Frühgeborene möglichst schmerzfrei und ohne großes Leiden stirbt.[371] Hier kann es zwar auch zu einer Beeinträchtigung seiner Würde kommen, wenn durch besondere Begleitumstände die unterlassene Schmerzbehandlung als eine grobe Verletzung elementarer Persönlichkeitskomponenten anzusehen ist, wie etwa in dem geschilderten „Münchner Fall", wo man das Neugeborene ohne Versorgung mit Wärme und Sauerstoff weggelegt hat, seine Atemwege nicht abgesaugt und darüber hinaus auch noch bei schlagenden Herzen Blut und Gewebe ohne Narkose entnommen hat.[372] Doch in den meisten Fällen dürfte allein die über Art. 2 Abs. 2 Satz 1 Alt. 2 GG geschützte Schmerzfreiheit betroffen sein. Ein abruptes Einstellen aller Behandlungsmaßnahmen mit anschließendem Liegenlassen ist jedenfalls nach beiden Verfassungsnormen nicht gerechtfertigt. Erforderlich ist vielmehr ein stufenweiser Behandlungsabbau mit weiterer Basispflege.

Noch mehr als im Falle einer infausten Prognose mit Todesnähe verbietet sich jedoch die medizinische Behandlung von sehr frühen und schwerstgeschädigten Neugeborenen, bei denen nicht von einer realen Todesnähe ausgegangen werden kann, im Lichte von Art. 1 Abs. 1 GG zu betrachten und als menschenunwürdig anzusehen.[373] Nicht gefolgt werden kann daher der Ansicht von *Ernst-Walter Hanack*, der für den speziellen Fall einer schweren genetischen Krankheit[374], deren klinische Symptome erst Jahre nach der Geburt auftreten und zu einem „grausamen" Sterben führen, trotz Bedenken eine ärztliche Behandlung nicht als „rechtlich allgemein geforderten Ausweg" ansieht, weil das Neugeborene erst speziell durch diese Behandlung auf seinen „problematischen Lebensweg" ge-

---

[370] *Merkel*, Früheuthanasie, S. 317; *Höfling/Rixen*, JZ 2003, S. 884 (894); *Dauster*, Heidelberger Workshop, S. 96; MünchKommStGB/*Schneider*, Vor §§ 211ff. Rn. 102.

[371] Ohne Einschränkung aber *Eser*, FS für *Narr*, S. 61; *Gründel*, MedR 1985, S. 2 (6); *Ulsenheimer*, Z. ärztl. Fortbild. 87 (1993), S. 875 (878).

[372] Vgl. § 3.B.I.6. sowie *Kaufmann*, JZ 1982, S. 481 (487).

[373] Wie hier *Ulsenheimer*, MedR 1994, S. 425 (428).

[374] Als Beispiel diente *Hanack* 1985 die Zystinose, ein genetischer Effekt, der nach progredienter Zerstörung der Nieren seiner Zeit noch spätestens im Schulalter zum Tode führte. Das trifft heute freilich nicht mehr zu, näher dazu *Merkel*, Früheuthanasie, S. 145, der statt dessen das Tay-Sachs-Syndrom nennt.

schickt werde.[375] Hier geht es ganz klar nicht mehr um eine Erleichterung des Sterbens. Wird daher bei der Behandlungsentscheidung von einem bei Behandlungsvornahme „menschenunwürdigem Leben" gesprochen, so ist nicht ausgeschlossen, dass in diesen Fällen das bloße Dasein des Neugeborenen im Mittelpunkt steht. Es besteht dann die Gefahr, dass es – angesichts einer Gesellschaft, die glaubt Lebenssinn absprechen zu dürfen – immer weniger nur um Hilfe für das Neugeborene selbst geht, also um eine Abwägung zwischen seinem „kreatürlichen Lebensinteresse" und den Schmerzen und Behinderungen, denen es unterworfen ist,[376] als vielmehr vordergründig um eine gesellschaftsnützliche Eugenik.[377] Die Menschenwürde kann aus all diesen Gründen nur in seltenen Konstellationen den Lebensschutz relativieren.

C. Das Selbstbestimmungsrecht des Patienten

Generell ist ein ärztlicher Eingriff nur dann rechtlich zulässig, wenn er medizinisch indiziert ist, die Durchführung lege artis erfolgt und der Patient nach entsprechender Aufklärung wirksam eingewilligt hat.[378] Damit erlangt aus verfassungsrechtlicher Sicht die Selbstbestimmung des Patienten, oder auch: Patientenautonomie, entscheidenden Einfluss auf die rechtlichen Handlungspflichten des Arztes.

I. Die Patientenautonomie

Die Bedeutung, welche der Patientenautonomie beigemessen wird, nimmt ständig zu. *Jochen Taupitz* behauptet sogar, dass „die Autonomie und nicht das Leben das höchste von der Verfassung geschützte Gut" sei.[379] Die über Art. 2 GG grundgesetzlich gewährte Patientenautonomie bedeutet, dass der Patient selbst bestimmen kann, ob er eine Behandlung wünscht oder darauf verzichtet, selbst wenn es sich um die Ablehnung lebensverlängernder und gesundheitserhaltender medizinischer Maßnahmen geht.[380] Das Selbstbestimmungsrecht des Patienten markiert und begrenzt mithin die Zulässigkeit ärztlicher Eingriffe in die körperliche Unversehrtheit. Zwar ist es das „vornehmste Recht" des Arztes und zugleich „seine wesentlichste Pflicht", den Patienten nach Möglichkeit von seinem Leiden zu

---

[375] *Hanack*, MedR 1985, S. 33 (37). Kritisch zur Begründung *Merkel*, Früheuthanasie, S. 145, der völlig richtig darauf hinweist, dass es nicht Inhalt ärztlicher Berufspflichten ist, unproblematische weitere Lebenswege zu gewährleisten.

[376] So *Roxin*, Medizinstrafrecht, S. 118; NK-StGB-*Neumann*, Vor § 211 Rn. 124.

[377] In diesem Sinne schon 1977 *Eser,* in: *Auer/Menzel/Eser,* S. 143; *Ulsenheimer,* MedR 1994, S. 425 (426).

[378] *Laufs*, in: *Laufs/Uhlenbruck*, § 6 Rn. 1.

[379] *Taupitz*, Gutachten, S. A 13; ihm widersprechend *Höfling*, ZfL 2002, S. 34 (41).

[380] *Hufen*, NJW 2001, S. 849 (851); *Eb. Schmidt*, Arzt im Strafrecht, S. 37.

befreien, doch eben nur sofern und solange der Patient in Ausübung seines Selbstbestimmungsrechts in die Heilmaßnahme eingewilligt hat.[381] Ohne Einwilligung
hat der Arzt kein Recht, eine Behandlung einzuleiten oder weiterzuführen. Die
Selbstbestimmung verkörpert damit das Freiheitsprinzip und gewährleistet auf
diese Weise, dass der Patient nicht gegen seinen erklärten Willen zum Objekt der
ärztlichen Heilkunst wird und insbesondere durch medizinische Maßnahmen am
Leben erhalten wird. Sein Wille legitimiert erst die ärztliche Heilbehandlung und
ist zu respektieren; ihm darf grundsätzlich kein von ärztlicher oder dritter Seite
definierter, objektivierter „eigentlicher Wille" zur indizierten Behandlungsmaßnahme entgegengesetzt werden.[382] Der geäußerte Patientenwille geht deshalb dem
ärztlichen Heilauftrag vor, so dass ein ärztliches Berufsethos, das die Unterlassung
medizinisch gebotener Hilfeleistung als unzumutbar erscheinen lässt, demgegenüber zurücktreten muss.[383] Die Einwilligung des Patienten ist gleichsam einer
Zugangsberechtigung zur Behandlung und „Dreh- und Angelpunkt" des Arzt-
Patienten-Verhältnisses.[384] Ein paternalistisches Arzt-Patienten-Verhältnis wie es
aus dem Hippokratischen Eid folgt, ist mit dem Grundgesetz daher nicht vereinbar. Es gibt kein ärztlich bestimmtes Behandlungsrecht, sondern seine Behandlungspflicht ergibt sich allein aus dem Auftrag des Patienten. Es gilt: „voluntas
aegroti suprema lex" und nicht „salus aegroti suprema lex"! Somit gewährt die
Patientenautonomie das Recht, eine Behandlung abzuwehren. Zu einem Eingriff
in das Patientengrundrecht auf Selbstbestimmung kommt es mithin immer dann,
wenn der Arzt ohne den Willen des Patienten zu berücksichtigen, die Behandlung
fortsetzt oder abbricht.

Das Selbstbestimmungsrecht räumt dagegen keinen Anspruch auf eine bestimmte Therapie ein, denn richtig verstanden beinhaltet es ein Abwehr- und Ver-
hinderungsrecht, was keineswegs die Freiheit umfasst, andere zu bestimmen.[385]
Der Patientenwille ist eine notwendige, aber keine hinreichende Bedingung für
eine Behandlung.[386] Die Frage, unter welchen Bedingungen der Arzt eine gefor-
derte medizinische Maßnahme entgegen den Patientenwillen verweigern kann,
berührt daher nicht den verfassungsrechtlichen Schutz der Patientenautonomie.
Genauer betrachtet geht es in diesem Fall vielmehr um die objektivrechtlichen
Grenzen der Verwirklichung der Patientenautonomie, das heißt um die Frage,
welche medizinischen Handlungen der Patient rechtmäßig einfordern darf. Es wird

[381] BGHSt 11, 111 (114) – Myom.
[382] *Murswiek,* in: *Sachs,* Art. 2 Rn. 212; *Hufen,* NJW 2001, S. 849 (851); *Weber,* Arztrecht 2004, S. 300 (303).
[383] Hierüber besteht heute im Grundsatz Einigkeit, vgl. nur *Otto,* NJW 2006, S. 2217 (2218) m.N. Anders noch die vereinzelt gebliebene Ansicht von *Bockelmann,* S. 114ff., der allerdings in seiner Argumentation nicht auf die Patientenautonomie eingeht.
[384] MünchKommStGB/*Schneider,* Vor §§ 211ff. Rn. 105.
[385] BGH NJW 2003, S. 1588 (1592) m.N.; Sch/Sch-*Eser,* Rn. 25 vor §§ 211ff.; *Rieger,* S. 33; *Verrel,* JZ 1986, S. 224 (226).
[386] *Taupitz,* Gutachten, S. A 24 und wiederholend in: Sterbemedizin, S. 125.

gewissermaßen nach dem Umfang ärztlicher Autonomie und den Grenzen einer Behandlungspflicht gefragt, womit man im Grunde beim Thema dieser Arbeit ist. Unklar ist die genaue gesetzliche Verortung der Patientenautonomie: Während zum Teil die Selbstbestimmung des Patienten unter dem allgemeinen Persönlichkeitsrecht des Art. 2 Abs. 1 GG eingeordnet wird,[387] sehen andere Art. 2 Abs. 2 Satz 1 GG als einschlägig an.[388] Die exakte Zuordnung kann hier jedoch dahinstehen. Für die weitere Bearbeitung genügt vielmehr die Feststellung, dass heute kaum noch bestritten wird, dass das Recht zur selbstbestimmten Gestaltung des eigenen Lebens und Sterbens verfassungsrechtlich verbürgt ist. Von Interesse ist aber, was die Patientenautonomie nun für Freiheiten umfasst. Wie gesehen folgt daraus jedenfalls nicht die Freiheit zur zielgerichteten Selbsttötung und erst recht kein Anspruch gegen Dritte auf aktive Sterbehilfe.[389] Doch kann sich der Patient gegen eine intensivmedizinische Behandlung samt Abhängigkeit von der Medizintechnik entscheiden und stattdessen die Hilfe der Apparatemedizin ablehnen, mag diese Entscheidung auch Heilungs- und Genesungschancen vereiteln. Dies führt – wie oben bereits angedeutet – im Falle der Ablehnung von lebenserhaltenden ärztlichen Maßnahmen zwar zu einem Konflikt zwischen Selbstbestimmung und anderen Grundrechten, insbesondere dem Lebensrecht. Dennoch wird indirekte Sterbehilfe ebenso wie passive Sterbehilfe als Ausdruck der durch Art. 2 GG geschützten Freiheit des Einzelnen zum Sterben angesehen. Beide Rechtsfiguren sind juristisch wie gesellschaftspolitisch akzeptiert und höchstrichterlich bestätigt.[390] Speziell für die Ärzteschaft seien die von der Bundesärztekammer verabschiedeten „Grundsätze zur ärztlichen Sterbebegleitung" vom 30. April 2004 als Beleg genannt.[391] Lebensschutz und Sterbensfreiheit schließen sich folglich verfassungsrechtlich nicht unbedingt aus.[392]

---

[387] BVerfGE 52, 131 (168) - Arzthaftungsprozess (Mehrheitsmeinung); außerdem *Di Fabio,* in: *Maunz/Dürig,* Art. 2 Abs. 1 Rn. 204f. (2001); *Jarass*/Pieroth, Art. 2 Rn. 100; *Eberbach,* Heidelberger Workshop, S. 12 m.N. auch der Gegenansicht. Art. 2 Abs. 1 wie Abs. 2 S. 1 GG heranziehend *Laber,* S. 216.

[388] BVerfGE 52, 131 (171, 174) - Arzthaftungsprozess (Minderheitsvotum); bestätigt vom 2. Senat in BVerfGE 89, 120 (130); außerdem *Lorenz,* in: HStR VI, § 128 Rn. 66; *Conradi,* S. 55; näher *Koppernock,* S. 54ff.

[389] *Conradi,* S. 424ff.; *Taupitz,* Gutachten, S. A 13; a.A. *Herdegen,* in: *Maunz/Dürig,* Art. 1 Abs. 1 Rn. 85 (2003); *Pieroth/Schlink,* Rn. 392; *Wassermann,* in: *Winau/Rosemeier,* S. 391, für den die Selbsttötung von Verfassungs wegen „weder verboten noch geboten, wohl aber erlaubt" ist.

[390] Für die Rspr. siehe BGHSt 40, 257 - Kemptener Fall; 46, 279 (284f.) – Exit. Für das Schrifttum *Kunig,* in: *von Münch/Kunig,* GKK I, Rn. 36 (Stichwort: „Sterbehilfe") zu Art. 1 sowie Rn. 72 (Stichwort: Selbstbestimmung des Patienten) zu Art. 2; *Jarass*/Pieroth, Art. 2 Rn. 100; MünchKommStGB/*Schneider,* Vor §§ 211ff. Rn. 95; *Conradi,* S. 462ff.; *Czerner,* MedR 2001, S. 354 (357f.); *Taupitz,* Gutachten, S. A 12f., jeweils m.w.N.

[391] Abgedruckt im DÄBl. 101 (2004), S. A-1298f.

[392] So *Wassermann,* in: *Winau/Rosemeier,* S. 386; *Czerner,* MedR 2001, S. 354 (358) unter Berufung auf *Wassermann.*

II. Der „mutmaßliche Wille" als Ausdruck von Selbstbestimmung

Diese Überlegungen zur Verfassungsmäßigkeit ärztlicher Handlungen und Unterlassungen mit Todesfolge setzen eines voraus: Die Existenz einer autonomen Willensentscheidung des entscheidungsfähigen Patienten. Nun besitzt aber das Frühgeborene naturgemäß noch nicht die Fähigkeit zur Einsicht in die Bedeutung und Tragweite einer solchen Entscheidung, geschweige denn die Fähigkeit, einen entsprechenden Willen zu artikulieren. Den vorausgesetzten autonomen Patienten gibt es in der Neonatologie mithin nicht. Statt eines tatsächlich erklärten Willens, der ausgelegt werden könnte, kann nur auf den vermeintlichen, so genannten „mutmaßlichen Willen" des Neugeborenen abgestellt werden, auf ein Wahrscheinlichkeitsurteil also, das beruhend auf wahrnehmbaren, tatsächlichen Umständen besagen soll, wie das Neugeborene bei voller Kenntnis der Sachlage wohl selbst entscheiden würde, wenn es dürfte und gefragt werden könnte.[393] Es handelt sich mithin beim „mutmaßlichen Willen" um ein „normatives Konstrukt"[394] und nicht um einen Fall echter Selbstbestimmung.

Aus diesem Grund gibt es in der Literatur Stimmen, wonach die auf den mutmaßlichen Willen des Patienten beruhende Einwilligung eines Dritten die eigene Selbstbestimmung durch den Patienten nicht ersetzen könne und mit dem ihm gewährten verfassungsrechtlichen Selbstbestimmungsrecht nichts zu tun habe. Vielmehr wird gefragt, welches Selbstbestimmungsrecht eines Selbstbestimmungsunfähigen in Situationen wie diesen eigentlich beachtet werden soll?[395] Wörtlich schreibt etwa *Stefan Storr*: „Eine Beurteilung nach dem mutmaßlichen Willen des Patienten führt schnell zur Fiktion und zu einem Instrumentarium, um eine für den handelnden Dritten genehme Entscheidung zu rechtfertigen. Kein Dritter darf sich zum Herren über Leben und Tod aufschwingen."[396] Ohne ausdrückliche Einwilligung sei es daher verfassungsrechtlich grundsätzlich geboten, das Leben des einzelnen zu schützen und Eingriffe in das Lebensrecht nur auf gesetzlicher Grundlage und zum Schutze eines mindestens gleichrangigen Rechtsguts zuzulassen.[397] Da es an einem entsprechenden Gesetz bislang mangelt, wäre hiernach nur bei Lebensgefahr gemäß dem Grundsatz *„In dubio pro vita"* und auf Kosten der körperlichen Unversehrtheit stets eine lebensbewahrende ärztliche Maßnahme bei Selbstbestimmungsunfähigen verfassungsrechtlich gerechtfertigt. Bei *Monika Everschor* liest man wiederum, dass Neugeborene wegen ihrer Ab-

---

[393] Vgl. nur *Roxin*, AT/I, § 18 Rn. 5; *Wessels/Beulke*, AT, Rn. 381.

[394] *Roxin*, AT/I, § 18 Rn. 4.

[395] *Laber*, MedR 1990, S. 182 (185); *Storr*, MedR 2002, S. 436 (440).

[396] *Storr*, MedR 2002, S. 436 (440). Kritisch gegenüber dem Rekurs auf den mutmaßlichen Willen äußern sich etwa auch *Seitz*, ZRP 1998, S. 417 (421) und *Laufs*, NJW 1998, S. 3399 (3400).

[397] *Storr*, MedR 2002, S. 436 (441); in diesem Sinne wohl auch *Höfling*, ZfL 2002, S. 34 (41).

hängigkeit von Dritten bei der Entscheidung kein Selbstbestimmungsrecht besitzen.[398]

Dem kann nicht zugestimmt werden. Auch wenn der genaue verfassungsrechtliche Stellenwert des aus dem Straf- und Zivilrecht kommenden „Hilfskonstrukts" des mutmaßlichen Willens noch unklar ist.[399] Dem Grundgesetz liegt jedenfalls ein durch die Menschenwürde geprägtes Menschenbild zugrunde, wonach jedem Menschen als Wesensmerkmal zugeschrieben wird, autonom sein Leben zu regeln und Entscheidungen frei nach seinen Wertvorstellungen zu treffen. Selbstbestimmung ist der „Kern der Menschenwürde".[400] Diese enge Verbindung zwischen Menschenwürde und Selbstbestimmungsrecht führt dazu, dass jedem Menschen die Fähigkeit zur Selbstbestimmung von Anfang bis zum Ende seines Lebens eignen ist und ihm nicht etwa erst ab einem bestimmten Zeitpunkt zugesprochen werden kann.[401] Von dieser Autonomie des einzelnen geht auch die Patientenautonomie aus.[402] Auch wenn sich Neugeborene nicht artikulieren können und ihnen die Einsichtsfähigkeit fehlt, so sind es doch lebendige Menschen, die bereits über einen natürlichen Willen verfügen und denen Menschenwürde zukommt.[403] Ihnen müssen daher die gleichen Rechte wie äußerungs- und einsichtsfähigen Patienten zustehen. Sicher, der mutmaßliche Wille beruht gerade nicht auf der geäußerten Selbstbestimmung des betroffenen Patienten in der aktuellen Entscheidungssituation, sondern Dritte entscheiden an seiner Stelle von außen und formulieren gewissermaßen seinen Willen. Ferner birgt diese paternalistische Hilfe die Gefahr einer Fremdbestimmung, was vor allem im Hinblick auf Entscheidungen über das Leben bedenklich ist; auch ist die Missbrauchsgefahr hoch. Doch diese dritten Personen dürfen ja nicht ihre eigene Ansicht der Entscheidung zugrunde legen und auf diese Weise den mutmaßlichen Willen nach freiem Ermessen bestimmen. Es handelt sich also gerade nicht um eine „orakelhaft anmutende Feststellung innerer Gedanken"[404] des Betroffenen. Die an seiner Stelle Entscheidenden haben vielmehr anhand des vorhandenen Indizienmaterials seinen mutmaßlichen Willen zu interpretieren, weshalb es meines Erachtens gerechtfertigt ist, den mutmaßlichen Willen nicht als Fremdbestimmung[405], sondern als vermuteten Ausdruck des

---

[398] *Everschor*, S. 48, 76.

[399] Soweit ersichtlich hat sich bislang nur *Hufen*, NJW 2001, S. 849 (852), dazu geäußert.

[400] *Hufen*, NJW 2001, S. 849 (851); ähnlich *Dauster*, Heidelberger Workshop, S. 94.

[401] *Dreier*, in: *Dreier*, GK I, Art. 2 I Rn. 81; *Kunig*, in: *von Münch/Kunig*, GKK I, Rn. 30, 39 zu Art. 2; *Dürig*, in: *Maunz/Dürig*, Art. 2 Abs. 1 Rn. 66 (1958); Fink, Jura 2000, S. 210 (213); *Eberbach*, Heidelberger Workshop, S. 14; *Heyers*, S. 98; *Wölk*, MedR 2001, S. 80 (88).

[402] *Di Fabio*, in: *Maunz/Dürig*, Art. 2 Abs. 1 Rn. 204 (2001); näher *Koppernock*, S. 49ff., der von der „medizinischen Selbstbestimmung" als Bestandteils eines Grundrechts auf bioethische Selbstbestimmung spricht.

[403] Dieser Wille zeigt sich zum Beispiel im Wunsch nach Essen und Trinken.

[404] *Rieger*, S. 72.

[405] Wenn, dann höchstens im Sinne einer „faktischen" oder „fürsorglichen" Fremdbestimmung.

Selbstbestimmungsrechts des hier aktuell noch nicht eigenständig zur Selbstbestimmung Fähigen zu betrachten und, je nach Ansicht, über Art. 2 Abs. 1 oder
Abs. 2 GG zu schützen.[406]

Die Notwendigkeit fremden Handelns allein darf jedenfalls nicht die Anerkennung von Selbstbestimmung aufheben.[407] Grundrechtsfähigkeit würde anderenfalls mit Grundrechtsmündigkeit verwechselt werden. Das Selbstbestimmungsrecht erfordert deswegen – sofern wie hier der wirkliche Wille nicht bekannt ist –
die Ermittlung und Formulierung des mutmaßlichen Patientenwillens sowie die
Einholung einer darauf basierenden Vertreterentscheidung. Die stellvertretende
Entscheidungsbefugnis Dritter in dieser Situation lässt sich so als verfahrensrecht-
liche Vorkehrung zur Wahrung der Selbstbestimmung des Patienten betrachten
und nicht als Durchbrechung des Autonomieprinzips.[408] Dem Vertreter wird das
Selbstbestimmungsrecht des Patienten zur Ausübung übertragen. Hält man indes
Selbstbestimmung nur bei einem wirklich geäußerten Willen und Einsichtsfähigkeit für möglich, würden Neugeborene als Patienten die Möglichkeit zur Entscheidung über die Behandlung verlieren. Ihr Recht zur medizinischen Selbstbestimmung wäre nicht gewahrt.

So betrachtet ist aus verfassungsrechtlicher Sicht das Ergreifen einer ärztlichen
Maßnahme zur Behandlung des extrem unreifen Frühgeborenen regelmäßig dann
legitimiert, wenn sie dem mutmaßlichen Willen des Frühgeborenen entspricht und
der an seiner Stelle zur Entscheidung befugte Vertreter darin eingewilligt hat. Der
Arzt hat dann kein Recht, sich über diesen vermuteten Willen des Frühgeborenen
hinwegzusetzen. Er ist daran genauso gebunden wie wenn es selbst entscheiden
und seinen Willen äußern könnte. Die Nichtbeachtung des mutmaßlichen Willens
stellt aus diesen Gründen einen Eingriff in die über Art. 2 GG geschützte Patientenautonomie dar.

III. Der „mutmaßliche Wille" eines Neugeborenen und seine Ermittlung

Kommt es somit für das Selbstbestimmungsrecht des Frühgeborenen auf dessen
mutmaßlichen Willen an, fragt sich weiter, auf welche Indizien bei der Mutmaßung abgestellt werden soll. Es ist deshalb nachfolgend zu klären, wie sich der
mutmaßliche Wille eines extrem unreifen Frühgeborenen bei der Behandlungsentscheidung ermitteln lässt.

---

[406] Wie hier *Hufen*, NJW 2001, S. 849 (852); ihm folgend NK-StGB-*Neumann*, Vor § 211
Rn. 104 sowie *Knopp*, MedR 2003, S. 379 (384).
[407] Vgl. *Giesen*, JZ 1990, S. 929 (938); *Lipp*, S. 49; *Keyserlingk*, ZStW 97 (1985), S. 178
(195).
[408] Ähnlich *Koppernock*, S. 198; *Heyers*, S. 208; *Fröschle*, JZ 2000, S. 72 (74).

1) Die Ausgangslage: Keine subjektiven Indizien vorhanden

Da es um autonome Willensbildung geht, ist es vom Ansatz her konsequent, bei der Mutmaßung vorrangig auf den subjektiven Willen abzustellen, wird auf diese Weise doch deutlich, dass es sich beim mutmaßlichen Willen um den „schwächeren Bruder" des wirklichen Willens handelt[409], um ein Willenssurrogat. Doch im Gegensatz zur Ermittlung eines mutmaßlichen Willen bei älteren Menschen, die ihren Willen nur aktuell nicht mehr äußern können, fehlt es im Hinblick auf Frühgeborene naturgemäß an der Abgabe einer beachtlichen individuellen Äußerung in der Vergangenheit, weswegen hierauf zur Fortschreibung des Willens nicht zurückgegriffen werden kann. Ein Neugeborenes hat schließlich noch nicht die Fähigkeit, eine Patientenverfügung zu verfassen. Auch ist es nicht fähig, Interessen und Gefühle oder gar sachliche Gründe zu äußern, mit Ausnahme vielleicht eines natürlichen Lebenswillens.[410] Zu unbestimmt, weil von der Interpretation der jeweiligen Person abhängig, erscheint es zudem, auf seine diskreten Gesten und die Körperhaltung abzustellen. Ist damit über die Gefühls- und Wahrnehmungswelt des Neugeborenen wenig bekannt, tut sich bei der Erforschung seines mutmaßlichen Willens die Schwierigkeit auf, wie zu verfahren ist, wenn subjektive Indizien nicht zu ermitteln sind.

a) Mutmaßlicher Wille ist reine Fiktion

Angesichts dieser Problematik finden sich in der Literatur nicht wenige Stimmen, die einen Rückgriff auf die Rechtsfigur des mutmaßlichen Willens bei Neugeborenen ablehnen und von „reiner Fiktion" oder „blanker Spekulation" reden.[411] Neugeborene seien noch nicht zur autonomen Willensbildung fähig, so dass ein konkreter, individuelle Züge aufweisender Wille mangels Willens- und Einsichtsfähigkeit gar nicht erforscht und fortgeschrieben werden könne.[412] Mit Selbstbestimmung habe all das nichts zu tun.

b) Rückgriff auf objektive Kriterien ermöglicht Feststellung

Die strafrechtliche Rechtsprechung zieht freilich zur Abklärung des mutmaßlichen Willens bei ärztlichen Eingriffen neben subjektiven Kriterien auch objektive An-

---

[409] So *Eberbach,* Heidelberger Workshop, S. 23. Für das Betreuungsrecht *Fröschle,* JZ 2000, S. 72 (75ff.).

[410] *Lachwitz,* BTPrax 1998, S. 208 (209); *M. Baumann,* S. 128.

[411] So *Eser,* FS für *Narr,* S. 54, der sich mit starken Worten einerseits gegen Mutmaßungen darüber, was das Kind wohl wollen würde, ausspricht, andererseits und dazu widersprüchlich aber letztlich auf die Einwilligung des gesetzlichen Vertreters abhebt. Doch auch der gesetzliche Vertreter handelt im Namen des Kindes und hat dessen mutmaßlichen Willen zu wahren. Ähnlich *Eser,* in: *Lawin/Huth,* S. 83: blanke Spekulation.

[412] So und ähnlich MünchKommStGB/*Schneider,* Vor §§ 211ff. Rn. 131; *Everschor,* S. 46, 50; *Laber,* MedR 1990, S. 182 (186); *Merkel,* Früheuthanasie, S. 159, 324ff., 529ff.; *Rieger,* S. 73; *Schmitt,* FS für *Klug,* S. 333 und näher in: JZ 1979, S. 462 (463f.).

haltspunkte in Betracht;[413] der 12. Zivilsenat des Bundesgerichtshofes hat sich hierzu allerdings jüngst zurückhaltender geäußert und die Frage offen gelassen.[414] Ausgangspunkt der Rechtssprechung sind die Grundsätze, die für die mutmaßliche Einwilligung entwickelt worden sind. Es mag hier dahingestellt bleiben, ob dies dogmatisch und terminologisch korrekt ist.[415] Nach Ansicht des Bundesgerichtshofs sind jedenfalls im Interesse des Lebensschutzes und zur Verhinderung von Fremdbestimmung und Missbrauch strenge Anforderungen an die Annahme eines auf Behandlungsabbruch gerichteten mutmaßlichen Patientenwillens zu stellen. Erforderlich ist danach eine zweistufige Prüfung, wonach es vor allem auf frühere mündliche oder schriftliche Äußerungen des Patienten, seine religiöse Überzeugung, oder seine sonstigen persönlichen Wertvorstellungen ankommen soll, was bei der Interpretation des Willens des frühgeborenen Kindes wie gesagt keine Hilfe bietet. Ferner seien die ärztliche Prognose, die altersbedingte Lebenserwartung, die Todesnähe oder das Erleiden von Schmerzen zu berücksichtigen.[416] Damit werden zunächst objektive Kriterien genannt, welche die konkret zu bewertende äußere Situation des Patienten beschreiben.[417] Erst wenn sich keine individuellen Anhaltspunkte für eine bestimmte Willensrichtung fänden, solle auf wertungsbezogene objektive Kriterien als Anhaltspunkte zurückgegriffen werden und somit darauf, was gemeinhin als „normal" oder „vernünftig" angesehen wird.[418] An anderer Stelle hat der Bundesgerichtshof im Bedarfsfall auf „allgemeine Vorstellungen menschenwürdigen Lebens" und ohne nähere Konkretisierung auf entsprechende „allgemeine Wertvorstellungen" verwiesen, wobei im Zweifel der Schutz des menschlichen Lebens Vorrang vor persönlichen Überlegungen des Arztes, der Angehörigen oder einer anderen beteiligten Person haben soll.[419] Da-

---

[413] BGHSt 45, 219 (221) - Sterilisation II - im Anschluss an BGHSt 35, 246 (249f.) - Sterilisation I. Der Rspr. folgen u.a. *Ankermann*, MedR 1999, S. 387 (390); Baumann/Weber/*Mitsch*, § 17 Rn. 121; *Deutsch*, Behandlungsverzicht, S. 316; *Hoerster*, Neugeborene, S. 106f.; *Kühl*, AT, § 9 Rn. 47; *Lackner/Kühl*, Vor § 32 Rn. 21; *Otto*, Grundkurs Strafrecht, BT, § 6 Rn. 31, 35 und in: Jura 1999, S. 434 (438); 2004, S. 679 (682); *Rieger*, S. 110; *Taupitz,* Gutachten, S. A 42; *Trück*, S. 131, 142ff.; *Verrel*, Beilage zu NJW Heft 22/2006, S. 14 (16); *Wessels/Beulke*, AT, Rn. 381. Für Österreich: *Kröll/Gaßmayr*, S. 19.

[414] Siehe BGH NJW 2003, S. 1588 (1590f.).

[415] Verneinend etwa *Dauster*, Heidelberger Workshop, S. 99, oder *Otto*, Grundkurs Strafrecht, AT, § 8 Rn. 130f., der hier, in Jura 2004, S. 679 (681f.) und in NJW 2006, S. 2217 (2220), noch weiter zwischen „gemutmaßter (indizierter)" Einwilligung einerseits und „mutmaßlicher" Einwilligung andererseits differenziert.

[416] BGHSt 40, 257 (263) - Kemptener Fall.

[417] Obwohl diese Kriterien nicht wertungsbezogen sind, werden sie der Sache nach zu den allgemeinen Wertvorstellungen gezählt, vgl. etwa *Chatzikostas*, S. 98; *Trück*, S. 142ff.; *Verrel*, JZ 1996, S. 224 (228). Wie hier *Rieger*, S. 99.

[418] BGHSt 35, 246 (249f.); 45, 219 (221) - Sterilisation I und II.

[419] BGHSt 40, 257 (263) - Kemptener Fall. Gerade dieser Verweis hat zu scharfer Kritik geführt, dazu nur *Laufs*, NJW 1998, S. 3399: lebensgefährliches Strafurteil; *Schreiber*,

mit lassen sich drei unterschiedliche Wertungsgesichtspunkte ausmachen: Individuelle Wertvorstellungen des Patienten, seine medizinische Situation und objektive Wertvorstellungen.

c) Rückgriff auf objektive Kriterien ist Fremdbestimmung

Es dürfte nicht verwundern, dass auch gegen diese Interessenabwägung wegen des Rückgriffs auf objektive allgemeine Vernunfterwägungen Bedenken vorgebracht werden. So wird kritisiert, dass auf diese Weise das Selbstbestimmungsrecht dem Vernünftigkeitsmaßstab anderer geopfert wird und es letztlich bloße Behauptungen seien, ab wann die Interessen für oder gegen eine Behandlung überwiegen, mit der Folge, dass die Abwägung fragwürdig bliebe. Folglich darf es hiernach bei der Ermittlung eines mutmaßlichen Willen nicht einmal hilfsweise auf allgemeine Wertvorstellungen ankommen, geht es doch um den treuhänderisch zu interpretierenden subjektiven Willen einer bestimmten Person und nicht darum, was die Gesellschaft allgemein als Willen eines Patienten in dieser Situation erwartet.[420] Mit Selbstbestimmung habe dies nichts mehr zu tun. Mit dem Abstellen auf objektive Wertvorstellungen komme man vielmehr einer Fremdbestimmung und einer qualitativen Bewertung der menschlichen Existenz von außen sehr nahe.[421] Richtig sei es daher, „in dubio pro vitam" zu entscheiden.

d) Rückgriff auf Kriterien hängt vom Charakter der Entscheidung ab

In andere Richtung geht schließlich der Ansatz von *Claus Roxin*, der die Anwendbarkeit von objektiven und subjektiven Kriterien in Abhängigkeit vom Charakter der zu treffenden Entscheidung beurteilt.[422] Bei existenziellen Entscheidungen, welche über Leben und Tod des Betroffenen ergehen, ist seiner Ansicht nach der Autonomie des Patienten am besten gedient, wenn von einem Behandlungswillen ausgegangen wird und der Patient wegen des Todes als irreversibler Folge einer Nichtbehandlung lebensrettend behandelt wird.[423] *Roxin* begründet dieses Ergebnis damit, dass es am ehesten dem mutmaßlichen Willen des Patienten entspricht, die Entscheidungssituation zunächst offen zu halten, um ihm eine nachträgliche Entscheidung zu ermöglichen. Nur so könne die Perpetuierung einer Fehleinschätzung vermieden werden. Angesichts des personengebundenen Charakters der Entscheidung, bei der „es ganz auf die höchst individuelle Ansicht des Rechtsgutträgers ankommt"[424], könne nicht auf allgemeine Überlegungen abgestellt werden,

---

FS für *Deutsch*, S. 780; *Storr*, MedR 2002, S. 436 (440); zur Kritik vgl. aber auch *Otto*, NJW 2006, S. 2217 (2220).

[420] LK-*Jähnke*, Vor § 211 Rn. 20b; *Hufen*, NJW 2001, S. 849 (852); *Dauster*, Heidelberger Workshop, S. 100; *Zuck*, ZRP 2006, S. 173 (176). In BGHSt, 45, 219 - Sterilisation wird der hilfsweise Rückgriff auf „allgemeine Wertvorstellungen" übrigens nicht formuliert.

[421] *Seitz*, ZRP 1998, S. 417 (421); *Trück*, S. 111.

[422] Näher zum folgenden *Roxin*, AT/I, § 18 Rn. 19ff.

[423] *Roxin*, AT/I, § 18 Rn. 24f.

[424] *Roxin*, AT/I, § 18 Rn. 21.

weswegen er ohne objektive Kriterien auskommt. Darüber hinaus lehnt er aber auch die Verwendung individueller Anhaltspunkte für den wirklichen Willen ab, weil existentielle Entscheidungen sich nicht einmal vom Betroffenen selbst durch theoretische Überlegungen antizipieren ließen.[425]

e) Eigene Stellungnahme

Mich überzeugt der Ansatz der Rechtssprechung, der es dem zur stellvertretenden Entscheidung befugten Dritte ermöglicht, auch auf objektive Kriterien zurückzugreifen, um den mutmaßlichen Willen nachzuvollziehen.

Zunächst kann der gegenteilige Lösungsansatz von *Claus Roxin* nicht überzeugen. Seine Grundannahme, dass bei existentiellen Entscheidungen weder auf objektive noch auf subjektive Kriterien abgestellt werden dürfe, hat zwar viel für sich.[426] In seiner Konsequenz liegt es aber, dass jeder Patient, der von seinem Selbstbestimmungsrecht noch keinen Gebrauch gemacht hat, medizinische Hilfe nur erwarten darf, wenn es um Leben und Tod geht. Zur Anwendung kommt dann der Grundsatz: *In dubio pro vita.* Die Entscheidung basiert damit freilich nicht auf einem vermuteten Lebenswillen des Patienten, sondern orientiert sich an einer starren grundrechtlichen Wertung. Das erhält dem Patienten zwar grundsätzlich die Möglichkeit sein Selbstbestimmungsrecht zukünftig selbst auszuüben, jedoch nur auf Kosten einer paternalistischen Fremdbestimmung in der aktuell lebensgefährdenden Entscheidungssituation. Im Grunde wird somit nichts anderes gemacht, als auf „Lebensgefahr" als objektives Korrektiv zurückzugreifen, um ein generelles Lebensinteresse zu vermuten. Warum soll in existentiellen Situationen dies aber das einzige entscheidende Kriterium sein? Selbst *Roxin* lässt erkennen, dass er dem Rückgriff auf objektive Kriterien nicht generell abgeneigt ist, wie sein Verweis auf die Kemptener Entscheidung[427] für den Fall zeigt, dass ein irreversibler Bewusstseinsverlust beim Patienten eingetreten ist.[428] Hinzukommt, dass bei medizinischen Notfallmaßnahmen außerhalb der Neonatologie, bei denen der Patient nur vorübergehend nicht einwilligungsfähig ist, dieser in zeitlicher Nähe zum Eingriff nachträglich über eine Weiterbehandlung befragt werden kann. Bei Neugeborenen scheidet das aus. Problematisch ist der Ansatz ferner deshalb, weil unter der Schwelle eines lebensbedrohlichen Notfalls dem Patienten eine Behandlung versagt bliebe, sofern individuelle Indizien für seinen aktuellen Willen fehlen. Als personengebundene Entscheidung wären danach für eine Mutmaßung aber Hinweise auf die persönliche Einstellung des Patienten erforderlich. Dieses Ergebnis widerspricht den Grundprinzipien einer solidarischen Gesellschaft.[429] Der Ansatz kann aber gerade auch dann nicht weiterhelfen, sofern der zur Entscheidung Befugte sich in einer Entscheidungsnot befindet, weil er aufgrund sei-

---

[425] *Roxin,* AT/I, § 18 Rn. 25.

[426] Im Ansatz ebenso *Duttge,* ZfL 2004, S. 30 (37), der sich im Ergebnis aber auch für die rechtliche Verbindlichkeit einer Patientenverfügung ausspricht.

[427] BGHSt 40, 257.

[428] *Roxin,* AT/I, § 18 Rn. 26.

[429] *Taupitz,* Gutachten, S. A 42.

ner Stellung zum Patienten für den Schutz seiner Rechtsgüter strafrechtlich verantwortlich ist und auch eine Nichtbehandlung den Patienten schädigt, so dass die Situation nicht unentschieden bleiben darf. Gibt es aber keinerlei Anhaltspunkte für die persönliche Einstellung des Patienten und dürfen auch nicht allgemeine Kriterien herangezogen werden, so kann weder ein mutmaßlicher Willen für noch gegen die beabsichtigte Behandlung sprechen. Der Entscheidungsträger steckt in einem Dilemma.[430] In dieser Pattsituation bei Lebensgefahr ausnahmslos zu behandeln, ansonsten aber die Behandlung zu unterlassen, erscheint kaum als ein gangbarer Weg, um dem Selbstbestimmungsrecht gerecht zu werden. Es ist nämlich nicht ausgeschlossen, dass der Patient in dieser Situation lieber sterben als am Leben bleiben will.

Auch verkommt die Rechtsfigur des mutmaßlichen Willens im Hinblick auf Neugeborene nicht zur bloßen Fiktion, weil dem zu vermutenden Willen a priori jede individuelle Komponente fehlt. Zwar ist es ein auf den ersten Blick einleuchtendes Argument, dass bei Neugeborenen die Annahme eines mutmaßlichen Willens anhand objektiver Kriterien letztlich fiktiv sei, weil individuell dabei nur die Zuschreibung allgemeiner Ansichten an den Betroffenen im konkreten Fall wäre, in keiner Hinsicht aber der zugeschriebene Willen selbst.[431] Doch geht es bei der Ermittlung des mutmaßlichen Willens eben nicht um die Feststellung eines „realen" Willens des Betroffenen in der aktuellen Situation, sondern um die Ermittlung eines hypothetischen Willens, mithin um ein Wahrscheinlichkeitsurteil, was es geboten erscheinen lässt, das vorhandene Indizienmaterial vollständig zu würdigen und nicht bloß individuelle Vorstellungen als Indizien für die Ergründung des Willens zuzulassen. Die Ermittlung des mutmaßlichen Willens bei Neugeborenen mag schwierig sein und mitunter auch erfolglos bleiben, doch können Erkenntnisprobleme nicht dazu führen, die Bemühungen um eine Willenserforschung auf persönliche Wertvorstellungen zu begrenzen. Entscheidend für die Annahme eines mutmaßlichen Willens des Neugeborenen unter Einbeziehung von objektiven Kriterien bei der Mutmaßung spricht schließlich der dadurch hergestellte Bezug zu dem hier zentralen Gesichtspunkt der Patientenautonomie. Anderenfalls wäre eine vom Patientenwillen losgelöste, objektive Interessenabwägung nach den Grundsätzen des rechtfertigenden Notstands das Mittel der Wahl bei der Behandlungsentscheidung. Methodisch betrachtet bestehen freilich kaum Unterschiede zu der Interessenabwägung, die den Notstandsregeln folgt, so dass diese Lösung einerseits methodenehrlicher erscheint, weil sie den Vorgang der Ergebnisfindung transparent macht und die Unterschiede zwischen individuell gemutmaßten und objektiv vermuteten Willen bei der Rekonstruktion des mutmaßlichen Willens verdeutlicht.[432] Diese Vorgehensweise spricht andererseits aber auch nicht zwingend gegen die Zuordnung des nur anhand objektiver Kriterien bestimmbaren hypothetischen Willens zur Rechtsfigur des mutmaßlichen Willens. Das Problem liegt nämlich nicht in dieser Zuordnung begründet, sondern in der Unsicherheit, in

---

[430] Vgl. dazu *Rieger*, S. 102.
[431] So etwa *Rieger*, S. 110.
[432] MünchKommStGB/*Schneider*, Vor §§ 211ff. Rn. 120.

der vorliegenden Konfliktsituation, die eine Entscheidung erfordert, anhand bestimmter Kriterien die Interessen und Präferenzen des Neugeborenen zu treffen. Der hier vertretene Lösungsweg erscheint überdies sachgerechter, weil so der Vorrang individueller Präferenzen vor heteronomen und standardisierten Wertungen zum Ausdruck gebracht und die Patientenautonomie als Dreh- und Angelpunkt der Behandlungsentscheidung betont wird.[433] Verneint man hingegen die Zuordnung zum mutmaßlichen Willen, so sind die Probleme bei der Entscheidungsfindung nicht gelöst; sie tauchen vielmehr bei der internen Interessenabwägung auf der Notstandsebene mit der gleichen Intensität auf. Diesem Lösungsweg fehlt darüber hinaus aus verfassungsrechtlicher Perspektive eine Rechtfertigung der daraus resultierenden Relativierung des Lebensrechts aus Art. 2 Abs. 2 Satz 1 GG, lässt diese sich dann doch nicht auf den Gedanken der Selbstbestimmung stützen. An Stelle der Patientenautonomie käme als Korrektiv des Lebensschutzes nur die Menschenwürde in Betracht.[434] Die Menschenwürde kann – wie bereits näher dargelegt – dieser Rolle aber nur sehr bedingt gerecht werden. Nicht zuletzt kommt es hierüber gleichfalls zu einer Fremdbestimmung, denn ob der Patient die objektiv als menschenunwürdig zu bezeichnende Behandlung auch als solche betrachtet, kann ebenso wie ein Sterbewille nur vermutet werden.

Endlich können auch die sonstigen Bedenken gegen eine Interessenabwägung unter Rückgriff auf objektive Kriterien zur Bestimmung des mutmaßlichen Willens nicht durchschlagen. Richtig an dieser Auffassung ist, dass der Rückgriff auf Kriterien, die allgemein als vernünftig anerkannten Wertvorstellungen entsprechen, schon begrifflich recht ungenau ist. Der Bundesgerichtshof sah sich bislang jedenfalls nicht veranlasst, diese „Wertvorstellungen" inhaltlich klarer zu fassen; auch ist offen, wer die „Allgemeinheit" bildet: die Gesellschaft oder einzelne gesellschaftliche Gruppen wie Ärzte, Patienten, Juristen? Ohne weitere Konkretisierung erscheint der Rückgriff auf allgemeine Wertvorstellungen im Rahmen der Selbstbestimmung insoweit mit der hohen Bedeutung des Rechtsguts Leben zu Recht nicht vereinbar. Bei dieser Ausgangslage würde ein darauf basierender mutmaßlicher Wille wahrlich nicht der Durchsetzung der Patientenautonomie dienen, sondern eine Fremdbestimmung darstellen; darüber hinaus griffe ein darauf gestützter Behandlungsabbruch in das Rechtsgut Leben ein, ohne dass hierfür eine gesetzliche Grundlage existiert.[435] Notwendig ist deshalb eine Präzisierung, das heißt ein Herausarbeiten von objektiven Indizien, die eine Individualisierung des ohne subjektive Anhaltspunkte zu mutmaßenden Willens ebenso zulassen wie bei der Interessenabwägung zu der begründeten Vermutung führen, das Neugebo-

---

[433] NK-StGB-*Neumann*, Vor § 211 Rn. 116, 125.

[434] So die ältere Rspr. des Bundesgerichtshofs (vgl. nur BGHSt 32, 367 - Dr. Wittig) mit dem Interesse an einem menschenwürdigen Sterben.

[435] Ähnlich OLG Karlsruhe NJW 2002, S. 685 (688f.); OLG Frankfurt NJW 2002, S. 689 (691).

rene würde in der konkreten Situation so und nicht anders entscheiden.[436] Auch der mutmaßliche Wille, der sich anhand indizierter individueller Wertvorstellungen fortschreiben lässt,[437] ist letztlich nichts anderes als eine bloße Mutmaßung, für die eine gewisse Wahrscheinlichkeit spricht, mögen individuelle Kriterien auch eine größere Legitimationskraft für sich beanspruchen können. Objektive Kriterien sollten daher ausnahmsweise dann in die Mutmaßung einfließen, sofern die Zuweisung allgemeiner und als vernünftig anerkannter Vorstellungen an einen Patienten eindeutig und verbreitet ist und daher eine überragende Wahrscheinlichkeit dafür besteht, dass sie mit denen des Patienten übereinstimmen.[438] Allein dann entfällt das Verdikt einer Fremdbestimmung und es lässt sich stattdessen von Fremdverantwortung reden. Letztendlich führt kein Weg daran vorbei, dass eine Gesellschaft, die richtigerweise als „Allgemeinheit" anzusehen ist,[439] über ihre Rechtsordnung objektive Kriterien dafür bestimmen muss, welche paternalistische Hilfe sie einem Mitmenschen ungeachtet der Gefahr von Fremdbestimmung zukommen lassen will, der sich bislang nicht hinreichend deutlich geäußert hat oder wie hier noch nicht äußern kann.[440] Unausweichlich verbunden ist damit freilich die objektive Bewertung seiner Lebenssituation. Dass es problematisch sein kann, solch eindeutige objektive und beweiszugängliche[441] Indikatoren zu finden, darf nicht dazu führen, diesen Lösungsansatz von vorneherein abzulehnen. Nur so lassen sich die oben angesprochenen Fälle der Entscheidungsnot bewältigen, kann der über objektive Kriterien gewonnene hypothetische Wille bei der Abwägung zwischen dem konkretem Lebensinteresse des einzelnen und anderen höchstgewichtigen Interessen doch den Ausschlag für eine Handlungsalternative geben. Und nur auf diese Weise führt die Maxime „in dubio pro vita" nicht stets zu einer Weiterbehandlung, sondern lässt im Einzelfall auch einen Behandlungsabbruch zu.

Im Rahmen dieser Arbeit sind folglich objektiv feststellbare Kriterien zu formulieren, die eine Individuumsbezogenheit zum konkreten Patienten aufweisen und die unter objektiven persönlichen und medizinischen Aspekten als „Übersetzungsregeln"[442] für einen bestimmten Willen des neugeborenen Patienten sprechen, so dass transparent und nachvollziehbar der mutmaßlicher Wille des Neugeborenen begründet werden kann. Erschwert wird die Situation in jedem Fall dadurch, dass es bei der Ermittlung des mutmaßlichen Willens letztendlich keine

---

[436] Im Ergebnis ähnlich NK-StGB-*Neumann*, Vor § 211 Rn. 117, 125. Verkehrt wäre es, nach objektiven Kriterien zu suchen, welche selbst und unmittelbar die Entscheidung determinieren, so aber OLG Frankfurt NJW 1998, S. 2747 (2748).

[437] Daher spricht *Otto*, Jura 2004, S. 679 (682), in diesen Fällen auch von der „indizierten Einwilligung".

[438] *Rieger*, S 110.

[439] So auch *Otto*, Jura 2004, S. 679 (682); *Ulsenheimer*, in: *Laufs/Uhlenbruck*, § 149 Rn. 14: die „Bevölkerung".

[440] *Taupitz*, Gutachten, S. A 42.

[441] *Höfling/Rixen*, JZ 2003, S. 884 (892).

[442] *Höfling/Rixen*, JZ 2003, S. 884 (892).

entlastenden Argumentations- und Beweisregeln gibt, die auf jeden Fall anwendbar wären.[443]

Insgesamt betrachtet, können mithin die vom Bundesgerichtshof auf der zweiten Prüfungsstufe genannten objektiven Gesichtspunkte mit dem Selbstbestimmungsrecht des Patienten in Zusammenhang gebracht werden.[444] Begrifflich differenziert handelt es sich dabei nicht um einen individuellen gemutmaßten Willen[445], sondern um einen „mutmaßlichen objektivierten Willen des vernünftigen Durchschnittspatienten"[446] oder wie der Bundesgerichtshof es nennt, um den „individuellen hypothetischen Willen".[447] Diesem Ergebnis steht insbesondere auch nicht das in Art. 6 Abs. 2 GG garantierte Elternrecht entgegen.[448] Zwar muss sich die elterliche Sorge für das Kind grundsätzlich nicht an Durchschnittswerten orientieren, doch sie muss dem „Wohl des Kindes" entsprechen – und wie sich zeigen wird, besteht zwischen dem so verstandenen mutmaßlichen hypothetischen Willen des Neugeborenen und seinem Wohl keine Diskrepanz.[449]

1) Ergebnis: Eine Interessenabwägung

Der mutmaßliche Wille des Frühgeborenen ist folglich aufgrund einer Interessenabwägung zu ermitteln, genauer auf der Grundlage einer unter objektivem Korrekturvorbehalt stehenden subjektiven Interessenabwägung.[450] Da extrem unreife Frühgeborenen allerdings niemals einen eigenen Willen artikulieren können, dient allein eine rein objektivierende Beurteilung seiner Interessen als Mittel zur Feststellung des mutmaßlichen Willens. Ein Ergebnis, das aus dem Zivilrecht bekannt ist. Die Parallele zu § 683 Satz 1 BGB liegt auf der Hand.[451] Bei der Ermittlung des mutmaßlichen Willens kann somit im Ansatz davon ausgegangen werden, dass das Frühgeborene eine nach objektiven Maßstäben „vernünftige" Entscheidung getroffen haben würde. Jeder will schließlich das für sich beste. Das extrem unreife Frühgeborene ist danach medizinisch zu behandeln, sofern und soweit die Abwägung seiner Interessen unter dem Gesichtspunkt der Vernünftigkeit ergibt, dass die Behandlung entgegen dem natürlichen Krankheitsverlauf besser für es ist als ihr Unterlassen.[452] Zu diesem Zweck muss auf (noch auffindbare) objektiv

---

[443] Zutreffend *Hufen*, NJW 2001, S. 849 (856).

[444] Vgl. BGHSt 35, 246 (249f.); 45, 219 (221) - Sterilisation I und II; *Otto*, Grundkurs Strafrecht, BT, § 6 Rn. 31.

[445] So die klarstellende Bezeichnung von *Otto*, Grundkurs Strafrecht, AT, § 8 Rn. 130, und in: Jura 1999, S. 434 (435).

[446] *Verrel*, JZ 1996, S. 224 (228).

[447] BGHSt 35, 246 (250) - Sterilisation I.

[448] So aber *Rieger*, S. 73.

[449] Näher dazu die nachfolgenden Punkte D. und G. des Abschnitts.

[450] Wie hier *Conradi*, S. 206f.; ablehnend *Taupitz*, Gutachten, S. A 43, der für eine objektive Interessenabwägung unter subjektivem Korrekturvorbehalt plädiert.

[451] *Taupitz*, Gutachten, S. A 37; *Medicus*, BR, Rn. 422ff.; *Deutsch*, Behandlungsverzicht, S. 315; MünchKommBGB/*Seiler*, § 683 Rn. 13.

[452] Allgemeiner gehalten *Taupitz*, Gutachten, S. A 45; ihm zustimmend *Conradi*, S. 209.

feststellbare Kriterien zurückgegriffen werden, die allgemeinen Wertvorstellungen entsprechen und den Rückschluss auf ein bestimmtes Interesse des Frühgeborenen zulassen. Angesichts des auf der Selbstbestimmung beruhenden Ansatzes verbietet sich eine verbindliche, fallgruppenartige Einteilung. Zu erfassen und würdigen sind unter Beachtung des aktuellen Gesundheitszustands vielmehr die Chancen und Risiken der beabsichtigten Behandlungsmaßnahme im Vergleich zur Nichtbehandlung in der individuellen Situation.[453] Nennenswerte Bedeutung erlangen mithin ärztliche Diagnose und Prognose.

Darüber hinaus folgt aus der Interessenabwägung als Mittel zur Durchsetzung der Selbstbestimmung, dass nur individuelle Interessen des konkreten Frühgeborenen bei der Abwägung berücksichtigt werden können. Externe Interessen sind dagegen nicht an die Person des Frühgeborenen gebunden, sondern beziehen sich nur auf dessen Eigenschaft als Patient. Sie lassen daher bei der Willensermittlung keinen Rückschluss darauf zu, ob das Frühgeborene eine Behandlung will oder nicht und sind deshalb unzulässig. Schließlich darf die Interessenabwägung den von der Rechtsordnung vorgegebenen Wertungen nicht zuwiderlaufen. Hierüber erhalten die höchstpersönlichen Rechtsgüter des Frühgeborenen Einfluss, denn es ist zu unterstellen, dass gerade deren Schutz seine Entscheidung bestimmt hätte. So kann davon ausgegangen werden, dass das Frühgeborene seine Menschenwürde gewahrt wissen will. Ferner kann angesichts der elementaren Entscheidung über Leben und Tod vermutet werden, dass Eingriffe in das Lebensgrundrecht gemäß seinem Abwehrcharakter nur ausnahmsweise im Interesse des Frühgeborenen liegen, dieses vielmehr die Integrität geachtet sehen und ein unbeeinträchtigtes Fortdauern seines Lebens will.[454] Soll demnach die Abwägung gegen eine lebenserhaltende Behandlungsmaßnahme ausfallen, setzt dies voraus, dass in der internen Abwägung andere höchstgewichtige Rechtsgüter gegenüber dem Recht auf Leben überwiegen und in der konkreten Situation für einen mutmaßlichen Sterbewillen sprechen. Wer auf diese Weise unter Berufung auf das Selbstbestimmungsrecht einen Behandlungsabbruch als zulässig ansieht, muss sich folglich eingestehen, dass er mit der Abwägung von konkreten Lebensinteressen zwangsläufig und unausweichlich menschliches Leben (verdeckt oder offen) qualitativ bewertet.[455] Es wird ein Lebensunwerturteil gefällt, was im Grunde im Widerspruch zu dem aus Art. 2 Abs. 2 GG abgeleiteten Postulat des gleichen Lebensschutzes steht. Allerdings ist zu berücksichtigen, dass es um die Lösung einer Binnenkollision innerhalb der Sphäre des Frühgeborenen mit Abwägung über das eigene Lebensinteresse geht und nicht um eine von außen herangetragene Abwägung dieses Lebens gegen externe Interessen anderer. Das macht den Unterschied, denn diese Konstellation hat das Lebensschutzpostulat nicht im Auge.

---

[453] *Conradi*, S. 206f.; trotz unterschiedlichem Ansatz im Ergebnis wohl auch *Taupitz*, Gutachten, S. A 44f.; *Spickhoff*, NJW 2000, S. 2297 (2298f.). In der Sache ähnlich BGHSt 45, 219 (221f.) - Sterilisation II.

[454] So auch *Höfling*, JuS 2000, S. 111 (117); NK-StGB-*Neumann*, Vor § 211 Rn. 114; *Taupitz*, Sterbemedizin, S. 127.

[455] *Coester-Waltjen*, FS für *Gernhuber*, S. 839.

Damit einerseits ein auf diese Weise ermittelter mutmaßlicher Wille nicht zum erfundenen Willen wird, andererseits aber auch die der Interessenabwägung zugrunde liegenden, prinzipiell verbotenen fremden Erwägungen zur Lebensqualität legitimiert werden, müssen diese Kriterien eine Individuumsbezogenheit zum konkreten Patienten aufweisen und als „Übersetzungsregeln" für einen bestimmten Willen des Frühgeborenen sprechen.

Im Ergebnis lässt sich somit konstatieren, dass bei der Behandlungsentscheidung auch das Selbstbestimmungsrecht des extrem unreifen Frühgeborenen zu beachten ist. Allerdings gibt es bei der Ermittlung seines mutmaßlichen Willens mittels einer Interessenabwägung keine entlastenden Argumentations- und Beweisregeln. Mag es sich so gesehen bei dem mutmaßlichen Willen und der darauf basierenden Einwilligung auch um eine „zweifelhafte Rechtfigur"[456] handeln und diese Lösung keinen Königsweg darstellen, *Jochen Taupitz* führt zu Recht an, dass es trotz aller Kritik keine überzeugende Alternative gibt.[457]

D. Das Elternrecht

Ist somit geklärt, dass es für die verfassungsrechtliche Legitimation der ärztlichen Behandlung auf den mutmaßlichen Willen des Frühgeborenen ankommt, so stellt sich als nächstes die Frage nach der Person, die anstelle des Neugeborenen dessen mutmaßlichen Willen ermittelt und stellvertretend für es entscheidet. In diesem und anderem Zusammenhang erlangt nun Art. 6 Abs. 2 GG Bedeutung. Gemäß dieser Verfassungsnorm sind Pflege und Erziehung der Kinder das natürliche Recht der Eltern und die zuvörderst ihnen obliegende Pflicht. Dieses Pflichtrecht[458] der Eltern soll ihnen vor allem einen Freiheitsbereich garantieren, in dem sie frei vom staatlichen Einfluss ihre Kinder nach eigenen Vorstellungen pflegen und erziehen können und in den von staatlicher Seite nur bei erkennbarem Missbrauch und zum Wohl des Kindes eingegriffen werden darf, wenn es gesetzlich gestattet ist.[459] Art. 6 Abs. 2 Satz 1 GG gibt den Eltern ab der Geburt folglich zum einen die Befugnis zum „Handeln gegenüber dem Kind", mithin ein Einwirkungsrecht; zum anderen und vorliegend von größerer Bedeutung gewährt die Verfassungsnorm ein Wahrnehmungsrecht, das die Eltern zum „Handeln für das Kind" befugt.[460] In welcher Form die elterliche Sorge nun den Eltern persönlich zusteht, wem sie unter welchen Voraussetzungen gemäß den §§ 1626ff. BGB zugewiesen

---

[456] *Höfling,* JuS 2000, S. 111 (116).

[457] *Taupitz,* Gutachten, S. A 39.

[458] Etwa *Gröschner,* in: *Dreier,* GK I, Art. 6 Rn. 98; *Schmitt-Kammler,* in: *Sachs,* Art. 6 Rn. 47.

[459] *Veit,* in: *Bamberger/Roth,* Rn. 2 vor § 1626; OLG Brandenburg NJW 2000, S. 2361 m.N.

[460] So differenzierend *Schmitt-Kammler,* in: *Sachs,* Art. 6 Rn. 53f.

oder entzogen werden kann, soll hier nicht weiter beschäftigen, bauen die zentralen Fragen dieser Arbeit doch darauf nicht auf.[461] Inhaltlich umfasst die einfachgesetzlich konkretisierte Elternverantwortung die freie Entscheidung der Eltern über die Sorge für das physische und psychische Wohl und die Erziehung des minderjährigen Kindes, wobei die daraus folgenden Rechtsbefugnisse mit fortschreitendem Alter des Kindes sowie abnehmender Pflege- und Erziehungsbedürftigkeit und zunehmender Selbstbestimmungsfähigkeit zurückgedrängt werden und mit der Volljährigkeit erlöschen.[462] Zur „Pflege" gehört auch die Gesundheitsfürsorge, weshalb regelmäßig die Eltern als die gesetzlichen Sorgeberechtigten für die ärztliche Betreuung des Kindes zuständig sind. Dieser Aufgabenkreis umfasst alle Entscheidungen, die die Gesundheit betreffen, mithin auch die Entscheidung über Für und Wider einer lebenserhaltenden ärztlichen Maßnahme.[463] Dies lässt eigentlich vermuten, dass es auch die Eltern sind, welche als gesetzliche Vertreter für ihr Kind dessen mutmaßlichen Willen aufzuzeigen und zu formulieren haben.

I. Zur Person des Entscheidungsträgers

Doch die Frage nach der Entscheidungskompetenz über die weitere Behandlung oder, anders gesagt, nach der Person des Entscheidungsträgers wird in der Literatur uneinheitlich beantwortet. Und auch in der klinischen Praxis verläuft der Entscheidungsfindungsprozess wie gesehen unstrukturiert und findet an den unterschiedlichsten Orten auf der neonatalen Intensivstation statt. Denn es sind nicht nur die Eltern, die als Sorgeberechtigte zu einer Entscheidung verpflichtet sind. Auch der Arzt hat aufgrund der Behandlungsübernahme gegenüber dem Neugeborenen eine besondere Schutzstellung inne, verknüpft mit der strafrechtlichen Pflicht, von dem geschützten Kind Schaden abzuwenden; ferner kann er aufgrund seiner fachlichen Kompetenz besser als die Eltern die medizinische Situation beurteilen. Diskutiert werden daher verschiedene Alternativen:

1. Der behandelnde Arzt entscheidet allein.
2. Der behandelnde Arzt entscheidet zusammen mit einem Team.
3. Die Eltern entscheiden.
4. Anstelle von Arzt und Eltern entscheidet ein unabhängiges Gremium.

---

[461] Vgl. deshalb nur §§ 1626, 1626a Abs. 2, 1629, 1671, 1672, 1678, 1680 BGB sowie *Ulsenheimer*, Einbecker Workshop 1986, S. 119f..

[462] BVerfGE 59, 360 (387f.) - Schülerberater; 72, 122 (137).

[463] Dieses Verständnis ist nicht zwingend, wird aber überwiegend stillschweigend vorausgesetzt. In diesem Sinne *Veit,* in: *Bamberger/Roth*, § 1626 Rn. 14; Palandt/*Diederichsen*, § 1626 Rn. 15; OLG Brandenburg NJW 2000, S. 2361. Restriktiver *Coester-Waltjen*, FS für *Gernhuber*, S. 843 sowie *dies.* in: *von Münch/Kunig*, GKK I, Rn. 67 zu Art. 6, wo sie diesen Komplex Art. 2 Abs. 1 GG zuordnen will.

Verkompliziert hat sich die Beantwortung der Frage bislang noch dadurch, dass nicht immer genau nach dem Umfang der Entscheidungskompetenz unterschieden wurde, das heißt danach, ob es allein um die Feststellung einer indizierten ärztlichen Maßnahme geht oder auch um die nachgelagerte und abschließende Entscheidung über die Umsetzung. Auch findet bei der Diskussion zu wenig Berücksichtigung, dass, wer auch immer entscheidet, er dabei den mutmaßlichen Willen des Neugeborenen zu beachten hat.

1) Der Arzt als alleiniger Entscheidungsträger oder im Team

In der Literatur gibt es zahlreiche Stimmen, die sich für den Arzt als Entscheidungsträger und damit für eine ärztliche Willensermittlung- und Willensbefolgungskompetenz aussprechen. Der Arzt als Entscheidungsinstanz entspricht überdies der medizinischen Praxis, weshalb kaum verwundern dürfte, dass diese Ansicht vornehmlich von Medizinern befürwortet wird. Keine Einigkeit besteht allerdings, ob dem behandelnden Arzt die Alleinentscheidung überantwortet wird oder er zusammen mit anderen Ärzten und dem Pflegepersonal im Team entscheidet.

a) Alleinentscheidung

Für eine alleinige Entscheidungsbefugnis des behandelnden Neonatologen spricht sich ausdrücklich *Hans Ewerbeck* aus. Nach seiner Ansicht soll der behandelnde Arzt eine „einsame, von Güte und Barmherzigkeit diktierte Entscheidung treffen"; eine Verrechtlichung helfe nicht weiter.[464] Auch andere Mediziner plädieren in ihren Beiträgen dafür, dem Arzt das Letztentscheidungsrecht zu überlassen.[465] In ähnlicher Weise äußern sich von juristischer Seite her *Burkhard Jähnke*, der dem Arzt wegen dessen Sachkunde die alleinige Entscheidung überantwortet, sowie *Arthur Kaufmann*, der ihm, wenn auch kein Handlungsermessen, so doch das Beurteilungsermessen zubilligt, ob im konkreten Fall Umstände vorliegen, welche einen Abbruch erlauben.[466] Auch *Jörg Laber* vertritt diese Position, indem er konstatiert, dass „die Entscheidung der Eltern für oder gegen das Leben ihres Kindes völlig unberücksichtigt bleiben muss".[467] Aus theologisch-ethischer Sicht plädiert schließlich *Johannes Gründel* für einen Vorrang der Ärztemeinung nach Erörterung, Beratung und Information der Eltern. Denn dem Arzt obliege aufgrund seines Ethos die Verpflichtung, sich in den Dienst der Erhaltung des Lebens zu stellen, wo hingegen die Eltern aus unterschiedlichsten Überlegungen oft nicht in der Lage seien, eine sachgerechte Entscheidung zu treffen.[468]

---

[464] *Ewerbeck*, Einbecker Workshop 1986, S. 21.
[465] *Grauel*, S. 6; *Grauel/Heller*, S. 101; *Bünte*, S. 106; *Spann/Eisenmenger*, MMW 127 (1985), S. 39 (41); weitere Nachweise finden sich bei *Anderweit et al.*, Ethik Med 16 (2004), S. 37; *Everschor*, S. 78.
[466] *Jähnke*, Einbecker Workshop 1986, S. 109; *Kaufmann*, JZ 1982, S. 481 (486f.).
[467] *Laber*, MedR 1990, S. 182 (186).
[468] *Gründel*, Einbecker Workshop 1986, S. 80.

b) Teamentscheidung

Wie der Blick in die Praxis gezeigt hat, entscheidet allerdings in knapp ¾ der
Kliniken nicht der behandelnde Arzt allein über die medizinischen Maßnahmen,
sondern ein Team in uneinheitlicher personeller Zusammensetzung. In der Literatur vertritt insbesondere der Mediziner *Michael Obladen* daher die Auffassung,
Entscheidungen über eine Behandlungsbegrenzung müssten im Team der Intensivstation kooperativ erarbeitet werden.[469] Zugunsten einer Teamentscheidung
unter Einbeziehung der Pflegekräfte führt er an, es könne nicht erwartet werden,
dass auf den Intensivstationen gewissenhaft und verantwortungsvoll gepflegt
werde, wenn Entscheidungen von ethischer Bedeutung von den leitenden Ärzten
einsam getroffen werden. Stets sei auch die Meinung der Eltern zu erforschen,
freilich ohne ihnen die Entscheidung über die Behandlungsbegrenzung zuzuschie-
ben.[470] In diesem Zusammenhang gehört auch das interdisziplinäre „Züricher
Modell" zur Urteilsbildung in der neonatalen Intensivmedizin genannt. Dahinter
verbirgt sich ein Verfahrensmodell, das eine verbindliche Entscheidungsstruktur
für ethische Güterabwägungen im Einzelfall schaffen will. Danach entscheidet das
in direktem Kontakt mit dem Neugeborenen stehende Betreuerteam aus Ärzten
und Pflegekräften nach einer Beratung mit Fachpersonen aus verschiedenen medizinischen und anderen Disziplinen. Die Eltern sind an der Entscheidung nicht
direkt beteiligt, ihnen steht jedoch ein Vetorecht zu.[471]

c) Eigene Bewertung

Es zeigt sich, dass in der Kinderheilkunde zumindest teilweise ein eher paternalistisches Grundverständnis der Ärzte über ihre Beziehung zu den Eltern des Neugeborenen vorherrscht. Die Ärzte sehen die Eltern in dieser Situation als notorisch
überfordert an („Die machen zu!"), weswegen sie ihnen die Bürde einer Entscheidung nicht überlassen wollen.[472] Sie wollen die Eltern zwar aufklären und anhö-
ren, doch letztendlich lieber selbst die Verantwortung übernehmen und entscheiden. Hinzu tritt die Vorstellung, der Arzt könne nicht bloß „Handlanger der El-

---

[469] *Obladen*, Z. ärztl. Fortbild. 87 (1993), S. 867 (871); *Grauel/Heller*, S. 102; *Murrer*,
S. 25; in der juristischen Literatur spricht sich hierfür *Merkel*, Früheuthanasie, S. 608,
aus; weitere Nachweise bei *Everschor*, S. 82; *Anderweit et al.*, Ethik Med 16 (2004),
S. 37.

[470] *Obladen*, Z. ärztl. Fortbild. 87 (1993), S. 867 (872). Ebenso *von Loewenich*, Monatsschrift Kinderheilkunde 151 (2003), S. 1263 (1268).

[471] Eingehender *Baumann-Hölzle*, S. 69f.; *Siebenthal, Kurt von/Baumann-Hölzle, Ruth*,
Das interdisziplinäre „Zürcher Modell" zur Urteilsbildung für medizin- und pflegeethische Fragestellungen in der neonatalen Intensivmedizin, in: Medizin-Ethischer Arbeitskreis Neonatologie des Universitätsspitals Zürich: An der Schwelle zum eigenen Leben,
Bern 2002, S. 77ff.

[472] In diesem Sinne etwa die Äußerungen von *Schlaudraff* und *von Loewenich* in der Ab-
schlussdiskussion des Einbecker Workshops, vgl. *Hiersche/Hirsch/Graf-Baumann*,
S. 175; ferner *Obladen*, Z. ärztl. Fortbild. 87 (1993), S. 867 (868); *M. Baumann*, S. 138;
Hentschel, Ethik Med 11 (1999), S. 246 (247).

tern" sein.[473] Andererseits lässt sich jedoch genauso gut vertreten, wer ein Kind in die Welt setzt, müsse auch die Kraft aufbringen, dieses Kind von dieser Welt zu verabschieden.[474]

Überlegenswert erscheint auf den ersten Blick die Beteiligung des zuständigen Pflegepersonals, verbringen gerade in der Neonatologie die Schwestern und Pfleger neben den Eltern doch die meiste Zeit mit dem Neugeborenen, so dass sie dementsprechend sowohl unmittelbar mit dessen Gesundheitszustand konfrontiert sind als auch in näheren Kontakt mit den Eltern kommen. Die Praxis sieht allerdings anders aus. Ruft man sich die im 1. Teil[475] erwähnte Umfrage von 1995/96 in Erinnerung, so erkennt man, dass im klinischen Alltag bislang nur eine „Scheinberatung" stattfindet. Es kommt nur in der Minderzahl zu einer eigenverantwortlichen Teamentscheidung, im Gros der Fälle entscheidet abschließend vielmehr der Teamchef. Außerdem zeigen die Ergebnisse einer konkreten Befragung des Pflegepersonals von verschiedenen Intensivstationen, dass nur 28% des Pflegepersonals überhaupt eine vom behandelnden Team gemeinschaftlich getroffene Entscheidung befürworten.[476] Und auch die beruflichen Einstellungen von Ärzteschaft und Pflegepersonal sind verschieden. Während das Pflegepersonal eher geneigt ist, dem Patienten zusätzliche Eingriffe zu ersparen, fühlen sich die Ärzte eher gedrängt, jede weitere Therapiemöglichkeit zu versuchen. Das wird in aller Regel eine ausgewogene, den Willen des Patienten berücksichtigende Entscheidung erschweren.[477] Richtig problematisch bei einer Teamentscheidung erscheinen aber die Frage nach dem Entscheidungsmodus (Einstimmigkeit oder Mehrheitsbeschluss?) und die aus einer fehlerhaften Mehrheitsentscheidung resultierende strafrechtliche und zivilrechtliche Verantwortung des Behandlungsteams.

Hauptargument für eine Entscheidungskompetenz des Arztes ist die Erwägung, dass der Arzt über Erfahrung und das notwendige Fachwissen verfügt, bei den Eltern dagegen sachfremde Motive in die rasch zu treffende Entscheidung mit einfließen würden. Tatsächlich lässt sich nicht verleugnen, dass das elterliche Verhaltensspektrum nicht nur von liebender Sorge geprägt ist, sondern bis hin zu einer ausgesprochenen „Reklamationsmentalität" reicht, was wohl auch daran liegt, dass häufig eine enge emotionale Bindung an das Kind noch nicht aufgebaut werden konnte.[478] Eben diese Mentalität, die in der Forderung nach einem gesunden Kind und in dem Motto „lieber kein Kind als ein geschädigtes Kind" mündet, nähren aber die Zweifel daran, dass ihre Bewertung des Lebens des Neugeborenen

---

[473] So *Gründel* in einem Diskussionsbeitrag beim Einbecker Workshops, vgl. *Hiersche/Hirsch/Graf-Baumann*, S. 95.

[474] So die deutliche Formulierung von *Hiersche* in der Abschlussdiskussion des Einbecker Workshops, vgl. *Hiersche/Hirsch/Graf-Baumann*, S. 176.

[475] Unter § 3.B.II.

[476] *Murrer*, S. 23. Nach einer anderen Umfrage sehen bloß 24% der befragten Ärzte und gar nur 17% der Pflegekräfte ein Teamvotum als Entscheidungshilfe an, vgl. *Schöne-Seifert et al.*, S. 252.

[477] So *Heyers*, S. 308f.

[478] *Von Loewenich*, MedR 1985, S. 30 (33); *Hentschel*, Ethik Med 11 (1999), S. 246 (247).

vom Standpunkt des Kindes selbst resultiert. Pointiert führen *Ralph Weber* und *Beate Vogt-Weber* dazu aus:

> „Denn angesichts der von Sach- und zunehmenden Sparzwängen geprägten Lebensrealität zum einen und der gerade auch durch die Möglichkeiten der pränatalen Diagnostik geweckten Erwartung der Gesellschaft an „perfekte Kinder" zum anderen ist nicht zu erwarten, dass sich eine nennenswerte Anzahl von Eltern angesichts fehlender Pflege- und Therapieplätze, einer behindertenfeindlicher werdenden Gesellschaft und der Tatsache, dass weder soziale noch berufliche und auch nicht mehr partnerschaftliche Bindungen hinreichende lebenswährende Sicherheit bieten, für eine intensivmedizinische Behandlung oder gar eine Reanimation möglicherweise schwergeschädigter Kinder entscheiden wird."[479]

Überdies darf nicht vergessen werden, dass eine Frau zwischen ihrem 15. und 50. Lebensjahr theoretisch ca. 420 Mal die Möglichkeit hat, schwanger zu werden und gesunde Kinder zu gebären.[480] Die Entscheidung gegen ein Kind lässt sich deshalb auch als eine eher von Missbehagen oder Mitleid mit sich und der Gesellschaft geprägte Entscheidung deuten oder als ein Vorwand, um „eigene Unannehmlichkeiten aus der Welt zu schaffen".[481] Auf jeden Fall wird häufiger wegen geschädigter überlebender als wegen verstorbener Neugeborener prozessiert.[482]

Andererseits, warum sollen Ärzte vor sachfremden Erwägungen bei ihrer Behandlungsentscheidung besser gefeit sein als andere Personen? So wurde festgestellt, dass die alltägliche Nähe zu leidenden Patienten den Arzt mit der Zeit emotional überfordert, was zur Folge hat, dass er Abwehrreaktionen entwickelt und seine Entscheidungen mehr von Ritualisierung, Routine und affektiver Neutralität geprägt werden denn vom Wissen um den individuellen Patienten und seinen Willen.[483] Wer weiß, ob sich der Arzt nicht allein deshalb für einen Behandlungsverzicht ausspricht, weil er unfähig ist, den unabänderlichen Leidenszustand seines Patienten mitleidend weiter zu ertragen? Überdies kommt es nicht selten allein aus Furcht vor den rechtlichen Konsequenzen eines Behandlungsverzichts zu einem ärztlichen Behandlungsautomatismus, der den (mutmaßlichen) Willen des Patienten missachtet.[484] Und auch eine rein medizinische Beurteilung ist mit erheblichen Unsicherheitsfaktoren belastet. Schließlich wäre es in Anbetracht der „Kosten-Nutzen-Diktatur"[485] im klinischen Alltag ein wenig zielsicheres Vorgehen, wenn der Arzt grundsätzlich den mutmaßlichen Willen Neugeborener zu

---

[479] *Weber/Vogt-Weber*, Arztrecht 1999, S. 1 (10f.); vgl. auch *Hiersche*, MedR 1989, S. 304 (305).

[480] *A.M. Holschneider/V. Holschneider*, Arztrecht 1998, S. 97 (98).

[481] *Laber*, MedR 1990, S. 182 (186). Vgl. auch *Gründel*, MedR 1985, S. 2 (6); *Kaufmann*, JZ 1982, S. 481 (487); *Ulsenheimer*, Z. ärztl. Fortbild. 87 (1993), S. 875 (877).

[482] *Von Loewenich*, Neonatologie, Sp. 751 und in: *Hegselmann/Merkel*, S. 141.

[483] *Uhlenbruck*, ZRP 1986, S. 209 (210).

[484] *Saliger*, KritV 1998, S. 118 (135). Näher zur Problematik der sog. Rechtfertigungsmedizin etwa *Heyers*, S. 303ff.

[485] *Uhlenbruck*, ZRP 1986, S. 209 (210).

ermitteln hätte. Wie er seine dafür notwendigen Recherchen in zeitlicher und tatsächlicher Hinsicht durchführen soll, bleibt rätselhaft. Nicht nur, dass er Eltern wie Pflegekräfte ausführlich zu befragen hätte, er hätte auch keine Möglichkeit, in der ihm zur Verfügung stehenden Zeit die Aussagen auf ihre Richtigkeit hin zu kontrollieren.[486] Keinen Ausweg bietet es da, den Umfang der Ermittlungspflicht auf das für den Arzt zumutbare Maß zu beschränken.[487] Nicht nur, dass die Tatsachengrundlage für eine Entscheidung über den Willen des Neugeborenen sehr dünn wäre, die beteiligten höchstrangigen Rechtsgüter des jungen Patienten, vorneweg Leben und Selbstbestimmung, wären so nicht ausreichend gewahrt.[488] Aus diesen Gründen erscheint bereits jede Lösung, die Ärzten die alleinige Entscheidungskompetenz überlässt, rechtlich nicht tragbar.

2) Unabhängiges Gremium

a) Die verschiedenen Modelle

Eine weitere diskutierte Alternative zum Entscheidungsrecht ist die Übertragung der Entscheidungskompetenz auf ein unabhängiges Gremium. Im Gespräch ist vor allem die Einrichtung einer externen oder klinischen Ethikkommission nach amerikanischem Vorbild. Hiervon verspricht man sich eine Formalisierung des Verfahrens und die Vereinbarkeit der Entscheidung auch mit ethischem Gesichtspunkten. Die Ethikkommission würde so gesehen zu einer Art stellvertretender Öffentlichkeit.

Ausgangspunkt dieses Entscheidungsmodells ist es, dass bei einer Entscheidung von Eltern oder Arzt es als zentrales Manko empfunden wird, dass eine externe Kontrolle der Entscheidung durch das Familiengericht nur bei Dissens möglich ist, gleichwohl ein entsprechendes Bedürfnis auch außerhalb von Meinungsverschiedenheiten anzunehmen ist.[489] Als Lösung wird daher vorgeschlagen, ein dem Familiengericht vorgeschaltetes Gremium wie etwa eine Ethikkommission einzurichten, das den Eltern einerseits eine wichtige Rolle im Entscheidungsprozess belässt und andererseits zugleich als flexible Kontrollinstanz fungiert.[490] Auf diese Weise wäre eine neutrale Beurteilung des Interesses des Neugeborenen gewährleistet. In abgeschwächter Form bringt insbesondere *Klaus Ulsenheimer* die Installation eines interdisziplinären Konsultativgremiums als sinnvolle Alternative ins Spiel. Angesichts der bestehenden Unsicherheiten über den eröffneten Handlungsrahmen in diesem Bereich sei so zumindest eine rechtliche und ethische Beratung von Arzt und Eltern gewährleistet; gleichermaßen wäre eine vertrauensbildende Einrichtung für die betroffenen Eltern und die Öffentlichkeit geschaf-

---

[486] *Everschor*, S. 80f.; *Heyers*, Jus 2004, S. 100 (101).

[487] So aber *Taupitz*, Gutachten, S. A 45; *Ankermann*, MedR 1999, S. 387 (390).

[488] *Heyers*, S. 302.

[489] *Saliger*, KritV 1998, S. 118 (150).

[490] *Saliger*, KritV 1998, S. 118 (151); ähnlich *Kollmann*, Deutsche Krankenpflege-Zeitschrift 1991, S. 489 (492).

fen.[491] In die gleiche Richtung geht der Vorschlag von *Max Baumann*, der für die Institutionalisierung des äußeren Beraterkreises des „Zürcher Modells" als unabhängige Neonatologie-Kommission mit Beratungsfunktion plädiert.[492]

b) Eigene Bewertung

Klinische Ethikkommissionen sind hierzulande noch sehr selten. Ihr Einsatz setzt zweierlei voraus: Zum einen, dass überhaupt kompetente Mitglieder gewonnen werden können, was vor allem an kleineren Krankenhäusern schwerer fallen dürfte und in praktischer Hinsicht zu organisatorischen Problemen führt; zum anderen, und das erscheint mir gewichtiger, es muss genügend Zeit zur Einberufung und ausgiebiger Beratung vorhanden sein. Daran wird es aber für die hier interessierenden Entscheidungen vielfach fehlen, weil diese oft unter erheblichen Zeitdruck getroffen werden müssen. Besonders bei Frühgeburten muss innerhalb von Minuten über die weitere Behandlung entschieden werden, geht man nicht von einer abstrakten Regel wie einer unbedingten Behandlungspflicht oder einem „hands-off" aus.

Darüber hinaus besitzen Ethikkommissionen keine Vorzüge bei der Ermittlung des mutmaßlichen Willens des Neugeborenen. Die einzelnen Kommissionsmitglieder mögen zwar ein ethisches Urteil fällen können, besitzen aufgrund ihrer Mitgliedschaft aber keine besondere Fähigkeit zur Beurteilung eines mutmaßlichen Patientenwillens. Sie haben vielmehr die gleichen Maßstäbe bei der Interessenabwägung zugrunde zu legen wie andere und sind dabei auch noch von den Angaben abhängig, die ihnen die Eltern und das Behandlungsteam im konkreten Fall machen. Eine Ethik-Beratung allein kann deswegen zur Erforschung des mutmaßlichen Willens nicht beitragen.[493]

Die Einschaltung einer Ethikkommission als Entscheidungsgremium verbietet sich aber auch deshalb, weil ansonsten die subjektive Entscheidung des Patienten nicht mehrheitlich akzeptierten ethischen Anschauungen entsprechen muss. Außerdem wird über häufige Konflikte zwischen den einzelnen Berufsgruppen berichtet, weshalb ein herrschaftsfreier Diskurs im Gremium nicht stattfindet, der als Legitimation für eine Entscheidung der Ethikkommission herangezogen werden kann.[494] Zu berücksichtigen ist ferner, dass mit der Entscheidung weitreichende und dauerhafte Konsequenzen verbunden sind, was dafür spricht, die Verantwortung dafür nicht aus dem direkten menschlichen Beziehungsnetz herauszulösen.[495] Problematisch erscheint schließlich auch hier wieder die strafrechtliche und zivilrechtliche Verantwortung, wenn Mehrheitsentscheidungen als zulässig angesehen werden. Überdies fehlen bislang gesetzliche Regelungen zu einer Ethik-Beratung.

---

[491] *Ulsenheimer*, Z. ärztl. Fortbild. 87 (1993), S. 875 (880) und wiederholend in: MedR 1994, S. 425 (429); *Kapp*, Sp. 754; *Merkel*, Früheuthanasie, S. 609.

[492] *M. Baumann*, S. 139ff.

[493] *Heyers*, S. 320.

[494] *Heyers*, S. 321f. m.N.

[495] *Kind*, Der Gynäkologe 34 (2001), S. 744 (746).

Schon aus diesen praktischen und rechtlichen Erwägungen lehne ich deshalb die Beteiligung einer Ethikkommission zur Entscheidungsfindung ab.

Rechtliche und praktische Gründe sprechen außerdem gegen den Vorschlag, einen Anwalt des Kindes als dessen Interessenvertreter zwischen Arzt und Eltern einzuschalten.[496] Vor allem gilt auch hier, dass nicht ersichtlich ist, warum der Anwalt besser als Arzt oder Eltern in der Lage sein soll, den mutmaßlichen Willen des Neugeborenen zu bestimmen. Damit steht fest, dass der Arzt ebenso wie ein unabhängiges Gremium als letztverbindliche Entscheidungsinstanz ausscheidet und beide zur Ermittlung des mutmaßlichen Patientenwillens nicht berufen sind.

Als multiprofessionelle Beratungsinstanz erscheint die Einschaltung einer E-thikkommission angesichts der vorzunehmenden Güterabwägung und den fehlenden rechtlichen Handlungsanweisungen hingegen vorteilhaft. Durch die gegenüber Einzelpersonen erhöhten kognitiven Kompetenzen könnte der Entscheidungsträger leichter zu einer Entscheidung finden und einige der skizzierten Probleme einer ärztlichen Entscheidungsbefugnis könnten wenigstens gemindert werden. Auf die Beachtung des Selbstbestimmungsrechts des Patienten würde der in der Kommission vertretene Jurist hinwirken. Als Konsultativgremium, das den behandelnden Arzt bei Prognose, Diagnose und Indikation beratend zur Seite steht, ist eine E-thikkommission deswegen durchaus in Betracht zu ziehen.[497] Beschritten wird dieser Weg an den Universitätskliniken in Frankfurt, Freiburg und Köln. Herrscht zwischen Eltern und der ärztlichen Seite freilich Uneinigkeit über die weitere Behandlung, bleibt die Ethikkommission bei der Ausgestaltung als Konsultativgremium machtlos und als Ausweg nur die Anrufung des Familiengerichts.

3) Die Eltern

Endlich könnten den Eltern die Willensermittlung und das Letztentscheidungsrecht zustehen.[498] Insoweit wurde bereits herausgearbeitet, dass aus Art. 6 Abs. 2 GG und seiner einfachgesetzlichen Ausformung in § 1626 BGB folgt, dass die elterliche Sorge den Eltern gebührt und sie als gesetzliche Sorgeberechtigte bei der Einwilligung regelmäßig an Stelle des Neugeborenen treten. Bei Meinungsverschiedenheiten zwischen Eltern und Arzt über den weiteren Behandlungsweg wäre dann das Familiengericht einzuschalten. In der Einstellungsverfügung der Staatsanwaltschaft Freiburg im oben geschilderten Fall 5 wird den Eltern immerhin der Sache nach der Vorrang in der Entscheidung eingeräumt.[499] Zum Teil findet sich in der Literatur daneben die Ansicht, dass der Arzt jedenfalls dann die

---

[496] Näher dazu *Everschor*, S. 89f.

[497] So auch *Heyers*, S. 322f.; *Ankermann*, MedR 1999, S. 387 (389); *Kind*, Der Gynäkologe 34 (2001), S. 744 (747f.).

[498] Diese Position vertreten etwa *Hanack*, MedR 1985, S. 33 (38); *Eser*, FS für *Narr*, S. 54; *Bottke*, S. 127; *Ulsenheimer*, MedR 1994, S. 425 (428); *Hennies*, Arztrecht 1998, S. 102; *A.M. Holschneider/V. Holschneider*, Arztrecht 1998, S. 97 (100); *Ankermann*, MedR 1999, S. 387 (391).

[499] Näher *Heinemann*, S. 254.

Entscheidung der Eltern zu beachten habe, wenn sie sich entgegen der ärztlichen Einschätzung für eine lebensbewahrende Behandlung aussprechen.[500]

Für die Richtigkeit einer Willenserforschungs- und Willensbefolgungskompetenz der Eltern lässt sich anführen, dass nur sie und nicht die Ärzte persönlich von den Folgen der Entscheidung betroffen sind. Auch ein Vergleich mit der Entscheidungssituation im „Normalfall" spricht für die Eltern. Im „Normalfall" ist es der äußerungs- und einwilligungsfähige Patient selbst, der die ärztliche Entscheidung befürworten oder ablehnen kann. Er muss die Einschätzung des Arztes zu Nutzen und Risiken der Therapiemöglichkeiten nicht teilen, auch kann er die mit einer Behandlung verbundenen Vor- und Nachteile persönlich anders bewerten. Diese Kontrollmöglichkeit darf im Fall eines Neugeborenen als Patienten nicht verloren gehen, wobei Art. 6 Abs. 2 GG es gerade gebietet, sie den Eltern als den gesetzlichen Vertretern zuzugestehen. Es ist ihr Kind, für das sie die Sorge (und auch die Kosten) tragen müssen und dessen Betreuung ihr persönliches Leben zutiefst umgestaltet. Gründet ihre Entscheidungskompetenz damit auf einer Norm von Verfassungsrang, haben die Eltern gegenüber dem Arzt eine bedeutendere Position inne. Dies gilt gleichermaßen gegenüber Konsiliarentscheidungen, denn der Eingriff in das Elternrecht wird nicht dadurch abgemildert, dass er durch ein beratendes Gremium erfolgt.[501]

4) Abschließende Stellungnahme

Meines Erachtens gibt hier Art. 6 Abs. 2 GG den Ausschlag. Wer auf die Einwilligung der Eltern abstellt, die Eltern jedoch nur informativ oder gar nicht an der Entscheidung beteiligt und sich gegen eine Entscheidungsbefugnis samt Willensermittlungskompetenz der Eltern ausspricht, bekommt Probleme mit dem aus diesem Grundgesetzartikel folgenden elterlichen Sorgerecht. Denn die Behandlungsentscheidung ist nicht nur eine medizinische Frage, sondern hat auch die Interessen des Kindes zu beachten; das Wohl des Kindes ist gemäß Art. 6 Abs. 2 GG indes grundsätzlich von den Eltern zu beurteilen.

Der Arzt kann zweifellos die medizinische Situation besser einschätzen als die auf diesem Gebiet laienhaften Eltern. Oft mögen die Eltern auch froh darüber sein, dass ihnen ärztlicherseits eine Entscheidung abgenommen wird, die sie in Gewissensnot bringt. Auch ist das Misstrauen den Eltern gegenüber sicher berechtigt, weil eine fehlende enge emotionale Bindung zum Kind, Schuldgefühle, die emotionalen Belastungen[502] nach der Geburt, die enttäuschte Hoffnung auf ein gesundes Kind sowie der unterschwellige Konflikt zwischen den Elterninteressen und den Interessen des Neugeborenen die Gefahr konsensualer Entscheidungen birgt. Doch es erscheint übertrieben, deswegen die Entscheidungsbefugnis der Eltern abzulehnen. Soweit ein tatsächlich missbräuchliches Handeln nicht ausgeschlossen wer-

---

[500] *Ulsenheimer*, Einbecker Workshop 1986, S. 119; *Weber/Vogt-Weber*, Arztrecht 1999, S. 1 (11); *Sauer et al.*, Eur J Pediatr 160 (2001), S. 364 (367); vgl. auch die Revidierte Fassung der Einbecker Empfehlungen unter Punkt VIII.3., MedR 1992, S. 206.

[501] *Heinemann*, S. 256.

[502] Näher dazu *Panagl et al.*, Geburtsh. Frauenheilk. 62 (2002), S. 369 (370ff.).

den kann, darf dies nicht dazu führen, diesen Ausnahmefall stets zu Grunde zu legen und ihn damit zum Regelfall zu machen. Fehlendes medizinisches Fachwissen lässt sich vermitteln. Darüber hinaus darf nicht vergessen werden, dass es sich bei der Behandlungsentscheidung auch um ein moralisches Urteil handelt, das sich nicht auf ein Abwägen medizinischer Fragen reduzieren lässt. Eltern sind aber allgemein nicht weniger ethisch kompetent als Ärzte. Eine schnelle Tendenz der Eltern zum Sterbenlassen des Kindes besteht auch nicht. Vielmehr belegen Studien, dass sich Eltern eher als Ärzte und Pflegepersonal für lebenserhaltende Maßnahmen bei Frühgeborenen aussprechen und damit auch im Sinne des Kindes handeln.[503] Es ist also nicht so, dass der Arzt immer als Verteidiger des Neugeborenen auftritt, während die Eltern möglichst schnell Schluss machen wollen.[504] Dass der Entscheidung der Eltern sachfremde Erwägungen zugrunde liegen, kann zwar nie ausgeschlossen werden. Doch wegen der Möglichkeit einer staatlichen Entscheidungskontrolle durch das Familiengericht nach § 1666 BGB ist die Gefahr eines schrankenlosen Missbrauchs gering, so dass kein „Dammbruch" verursacht wird. Darüber hinaus stellen die weiteren diskutierten Lösungen – wie gezeigt – keine Verbesserung dar, geschweige denn, dass sie einen Missbrauch der Entscheidungskompetenz ausschließen können. Mehr noch, läge das Letztentscheidungsrecht auf ärztlicher Seite, verbliebe den Eltern kein Raum für eine davon abweichende Auffassung. Die Einwilligung der Eltern verkäme zur bloßen Formsache.[505]

Damit sind es die Eltern, welche als gesetzliche Vertreter für ihr Kind vorrangig dessen mutmaßlichen Willen aufzuzeigen und zu formulieren haben. Das bedeutet zum einen, dass ohne Beteiligung der Eltern getroffene Entscheidungen über die weitere medizinische Behandlung des Kindes in das Elternrecht eingreifen können. Treffen in der hier interessierenden postnatalen Situation die Eltern dagegen eine Entscheidung, dann können sie sich insoweit auf ihr nach Art. 6 Abs. 2 GG im Bereich der Gesundheitspflege zustehendes Elternrecht berufen. Je geringer die Fähigkeit des Minderjährigen zur Selbstbestimmung ist und je auswirkungsreicher die elterlichen Entscheidungen sind, desto wichtiger ist gerade der Schutz des elterlichen Sorgerechts.[506] Ein Arzt, der ohne den elterlichen Willen die intensivmedizinische Behandlung des Frühgeborenen eigenmächtig fortsetzt oder unterlässt, greift aus diesen Gründen nicht nur in das Selbstbestimmungsrecht des Frühgeborenen ein, sondern auch in das Sorgerecht der Eltern.[507]

---

[503] *Saigal*, Clinics in perinatology 27 (2000), S. 403 (411ff., insb. 416).

[504] *M. Zimmermann*, S. 92; *M. u. R. Zimmermann/ von Loewenich*, Ethik Med 9 (1997), S. 56 (63); vgl. auch *Deutsch* in der Abschlussdiskussion des Einbecker Workshops, in: *Hiersche/Hirsch/Graf-Baumann*, S. 140.

[505] Prägnant dazu die Formulierung von *Deutsch* in der Abschlussdiskussion zur entsprechenden Regelung in den Einbecker Empfehlungen von 1986: „Wenn man Punkt IX in der Boris-Becker-Terminologie zusammenfasst muss man feststellen: Die Eltern verlieren immer in 3 Sätzen.", vgl. *Hiersche/Hirsch/Graf-Baumann*, S. 140.

[506] *Hufen*, NJW 2001, S. 849 (854).

[507] *Knopp*, MedR 2003, S. 379 (387).

Wie jeder elternfremden Person kommt dem Arzt daher regelmäßig nur eine berechtigte Kontrollfunktion zu.[508]

Auch wenn die Eltern die Entscheidung zu tragen und damit zu verantworten haben, bleibt der Arzt für seinen neugeborenen Patienten weiter verantwortlich. Beide, Arzt und Eltern, sind aufeinander angewiesen: Während die Eltern den mutmaßlichen Willen zu erforschen und die Einwilligungskompetenz haben, kommt dem Arzt eine Aufklärungs- und Beurteilungskompetenz zu. Die Eltern können sich also an den Arzt wenden, der ihnen beratend und aufklärend bei der Entscheidung zur Seite steht. Auf diese Weise wird die Gefahr einer nunmehr einsamen elterlichen Entscheidung gebannt. Richtig verstanden hat der behandelnde Arzt oder auch ein Konsilium von Ärzten[509] also zunächst den Gesundheitszustand des Neugeborenen festzustellen und sich zu fragen, welche diagnostischen und therapeutischen Maßnahmen indiziert sind. Das bedeutet eine Einschätzungsprärogative bei der Behandlung in fachlicher Hinsicht. Dieser Behandlungsvorschlag bildet dann die Grundlage des Aufklärungsgesprächs mit den Eltern, das diesen die Basis und Orientierung für die Interpretation des mutmaßlichen Willens ihres Kindes und einer Einwilligung schafft. Die Eltern entscheiden mithin im Rahmen eines „informed consent" mit dem Arzt.[510] Diese Vorgehensweise erscheint auch ethisch gut vertretbar, weil so die Eltern die Entscheidung zwar mittragen, aber nicht allein dafür verantwortlich sind. Nicht zu unterschätzen ist, dass die Ärzte über die Aufklärung und durch ihre innere Haltung maßgeblichen Einfluss auf die Entscheidung der Eltern erhalten.[511] Damit liegt in gewisser Weise die Letztentscheidung auch bei Berücksichtigung der Patientenautonomie und des Elternrechts faktisch beim Arzt.[512] Genau betrachtet begrenzt außerdem die medizinische Indikation den mutmaßlichen Willen und gewinnt so große Bedeutung für den Behandlungsumfang. Auf diese Bedeutung der Indikation wurde bereits hingewiesen und darauf wird auch wieder zurückzukommen sein.

II. Die Höchstpersönlichkeit der Entscheidung

Bedenklich erscheint freilich noch, dass damit die Eltern bei ihrer Mutmaßung nicht nur auf allgemeinvernünftige Maßstäbe angewiesen sind, was schwierig genug ist, sondern darüber hinaus eine besonders persönlichkeitsrelevante und

---

[508] Ähnlich *Hufen*, NJW 2001, S. 849 (856); *Hennies*, Arztrecht 1998, S. 102.

[509] Für eine kollegiale Beratung sprechen sich aus: *Ankermann*, MedR 1999, S. 387 (389); *Hanack*, MedR 1985, S. 33 (38).

[510] In diesem Sinne verstehen auch medizinische Fachgesellschaften in Kanada und den USA die Rolle der Eltern, wenn es um die Entscheidung über die Behandlung von extrem unreifen Frühgeborenen geht, vgl. *Saigal*, Clinics in perinatology 27 (2000), S. 403 (416) m.N.

[511] So spricht ganz offen der Mediziner *Ewerbeck* in einem Diskussionsbeitrag von einer „Scheinentscheidung" der Eltern, vgl. *Hiersche/Hirsch/Graf-Baumann*, S. 68.

[512] So auch *Taupitz*, Gutachten, S. A 40.

existentielle Entscheidung für ihr Kind treffen, geht es doch vielfach darum, ob der Arzt lebenserhaltend behandeln darf oder nicht, mithin um die Frage, ob das Neugeborene sterben will. Zu prüfen ist, ob eine solche höchstpersönliche Entscheidung überhaupt durch Dritte getroffen werden darf.

Im Bereich der rechtlichen Betreuung nach §§ 1896ff. BGB lässt die durchaus herrschende Ansicht jedenfalls eine entsprechende Vertretungsmacht des Betreuers zu.[513] Vereinzelt wird aber sowohl in der Rechtsprechung als auch in der rechtswissenschaftlichen Literatur eine stellvertretende Entscheidung des gesetzlichen Vertreters, vor allem eines Betreuers über den Verzicht oder Abbruch einer lebenserhaltenden oder –verlängernden medizinischen Behandlung wegen der Gefahr von Fremdbestimmung und Missbrauch abgelehnt.[514] Denn eine Fremdvertretung in der Entscheidung über Leben dürfe es nicht geben, andernfalls würden egoistischen Motiven Tür und Tor geöffnet und die Angehörigen mit schweren Entscheidungen belastet.[515] Da es um eine Entscheidung geht, bei welcher der Todeseintritt mögliche Folge sein kann, wird plakativ von einer zu versagenden „tödlichen Stellvertretung" gesprochen.[516] Dieser Auffassung kann nicht gefolgt werden, wobei die Gründe für eine zulässige Vertreterentscheidung der nur im Bereich des Betreuungsrechts eingehend stattfindenden Diskussion entnommen werden und – soweit die Sach- und Rechtslage vergleichbar ist – auf die Vertretung eines Neugeborenen übertragen werden.

1) Der Vertreter trifft keine eigene Entscheidung

Zunächst erweckt das Argument, die Höchstpersönlichkeit der Entscheidung stehe grundsätzlich einer Vertretungskompetenz bei Sterbeentscheidungen entgegen, den falschen Eindruck, als könne der gesetzliche Vertreter nach eigenem Gutdünken über die Einstellung einer lebenserhaltenden Behandlung (fremd-)bestimmen. Freilich ist nie auszuschließen, dass der Entscheidung einer Person, die den entscheidungsunfähigen Patienten vertritt, sachfremde Erwägungen zugrunde liegen. Bereits mehrfach wurde aber darauf hingewiesen, dass der Vertreter des Patienten keine eigene Entscheidung trifft, er vielmehr das Selbstbestimmungsrecht des Patienten ausübt. Dem gesetzlichen Vertreter steht mithin keine eigene Willenserklärung zu, eine Stellvertretung im Sinne der §§ 164ff. BGB liegt nicht vor. Dogmatisch kommt der gesetzliche Vertreter somit einer Rechtsfigur aus dem früheren Adoptionsrecht nahe, dem sog. Vertreter in der Erklärung. Eindeutig ist dies, wenn er eine im Voraus getroffene höchstpersönliche Entscheidung des Betroffenen umsetzt, was im Hinblick auf Neugeborene jedoch nicht der Fall ist. Stattdes-

---

[513] Näher *Heyers*, S. 210 m.N.

[514] Konkret das Neugeborene betreffend LK-*Jähnke*, Vor § 211 Rn. 20d; *Eser*, FS für *Narr*, S. 57; *Everschor*, S. 50; *A.M. Holschneider/V. Holschneider*, Arztrecht 1998, S. 97 (100); *Schmitt*, JZ 1979, S. 462 (463). Allgemein LK-*Hirsch*, Vor § 32 Rn. 117; *Roxin*, AT/I, § 13 Rn. 63; weitere Nachweise für den Bereich des Betreuungsrechts finden sich in BGH NJW 2003, S. 1588 (1589).

[515] *Coester-Waltjen*, FS für *Gernhuber*, S. 843.

[516] *Eser*, in: *Lawin/Huth*, S. 83.

sen hat er in der zweifellos höchstpersönlichen Angelegenheit des Behandlungsverzichts den mutmaßlichen Willen des Patienten zu befolgen und dessen aktuellen Willen nachzuspüren. Nur so kann dem Patientenwillen zur Geltung verholfen
werden. Etwas anderes ist mit dem verfassungsrechtlich geschützten Selbstbestimmungsrecht des Patienten und den Bemühungen um eine Stärkung der Patientenautonomie nicht zu vereinbaren.[517] Das Selbstbestimmungsrecht würde ansonsten unzulässig begrenzt werden und fände bei Einwilligungsunfähigkeit sein Ende.

2) Die Situation erzwingt gerade die Entscheidung eines Dritten

Der gesundheitliche Zustand des Patienten erzwingt darüber hinaus gerade eine
Entscheidung über höchstpersönliche Rechtsgüter, die der Rechtsgutträger nicht
selbst treffen kann und die in jeder Alternative unmittelbare tatsächliche oder
existentielle Folgen für ihn hat. In dieser Notwendigkeit, eine Entscheidung über
die ärztlich indizierte Maßnahme treffen zu müssen, liegt neben der fehlenden
Eigennützigkeit einer Organspende übrigens der Unterschied zum Fall einer Or-
ganspendeerklärung des Stellvertreters und zugleich der Grund, weswegen eine
Gleichbehandlung dieser Fälle unmöglich ist. Dass also die Abgabe einer Organ-
spendeerklärung durch einen Betreuer grundsätzlich ausgeschlossen ist, lässt keinen Schluss auf die Vertretungsmacht des gesetzlichen Vertreters des Neugeborenen über einen Behandlungsabbruch oder –verzicht zu.[518]
  Aus dem gleichen Grund kann auch § 1631c BGB, der generell eine Sterilisation Minderjähriger, selbst bei eigener Einwilligung, ausschließt, kein anderes Ergebnis begründen. Mit dieser Vorschrift soll dem Umstand Rechnung getragen
werden, dass sich Erforderlichkeit und Auswirkungen einer Sterilisation während
der Minderjährigkeit nur besonders schwer beurteilen lassen; insbesondere soll
eine „vorsorgliche" Sterilisation bei behinderten Kindern vermieden werden.[519]
Auch hier droht dem Betroffenen, anders als bei der in Frage stehenden Behandlungsentscheidung, durch die verbotene Entscheidungsbefugnis kein existenzieller
Schaden. Darüber hinaus ist dieses Verbot nicht zwingend.[520]

3) Die Entscheidungsbefugnis kann nicht nur einseitig sein

Es wäre zudem schwer verständlich, dass die stellvertretende Entscheidung für
eine Behandlung, mag diese auch risikoreich oder gar lebensgefährlich sein, unbestritten zulässig ist, die dagegen jedoch nicht. Streng genommen hätte der Vertreter dann keine Entscheidung zu treffen, sondern wäre nur eine Art ausführendes

---

[517] *Verrel*, KritV 2001, S. 440 (449).
[518] Die Organspende wird vereinzelt als Beispiel dafür genannt, dass eine Vertretungsmacht bei Sterbeentscheidungen grundsätzlich ausgeschlossen ist, ausführlicher dazu
Heyers, S. 215ff.
[519] BT-Drucksache 11/4528, S. 107.
[520] *Bernd-Rüdiger Kern/Hans-Dieter Hiersche*, Zur Sterilisation geistig Behinderter,
MedR 1995, S. 463 (467) m.N.

Organ der schon gesetzlich vorgegebenen Folge.[521] Die Zustimmung zu einer lebensgefährlichen Behandlung ist aber nicht weniger höchstpersönlich als die Ablehnung einer lebenserhaltenden Behandlung. Die Befugnis zur Entscheidung über ärztliche Maßnahmen beinhaltet daher als Kehrseite zwangsläufig auch die Befugnis, sich gegen eine lebenserhaltende Behandlung auszusprechen. Ansonsten würde die Verweigerung einer lebenserhaltenden Behandlung anders beurteilt werden als etwa die Zustimmung zu einer Maßnahme der indirekten Sterbehilfe, welche nicht als unvereinbar mit höchstpersönlichen Belangen des Betroffenen angesehen wird.[522]

4) Keine überzeugenden Alternativmodelle

Aber auch aus grundsätzlichen Erwägungen heraus ist kein zwingendes Argument gegen die Entscheidungszuständigkeit des gesetzlichen Vertreters in höchstpersönlichen Angelegenheiten zu erkennen. Als Folge eines Ausschlusses der Stellvertretung entstünde nämlich die „missliche Wahl", entweder ein striktes Gebot zur Durchführung lebensverlängernder oder –erhaltender medizinischer Maßnahmen anzunehmen oder die Entscheidung über die Maßnahme anderen Personen als dem gesetzlichen Vertreter zu überlassen.[523]

Müssten andere Personen als der gesetzliche Vertreter den mutmaßlichen Willen erforschen und entscheiden, wäre in der Sache nichts gewonnen. Es bliebe die strenge Bindung an den mutmaßlichen Patientenwillen, denn es ist mit der Patientenautonomie unvereinbar, dass Dritte nach eigenem Gutdünken über die weitere Behandlung entscheiden. Die Entscheidung wäre nicht weniger höchstpersönlicher Natur und genauso fremdbestimmend. Der Patient wäre statt des gesetzlichen Vertreters nunmehr diesen Personen ausgeliefert. Es bestünde auch hier die Gefahr, dass die Behandlungsentscheidung mit Eigeninteressen der entscheidungsbefugten Person kollidiert. So ist beispielsweise fraglich, ob der Arzt aus Angst vor einer Strafverfolgung wegen der schwierigen Feststellbarkeit eines mutmaßlichen Willens des Neugeborenen nicht eher dazu neigt, den mutmaßlichen Willen des Patienten für eine indizierte Behandlungsmaßnahme zu unterstellen, denn zu verneinen.[524] Die grundsätzliche Problematik, dass Außenstehende über eine in der Tat höchstpersönliche Angelegenheit entscheiden, wird deshalb auch hier nicht ausgeräumt. Die Frage lautet lediglich, wer sinnvollerweise die Entscheidung auf der Grundlage des mutmaßlichen Patientenwillens zu treffen hat.[525] Und das spricht entscheidend für den gesetzlichen Vertreter, weil nur er sich bei der Willensbestimmung aus dem Selbstbestimmungsrecht des Patienten legitimieren kann.[526]

---

[521] *Fröschle*, JZ 2000, S. 72 (74); a.A. *Coester-Waltjen*, FS für *Gernhuber*, S. 844.

[522] Darauf weist *Taupitz*, Gutachten, S. A 89 mit Recht hin. Ähnlich *Heyers*, S. 213; *Conradi*, S. 611.

[523] BGH NJW 2003, S. 1588 (1590).

[524] *Verrel*, JZ 1996, S. 224 (229); ähnlich LG Duisburg NJW 1999, S. 2744.

[525] *Rieger*, S. 118; *Verrel*, KritV 2001, S. 440 (450).

[526] Im Ergebnis genauso BGH NJW 2003, S. 1588 (1590); *Fröschle*, JZ 2000, S. 72 (74).

Geht man hingegen wegen der Höchstpersönlichkeit davon aus, dass schlechthin niemand anstelle des betroffenen Patienten eine wirksame Entscheidung über Einstellung oder Verzicht auf lebenserhaltende Maßnahmen fällen kann, so hätte das zur Konsequenz, dass ein Selbstbestimmungsrecht des Patienten insoweit zumindest nicht ausgeübt werden kann. Ein mutmaßlicher Sterbewille des Patienten könnte somit keine Berücksichtigung finden. Stattdessen rückten die anderen betroffenen Rechtsgüter in den Vordergrund, vor allem das Recht auf Leben und die Menschenwürde. An ihnen hätte sich die Entscheidung über die weitere medizinische Behandlung zu orientieren. Im Ergebnis würde damit ein am Grundsatz „in dubio pro vita" orientiertes, striktes Gebot zur Durchführung lebenserhaltender medizinischer Maßnahmen statuiert.[527] Eine direkte Fremdbestimmung wird auf diese Weise zwar vermieden. Aber angesichts der Möglichkeiten der modernen Apparatemedizin und der Zulässigkeit von Sterbehilfe erscheint die stete Entscheidung für das Leben nicht mit der Patientenautonomie vereinbar. Der Verfassungsauftrag würde verfälscht. An Stelle der Patientenautonomie als Korrektiv des Integritätsschutzes böte sich allenfalls die Menschenwürde an. Der behandelnde Arzt darf sicherlich nicht „Herr über Leben und Tod" sein, doch *Friedhelm Hufen* bringt es auf den Punkt, wenn er schreibt: „Herr über die Menschenwürde" darf der Arzt erst recht nicht sein.[528] Wie bereits dargelegt, kann die Menschenwürde dieser Rolle aber nur sehr bedingt gerecht werden. Nicht zuletzt kommt es hierüber gleichfalls zu einer Fremdbestimmung, denn ob der Patient die objektiv als menschenunwürdige zu bezeichnende Behandlung auch als solche betrachtet, kann ebenso wie ein überwiegendes Sterbeinteresse nur vermutet werden. Letztlich entscheidend gegen diese Auffassung spricht meines Erachtens aber, dass das Selbstbestimmungsrecht des Patienten es verlangt, den in seinem Namen handelnden Dritten auch und gerade im Bereich höchstpersönlicher Entscheidungen ein Mandat zur Entscheidung für ein Behandlungsende zu gewähren, um die autonomiesichernde Funktion einer Stellvertretung zu gewährleisten. Eine so verstandene Entscheidungsmacht des gesetzlichen Vertreters wahrt formal wie inhaltlich den Geltungsanspruch des betroffenen Patienten als Träger von Rechten und Entscheidungen und ist insbesondere im Hinblick auf Art. 1 Abs. 1 GG verfassungskonform.[529] Das Selbstbestimmungsrecht ernst genommen, bedeutet das aber auch, dass die Befugnis des Vertreters genauso weit reichen muss wie die des Patienten. Anders als der Bundesgerichtshof in seiner Entscheidung vom 17. März 2003[530] angenommen hat, kann der Vertreter demnach auch dann seine Zustimmung zu einer lebensschützenden Behandlungsmaßnahme verweigern, wenn das Grundleiden des Patienten noch keinen irreversiblen tödlichen Verlauf angenommen hat, sofern dies nur dem ermittelten mutmaßlichen Patientenwillen entspricht.

---

[527] So im Ergebnis, wenngleich ohne nähere Begründung BGH NJW 2003, S. 1588 (1590).

[528] *Hufen,* NJW 2001, S. 849 (856).

[529] *Fröschle*, JZ 2000, S. 72 (80); *Heyers*, S. 200; a.A. – ohne nähere Begründung – *Seitz*, ZRP 1998, S. 417 (418); LG München, NJW 1999, S. 1788 (1789).

[530] BGH NJW 2003, S. 1588.

Aus diesen Gründen steht die höchstpersönliche Natur der Behandlungsentscheidung nicht der Annahme einer zulässigen Stellvertretung durch die Eltern des
Neugeborenen in der Erklärung entgegen. Als gesetzliche Vertreter haben diese –
wie der Bundesgerichtshof formuliert – die „exklusive Aufgabe", dem Willen
ihres Kindes gegenüber Arzt und Pflegepersonal Ausdruck und Geltung zu verschaffen.[531] Die Eltern können daher eine ärztliche Behandlung ihres neugeborenen Kindes verweigern, und dies grundsätzlich auch dann, wenn sie dabei mit
dessen sicherem Tod rechnen müssen.

III. Art. 6 Abs. 2 GG und die Grundrechte des Kindes

Steht damit die Zulässigkeit einer Entscheidung der Eltern fest, bleibt noch das
Verhältnis von Elternrecht und den Grundrechten des Neugeborenen zu klären.
Möglicherweise ergeben sich daraus inhaltliche Einschränkungen für ihr Handeln.
Zu denken ist insbesondere an das Kriterium des Kindeswohls.

Art. 6 Abs. 2 Satz 1 GG verleiht den Eltern eine eigenständige Grundrechtspo-
sition. Grundrechte sind jedoch staatsgerichtet, weswegen die Grundrechte der
Eltern auch prinzipiell nur gegenüber dem Staat und nicht gegenüber dem Kind
wirken; gleiches gilt umgekehrt für die Grundrechte des Kindes. Damit sind die
Grundrechte des Kindes und das Elternrecht nicht gegeneinander gerichtet, ihr
Verhältnis bildet somit nach heutigem verfassungsrechtlichem Verständnis keine
Grundrechtskollision.[532] Das Elternrecht ist aber nicht nur ein Grundrecht, sondern
auch eine Pflicht der Eltern. Die daraus folgende Fürsorge der Eltern für ihr Kind
ist also pflichtgebunden; sie darf die Freiheitsrechte des Kindes nicht beeinträchtigen. Das Elternrecht verhilft diesen Rechten mithin in denjenigen Lebensphasen
zur Entfaltung, in denen dem Kind die Fähigkeit zur Selbstbestimmung fehlt.[533]
Das Elternrecht schützt daher nicht nur die Elternautonomie, sondern dient maßgeblich dem Wohl des Kindes, das hier im Rahmen der medizinischen Behandlung zu einem „kindesspezifischen Patientenwohl" wird.[534] Auch wenn das Kindeswohl nicht im Verfassungstext des Art. 6 Abs. 2 GG erwähnt wird, bildet es als
ungeschriebenes Tatbestandbestandsmerkmal des Schutzbereichs den Maßstab bei
der Wahrnehmung des Elternrechts. Das Elternrecht steht also nicht im Gegensatz
zu den Interessen des Kindes, sondern ist wesentlich ein Recht im Interesse des
auf Schutz und Hilfe angewiesenen Kindes. Es ist bereits in sich durch das Wohl
des Kindes begrenzt.[535] Bei Interessenkollisionen zwischen Kind und Eltern

---

[531] BGH NJW 2003, S. 1588 (1589) für den Betreuer.
[532] *Von Münch,* in: *von Münch/Kunig,* GKK I, Vorb. 14 zu Art. 1-19. Näher *Lipp,* S. 29f.
        m.N. Auch heute noch von einer Grundrechtskollision ausgehend *Czerner,* MedR 2001,
        S. 354 (355, 359f.).
[533] *Coester-Waltjen,* in: *von Münch/Kunig,* GKK I, Rn. 81 zu Art. 6; *Lipp,* S. 37f.
[534] *Coester-Waltjen,* in: *von Münch/Kunig,* GKK I, Rn. 60 zu Art. 6; *Lipp,* S. 137.
[535] *Coester-Waltjen,* in: *von Münch/Kunig,* GKK I, Rn. 81 zu Art. 6.

kommt daher den Kindesinteressen und nicht den eigenen Interessen der Eltern grundsätzlich der Vorrang zu.[536]

Die Eltern sind somit trotz ihres Elternrechts nicht völlig frei in ihrer Entscheidung und haben kein absolutes Entscheidungsrecht. Nur insoweit sie bei ihrer Entscheidung über den weiteren Behandlungsweg die Interessen ihres Kindes beachten und zu seinem Wohl handeln, genießt ihre Behandlungsentscheidung folglich den Schutz des Art. 6 Abs. 2 GG. Freilich liegt die Definitionsmacht über das Kindeswohl bei den Eltern. Wenn sich das Verhalten der Eltern jedoch als eine Gefährdung des Neugeborenen darstellt, hat der Staat im Rahmen seines „Wächteramtes" nach Art. 6 Abs. 2 Satz 2 GG die Möglichkeit über § 1666 BGB einzugreifen und einen Sorgerechtsmissbrauch zu verhindern. Ausgeübt wird das „Wächteramt" durch das Familiengericht, das insbesondere der Arzt bei erkennbaren Anhaltspunkten eines Missbrauchs einschalten kann, um das Kind zu schützen.[537] Der Arzt wird damit nicht wie befürchtet zum bloßen Vollzugsgehilfen des elterlichen Willens. Keineswegs kann deshalb der Ansicht gefolgt werden, die eine Entscheidung der Eltern pro vita unumschränkt der ärztlichen Behandlungsverweigerung vorgehen lässt, wenn für den behandelnden Arzt ein Unterlassen oder Abbruch der medizinischen Maßnahme indiziert ist. Maßstab ist auch hier allein der mutmaßliche Wille und das Wohl des Kindes.[538]

Lässt sich aus Art. 6 Abs. 2 GG damit einerseits das Recht der Eltern zur Bestimmung des mutmaßlichen Willens ihres Kindes herleiten, so haben sie andererseits in Ausübung ihrer elterlichen Sorge gemäß § 1627 Satz 1 BGB zugleich zum „Wohl" ihres Kindes zu handeln. Das Kindeswohl bildet Ziel und Maßstab einer zulässigen Entscheidung, was im Grunde eine Selbstverständlichkeit sein sollte, ist doch im Allgemeinen davon auszugehen, dass den Eltern das Wohl ihres noch nicht zu einer „weisen Entscheidung" fähigen Kindes am Herzen liegt und sie dementsprechend handeln.[539] Es stellt sich demnach die Frage, welchen inhaltlichen Einfluss Art. 6 Abs. 2 GG bei der Abklärung des mutmaßlichen Willens des Frühgeborenen hat, das heißt, ob und welche Einschränkung sein Selbstbestimmungsrecht über die Berücksichtigung des Kindeswohls erfährt. Dies erfordert die inhaltliche Klärung des Begriffs „Wohl des Kindes" und verbunden damit der Frage, ob überhaupt eine Lebensbeendigung zum Wohl eines Menschen sein kann.[540] Es versteht sich von selbst, dass die Antwort nicht aus sich heraus gefun-

---

[536] Jarass/*Pieroth*, Art. 6 Rn. 37; BVerfG NJW 2003, S. 1031 m.N.

[537] *Ulsenheimer*, Einbecker Workshop 1995, S. 81; *Diederichsen*, Einbecker Workshop 1995, S. 110; zur Praxis: *Andreas Schertzinger*, Aus der Praxis des Vormundschaftsgerichts, in: <u>Dierks, Christian/Graf-Baumann, Toni/Lenard, Hans-Gerd</u> (Hrsg.): Therapieverweigerung bei Kindern und Jugendlichen, 1995, S. 119ff.

[538] Im Ergebnis genauso *Heinemann*, S. 247; *Hennies*, Arztrecht 1998, S. 102 (103). Nach *Ulsenheimer*, Einbecker Workshop 1986, S. 117, handelt es sich hierbei um eine in der Praxis außerordentlich seltene Konstellation.

[539] BVerfGE 59, 360 (376) - Schülerberater; *Giesen*, JZ 1990, S. 929 (940) sowie *ders.*, MML, Rn. 955.

[540] So pauschal zu § 1901 BGB *Seitz*, ZRP 1998, S. 417 (420).

den werden kann. Dreh- und Angelpunkt bei der Beantwortung dieser Frage ist vielmehr das Verhältnis von „Wohl" und mutmaßlichem Willen des Kindes zueinander.

Der Begriff des „Wohl des Kindes" wird im Bereich des die elterliche Sorge betreffenden Titels des Bürgerlichen Gesetzbuchs mehrfach verwendet, doch hat der Gesetzgeber auf die nähere Ausgestaltung dieses Begriffs verzichtet. Nur aus § 1666 Abs. 1 BGB ergibt sich ein Hinweis, nämlich dass er das „körperliche, geistige oder seelische Wohl" des Kindes umfasst. Es handelt sich damit um einen unbestimmten Rechtsbegriff, dessen Inhalt sich am konkreten Einzelfall auszurichten hat.[541] *Michael Coester* entnimmt ihm zwei Grundwertungen: Zum einen den Vorrang der Interessen des Kindes vor allen anderen beteiligten Interessen; zum anderen den Vorrang von Einzelfallgerechtigkeit vor allgemeinen Regeln.[542] Von der Rechtsprechung und Literatur wird das Kindeswohl verstanden als primär objektiv bestimmtes, „wohlverstandenes Interesse" des Kindes, wobei zur Konkretisierung und zur Wahrung seiner Autonomie auch auf seinen subjektiven Willen zurückgegriffen wird.[543] Wie bei der Ermittlung des mutmaßlichen Willens ist folglich auch bei der Bestimmung des Kindeswohls eine objektive Interessenabwägung vorzunehmen, die unter einem subjektiven Korrekturvorbehalt steht. Das Wohl des Kindes ist folglich unter Wahrung seiner Grundrechte insbesondere seines Selbstbestimmungsrechts zu bestimmen. Damit entsprechen sich nach richtigem Verständnis bereits strukturell mutmaßlicher Kindeswille und Kindeswohl. Aber auch inhaltlich entsprechen sie sich, weil bei der Interessenabwägung für die Eltern jeweils die gleichen Kriterien leitend sind.[544] Zwar gebührt grundsätzlich den Eltern das „Interpretationsprimat"[545] im Hinblick auf die Kindesinteressen, denn das, was „Kindeswohl" und damit zu einem guten Teil auch „Kindesrecht" ist, ist im Regelfall nicht objektiv vorgegeben, sondern wird durch die Eltern im Rahmen ihres pflichtgemäßen Ermessens erst bestimmt.[546] Hier lässt sich aber gut argumentieren, dass mit dem Leben, der körperlichen Unversehrtheit und unter Umständen auch der Menschenwürde grundrechtlich geschützte Rechtspositionen betroffen sind, die den dem „Interpretationsprimat der Eltern" entzogenen Teil des Kindeswohles umschreiben und deren Inhalte sich objektiv beschreiben lassen.[547]

Nach all dem kommt dem Kriterium des Kindeswohls keine Schrankenfunktion für das Selbstbestimmungsrecht des Neugeborenen zu. Ferner führt die verfassungsrechtlich gebotene Beachtung des Kindeswohls bei der Ausübung des Elternrechts nach Art. 6 Abs. 2 GG dazu, dass eine Fremdbestimmung des Neugebo-

---

[541] Allgemein dazu *Ralph Weber*, Einige Gedanken zur Konkretisierung von Generalklauseln durch Fallgruppen, in: AcP 192 (1992), S. 516ff.

[542] Staudinger/*Michael Coester* (2004), § 1666 Rn. 64.

[543] Staudinger/*Michael Coester* (2004), § 1666 Rn. 71; *Taupitz,* Gutachten, S. A 74 m.N.

[544] *Taupitz,* Gutachten, S. A 75.

[545] Zum Begriff erstmalig *Fritz Ossenbühl*, Schule im Rechtsstaat, DÖV 1977, S. 801 (806); weitere Nachweise bei *Gröschner*, in: *Dreier*, GK I, Art. 6 Rn. 101.

[546] Staudinger/*Michael Coester* (2004), § 1666 Rn. 66; *Taupitz,* Gutachten, S. A 74.

[547] So *Schmitt-Kammler*, in: *Sachs*, Art. 6 Rn. 61; *Isensee*, in: HStR V, § 111 Rn. 15.

renen bei der Ermittlung seines mutmaßlichen Willens ausgeschlossen ist. Etwaige Interessenkollisionen zwischen Eltern und Kind sind zu dessen Gunsten aufzulösen. Insgesamt betrachtet, bleibt es daher bei dem bereits dargelegten verfassungsrechtlichen Rahmen für ärztliche Handlungspflichten.

IV. Der Eilfall

Wie bereits zuvor geklärt, greift ein Arzt, der die intensivmedizinische Behandlung des Frühgeborenen eigenmächtig fortsetzt oder unterlässt, nicht nur in das Selbstbestimmungsrecht des Frühgeborenen ein, sondern auch in das Elternrecht. Wie jeder elternfremden Person kommt dem Arzt regelmäßig nur eine berechtigte Kontrollfunktion der Elternentscheidung zu. Eine Ausnahme hiervon besteht allerdings dann, wenn Not und Eile es gebieten. Zu einem solchen Not- oder Eilfall kann es bereits unmittelbar nach der Geburt kommen, finden Geburten doch häufig spontan unter Umständen und zu Zeiten statt, wo eine Einholung der Einwilligung durch die Eltern aufgrund der Dringlichkeit der ärztlichen Maßnahme nicht rechtzeitig möglich ist. Zu denken ist beispielsweise an die Einleitung lebensrettender Intensivmaßnahmen bei der Geburt, insbesondere die Akutreanimation des Neugeborenen.[548] Eilfälle können in der Praxis aber auch unerwartet im Laufe der weiteren Betreuung auf der Neonatologieabteilung auftreten.

In diesen Situationen muss der Arzt für die Behandlungsentscheidung selbst in eigener Verantwortung den mutmaßlichen Willen des Neugeborenen interpretieren, was ebenso wie bei den Eltern keine originäre Entscheidungs-, sondern nur eine auf das individuelle Neugeborene Bezug nehmende Ermittlungskompetenz bedeutet.[549] So gesehen, entscheidet auch hier nur das Neugeborene. Auch hat für den Arzt im Eilfall der von Gesetzes wegen den Eltern vorgegebene Entscheidungsmaßstab zu gelten. Richtschnur der zu treffenden Entscheidung ist folglich das Wohl des Kindes als Patient wie es sich aus einer objektiven Interessenabwägung ergibt. Da nach der hier vertretenen Ansicht die objektive Interessenabwägung bereits eine Hilfe ist, den mutmaßlichen Willen des Neugeborenen zu ermitteln, werden der mutmaßliche Wille und das kindesspezifische Patientenwohl grundsätzlich übereinstimmen. Und weil sich die medizinische Indikation am Patientenwohl auszurichten hat, wird die Eilfallentscheidung des Arztes wesentlich von medizinischen Aspekten geprägt sein. Im Ergebnis lässt sich somit sagen, dass in der Regel eine indizierte Behandlungsmaßnahme willensgerecht ist und dem Wohl des Kindes entspricht.

Nur in diesen dringenden Fällen darf der Arzt ohne elterliche Beteiligung selbst entscheiden und braucht nicht abzuwarten bis die Entscheidung der Eltern eingeholt werden kann.[550] Sind die Sorgeberechtigten wieder erreichbar, fällt die Entscheidungskompetenz über Umfang und Einsatz weiterer Behandlungsmaßnah-

---

[548] *Opderbecke/Weißauer,* MedR 1998, S. 395 (396).
[549] *Hufen,* NJW 2001, S. 849 (855).
[550] Vgl. nur *Taupitz,* Gutachten, S. A 39 m.N.

men auf die Eltern zurück. Vermeiden lässt sich dieses Hin und Her der Entscheidungskompetenz in Notfallsituationen dadurch, dass der Arzt schon vorab mit den
Eltern anhand seiner klinischen Erfahrung potentielle Notfallsituationen bespricht
und diese entsprechend in bestimmte Behandlungsmaßnahmen einwilligen lässt.

E. Die Glaubens-, Gewissens- und Weltanschauungsfreiheit

Bei der Behandlungsentscheidung zu berücksichtigen sind außerdem die in Art. 4
Abs. 1 GG enthaltenen Grundrechte der Glaubens- und Gewissensfreiheit[551], auf
die sich in der vorliegenden Situation sowohl die Eltern auf der Patientenseite für
ihr Kind als auch die Behandlungsseite berufen können. Denn die Entscheidung,
eine Behandlung solle nicht fortgesetzt oder unterlassen werden, kann ebenso auf
religiösen Überzeugungen beruhen wie eine Gewissensfrage sein. Derartige Bedenken können unter dem Gesichtspunkt der Unzumutbarkeit vor allem für den
Arzt Bedeutung erlangen, wenn es um seine strafrechtliche Verantwortung geht.

I. Die Glaubensfreiheit

Die Glaubensfreiheit schützt die religiöse Überzeugung, was nach ständiger
Rechtsprechung des Bundesverfassungsgerichts das Recht beinhaltet, „sein ge-
samtes Verhalten an den Lehren seiner religiösen oder weltanschaulichen Überzeugung auszurichten und dieser Überzeugung gemäß zu handeln."[552] Art. 4
Abs. 1 GG erfasst daher die Heilbehandlung mit bestimmten Methoden ebenso
wie deren Verweigerung aus Glaubensgründen.[553] Geschützt sind auch Kinder.
Bis zur sog. Religionsmündigkeit[554] üben allerdings die Eltern die Glaubensfreiheit ihrer Kinder aus, gleichgültig, ob diese bereits einen Glauben haben oder
nicht; insoweit können sich die Eltern bei ihrer Entscheidung zugleich auf ihr in
Art. 6 Abs. 2 GG verbürgtes Recht auf religiöse Erziehung berufen.[555] Wenn also
die auf Weiterbehandlung oder Abbruch gerichtete elterliche Entscheidung für ihr
Kind religiös motiviert ist, unterfällt ihr Verhalten dem Schutzbereich des Art. 4

---

[551] Die Gewissensfreiheit wird überwiegend als eigenständiges Grundrecht betrachtet, auch
wenn sie in engem Zusammenhang mit der Glaubensfreiheit steht, *Morlok,* in: *Dreier,*
GK I, Art. 4 Rn. 53; *Jarass*/Pieroth, Art. 4 Rn. 44 m.N.

[552] Grundlegend BVerfGE 32, 98 (106) - Gesundbeter. Diese Rspr. des BVerfG ist nicht
unumstritten, vgl. etwa *Mager,* in: *von Münch/Kunig,* GKK I, Rn. 17 zu Art. 4; *Muckel,*
in: *Friauf/Höfling* (2000), Art. 4 Rn. 4.

[553] *Morlok,* in: *Dreier,* GK I, Art. 4 Rn. 76.

[554] Siehe § 5 des Gesetzes über die religiöse Kindererziehung (RelKErzG).

[555] *Mager,* in: *von Münch/Kunig,* GKK I, Rn. 20 zu Art. 4; *Kokott,* in: *Sachs,* Art. 4 Rn. 7,
jeweils m.N.

Abs. 1 GG, weshalb die Nichtbefolgung ebenso wie strafrechtliche Sanktionen gegenüber diesem glaubensgeleiteten Verhalten einen Eingriff in den Schutzbereich bedeuten.

Zu beachten sind jedoch auch die anderen Grundrechte des Neugeborenen sowie kollidierende Grundrechte des Arztes als verfassungsimmanente Schranken. Die Eltern können sich aus diesem Grund weder selbst noch im Namen ihres Kindes auf Art. 4 Abs. 1 GG berufen und es bedarf auch ärztlicherseits keines Rückgriffs auf die Gewissensfreiheit, wenn die Eltern eine aktive Tötung des Neugeborenen verlangen.[556] Denn wie bereits dargelegt verstößt die aktive Fremdtötung gegen Art. 2 Abs. 2 Satz 1 Alt. 1 GG, weshalb die Verfassungswidrigkeit der geforderten ärztlichen Handlung sogleich erkennbar ist und sich nach der derzeitigen Rechtslage in keinster Weise rechtfertigen lässt. Im Ergebnis nicht viel anders ist die Situation zu beurteilen, wenn die Eltern aus religiösen Gründen eine indizierte intensivmedizinische Maßnahme ablehnen. Hier beschränkt vor allem das Grundrecht des Kindes auf Leben sowie sein Selbstbestimmungsrecht die Glaubensfreiheit. Sollen religiöse Überzeugungen ausschlaggebend für eine vom mutmaßlichen Willen erfasste Nichtbehandlung in der konkreten Situation sein, so ist zu fordern, dass sich schon bisher ein entsprechender Glaube als Leitlinie bei Entscheidungen in der Lebensführung widergespiegelt hat. Daran fehlt es aber beim Neugeborenen, so dass religiöse Überzeugungen hier kaum ein Indiz für einen bestimmten mutmaßlichen Willen sein können. Die Güterabwägung wird daher regelmäßig zu Ungunsten der Glaubensfreiheit ausfallen.[557]

II. Die Gewissensfreiheit

Die Gewissensfreiheit wiederum schützt die Gewissensentscheidung des Einzelnen und das daraus resultierende Handeln.[558] Lässt sich daher die am mutmaßlichen Willen des Neugeborenen orientierte Entscheidung der Eltern nach Ansicht des Arztes nicht mit seinem ärztlichen Ethos vereinbaren, mit der Folge, dass er dessen ungeachtet die Behandlung fortsetzt beziehungsweise abbricht, so stellt sich die Frage, ob dieses Verhalten nicht durch die in Art. 4 Abs. 1 GG enthaltene Gewissensfreiheit geschützt ist.

Schutzgut der Gewissenfreiheit ist die moralische Identität und Integrität des Einzelnen.[559] Die Gewissensfreiheit will ihm in Situationen, die er selbst nicht

---

[556] *Hufen*, NJW 2001, S. 849 (853).
[557] Ebenso *Kokott*, in: *Sachs*, Art. 4 Rn. 60; *Deutsch/Spickhoff*, Rn. 582f.; *Dreher*, Anm. zu BVerfG JR 1972, 339, JR 1972, S. 342 (344). So auch OLG Celle NJW 1995, S. 792 (793), zur Verweigerung des elterlichen Einverständnisses (Zeugen Jehovas) mit einer Bluttransfusion bei einem Frühgeborenen in der 27. Schwangerschaftswoche. Mit anderer Begründung, doch gleichlaufendem Ergebnis *Bender*, MedR 1999, S. 260 (265); hierzu auch *Giesen*, MML, Rn 963.
[558] *Jarass*/Pieroth, Art. 4 Rn. 46; *Kokott*, in: *Sachs*, Art. 4 Rn. 74.
[559] *Mager*, in: *von Münch/Kunig*, GKK I, Rn. 22 zu Art. 4.

verursacht hat, die Möglichkeit geben, seinem Gewissen[560] entsprechend zu handeln und nicht zu einem Verhalten gezwungen zu sein, das diesem widerspricht. Das gibt ihm jedoch nur die Freiheit, seine Handlungsurteile auf ihre Sittlichkeit zu hinterfragen und damit verbunden das negatorische Recht, aufgezwungene Verhaltensweisen abzuwehren, nicht aber auch das Recht, seine Umwelt allein nach seinen Vorstellungen zu beeinflussen.[561] Das Gewissen ist immer nur eine Forderung des Einzelnen an sich selbst. Überdies wird die Gewissensfreiheit ebenso wie die Glaubensfreiheit durch die Grundrechte Dritter begrenzt, was einen gerechten Ausgleich der gegenläufigen grundrechtlich geschützten Interessen im Sinne einer praktischen Konkordanz erfordert. Mag sich der Arzt in den entscheidenden Momenten seiner Tätigkeit auch in einer unvertretbaren Einsamkeit befinden, in der er allein auf sein Gewissen gestellt ist,[562] ihm bleibt danach in vielen Fällen der Schutz aus Art. 4 GG verwehrt.[563] Die Gewissensfreiheit verleiht dem Arzt ebensowenig wie anderen Personen weder das Recht, das Neugeborene zum Objekt der eigenen Gewissensverwirklichung zu machen, noch verbürgt sie die Pflicht, entgegen dem (mutmaßlichen) Patientenwillen und nur dem eigenem Gewissen folgend, in die Rechte des Neugeborenen als Patienten einzugreifen. Das Gewissen des Arztes als personale Gestalt der Moral steht mithin nicht über der verfassungsgemäßen Ordnung.[564] Soweit die näheren Umständen es ermöglichen, kommt als zumutbarer Ausweg aus dem Gewissenskonflikt für den Arzt allein in Betracht, die Betreuung des jungen Patienten abzugeben und an einen Kollegen zu übertragen. Solange sich in der Gesellschaft jedenfalls kein grundlegender Konsens über die Bewertung von Gewissensfragen im hier angesprochenen Bereich gebildet hat,[565] ist eine darüber hinausgehende Berücksichtigung der individuellen Gewissensentscheidung des Arztes bei der Abwägung mit den Rechtsgütern des Neugeborenen nicht möglich. Sie käme einer Kapitulation des Rechts samt Lebensschutz vor dem Gewissenstäter gleich. Entsprechendes gilt, wenn sich der Arzt bei seinem Verhalten auf die Glaubensfreiheit beruft.

---

[560] Gewissen meint hier nicht notwendig Gewissen im Sinne von Philosophie, Theologie und Psychologie, vgl. *Muckel*, in: *Friauf/Höfling* (2000), Art. 4 Rn. 57; *Starck*, in: *v. Mangoldt/Klein/ Starck*, GG I, Art. 4 Rn. 60.

[561] *Muckel*, in: *Friauf/Höfling* (2000), Art. 4 Rn. 58. Weiter *Morlok*, in: *Dreier*, GK I, Art. 4 Rn. 86f.; kritisch *Mager*, in: *von Münch/Kunig*, GKK I, Rn. 23 zu Art. 4.

[562] *Laufs*, ArztR, Rn. 10; *Mendling*, S. 154.

[563] Nicht so eindeutig *Laufs*, Recht und Gewissen, S. 12ff.; vgl. auch *Everschor*, S. 62f., die entscheidend auf die individuelle Abhängigkeit des Gewissens abstellt.

[564] *Hufen*, NJW 2001, S. 849 (853); *Jähnke*, Einbecker Workshop 1986, S. 102.

[565] Wie beispielsweise bei der Mitwirkung bei einem Schwangerschaftsabbruch, vgl. § 12 SchKG.

F. Die Berufsfreiheit des Arztes

Schließlich gehört noch die Berufsfreiheit des Arztes gemäß Art. 12 Abs. 1 GG genannt, denn die Heilbehandlung ist wesentlicher Bestandteil der ärztlichen Berufsausübungsfreiheit und selbst die Tötung menschlichen Lebens kann unter Umständen ein darüber geschützter Akt sein.[566] Die Berufsfreiheit gerät bei der Behandlungsentscheidung dann ins Blickfeld, wenn der Arzt die Durchführung einer Behandlung nicht anbietet oder verweigert. In beiden Fällen kollidiert seine Berufsfreiheit mit den Grundrechten des Neugeborenen und kann grundsätzlich diese beschränken. Die Auflösung der Kollision macht auch hier im Einzelfall eine gerechte Abwägung der widerstreitenden Rechtsgüter im Wege der praktischen Konkordanz erforderlich. Hierbei kann der Berufsfreiheit des Arztes der Vorrang zukommen, wenn die Durchführung der Behandlungsmaßnahme jenseits des ärztlichen Heilauftrages liegt und dieser ihm ein Tätigwerden untersagt. Die Berufsfreiheit ist dann im Kernbereich betroffen. Den Arzt trifft keine Behandlungspflicht, selbst wenn der Patient eine Maximalbehandlung wünscht. Die Indikation begrenzt dabei den wirklichen Willen genauso wie den mutmaßlichen Willen. Denn seinem ärztlichen Auftrag braucht der Arzt nicht zuwider zu handeln.

Inwiefern sich der Arzt bei seiner Behandlungsverweigerung mit Erfolg auf Art. 12 Abs. 1 GG berufen kann, hängt entscheidend von der Zielsetzung des ärztlichen Heilauftrags[567] und der daraus folgenden Indikationsstellung ab.[568] Dieser Ansatz zur Bestimmung der Behandlungspflicht ist sinnvoll, denn ohne eine genaue Zielbestimmung lassen sich Handlungspflichten schon gedanklich ebensowenig wie deren Grenzen konstatieren. Zwar handelt es sich bei der Indikationsstellung selbst um eine primär medizinische Frage, man kann insoweit durchaus von einem „Selbstbestimmungsrecht der Medizin"[569] sprechen. Dennoch kann eine eingehende Behandlung und Konkretisierung der Indikation im Rahmen der vorliegenden Arbeit nicht unterbleiben, denn inhaltlich bedeutet ein gebotener Verzicht auf vital notwendige Maßnahmen eine bereichsspezifische Relativierung des Lebensschutzes unabhängig vom Willen des Patienten. Es ist auch möglich, sich mit dieser Materie aus juristischer Sicht zu befassen, weil die Indikation einer medizinischen Maßnahme sich nicht unabhängig von der Frage beurteilen lässt, welche Behandlung überhaupt den Zielen der Medizin entspricht – und das betrifft wiederum die nicht allein in sachlicher Zuständigkeit der Medizin zu klärende Frage nach dem Inhalt des ärztlichen Heilauftrages. Der Heilauftrag bestimmt sich nämlich nicht nur unter rein medizinisch-naturwissenschaftlichen Maßstäben, es

---

[566] BVerfG NJW 2000, S. 857 (858); BVerfGE 98, 265 (296f.) – Bayerisches Schwangerenhilfeergänzungsgesetz.

[567] Ausdrücklich betont wird dies seit knapp 30 Jahren von *Eser*, in: *Auer/Menzel/Eser*, S. 129f.; *Sch/Sch-Eser*, Rn. 29 vor §§ 211ff.; *Peters*, S. 244; vom Ansatz her zustimmend *Merkel*, Früheuthanasie, S. 303; *Künschner*, S. 177, 184ff..

[568] BGH NJW 2003, S. 1588 (1592f.); *Taupitz*, Gutachten, S. A 23f.; vgl. auch *Sahm*, ZfL 2005, S. 45 (49); *Ankermann*, MedR 1999, S. 387 (389).

[569] So *Taupitz*, Gutachten, S. A 24.

sind vielmehr neben ethischen Gesichtspunkten auch soziale Bezüge und als Folge der Verrechtlichung eben die rechtlichen Rahmenbedingungen zu beachten. Die Befugnis der Ärzteschaft, die Inhalte des Heilauftrags selbst zu bestimmen, ist daher nicht grenzenlos, wenngleich es auch früher ihrem Selbstverständnis entsprochen hat, sich nur dem ärztlichen Gewissen und dem Berufsethos verpflichtet zu fühlen.[570] Wie es sich ergibt, sind bei seiner Konkretisierung damit die autonom geschaffenen Regeln des eigenen Berufstandes – sie stellen Berufsausübungsregeln im Sinne des Art. 12 GG dar[571] und stehen unter einem juristischen Verwerfungs- und Nichtbeachtungsvorbehalt[572] - sowie medizinethische Normen und die allgemeinen Gesetze zu berücksichtigen.

Im Rahmen dieser Arbeit wird also zu klären sein, unter welchen Voraussetzungen bei extrem unreifen Frühgeborenen eine Behandlungsmaßnahme noch oder nicht mehr medizinisch geboten ist. Die so gestellte Frage nach Faktoren, die den Arzt zulässigerweise bei der Indikationsstellung leiten dürfen, kennzeichnet das Kernproblem bei der Diskussion um Behandlungspflichten und –grenzen im hier interessierenden Bereich. Obwohl gerade hier mehrere Verlautbarungen verschiedener medizinischer und interdisziplinärer Fachgesellschaften bestehen und zahlreiche Überlegungen in der Literatur zu konkretisierenden Kriterien angestellt wurden, sind daraus bisher keine auch nur annähernd einheitlichen Vorgaben für die nähere Bestimmung der Indikation erwachsen. Dies verwundert nicht angesichts der normativen Wertungsproblematik und der aufgezeigten Probleme, die nicht nur im tatsächlichen Bereich der Diagnose und Prognose bei der Nutzen-Risiko-Abwägung bestehen, sondern auch daraus resultieren, dass die Abwägung der Gefahr eines Werturteils über das Leben ausgesetzt ist, wenngleich der Arzt bei der Indikationsstellung kein Urteil über den Wert des Lebens seines Patienten fällen, sondern alleine über den Wert oder Unwert einer medizinischen Behandlungsmethode im konkreten Fall urteilen will.[573]

Medizin und Recht müssen daher Farbe bekennen und den aus dem Heilauftrag folgenden medizinischen Korridor für eine Behandlung von extrem unreifen Frühgeborenen näher bestimmen. Dazu soll diese Arbeit beitragen, indem Aspekte zur Konkretisierung der Indikation diskutiert werden und erörtert wird, ob sich daraus abstrakte normative Regeln und Kriterien ableiten lassen, deren Anwendung im Grenzbereich von Leben und Tod entscheidet, ob eine Behandlung, die medizinisch möglich ist, es auch rechtlich und moralisch sein soll.

---

[570] In diesem Sinne schon *Laufs*, MedR 1986, S. 163 (167) und in NJW 1998, S. 3399 (3400); LK-*Jähnke*, Vor § 211 Rn. 16; *Ulsenheimer*, MedR 1994, S. 425 (426).

[571] *Taupitz*, Standesordnungen, S. 759.

[572] *Taupitz*, Gutachten, S. A 25.

[573] *Opderbecke/Weißauer*, MedR 1998, S. 395 (397); *Sahm*, ZfL 2005, S. 45 (49); aus christlicher Sicht *Eibach*, MedR 2000, S. 10 (14, 16).

G. Konkurrenzen

Aufgezeigt wurde in den vorigen Abschnitten, dass sich die Grundrechtslage des extrem unreifen Frühgeborenen im Wesentlichen als ein Grundrechtsquartett aus Recht auf Leben und körperliche Unversehrtheit, Selbstbestimmungsrecht und Menschenwürde begreifen lässt, bei dem die einzelnen Grundrechte in einem unauflösbaren inneren und sich symbiotisch-wechselseitig beeinflussenden Zusammenhang stehen, weil sich ihre Schutzbereiche wenigstens partiell überschneiden.[574] Da es somit um einen intrapersonalen Ausgleich von Rechten geht, kommt nicht das Prinzip der praktischen Konkordanz zur Anwendung – auch wenn dieser Lösungsweg in der Literatur vereinzelt behauptet wird – vielmehr ist diese Idealkonkurrenz unter Heranziehung aller Gesamtumstände aufzulösen. Ungeachtet des dabei befolgten Lösungsansatzes zur Idealkonkurrenz erfordert das in jedem Fall eine Abwägung der konkurrierenden Rechtsgüter nach Maßgabe des Verhältnismäßigkeitsprinzips, weswegen die Lösungen im Ergebnis kaum divergieren werden.[575] Auf eine nähere Darstellung der unterschiedlichen Ansätze[576] wird daher verzichtet.

Verhältnismäßigkeitserwägungen eignen sich freilich allein für Rechtsgüter, die nur relativ schutzwürdig sind, im Kollisionsfall also je nach den Umständen sowohl überwiegen als auch zurücktreten können. Bei dem verhältnismäßigen Ausgleich dieses Binnenkonflikts kann deshalb bis auf die unbeschränkbare Menschenwürde keines der involvierten Rechtsgüter einen absoluten Vorrang gegenüber den anderen genießen. Ausgeschlossen ist darum ein Rückgriff auf starre, nur der Wahrung eines der beteiligten Rechtsgüter verpflichtete Regeln. Vor allem kann das Grundrecht auf Leben bei diesem Abwägungsprozess keine Vorrangstellung einnehmen, soll es nicht die anderen Grundrechtsgüter zu Makulatur machen.[577] Einen tabuisierenden Lebensschutz ohne Ausnahmen gibt es nicht, weshalb das Lebensrecht trotz seines verfassungsrechtlichen Höchstwerts als solches nicht in jedem Fall das entscheidende Kriterium bei der Schaffung eines Ausgleichs darstellen kann. Dies bedingt in bestimmten Situationen eine Abwägung des menschlichen Lebens nach qualitativen und quantitativen Aspekten. All das verursacht „schwierige Wertungsprobleme".[578] Letztlich werden Fragen aufgeworfen, die, folgt man *Horst Dreier,* nicht nur schwer lasten, sondern sich bis zur Unerträglichkeit steigern.[579] Die Grenzen des Rechts werden hier sichtbar, und es zeigt sich, dass dieser Komplex, der im Strafrecht unter dem Stichwort „Früheuthanasie" diskutiert wird, verfassungsrechtlich noch weitgehend ungeklärt ist.

---

[574] Ähnlich *Czerner,* MedR 2001, S. 354 (357).

[575] *Dreier,* in: *Dreier,* GK I, Vorb. 155 vor Art. 1.

[576] Überblick bei *von Münch,* in: *von Münch/Kunig,* GKK I, Vorb. 43 zu Art. 1-19.

[577] So im Ergebnis auch *Lorenz,* in: HStR VI, § 128 Rn. 38, 47; *Hufen,* NJW 2001, S. 849 (855).

[578] *Lorenz,* in: HStR VI, § 128 Rn. 47, der den Gesetzgeber in Verantwortung sieht.

[579] *Dreier,* in: *Dreier,* GK I, Art. 1 I Rn. 157.

Darüber hinaus können Verhältnismäßigkeitserwägungen prinzipiell nicht zu absoluten Aussagen führen. Will man somit über den Einzelfall hinaus abstrakt-generelle Regeln zur Auflösung der Grundrechtskonkurrenz formulieren, ist darauf zu achten, dass die Abwägung nicht nur die im konkreten Einzelfall bestehenden Interessen des Frühgeborenen angemessen gewichtet, sondern auch im Hinblick auf die mit einer Auflockerung des Lebensschutzes verbundenen Gefahr einer vorschnellen Generalisation der Ausnahmesituation auf gleichwertig erscheinende Fälle klare Regel-Ausnahme-Verhältnisse schafft, die eine abstrakte Gewichtung der betroffenen Interessen vorgibt. Mehr als die anderen Grundrechte des Frühgeborenen bietet sich hier, wegen des individuellen Gehaltes der Selbstbestimmung, das Selbstbestimmungsrecht als Grundlage für Ausnahmen vom Lebensschutz an. Dies erlaubt eine Abwägung des menschlichen Lebens nach qualitativen und quantitativen Aspekten. Es ist dann eine Frage der Perspektive, ob und in welchen Umfang man einen individuellen Behandlungsverzicht zulässt. Ausschlaggebend ist letzten Endes, welches der beiden Rechte sich gegenüber dem anderen durchsetzt: Das Recht auf Leben oder das Selbstbestimmungsrecht, jeweils in ihrer Verbindung mit der Menschenwürde. Die Berücksichtigung des Selbstbestimmungsrechts stößt im Fall des entscheidungsunfähigen Neugeborenen zwar an natürliche Grenzen, so dass die Heranziehung eines am kindesspezifischen Patientenwohl ausgerichteten Maßstabes unausweichlich ist. Dieser Weg ist aber immer noch besser als den Konflikt dahingehend aufzulösen, dass der Selbstbestimmungsaspekt hier gegenüber dem Lebensschutz in den Hintergrund tritt, mit der Folge, dass im Regelfall stets von einem Lebenswille des Neugeborenen auszugehen ist.

H. Zusammenfassung

Das Grundgesetz enthält erwartungsgemäß keine explizite Aussage zur Rechtmäßigkeit ärztlicher Handlungen bei extrem unreifen Frühgeborenen, insbesondere zu lebensverkürzenden Maßnahmen. Es konstituiert allerdings Rahmenbedingungen für das ärztliche Handeln im Allgemeinen und setzt einen verbindlichen Rahmen für den Gesetzgeber und die Gerichte. Die nähere Untersuchung der verfassungsrechtlichen Maßstäbe ärztlicher Handlungspflichten im Bereich der Neonatalmedizin zeigt, dass verschiedene Grundrechte des jungen Patienten betroffen sind, die miteinander konkurrieren, aber auch mit Grundrechten Dritter kollidieren. Es sind:

- seine unantastbare Menschenwürde;
- sein Recht auf Leben und körperliche Unversehrtheit;
- sein Recht auf Selbstbestimmung, ausgeübt durch die Eltern;
- seine Glaubens- und Gewissensfreiheit, die der Eltern und des Arztes;
- das Elternrecht sowie
- die Berufsfreiheit des Arztes.

Das führt zu schwierigen, aber nicht unlösbaren Problemen bei der Auflösung des Konkurrenzverhältnisses wie bei der Abwägung der kollidierenden Rechtsgüter. Feststeht dabei, dass aus der Werteordnung des Grundgesetzes jedenfalls keine Rangordnung der Rechtsgüter folgt, die es erlaubt, abstrakte Vorrangrelationen zwischen Verfassungsnormen zu definieren. Davon abgesehen, ist jedoch verfassungsrechtlich vieles noch weitgehend ungeklärt. Es entspricht nicht dem Konzept dieser Arbeit, eine Klärung bis ins Detail vorzunehmen. Unternommen wurde vielmehr der Versuch, wenigstens die Eckpunkte aufzuzeigen, innerhalb denen sich die verfassungsrechtliche Diskussion zu bewegen hat, um dem Thema auf dieser Basis zumindest einige Antworten zuzuführen. Im Einzelnen:

1. Aus dem Grundgesetz folgt ein absoluter Schutz der menschlichen Würde, die individualistisch zu bestimmen ist. Sie wird durch eine ärztliche Maßnahme verletzt, sofern der Patient nicht um seiner selbst willen behandelt, sondern zum bloßen Objekt degradiert wird. Das ist speziell dann der Fall, wenn die Einleitung einer Behandlung von bestimmten objektiven Kriterien abhängig gemacht wird, weil dieses Vorgehen nur als eine Selektion von Menschen nach ihrem Wert angesehen werden kann. Überdies lässt sich die Absage an jegliche Form einer aktiven Hilfe zum Sterben auch auf den Schutz der Menschenwürde stützen.[580] Darüber hinaus kann Art. 1 Abs. 1 GG jedoch für die Entscheidungsfindung im Hinblick auf die Behandlung von Frühgeborenen keine Richtung vorgeben. Wenig hilfreich ist insbesondere der Rückgriff auf das aus der Menschenwürdegarantie abgeleitete „Recht auf einen würdigen Tod", wenn es um die Begründung eines Behandlungsverzichts geht.

2. Wenn auch nicht absolut, so doch herausragend und strikt ist der verfassungsrechtliche Schutz des Lebens, wobei der Schutz dieses Grundrechts ebenso wie der Schutz der körperlichen Unversehrtheit in erster Linie durch das Strafrecht verwirklicht wird. Art. 2 Abs. 2 Satz 1 Alt. 1 GG verlangt den gleichen Schutz und die gleiche Wertigkeit für jedes menschliche Leben. Ein „lebensunwertes" Leben kennt das Grundgesetz nicht. Die Norm verbietet es, den Lebensschutz von der Lebensfähigkeit, der Lebenserwartung oder dem Lebensinteresse des Einzelnen, von der körperlichen oder psychischen Konstitution, vom Alter sowie von seiner gesellschaftlichen Funktionstüchtigkeit und der ihm von anderen entgegengebrachten Wertschätzung abhängig zu machen. Über das menschliche Leben darf nicht von externer Seite verfügt werden. Daraus folgt das Verbot aktiver wie passiver Tötungshandlungen, erlaubt ist allein eine Hilfe beim Sterben ohne Lebensverkürzung. Ferner gilt der Grundsatz „In dubio pro vita".

3. Strikt ist ferner der verfassungsrechtliche Schutz der körperlichen Unversehrtheit nach Art. 2 Abs. 2 Satz 1 Alt. 2 GG. Sie wird beeinträchtigt, wenn invasive, Schmerzen verursachende Behandlungsmaßnahmen ergriffen wer-

---

[580] *Kunig*, in: *von Münch/Kunig*, GKK I, Rn. 36 (Stichwort: „Sterbehilfe") zu Art. 1; *Herdegen*, in: *Maunz/Dürig*, Art. 1 Abs. 1 Rn. 85 (2003); *Jarass/*Pieroth, Art. 1 Rn. 15: Sterbehilfe primär ein Problem des Rechts auf Leben.

den, aber auch, wenn ein leidensmindernder Eingriff oder eine Schmerztherapie unterbleibt. Bedeutung erlangt das Grundrecht speziell bei Maßnahmen
der indirekten (besser: unabsichtlichen aktiven) Sterbehilfe, wo der Wille des
Patienten auf einen möglichst schmerzfreien Tod gerichtet ist und nicht auf
eine lebensnotwendige Behandlung.

4. Entscheidende Bedeutung für die rechtlichen Handlungspflichten des Arztes
kommt allerdings der Selbstbestimmung des Patienten, der sog. Patientenautonomie zu. Die Selbstbestimmung ist der Kern der Menschenwürde und erlaubt dem Patienten selbst zu entscheiden, ob er eine Behandlung wünscht o-
der darauf verzichtet, auch wenn es um die Ablehnung lebensverlängernder
und gesundheitserhaltender medizinischer Maßnahmen geht. Der Arzt hat den
Patientenwillen zu respektieren. Eine Behandlung ohne positiv-legitimierende
Zustimmung des Patienten ist daher unzulässig. Da somit der Entscheidungsfreiheit des Betroffenen großes Gewicht zuzuerkennen ist, sind bestimmte Erscheinungsformen der Sterbehilfe verfassungsrechtlich zulässig, weil sie Ausdruck und Vollzug einer autonomen Entscheidung sind. Die Patientenautonomie schließt also grundsätzlich eine Entscheidung gegen das eigene Leben ein
und steht über einer Schutzpflicht anderer für das Leben des Patienten, wenn
und solange nicht eine aktive Tötung verlangt, sondern auf lebenserhaltende
Eingriffe verzichtet wird. Sie setzt mithin Behandlungsgrenzen. Die Selbstbestimmung gibt jedoch kein Recht auf den eigenen Tod. Deutlich wird damit,
dass die verfassungsrechtliche Werteordnung nicht einzig auf Schutz und Erhalt des Lebens ausgerichtet ist und daher von Verfassungs wegen kein absoluter Lebensschutz besteht.

5. Voraussetzung einer autonomen Willensentscheidung ist jedoch die Entscheidung eines artikulations- und willensfähigen Patienten. Da es hier aber um ein
Frühgeborenes geht, das zur eigenen Willensäußerung noch nicht fähig ist,
kann dessen Wille nur gemutmaßt werden. Auch dieser mutmaßliche Wille ist
über Art. 2 GG geschützt. Zu ermitteln ist er auf der Grundlage einer objektiven Interessenabwägung. Das Frühgeborene ist danach zu behandeln, sofern
und soweit die Abwägung seiner Interessen am Maßstab der Vernünftigkeit
ergibt, dass das Ergreifen der ärztlichen Maßnahme besser für es ist als der
Verzicht darauf. Hierfür sind mangels subjektiver Anhaltspunkte objektiv
feststellbare Kriterien zu benennen, die einen individuellen Bezug zum konkreten Frühgeborenen aufweisen und als Übersetzungsregeln für einen bestimmten Patientenwillen sprechen. Es bleibt noch zu untersuchen, ob sich
solche objektiven Kriterien überhaupt ausfindig machen lassen. Nur so führt
jedenfalls die die Integrität schützende Maxime „*In dubio pro vita*" nicht stets
zu einer lebenserhaltenden Behandlung. Der Arzt hat folglich entsprechend
dem mutmaßlichen Willen zu handeln und alsdann lege artis zu verfahren.

6. Im Zusammenhang mit der Selbstbestimmung gerät das Elternrecht aus Art. 6
Abs. 2 GG in den Blickpunkt. Danach steht den Eltern ein Wahrnehmungsrecht zu, das sie zum Handeln für ihr Kind befugt. Sie sind daher für alle Entscheidungen zuständig, welche die Gesundheit ihres Kindes betreffen. Es obliegt vorrangig ihnen, den mutmaßlichen Willen ihres Kindes im Hinblick auf
die Fortsetzung der ärztlichen Behandlung zu interpretieren und zu formulie-

ren. Die höchstpersönliche Natur der Behandlungsentscheidung steht der Annahme einer zulässigen Vertretung des Kindes in der Erklärung durch die Eltern nicht entgegen. Ihnen steht die Ausübung des Selbstbestimmungsrechts
ihres Kindes zu. Ein Arzt, der unter Missachtung der elterlichen Entscheidungskompetenz das Frühgeborene behandelt, greift folglich in das Elternrecht ein. Etwas anderes gilt nur dann, wenn die Entscheidung der Eltern wegen der Eilbedürftigkeit nicht rechtzeitig eingeholt werden kann.

7.   Maßstab und Grenze bei der Wahrnehmung des Elternrechts ist das „Wohl des
Kindes". Das Selbstbestimmungsrecht des Kindes erfährt hierüber keine Einschränkung. Vielmehr kommt bei etwaigen Interessenkollisionen zwischen
Eltern und Kind den Kindesinteressen der Vorrang zu. Die Behandlungspflicht endet danach grundsätzlich dann, wenn die Eltern in stellvertretender
Ausübung des Selbstbestimmungsrechts ihres Frühgeborenen in seinem mutmaßlichen Willen und zu seinem Wohl auf weitere Lebenserhaltungsmaßnahmen verzichten. Daneben ist ein Behandlungsabbruch nur unter der Maßgabe zulässig, als darin keine Verknüpfung mit dem Lebenswert des zu behandelnden jungen Patienten gesehen werden kann oder ansonsten das Recht
des Frühgeborenen auf Schmerzfreiheit sowie auf Wahrung seiner Menschenwürde beeinträchtigt wäre. Zu berücksichtigen ist freilich, dass Kindeswohl und Indikation derart miteinander verknüpft sind, dass ein Handeln in
Übereinstimmung mit der Indikation eine Gefährdung des Kindeswohls ausschließt, während eine abweichende Entscheidung der Eltern erhöhten Be-
gründungsbedarf auslöst. Dies mag zwar zur Folge haben, dass mangels vor-
handener objektiver Abbruchkriterien unter Umständen Entscheidungen für
die Fortsetzung einer Behandlung getroffen werden, die für Eltern wie Ärzte
nur schwer erträglich sein mögen und als unmenschlich empfunden werden.
Nur auf diese Weise lässt sich aber vermeiden, dass Fremdbewertungen über
die Lebensqualität vorgenommen werden. Schnell könnte auf diesem Wege
ein Sterbenkönnen zum Sterbensollen werden.

8.   Im Hinblick auf das Neugeborene kommt Art. 4 Abs. 1 GG angesichts seiner
gleichfalls betroffenen Grundrechte aus Art. 2 GG sowie unter Umständen aus
Art. 1 Abs. 1 GG keine nennenswerte Bedeutung zu, da die Glaubens- und
Gewissensfreiheit bei der Güterabwägung regelmäßig hinter diesen Grundrechten zurückstehen wird.

9.   Entsprechendes gilt, wenn sich der Arzt bei seiner Behandlungsentscheidung
auf die Glaubens- und Gewissensfreiheit beruft. Vor allem die Gewissensfreiheit verleiht ihm kein Recht, einzig nach seinem Gewissen zu handeln. Möglich ist allerdings, dass er bei einem Gewissenskonflikt rechtzeitig für eine
anderweitige ärztliche Versorgung sorgt und einen anderen Kollegen mit der
Betreuung beauftragt.

10. Schließlich kann Art. 12 GG die Grundrechte des Neugeborenen beschränken.
Aus der Berufsfreiheit folgt, dass der Arzt nicht zu Maßnahmen verpflichtet
werden kann, die medizinisch nicht mehr indiziert sind. Das gilt selbst dann,
wenn diese Maßnahmen von Patientenseite verlangt werden. Behandlungsgrenzen folgen demnach auch aus dem ärztlichen Heilauftrag. Wo diese Grenzen liegen, bleibt noch zu klären.

Ist ein ärztliches Handeln indiziert, stehen sich bei strikter Befolgung der verfassungsrechtlichen Vorgaben nach all dem bei der Behandlungsentscheidung vordergründig das Gebot einer unbedingten Lebenserhaltung und das Selbstbestimmungsrecht des Frühgeborenen gegenüber. Es geht dabei um eine Selbstbestimmung gegenüber dem Staat, welche die Freiheit beinhaltet, sich durch eine Behandlung nicht zum Leben und Leiden zwingen lassen zu müssen. Demgegenüber steht ein staatlicher Paternalismus, welcher einen Integritätsschutz bedeutet, der verhindern soll, dass die Begrenzung der ärztlichen Handlungspflichten das Lebensrecht von extrem unreifen Frühgeborenen ex utero infrage stellt. Zutreffend betont *Jochen Taupitz* daher für solche Situationen „den *Spagat zwischen* (Recht zur) *Selbstbestimmung* (mit der Gefahr der Selbstschädigung) einerseits und Schutz und Fürsorge für den Betroffenen (mit der Gefahr der *Fremdbestimmung*) andererseits"[581]. Seine These, dass es sich hierbei um das Kernproblem der Diskussion um die Patientenautonomie handelt, trifft nicht erst für die Behandlungsfragen am Ende des Lebens zu, sondern bereits gleichermaßen für die nach der Geburt.

Der Blick auf das Verfassungsrecht hat gezeigt, dass für die Frage nach den ärztlichen Handlungspflichten zum einen der Indikationsstellung entscheidende Bedeutung zukommt, zum anderen dem mutmaßlichen Willen des Frühgeborenen. Beide beruhen auf Abwägungsvorgänge, deren Maßstäbe den verfassungsrechtlichen Vorgaben entsprechen müssen. In einem nächsten Schritt soll daher untersucht werden, ob und wie die strafrechtlichen Bestimmungen und die Strafrechtsdogmatik diesen Vorgaben gerecht werden, und welche Handlungspflichten für den Arzt im Umgang mit extrem unreifen Frühgeborenen daraus folgen.

---

[581] *Taupitz,* Gutachten, S. A 122.

§ 5 Der strafrechtliche Schutz des Frühgeborenen

Der Arzt, der ein Frühgeborenes behandelt, greift in dessen Rechtsgüter ein. Das führt im Wege einer ex-post-Kontrolle dazu, dass der Arzt als „Täter" eines strafrechtlichen Delikts mit dem Frühgeborenen als „Opfer" in Betracht kommt, wenn dessen Rechtsgüter durch ärztliche Maßnahmen verletzt werden. Um dies zu vermeiden, dürfen seine ärztlichen Handlungspflichten nicht den strafrechtlichen Pflichten zuwiderlaufen. Dabei ist zu beachten, dass der Arzt sich nicht nur durch aktives Handeln strafbar machen kann, sondern auch durch seine Untätigkeit, weil er mit der Behandlungszusage Obhutspflichten für die Rechtsgüter des Frühgeborenen übernimmt. Er wird zum sog. Beschützergaranten für den Säugling. Diese Garantenstellung sowie seine aus § 323c StGB folgende allgemeine Hilfspflicht sind weitere Gründe dafür, dass die ärztliche Tätigkeit strafrechtlichen Verboten und Geboten unterliegt, die seine ärztliche Handlungsfreiheit begrenzt.

Wie ein Blick in die einschlägigen Gesetze zeigt, kennen indes weder das Strafgesetzbuch noch die strafrechtlichen Nebengesetze Regelungen, die sich ausdrücklich an den Arzt wenden und die medizinischen Entscheidungsprobleme im Zusammenhang mit der Behandlung extrem unreifer Frühgeborenen näher regeln. Da der Arzt im Bereich von Krankheit und Tod tätig ist, werden jedoch die Rechtsgüter „Leben" und „körperliche Unversehrtheit" des Neugeborenen betroffen. Im folgenden Abschnitt soll deshalb ein erster Blick auf die diese Rechtsgüter schützenden Strafnormen geworfen werden. Dabei werden quasi als „Allgemeiner Teil" zunächst lediglich die gesetzlichen Vorgaben aufgezeigt. Dem schließt sich in den nachfolgenden Abschnitten ein „Besonderer Teil" an, der sich dann mit den Details der strafrechtlichen Problematik um ärztliche Handlungspflichten nach einer Frühgeburt beschäftigt.

A. Der Schutz des Lebens im Strafrecht

Die lebenserhaltende Behandlungspflicht ist korrespondierendes Gegenstück zum Tötungsverbot: Wo der Arzt diese Pflicht nicht verletzt, handelt er dem Tötungsverbot nicht zuwider.[582] Historisch reicht die strafrechtliche Absicherung des 5. Gebots aus dem Dekalog: „Du sollst nicht töten!"[583] bis in die Anfänge des Straf-

---

[582] LK-*Jähnke*, Vor § 211 Rn. 16.
[583] 2. Mos. 20, 2-17; 5. Mos. 5, 6-21.

rechts und des Rechts überhaupt zurück. Tatsächlich ist der strafrechtliche Schutz des Lebens Inhalt jeder bestehenden Rechtsordnung.[584] Das deutsche Strafgesetzbuch normiert im 16. Abschnitt die Straftaten gegen das Leben. Unterschieden wird dabei zwischen dem Lebensschutz des Geborenen und dem Lebensschutz des Ungeborenen.

I. Die Tötungsdelikte – Schutz des geborenen Lebens

Geborenes menschliches Leben wird durch die in §§ 211-216, 222 StGB normierten Tötungsdelikte strafrechtlich geschützt. Sie sind der „verlängerte Arm der Verfassung" bei der Umsetzung des grundrechtlich gebotenen Lebensschutzes.[585] Strafbar sind sowohl die vorsätzliche als auch die fahrlässige Tötung. Der Schutz lässt sich insoweit als „lückenlos" bezeichnen. Tatobjekt ist der Mensch: Wo sein Leben durch einen anderen verletzt wird, kommen die Tötungsdelikte in Betracht. Der Status als „Mensch" ist somit konstituierend für deren Anwendung.

Dabei darf die Frage nach der „Mensch"-Werdung nicht falsch verstanden und verwechselt werden mit der Frage nach dem Beginn des Lebensschutzes im Strafrecht, zielt erstere Frage doch allein auf den Beginn des strafrechtlichen Schutzes durch die §§ 211ff. StGB in Abgrenzung zu §§ 218ff. StGB. Mit der Festlegung, ab wann Leben Menschenqualität erlangt, trifft das Strafrecht keine verbindliche Aussage über den Beginn des menschlichen Lebens aus ethischer oder biologischer Sicht.[586] Zwar orientiert sich die strafrechtliche Bestimmung durchaus auch an den Erkenntnissen von Medizin und Naturwissenschaft und berücksichtigt ethische Aspekte wie Alltagsanschauungen. Die Rechtswissenschaft ist jedoch genauso wenig kompetent allein die Frage nach dem Beginn und Ende des menschlichen Lebens zu beantworten wie die Natur- und Geisteswissenschaften auf Grund ihrer Erkenntnisse in der Lage sind, die Frage zu beantworten, ab wann und in welchem Umfang menschliches Leben rechtlichen Schutz verdient. Unter Berücksichtigung dieser Gesichtspunkte ist nunmehr zu klären, in welchem Zeitpunkt das „Menschsein" im strafrechtlichen Sinn beginnt, aber auch wann es endet.

1) Der Beginn menschlichen Lebens

Wann bei den Tötungsdelikten der Lebensschutz beginnt, also schon von einem Menschen gesprochen werden kann, ist folglich keine rein empirische Frage. Unter Einbeziehung verschiedener Gesichtspunkte, hier vor allem triftiger kriminalpolitischer Erwägungen[587], wird vielmehr eine wertende Entscheidung dahinge-

---

[584] *Arzt*/Weber, § 2 Rn. 1; *Laber*, S. 157.

[585] *Rixen*, S. 331.

[586] BGHSt 31, 348 (351) – Buscopan.

[587] LK-*Jähnke*, Vor § 211 Rn. 3 unter Berufung auf *Lüttger*, JR 1971, S. 133 (134); *Wessels/Hettinger*, BT/1, Rn. 10; *Maurach/Schroeder/Maiwald*, § 1 Rn. 8; *Merkel,* Medizin-Recht-Ethik, S. 106f.

hend getroffen, von welchem Zeitpunkt an ein menschliches Lebewesen im Hinblick auf seinen Sozialwert als Mensch zu gelten hat. Es wird ein Rechtsbegriff definiert.[588]

Während das Zivilrecht in § 1 BGB die „Mensch"-Werdung im Sinne der Entstehung eines rechtsfähigen Subjekts mit Vollendung der Geburt annimmt, hat sich im Strafrecht in langer Rechtstradition bereits der Beginn der Geburt als maßgebender Zeitpunkt für den Beginn des geschützten menschlichen Lebens herausgebildet.[589] Dies ergab sich bis zum 6. StrRG 1998[590] aus dem Wortlaut des ersatzlos gestrichenen § 217 StGB (Kindestötung), wonach die Tötung eines „in" der Geburt befindlichen Kindes bereits eine Tötung war.[591] Vor diesem Hintergrund hat sich seit BGHSt 32, 194 aus dem Jahre 1983 die Ansicht durchgesetzt, dass nicht schon das Einsetzen der „Vorwehen" oder erst der „Treib- und Presswehen"[592], sondern bei regulärem Ablauf das tatsächliche, auch medizinisch eingeleitete Einsetzen der sog. Eröffnungswehen als Beginn der Geburt anzusehen ist.[593] Bei einer operativen Entbindung ist hingegen der die Eröffnungsperiode ersetzende ärztliche Eingriff, d.h. bei einer Schnittentbindung (Kaiserschnitt) die Öffnung des Uterus maßgebend.[594]

Durch die Streichung des § 217 StGB sollte die bestehende Grenzziehung zwar nicht geändert werden, sondern nur die in § 217 StGB angeordnete Privilegierung

---

[588] Deutlich *Arzt*/Weber, § 2 Rn. 85; MünchKommStGB/*Schneider*, Vor §§ 211ff. Rn. 5; vgl. auch *Laber*, S. 5; *Eb. Schmidt*, Arzt im Strafrecht, S. 17. Von einem „strafrechtstechnischen Terminus" spricht *Merkel*, Früheuthanasie, S. 98 (FN 5).

[589] NK-StGB-*Merkel*, § 218 Rn. 31; *Küper*, GA 2001, S. 515 (517), jeweils m.w.N.; kritisch aus rechtsgeschichtlicher Sicht *Peters,* S. 227ff. Diese unterschiedliche Regelung der „Mensch"-Werdung im deutschen Recht mag den Nicht-Juristen unlogisch erscheinen, doch es entspricht der Rechtsdogmatik Rechtsbegriffe je nach Regelungsgehalt festzulegen – was eben auch wie hier zu verschiedenen Definitionen führen kann. Während es in § 1 BGB um zivilrechtliche Belange geht, d.h. allein darum verbindlich zu bestimmen, ab welchem Zeitpunkt ein Mensch Träger von Rechten und Pflichten sein soll, hat die strafrechtliche Bestimmung einen möglichst lückenlosen Lebensschutz vor Augen.

[590] Sechstes Gesetz zur Reform des Strafrechts vom 26.1.1998 (BGBl. I 164ff.).

[591] Vgl. auch BGHSt 31, 348 (351) - Buscopan. Näher zur Begründung der Abgrenzung *Küper,* GA 2001, S. 515 (525ff.).

[592] So aber NK-StGB-*Neumann*, Vor § 211 Rn. 9.

[593] Lesenswert BGHSt 32, 194 (195f.) - Eröffnungswehen; zur Literatur etwa *Küper*, Strafrecht BT Stichwort: „Geburt, Beginn der" m.w.N.; ders., GA 2001, S. 515 (517f.); *Rengier*, BT II, § 3 Rn. 3; LK-*Jähnke*, Vor § 211 Rn. 3; *Wessels/Hettinger*, BT/1, Rn. 9ff. Ausführlich zum Geburtsbeginn *Heinemann*, S. 63ff. Kritisch dazu MünchKommStGB/*Hardtung*, § 222 Rn. 4, da Eröffnungswehen künstlich gestoppt werden können.

[594] NK-StGB-*Merkel*, § 218 Rn. 43 m.N.; a.A. MünchKommStGB/*Schneider*, Vor §§ 211ff. Rn. 12.

aufgehoben werden.[595] Doch ist der Beginn der „Mensch"-Werdung durch die Gesetzesänderung nunmehr zumindest unbestimmter geworden,[596] und da es sich bei diesem Zeitpunkt um eine normative Festlegung handelt, die, wenn auch sinnvoll und plausibel, so doch nicht die einzig mögliche[597] ist, mehren sich Stimmen, die sich nicht zuletzt im Hinblick auf die Fortentwicklung der Pränataldiagnostik und die Erfolge der Neonatologie bei der Lebenserhaltung Frühgeborener nach der 22. Schwangerschaftswoche für eine Veränderung des Beginns der strafrechtlichen „Mensch"-Werdung und damit verbunden gegen die Begrenzung der Anwendung der §§ 211ff. StGB auf die Tötung nur geborener Menschen aussprechen.[598] Dessen ungeachtet wird am Geburtsbeginn als maßgeblichen Zeitpunkt der „Mensch"-Werdung dennoch festzuhalten sein, denn eine Vorverlegung des Zeitpunkt im Wege der Auslegung de lege lata dürfte letztlich an der Gesetzessystematik scheitern, wären damit doch Neukriminierungen und Strafverschärfungen im Bereich der Körperverletzungs- und Tötungsdelikte verbunden.[599]

Um als Mensch strafrechtlichen Lebensschutz zu genießen, muss das Neugeborene des Weiteren im Zeitpunkt der Geburt unabhängig von der Mutter gelebt haben. Eine Fehlgeburt kann daher kein taugliches Tötungsobjekt sein.[600] Dem steht die Entscheidung des Bundesgerichtshofs aus dem Jahr 1957 zur Tötung einer in der 16. bis 20. Schwangerschaftswoche zur Welt gekommenen Frühgeburt

---

[595] So jedenfalls ohne Problematisierung *Jäger*, JuS 2000, S. 31 (32); *Otto*, Grundkurs Strafrecht, BT, § 2 Rn. 4; *Lackner/Kühl*, Vor § 211 Rn. 3; Sch/Sch-*Eser*, Rn. 13 vor §§ 211ff.; zweifelnd *Wessels/Hettinger*, BT/1, Rn. 9. Kritisch *Küper*, GA 2001, S. 515 (529ff.); NK-StGB-*Neumann*, Vor § 211 Rn. 6ff.

[596] Fehlt doch nun das Wortlautargument aus § 217 StGB, zweifelnd daher NK-StGB-*Paeffgen*, § 223 Rn. 4. Dagegen MünchKommStGB/*Schneider*, Vor §§ 211ff. Rn. 7.

[597] In den Niederlanden gelten zum Beispiel die allgemeinen Tötungsdelikte bereits ab dem Zeitpunkt der extrauterinen Lebensfähigkeit des Ungeborenen, *Gropp*, GA 2000, S. 1 (12f.).

[598] So hat unlängst *Gropp*, GA 2000, S. 1 (7ff.) und wiederholend in: MünchKommStGB, Vor §§ 218ff. Rn. 53 nicht unberechtigt an der Sachgerechtigkeit des Unterscheidungsmerkmals gezweifelt und de lege ferenda für eine Erstreckung des strafrechtlichen Begriffs „Mensch" auch auf lebensfähige Ungeborene plädiert. Ihm folgend *Maurach/Schroeder/Maiwald*, § 1 Rn. 9. In diesem Sinne auch *Philipp*, Frauenarzt 1998, S. 1504 (1511f.). Zur Frage, ob es eine absolute Untergrenze der Anwendbarkeit der allgemeinen Tötungstatbestände gibt, vgl. auch *Heinemann*, S. 70ff. In entgegengesetzter Stoßrichtung freilich *R.* und *A. I. Herzberg*, JZ 2001, S. 1106ff., die für den Beginn des Menschseins in Übereinstimmung mit § 1 BGB auf die Vollendung der Geburt abstellen; zustimmend NK-StGB-*Merkel*, § 218 Rn. 33ff., 40 unter Aufgabe seines noch in Übereinstimmung mit der h.M. bezogenen Standpunktes in: Früheuthanasie, S. 102f. Kritisch zur Diskussion *Tröndle/Fischer*, Vor §§ 211 bis 216 Rn. 3.

[599] Das sieht auch *Gropp*, GA 2000, S. 1 (14f.); im Ergebnis zustimmend *Küper*, GA 2001, S. 515 (533f.); *Merkel*, Früheuthanasie, S. 101ff.; MünchKommStGB/*Schneider*, Vor §§ 211ff. Rn. 10.

[600] Ausdrücklich bereits *Eb. Schmidt*, Arzt im Strafrecht, S. 16.

nicht entgegen, weil das Gericht in diesem Fall eine Totgeburt unterstellte.[601] Die weitere Lebensfähigkeit des Neugeborenen, mag sie möglicherweise auch nur kurz sein, ist dagegen nicht erforderlich.[602] Auf einen bestimmten Reifegrad kommt es nicht an.[603] Da somit nach der Geburt die Angriffe dem Leben eines Menschen gelten und das Strafrecht wie das Verfassungsrecht menschliches Leben als eine biologisch-soziologisch untrennbar verbundene Erscheinung betrachtet, wird Leben jeder Qualität und in jeder Phase als geschützt angesehen und folgerichtig ein absolutes Tötungsverbot mit korrespondierender Lebenserhaltungspflicht postuliert.[604] Damit stehen zu frühe und schwerstgeschädigte Neugeborene, sofern sie nicht als Fehlgeburten anzusehen sind, grundsätzlich unter dem Schutz der Tötungstatbestände.[605] Soviel lässt sich mithin schon jetzt als strafgesetzliche Vorgabe für die weitere Diskussion um Behandlungspflichten festhalten. Und tatsächlich wird sich zeigen, dass selbst diejenigen, welche gegen eine lebenserhaltende Behandlungspflicht oder sogar gegen ein Lebensrecht des extrem unreifen Frühgeborenen plädieren, sich dessen bewusst sind und nicht bereits die Existenz des Frühgeborenen als geborenen Menschen anzweifeln, sondern aus anderen Gründen den Lebensschutz relativieren.

Um ein Tötungsdelikt zu verwirklichen, muss der Arzt das Neugeborene „töten", was gemäß § 222 StGB heißt, den Tod des anderen verursachen. Damit ist jede Handlung gemeint, die das Leben verkürzt, und zwar gleich, ob durch Lebensverkürzung eines an sich gesunden Menschen oder durch Sterbebeschleunigung bei einem bereits Kranken oder Moribunden.[606] Immer dann also, wenn der behandelnde Arzt im Bereich der Neonatologie bei entsprechender innerer Einstellung durch aktive Handlung in zurechenbarer Weise das (noch so kurze) Leben des Neugeborenen verkürzt, kommt mithin eine strafrechtlich verfolgbare Verletzung des Rechtsguts Leben nach §§ 211ff. StGB in Betracht. Aber auch wenn er eine kunstgerechte, ihm mögliche und vital indizierte Heilbehandlung unterlässt, die mit an Sicherheit grenzender Wahrscheinlichkeit das Leben des Neugeborenen nicht nur unwesentlich verlängert hätte,[607] macht er sich eines Totschlags durch

---

[601] BGHSt 10, 291ff. - Frühgeburt; dazu *Merkel,* Früheuthanasie, S. 106f.; missverständlich LK-*Jähnke,* Vor § 211 Rn. 5, der von einer Fehlgeburt spricht.

[602] BGHSt 10, 291 (292) – Frühgeburt; MünchKommStGB/*Schneider,* Vor §§ 211ff. Rn. 28; Sch/Sch-*Eser,* Rn. 14 vor §§ 211ff.; *Rengier,* BT II, § 3 Rn. 6; *Otto,* Grundkurs Strafrecht, BT, § 2 Rn. 5.

[603] So im Ergebnis bereits zutreffend *Heinemann,* S. 78; *Hanke,* S. 48ff.

[604] So *Maurach/Schroeder/Maiwald,* § 1 Rn. 5, 41; *Rengier,* BT II, § 3 Rn. 6; *Wessels/Hettinger,* BT/1, Rn. 2. Unter diesem Gesichtspunkt schon problematisch der im Ersten Teil der Arbeit unter § 3 A.I.4. geschilderte „Oldenburger Fall".

[605] Für Menscheneigenschaft von Missgeburten nur wenn diese wenigstens „Menschenantlitz" tragen *Maurach/Schroeder/Maiwald,* § 1 Rn. 10.

[606] Sch/Sch-*Eser,* § 212 Rn. 3; LK-*Jähnke,* § 212 Rn. 3; *Rengier,* BT II, § 3 Rn. 10f.

[607] So die h.M., vgl. LK-*Jähnke,* § 212 Rn. 4; *Lackner/Kühl,* § 212 Rn. 2; krit. *Schreiber,* BGH-FG-Wiss, S. 511f.; a.A. *Merkel,* Früheuthanasie, S. 277f., insb. S. 281ff.; zum Pflichtwidrigkeitszusammenhang vgl. auch *Wessels/Beulke,* AT, Rn. 683, 713.

Unterlassen nach §§ 212, 13 StGB schuldig, sofern ihn eine besondere Garantenpflicht zum Schutz des Lebens des Neugeborenen bindet. Kein strafrechtliches Problem stellen allein palliative Maßnahmen, Ernährung und Basispflege dar, weil sie ohne Lebensverkürzung den Sterbeprozess erleichtern. Sie sind als Akte „reiner Sterbehilfe"[608] nicht nur zulässig, sondern regelmäßig sogar geboten.[609]

2) Das Ende strafrechtlichen Lebensschutzes

Der strafrechtliche Lebensschutz endet erst wieder mit dem Tod des Menschen. Naturwissenschaftlich betrachtet, ist der Tod das irreversible Ende aller vitalen Funktionen des menschlichen Organismus. Tod bedeutet danach die nicht mehr rückgängig machbare Desintegration des Menschen als Gesamtorganismus.[610] Sterben ist jedoch ein natürlicher Prozess, ein Vorgang in der Zeit, weshalb die Frage, wann rechtlich noch von einem Menschen gesprochen werden kann oder anders formuliert: was Tod heißt und wann dieser Zeitpunkt vorliegt, sich nicht eindeutig empirisch beantworten lässt. Es ist daher notwendig, einen exakten Zeitpunkt aus dem Sterbeprozess zu bestimmen, der als der für das Ende des menschlichen Lebens maßgebliche Tod gelten soll. Die Festlegung spiegelt dabei allein subjektive und individuelle Empfindungen wider, denen eine allgemeingültige Aussage fehlt.[611] Es handelt sich deswegen beim Todeszeitpunkt wie beim Beginn des „Mensch"-Seins nicht um eine medizinische Vorgegebenheit, sondern um eine bloße normative Konvention.[612]

Solange es der Medizin nicht möglich war, einen natürlichen Herz- und Kreislaufstillstand zu überwinden, konnte der Stillstand von Herz, Kreislauf und Atmung ein relativ sicheres und anschauliches Kriterium für den Todeszeitpunkt liefern. Dieser sog. klinische Tod ist zeitlich eng mit dem vollständigen und unumkehrbaren Erlöschen aller Hirnfunktionen verbunden, dem sog. Hirntod. Infolge der Möglichkeiten der Intensivmedizin bei der Reanimation wird heute hingegen unter Berücksichtigung der Erkenntnisse der naturwissenschaftlichen-medizinischen Wissenschaft in Deutschland wie in den meisten Staaten der Welt beim Todeszeitpunkt nicht mehr auf den endgültigen Stillstand der Atmungs- und Kreislauftätigkeit abgestellt, sondern auf den irreversiblen Funktionsausfall des Zentralnervensystems.[613] Nach dem Hirntodkonzept ist der Tod dann eingetreten, wenn ungeachtet einer intensivmedizinisch aufrecht erhaltenen Herz- und Kreislauffunktion im übrigen Körper alle Gehirnfunktionen vollständig und unumkehrbar erloschen sind. Leben wird damit nicht mehr bloß physisch-biologisch sondern

---

[608] Gesprochen wird auch von „Hilfe im Sterben".

[609] NK-StGB-*Neumann*, Vor § 211 Rn. 91; Sch/Sch-*Eser*, Rn. 23 vor §§ 211ff.; *Saliger*, KritV 2001, S. 382 (397).

[610] *Bottke,* S. 53f.

[611] *Tag,* S. 145; vgl. auch *Vogt-Weber/Weber*, Traditio et Innovatio, 2000, S. 33; Münch-KommStGB/ *Schneider*, Vor §§ 211ff. Rn. 14.

[612] NK-StGB-*Neumann*, Vor § 211 Rn. 20; Sch/Sch-*Eser*, Rn. 19 vor §§ 211ff.; *Tröndle/Fischer*, Vor §§ 211 bis 216 Rn. 5; *Laber*, S. 28.

[613] Eingehend zur Rezeption des Hirntodkonzepts *Rixen*, S. 55ff.

qualitativ betrachtet. Zwar wurden in der jüngeren Vergangenheit wieder Stimmen laut, die das Hirntodkriterium als maßgeblichen Todeszeitpunkt anzweifeln,[614] und es ist darüber hinaus in der Literatur umstritten, ob § 3 Abs. 2 Nr. 2 des Transplantationsgesetzes (TPG) von 1997 über den Bereich der Organtransplantation hinaus nicht etwa den Gesamthirntod als gesetzliche Todesdefinition festschreibt.[615] Doch wird die Hirntodkonzeption nach wie vor von der h.M. nicht nur in der juristischen Wissenschaft unterstützt.[616] Der Streit um die Frage, wann rechtlich das Leben als Mensch endet, kann vorliegend jedoch unentschieden bleiben, da er sich im hier zu diskutierenden Bereich der ärztlichen Behandlungspflicht am Lebensanfang nicht nennenswert auswirkt. Denn beide Ansichten sind sich darin einig, dass der Hirntod im Sterbeprozess einen „point of no return" darstellt, so dass ab diesem Zeitpunkt der Prozess als unumkehrbar anzusehen ist und mit medizinischen Mittel nicht mehr aufgehalten werden kann. Der ärztliche Heilauftrag ist damit jedenfalls beendet.[617]

Der strafrechtliche Lebensschutz endet somit regelmäßig mit dem irreversiblen und totalen Funktionsausfall von Großhirn, Kleinhirn und Hirnstamm des Menschen. Bis zu diesem Zeitpunkt ist folglich auch das Neugeborene strafrechtlich vor ärztlichen Handlungen geschützt, die sein Leben verkürzen. Allerdings gilt das derzeitige Konzept der Feststellung des Hirntodes bisher nur für reife Neugeborene. Bei Frühgeborenen ist es nicht anwendbar, weil es noch keine Meßmethode

---

[614] Lesenswert etwa *Weber*, ZfL 2002, S. 94ff.; MünchKommStGB/*Schneider*, Vor §§ 211ff. Rn. 20ff., *Merkel*, Früheuthanasie, S. 111ff. und *Saliger*, KritV 2001, S. 382 (413ff.), die sich ausführlich mit dem Hirntodkonzept und der Kritik daran befassen. Ablehnend *Chatzikostas*, S. 193ff.

[615] Gegen eine allgemeine Regelung NK-StGB-*Neumann*, Vor § 211 Rn. 24; Sch/Sch-*Eser*, Rn. 16 vor §§ 211ff.; *Otto*, Grundkurs Strafrecht, BT, § 2 Rn. 13; *Tröndle/Fischer*, Vor §§ 211 bis 216 Rn. 8: Mindestvoraussetzung; noch nicht so eindeutig *Tröndle/Fischer*[50], § 168 Rn. 15 und Vor § 211 Rn. 6; eingehend *Merkel*, Früheuthanasie, S. 113ff. A.A. *Saliger*, KritV 2001, S. 382 (406ff.) mit weiteren Nachweisen für beide Ansichten.

[616] Sch/Sch-*Eser*, Rn. 16ff. vor §§ 211ff.; *Wessels/Hettinger*, BT/1, Rn. 21; *Küper*, Strafrecht BT, Stichwort: „Tod" mit Nachweisen auch der Gegenansicht; zahlreiche Nachweise auch zur medizinischen und ethischen Literatur bei *Tröndle/Fischer*, Vor §§ 211 bis 216 Rn. 6ff.; *Vogt-Weber/Weber*, Traditio et Innovatio, 2000, S. 33. Zu den Hirntodkriterien siehe die Richtlinie des Wissenschaftlichen Beirats der Bundesärztekammer vom 4.2.1982, abgedruckt und erläutert von *Schreiber*, JZ 1983, S. 593 (594f.) und inzwischen in der 3. Fortschreibung (DÄBl. 94 (1997), S. A-1296ff.

[617] *Tröndle/Fischer*, Vor §§ 211 bis 216 Rn. 8; *Kaufmann*, JZ 1982, S. 481 (485). Genau genommen ist strafrechtlich die Behandlungseinstellung entweder aus Sicht der Gesamthirntodbefürworter als irrelevanter Vorgang oder aus Sicht der Hirntodgegner als unbedenkliche Sterbehilfe zu werten, *Saliger*, KritV 2001, S. 382 (413). Da mit dem Todeseintritt der strafrechtliche Lebensschutz endigt, spielt es übrigens auch keine Rolle, dass es nach Eintritt des Hirntodes streng genommen an sich weiterhin möglich ist, die Lebensfunktionen (Atmung und Kreislauf) aufrechtzuerhalten, der Tod also keine Behandlungsgrenze darstellt, vgl. *Kaufmann*, a.a.O.

gibt, die es erlaubt, den Hirntod einwandfrei festzustellen.[618] Auch wenn bereits Hirnströme messbar sein sollten, dürfte es wie in der überwiegenden Mehrzahl aller Todesfälle daher angemessen und völlig ausreichend sein, das Ende des Lebensschutzes bei extrem unreifen Frühgeborenen nicht an die Hirntodfeststellung, sondern an den klinischen Tod zu koppeln.[619]

3) Anenzephalus – ein Sonderfall?

Ein Problem, das mit dem Ende des Lebensschutzes, d.h. dem Todesbegriff zusammenhängt, ist der strafrechtliche Lebensschutz des Anenzephalus[620]. Bei diesen schwerst hirngeschädigten Kindern stellt sich die Frage[621], ob sie aufgrund der schweren Fehlbildung des Gehirns nicht von vornherein als „hirntot" angesehen werden können.[622] Richtigerweise ist diese Frage zu verneinen, denn dem Anenzephalen fehlt zwar vollständig das Großhirn, doch nur im Extremfall sind auch keine Hirnstammfunktionen vorhanden. Das Gehirn ist folglich regelmäßig nicht als Ganzes abgestorben, das Hirntodkriterium mithin nicht erfüllt.[623] Kommt demnach ein anenzephaler Neugeborener lebend zur Welt, stellt er ein menschliches Lebewesen dar und ist wegen seines funktionierenden Stammhirns nicht einem Hirntoten gleichzustellen. Sein Leben ist wie bei anderen schwerstgeschädigten Neugeborenen strafrechtlich geschützt.[624] Jede ärztliche Handlung, die sein Leben verkürzt, stellt daher objektiv eine Tötung dar.

---

[618] So die Richtlinien der Bundesärztekammer vom 24.7.1998 zur Feststellung des Hirntodes, 3. Fortschreibung 1997 mit Ergänzungen gemäß Transplantationsgesetz (TPG) unter 4. Die Richtlinien sind etwa abgedruckt in DÄBl. 95 (1998), S. A-1861ff. Vgl. auch *Hepp*, Der Gynäkologe 25 (1992), S. 139 (133).

[619] So zu Recht auf alle schwerstgeschädigte Neugeborene bezogen *Merkel*, Früheuthanasie, S. 133

[620] Oben § 2.D.III.5.g.

[621] Freilich vor dem Hintergrund einer dann erleichterten Nutzung als Organspender! Vgl. hierzu etwa *Merkel*, Früheuthanasie, S. 621ff.

[622] In diesem Sinne LK[10]-*Jähnke*, § 218 Rn. 4 und *ders.*, Einbecker Workshop 1986, S. 103; *Hanack*, *Noll*-GedSchr, S. 204; aus medizinischer Sicht *Hiersche*, MedR 1984, S. 215.

[623] Näher zum Ganzen *Gescher*, S. 44ff. Da sich dieser Ausnahmefall, wo die Gehirnsubstanz vollständig degeneriert ist, pränatal nicht diagnostizieren lässt, hat eine Unterscheidung in hirntote Anenzephale und Anenzephale mit funktionsfähigem Hirnstamm keine praktische Bedeutung. Darauf hat bereits *Gescher*, S. 50 zutreffend hingewiesen.

[624] Insbesondere nun auch LK-*Jähnke*, Vor § 211 Rn. 6, der seine abweichende Auffassung aufgegeben hat. Ferner Sch/Sch-*Eser*, Rn. 14 vor §§ 211ff.; *Lackner/Kühl*, Vor § 211 Rn. 4; *Wessels/Hettinger*, BT/1, Rn. 26; *Otto*, Grundkurs Strafrecht, BT, § 2 Rn. 12; eingehend *Bottke*, S. 59ff.; *Isemer/Lilie*, MedR 1988, S. 66ff.

II. Der Schwangerschaftsabbruch – Schutz des ungeborenen Lebens

Aus der systematischen Stellung des Schwangerschaftsabbruch im 16. Abschnitt ergibt sich, dass auch mittels der §§ 218ff. StGB das menschliche Leben geschützt wird. Diese Sonderregelung zeigt, dass das Strafrecht zwischen dem geborenen und dem ungeborenen Menschen unterscheidet. Es wäre von Verfassung wegen zwar auch möglich gewesen, die Leibesfrucht als ungeborenen Menschen und damit vom Wortlaut her als Tatobjekt der §§ 211ff. StGB einzustufen. Doch zieht das deutsche Strafrecht aus guten Gründen mit Beginn der Geburt die Grenze zur „Mensch-Werdung.

Beim Schwangerschaftsabbruch ist in erster Linie das noch ungeborene, sich im Mutterleib entwickelnde Leben geschütztes Rechtsgut[625]. Tatobjekt ist hier die Leibesfrucht.[626] Die Tathandlung ist der Schwangerschaftsabbruch[627], das heißt die Abtötung der Leibesfrucht, sei es durch Einwirkung auf die Schwangere oder die Leibesfrucht selbst. Hierbei ist der Tod des Fötus im Mutterleib dem Fall gleichgesetzt, dass es zu einer Lebendgeburt kommt, das Neugeborene jedoch „alsbald" infolge des Abbruchs stirbt.[628] Dieser nicht allgemein bestimmbare Zeitraum wird bei Frühgeborenen auf das Ende der durch den Abbruchversuch veranlassten Intensivbehandlung zu legen sein.[629]

Da sich diese Arbeit thematisch nur mit ärztlichen Handlungspflichten an bereits geborenen Menschen befasst, ist allein das Konkurrenzverhältnis des Schwangerschaftsabbruchs zu den Tötungs- und Körperverletzungsdelikten von Bedeutung. Dies gilt umso mehr, als die legalen Schwangerschaftsabbrüche nach der 22. Schwangerschaftswoche, sog. Spätabtreibungen, zunehmen, was zusammen mit den besseren Überlebenschancen von Frühgeborenen zu einer prekären Verwischung der theoretisch klaren Trennung zwischen Tötung der Leibesfrucht und Tötung eines Menschen führt.[630] Es ist zu klären, welchen Schutz das Frühge-

---

[625] Nahezu allgemeine Meinung, vgl. BVerfGE 39, 1 (42ff.) - Schwangerschaftsabbruch I; 88, 203 (251f.) - Schwangerschaftsabbruch II; MünchKommStGB/*Gropp*, Vor §§ 218ff. Rn. 38; Sch/Sch-*Eser*, Rn. 9ff. vor §§ 218ff. m.w.N.

[626] Der juristische Sprachgebrauch ist nicht einheitlich. Als Synonyme werden ferner „Embryo", „Fötus" oder „ungeborenes Leben" verwendet.

[627] Zu den einzelnen Abbruchmethoden etwa *Schumann/Schmidt-Recla*, MedR 1998, S. 497 (498); LK-*Kröger*, Vor §§ 218ff. Rn. 47; ausführlicher *Hanke*, S. 19ff.

[628] So zu Recht BGHSt 10, 5; 10, 291 (293)- Frühgeburt; 13, 21 (24); ebenso LK-*Kröger*, § 218 Rn. 15; NK-StGB-*Merkel*, § 218 Rn. 72; Arzt/*Weber*, § 5 Rn. 28; *Lackner/Kühl*, § 218 Rn. 4. A.A. MünchKommStGB/*Gropp*, § 218 Rn. 20; Sch/Sch-*Eser*, § 218 Rn. 23 m.w.N.; *Rudolphi*, in: SK-StGB[2000], § 218 Rn. 12.

[629] LK-*Kröger*, § 218 Rn. 16.

[630] Nach Angaben des Statistischen Bundesamtes werden seit 1996 jährlich 150 bis 200 Schwangerschaften nach der 23. Schwangerschaftswoche abgebrochen. Die Glaubwürdigkeit dieser Statistiken ist freilich zu bezweifeln. Berichte aus der klinischen Praxis zeigen, dass in manchen Kliniken erfolgte Spätabbrüche zum Teil nicht als Schwangerschaftsabbrüche, sondern als Totgeburten registriert werden. Vgl. zur klinischen Praxis

borene genießt,[631] wenn ein Schwangerschaftsabbruch fehlgeht und zu einer „Komplikation"[632] in Form einer Lebendgeburt führt.

Maßgebend für die Abgrenzung zwischen dem Schutzbereich des Schwangerschaftsabbruchs einerseits und der Tötungs- und Körperverletzungsdelikte andererseits ist das Ende der Schwangerschaft. Damit wird der Zeitpunkt bestimmt, in dem die Leibesfrucht als Schutzobjekt bei den Sonderregelungen für den Schwangerschaftsabbruch die Qualität eines Menschen zugeschrieben bekommt und es den Schutz durch die §§ 218ff. StGB verliert. Hierfür kann zwar nicht mehr der gestrichene § 217 StGB herangezogen werden, jedoch lässt sich der Beginn der Geburt als Zäsur nunmehr über eine restriktive Auslegung des § 218 Abs. 1 StGB positivrechtlich begründen.[633] Mit der „Mensch"-Werdung der Leibesfrucht mit Geburtsbeginn endet daher der Schutz über § 218 StGB. Führt der auf Schwangerschaftsabbruch gerichtete pränatale Eingriff mithin zur Geburt eines lebenden Kindes, so ist dieses Kind unabhängig von Lebensfähigkeit oder Lebenserwartung gegen erneute auf Tötung zielende Angriffe nun durch die §§ 211, 212, 222 StGB geschützt.[634] Entscheidend ist allein die Objektqualität des Lebewesens[635] im Zeitpunkt der schädigenden Einwirkung.[636]

---

ferner NK-StGB-*Merkel*, § 218 Rn. 50. Näher zu einer Beschränkungsmöglichkeit von Spätabtreibungen *Eser/Koch*, Schwangerschaftsabbruch, S. 284f.

[631] Kurzer Überblick zum Schutz des Ungeborenen bei *Gropp*, GA 2000, S. 1 (3f.); näher *Heinemann*, S. 53ff.

[632] Zur Bezeichnung „Komplikation" für eine Lebensgeburt vgl. *Hepp*, Der Gynäkologe 29 (1996), S. 407 (409 m.N.)

[633] *Maurach/Schroeder/Maiwald*, § 1 Rn. 8; LK-*Kröger,* Vor §§ 218ff. Rn. 33; Münch-KommStGB/ *Schneider*, Vor §§ 211ff. Rn. 10; MünchKommStGB/*Gropp*, Vor §§ 218ff. Rn. 53. Näher hierzu und eine „gewohnheitsrechtliche" Verfestigung dieser Abgrenzung annehmend *Küper*, GA 2001, S. 515 (534ff.); *ders.*, Strafrecht BT Stichwort: „Geburt, Beginn der".

[634] Statt vieler *Tröndle/Fischer*, Vor §§ 211 bis 216 Rn. 4, 25; NK-StGB-*Merkel*, § 218 Rn. 83ff. So auch die Antwort der Bundesregierung vom 29.07.1996 auf eine Kleine Anfrage, BT-Drucks. 13/5364, S. 14: „(...) Der Arzt ist grundsätzlich verpflichtet, das zur Erhaltung des Lebens Erforderliche zu tun. Dies gilt auch für den Arzt, dessen auf einen Schwangerschaftsabbruch zielende Maßnahme zur Lebendgeburt des Kindes führte. Bei einer Lebendgeburt muss das Kind nach dem geltenden medizinischen Standard versorgt werden (...) Der Umstand, dass eine medizinische Indikation für einen Schwangerschaftsabbruch im Spätstadium der Schwangerschaft gegeben war, vermag es keinesfalls zu rechtfertigen, auf lebenserhaltende Maßnahmen für das Kind zu verzichten. Verletzt der Arzt seine Verpflichtung, so kann er sich damit eines Unterlassungsdelikts, d.h. im Einzelfall auch wegen eines vorsätzlichen Tötungsdeliktes strafbar machen."

[635] Entweder Leibesfrucht oder – wie hier – neugeborener Mensch.

[636] BGHSt 31, 348 (352) – Buscopan. In der Sache ebenso Sch/Sch-*Eser*, Rn. 15 vor §§ 211ff. sowie § 218 Rn. 24; Arzt/*Weber*, § 5 Rn. 89ff.; *Wessels/Hettinger*, BT/1, Rn. 12ff., 241; *Lüttger*, JR 1971, S. 133 (138f.). Mit gleichem Ergebnis MünchKomm-StGB/*Schneider*, Vor §§ 211ff. Rn. 13 und *Rengier*, BT II, § 11 Rn. 8, die unter „Ein-

Schlägt folglich ein Schwangerschaftsabbruch fehl und kommt es zur Geburt eines lebenden Frühgeborenen, so sind nachfolgende, die Tötung des Neugeborenen verursachende ärztliche Handlungen[637] oder Unterlassungen[638] nach den §§ 211f., 222, 13 StGB zu beurteilen, so dass ein Tötungsverbrechen vorliegt, wenn das postnatale Verhalten des Arztes nicht medizinisch geboten war, das Neugeborene ansonsten weitergelebt hätte und der Arzt dies auch erkannt hat. Er ist Garant für das Leben des Kindes, mag auch der Tod des neugeborenen Kindes gerade Sinn und Zweck der (Spät-)Abtreibung im Wege der Einleitung einer Frühgeburt gewesen und der Wille des Arztes ebenso wie der der Schwangeren dementsprechend darauf gerichtet sein, lebenserhaltende Maßnahmen zugunsten des Neugeborenen zu unterlassen.[639] In dem im 1. Abschnitt der Arbeit als Fall 6 geschilderten sog. „Münchner Fall"[640] hat das LG München I daher zutreffend eine Garantenstellung der Ärzte gegenüber dem Neugeborenen angenommen, wenn es im Ergebnis auch wegen der dann aktiven Tötung des Kindes darauf nicht ankam.[641] Und in dem als Fall 4 geschilderten sog. „Oldenburger Fall"[642] erfolgte demnach zu Recht ein Ermittlungsverfahren gegen den behandelnden Gynäkologen wegen versuchter Tötung durch Unterlassen der erforderlichen intensivneonatologischen Versorgung.[643] Klargestellt ist damit zudem, dass ein Arzt, der einen Schwangerschaftsabbruch vornimmt und hiermit eine (legale) Tötungshandlung, sich nicht mehr auf eine Straffreistellung nach § 218a StGB berufen kann, wenn er nach der Entbindung das lebend geborene möglicherweise schwerstgeschädigte Frühgeborene entsprechend der ursprünglich auf Abgang der Frucht in nicht lebensfähigem Zustand gerichteten Willensrichtung durch ein neues aktives Einwirken oder Liegenlassen tötet.[644]

---

wirken" bereits das Auftreffen auf das Tatobjekt verstehen und nicht erst ein schädigendes Auswirken.

[637] Beispielsweise Ersticken.

[638] Zu denken wäre daran, dass das Neugeborene liegengelassen, beobachtet und nicht versorgt wird.

[639] Die Garantenstellung des Arztes wird im Ergebnis von niemand bestritten, exemplarisch *Wiebe*, ZfL 2004, S. 118 (120). Erhellend freilich die nähere Untersuchung zur dogmatischen Herleitung von *Merkel*, Früheuthanasie, S. 222ff.

[640] Siehe oben § 3.B.I.6.

[641] LG München I, abgedruckt in *Eser/Koch*, S. 118ff. (119).

[642] Siehe oben § 3.B.I.4.

[643] Vgl. hierzu die erste Einstellungsverfügung, StA Oldenburg NStZ 1999, S. 461f. Vieles deutet darauf hin, dass bei erschöpfender Würdigung des Sachverhalts der Arzt sich nicht nur wegen der im rechtskräftig gewordenen Strafbefehl des AG Oldenburg zur Last gelegten gefährlichen Körperverletzung strafbar gemacht hat, vgl. AG Oldenburg ZfL 2004, S. 117f., sondern tateinheitlich auch wegen eines versuchten Totschlags durch Unterlassen hätte verurteilt werden müssen, so die Bewertung von *Foth*, JR 2004, S. 367 (368f.); *Wiebe*, ZfL 2004, S. 118ff.; *Tröndle*, NStZ 1999, S. 462 (464).

[644] *Tröndle/Fischer*, § 218 Rn. 2; *Lackner/Kühl*, § 218a Rn. 16; LK-*Jähnke*, Vor § 211 Rn. 5, jeweils m.w.N. Einen entsprechenden Beispielsfall aus der Praxis skizziert und

Dem Risiko der intensivmedizinischen Behandlung eines Lebendgeborenen in Fällen, in denen die Schwangerschaft nur noch durch Einleitung einer Frühgeburt abgebrochen werden könnte, entginge der die Schwangere behandelnde Arzt, wenn er – quasi als eine actio licita in causa – die extrauterin lebensfähige Leibesfrucht noch im Mutterleib töten könnte. Dieser sog. intrauterine Fetozid[645] wird auch im Rahmen von Spätabbrüchen praktiziert;[646] überdies wird er von der Bundesärztekammer oder etwa der Deutschen Gesellschaft für Gynäkologie und Geburtshilfe in engen Grenzen befürwortet.[647] Rechtliche Bedenken gegen diese Praxis wurden bislang bloß vereinzelt geäußert.[648] Die Zulässigkeit des Fetozids als Mittel eines rechtmäßigen Schwangerschaftsabbruchs wird vielmehr ohne weitere Thematisierung unterstellt.

---

kommentiert *Merkel* in: *Hegselmann/Merkel*, S. 102f. noch zur alten Gesetzeslage (1992).

[645] Nach einer früher in vielen Fällen verwendeten Methode erfolgte die Tötung durch eine direkte Injektion von Kaliumchlorid oder Fibrinkleber in das Herz des Ungeborenen. Der Tod setzt dann infolge Herzlähmung bzw. mechanischer Unterbrechung des Blutflusses ein, vgl. *Schumann/Schmidt-Recla*, MedR 1998, S. 497 (498). Weitere Techniken nennt *Hanke*, S. 27f. m.N. Nach NK-StGB-*Merkel*, § 218a Rn. 111 wird der Fetozid heute hauptsächlich mittels einer Injektion in die Nabelschnurvene durchgeführt. Ebenso *Wiebe*, ZfL 2004, S. 118 (120) unter Verweis auf *Merkel*.

[646] *Tröndle*, JVL, S. 96, spricht von einer „Perversion des Rechts"; *Wiebe*, ZfL 2002, S. 73 (74): Barbarei; vgl. auch *Hepp*, Der Gynäkologe 29 (1996), S. 407 (410); *Philipp*, Frauenarzt 1998, S. 1504 (1513); *DIE ZEIT* Nr. 1 vom 29.12.1999, S. 37.

[647] Zur Wahl des Fetozids beim Schwangerschaftsabbruch vgl. Bundesärztekammer, Erklärung zum Schwangerschaftsabbruch nach Pränataldiagnostik, MedR 1999, S. 31 (32 re.Sp.); dazu auch *Kainer*, DÄBl. 99 (2002), S. A-2545 (A-2552); *Beller*, Z. Geburtsh. Neonatol. 202 (1998), S. 220 (222); *Tröndle*, FS für *Müller-Dietz*, S. 924: „standesethisch unvertretbar". Für einen vorherigen Fetozid bei Spätabtreibungen spricht sich *Merkel*, Früheuthanasie, S. 593, aus. Dagegen sieht der Präsident der Ärztekammer Hamburg und Vorsitzende des Marburger Bundes, *Dr. med. Montgomery*, nach einem Zitat bei *Klinkhammer*, DÄBl. 96 (1999), S. A-1332 (A-1335), keinen Unterschied zwischen intrauterinen Fetozid und aktiver Euthanasie. Aus theologischer Sicht zur Problematik *Eibach*, MedR 2000, S. 10 (12f.).

[648] So etwa von *Schumann/Schmidt-Recla*, MedR 1998, S. 497 (500). Allerdings ist zweifelhaft, ob sich deren Auslegung des § 218a StGB durchsetzt; zweifelnd auch *Lackner/Kühl*[24], § 218a Rn. 14; mit guten Gründen ablehnend NK-StGB-*Merkel*, § 218a Rn. 109ff.; *Foth*, JR 2004, S. 367 (370). Für lebenserhaltende Lösungen unter Verweis auf die Ultima-Ratio-Klausel in § 218a Abs. 2 StGB sprechen sich LK-*Kröger*, § 218a Rn. 55 und Arzt/*Weber*, § 5 Rn. 92 aus. In diese Richtung ist wohl auch *Ratzel*/Lippert, MBO, § 14 Rn. 14 zu verstehen. Aus der medizinischen Literatur siehe nur *Kainer*, DÄBl. 99 (2002), S. A-2545 (A-2552), der einen Fetozid nur bedingt als verhältnismäßige Abbruchmethode erachtet.

B. Der Schutz der körperlichen Unversehrtheit im Strafrecht

Die körperliche Unversehrtheit wird im 17. Abschnitt des Strafgesetzbuchs, in den §§ 223ff. StGB geschützt. Gemäß dem Grundtatbestand in § 223 Abs. 1 StGB wird bestraft, wer vorsätzlich „eine andere Person körperlich misshandelt oder an der Gesundheit beschädigt." Nach § 229 StGB ist ferner die fahrlässige Körperverletzung mit Strafe bedroht. Tatobjekt ist wie bei den Tötungsdelikten der Mensch vom Zeitpunkt seiner Geburt an,[649] weshalb zu frühe und schwerstgeschädigte Neugeborene Opfer einer Körperverletzung sein können, sofern nur die körperliche Integrität verletzt wird. Entscheidend ist auch hier der Zeitpunkt der Einwirkung und nicht des Erfolgseintritts.[650]

Unter welchen Voraussetzungen das Neugeborene durch die §§ 223ff. StGB auch vor ärztlichen Maßnahmen geschützt ist, hängt jedoch davon ab, inwiefern ärztliches Handeln generell ein Körperverletzungsdelikt darstellen kann. Dies ist hinsichtlich ärztlicher Eingriffe wie Operationen, medikamentöser Behandlungen und Verschreibungen sowie somatisch-psychischer Einwirkungen[651], die im Interesse des Opfers, also hier des Neugeborenen, vorgenommen werden, streitig.[652] Zwei gegensätzliche Grundpositionen stehen sich bis heute unversöhnlich gegenüber, die nicht nur zwischen Medizinern und Juristen, sondern auch zwischen Rechtsprechung und Lehre zu Zerwürfnissen geführt haben. Es ist an dieser Stelle indessen weder sinnvoll noch möglich, diesen Meinungsstreit in allen Einzelheiten darzustellen – zumal die Heileingriffsproblematik mit zu den am ausgiebigsten diskutierten Fragen des Besonderen Teil des Strafgesetzbuchs gehört und ein Ende der Diskussion nicht absehbar ist. Die nachfolgenden Ausführungen bleiben daher auf das Notwendigste beschränkt.[653]

---

[649] Statt vieler Sch/Sch-*Eser*, § 223 Rn. 1; LK-*Lilie*, Vor § 223 Rn. 7; a.A. *Weiß*, GA 1995, S. 373 (376ff.).

[650] Zum Problem der pränatalen Schädigung vgl. für die hier vertretene h.L. LK-*Lilie*, Vor § 223 Rn. 7; MünchKommStGB/*Joecks*, Vor § 223 Rn. 11ff.; Sch/Sch-*Eser*, § 223 Rn. 1a; ablehnend hingegen Arzt/*Weber*, § 5 Rn. 98f.

[651] Sch/Sch-*Eser*, § 223 Rn. 28. Noch genauer beschrieb § 161 des Entwurfs eines Strafgesetzbuchs von 1962 (E 1962) den ärztlichen Heileingriff als „eine in die Körperintegrität eingreifende Behandlung, die vorgenommen wird, um Krankheiten, Leiden, Körperschäden, körperliche Beschwerden oder seelische Störungen zu verhüten, zu erkennen zu heilen oder zu lindern", BT-Drucks. 5/32, S. 36; zitiert bei *Lackner/Kühl*, § 223 Rn. 9. Vgl. auch den ebenfalls nicht zu Gesetz gewordenen § 229 StGB-E 1996 samt Begründung, abgedruckt bei *E. Müller*, DRiZ 1998, S. 155 (157f.).

[652] Kritisch zum Streit Arzt/*Weber*, § 6 Rn. 96f.

[653] Eingehender MünchKommStGB/*Joecks*, § 223 Rn. 41ff.; zusammenfassend *Ulsenheimer*, in: *Laufs/Uhlenbruck*, § 138.

So bejahen die Rechtsprechung und ein Teil der Literatur[654] bei ärztlichen Heil-eingriffen stets eine tatbestandsmäßige Körperverletzung, und zwar unabhängig davon, ob der Heileingriff medizinisch indiziert ist, lege artis durchgeführt wird und erfolgreich verläuft. Lediglich die Rechtswidrigkeit kann auf Grund einer ausdrücklichen oder mutmaßlichen Einwilligung des Patienten oder des an seiner Stelle dazu Berufenen entfallen. Die ärztlichen Maßnahmen erhalten ihre Legiti-mation also erst durch die wirksame Einwilligung, was die Einsichts- und Urteils-fähigkeit des Patienten erfordert. Hieraus ergibt sich eine ärztliche Aufklärungs-pflicht, denn nur nach einer ausführlichen ärztlichen Aufklärung ist der Patient imstande, Wesen, Bedeutung, Tragweite und Folgen seiner Entscheidung zu er-kennen und zu beurteilen.[655] Nach dieser Ansicht befindet sich der Arzt, der einen Eingriff ohne entsprechende Erlaubnis vornimmt oder eine Behandlungsverweige-rung des Patienten übergeht, grundsätzlich im Bereich der strafbaren Körperver-letzung.

Anders die Rechtslehre: Mit unterschiedlicher Begründung entscheidet die ü-berwiegende Ansicht bereits auf der Tatbestandsebene und nicht erst bei der Ein-willigung über die Rechtswidrigkeit eines ärztlichen Heileingriffs. Abzustellen sei nicht auf das rein objektive Erscheinungsbild, sondern auf den „sozialen Sinn" des ärztlichen Wirkens.[656] Allerdings besteht noch weithin Streit darüber, unter wel-chen Voraussetzungen im Einzelnen der Tatbestand bei Heileingriffen verneint werden kann.[657] Einige Autoren stellen darauf ab, ob die ärztliche Maßnahme medizinisch angezeigt und kunstgerecht durchgeführt wird. Andere wiederum begreifen die Maßnahme als Ganzheit und unterscheiden zwischen gelungenem und misslungenem Eingriff. Schließlich findet sich neben Differenzierungen die-ser Literaturansichten[658], auch ein Lösungsansatz, der sich als dogmatische Modi-fizierung des Standpunkts der Rechtsprechung verstehen lässt.[659]

Ungeachtet der dogmatischen Grundposition kommt bei Neugeborenen eine Strafbarkeit des Arztes wegen eines vorsätzlichen oder fahrlässigen Körperverlet-zungsdelikts nach §§ 223, 229, 13 StGB generell dann in Betracht, wenn der Arzt eine medizinisch angezeigte Behandlung unterlässt oder abbricht, ohne dass eine

---

[654] RGSt 25, 375ff.; BGHSt 11, 111 (112) - Myom; 43, 306 (308); Sch/Sch-*Eser*, § 223 Rn. 29 m.w.N.; Arzt/*Weber*, § 6 Rn. 99.

[655] Näher dazu unten C.I.

[656] *Eb. Schmidt*, Arzt im Strafrecht, S. 35; vgl. auch *Ulsenheimer*, in: *Laufs/Uhlenbruck*, § 138 Rn. 5.

[657] Überblicke bieten *Tag*, S. 18ff.; *Wessels/Hettinger*, BT/1, Rn. 325ff.; LK-*Lilie*, Vor § 223 Rn. 3ff., jeweils m.w.N.

[658] So verneint *Eser* eine Körperverletzung nur bei gelungenen Heilmaßnahmen, welche ohne „wesentlichen Substanzverlust" erfolgten, vgl. Sch/Sch-*Eser*, § 223 Rn. 32f.

[659] So die „zweispurige" Lösung von *Horn*, in: SK-StGB[1998], § 223 Rn. 35ff. *Horn* sieht das Vorliegen einer Einwilligung bereits als Tatbestandsfrage an und bejaht bei fehlen-der Einwilligung eine „körperliche Misshandlung". Hinsichtlich der „Gesundheitsschä-digung" folgt er hingegen der Lehre vom kunstgerechten Eingriff. Sich ihm anschlie-ßend MünchKommStGB/*Joecks*, § 223 Rn. 49.

Einwilligung vorliegt – vorausgesetzt natürlich, dass das ärztliche Verhalten eine körperliche Misshandlung oder eine Gesundheitsschädigung verursacht. Dies ist freilich schon bei einer unterlassenen Schmerzbehandlung anzunehmen, weil der Arzt zur Linderung oder Vermeidung von Schmerzen verpflichtet ist.[660] Nach meines Erachtens zutreffender Ansicht begeht der Arzt am Neugeborenen ferner dann eine rechtswidrige Körperverletzung[661], wenn er eigenmächtig eine Heilbehandlung vornimmt. Hierfür sprechen folgende Argumente: Hauptgrund für den Meinungsstreit ist die vom Gesetzgeber nicht ausdrücklich strafrechtlich geregelte eigenmächtige Heilbehandlung.[662] Mag auch die Auffassung der Rechtsprechung nicht in allen Einzelheiten überzeugen,[663] entscheidend ist, dass nur sie de lege lata angemessen den Patienten im Falle einer eigenmächtigen Heilbehandlung schützt. Auch ist eine Berufshaftung nichts Ungewöhnliches und per se nicht diskriminierend. Überdies lassen sich für diese Ansicht strafrechtsdogmatische[664] und verfassungsrechtliche[665] Gründe anführen und nicht zuletzt werden seit vielen Jahrzehnten entsprechende Gesetzesvorschläge erfolglos unterbreitet. Erst 1998 ist wiederholt ein Vorschlag zur Einführung eines Straftatbestandes „Eigenmächtige Heilbehandlung" vom Reformgesetzgeber nicht umgesetzt worden, was darauf hindeutet, dass er die gegenwärtige Handhabung der Rechtsprechung für angemessen erachtet.[666] Die besseren Argumente streiten deshalb für die Auffassung der Rechtsprechung, weshalb nach hier vertretener Ansicht allein Bestehen und Umfang einer Patienteneinwilligung ausschlaggebend für die strafrechtliche Würdigung eines ärztlichen Heileingriffs ist.

---

[660] MünchKommStGB/*Schneider*, Vor §§ 211ff. Rn. 90; *Eser*, FS für *Narr*, S. 49; *Kutzer*, MedR 2001, S. 77 (78); *Andreas*, Arztrecht 1999, S. 232f. Zu Unrecht daher StA Oldenburg NStZ 1999, S. 461 mit ablehnender Anmerkung *Tröndle*; die Kritik wiederholend *Tröndle*, JVL Nr. 16, S. 104ff.; nunmehr auch StA Oldenburg ZfL 2003, S. 99 (100ff.).

[661] In Idealkonkurrenz mit §§ 239, 240 StGB.

[662] NK-StGB-*Paeffgen*, § 228 Rn. 58.

[663] Ausführlicher zu den Kritikpunkten etwa LK-*Lilie*, Vor § 223 Rn. 3 m.w.N.

[664] Stellt man nämlich auf das Gesamtergebnis (Heilung) ab und nicht auf den Einzelakt (Heileingriff), verträgt sich das nicht mit der allgemeinen Strafrechtsdogmatik im Bereich der objektiven Zurechnung. Die auf der Ebene der Gefahrschaffung vorzunehmende Unterscheidung zwischen reiner Risikoverringerung und Risikomodifizierung mit der Folge hier Tatbestandslosigkeit, dort Frage der Rechtfertigung, wird dadurch umgangen und im Ergebnis eingeebnet.

[665] *Weber*, Arztrecht 2004, S. 300 (303).

[666] *Jäger*, JuS 2000, S. 31 (35); zu den Reformbemühungen informativ LK-*Lilie*, Vor § 223 Rn. 6. In Österreich und Portugal existieren übrigens eigenständige Regelungen, Nachweise bei *Taupitz*, Gutachten, S. A 17.

C. Die Einwilligung in die ärztliche Behandlung

I. Einwilligung und Einwilligungsfähigkeit

So betrachtet, gibt es kein eigenständiges, vom Willen des Patienten unabhängiges Recht des Arztes zur Behandlung. Vielmehr bedarf jeder ärztliche Eingriff zur Legitimation der rechtfertigenden[667] Einwilligung des zuvor ärztlich aufgeklärten[668] Patienten. Hierbei handelt es sich um ein international anerkanntes Grundprinzip der Arzt-Patient-Beziehung.[669] Das gilt für alle ärztlichen Eingriffe, unabhängig davon, ob sie der Lebenserhaltung oder der palliativmedizinischen Versorgung dienen; mithin auch für jeden lebenserhaltenden, post- oder perinatalen Eingriff in den Körper eines Neugeborenen.[670] Erst die Einwilligung gibt dem Arzt also selbst bei einer vital indizierten Maßnahme ein Behandlungsrecht. Dieses Erfordernis lässt sich – wie dargelegt – aus dem grundgesetzlich gewährleisteten Selbstbestimmungsrecht des Kranken herleiten und erlangt gerade im Zeichen der invasiven Medizin, die nicht nur Hilfe bringt, sondern auch Opfer fordert und Risiken auferlegt, Bedeutung. Der Arzt kann und darf die Verantwortung regelmäßig nicht allein tragen. Der den Eingriff zustimmende Patient übernimmt sie mit.[671]

Die Einwilligung wird heute allgemein nicht mehr mit den Motiven zum 1. Entwurf des BGB als rechtsgeschäftliche Willenserklärung, sondern als Willenshandlung oder Willensäußerung qualifiziert.[672] Voraussetzung für eine Einwilligung ist demgemäß in dieser oder ähnlichen Formulierung die Einsichts-, Urteils- und Steuerungsfähigkeit des Patienten, das heißt der Patient muss nach seiner geistigen und sittlichen Reife imstande sein, „Wesen, Bedeutung und Tragweite" des ärztlichen Eingriffs und seine Folgen jedenfalls in groben Zügen zu ermessen.[673] Da das Neugeborene altersbedingt diese tatsächlichen Fähigkeiten noch nicht besitzt, scheidet naturgemäß eine eigene Einwilligung aus. Der Arzt muss daher den Behandlungsumfang mit den sorgeberechtigten Eltern des Neugebornen als dessen gesetzliche Vertreter absprechen und deren Zustimmung einholen.

---

[667] So die h.M., vgl. statt vieler *Lackner/Kühl*, Vor § 32 Rn. 10; Sch/Sch-*Lenckner*, Rn. 33a vor § 32; *Kühl*, AT, § 9 Rn. 22f.; a.A. etwa *Roxin*, AT/I, § 13 Rn. 12ff. (genereller Tatbestandsausschluss).

[668] Nur ein informierter Patient kann die volle Bedeutung und Tragweite, die Vor- und Nachteile eines ärztlichen Eingriffs abwägen. Um diese Informationsgrundlage sicherzustellen, hat der Arzt deshalb den Patienten aufzuklären, vgl. BVerfGE 52, 131 (176) - Arzthaftungsprozess; *Ulsenheimer*, Ärztliches Standesrecht, S. 258; zur historischen Entwicklung *Laufs*, MedR 1986, S. 163 (167ff.).

[669] *Wölk*, MedR 2001, S. 80 m.N.

[670] *Eser*, FS für *Narr*, S. 53.

[671] *Laufs*, FS für *Weißauer*, S. 89.

[672] Seit BGHZ 29, 33; *Lipp*, S. 31; *Taupitz*, Gutachten, S. A 57, jeweils m.N.

[673] Etwa BGHZ 29, 33 (36); BGHSt 23, 1 (4); *Rieger*, S. 81; näher dazu *Wölk*, MedR 2001, S. 80 (85ff.); *Taupitz*, Gutachten, S. A 58.

Diese Kompetenz der Eltern wurde bereits aus Art. 6 Abs. 2 GG und seiner einfachgesetzlichen Ausformung in §§ 1626, 1631 BGB hergeleitet. Sie gestatten und
veranlassen die Behandlungsmaßnahmen in Vertretung für ihr einwilligungsunfä-
higes Neugeborenes.[674]

Die Eltern haben bei dieser „Ersatzeinwilligung" im Rahmen der Personensor-
ge zwar in eigener Verantwortung zu entscheiden, aber Richtschnur hat stets der
von ihnen zu erforschende mutmaßliche Wille und das Wohl ihres Kindes zu sein.
Sie sind die „Verwalter des mutmaßlichen Willens". Ihre Entscheidungsfreiheit
kann deshalb nicht so weit wie die Selbstbestimmung eines einwilligungsfähigen
Patienten über seine eigene Person reichen. Dies bedeutet zwar nach der hier vertretenen Auffassung nicht bereits eine Unzulässigkeit der Vertretung in existentiellen Fragen. Doch während im Normalfall der einwilligungsfähige Patient die
Wahl hat, auch eine unvernünftige Entscheidung zum eigenen Nachteil zu treffen,
haben die Eltern eine unter objektivem Korrekturvorbehalt stehende subjektive
Interessenabwägung vorzunehmen; diese Interessenabwägung führt aber mangels
subjektiver Indizien für den Willen des Neugeborenen immer zu einer nach objektiven Maßstäben vernünftigen Entscheidung. Die Eltern sind demnach in der Regel zu einer Entscheidung gegen eine medizinisch indizierte Maßnahme ebensowenig befugt wie für eine objektiv verfehlte Behandlungsmethode zum Nachteil
ihres neugeborenen Kindes.[675]

Sind die Eltern indes nicht erreichbar und kann auch nicht länger abgewartet
werden, weil die geplante ärztliche Maßnahme nicht ohne Nachteil oder Risiko für
den Patienten aufschiebbar ist, so hat in dieser Situation der Arzt darüber zu entscheiden, ob die indizierte Behandlungsmaßnahme dem mutmaßlichen Willen des
Neugeborenen entspricht. Da er im Unterschied zu den Eltern keine gesetzliche
Vertreterstellung innehat, fehlt es insoweit an einer ausdrücklichen „Vertretereinwilligung" durch den Arzt, weshalb hier nur von einer mutmaßlichen Einwilligung
des Neugeborenen gesprochen werden kann.

Genauso wie bei der Einwilligung durch die Eltern kann aber auch in diesem
Fall durch die Entscheidung eines Dritten die fehlende Einwilligungsfähigkeit
beim Neugeborenen im maßgeblichen Zeitpunkt ersetzt werden. Da jedem
Mensch ein Recht auf Selbstbestimmung unabhängig von seiner Einwilligungsfähigkeit zusteht, kann es sowohl bei der ausdrücklichen Einwilligung der Eltern im
Namen ihres Kindes als auch bei der mutmaßlichen Einwilligung in Eilfällen
richtigerweise nicht darauf ankommen, ob das Kind im Hinblick auf das jeweilige
Rechtsgut bereits einwilligungsfähig ist und im Vorfeld autonomen Gebrauch von
seinem Selbstbestimmungsrecht gemacht hat.[676] Dies ist sinnvoll und hat selbst

---

[674] Allgemein zur Stellvertretung bei der Einwilligung Sch/Sch-*Lenckner*, Rn. 41 vor § 32;
Tröndle/Fischer, § 228 Rn. 12; *Roxin*, AT/I, § 13 Rn. 63.

[675] *Taupitz*, Gutachten, S. A 74; *Heyers*, S. 242; vgl. auch *Gehrlein*, Rn. C 65; *Stef-
fen/Dressler*, Rn. 434.

[676] *Hanack*, MedR 1985, S. 33 (36); *Jakobs*, AT, 15/16, der schwerste Schädigungen als
Indiz für einen fehlenden Behandlungswillen ansieht; und so lässt sich auch *Hans-
Ludwig Günther* verstehen, der ohne nähere Begründung in: Keller, Rolf/Günther,

dann zu gelten, wenn wie hier zur Ermittlung des mutmaßlichen Willens als Grundlage für die Einwilligung keine individuellen Kriterien herangezogen werden können.

II. Strafrechtliche Bedeutung der (mutmaßlichen) Einwilligung

Basierend auf dem mutmaßlichen Willen des Kindes haben also entweder die Eltern als Vertreter des Neugeborenen oder in Eilfällen der behandelnde Arzt über die Aufnahme oder Fortsetzung einer lebensnotwendigen Behandlung zu entscheiden. Dass kein ausdrücklich erklärter Patientenwille vorliegt, bleibt ohne Auswirkungen, weil Rechtsprechung und juristische Literatur vom Grundsatz her einer Berücksichtigung des mutmaßlichen Patientenwillens bei der Frage nach der Zulässigkeit der weiteren Behandlung zustimmen.[677]

Soweit der mutmaßliche Wille des Neugeborenen durch die Eltern als Vertreter verwirklicht wird, liegt aus der Sicht des Arztes eine verbindliche Weisung vor. Es besteht dann, je nach Entscheidung der Eltern, eine ausdrückliche, rechtfertigende[678] Einwilligung in die Behandlung oder in deren Verzicht. Anders ist die Situation jedoch zu beurteilen, wenn der Arzt selbst entscheiden muss, weil eine tatsächliche Entscheidung der Eltern uneinholbar ist und ein Eilfall vorliegt. Hier kann – betont man die Selbstbestimmung – nur der strafrechtliche Rechtfertigungsgrund der mutmaßlichen Einwilligung eingreifen, die als eigenständiger Rechtfertigungsgrund zwischen Einwilligung und rechtfertigendem Notstand einzuordnen ist.[679] Bei diesem Verständnis bleibt allenfalls jenseits des Anwendungsbereichs der mutmaßlichen Einwilligung der Rückgriff auf die Notstandsregelung in § 34 StGB, beispielsweise, wenn keine gesicherte Basis für einen wahrscheinlichen Patientenwillen besteht. Dann stellt sich freilich bei der Frage eines Behandlungsabbruchs mit Todesfolge das Problem der Fremdbewertung der betroffenen höchstpersönlichen und existentiellen Rechtsgüter in seiner vollen Tragweite.

Hans-Ludwig/Kaiser, Peter: Embryonenschutzgesetz, 1992, Vor § 1 Rn. 80, von der Möglichkeit einer mutmaßlichen Einwilligung eines Embryos ausgeht; a.A. LK-*Jähnke*, Vor § 211 Rn. 20d; *Merkel*, Früheuthanasie, S. 159, 324ff., 529ff.; *Rieger*, S. 73, die die individuellen Züge der Willenskomponente betonen und deshalb den Rückgriff auf objektive Wertvorstellungen ablehnen; noch enger *Roxin*, AT/I, § 16 Rn. 87, der für die mutmaßliche Einwilligung auf die aktuelle Einwilligungsfähigkeit abstellt.

[677] Statt vieler nur *Rieger*, S. 59 m.w.N.

[678] So die h.M., vgl. statt vieler *Lackner/Kühl*, Vor § 32 Rn. 10; Sch/Sch-*Lenckner*, Rn. 33a vor § 32; *Kühl*, AT, § 9 Rn. 22f.; a.A. etwa *Roxin*, AT/I, § 13 Rn. 12ff. (genereller Tatbestandsausschluss).

[679] Deren Rechtsnatur ist umstritten, vgl. nur *Conradi*, S. 211ff. oder *Rieger*, S. 67ff., der eine Kombinationslösung aus einem willensorientierten Ansatz und dem Gedanken des erlaubten Risikos vertritt.

1) Folgen für Körperverletzungsdelikte

Die Bedeutung der (mutmaßlichen) Einwilligung für eine Strafbarkeit des Arztes nach §§ 223ff. StGB wurde bereits näher untersucht. Fehlt sie, dann ist der ärztliche Eingriff nicht gerechtfertigt und die invasive medizinische Maßnahme kann zu einer Strafbarkeit des Arztes wegen Körperverletzung führen; besteht die Einwilligung hingegen, so kann im Ausbleiben einer indizierten Therapie bei Vorliegen der weiteren Strafbarkeitsvoraussetzungen eine Körperverletzung durch Unterlassen liegen. Über eine Sittenwidrigkeit gemäß § 228 StGB wird man sich nur dann Gedanken machen müssen, wenn das ärztliche Handeln nicht medizinisch indiziert ist oder etwa ein Heilerfolg nicht eintreten kann.

2) Folgen für Tötungsdelikte

Stellt man bei gebotener intensivmedizinischer Behandlung entscheidend auf die Patientenautonomie ab, so ist es auf den ersten Blick nur konsequent und entspricht dem Rechtsgefühl, wenn der Arzt, der den Verzicht des Patienten auf eine Behandlung respektiert, für den damit verbundenen Tod des Patienten nicht strafrechtlich zur Verantwortung gezogen werden kann. Gleichwohl muss gesehen werden, dass hier zwei gleichrangige Grundsätze miteinander kollidieren. Auf der einen Seite besteht wegen der fehlenden Einwilligung in die Behandlung für den Arzt ein Handlungsverbot, was im Zweifel für ein Unterlassen des lebenserhaltenden Eingriffs spricht; auf diese Weise werden die körperliche Unversehrtheit und die Autonomie des Patienten geschützt. Auf der anderen Seite wird durch dieses Unterlassen das Rechtsgut Leben verletzt, weswegen mit Blick auf die Tötungsdelikte gemäß dem Grundsatz *„In dubio pro vita"* gleichermaßen ein Gebot zur Lebensrettung durch Vornahme eben dieser abgelehnten intensivmedizinischen Maßnahme gefordert werden kann. Diese Antinomie gilt es aufzulösen. Da es vordergründig um Lebensschutz geht, erklärt, weshalb im Strafrecht nur verkürzt danach gefragt wird, ob hinreichend deutliche Anhaltspunkte für einen auf Behandlungsabbruch gerichteten Patientenwillen feststellbar sind. Denn zu prüfen ist, ob mit der (mutmaßlichen) Einwilligung in einen Behandlungsabbruch ein Rechtfertigungsgrund vorliegt, der die Strafbarkeit wegen eines Tötungsdelikts ausschließt und nicht, ob die im Behandlungsverzicht liegende Verweigerung eines Rechtfertigungsgrundes für die Körperverletzung auch zur Straflosigkeit der Tötung führt. Diese Ausgangslage macht es – nicht zuletzt im Hinblick auf § 216 StGB – schwierig, gestützt auf die Einwilligung des Patienten eine Straflosigkeit des Arztes wegen eines Tötungsdeliktes zu begründen. Dies hat natürlich Einfluss auf die Funktion der Einwilligung, macht sie gleichwohl aber nicht entbehrlich.[680] Doch muss folglich die fehlende Strafbarkeit des Arztes auf andere Weise dogmatisch hergeleitet werden.

---

[680] Vgl. zur Funktion der Einwilligung *Merkel*, Früheuthanasie, S. 155ff., der allerdings anders als hier eine Einwilligungslösung bei Neugeborenen prinzipiell ablehnt.

a) Aktive Sterbehilfe

Zunächst sind die Fälle zu beleuchten, in denen der Arzt auf Veranlassung des Patienten dessen Tod durch aktives Handeln absichtlich herbeiführt. Solch eine aktive Sterbehilfe ist auch bei Einwilligung des Patienten strafbar. Dies zeigt § 216 StGB, der selbst bei einem über die bloße Einwilligung hinausgehenden ausdrücklichen und ernstlichen Verlangen den Täter nur privilegiert, nicht aber seine Straflosigkeit ausspricht. Diese Norm erschüttert bei allen lebensnotwendigen Maßnahmen die Evidenz der Straflosigkeit, da sie nach allgemeiner Ansicht eine verbindliche Einwilligungssperre für die Tötungsdelikte konstituiert.[681] Ist damit schon die ausdrückliche Bitte des Patienten um Erlösung rechtlich unbeachtlich, so kann erst recht nicht anderes gelten, wenn der entsprechende Wille bloß vermutet wird. Kontrovers diskutiert wird allerdings, ob in extremen Ausnahmekonstellationen eine Rechtfertigung zuzulassen ist,[682] und zwar auch bei Neugeborenen.[683] Ich gehe darauf später ein.

b) Indirekte Sterbehilfe

Unter indirekter Sterbehilfe sind bestimmte Formen aktiver Tötung zu Gunsten einer situativ als vorrangig befundenen lebensverkürzenden Leidensminderung zu verstehen.[684] Bei dieser Sterbehilfe, wenn also die ärztlich gebotene schmerzlindernde oder bewusstseinsdämpfende Medikation beim Patienten unbeabsichtigt den Todeseintritt beschleunigt, ist umstritten, ob allein die Einwilligung zur Straflosigkeit des Arztes führt. Zwar ist die (mutmaßliche) Einwilligung des Patienten in die lebensverkürzende Schmerzmittelgabe unerlässliche Voraussetzung für die Statthaftigkeit der ärztlichen Intervention als solche.[685] Doch damit ist die Zulässigkeit der indirekten Sterbehilfe dogmatisch noch nicht begründet. Wie §§ 216, 212 StGB zeigen, liegt nämlich trotz Einwilligung objektiv tatbestandsmäßig eine Tötung vor.[686] Daran ändert insbesondere nichts, dass die lebensverkürzende Schmerzlinderung indiziert war, denn im Gegensatz zur Frage, wie Schmerzen am besten zu bekämpfen sind, zählt die Beantwortung der Frage, ob dies auch unter

---

[681] Sch/Sch-*Eser*, § 216 Rn. 13; NK-StGB-*Neumann*, § 216 Rn. 1; Sch/Sch-*Lenckner*, Rn. 37 vor §§ 32.

[682] Dafür: NK-StGB-*Neumann*, Vor § 211 Rn. 127 m.w.N.; *Merkel*, in: *Brudermüller*, S. 137ff.; *Otto*, Jura 1999, S. 434 (441) oder jüngst in NJW 2006, S. 2217 (2222). Zweifelnd *Tröndle/Fischer*, Vor §§ 211 bis 216 Rn. 17a. Für die anders lautende h.M.: LK-*Jähnke*, Vor § 211 Rn. 14; *Lackner/Kühl*, Vor § 211 Rn. 7; *Wessels/Hettinger*, BT/1, Rn. 28; *Ingelfinger*, ZfL 2005, S. 38 (39); *Schreiber*, FS für *Hanack*, S. 737ff. Zu Hintergründen der Diskussion mit christlich-ethischer Beurteilung *Eibach*, ZfL 2004, S. 38ff.

[683] Etwa *Merkel*, Früheuthanasie, S. 578ff.

[684] MünchKommStGB/*Schneider*, Vor §§ 211ff. Rn. 94.

[685] NK-StGB-*Neumann*, Vor § 211 Rn. 96.

[686] A.A. Sch/Sch-*Eser*, Rn. 26 vor §§ 211ff.; LK-*Jähnke*, Vor § 211 Rn. 15f.; *Ingelfinger*, ZfL 2005, S. 38 (40); *Tag*, S. 297; zur Kritik NK-StGB-*Neumann*, Vor § 211 Rn. 98; *Merkel*, Früheuthanasie, S. 200ff.

einer Verkürzung des Lebens zulässig sein kann, nicht in den Kompetenzbereich der Medizin.[687] Nach h.M. ist die aktive unbeabsichtigte Tötungshandlung des Arztes dennoch gerechtfertigt, wobei statt oder neben der (mutmaßlichen) Einwilligung auf § 34 StGB zurückgegriffen wird, um auf diesem Weg die Einwilligungssperre zu überwinden.[688] Letztendlich handelt es sich indes bei jedem Lösungsansatz angesichts § 216 StGB um eine ergebnisorientierte Behelfskonstruktion, um das von der derzeitigen Gesetzeslage gebotene, aber nicht gewollte Ergebnis zu vermeiden.[689] Liegen die Voraussetzungen für eine aktive unbeabsichtigte Sterbehilfe vor, dann ist es für den Arzt sogar geboten, diese Handlungen vorzunehmen, will er sich nicht dem Vorwurf einer Körperverletzung durch Unterlassen aussetzen. Ob sich diese Grundsätze auch auf die Neonatologie übertragen lassen, bleibt ebenfalls zu klären.

c) Passive Sterbehilfe

Im Gegensatz zur aktiven beabsichtigten und unbeabsichtigten Sterbehilfe setzt die passive Sterbehilfe kein gegen das Leben gerichtetes, aktives Eingreifen des Arztes voraus. Passive Sterbehilfe bedeutet den Verzicht auf den Beginn oder die Fortsetzung lebensverlängernder Maßnahmen wie eine künstliche Beatmung und Ernährung oder eine Bluttransfusion. Sie ist Sterbehilfe durch Unterlassen. In diesem Zusammenhang lässt sich darüber diskutieren, ob die Einwilligungssperre des § 216 StGB überhaupt in den Bereich der Unterlassungsdelikte hinein wirkt. Dies wird von der Rechtsprechung grundsätzlich bejaht, während nicht wenige in der Literatur § 216 StGB nur bei einer aktiven Fremdtötung anwenden wollen.[690] Doch ist diese Problematik letztlich nicht entscheidend, weil die Ablehnung einer Behandlung durch den Patienten bereits die vorrangige Frage nach einer Garantenhaftung und der daraus folgenden Erfolgsabwendungspflichten des Arztes für das Leben berührt. Der Patientenwille begrenzt den Umfang der ärztlichen Aufgaben und damit auch die Obhutspflichten zum Schutz des Lebens, welche dem Arzt mit der Behandlungsübernahme zukommen.[691] Auf eine mögliche Rechtfertigung durch den Verzicht auf den lebensnotwendigen Schutz kommt es daher im Grunde

---

[687] Pointiert *Merkel*, Früheuthanasie, S. 202; MünchKommStGB/*Schneider*, Vor §§ 211ff. Rn. 98.

[688] BGHSt 42, 301 (305); 46, 279 (285) - Exit; MünchKommStGB/*Schneider*, Vor §§ 211ff. Rn. 99ff.; NK-StGB-*Neumann*, Vor § 211 Rn. 99; *Kühl*, AT, § 8 Rn. 163f.; *Roxin*, Medizinstrafrecht, S. 97; *Eser,* in: *Auer/Menzel/Eser*, S. 90; *Verrel*, JZ 1996, S. 224 (226); im Ergebnis zustimmend *Tröndle/Fischer*, Vor §§ 211 bis 216 Rn. 18a; kritisch zum Einwilligungserfordernis *Merkel*, Früheuthanasie, S. 157ff.

[689] In diesem Sinne auch *Wessels/Hettinger*, BT/1, Rn. 33; *Merkel*, Früheuthanasie, S. 195f.; für die Aufnahme einer ausdrücklichen Regelung der Straflosigkeit im StGB plädiert *Verrel*, Beilage zu NJW Heft 22/2006, S. 14 (17).

[690] BGHSt 13, 162; 32, 367 (371) - Dr. Wittig, wobei es sich beide Male um Suizidfälle handelt; für die abweichende Literaturansicht vgl. Sch/Sch-*Eser*, § 216 Rn. 10; NK-StGB-*Neumann*, § 216 Rn. 9; *Laber*, S. 219ff.

[691] Dazu gleich näher D.I.

nicht mehr an. Die Einwilligungssperre aus § 216 StGB steht diesem Ergebnis nicht entgegen. Wie gezeigt, kollidieren hier mit der Selbstbestimmung und dem Lebensrecht nämlich zwei Verfassungsrechte des Patienten miteinander, von denen keines uneingeschränkten Vorrang genießt. Einen Behandlungsabbruch dennoch an § 216 scheitern zu lassen, hieße diese verfassungsrechtliche Wertung zu ignorieren. Ein einfaches Strafgesetz kann dieser verfassungsrechtlichen Wertung, die solch eine Selbstbestimmung über das eigene Leben erlaubt, deshalb nicht entgegenstehen; jede andere Wertung würde die Normenhierarchie verkennen.[692]

Es mag paradox erscheinen, dass sich diesmal der auf den Tod hindrängende Wille des Patienten im Unterschied zur verlangten aktiven Tötung durchsetzt. Doch richtig verstanden versagt § 216 StGB nur der Einwilligung in fremde lebensvernichtende Eingriffe die rechtfertigende Kraft, wenn also der Patient sich und sein Leben fremden Händen überlässt und sich damit letztlich völliger Fremdbestimmung unterwirft. Nicht aber kann die Norm die Relevanz einer Weigerung des Patienten beschränken, sich in fremde – seien es auch helfende – Hände zu begeben. Ungewollte lebenserhaltende Eingriffe muss er nicht dulden.[693] Die Einwilligung markiert so Grund, aber auch Grenzen zulässiger ärztlicher Intervention, ein ärztlicher Behandlungszwang besteht nicht. Eine Strafbarkeit des Arztes nach §§ 212, 216, 13 StGB kommt daher nicht in Betracht. Daran ändert auch der Umstand nichts, dass hier kein ausdrücklich erklärter Verzicht des Neugeborenen vorliegt, sondern eine Entscheidung der Eltern aufgrund dessen mutmaßlichen Willens. Da die Eltern als Vertreter des Patienten handeln, liegt darin für den Arzt eine ebenso verbindliche Anweisung wie bei einer eigenen Patientenentscheidung. Die Vertretereinwilligung ist mithin keine mutmaßliche Einwilligung, auch wenn sie auf den mutmaßlichen Willen basiert und deutliche Parallelen bestehen.[694] Der seitens der Eltern tatsächlich geäußerte Verzicht auf die weitere Behandlung ihres Kindes schließt die Verwirklichung eines Tötungsdeliktes durch den Arzt somit aus.

Anderes gilt aber, wenn der Arzt entscheiden muss, weshalb es sich empfiehlt, danach zu differenzieren, ob die Eltern oder der Arzt für das Kind einwilligen. Zwar begrenzt nach h.M. der wirkliche wie der mutmaßliche Wille des Patienten die Garantenhaftung.[695] Doch bei richtiger Betrachtung können erklärter und mutmaßlicher Wille strafrechtsdogmatisch nicht gleich behandelt werden, weil die Willensbestimmung durch Mutmaßung die Möglichkeit einer Rechtsgutverletzung nicht in vergleichbarem Maße ausschließen kann wie die authentische Äußerung des Betroffenen. Im Unterschied zur Entscheidung der Eltern kann der mutmaßliche Patientenwille bei der Eilentscheidung des Arztes vielmehr nur zu einer Besei-

---

[692] Vgl. etwa *Eser*, in: *Auer/Menzel/Eser*, S. 109.

[693] Für diese teleologische Reduktion etwa NK-StGB-*Neumann*, Vor § 211 Rn. 103; MünchKommStGB/*Schneider*, Vor §§ 211ff. Rn. 105; *Engisch*, FS für *Dreher*, S. 323f.; *Rieger*, S. 52f.

[694] Näher *Rieger*, S. 117f.

[695] Vgl. nur LK-*Jähnke*, Vor § 211 Rn. 13; Sch/Sch-*Eser*, Rn. 28 vor §§ 211ff.; *Lilie*, Heidelberger Workshop, S. 81; ablehnend *Trück*, S. 58ff.

tigung der Rechtswidrigkeit im Wege der mutmaßlichen Einwilligung führen. Sofern die Eltern in Vertretung für ihr Kind entscheiden, basiert diese zwar auch auf einer Mutmaßung. Für den Arzt, der an dieser Entscheidung seine weitere Behandlung auszurichten hat, ist darin jedoch die tatsächliche Äußerung des betroffenen Kindes zu sehen. Aus Sicht des Arztes liegt daher eine eigenverantwortliche Selbstverletzung des Kindes vor, bei der das Kind die Verantwortung für den Todeseintritt selbst übernimmt, weshalb sein Tod dem Arzt objektiv nicht zurechenbar ist.[696] Diese Konstruktion gilt aber nicht, wenn der Arzt selbst die Mutmaßung anstellen muss, denn in diesem Fall erklärt weder der Patient selbst noch ein gesetzlicher Vertreter ausdrücklich den Verzicht, so dass keine Selbstverletzungssituation besteht. Aufgrund der fehlenden Handlungsmöglichkeit des Patienten muss stattdessen von einer Fremdverletzung ausgegangen werden, in die das Kind mutmaßlich einwilligt, was das Handeln des Arztes zwar rechtfertigt, aber nicht mehr die Garantenhaftung und damit die objektive Zurechnung ausschließt. Für dieses Ergebnis spricht neben strafdogmatischen Gründen vor allem, dass somit wegen der bestehen bleibenden Garantenhaftung die generelle Verantwortung des Arztes für das Leben des Patienten besser zum Ausdruck kommt als wenn dieser schon seine Pflicht zur lebenserhaltenden Behandlung hinterfragen könnte.[697]

Insgesamt betrachtet, hat der Patient also entweder (mutmaßlich) in die Behandlung einzuwilligen oder, was durch den Verzicht zum Ausdruck kommt, in einen Behandlungsabbruch. Vom Vorliegen einer der beiden Einwilligungen hängt es ab, ob der Arzt zum Handeln oder zum Unterlassen verpflichtet ist. Haben die Eltern oder der Arzt bei dieser Sachlage nun aufgrund des mutmaßlichen Willens des Neugeborenen zwischen diesen beiden strafbewerten, einander ausschließenden Pflichten zu entscheiden, so stellt sich die Frage, ob eine von diesen Pflichten als vorrangig betrachtet werden kann und deshalb die Zielrichtung bei der Erforschung des mutmaßlichen Willen bestimmt. Freilich ist es logisch, beide Pflichten gleichzeitig zu betrachten, kann über die Befolgung der einen Pflicht doch keine Aussage getroffen werden, ohne damit zugleich ein Urteil über die Befreiung von der anderen Pflicht zu treffen. Richtigerweise wird man jedoch vorrangig auf einen mutmaßlichen Willen des Kindes zur Behandlung abstellen müssen und nicht auf einen auf Abbruch gerichteten Willen, weil die Pflicht des Arztes zur Behandlung das an die Einwilligung des Patienten gebundene Behandlungsrecht notwendig voraussetzt. Die strafrechtsdogmatische korrekte Fragestellung zielt somit wie im Verfassungsrecht primär darauf, ob die Einleitung oder Fortführung invasiver lebenserhaltender Maßnahmen erlaubt ist und nicht, ob sie geboten ist. Diese Erkenntnis setzt sich zunehmend durch und erlangt entscheidende Bedeutung, wenn das vorhandene Indizienmaterial keine Präferenz für eine Handlungsalternative zulässt.[698] Unter welchen Voraussetzungen nach entspre-

---

[696] *Trück*, S. 75.
[697] *Trück*, S. 78ff.
[698] Grundlegend *Merkel*, ZStW 107 (1995), S. 545 (559ff.); NK-StGB-*Neumann*, Vor § 211 Rn. 103; a.A. *Trück*, S. 129; gegen ein Rangverhältnis *Rieger*, S. 107.

chender (mutmaßlicher) Einwilligung nun Maßnahmen der passiven Sterbehilfe bei extrem unreifen Frühgeborenen ergriffen werden dürfen, soll einer gesonderten Untersuchung vorbehalten bleiben.

D. Zur Garantenstellung und Garantenpflicht des Arztes

Nicht nur durch aktives Eingreifen, sondern – wie gesehen – auch durch den Abbruch oder die Nichtvornahme einer Behandlung kann der Arzt die Rechtsgüter Leben und körperliche Unversehrtheit verletzen. Auf Grund seiner allgemeinen Hilfspflicht und einer aus seiner besonderen Pflichtenstellung als Arzt folgenden Schutzpflicht gegenüber seinen Patienten besteht im ärztlichen Behandlungsverhältnis eine strafrechtliche Handlungspflicht, um solche Rechtsgutverletzungen abzuwenden. Der Patient darf und muss sich unter bestimmten Voraussetzungen auf das Leistungsvermögen und den Einsatz des Arztes verlassen können. Ärztliches Unterlassen kann daher gemäß § 13 StGB mit aktivem Tun gleichgestellt werden. Der Arzt haftet dann für sein pflichtwidriges Unterlassen ebenso wie für ein aktives Tun, je nach eingetretenem Erfolg, wegen eines Totschlags- oder Körperverletzungsdelikts durch Unterlassen.

I. Der Arzt als Garant

Diese Strafbarkeit wegen eines sog. „unechten Unterlassungsdelikts" kommt nur in Betracht, weil der Arzt eine besondere Pflichtenstellung innehat, die über die für Jedermann geltenden Handlungspflichten hinausgeht, die sog. Garantenstellung. Dabei ist die aus dieser Schutzstellung folgende Garantiepflicht des Garanten nicht im Sinne einer zivilrechtlichen Erfolgsgarantie oder Mangelfreiheit zu verstehen.[699] Der Arzt ist vielmehr als Garant für die betroffenen Rechtsgüter anzusehen, mit der strafbewehrten Pflicht, von dem Geschützten Schaden abzuwenden.[700]

---

[699] So ausdrücklich in dem Bestreben Missverständnissen vorzubeugen *Eser*, FS für *Narr*, S. 56.

[700] Wegen der nicht immer so eindeutigen Terminologie in der Literatur sei kurz klargestellt: Als „Garant" bezeichne ich die garantenpflichtige Person und als „Garantenstellung" die Umstände, aus denen sich diese Position ergibt. Die „Garantenpflicht" schließlich ist die Bezeichnung für das strafrechtliche Einstehenmüssen des Garanten und umfasst die gegenüber dem Hilfspflichtigen bestehenden Schutz- und Sicherungspflichten.

1) Die Entstehung der Garantenstellung

Die Frage, wann und auf welche Weise die nach § 13 StGB erforderliche Garantenstellung allgemein entsteht, ist nicht abschließend geklärt.[701] Während sich die ältere Lehre, der die Rechtsprechung noch weitgehend folgt,[702] an den Rechtsquellen als Entstehungsgründe orientiert hat[703], steht heutzutage im juristischen Schrifttum eine funktionelle Zweiteilung der Garantenstellungen anhand der rechtlichen Stellung des Unterlassenden zum gefährdeten Rechtsgut[704] oder zum schädigenden Ereignis[705] in führender Stellung.[706] Die Garantenstellung des Arztes folgt demnach nicht bereits aus seiner beruflichen Stellung.[707] Auch auf die Gültigkeit eines Vertrags über die ambulante oder stationäre Behandlung kommt es nicht an. Zwar ist in den Behandlungsvertrag, der zwischen der schwangeren Frau und dem die Schwangerschaft fachärztlich betreuenden Gynäkologen besteht, nach ständiger Rechtsprechung auch das neugeborene Kind einbezogen, so dass der Vertrag auch dessen Schutz umfasst.[708] Doch in der modernen Unterlassungsdogmatik ist der Vertrag in seiner Bedeutung für die Begründung einer Garantenstellung zunehmend zurückgedrängt worden, mit der Folge, dass es auf die zivilrechtliche Wirksamkeit des Vertrags gar nicht ankommt.[709] Ein wirksamer Vertragsabschluss begründet damit allein noch nicht die Garantenstellung des Arztes mit der Pflicht, Leben und Gesundheit des Neugeborenen zu schützen; er ist lediglich ein Indiz für den Inhalt strafrechtlicher Pflichten. Darüber hinaus würde eine Garantenstellung kraft Vertragschlusses nicht weiterhelfen, wenn sich die Schwangere – wie faktisch in vielen Fällen – zur Behandlung im Krankenhaus befindet, weil die letztlich die Schwangere betreuenden Ärzte in aller Regel am Abschluss des Krankenhausaufnahmevertrages nicht beteiligt sind. Maßgebend ist vielmehr, dass zum einen der Arzt den Patienten faktisch in seine Obhut genom-

---

[701] Lesenswert und zugleich kritisch die Darstellung bei *Roxin*, AT/II, § 32 Rn. 1ff.

[702] Erste Anzeichen für eine Loslösung sieht *Roxin*, AT/II, § 32 Rn. 32.

[703] Zur sog. formellen Rechtsquellenlehre oder „genetischen Betrachtung" vgl. RGSt 63, 392 (394); 74, 309f.; BGHSt 2, 150 (153); 19, 167 (168f.) sowie Baumann/Weber/*Mitsch*, § 15 Rn. 51 und *Jakobs*, AT, 29/26.

[704] Dann Beschützergarant mit Obhutspflichten gegenüber konkreten Rechtsgütern vor bestandsgefährdenden Vorgängen.

[705] Dann Überwachungsgarant mit Sicherungspflichten in Bezug auf bestimmte Gefahrenquellen zugunsten aller potentiell betroffenen Rechtsgüter.

[706] Zur sog. Funktionenlehre knapp *Wessels/Beulke*, AT, Rn. 716; ausführlicher *Kühl*, AT, § 18 Rn. 41ff. Kritisch zur Abgrenzung Baumann/Weber/*Mitsch*, § 15 Rn. 49f.; *Jakobs*, AT, 29/27; *Pawlik*, ZStW 111 (1999), S. 335 (339).

[707] *Bockelmann*, S. 23f.; *Künschner*, S. 157; *Lenckner*, S. 572f.; differenzierend *Eb. Schmidt*, Arzt im Strafrecht, S. 5ff.; ihm folgend *Laufs*, Arztrecht, Rn. 139.

[708] BGHZ 86, 240 (253); 106, 153 (162). Vgl. auch *Eser*, FS für *Narr*, S. 56. Zivilrechtsdogmatisch liegt ein sog. Vertrag mit Schutzwirkung zugunsten Dritter vor, vgl. Palandt/*Grüneberg*, § 328 Rn. 13ff., 22.

[709] Sch/Sch-*Stree*, § 13 Rn. 28 m.w.N.; *Kühl*, AT, § 18 Rn. 68f.; *Wessels/Beulke*, AT, Rn. 720; kritisch Baumann/Weber/*Mitsch*, § 15 Rn. 60ff.

men und seine Betreuung übernommen hat, zum anderen der Patient im Vertrauen darauf seinerseits auf anderweitige Sicherungsmaßnahmen verzichtet hat. Erst dann hat der Arzt berechtigtes Vertrauen in den Beistand und seine Einsatzbereitschaft geweckt.[710]

Wann allerdings ein solcher tatsächlicher Eintritt in die Schutzfunktion bei Ärzten erfolgt, lässt sich abstrakt nur schwer bestimmen. Regelmäßig wird der Arzt in seine Stellung als Beschützergarant mit Schutz- und Beistandspflichten für das Neugeborene jedenfalls durch die individuelle und freiwillige Behandlungsübernahme eintreten. Damit hat er nämlich das ansonsten schutzlose Neugeborene faktisch in seine Obhut genommen und das erforderliche Vertrauensverhältnis geschaffen. Doch auch aus einer vorherigen Behandlungszusage gegenüber der Schwangeren kann bereits eine Übernahme des Arztes erfolgen, wenn daraufhin auf die Inanspruchnahme anderweitiger medizinischer Hilfe erkennbar verzichtet werden soll. Denn auf Grund seiner Standesethik ist der Arzt in besonderer Weise öffentlich gebunden und unterliegt damit gegenüber dem Patienten über den Behandlungsvertrag hinaus gesteigerten Pflichten. Somit ist schon durch die bloße Zusage in der Person des Arztes der Schutz des Patienten in solchem Umfang verfestigt und zwischen Arzt und Patient ein solches Vertrauen[711] begründet worden, dass die Garantenstellung des Arztes bereits vor der tatsächlichen Behandlung allein durch die Begründung des Patientenstatus entsteht.[712] Dies bedeutet, dass sich die Stellung des von der Schwangeren konsultierten Gynäkologen als Garant für die Lebens- und Gesundheitserhaltung des Neugeborenen sowohl auf die vertragliche Behandlungszusage als auch auf die dann tatsächlich wahrgenommene Geburtsbetreuung begründen lässt. Entsprechendes gilt, wenn sich die Schwangere zur vorgeburtlichen Betreuung und Entbindung in ein Krankenhaus begeben hat. In diesem Fall wird das für die Garantenstellung aus freiwilliger Übernahme erforderliche besondere Vertrauensverhältnis zwischen dem behandelnden Arzt und dem Patienten über das Krankenhaus als eine Organisation vermittelt, die gegenüber ihren Patienten die Garantie für deren Wohl übernommen hat. Die Aufnahme des Patienten begründet dann zusammen mit der internen Organisation der Klinik die Garantenstellung des Arztes,[713] so dass zumindest jeder für die Schwangere funktional zuständige und zum Dienst eingeteilte Kran-

---

[710] Allgemein OLG Celle NJW 1961, S. 1939; *Lackner/Kühl*, § 13 Rn. 9; zur freiwilligen Übernahme bei Ärzten BGH NJW 1979, S. 1248 (1249); *Bockelmann*, S. 19; *Laufs*, Arztrecht, Rn. 132; *Rieger*, S. 44ff.; *Schultz*, JuS 1985, S. 270 (273).

[711] Näher zum Vertrauensverhältnis *Everschor*, S. 66.

[712] *Roxin*, AT/II, § 32 Rn. 70; *Jakobs*, AT, 29/70; *Maiwald*, JuS 1981, S. 473 (482).

[713] Grundlegend zur von ihm so genannten Garantenpflicht aus „garantievermittelndem Vertrauen" als Pflicht kraft institutioneller Zuständigkeit *Jakobs*, AT, 29/58, 67f., 73; vgl. auch BGH NJW 2000, S. 2741 (2742); NJW 1979, S. 1258. Aus dem Vertrauensprinzip herleitend *Künschner*, S. 198f. Zu einer gesetzlichen Garantenstellung aus den Normen der Krankenhausgesetze der Länder kommt *Conradi*, S. 41.

kenhausarzt zum Garanten für sie und das Neugeborene wird.[714] Es stellt für den in der Neonatologie tätigen Arzt mithin keinen „Ausweg" dar, wenn er die Entstehung einer Garantenstellung und die daraus folgenden Garantenpflichten dadurch zu verhindern sucht, dass er mit der Behandlung des Neugeborenen gar nicht erst beginnt, um nicht aufhören zu müssen. Wie *Albin Eser* zutreffend formuliert, kann solchen „ganz Schlauen" nämlich entgegengehalten werden, „dass bereits mit Durchführung der Entbindung und der zur Feststellung einer Schädigung des Kindes notwendigen Untersuchung eine Garantenstellung des Arztes begründet werden kann."[715] Nach dem eben Gesagten lässt sich die Entstehung der Garantenstellung des Arztes sogar zu einem noch früheren Zeitpunkt begründen.

Nicht zu einer Beschützer-, sondern zu einer Überwachergarantenstellung kann ferner ein vorangegangenes, die nahe Gefahr eines Erfolgseintritts begründendes Verhalten des Arztes führen (sog. Ingerenz):[716] Wer durch sein Verhalten einen anderen in Gefahr bringt, ist danach als Garant verpflichtet, den Schadenseintritt zu verhindern, wobei überwiegend angenommen wird, dass – mit gewissen Ausnahmen – nur objektiv pflichtwidriges Vorverhalten genügt.[717] Ruft man sich in Erinnerung, dass bis auf die Unreife gesunde, extrem kleine Frühgeborene erst durch eine Intensivbehandlung schwer und irreversibel geschädigt werden können, so kann in Fällen einer unsachgemäßen Behandlung eine Garantenstellung des Arztes mit der Pflicht zu rettenden Maßnahmen auch aus dem Gesichtspunkt der Ingerenz hergeleitet werden.[718] Doch auch bei pflichtgemäßem Handeln kann sich

---

[714] Darauf beschränkt BGH NJW 2000, S. 2741 (2742); NJW 1979, S. 1258; vgl. auch *Jakobs*, AT, 29/73, ihm folgend *Merkel*, Früheuthanasie, S. 223; NK-StGB-*Wohlers*, § 13 Rn. 39. Weitergehend *Ulsenheimer*, in: *Laufs/Uhlenbruck*, § 141 Rn. 2; *Altenhain*, Anmerkung zu BGH NStZ 2001, 188, S. 189, jeweils m.N. Zur Abgrenzung der Verantwortungsbereiche bei gleichgeordneter oder vertikaler Arbeitsteilung innerhalb der Klinik vgl. nur NK-StGB-*Seelmann*[1995], § 13 Rn. 102 sowie *Altenhain*, Anmerkung zu BGH NStZ 2001, 188, S. 189 (190) m.w.N.

[715] *Eser*, FS für *Narr*, S. 56.

[716] *Ulsenheimer*, Arztstrafrecht, Rn. 34; *Laufs*, Arztrecht, Rn. 140 m.N. Zur dogmatischen Einordnung der Ingerenz statt vieler *Sowada*, Jura 2003, S. 236 (237f.) m.N.

[717] Die Garantenstellung aus Ingerenz ist sowohl im Prinzip als auch in den näheren Einzelheiten umstritten. Ein näheres Eingehen darauf würde den Rahmen dieser Arbeit sprengen. Vgl. daher nur *Kühl*, AT, § 18 Rn. 91ff.; *Roxin*, AT/II, § 32 Rn. 143ff.; *Sowada*, Jura 2003, S. 236ff.; zweifelnd auch *Wessels/Beulke*, AT, Rn. 727. Insbesondere *Jakobs*, BGH-FG-Wiss, S. 40, argumentiert gegen das Pflichtwidrigkeitserfordernis und bezeichnet es als „geradezu schon verwunderlich, wie hartnäckig sich bei der Ingerenz das Rechtswidrigkeitsdogma hält."

[718] Bei der Strafbarkeit der schädigenden Intensivbehandlung selbst wird richtigerweise von einem Fahrlässigkeitsdelikt auszugehen sein, denn hier wird sich die Unterlassenskomponente regelmäßig im Außerachtlassen der gebotenen Sorgfalt bei der Behandlung erschöpfen, so dass sich dieses Unterlassen nur als eine für das Fahrlässigkeitsdelikt notwendige Begleiterscheinung darstellt und insgesamt ein aktives Tun anzunehmen ist, vgl. etwa *Kühl*, AT, § 18 Rn. 24f. m.w.N.; a.A. *Röhl*, JA 1999, S. 895 (897ff.), der bei fahrlässigen Erfolgsdelikten immer von einem Unterlassen ausgeht.

für den Arzt nach nicht unbestrittener Ansicht ausnahmsweise, etwa wegen des von ihm aufgrund der Behandlung geschaffenen Sonderrisikos, eine nachfolgende Behandlungspflicht ergeben.[719] Dies soll hier aber nicht weiter vertieft werden, denn in diesen Fällen folgt die Garantenstellung ja ohnehin aus der freiwilligen Behandlungsübernahme.

Schließlich hat auch der Bereitschaftsarzt in der Notfallsituation trotz des fehlenden vertraglichen Kontakts eine bereits aus der freiwilligen Übernahme des ärztlichen Bereitschaftsdienstes[720] folgende Garantenstellung mit der Pflicht zur Übernahme medizinischer Hilfe.[721]

Wie sich zeigt, ist die Garantenstellung des Arztes gegenüber dem Patienten demnach grundsätzlich von einem besonderen Vertrauenstatbestand, und hiermit von einer Vereinbarung, sowie dem entsprechenden Willen der Beteiligten abhängig.[722] Folglich besteht die nicht nur theoretische Möglichkeit, dass der Patient von vornherein ausdrücklich auf eine bestimmte Behandlung verzichtet. Diesen Verzicht kann in den hier zu untersuchenden Fällen selbstverständlich das Neugeborene nicht persönlich erklären, ist es doch kein autonom entscheidungsfähiger Patient und kann seinen Willen nicht artikulieren. Doch was ist, wenn an seiner Stelle sich die Sorgeberechtigten und zwar noch während der Schwangerschaft und von Anfang des Behandlungsverhältnisses an gegen eine bestimmte ärztliche Versorgung ihres Kindes nach der Geburt aussprechen? Besteht dann ungeachtet der rechtlichen Zulässigkeit dieser elterlichen Fremdbestimmung insofern keine ärztliche Garantenstellung kraft Behandlungsübernahme, als die dafür erforderliche Vertrauenslage fehlt? Wegen der Abhängigkeit der Garantenstellung vom Patientenwillen ist es nach einer Entscheidung des Bundesgerichtshofs aus dem Jahre 1982 jedenfalls möglich, dass eine Garantenstellung erst gar nicht begründet wird.[723] Zu Unrecht, wie ich finde. Dogmatisch richtig wäre es, in einem ersten

---

[719] *Jakobs*, AT, 29/39ff., 42; *ders.*, BGH-FG-Wiss, S. 29ff.; NK-StGB-*Seelmann*[1995], § 13 Rn. 117; *Otto*, Grundkurs Strafrecht, AT, § 9 Rn. 81; differenzierend *Maiwald*, JuS 1981, S. 473 (482f.). Zu anderen Ansätzen siehe die Nachweise bei *Lackner/Kühl*, § 13 Rn. 13.

[720] Der niedergelassene Arzt ist gemäß § 26 MBO-Ä standesrechtlich verpflichtet, am ärztlichen Bereitschaftsdienst (synonym Notfalldienst) teilzunehmen. Kurz zu Inhalt und Umfang *Ratzel/Lippert*, MBO, § 26 Rn. 3f. Für Mitglieder der Ärztekammer in Mecklenburg-Vorpommern folgt diese Verpflichtung zur Teilnahme aus § 32 Nr. 4 Heilberufsgesetz (HeilBerG) M-V i.V.m. § 26 der Berufsordnung für die Ärztinnen und Ärzte in Mecklenburg-Vorpommern vom 26. Januar 2000.

[721] Zur nicht unbestrittenen Garantenstellung des Bereitschaftsarztes BGHSt 7, 211 (212); *Kühl*, AT, § 18 Rn. 73f.; *Roxin*, AT/II, § 32 Rn. 73ff.; *Tröndle/Fischer*, § 13 Rn. 8; *Laufs*, Arztrecht, Rn. 134ff., jeweils m.w.N.

[722] Vgl. nur *Kühl*, AT, § 18 Rn. 71; *Herzberg*, NJW 1986, S. 1635 (1638).

[723] BGH NJW 1983, S. 350f. Danach resultiert aus der bloßen ärztlichen Beratung nach § 218b StGB a.F. (nun § 219 StGB) keine Garantenstellung, weil sich diese „in der Aufklärung der Schwangeren über alle Gesichtspunkte erschöpft, die aus ärztlicher Sicht für das Austragen oder Abbrechen der Schwangerschaft von Bedeutung sind".

Schritt zunächst von einer Garantenstellung des Arztes kraft freiwilliger Übernahme auszugehen, denn der Patient soll ja nicht völlig einer ärztlichen Behandlung entzogen werden, so dass die damit zusammenhängende Verpflichtung zum
Schutz der Rechtsgüter des Patienten bestehen bleibt. Der Arzt tritt daher durch
die einvernehmliche Übernahme der (eingeschränkten) Betreuung und Versorgung
des Patienten sehr wohl in eine Garantenstellung ein. Näher zu untersuchen wären
dann aber in einem zweiten Schritt die ihm aus diesem Arzt-Patienten-Verhältnis
obliegenden Schutzpflichten, so dass die Lösung folglich über eine mögliche Begrenzung der Garantenpflicht zu suchen ist.[724] Auf den Fall eines extrem unreifen
Frühgeborenen bezogen, bedeutet das, dass der Arzt zwar prinzipiell als Garant
für das Leben und die Gesundheit des Frühgeborenen verantwortlich ist, seine aus
der Obhutpflicht folgenden Handlungspflichten jedoch davon abhängen, inwieweit eine wirksame Einwilligung des Frühgeborenen für die erforderliche Behandlungsmaßnahme vorliegt. Denn gegen oder ohne dessen gemutmaßten Willen ist
der Arzt zu einer Behandlung weder verpflichtet noch berechtigt. Nur insoweit die
Eltern sich unter Beachtung des Willens und des Wohls ihres Kindes für eine
Behandlung ausgesprochen haben, besteht das die Garantenpflicht bestimmende
ärztliche Behandlungsrecht. Fehlt dem Arzt deswegen die Legitimation für ein
bestimmtes Tun, führt auch seine grundsätzliche Garantenstellung nicht zu einer
Erweiterung seiner Handlungsbefugnisse oder –pflichten.[725]

2) Die Beendigung der Garantenstellung

Für unser Thema ist aber nicht nur von besonderem Interesse, wann die Garantenstellung des Arztes entsteht, sondern auch wann sie endet, entfällt dadurch doch
eine wesentliche Voraussetzung für den Tatbestand eines strafrechtlichen Unterlassungsdelikts. Unstreitig entfällt die Garantenstellung des Arztes wieder, wenn
die übernommene Behandlung erfolgreich oder erfolglos ausgeführt worden ist.[726]
Der Arzt ist aber auch dann nicht mehr als Garant anzusehen, wenn er seine Fürsorge mittels Kündigung gemäß § 627 BGB oder Widerruf einseitig beendet.
Dabei kommt es nicht darauf an, ob der Arzt durch die Verweigerung weiterer
Behandlung seine zivilrechtlichen[727] Pflichten verletzt. Entscheidend ist aus strafrechtlicher Sicht allein, dass der Arzt dem kranken Patienten durch die Beendigung der Behandlung keine aktuell gebotene und dringend benötigte Hilfe versagt.
Erst wenn im konkreten Einzelfall die medizinische Versorgung anderweitig gewährleistet ist, erlischt daher die Garantenstellung des Arztes.[728] Dies erschwert

---

Ohne nähere inhaltliche Auseinandersetzung stimmen dem u.a. zu: *Laufs*, Arztrecht,
Rn. 132; Sch/Sch-*Stree*, § 13 Rn. 28a; *Ulsenheimer*, in: *Laufs/Uhlenbruck*, § 141 Rn. 2.

[724] In diesem Sinne auch *Lilie*, NStZ 1983, S. 314f. und *Kreuzer*, JR 1984, S. 294f. in ihren
kritischen Anmerkungen zu BGH NJW 1983, S.350f.

[725] *Taupitz*, Gutachten, S. A 21f.

[726] *Jakobs*, AT, 29/51; *Lenckner*, S. 574.

[727] Gleiches gilt natürlich auch für seine sozialrechtlichen Pflichten gegenüber den Sozial-
versicherungsträgern, vgl. *Bockelmann*, S. 27 (Fußn. 3).

[728] *Laufs*, Arztrecht, Rn. 132; Sch/Sch-*Stree*, § 13 Rn. 29 m.w.N.

auf Seiten der Ärzte vor allem dann die Möglichkeit, ihre Pflichtenstellung durch einseitigen Akt zu beenden, wenn es sich bei dem bislang zuständigen Arzt um einen Spezialisten handelte oder die bisherige Behandlung in einem spezialisierten Perinatalzentrum erfolgte.[729]

Ob daneben der Patient, hier das Frühgeborene vertreten durch die Eltern, gleichermaßen nachträglich die Garantenstellung des Arztes einseitig aufheben kann, lässt sich nicht so einfach begründen und ist mit den besseren Argumenten abzulehnen. Sicherlich, die Garantenstellung des Arztes ist im Arzt-Patienten-Verhältnis von Anfang an vom Willen der Beteiligten abhängig, so dass es nahe liegt, den Wegfall der Garantenstellung als actus contrarius ihrer Entstehung ebenfalls an den Willen der Beteiligten zu koppeln. Bei der einseitigen Beendigung durch den Arzt wurde dies ja auch unausgesprochen zugrunde gelegt. Es spricht deswegen zunächst einmal nichts gegen die Annahme, die Garantenstellung des Arztes ende, wenn der Patient die angebotene ärztliche Hilfe aufgrund eines eigenverantwortlichen Willensentschlusses ablehnt, soll und darf doch der Arzt generell nur eingreifen und helfen, wenn er das Einverständnis des Patienten hat, das sein Tun rechtfertigt. Hiernach könnte auch der Patient den Arzt aus seiner Verantwortungsposition entlassen.[730]

Aber im Gegensatz zur einseitigen Beendigung seitens des Arztes will hier der Patient mit seinem Veto sich nicht völlig vom Arzt zurückziehen und ihn nicht gänzlich aus dem Behandlungsverhältnis entlassen. Lehnt der Patient die Behandlung ab, so will er dadurch den Arzt nicht insgesamt von dessen Handlungspflichten entbinden, sondern die Vornahme einer konkreten Behandlungsmaßnahme verhindern. Er will sein Leben und die Gesundheit weiterhin dem Arzt anvertrauen, wenn auch im geringeren Maße; dieser soll nicht jegliche Verantwortung darüber verlieren.[731] Seine Absicht geht also lediglich in Richtung einer Einschränkung des Behandlungsumfangs. All das lässt jedoch die Garantenstellung des Arztes unberührt, und es entspricht nicht zuletzt auch der Rechtsprechung des Bundesgerichtshofes, nicht bereits die Garantenstellung durch den Patientenwillen entfallen zu lassen.[732] Würde man anderenfalls wegen des geäußerten Behandlungsverzichts die Garantenstellung entfallen lassen, würden nicht nur Garanten-

---

[729] *Künschner*, S. 159.

[730] MünchKommStGB/*Schneider*, Vor §§ 211ff. Rn. 105; *Roxin*, AT/II, § 32 Rn. 72; *Ingelfinger*, ZfL 2005, S. 38 (40); *Lilie,* Heidelberger Workshop, S. 81; Baumann/Weber/*Mitsch*, § 15 Rn. 62; Sch/Sch-*Stree*, § 13 Rn. 29; *Rieger*, S. 53. Dies wird vor allem im Bereich der ärztlichen Suizidbeteiligung so gesehen und mit gleicher Argumentation auf die Fälle der passiven Sterbehilfe übertragen, vgl. *Engisch*, FS für *Dreher*, S. 318; *Schultz*, JuS 1985, S. 270 (271ff.).

[731] *Trück*, S. 69.

[732] So ausdrücklich BGHSt 32, 367 (377) - Dr. Wittig; vgl. aber auch BGHSt 37, 376 (379) - Todesengel von Wuppertal; 40, 257 (261f.) - Kemptener Fall, wo in beiden Entscheidungen ein Irrtum über den erklärten oder mutmaßlichen Willen des Patienten als Verbotsirrtum bezeichnet wird, was der Annahme, der Patientenwille begrenze die Garantenstellung widerspricht, denn in diesem Fall wäre ein Tatbestandsirrtum zu prüfen.

stellungen unsachgemäß aufgesplittert, sondern der strafrechtliche Schutz des Patienten würde gleichzeitig auch stark eingeschränkt, würde der Arzt doch durch den geäußerten Patientenwillen vorschnell von seiner alten Garantiepflicht für die Rechtsgüter Leben und Gesundheit befreit, und es müsste für eine Weiterbehandlung erst wieder eine neue Garantenstellung begründet werden.[733] Aus diesen Gründen ist in meinen Augen die dogmatische „Ungleichbehandlung" im Vergleich zur einseitigen Beendigung durch den Arzt gerechtfertigt und die Situation rechtlich angemessen erfasst, wenn der auf Ablehnung von ärztlichen Maßnahmen gerichtete Patientenwille nicht die Garantenstellung selbst entfallen lässt, sondern seine Garantenpflicht beeinflusst.[734] Etwas anderes kann nur gelten, wenn der Patient sich im Nachhinein völlig dem ärztlichen Einflussbereich entzieht oder ausdrücklich den Arzt und nicht die Behandlung an sich ablehnt, beispielsweise weil das Vertrauensverhältnis gestört ist. Bezogen auf das Frühgeborene als Patient begrenzt die auf seinem mutmaßlichen Willen basierende Vertretereinwilligung der Eltern in einen Behandlungsabbruch folglich die Garantenpflicht des Arztes. Hingegen bleibt bei einer mutmaßlichen Einwilligung mangels zurechenbarer ausdrücklicher Äußerung des Frühgeborenen die Garantenhaftung uneingeschränkt bestehen.

II. Die Garantenpflicht des Arztes

Die Garantenstellung allein führt noch nicht zu einer strafrechtlichen Haftung des Arztes, sondern erst die Verletzung der damit einhergehenden Garantenpflicht gemäß § 13 StGB. Wie jeder andere Garant ist der Arzt hiernach zur Erfolgsabwendung verpflichtet. Das führt im vorliegenden Arzt-Patienten-Verhältnis zu einer Pflicht zur Lebens- und Gesundheitserhaltung des Neugeborenen. Der Arzt hat damit im Normalfall die Gefahr des Todes, des Kränkerwerdens oder des Krankbleibens von dem ihm anvertrauten Neugeborenen abzuwenden.[735] Wann und in welchem Umfang er zur Erfolgsabwendung tätig werden muss, ist in § 13 StGB jedoch nur ungenau beschrieben. Während bei den Begehungsdelikten der Tatbestand ein klares Verhaltensverbot an die handelnde Person enthält,[736] ist bei den Unterlassungsdelikten das Verhaltensgebot hinsichtlich Dauer und Art der Handlung nicht klar bestimmt. § 13 StGB liefert lediglich Anhaltspunkte.[737] Welche Dienste die ärztliche Garantenpflicht somit einschließt und unter welchen Umständen den Arzt eine entsprechende Handlungspflicht möglicherweise nicht

---

[733] *Trück*, S. 70.
[734] In diesem Sinne auch LK-*Jähnke*, Vor § 211 Rn. 13; Sch/Sch-*Eser*, Rn. 28 vor §§ 211ff.; *Jakobs*, AT, 29/70; *Laber*, S. 222 m.N.; *Lenckner*, S. 575; *Schmitt*, JZ 1979, S. 462 (466).
[735] *Bockelmann*, S. 19.
[736] „Du sollst nicht töten!" bzw. „Du sollst nicht den Körper eines anderen misshandeln oder ihn an der Gesundheit schädigen!"
[737] Sch/Sch-*Stree*, Rn. 146, 151 vor §§ 13ff.

mehr trifft, lässt sich deshalb nicht pauschal und eindeutig beschreiben. Die Garantenpflicht des Arztes hat keinen feststehenden Inhalt. In erster Näherung wird noch konstatiert werden können, dass sich die geschuldeten ärztlichen Dienste grundsätzlich nach den Umständen des Einzelfalls, den übernommenen diagnostischen und therapeutischen Aufgaben und den Gepflogenheiten des ärztlichen Berufs bemessen und alle medizinischen Maßnahmen umfassen, die zur Erfolgsabwendung erforderlich und sachgemäß sind.[738] Letztlich handelt es sich um die nicht einfach und schnell zu beantwortende Frage nach dem Inhalt und den Grenzen des ärztlichen Heilauftrags.

Ob und inwiefern nun die Erfolgsabwendungspflicht des Arztes, vor allem die Lebenserhaltungspflicht, über die den Behandlungsauftrag konkretisierende medizinische Indikation, strafdeliktssystematische Kriterien[739] wie die Möglichkeit, Erforderlichkeit und Zumutbarkeit der Rettungshandlung sowie Kausalitäts- und Zurechnungsregeln oder aber den Patientenwillen im Bereich der Neonatologie begrenzt oder aufgehoben werden kann, wird uns gleich noch ausführlich beschäftigen. Es handelt sich der Sache nach um nichts anderes als die Frage nach den Voraussetzungen eines straflosen Behandlungsabbruchs bei Neugeborenen und somit um das eigentliche Thema dieser Arbeit. An dieser Stelle lässt sich jedenfalls festhalten, dass die aus § 13 StGB folgende Garantenpflicht zwar die Pflicht des Arztes normiert, das Leben und die Gesundheit des Patienten zu erhalten, doch im weiteren keine materiellen Kriterien für die inhaltliche Bestimmung des Umfangs dieses Gebots nennt, so dass Raum für die Strafrechtsdogmatik bleibt, um diese Handlungspflicht zu begrenzen.

III. Die allgemeine Hilfspflicht nach § 323c StGB

Fehlt die Garantenpflicht des Arztes, weil der Patientenkontakt noch nicht zustande gekommen ist und es infolge dessen an einer Übernahmevereinbarung mangelt, kommt für den Arzt noch eine strafrechtliche Verantwortlichkeit wegen unterlassener Hilfeleistung gemäß § 323c StGB in Betracht.[740] Diese Norm stellt in bestimmten Situationen eine allgemeine Hilfspflicht auf, die jeden trifft; sie statuiert dementsprechend keine Sonder- oder erweiterte Berufspflicht für Ärzte.[741] Zur Abrundung und Abgrenzung sei deshalb auch diese Strafnorm kurz erwähnt, da

---

[738] *Laufs*, Arztrecht, Rn. 132; *Ulsenheimer*, in: *Laufs/Uhlenbruck*, § 140 Rn. 14; *Künschner*, S. 167f.; vgl. auch RGSt 50, 37 (41): „zur Heilung alles in seinen Kräften stehende zu tun". Zu weiteren Definitionsversuchen vgl. *Trück*, S. 46 m.N.

[739] Die genannten Kriterien schließen trotz einer Unterlassung in Garantenstellung den einschlägigen Deliktstatbestand aus und werden im Deliktsaufbau getrennt von der Garantenhaftung geprüft; sie bestimmen jedoch den materiellen Inhalt der Garantenpflicht entscheidend mit.

[740] Zur unzulässigen Anwendung des § 323c StGB in der Praxis als „Auffangtatbestand" in Ärztefällen vgl. *Ulsenheimer*, in: *Laufs/Uhlenbruck*, § 141 Rn. 9ff.

[741] *Ulsenheimer*, Arztstrafrecht, Rn. 247.

sie ebenfalls Leben und körperliche Unversehrtheit des Neugeborenen schützt und dem Arzt konkrete Handlungspflichten auferlegt. Erfüllt somit ein Arzt nach der Geburt eines lebenden Neugeborenen seine intensivmedizinischen Handlungspflichten nicht, kann diese Untätigkeit in der entsprechenden Situation zu einer Bestrafung wegen unterlassener Hilfeleistung führen, sofern die Geburt des Kindes als Unglücksfall angesehen werden kann und die Hilfeleistung erforderlich und den Umständen nach für den Arzt zumutbar war. Die Behandlungspflicht des Arztes besteht uneingeschränkt, mithin auch dann, wenn der Tod des Neugeborenen kurz bevorsteht.[742]

Die Bedeutung des § 323c StGB ist in den hier interessierenden Fällen allerdings gering. So stellt eine normal verlaufene Schwangerschaft samt Geburt eher einen „Glücksfall" denn einen Unglücksfall im Sinne des § 323c StGB dar.[743] Und auch angeborene Schädigungen, mögen sie auch schwerwiegend sein, können nicht ohne weiteres als Unglücksfall aufgefasst werden, hat doch die pränatale Diagnostik dazu geführt, dass diese Schädigungen regelmäßig bereits vorgeburtlich bekannt sind und sich nicht erst überraschend bei der Geburt zeigen. Gleiches gilt für die mit der Frühgeburtlichkeit verbundene Unreife. All diese Schädigungen des Frühgeborenen können darüber hinaus auch bei „normalem" Verlauf „ohne Ereignisse von besonderer Plötzlichkeit das Leben zum Erlöschen" bringen.[744] Zu einer anderen Beurteilung kommt man lediglich dann, wenn die Erkrankung tatsächlich jäh und unerwartet auftritt, unmittelbar lebensbedrohlich ist oder eine plötzliche und sich rasch verschlimmernde Wendung eintritt;[745] zu denken ist ferner an die Situation, dass sich das Frühgeborene plötzlich aus einem präfinalen Zustand erholt und zur weiteren Stabilisierung intensivmedizinischer Behandlung bedarf.[746] Schließlich – und dies ist der wichtigste Grund für die fehlende Bedeutung des § 323c StGB im vorliegenden Kontext – dürfte der Arzt nur ausnahmsweise durch seine Untätigkeit den tatbestandlichen Erfolg des entsprechenden Begehungsdelikts, also Totschlag beziehungsweise Körperverletzung, verwirklicht haben, ohne dass auch die Voraussetzungen des § 13 StGB gegeben sind. Dann kommt es aber nur zur Bestrafung nach diesem „unechten" Unterlassungsdelikt. § 323c StGB tritt in diesem Fall als „echtes" Unterlassungsdelikt im Wege der Gesetzeskonkurrenz hinter das „unechte" als subsidiär zurück, weil die aus § 323c StGB folgende allgemeine Hilfspflicht gegenüber der Garantenpflicht der entsprechenden unechten Unterlassungsdelikte „kein aliud, sondern ein minus" ist.[747]

---

[742] *Conradi,* S. 55f. m.N. auch der Gegenansicht.

[743] OLG Düsseldorf NJW 1991, S. 2979f.

[744] *Ulsenheimer,* in: *Laufs/Uhlenbruck,* § 141 Rn. 16.

[745] *Tröndle/Fischer,* § 323c Rn. 3; Sch/Sch-*Cramer/Sternberg-Lieben,* § 323c Rn. 6; *Eb. Schmidt,* Arzt im Strafrecht, S. 5; *Laber,* S. 229f.

[746] So wohl StA Oldenburg ZfL 2003, S. 99 (104f.).

[747] Sch/Sch-*Cramer/Sternberg-Lieben,* § 323c Rn. 1.

E. Zusammenfassung

Im Gegensatz zum Verfassungsrecht richtet das Strafrecht seinen Blick stärker auf den Arzt als auf den Patienten und definiert darüber die ärztlichen Handlungspflichten. Auch ist das Strafrecht freiheitsfeindlicher als das Verfassungsrecht. Es muss vom Fremdtötungsverbot ausgehen, weswegen es die Patientenautonomie nur als Einschränkung dieses Verbots einordnen kann. Dem Arzt erwächst in erster Linie durch die tatsächliche Übernahme der Behandlung gegenüber dem Neugeborenen als seinem Patienten eine Garantenstellung mit der Pflicht, dessen Rechtsgüter zu schützen. Allerdings existieren keine ausdrücklichen strafgesetzlichen Regelungen, welche sich mit der medizinischen Behandlung von extrem unreifen oder schwerstgeschädigten Neugeborenen befassen. Bei der strafrechtlichen Beurteilung von ärztlichen Maßnahmen, welche die Rechtsgüter Leben und körperliche Unversehrtheit des Neugeborenen verletzen, sind deshalb die besonderen Bestimmungen aus dem 16. und 17. Abschnitt des Strafgesetzbuchs heranzuziehen. Ein erster Blick auf die hier in Betracht kommenden Strafnormen ergibt im Hinblick auf ärztliche Handlungspflichten folgendes strafrechtliche Gefahrpotential für den behandelnden Arzt:

1. Das lebende Neugeborene genießt den vollen strafrechtlichen Lebensschutz. Auf Tötung eines Neugeborenen abzielende ärztliche Handlungen erfüllen ab Geburtsbeginn ausnahmslos den Tatbestand eines vorsätzlichen Tötungsdeliktes, falls es sich nicht um eine Fehlgeburt handelt. Dabei macht es keinen Unterschied, ob der Arzt aktiv handelt oder ein medizinisch angezeigtes Tun unterlässt. Gleiches gilt für auf Tötung gerichtete postnatale ärztliche Handlungen, wenn mittels Einleitung einer Frühgeburt eine Leibesfrucht abgetrieben werden sollte, jedoch ein lebensfähiges Frühgeborenes ausgestoßen wird. Der Arzt, der dieses Neugeborene tötet oder sterben lässt, obwohl er dessen Leben erhalten könnte, kann sich wegen eines Tötungsdeliktes strafbar machen.

2. Grenzlinie des Lebens ist grundsätzlich der Hirntod des Menschen, wobei anenzephale Neugeborene nicht von vornherein als „hirntot" angesehen werden können. Schwerstgeschädigte Neugeborene fallen daher bis zu diesem Zeitpunkt unter dem strafrechtlichen Lebensschutz und sind zu behandeln. Bei extrem unreifen Frühgeborenen ist mangels geeigneter Feststellungsmethoden hingegen auf den klinischen Tod abzustellen.

3. Dem Selbstbestimmungsrecht des Patienten wird im Arzt-Patienten-Verhältnis generell dadurch Rechnung getragen, dass ärztliche Behandlungsmaßnahmen einer Einwilligung des Patienten bedürfen; zuvor ist der Patient umfassend aufzuklären. Die Einwilligung führt dann zur Rechtfertigung, im Bereich der Unterlassungsdelikte begrenzt sie die Garantenpflicht des Arztes. Wenn der Patientenwille mithin eine ärztliche Maßnahme nicht deckt, scheidet eine Strafbarkeit des Arztes wegen Unterlassens der weiteren Behandlung aus. Freilich muss beachtet werden, dass der Patient auf diese Weise den Umfang der Behandlungspflicht nur im Rahmen des medizinisch Indizierten bestimmen kann. Er kann also eine medizinisch gebotene Behandlung ablehnen, nicht jedoch eine darüber hinaus gehende Behandlung einfordern. Nicht jedes

ärztliche Handeln gegen oder ohne den Willen des Patienten zieht folglich strafrechtliche Konsequenzen nach sich.

4. Im Bereich der Tötungsdelikte führt die Einwilligung des Patienten wegen der Einwilligungssperre aus § 216 StGB nicht immer zu einer Straflosigkeit des Arztes. Verboten bleiben deshalb trotz Einwilligung Maßnahmen der aktiven beabsichtigten Sterbehilfe. Dagegen lassen sich mit unterschiedlicher Begründung eine Straflosigkeit des Arztes bei aktiven unbeabsichtigten Sterbehilfemaßnahmen sowie eine Sterbehilfe durch Unterlassen bei entsprechender Einwilligung bejahen.

5. Jede ärztliche Maßnahme, die in die körperliche Integrität des Frühgeborenen eingreift stellt tatbestandlich eine Körperverletzung dar. Der Arzt, der ohne Einwilligung eine invasive Heilbehandlung vornimmt oder trotz Einwilligung eine gebotene Schmerzbehandlung unterlässt, hat sich daher wegen eines Körperverletzungsdelikts zu verantworten.

6. Als Vertreter des Neugeborenen haben die Eltern entweder in die vital indizierte Behandlung einzuwilligen oder, was durch den Verzicht zum Ausdruck kommt, in einen Behandlungsabbruch. Da es bei der Einwilligung auch um Lebensschutz und die Rechtfertigung einer Tötung geht, erklärt sich der im Strafrecht gängige Perspektivenwechsel bei der Frage nach einer Weiterbehandlung, denn begründet werden muss die Ausnahme von der lebenserhaltenden Behandlungspflicht. Die korrekte Fragestellung bei der Ermittlung des mutmaßlichen Willens zielt indes wie im Verfassungsrecht primär darauf, ob die Einleitung oder Fortführung invasiver lebenserhaltender Maßnahmen erlaubt ist und nicht, ob sie geboten ist.

7. Im Eilfall, wenn auch die Eltern nicht erreichbar sind, kommt es für den Arzt zur Rechtfertigung seines Handelns auf die mutmaßliche Einwilligung des Neugeborenen an. Nur in dieser Situation hat er ausnahmsweise den mutmaßlichen Willen seines Patienten zu erforschen. Seine Garantenhaftung wird, anders als bei einer Einwilligung der Eltern für ihr Kind, durch die mutmaßliche Einwilligung nicht berührt. Hier besteht für den Arzt die Gefahr, sich im Falle einer Nichtbehandlung des Neugeborenen oder eines verfrühten Behandlungsabbruchs einer Körperverletzung oder Tötung durch Unterlassen strafbar zu machen oder, falls er die Behandlung fortsetzt, eines Körperverletzungsdelikts. Mit dieser „Dilemma-Situation" entsteht die Gefahr einer strafrechtlich paradoxen Konstellation, sofern ein mehr an Sicherheit für die mutmaßliche Einwilligung des Neugeborenen in eine der beiden Handlungsalternativen verlangt wird, um eine gemäße Strafbarkeit auszuschließen. Desto sicherer wird nämlich geradezu die Strafbarkeit nach der anderen Alternative erzwungen.[748]

8. Erfüllt ein Arzt nach der Geburt eines lebenden Neugeborenen seine intensivmedizinischen Handlungspflicht nicht, kann diese Untätigkeit ausnahmsweise zu einer Bestrafung gemäß § 323c StGB wegen unterlassener Hilfeleistung führen.

---

[748] Näher *Merkel*, ZStW 107 (1995), S. 545 (560); ihm folgend *Höfling*, JuS 2000, S. 111 (116f.).

Insgesamt betrachtet, besteht somit einerseits grundsätzlich die ärztliche Pflicht, lebenserhaltend zu behandeln. Andererseits darf der Arzt in die körperliche Unversehrtheit seines Patienten nur nach dessen Einwilligung eingreifen. Strafrechtliche Grenzen einer Behandlungspflicht in der Neonatologie können deshalb gedanklich nur in Fällen bestehen, wo entweder die Nichtvornahme der gebotenen Behandlungsmaßnahme dem mutmaßlichen Willen und dem Wohl des Frühgeborenen entspricht und mit Zustimmung der Eltern geschieht oder aus anderen Gründen sanktionslos unterlassen werden darf, etwa weil keine Indikation besteht. Ob und wann das der Fall ist, und wie sich eine Behandlungsgrenze dogmatisch begründen lässt, ist Gegenstand der nächsten Abschnitte.

§ 6 Früheuthanasie – Zur Behandlung extrem unreifer Frühgeborener

Nachdem der verfassungsrechtliche Rahmen sowie der strafgesetzliche Schutz des Neugeborenen bei seiner Behandlung dargelegt worden ist, sollen in den kommenden Abschnitten eingehend die Grenzen der Behandlungspflicht diskutiert werden, wie sie von der Strafrechtsdogmatik speziell für extrem unreife Frühgeborene entwickelt worden sind, um die aus den starren Normen des Strafgesetzbuchs folgenden Verhaltensregeln sachgerecht zu modifizieren.

Ausgangslage ist die grundsätzliche rechtliche Pflicht des Arztes, lebenserhaltend zu behandeln, verbunden mit dem strikten Verbot, eine Nichtbehandlung von einer Beurteilung des Lebenswerts abhängig zu machen, da prinzipiell alles Leben gleichwertig ist. Dies bedeutet indes nicht, dass der Arzt alle medizinisch-technischen Möglichkeiten ausschöpfen muss, um den Todeseintritt hinauszuschieben. Wie der Blick auf das Verfassungsrecht nämlich gezeigt hat, kommt für die Frage nach den ärztlichen Handlungspflichten sowohl der Indikationsstellung als auch der Patientenautonomie große Bedeutung zu, da hierüber eine Einschränkung des verfassungs- und strafrechtlichen Prinzips des Lebensschutzes möglich ist. Grenzen einer Behandlungspflicht in der Neonatologie können deshalb nur in Fällen bestehen, wo entweder die Nichtvornahme der gebotenen Behandlungsmaßnahme vom Frühgeborenen selbst bestimmt ist oder aus anderen Gründen sanktionslos unterlassen werden darf, insbesondere keine Indikation besteht. Dies beachtet, müssten sich im Grunde alle „Konfliktsituationen" im vorliegenden Bereich vermeiden oder „auf anständige Weise" bereinigen lassen, denn Patient und Arzt wollen doch eigentlich dasselbe.[749]

Da es, wie gesehen, kein gesetzliches Sonderrecht für Sterbehilfeaktionen in der Neonatalmedizin gibt, wird für Lösungsansätze zur Begrenzung der ärztlichen Lebenserhaltungspflicht auf das geschichtlich gewachsene Berufsbild des Arztes und die Standesethik zurückgegriffen;[750] vor allem aber dient die Regelung der Sterbehilfe gegenüber Erwachsenen als Orientierungshilfe.[751] Um die allgemeine Sterbehilfe von der Sterbehilfe im Bereich der Neonatologie begrifflich zu tren-

---

[749] Ähnlich für den Bereich der Sterbehilfe der frühere Münchener Rechtslehrer *Karl Engisch*, FS für *Dreher*, S. 314.

[750] So *Jähnke*, Einbecker Workshop 1986, S. 103; *Eb. Schmidt*, Arzt im Strafrecht, S. 10f.

[751] Vgl. etwa *Eser*, FS für *Narr*, S. 50; *Heinemann*, S. 249f.; kritisch *Merkel*, Früheuthanasie, S. 141ff.

nen, ist hierfür die Bezeichnung „Früheuthanasie" gewählt worden, was ein wenig erstaunt, weil in der deutschsprachigen Diskussion um Sterbehilfe der Begriff „Euthanasie" ansonsten nach Möglichkeit vermieden wird, wohl bedingt durch die Prägung und den Gebrauch dieses Begriffes in der Zeit des Nationalsozialismus.

A. Zum Begriff der Früheuthanasie

Unter dem speziellen Begriff der Früheuthanasie wird die Tötung von extrem unreifen Frühgeborenen und anderen schwerstgeschädigten Neugeborenen durch aktives Tun oder Nichtausschöpfen intensivmedizinischer Behandlungsmöglichkeiten verstanden. Dabei geht es inhaltlich aber nicht nur um Neugeborene, die dem unabwendbaren Tod nahe sind, sondern auch um schwerstgeschädigte Neugeborene, die nicht im Sterben liegen, vielmehr eine Überlebensmöglichkeit besitzen. So gesehen trifft der gewählte Begriff der „Früheuthanasie" nicht wirklich die Sache.[752] Bezogen auf die in Frage kommende Intensivbehandlung ist die Bezeichnung als „Euthanasie" irreführend, da diese gerade nicht einem „sanften" Tod durch die Erleichterung oder Beschleunigung des Sterbens dienen soll, sondern der Ermöglichung und Fortführung eines Lebens mit Schädigungen; insofern kann andererseits natürlich auch nicht von einer „Heilbehandlung" die Rede sein. Allenfalls das Unterlassen der neonatologischen Intensivbehandlung kann Euthanasiecharakter haben. Dann ist der Begriff aber aus einem anderen Grund schlecht gewählt und beschönigend, denn genau genommen steht bei der Früheuthanasie nicht das „wie" des Sterbens im Vordergrund, vielmehr will man dem Neugeborenen (und der Gesellschaft?) in bestimmten Fällen das prognostizierte Leben ersparen. Schließlich sei noch an folgende Worte der Nobelpreisträgerin *Pearl S. Buck* erinnert: „Euthanasie ist ein schönes, sanft klingendes Wort; es verbirgt seine Gefahr, wie alle sanft klingenden Worte, aber die Gefahr ist nichtsdestoweniger da."[753] Um falsche Assoziationen zu vermeiden, sollte daher an sich auf den Begriff der „Euthanasie" verzichtet und besser von „selektiver Nichtbehandlung" gesprochen werden. Dieser, aus der englischen Literatur entliehene Terminus („selective non-treatment of handicapped newborns"), bezeichnet den Sachverhalt und die Problematik eindeutiger und prägnanter. Nur weil sich die Bezeichnung „Früheuthanasie" in der Diskussion des vorliegenden Themenkomplexes als Standardbegriff eingebürgert hat, soll er auch in dieser Arbeit gebraucht werden.

Sieht man die Früheuthanasie als eine Form der Sterbehilfe an, so lässt sie sich zur besseren Strukturierung terminologisch in die gleichen Kategorien einteilen und nach der Art der sie kennzeichnenden Handlung in aktive und passive Früheuthanasie unterscheiden. Die aktive beabsichtigte und unbeabsichtigte (indirekte)

---

[752] Zur Kritik vgl. *Denninger*, KJ 1992, S. 282 (287); *Kaufmann*, JZ 1982, S. 481; *Kollmann*, Deutsche Krankenpflege-Zeitschrift 1991, S. 489 (490); *Laber*, MedR 1990, S. 182f.

[753] Zitiert nach *Hiersche*, Einbecker Workshop 1986, S. 3.

Früheuthanasie betrifft demgemäß die bewusste Herbeiführung und Beschleunigung des Todes durch ärztliche Maßnahmen. Als Beispiele aus der Praxis sei an die im Ersten Teil geschilderten Fälle aus München (Fall 6) und Zittau erinnert. Im Gegensatz dazu meint die passive Form der Früheuthanasie das Sterbenlassen des unreifen oder schwerstgeschädigten Neugeborenen infolge eines Behandlungsabbruchs oder der Nichtvornahme der gebotenen lebenserhaltenden Intensivmaßnahme. Hierfür dienen die Fälle 3, 4 („Oldenburger Fall") und 5 („Freiburger Fall") als anschauliche Beispiele.

Neben dieser in der Jurisprudenz häufig gebrauchten Unterscheidung wird in der Ethik und Medizin des weiteren zwischen freiwilliger („voluntary euthanasia"), nicht-freiwilliger („non-voluntary euthanasia") sowie unfreiwilliger Sterbehilfe („involuntary euthanasia") unterschieden.[754] Diese mehr patientenzentrierten Sterbehilfekategorien rücken als Folge der selbstbestimmungsorientierten Grundsicht auf die Sterbehilfe zunehmend anstelle der Handlungskategorien in den Vordergrund.[755] Folgt man dieser Einteilung, so zählt die Früheuthanasie zur Kategorie der nicht-freiwilligen Sterbehilfe, da sie den Fall betrifft, dass der Patient dauerhaft nicht oder nicht mehr in der Lage dazu ist, selbst eine Entscheidung zu treffen und einen entsprechenden Willen zu äußern, weswegen andere für ihn entscheiden müssen.[756]

B. Früheuthanasie und Sterbehilfe

Wie jeder andere Mensch darf der Arzt nicht töten, vielmehr ist er bei seiner Behandlung grundsätzlich und allgemein verpflichtet, lebenserhaltende Maßnahmen zu ergreifen. Bei der inhaltlichen Diskussion um erlaubte Handlungen der Früheuthanasie ist deshalb danach zu fragen, ob der Arzt nicht ausnahmsweise berechtigt ist, in bestimmten Sonderfällen derartige Maßnahmen zu unterlassen.[757] Es muss die Ausnahme von einer Behandlungspflicht begründet werden. Da das Recht es prinzipiell verbietet, zwischen dem Leben eines Neugeborenen und eines Erwachsenen zu differenzieren, beide Leben vielmehr gleichwertig sind, erscheint es daher logisch, bei vergleichbaren klinischen Sachverhalten die allgemeine Regelung der Sterbehilfe auf die Probleme bei der Behandlungsentscheidung hinsichtlich Neugeborenen zu erstrecken, geht es doch beide Male um an sich rechtlich sanktionierte Tötungshandlungen. Demgemäß wären in der Neonatologie Maßnahmen der Sterbehilfe dort zulässig, wo sie es auch bei Erwachsenen wären.[758]

---

[754] *Ach/Wiesing*, Geburtsh Frauenheilk 62 (2002), S. 294f.; vgl. auch *Singer*, S. 226ff.

[755] *Saliger*, KritV 2001, S. 382 (435); *Sahm*, ZfL 2005, S. 45 (46ff.).

[756] Vgl. etwa *M. Zimmermann*, S. 138; *Singer*, S. 232ff.; weitere Nachweise bei *Everschor*, S. 19.

[757] *Ulsenheimer* MedR 1994, S. 425 (426); *Kaufmann*, JZ 1982, S. 481 (483).

[758] LK-*Jähnke*, Vor § 211 Rn. 20d; *ders.*, Einbecker Workshop 1986, S. 101; *Lackner/Kühl*, Vor § 211 Rn. 5; *Bottke*, S. 127; kritisch *Merkel*, Früheuthanasie, S. 144.

Unberücksichtigt bliebe dabei aber, dass es zwischen der Behandlung von Neugeborenen und älteren Patienten bedeutsame Unterschiede gibt:

- So ist der neugeborene Patient nie einwilligungsfähig gewesen, was ihn vom bewusstlosen erwachsenen Patienten unterscheidet;
- es bestehen auch keine subjektiven Indizien für dessen mutmaßlichen Willen, weswegen der Patientenwille generell nur anhand objektiver Anhaltspunkte bestimmt werden kann;
- die Indikationsstellung ist wegen der nur relativen Aussagekraft von Diagnose und Prognose gerade bei unreifen Neugeborenen sehr problematisch;
- bei extrem unreifen Frühgeborenen zeigt sich außerdem, dass der formale Ansatz zur Begründung der Behandlungspflicht durch das Prinzip der Gleichwertigkeit allen Lebens nicht recht weiterhilft. Das Prinzip verweist nämlich auf vergleichbare Ausfallerscheinungen und die Behandlung beim Erwachsenen. Für die unreifebedingten Schädigungen des Frühgeborenen fehlen aber Vergleichsmaßstäbe aus dem Krankengut der Erwachsenen;
- das Neugeborene steht nicht am Ende, sondern am Start ins Leben, was die Indikation, die eine Aussage über den Wert der konkreten Behandlungsmaßnahme trifft, leicht als ein Werturteil über das Leben selbst erscheinen lässt;
- betrachtet man die Interessenlage, so geht es für den Neugeborenen außerdem um seine aktive Lebenszukunft, um „Alles oder Nichts"; ihm soll Leben überhaupt erst ermöglicht und seine Zukunft erhalten werden. Im Gegensatz dazu stehen die alten Menschen bereits am Ende ihres Lebens. Für sie geht es in vielen Fällen nur noch um das Lindern von Schmerzen, Einsamkeit und geistiger Not, eben einzig um einen „sanften Tod".[759]

So betrachtet geht es bei der Behandlung von extrem unreifen Frühgeborenen im Grunde um Hilfe zum Leben, die (paradoxerweise) zur ärztlichen Sterbehilfe mutieren kann. Früheuthanasie kann daher nur als spezieller, besonders schwierig zu beurteilender Fall der allgemeinen Sterbehilfe angesehen werden. Dies hat zur Folge, dass sich die allgemeinen Regeln zur Sterbehilfe nicht eins zu eins auf den Bereich der Früheuthanasie übertragen lassen.[760] Vorherrschend werden deshalb die Grenzen der Zulässigkeit einer Früheuthanasie enger als bei allgemeiner Euthanasie gezogen.[761] Die Grenzen weiter zieht allerdings *Ernst-Walter Hanack* mit der Begründung, die Sachverhalte seien nicht zu vergleichen, weil das Neugeborene „erst speziell durch die ärztliche Behandlung auf seinen problematischen

---

Gefährlich *Maurach/Schroeder/Maiwald*, § 1 Rn. 39, die allein unter Verweis auf *Merkel* bei schwer missgebildeten Neugeborenen, welche demnächst einen qualvollen Tod zu erwarten haben, sogar eine aktive Abkürzung oder gar Tötung zur Verhinderung dieses Leids für gerechtfertigt halten.

[759] *Lemburg*, Der Gynäkologe 25 (1992), S. 160; *M. Zimmermann*, Geburtshilfe als Sterbehilfe?, S. 139.

[760] Lesenswert zu den „Untiefen" der Argumentation zur Übertragbarkeit *Merkel*, Früheuthanasie, S. 142ff.

[761] Vgl. etwa *Kaufmann*, JZ 1982, S. 481 (482); *Laber*, MedR 1990, S. 182 (184).

Lebensweg geschickt wird."[762] Diese Argumentation ist nicht neu.[763] Ihr liegt ein Gedanke zugrunde, der auf menschlichen Empfindungen beruht, bei dem Mitleid mitschwingt und von dem keiner behaupten kann, er habe selbst so etwas noch nicht gedacht. Die Argumentation ist allerdings juristisch nicht tragbar. Es ist willkürlich, nur beim Neugeborenen solch eine Behandlungsgrenze zu setzen, denn auch dem Erwachsenen, der bei vergleichbarer Erkrankung behandelt wird, steht ein problematischer Lebensweg bevor; zudem erscheint es gefährlich, die Behandlung von einem Kriterium abhängig zu machen, das eng mit dem Zeitgeist verbunden ist.[764] Endlich ist es primär Aufgabe des Arztes, durch sein Eingreifen gegenwärtige Gefahren für Leben und Gesundheit des Patienten abzuwehren, und nicht, unproblematische, leidlose Lebenswege sicherzustellen.[765] Zwar ist es zulässig, bei der Indikationsstellung auch die aus einer lebenserhaltenden Behandlung folgenden, mehr oder minder schweren Gesundheitsschäden zu berücksichtigen, was bei Beachtung der rechtlichen Vorgaben durchaus im Ergebnis zu einer Nichtbehandlung führen kann. Dies betrifft aber ärztliche Indikationen zur Behandlung von Neugeborenen ebenso wie die von Erwachsenen. Überdies erfordert die Berücksichtigung von drohenden Schädigungen – und das erscheint mir entscheidend – dass ihr Ausmaß im Einzelfall gewiss ist. Daran fehlt es hier jedoch, weil der Arzt gerade bei dem extrem unreifen Frühgeborenen bei der Entbindung nur von einer mehr oder minder hohen Wahrscheinlichkeit einer mehr oder minder starken Schädigung ausgehen kann.[766]

Mithin sind die allgemeinen Sterbehilfegrundsätze an die Behandlungssituation in der Neonatologie anzupassen, wobei nach hier vertretener Ansicht, trotz Einwilligungsunfähigkeit des Neugeborenen, zur Problemlösung die allgemeinen Sterbehilferegeln zum einverständlichen Behandlungsabbruch herangezogen werden können.[767] Die kommende Untersuchung hat dann zu zeigen, inwiefern Modifikationen in Betracht kommen, wobei klar ist, dass für Abweichungen die bloße Behauptung einer Notwendigkeit als Begründung nicht ausreicht, sondern dafür plausible Gründe erforderlich sind. Man darf den Lebensschutz jedenfalls nicht nur deshalb lockern wollen, weil eine Verständigung mit diesen Kindern wegen ungewohnter Kommunikationsformen schwieriger ist. Oder weil einem der Gedanke, ein Neugeborenes sterben zu lassen, leichter fällt, da man das Kind unbe-

---

[762] *Hanack*, MedR 1985, S. 33 (37).

[763] Eingehend zum (rechts-)geschichtlichen Hintergrund *Peters*; knapper *M. Zimmermann*, S. 35ff.

[764] Ebenso *Jähnke*, Einbecker Workshop 1986, S. 102; kritisch auch *Eser*, FS für *Narr*, S. 62; *Ulsenheimer* MedR 1994, S. 425 (426); aus moraltheologischer Sicht *Gründel*, MedR 1985, S. 2 (6).

[765] Hierauf weist zu Recht *Merkel*, Früheuthanasie, S. 145, hin; vgl. auch S. 374.

[766] Vgl. *Jähnke*, Einbecker Workshop 1986, S. 106.

[767] Wie hier NK-StGB-*Neumann*, Vor § 211 Rn. 125; a.A. *Merkel*, Früheuthanasie, S. 142; MünchKommStGB/*Schneider*, Vor §§ 211ff. Rn. 131, die *Eser*, FS für *Narr*, S. 57 folgend, von einem einseitigen Behandlungsabbruch ausgehen.

wusst bis zu einem gewissen Grade für ersetzbar hält,[768] in ihm quasi noch den Fötus sieht, der, angesichts der Handhabung des Schwangerschaftsabbruchs in der Praxis, vor der Geburt unter Umständen hätte straflos abgetrieben werden können. Keineswegs darf auch die Quantität des Lebens der Qualität untergeordnet werden. Gerade darauf, dass sich nicht eine Nichtrettung oder gar eine Vernichtung „lebensunwerten Lebens" einschleichen, ist besonders zu achten.[769]

Keine grundsätzliche Schwierigkeit bei der Adaption stellt es dar, dass es sich bei der Patientengruppe nicht bloß um sterbende Neugeborene handelt, sondern dass auch an sich rettungsfähige Neugeborene erfasst werden, bei denen aber mit schweren Schädigungen zu rechnen ist. Denn Sterbehilfe beschränkt sich nicht nur auf die Hilfe im und beim Sterben, sondern meint außerdem die Hilfe zum Sterben, wenn also der finale Sterbeprozess noch nicht eingesetzt hat.[770] Zur Folge hat das freilich, dass bei der Prüfung der Zulässigkeit von Maßnahmen der Früheuthanasie neben dem Beurteilungsmaßstab für einen Behandlungsverzicht ferner zu klären ist, wo die zeitliche Grenze liegt, ab der Maßnahmen der Früheuthanasie überhaupt erst in Betracht kommen. Erschwert wird die Diskussion um Sterbehilfe bei unreifen und schwerstgeschädigten Neugeborenen zusätzlich dadurch, dass mit der Projektion der allgemeinen Sterbehilfekriterien auf diese Fälle auch deren rechtliche Ausgangslage mit übertragen wird. Diese sieht bekanntermaßen so aus, dass die Zulässigkeit der Sterbehilfe zwar seit langem in der Strafrechtslehre diskutiert wird, ein baldiges und fruchtbares Ende der Diskussion jedoch nicht absehbar ist. Allerdings steht inzwischen wenigstens die Bewertung vieler Maßnahmen der Sterbehilfe im Ergebnis außer Streit, wenn auch die Lösungswege variieren und nicht dogmatisch konsistent begründet sind.[771]

Bei der Suche nach Ausnahmen von der lebenserhaltenden Behandlungspflicht bei extrem unreifen Frühgeborenen bietet sich als Struktur an, zwischen Behandlungsgrenzen zu differenzieren, die sich einerseits aus dem ärztlichen Heilauftrag ergeben, mit der Folge, dass bereits eine medizinisch indizierte Behandlung fehlt, und Behandlungsgrenzen, die aus dem ausgeübten Selbstbestimmungsrecht des kleinen Patienten folgen und trotz Gebotenheit eine medizinische Maßnahme verbieten, andererseits. Das bedeutet, dass es für die Beurteilung eines strafwürdigen Verhaltens des Arztes wegen eines Tötungsdeliktes auf Sterbehilfekriterien erst ankommt, wenn feststeht, dass eine intensivmedizinische Maßnahme überhaupt angezeigt ist. Zunächst ist deshalb zu untersuchen, wann bei extrem unreifen Frühgeborenen eine Behandlung indiziert ist.

---

[768] So die kritische Bemerkung von *von Loewenich*, Einbecker Workshop 1986, S. 49 und später in Monatsschrift Kinderheilkunde 151 (2003), S. 1263; vgl. auch *Künschner*, S. 149; *Kollmann*, Deutsche Krankenpflege-Zeitschrift 1991, S. 489 (492); *Hentschel*, Ethik Med 11 (1999), S. 246.

[769] Dies betonen zu Recht *Maurach/Schroeder/Maiwald*, § 1 Rn. 39.

[770] NK-StGB-*Neumann*, Vor § 211 Rn. 89; Sch/Sch-*Eser*, Rn. 21 vor §§ 211ff.

[771] So die zutreffende Beurteilung der rechtlichen Ausgangslage bei Sterbehilfemaßnahmen von MünchKommStGB/*Schneider*, Vor §§ 211ff. Rn. 94; vgl. auch *Merkel*, Früheuthanasie, S. 148ff.

§ 7 Die Indikationsstellung

A. Die Bestimmung der medizinisch indizierten Behandlung

Grundsätzlich stehen dem Arzt bei einer Frühgeburt drei Behandlungsalternativen zu:

1. Er kann das Frühgeborene maximal therapieren, so dass es eventuell mit mehr oder weniger schweren Schädigungen überlebt.
2. Er kann selektiv behandeln, was bedeutet, ausgewählten Frühgeborenen wird durch schrittweisen Abbau der medizinischen Behandlungsmaßnahmen bis hin zur so genannten Basistherapie passiv beim Sterben geholfen.
3. Oder er kann das Frühgeborene durch gezielte Handlungen aktiv töten.

Welche Behandlung im konkreten Fall nun medizinisch geboten ist, ist eine Indikationsfrage. Geht man im Ansatz von der lebenserhaltenden ärztlichen Behandlungspflicht aus, dann entscheidet sich im Rahmen der Indikationsprüfung, wann der Wechsel von einer intensivmedizinischen Behandlung zu Maßnahmen der Früheuthanasie medizinisch angezeigt ist. Das Gebot der Lebenserhaltung wandelt sich dann in das Gebot der Leidminderung. Damit konkretisiert die Indikation den ärztlichen Heilauftrag im Einzelfall. Sie begründet und begrenzt die ärztlichen Handlungspflichten, weshalb dort, wo keine Behandlung geboten ist, das Recht den Arzt nicht zum Handeln zwingt, der Arzt demnach keine rechtlichen Gebote oder Verbote verletzt.[772] Die medizinische Indikation stellt somit den Kernbegriff der rechtlichen und beruflichen Verhaltenspflichten des Arztes dar. Obgleich die Bestimmung der Indikation primär eine medizinische Frage ist, heißt das jedoch nicht, dass die Ärzteschaft völlig autonom und ohne rechtliche Kontrolle über die Indikationsstellung den Umfang der ärztlichen Behandlungspflicht determinieren kann.[773] Mag es auch früher dem Selbstverständnis vieler Ärzte entsprochen haben, sich einzig dem Berufsethos und ihrem ärztlichen Gewissen, nicht aber unmittelbar auch staatlichen Normen verpflichtet zu fühlen, so unterliegt ärztliches Handeln heute wie jede andere berufliche Tätigkeit in vollem Umfang der rechtlichen Außenkontrolle. Dies gilt umso mehr als der Arzt seine Tätigkeit im sensiblen Bereich von Krankheit und Tod ausübt, weshalb gerade im Hinblick auf die

---

[772] LK-*Jähnke*, Vor § 211 Rn. 16; vgl. auch BGH NJW 2003, S. 1588 (1593).
[773] *Laufs*, Arztrecht, Rn. 21f.

daraus folgenden strafrechtlichen Pflichten die gestellte Indikation auch rechtlichen Maßstäben genügen muss. Das Recht kommt als Subsidium immer dann zu Hilfe, wenn die berufsständische Innensteuerung nicht ausreicht. Die Befugnis der Ärzteschaft, die eigenen beruflichen Regeln selbst festzulegen, ist deshalb nicht grenzenlos, vielmehr beeinflussen sich hier Recht, Medizin und die dem ärztlichen Heilauftrag zugrunde liegende Ethik wechselseitig.

B. Die Problematik bei extrem unreifen Frühgeborenen

Stets muss also eine medizinische Maßnahme indiziert sein, dass heißt, es muss ein Grund vorliegen, der die beabsichtigte Behandlungsmaßnahme rechtfertigt.[774] Das ist dann der Fall, wenn der zu erwartende Nutzen die Risiken der Behandlung überwiegt. Die Frage der Indikation ist somit eine solche der Interessenabwägung, und zwar eine standardisierte Nutzen-Risiko-Abwägung, die sich strukturell in mehrere Erkenntnisakte und Wertungen zerlegen lässt.

So hat der Arzt auf tatsächlicher Ebene zunächst eine Diagnose zu stellen. Er muss die gesundheitliche Situation des Frühgeborenen erfassen, das heißt, anhand bestimmter Symptome die Schädigungen und ihr Ausmaß erkennen und bestimmen. Hier beginnen bereits die Probleme. Sind nämlich – wie in der Regel bei spontanen Frühgeburten – keine angeborenen Schädigungen pränatal diagnostiziert worden, weiß der Arzt im Kreißsaal damit allein, dass es sich um eine Frühgeburt handelt, die ebenso gut sterben wie gesund oder mit Schädigungen überleben kann. Welche konkreten Schädigungen aufgrund der Unreife vorhanden sind, vermag er ohne weiteres in den ersten Minuten nicht genau abzuschätzen. Er kann lediglich anhand genereller Aussagen zu statistischen Überlebens- und Schadenswahrscheinlichkeiten, wonach die Komplikationsrate ebenso wie die Sterblichkeit mit zunehmenden Gestationsalter abnimmt, sowie allgemeiner Erfahrungen seine subjektive Einschätzung mitteilen. Dieses Wissen oder besser: Nichtwissen zum Gesundheitszustand erlaubt ihm darüber hinaus kaum, zur Bestimmung der weiteren Therapie eine gesicherte Prognose darüber anzustellen, wie effektiv sich eine Behandlungsmaßnahme auf den aktuellen Zustand des Frühgeborenen auswirkt und wie positiv der künftige Krankheitsverlauf einzuschätzen ist. Dies gilt umso mehr, als die Regenerationsfähigkeit von Frühgeborenen im Vergleich zu der von erwachsenen Patienten oft erstaunlich gut ist. Selbst bei bereits eingetretenen Schädigungen kann daher der Arzt nur schwer die weitere Kindesentwicklung vorhersagen.

---

[774] Dieser Grundsatz gilt freilich nicht ausnahmslos, worauf es vorliegend aber nicht ankommt. Zu Eingriffen ohne Indikation vgl. nur *Uhlenbruck/Laufs*, in: *Laufs/Uhlenbruck*, § 51 Rn. 4ff.

Diese Unsicherheiten bestimmen zwangsläufig seine Handlungsstrategie.[775] Möglich ist zum einen eine Strategie der Lebenserhaltung um jeden Preis (sog. „Wait Until Certainty" oder auch „Saving-life-at-any-price" approach") wie in den USA. Um einen vorzeitigen Tod des Frühgeborenen aufgrund eines Prognoseirrtums auszuschließen, wird das Kind solange aggressiv intensivmedizinisch behandelt bis nahezu Gewissheit über Tod oder irreversibles Koma besteht. Das andere Extrem bildet die sog. „Statistical Strategy", auch „The A-threshold-limit approach" genannt, ein beispielsweise in Schweden und in modifizierter Form in Dänemark und der Schweiz angewandter Strategietyp. Ausgehend von abstrakten statistischen Aussagen zur Überlebens- und Schadenswahrscheinlichkeit und dem Wunsch, ein extrem unreifes Frühgeborenes nicht irrig bis in den Tod zu quälen oder in ein als lebensunwürdig empfundenes Leben zu zwingen, wird eine Behandlungsgrenze gesetzt, unterhalb derer das Frühgeborene nicht lebenserhaltend therapiert wird.[776] Eine dritte Strategie bei der Indikationsstellung ist schließlich die sog. „Individualized Prognostic Strategy" („The-Clinical-judgement-settles-the-matter Approach"), wonach unter Einbeziehung relevanter statistischer Daten die ärztliche Einschätzung der individuellen Reife und Vitalität des Frühgeborenen maßgeblich ist. Nach dieser Prognosestrategie, die speziell in Großbritannien Anwendung findet, wird keine abstrakte Vorentscheidung über die Behandlung getroffen, sondern es werden zunächst stets intensivmedizinische Maßnahmen ergriffen, die Gebotenheit der Weiterbehandlung im individuellen Fall aber im Folgenden immer wieder hinterfragt, wenn neue Erkenntnisse vorliegen. Verschlechtert sich also der Gesundheitszustand des Frühgeborenen, so kann danach in bestimmten klinischen Situationen zu einem späteren Zeitpunkt die Behandlung abgebrochen werden. Damit werden die Risiken eines vorzeitigen Sterbenlassens beziehungsweise eines vermeidbaren Quälens zwar nicht ausgeschlossen, zumindest aber minimiert, wobei der Grad der Risikoverringerung davon abhängig ist, wo genau, sprich: in welcher Todesnähe, Behandlungsgrenzen gezogen werden.

Es wird zu klären sein, wie sich diese Prognoseunsicherheit auf die rechtliche Beurteilung auswirkt. Gedacht werden kann daran, dem Arzt einen Beurteilungsspielraum für Diagnose und Prognose zuzugestehen. Allerdings existieren hierfür bislang weder einheitliche Beurteilungsmaßstäbe noch brauchbare Prognosescores wie sie beispielsweise bei Erwachsenen für bösartige Erkrankungen bestehen.[777] Zu untersuchen wird deshalb sein, ob die Aspekte, auf die die Praxis bisher bei Frühgeborenen zurückgreift, eine Entscheidungsgrundlage über die Reichweite

---

[775] Näher zu den nachfolgenden Prognosestrategien, die freilich nur selten in Reinform angewandt werden, *Cuttini et al.*, Lancet 355 (2000), S. 2112 (2115); *Merkel*, Früheuthanasie, S. 538f.; *Danish Council of Ethics*, Debate Outline, S. 26ff.

[776] Pointiert *Merkel*, Früheuthanasie, S. 539, der bei dieser Strategie von der primären Maxime eines „In dubio contra dolorem" spricht.

[777] *Von Loewenich*, Einbecker Workshop 1986, S. 48; *Hepp*, Der Gynäkologe 25 (1992), S. 130 (133); *Hentschel*, Ethik Med 11 (1999), S. 246 (247); *Hentschel et al.*, Der Gynäkologe 34 (2001), S. 697 (703). Grundsätzlich kritisch zur Computerprognose *Weber/Vogt-Weber*, MedR 1999, S. 204ff.

der Behandlungspflicht bilden können oder ob stattdessen andere Indikatoren gefunden werden können, die im Einzelfall die näherungsweise Stellung einer Prognose erlauben. Bei der momentanen Situation verwundert es, so betrachtet, jedenfalls nicht, dass die Praxis zweigeteilt ist, wobei fast die Hälfte der Ärzte beim Erstkontakt im Sinne eines „hands-off" keine intensivmedizinische Maßnahmen ergreift, während der andere Teil zunächst unbedingt behandelt und die Entscheidung vorläufig bis zur Absicherung von Diagnose und Prognose vertagt.

Probleme bestehen aber nicht nur wegen der Prognoseunsicherheit, sondern auch auf der normativen Wertungsebene der Nutzen-Risiko-Abwägung. Grundbedingung medizinischer Indikation ist, dass der Patient von der Behandlung überhaupt einen Nutzen haben kann, eine Maßnahme also Besserung verspricht. Die Entscheidung für oder gegen eine medizinische Behandlung hängt somit nicht zuletzt davon ab, welcher Wertungsmaßstab bei der therapeutischen Interessenabwägung zugrunde gelegt wird. So bietet sich das Wohl des betroffenen Frühgeborenen als Maßstab an. Dies würde letztlich zu einem Gleichlauf zwischen indizierter Behandlung und mutmaßlichem Willen des Frühgeborenen führen, hätten beide Interessenabwägungen doch am gleichen Maßstab, nämlich dem Patientenwohl, zu erfolgen, was zudem erklärte, warum eine indizierte Behandlung stets als dem Wohle des Patienten entsprechend angesehen wird. Maßstab könnte aber auch ein weiter verstandener Wohlbegriff sein, der zusätzlich drittorientierte Interessen wie elterliche, gesellschaftliche oder auch wirtschaftliche Interessen berücksichtigt. Es wird mithin in einem ersten Schritt klarzustellen sein, auf welche Interessen bei der Nutzen-Risiko-Abwägung abzustellen ist.

Ist der Bezugspunkt der therapeutischen Abwägung geklärt, stellt sich sodann die Frage, nach welchen Kriterien beurteilt werden kann, wann eine lebenserhaltende Behandlung vorzunehmen ist und wann dies nicht angezeigt erscheint, weil die Maßnahme im Ergebnis den Zustand des Frühgeborenen nicht bessert. An dieser Stelle kommt es zur Kollision zwischen der Pflicht, lebenserhaltend zu behandeln, einerseits, und andererseits der Pflicht, „unnütze" Eingriffe in die körperliche Unversehrtheit zu vermeiden, um damit verbundene Leiden zumindest zu mindern, was gegen eine Behandlung spräche. Doch muss sich der Arzt bei der Abwägung auch dessen bewusst sein, dass die Einstellung einer intensivmedizinischen Maßnahme nicht in jedem Falle notwendigerweise zum raschen und schmerzlosen Tod des Patienten führt, vielmehr die passive Haltung ein mehr oder minder langes Überleben, welches dann in der Regel mit vermehrten Schädigungen und Schmerzen verbunden ist, verursachen kann. Auch insoweit ist daher von einem Ermessensspielraum des Arztes auszugehen, der freilich gesetzlich durch die Körperverletzungs- und Tötungstatbestände begrenzt ist. Ferner gilt es zu klären, welche Kriterien den Abwägungsprozess leiten und mal der Lebenserhaltung, mal der Leidminderung den Vorrang geben. Da es der Sache nach um die Voraussetzungen geht, die einen vom Willen des Patienten unabhängigen Behandlungsabbruch zulassen, kann bei der Suche auf die Kriterien zurückgegriffen werden, die in der Sterbehilfe im Rahmen des sog. „einseitigen Behandlungsab-bruchs"[778] – allerdings kontrovers – diskutiert werden.

Eine Aufgabe dieser Arbeit wird es daher sein, nach Kriterien Ausschau zu halten, welche im konkreten Fall eines Frühgeborenen an der Grenze zur Lebensfähigkeit den Arzt bei seiner Behandlungsentscheidung leiten können. Bei alldem darf jedoch der Blick für die Bedeutung, die dem Lebensschutz im Hinblick auf die grundsätzliche Gleichwertigkeit menschlichen Lebens zukommt, nicht verloren gehen, besonders da hier die Frage, ob ein ärztlicher Eingriff zur Lebenserhaltung medizinisch indiziert ist, noch verschärfter als bei der Diskussion der allgemeinen Sterbehilfe, der Gefahr eines Werturteils über das weitere Leben ausgesetzt ist. Denn bei Frühgeborenen geht es weder um ein schon gelebtes, verlöschendes Leben noch einzig um die Herstellung der Gesundheit des soeben geborenen Menschen, sondern um mehr, nämlich darum, dem Neugeborenen überhaupt ein Leben zu ermöglichen, das allerdings unter Umständen mit bestimmten Krankheiten, Missbildungen oder Behinderungen verbunden sein kann.[779] Dadurch steht das menschliche Leben als Bezugspunkt selbst zur Debatte. Zwar beinhaltet die Indikationsstellung an sich bloß eine Entscheidung über den Wert beziehungsweise den Unwert einer konkreten Behandlungsmaßnahme und keine über den Wert des menschlichen Lebens. Doch nur wenn die Entscheidungsdeterminanten offen gelegt sind, lässt sich sagen, inwiefern Behandlungsunwert und Lebensunwert tatsächlich voneinander getrennt sind.

Da Grundlage einer Indikationsstellung der primär durch die medizinische Wissenschaft selbst zu bestimmende ärztliche Heilauftrag ist, soll nachfolgend untersucht werden, wie die Medizin den Umfang ihres Behandlungsauftrages hinsichtlich der Behandlung extrem unreifer Frühgeborener selbst definiert und welche ethischen Aspekte sie hierbei leiten. Erst wenn feststeht, was die Medizin selbst als „behandlungswürdig" einschätzt und welche rechtlich zulässigen Vorgaben zur Konkretisierung der Indikation daraus folgen, kann auf die aufgeworfenen Fragen abschließend eingegangen werden.

C. Der ärztliche Heilauftrag

Der ärztliche Heilauftrag beschreibt die Aufgabe des Arztes. Er lässt sich als „eine umfassende und der jeweiligen gesamtmenschlichen Situation angemessene optimale Hilfe für jeden Menschen, der sich dem Arzt anvertraut hat oder ihm anvertraut ist", verstehen.[780] Deutlich wird anhand dieser inhaltlichen Umschreibung zweierlei: Erstens, dass sich nicht pauschal und abstrakt beschreiben lässt, welche einzelnen therapeutischen Maßnahmen der Behandlungsauftrag einschließt, denn der Heilauftrag hat hiernach keinen feststehenden Inhalt, sondern definiert sich im

---

[778] Zu dieser Form der Sterbehilfe vgl. nur *Everschor*, S. 51.

[779] *Laber*, MedR 1990, S. 182 (183).

[780] *Rössler*, Sp. 459; ähnlich *Menzel*, S. 59.

Einzelfall. Zweitens, dass der ärztliche Heilauftrag eben die eine Behandlung leitenden Zielsetzungen der Medizin bestimmt, er somit den Inhalt und die Grenzen einer medizinischen Behandlung festlegt und deren Richtung vorgibt. Diese Zielsetzung ärztlichen Handelns konnte lange Zeit mit Lebenserhaltung und Lebensverlängerung für die Praxis hinreichend deutlich beschrieben werden. Der Arzt hatte zur Heilung des Kranken „nach dem Maße seiner Kenntnisse und seiner Einsicht alles in seinen Kräften Stehende zu tun".[781] Doch angesichts des technischen Fortschritts, der es ermöglicht, auch in noch so aussichtslos erscheinenden Situationen Leben zu erhalten und damit den Tod hinauszuzögern, sind ärztliche Heilkunst und Sterbehilfe in ein Spannungsverhältnis geraten, weswegen heutzutage das Meinungsspektrum weiter reicht und eine Pflicht zur Maximaltherapie nur eine Meinung unter vielen darstellt.[782] Das unbedingte Lebenserhaltungsgebot ist damit jedenfalls relativiert. Beredtes Beispiel hierfür sind die Zulassung und Nutzung von sog. Patientenverfügungen.[783]

Um zu klären, welche Behandlungspflichten im Bereich der Frühgeborenenmedizin aus dem ärztlichen Heilauftrag folgen, sind der Stand der medizinischen Wissenschaft und die Verpflichtungen, die sich unter Berücksichtigung medizinethischer Grundsätze und rechtlicher Normen ergeben, maßgebend.[784] Da bereits die grundlegenden rechtlichen Gebote und Verbote genannt sind, kann nunmehr kritisch untersucht werden, welche Leitlinien für ihr Handeln die Ärzteschaft aus ihrer Standesethik und dem Standesrecht gewinnen.

I. Die ärztliche Standesethik

Zu Beginn jeder Behandlung steht der Arzt vor der Frage, ob er dem kranken Menschen lediglich helfen oder ihn sogar heilen kann, es ihm demnach möglich ist, nicht nur die Beschwerden zu lindern, sondern dessen Gesundheit vollständig wiederherzustellen. Die medizinische Wissenschaft darf für den Arzt dabei nur Mittel zum Zwecke der Erfüllung seines humanitären Auftrags sein, dem Kranken bestmöglich Hilfe zu leisten.[785] Im Bereich der Medizin ist ein verantwortliches Handeln damit notwendigerweise identisch mit moralisch gebotenem Handeln und vice versa. Die ärztliche Entscheidung über Art und Umfang der Behandlung, erst recht eine solche, die im Zusammenhang mit der Nichtaufnahme einer lebenserhaltenden Behandlung oder einem Behandlungsabbruch getroffen wird, ist somit nicht nur eine medizinische, sondern gleichermaßen eine ethische Frage. Denn ihr liegt notwendigerweise eine Ethik zugrunde, die der Arzt zwar nicht kennen muss, die aber als Theorie die Gesichtspunkte der moralischen Beurteilung beschreibt

---

[781] RGSt 50, 37 (41).
[782] Vgl. etwa *Fritsche*, S. 9ff.; weitere Nachweise bei *Everschor*, S. 208.
[783] Zur Patientenverfügung vgl. nur *Weber*, Arztrecht 2004, S. 300ff.
[784] *Rössler*, Sp. 458.
[785] *Menzel*, S. 53f. m.N; *Hepp*, Der Gynäkologe 25 (1992), S. 130.

und begründet. Ethik ist die Grammatik der Moral.[786] Neben den gesetzlichen und standesrechtlichen Regelungen bestimmt deswegen die auf die konkreten Probleme des ärztlichen Berufs ausgerichtete „medizinische Ethik" als die vorherrschende Meinung vom Richtigen und Zulässigen das ärztliche Handeln.[787] Sie ist es, die ärztliches Handeln, insbesondere technische Kunststücke verbietet, die keinen humanen Sinn haben können, indem sie zur Beurteilung und Reflexion von Verhaltensweisen und deren jeweils zugrunde liegenden Begründungsinstanzen zwingt.[788]

Ethische Erwägungen prägen aber nicht nur die medizinische Wissenschaft, sondern wie kaum ein anderes Gebiet auch das Arztrecht. Dies verwundert nicht, befassen sich sowohl Ethik als auch das Recht mit dem gleichen Thema, nämlich dem Verhalten der Menschen zueinander. Recht und ärztliche Ethik (Moral) sind so gesehen eng miteinander verbunden.[789] Das Bundesverfassungsgericht hat in seinem grundlegenden Beschluss zu Fragen des Arzthaftungsprozesses zu Recht unter Berufung auf den früheren Heidelberger Arztrechtler *Eberhard Schmidt* ausgeführt, dass verglichen mit den anderen sozialen Beziehungen des Menschen im ärztlichen Berufsbereich weit mehr als sonst das Ethische mit dem Rechtlichen zusammenfließe.[790] Die Standesethik steht demnach in einem Spannungsverhältnis mit dem Recht und wirkt allenthalben und ständig in die rechtlichen Beziehungen des Arztes zum Patienten hinein. Es wäre daher eine Verkennung des Verhältnisses zwischen Arzt und Patient, sähe man es nur als eine bloße juristische Vertragsbeziehung an.[791] Gerade in der hier bestehenden komplexen Situation, in der weder die medizinische Wissenschaft mit ihren technischen Möglichkeiten noch das Recht eindeutige Handlungsanweisungen bereithalten, kommt deshalb den standesethischen Grundprinzipien umso größere Bedeutung zu. Ohne Rückgriff auf den ärztlichen Ethos kann der Jurist die Konflikte und Aporien ärztlichen Handelns gar nicht entscheiden. In diesem Abschnitt wird es deswegen darum gehen, unter ethischen Gesichtspunkten die Situation nach einer Frühgeburt zu betrachten, um der juristischen Lösung der Problematik des Behandlungsumfangs näher zu kommen.

1) Begriff und Gegenstand

Ärztliche Standesethik oder auch: medizinische Ethik kann als die systematische Besinnung auf ein verantwortungsvolles ärztliches Handeln angesichts des Dienstes am menschlichen Leben im Bereich der Gesundheitsfürsorge verstanden wer-

---

[786] *Steinvorth*, S. 26.

[787] *Deutsch/Spickhoff*, Rn. 9; *Bachmann*, S. 100.

[788] *Eb. Schmidt*, Arzt im Strafrecht, S. 10. Zu Instrumenten zur ethischen Entscheidungsfindung in der Neonatologie weiterführend *Anderweit et al.*, Ethik Med 16 (2004), S. 37ff.

[789] *Sporken*, Sp. 719f.; in diesem Sinne auch *Schreiber*, FS für *Dünnebier*, S. 643; *Laufs*, Recht und Gewissen, S. 3; *Engisch*, FS für *Dreher*, S. 309f.

[790] BVerfGE 52, 131 (170) - Arzthaftungsprozess; *Eb. Schmidt*, Arzt im Strafrecht, S. 2.

[791] BVerfGE 52, 131 (169f.) - Arzthaftungsprozess.

den.[792] Inhaltlich umfasst sie die durch die Ärzteschaft anerkannten, den einzelnen Standesgenossen sittlich bindenden Grundregeln des ärztlichen Berufs.[793] Wohl kaum in einem anderen Beruf hat eine Standesorganisation früher ein Ethos[794] ausgeprägt. Das ärztliche Berufsethos und die daraus abgeleiteten Handlungsanweisungen haben dementsprechend eine lange Tradition, die bis in die Antike zurückreicht und hier nicht im Einzelnen nachgezeichnet werden kann.[795] Die nachfolgenden Ausführungen beschränken sich deshalb auf die Darstellung zweier ärztlicher Gelöbnisse, weil diese den engeren, ausformulierten Ausschnitt ärztlicher Verpflichtungen zu sittlichem Handeln verkörpern und die grundlegenden ethischen Prinzipien und Grundgedanken nennen.

a) Der Eid des Hippokrates

Als „Mutter aller ethischen Quellen" für ärztliches Handeln ist der Eid des Hippokrates anzusehen, ein frühes medizinisch-ethisches Zeugnis aus dem 4. Jahrhundert vor der Zeitenwende.[796] Auf diesen Eid lassen sich die weiteren ethischen Leitlinien wie das Genfer Ärztegelöbnis und die Verpflichtungsformel für deutsche Ärzte zurückführen.[797] Der Hippokratische Eid formuliert ethische Grundgedanken und Prinzipien und bringt wesentliche Fragen des Arzt-Patienten-Verhältnisses zur Sprache, wenn er besagt:

> „Und ich werde die Grundsätze der Lebensweise nach bestem Wissen und Können zum Heil der Kranken anwenden, dagegen nie zu ihrem Verderben und Schaden. Ich werde auch niemandem eine Arznei geben, die den Tod herbeiführt, auch nicht, wenn ich darum gebeten werde, auch nie einen Rat in dieser Richtung erteilen."[798]

Der Arzt hat sich demgemäß als oberster Richtschnur seines Handelns an Heil und Wohl des Kranken (salus aegroti) zu orientieren; dessen Wünsche (voluntas aegroti) nach Sterbehilfe hat er zu ignorieren und ihnen nicht nachzugeben. Sein ganzes Tun oder Unterlassen dient folglich dem Leben des Patienten, was palliativmedizinische Maßnahmen nicht ausschließt.[799] Er hat also grundsätzlich das Leben des Patienten zu retten. Darüber hinaus lässt sich dem Eid entnehmen, dass der Arzt Krankheiten heilen, vermeiden oder lindern soll. Wenn dies nicht mehr möglich

---

[792] Vgl. *Sporken*, Sp. 715.

[793] *Laufs*, Recht und Gewissen, S. 3f.

[794] Zum Begriff des Ethos und zur Unterscheidung von Ethos, Moral und Ethik siehe *Irrgang*, S. 13f.; *Steinvorth*, S. 25ff.

[795] Ausführlich aber *Labisch/Paul*, Ärztliche Gelöbnisse, S. 249ff.

[796] Näher *Labisch/Paul*, Ärztliche Gelöbnisse, S. 249f.; *Wiesing*, Der Hippokratische Eid – Einführung , S. 21. Der Eid des Hippokrates ist in der Übersetzung von *Karl Deichgräber* u.a. abgedruckt bei *Laufs*, Arztrecht, S. XVI oder in der Übertragung von *Wilhelm Capelle* im Anhang bei *Sass*, Medizin und Ethik, S. 351f. Die Übersetzungen unterscheiden sich zum Teil im Wortlaut.

[797] *Everschor*, S. 53 m.N.

[798] Zitiert nach *Capelle*, abgedruckt in *Sass*, Medizin und Ethik, S. 351.

[799] *M. Zimmermann*, S. 119.

ist, hat er den Zustand des Patienten stabil zu halten, weiteres Leiden und Schmerzen zu verhindern oder zumindest zu lindern. Daraus lässt sich eine ärztliche
Wohltunspflicht[800] (Benefizienz oder Pflicht des bonum facere) für die Gesundheit
des Patienten herleiten, die als Sonderform, quasi als geringster Grad, das Gebot
der Schadensvermeidung (Non-Malefizienz oder Prinzip des primum non nocere)
enthält.[801] Das bedeutet speziell für den Neonatologen und den Geburtshelfer, wie
es *Burkhard Jähnke* formuliert hat, dass es ihre primäre Aufgabe ist, „den Übergang des Kindes aus der schützenden und nährenden Hülle des Mutterleibs in die
Außenwelt mit dem Ziel zu bewirken, es zu selbständiger Existenz zu befähi-
gen."[802] Damit erlegt der Eid des Hippokrates dem Arzt eine lebenssichernde und
-rettende Behandlungspflicht auf. Er begründet aber auch eine paternalistische
medizinische Ethik, wenn er den Arzt berechtigt, auch gegen den Willen des
Kranken zu entscheiden. Mit anderen Worten, der Arzt ist verpflichtet, den Wert
des Lebens höher einzustufen als den Willen des Patienten, als dessen Selbstbestimmung.[803]

b) Das Genfer Ärztegelöbnis

Einleitend erwähnt wurde außerdem das Genfer Ärztegelöbnis von 1948 in seiner
revidierten Fassung von 1994. Es steht nach Inhalt und Form in direkter Tradition
zum hippokratischen Eid. Dort heißt es u.a.:

> „Die Gesundheit meines Patienten wird meine erste Sorge sein. (...) Ich werde ... bei
> der Ausübung meiner ärztlichen Pflichten keinen Unterschied machen nach Alter,
> Krankheit, Behinderung (...) Ich werde dem menschlichen Leben von der Empfäng-
> nis an Ehrfurcht entgegenbringen und selbst unter Bedrohung meine ärztliche Kunst
> nicht in Widerspruch zu den Geboten der Menschlichkeit anwenden."[804]

Damit wird vergleichbar dem Hippokratischen Eid erneut das Wohl des Patienten
und die Erhaltung des Lebens zu den wichtigsten „Leitkonstanten" des ärztlichen

---

[800] Häufig wird in der Literatur hierfür auch der Begriff der „Fürsorgepflicht" verwendet.
Um eine Verwechselung mit Fürsorge im Sinne von „care" zu vermeiden, deren Rolle
als medizinethisches Prinzip oder eigenständige Ethik diskutiert wird, wird hier der o.g.
Begriff verwendet. Zur Debatte um „care" vgl. *Biller-Adorno*, JWE 2002, S. 101ff.; *von
Loewenich*, Monatsschrift Kinderheilkunde 151 (2003), S. 1263 (1267); *Beau-
champ/Childress*, S. 369ff.

[801] Zum Verhältnis der beiden Prinzipien zueinander, die in der englischsprachigen Literatur als „beneficence" und „nonmaleficente" bezeichnet werden, vgl. *Beauchamp/
Childress*, S. 114ff.

[802] *Jähnke*, Einbecker Workshop 1986, S. 103.

[803] *Irrgang*, S. 13.

[804] Das Genfer Ärztegelöbnis von 1948 ist im deutschen Wortlaut abgedruckt im Anhang
bei *Sass*, Medizin und Ethik, S. 355. Der im Jahre 1983 revidierte englische Text ist
nachzulesen bei *Laufs*, in: *Laufs/Uhlenbruck*, § 4 Rn. 16. Dieses Gelöbnis weicht in
zwei Punkten von der 1994er Fassung ab, die im englischen Wortlaut dokumentiert ist
bei *Wiesing*, Ethik in der Medizin, S. 62f.

Berufs gezählt und zum Gegenstand eines ärztlichen Berufseides gemacht. Indes fehlt dessen Anweisung, keine zum Tode führenden Mittel zu verabreichen und keinen diesbezüglichen Rat zu erteilen.[805] Die Bundesärztekammer hat das Genfer Gelöbnis des Weltärztebundes von 1948 in geringfügig geänderter Fassung übernommen und in deutscher Übersetzung seit 1950 als Verpflichtungsformel der Berufsordnung der Ärzte vorangestellt. Das Genfer Ärztegelöbnis wurde auf diesem Wege faktisch zum Approbationseid aller deutschen Ärzte.[806]

c) Stellungnahme

Vor dem Hintergrund eines paternalistisch verstandenen Arzt-Patienten-Verhältnisses erlegen die genannten standesethischen Prinzipien dem Arzt in grundsätzlicher Weise die Pflicht auf, dem Patienten Gutes zu tun, ihm mehr zu helfen als zu schaden. Der Arzt soll Leben retten und heilen und wo das nicht mehr geht, zumindest den Gesundheitszustand erhalten und Schmerzen lindern. Die Bekämpfung des Todes selbst ist danach hingegen keine Aufgabe der Medizin, jedenfalls unter christlichen Wertmaßstäben.[807] Der Arzt ist als Helfer, nicht Beherrscher des Kranken oder gar Herr über Leben und Tod anzusehen. Das Wohl des Patienten steht an erster Stelle.

Doch der wissenschaftliche und technologische Fortschritt in der medizinischen Disziplin hat die Handlungsmöglichkeiten des Arztes enorm verändert. So gehörte von der Entstehungszeit des Hippokratischen Eides bis in das 19. Jahrhundert die Behandlung unheilbarer Kranker noch keineswegs zu den Pflichten eines Arztes.[808] War die Prognose infaust oder zeigte sich eine nicht therapierbare Erkrankung, war der Arzt vielmehr von der Behandlung befreit, ohne dass dies als unethisch betrachtet wurde. Aber damals ließen sich die medizinischen Handlungsmöglichkeiten auch noch so mit den technischen Möglichkeiten verbinden, dass diese zugleich zum moralisch Geforderten wurden. Inzwischen füllt die Medizin mehr aus als nur einen Spielraum, den die Natur frei ließ.[809] Das Leben ist daher nicht mehr oberste Norm im ethischen Diskurs, sondern selbst Gegenstand einer Güterabwägung geworden. Der Vitalwert besitzt nicht mehr die „Würde der Absolutheit" und sein es schützendes Tötungsverbot wird zugunsten einer qualitativen Betrachtung des Lebenswerts relativiert.[810]

Parallel dazu änderten sich über die Jahrhunderte die organisatorischen und gesellschaftlichen Rahmenbedingungen. Es gibt nicht nur mehr den „Hausarzt" mit einem ausgeprägten Arzt-Patienten-Verhältnis wie es das Standesethos im hippo-

---

[805] Dazu *Labisch/Paul*, Ärztliche Gelöbnisse, S. 253; *Conradi*, S. 34.

[806] *Labisch/Paul*, Ärztliche Gelöbnisse, S. 254. Es ist jedoch nicht bekannt, ob und wenn ja, wo dieses Gelöbnis wem gegenüber abgegeben wird, *Ratzel/Lippert*, MBO, § 1 Rn. 4.

[807] *Eibach*, MedR 2000, S. 10 (14).

[808] *Wuermeling*, S. 103; *Uhlenbruck/Ulsenheimer*, in: *Laufs/Uhlenbruck*, § 132 Rn. 8 m.N.

[809] *Laufs*, in: *Laufs/Uhlenbruck*, § 4 Rn. 3; eingehend *H.P. Wolff*, S. 184ff.

[810] *Baumann-Hölzle*, S. 60; *Wuermeling*, S. 105: „Den Jahren wird Leben gegeben und nicht dem Leben Jahre."

kratischen Schema vor Augen hat. Nunmehr sprengen die Spezialisierung der Ärzte zu Fachärzten und das arbeitsteilige Handeln in Krankenhäusern, um nur zwei neue Größen in der medizinischen Praxis zu nennen, aber auch die zu respektierende Selbstbestimmung des Patienten über Leib und Leben die eingeschränkte Sichtweise dieses Standesethos auf und führen zu einem anderen Verständnis im Umgang miteinander. Dem modernen Leitbild der Beziehung zwischen Arzt und Patienten liegt ein partnerschaftlich-kommunikatives Modell zugrunde, in dem beide Seiten gleichberechtigt sind und sich über Krankheit und ihre Behandlung verständigen.[811] Das hat im Zusammenspiel mit der Pluralität von Wertvorstellungen in der Gesellschaft dazu geführt, dass dem Prinzip der Autonomie des Patienten unter den ethischen Prinzipien inzwischen eine überragende Bedeutung zukommt.[812] Auf rechtlicher Ebene wird dies deutlich in der Verpflichtung des Arztes zur Aufklärung und dem Erfordernis einer Einwilligung („informed consent") des Patienten. Nur bei einer Berücksichtigung des Patientenwillens ist auch dem Patientenwohl gedient.

Es wäre deswegen romantisch verklärt, in dieser Situation vom Hippokratischen Eid mit seinen sittlichen Prinzipien noch als unveränderlichem „Grundgesetz" für alle Ärzte zu sprechen. Sicher, die beiden genannten Prinzipien gehören zu den als dauerhaft anzusehenden fünf Maximen des Hippokratischen Eides und sind gleichwohl auch heute bindend.[813] Um weiterhin Geltung zu erhalten, muss der Text des Eides jedoch – wie stets über die Jahrhunderte geschehen – ausgelegt werden.[814] Deutlich wird damit, dass die medizinische Ethik keine zeitlose Normenethik ist, sondern eine Synthese aus einer Erfahrungsethik und einer prinzipien-orientierten Ethik in der konkreten Situation. Indes dürfte die Konkretisierung des hippokratischen Eides auf all die Veränderungen nicht leicht fallen. So soll der Arzt gemäß dem Prinzip des primum nil nocere handeln, also dem Patienten nicht schaden. Dieses Prinzip ist besonders in der Neonatologie zu beachten, weil Neugeborene naturgemäß die Bedeutung und Folgen einer ärztlichen Behandlung nicht selbst beurteilen können.[815] Doch was ist angesichts der Prognoseunsicherheit der „Schaden" im Fall des extrem unreifen Frühgeborenen: Im Hinblick auf den Lebensschutz allein die Behandlungsunterlassung oder ist es etwa die lebenserhaltende Behandlung, weil sie häufig nur mit lebenslangen Behinderungen einhergeht? Mit entsprechender Argumentation lässt sich, obwohl Schadensabwendung grundsätzlich Lebensschutz bedeutet, aus dem Gebot der Schadensvermeidung sogar die aktive Tötung eines Patienten ethisch begründen, etwa

[811] Eingehender zum Partnerschaftsmodell *Katzenmeier*, S. 57ff.

[812] *Heyers*, S. 32.

[813] *Laufs*, in: *Laufs/Uhlenbruck*, § 4 Rn. 15; *Wiesing*, Der Hippokratische Eid – Einführung, S. 24.

[814] *Uhlenbruck*, ZRP 1986, S. 209 (212); näher *Everschor*, S. 59f.; *Conradi*, S. 31ff.

[815] *Kollmann*, Deutsche Krankenpflege-Zeitschrift 1991, S. 489 (490); dazu auch *von Loewenich*, MedR 1985, S. 30f.

wenn weder Heilung noch Schmerzlinderung möglich sind.[816] Ähnliche Überlegungen gelten für die Pflicht des bonum facere: Auch hier wirft die Beantwortung der einen Frage neue Fragen auf. Das fängt schon mit der Frage danach an, was etwa „das Gute" sein soll und wie es gegenüber weniger Gutem abgewogen werden soll. Hilft es hier, wenn auf eine projizierte „Lebensqualität" abgestellt wird? Ferner gilt es, Patientenwohl und Patientenwille miteinander zu verbinden. Da das Neugeborene jedoch seinen Willen nicht bekunden kann, kann dieser stets mit dem medizinisch indizierten Interesse gleichgesetzt werden? Nicht zuletzt ist die Apparate- und Hochleistungsmedizin humanitär einzusetzen. Dienst am Leben darf für den Arzt daher kein rein „technisches Problem" im Sinne unbedingter quantitativer Lebensverlängerung darstellen. Die aus dem Prinzip des Wohltuns abgeleiteten Forderungen nach Lebenserhaltung einerseits und Leidensvermeidung und -minderung andererseits geraten so miteinander in Konflikt. Woran erkennt der Arzt nämlich, dass eine Grenzsituation der Lebenserhaltung vorliegt und er die Endlichkeit eines Menschenlebens anerkennen muss? Angesichts der Pluralität von Wertvorstellungen, von Schaden- und Nutzenbegriffen in unserer Gesellschaft, fällt es nach alldem schwer, im bonum facere und primum nil nocere das rechte Maß für die Lebenserhaltung zu finden. Eine definitive Aufteilung von Gutem und Nachteiligem lässt sich nicht mehr ohne Weiteres vornehmen.[817] Es fehlt in der Gesellschaft die hierfür erforderliche Übereinstimmung im Moralempfinden, ein sog. Wertekonsens.

Das auf dem traditionellen hippokratischen Ethos beruhende medizin-ethische Modell kann somit viele der neuen Fragen und Konflikte nicht mehr aus sich selbst heraus vollständig beantworten.[818] Neben den zentralen klassischen Prinzipien des Wohltuns und des Nichtschadens rücken daher zwei weitere Prinzipien ins Blickfeld, die in der Vergangenheit vernachlässigt wurden: Autonomie („autonomy") und Gerechtigkeit („justice").[819] Diese inzwischen weithin akzeptierten moralischen Prinzipien sind ebenfalls bei der Entscheidung über die Behandlung von extrem unreifen Frühgeborenen zu berücksichtigen und bilden mit den beiden traditionellen Handlungsanweisungen die vier Grundprinzipien der modernen Medizin.[820] Sie sind gleichwertig und stehen miteinander in einem Spannungsfeld, so dass sie im Einzelfall miteinander in Konflikt geraten und die Entscheidung häufig nur auf Kosten des einen oder anderen Prinzips gefällt werden kann.[821] Die

---

[816] Bedenklich *Kollmann*, Deutsche Krankenpflege-Zeitschrift 1991, S. 489 (491), der sich ohne nähere Begründung in diesem Sinne äußert; a.A. *Bockelmann*, S. 24f.

[817] *Ach/Wiesing*, Geburtsh.Frauenheilk. 62(2002), S. 294 (297).

[818] In diesem Sinne auch *Sass*, Einführung, S. 7; *Irrgang*, S. 16ff.; *Hepp*, Der Gynäkologe 25 (1992), S. 130; *Laufs*, Arztrecht, Rn. 7.

[819] Ausführlich zu all diesen Prinzipien das Standardwerk von *Beauchamp/Childress*; ferner *H. P. Wolff*, S. 197ff.; zum Gerechtigkeitsprinzip vgl. auch *Giesen*, JZ 1990, S. 929 (932f.).

[820] *Beauchamp/Childress*, S. 12f.

[821] *Labisch/Paul*, Ärztliche Gelöbnisse, S. 254; *Müller-Busch*, in: Nationaler Ethikrat, S. 8; *Biller-Adorno*, JWE 2002, S. 102f.; ebenso die Empfehlungen der Arbeitsgruppe der

Ausrichtung an Maximen in ihrer Allgemeinheit reicht folglich nicht aus, um angesichts der modernen medizinischen Möglichkeiten dem Arzt bei seiner Entscheidung, ob er das viel zu früh zur Welt gekommene Neugeborene intensivmedizinisch behandeln oder die (weitere) Behandlung unterlassen soll, eine eindeutige Orientierungshilfe vorzugeben. Sie belassen ihm stattdessen einen weiten Handlungs- und Entscheidungsspielraum und können nur Eckpunkte ärztlichen Handelns markieren. Eindeutige Antworten nach Behandlungsgrenzen lassen sich daraus nicht gewinnen. *Adolf Laufs* ist zuzustimmen, wenn er feststellt, die wissenschaftlichen und technischen Entwicklungen seien dem bewährten überlieferten Berufsethos gleichsam davongeeilt.[822] Immerhin kann schon jetzt festgehalten werden, dass sich der Standesethik keine unbeschränkte und unbedingte Lebenserhaltungspflicht entnehmen lässt und dass mit dem Autonomieprinzip im medizinethischen Bereich der Basis des Selbstbestimmungsrechts herausragende Bedeutung zufällt.

2) Ärztliche Verhaltensweisen und ihre ethischen Grundlagen

Trotz eines in den Grundsätzen einheitlichen Ethikverständnisses kommen die Ärzte bei der Entscheidung über die Behandlung von Frühgeborenen zu unterschiedlichen Ergebnissen. Das Einvernehmen darüber, was gute und schlechte Handlungen ausmacht, ist zerbrochen.[823] Von einem allgemein akzeptierten Wertekonsens kann folglich nicht mehr ausgegangen werden. Insbesondere der für den Lebensschutz fundamentale ethische Grundsatz, das Tötungsverbot, hat eine deutliche Relativierung erfahren. Leben ist kein unverfügbares Gut mehr. Vor diesem Hintergrund lassen sich im ethischen Bereich drei unterschiedliche Grundmodelle zur Behandlungspflicht extrem unreifer und schwerstgeschädigter Neugeborener ausmachen, die allerdings in der Praxis fast nur in Mischformen vorkommen.[824] Diese Vielzahl an Modellen dürfte zum einen mit einer unterschiedlichen Gewichtung der medizinethischen Prinzipien zusammenhängen, zum anderen mit der Prognoseunsicherheit. Je näher sich nämlich die Wahrscheinlichkeit des gesunden Überlebens eines Frühgeborenen entweder an 100% oder an 0% annähert, desto eher besteht Einigkeit über das ethisch richtige Vorgehen. Hingegen ist es sehr schwierig, die dazwischenliegenden Wahrscheinlichkeiten konsistent für Einzelfallentscheidungen zu nutzen.[825] Diskutiert werden folgende Alternativen: Eine

---

Schweizerischen Gesellschaft für Neonatologie zur Betreuung von Frühgeborenen an der Grenze der Lebensfähigkeit, SÄZ 83 (2002), S. 1589 (1590), unter Punkt 2.3.

[822] *Laufs*, Recht und Gewissen, S. 7.

[823] Das gilt europaweit, wie das heteronome Meinungsbild einer im Jahr 2000 publizierten und in elf europäischen Ländern durchgeführten Studie zeigt, näher *De Leeuw et al.*, J Pediatr 137 (2000), S. 608ff.; *Kind*, Der Gynäkologe 34 (2001), S. 744 (745); vgl. hierzu auch *Laufs*, NJW 2000, S. 1757. Von einem europaweit unterschiedlichen Ethikverständnis geht indes *Wenderlein*, Geburtsh. Frauenheilk. 63 (2003), S. 280 (282), aus.

[824] *Cuttini et al.*, Lancet 355 (2000), S. 2112 (2115f.).

[825] *Kind*, Der Gynäkologe 34 (2001), S. 744 (745).

unbedingte (maximale) Behandlungspflicht, eine selektive Behandlung sowie als Sonderfall einer Behandlungsauswahl unter bestimmten Umständen die aktive Tötung des Neugeborenen (Infantizid). Die ethischen Grundlagen dieser ärztlichen Verhaltensweisen sollen im Folgenden kritisch dargestellt werden.

a) Maximale Behandlung

Die am weitesten gehende Verhaltensalternative ist in ihrer Reinform gekennzeichnet durch die Forderung nach einer unbedingten lebenserhaltenden Behandlungspflicht. Jedes Neugeborene, egal ob zu früh oder schwerstgeschädigt geboren, ist danach in vollem Umfang mit den technisch möglichen und verfügbaren medizinischen Mittel zu behandeln. Die intensivmedizinische Behandlungspflicht entfällt erst dann, wenn der Tod des Kindes nahezu gewiss ist („virtually certainty"). Darüber hinaus gibt es keine klinischen Situationen, die einen Behandlungsabbruch oder Behandlungsverzicht beim extrem unreifen Frühgeborenen ethisch rechtfertigen.

Grundlage dieses im angloamerikanischen Raum befürworteten deontologischen Ethikmodells[826], dem die bereits genannte Strategie der Lebenserhaltung um jeden Preis („Wait Until Certainty" oder eben auch „Saving-life-at-any-price" Approach) entspricht, ist das in religiösen Traditionen wurzelnde Prinzip der „Heiligkeit des Lebens".[827] Menschliches Leben ist nach diesem Ansatz in all seinen Erscheinungsformen gleichwertig. Es ist unverfügbar und darf nicht gegen andere Menschenleben oder gar Sachwerte abgewogen werden. Das Leben des extrem unreifen Frühgeborenen ist folglich unabhängig vom Grad einer Schädigung vor Erwägungen zur Lebensqualität sowie zu wirtschaftlichen oder sozialen Aspekten seines Überlebens geschützt. In Deutschland hat diese Forderung nach einer aggressiven Maximaltherapie in der sog. „Wulfes-Petition"[828] vom 27. Dezember 1990, benannt nach der Heilpädagogin Frau Prof. *Sieglinde Wulfes*, unter deren Leitung die folgenlos gebliebene „Petition für ein klareres Verbot der Eingrenzung ärztlicher Behandlungspflichten bei vermeintlich schwerstkranken oder schwerstbehinderten Neugeborenen" erarbeitet wurde, Niederschlag gefunden. Bei diesem Modell einer Prinzipienethik, bei der die Heiligkeit des Lebens die oberste Norm darstellt, wird der ärztliche Heilauftrag abstrakt und allgemein im Sinne

---

[826] Näher zu den einzelnen Vertretern *M. Zimmermann,* S. 204ff.; deutsche Vertreter nennt *von Loewenich*, in: *Hegselmann/Merkel*, S. 135. Zum Begriff der deontologischen Ethik knapp *Brudermüller*, S. 110f.; *Gründel*, Einbecker Workshop 1986, S. 75.

[827] Eine ausführliche Darstellung dieser Grundfigur ethischer Argumentation findet sich bei *Kuhse*, S. 17ff.; knapper *Künschner*, S. 18ff.; kritisch *Kuhse/Singer*, S. 47ff., 160ff. Als mythischen Leitsatz versteht *M. Zimmermann,* S. 353ff., die „Heiligkeit des Lebens".

[828] Die Petition ist in Auszügen abgedruckt als Anlage 5 in: *Diakonisches Werk der Evangelisch-Lutherischen Kirche in Bayern, Diakonie-Kolleg Bayern* (Hrsg.): Ethik und Humanwissenschaften im Dialog: Wenn Mitleid töten könnte... Die „neue" Euthanasiediskussion, 1991, S. 79ff. Ein anderer Veröffentlichungsort ist mir bedauerlicherweise nicht bekannt.

einer uneingeschränkten Pflicht zur Lebenserhaltung verstanden und darauf reduziert. Entsprechend dem deontologischen Ansatz, wonach unabhängig von seinen
direkten Wirkungen ein Verhalten als moralisch geboten einzuschätzen ist, wenn
es eine Pflicht um ihrer selbst willen erfüllt, ist danach ein ärztliches Verhalten
ethisch richtig, das den bedingungslosen Lebensschutz beabsichtigt. Der Schaden,
den es zu vermeiden gilt, ist, gerade vor dem Hintergrund der Prognoseunsicherheit, der frühzeitige Tod des Patienten. Allein die Lebenserhaltung dient daher
dem Patientenwohl, weshalb die Behandlungsentscheidung ausnahmslos dem
Grundsatz *„In dubio pro vita"* folgt. Auf den (mutmaßlichen) Willen des Patienten kommt es hiernach nicht an. Seine Autonomie wird durch den so verstandenen
Heilauftrag beschränkt.

Kritik erfährt dieses ethische Konzept vor allem deswegen, weil es den Arzt zur
mechanischen Lebenserhaltung verpflichtet und zwar auf Kosten anderer ethischer
Prinzipien wie dem Gebot der Schadensvermeidung, der Würde des Menschen
und der damit eng verbundenen Autonomie des Willens.[829] Je weiter das medizinisch-technische Können reicht und fortschreitet, desto dringender stellt sich aber
auch die moralische Frage nach dem Dürfen und Sollen, will man nicht „Sein" mit
„Sollen" gleichsetzen. Doch empirische Elemente werden nicht einbezogen, ein
ethisches Urteil wird in der konkreten Entscheidungssituation vielmehr durch
formalistische Regeln umgangen. Die Forderung nach einer Lebenserhaltung um
jeden Preis in der Neonatologie mündet deshalb in einer Situation, die der Theolo-
ge *Helmut Thielicke*[830] als „Terror der Humanität" apostrophiert hat.[831] Vielleicht
um dieser Gefahr zu begegnen, werden in der praktischen Umsetzung dieser Ansicht deshalb in engen Grenzen weitere Behandlungsgrenzen zugelassen, die an
willkürlich gewählten klinischen Faktoren anknüpfen, zum Beispiel an einer irreversiblen Bewusstlosigkeit, und damit zwangsläufig Qualitätsurteile über das
Leben darstellen, was sich freilich – wenn überhaupt – nur schwer mit der Grundannahme einer Gleichwertigkeit alles menschlichen Lebens vereinbaren lässt.[832]
Darüber hinaus verträgt sich ein so verstandener bedingungsloser Schutz des Lebens als Zielsetzung bei der Behandlung extrem unreifer Frühgeborener nicht mit
dem zurückgenommenen Lebensschutz des Fötus oder des bereits dem Bereich
der Sterbehilfe unterfallenden erwachsenen Menschen. Insgesamt betrachtet, führt
die ethische Forderung nach einer Maximaltherapie somit faktisch zu einer streng
gehandhabten Selektion.[833]

b) Selektive Behandlung

Die Forderung nach einer Maximalbehandlung birgt – wie gesehen – die Gefahr
einer Übertherapie und den Zwang der technischen Machbarkeit in sich. Um dies

---

[829] Kritisch etwa *Danish Council of Ethics*, Debate outline, S. 32ff.
[830] Das Zitat geht zurück auf sein Werk „Leben mit dem Tod, Tübingen 1980.
[831] Zur Kritik *M. Zimmermann*, S. 212f.
[832] Näher zu den Inkonsistenzen der Argumentation *M. Zimmermann*, S. 213.
[833] *Zimmermann*, in: *Frewer/Winau*, S. 89. Danish *Council of Ethics* spricht daher auch
       vom "Saving-life-at-(almost)-any-price approach", vgl. Debate outline, S. 31.

zu vermeiden, und um extrem unreifen Frühgeborenen aufgrund ihrer Schädigungen unnötiges Leiden zu ersparen, sieht ein anderes Modell eine nur eingeschränkte lebenserhaltende Behandlungspflicht vor.[834] Unter den extrem unreifen Frühgeborenen wird deshalb nach bestimmten Kriterien ausgewählt, wer lebenserhaltend therapiert wird und bei wem medizinische Maßnahmen nur beschränkt zum Einsatz kommen. Denn es sei nicht das „Schicksal", das hier die schwerwiegenden Schädigungen verursacht, sondern der Mensch selbst durch die lebenserhaltende Behandlung.[835]

Die moralische Rechtfertigung solch einer selektiven Behandlung beruht auf einem teleologischen (konsequentialistischen) Ethikmodell. Bei dieser Art ethischer Reflexion und Begründung wird die Gebotenheit eines Verhaltens nicht durch die moralische Qualität der Handlung selbst und der ihr zugrunde liegenden Motive bestimmt, sondern sie richtet sich nach den Wirkungen und Folgen der Handlung.[836] Die bekannteste Ausprägung dieses Konzepts ist der Utilitarismus, welcher anhand einer rationalen Güterabwägung nach dem größtmöglichen Gesamtnutzen einer Handlung für eine größtmögliche Zahl fragt. Ob ein Frühgeborenes mit allen intensivmedizinischen Maßnahmen lebenserhaltend zu versorgen ist, erfordert danach also eine ethische Abwägung zwischen dem durch die Behandlung wahrscheinlich ermöglichten Nutzen (Gewinn) und dem behandlungsbedingten Schaden (Leiden). Es ist im besten Interesse des Patienten zu entscheiden.

Solch eine Abwägung setzt freilich Abwägungskriterien voraus. So wird die ärztliche Pflicht zur Lebenserhaltung vielfach durch Überlegungen zur erreichbaren Lebensqualität modifiziert. Dabei rechtfertigt die Aussicht auf ein Leben mit hoher Lebensqualität aktuell größere Belastungen des Frühgeborenen, als wenn bloß eine kurzzeitige Lebensverlängerung mit weniger Lebensqualität erwartet werden kann. Das Prinzip der „Heiligkeit des Lebens" wird damit aufgegeben zugunsten eines Anspruchs auf Lebensqualität beziehungsweise Lebensglück. Als weitere Kriterien anstelle oder zur Konkretisierung des Begriffs der Lebensqualität werden unter anderem noch genannt:[837] bestimmte Krankheitsbilder, Schädigungsgrad, ihr Personenstatus, Erlebnis- und Kommunikationsfähigkeit sowie statistische Aussagen zur Überlebens- und Schädigungswahrscheinlichkeit, festgemacht am Geburtsgewicht oder Gestationsalter des extrem unreifen Frühgeborenen. Außerdem können vom Ansatz her neben den Interessen des betroffenen Frühgeborenen auch soziale oder wirtschaftliche Interessen anderer Beteiligter (Familie, Gesellschaft) bei der Abwägung berücksichtigt werden.[838]

---

[834] Näher zu den Vertretern dieser Position *M. Zimmermann*, S. 214ff.
[835] Eingehend zu diesem Argument *Danish Council of Ethics*, Debate outline, S. 35.
[836] *Brüdermüller*, S. 108; *Steinvorth*, S. 38; näher *Beauchamp/Childress*, S. 340ff.
[837] Zur Auflistung der Kriterien vgl. auch *M. Zimmermann*, S. 227ff.
[838] Zu einem „ganzheitlichen" Ansatz vgl. *Danish Council of Ethics*, Debate outline, S. 40ff.; *Anderweit et al.*, Ethik Med 16 (2004), S. 37 (42ff.); vgl. auch *Kuhse/Singer*, S. 196ff.

Diesem Ethikmodell entsprechen die oben unter B. genannten Handlungsstrategien der sog. „Statistical Strategy" („The A-threshold-limit Approach"), dem Ansatz der entscheidend auf statistische Daten abstellt, sowie der sog. „Individualized Prognostic Strategy" („The-Clinical-judgement-settles-the-matter Approach"), die den Behandlungsumfang nach der individuellen Reife des jeweiligen Frühgeborenen festlegt.

Aber auch das Konzept der selektiven Behandlung als ethisch richtige Verhaltenweise des Arztes hat Stärken und Schwächen. Das ihr zugrunde liegende utilitaristische Ethikmodell vermag es zwar, die klinischen Erfahrungen mit der Behandlung einzubeziehen und erkennt, dass Lebenserhaltung aufgrund daraus resultierenden Leidens nicht in jedem Fall der ärztlichen Wohltunspflicht und dem Nichtschadensprinzip entsprechen muss. Es ist aber insofern idealistisch, als es eine Folgenabschätzung erfordert. Da kein Mensch allwissend ist, können die Folgen einer Handlung aber immer nur annäherungsweise bestimmt werden. Diese grundsätzliche Problematik erfährt angesichts der Unsicherheit der kindlichen Prognose im Bereich der Neonatologie noch eine Verstärkung, was besondere Prognosestrategien erforderlich macht. Ethische Argumente sprechen hier für die individualisierte und gegen die statistische Prognosestrategie, da es diese Strategie vermeidet, eine willkürliche Behandlungsgrenze zu setzen und die Behandlung nicht von einer abstrakten Vorentscheidung über das einzelne Frühgeborene hinweg abhängig macht, mit der – wie bei der Strategie einer Lebenserhaltung um jeden Preis, nur mit umgekehrten Vorzeichen – ein ethisches Urteil letztlich in der konkreten Entscheidungssituation umgangen wird. Der Blick auf den individuellen Zustand des Frühgeborenen, auf seine Lebensfähigkeit, der angesichts der biologisch bedingten Unterschiede im Reifegrad trotz gleichem Alter oder Geburtsgewicht notwendig ist, ermöglicht vielmehr eine angemessene Entscheidung mit der permanenten Möglichkeit eines Korrektivs.

Eine ethische Güterabwägung erscheint aber auch deshalb als problematische Grundlage für eine Behandlungsentscheidung, weil es bisher keine allgemein anerkannten Abwägungskriterien gibt. Die dargebotenen Kriterien zeichnen sich vielmehr durch eine uneinheitliche Bandbreite aus, was daran liegt dass sie aus unterschiedlichen Bereichen (Medizin, Philosophie) kommen und demzufolge klinische Fakten ebenso betreffen wie soziale Aspekte oder Personenstatus und Lebensqualität. Dadurch wird nicht nur der Eindruck erweckt, die Kriterien seien willkürlich gewählt.[839] Gerade der Wertebegriff der Lebensqualität ist überdies ein Beispiel für die Abstraktheit mancher der Kriterien beziehungsweise dafür, dass diese selbst keineswegs klar definierbar sind. All dies zeigt, dass konsensfähige Kriterien bislang nicht existieren. Sie sind aber notwendig, um Entscheidung auch unter ethischen Gesichtspunkten objektiv nachvollziehbar zu begründen. Darüber hinaus werden unterschiedliche Positionen dazu vertreten, wer neben dem betroffenen Frühgeborenen noch zur relevanten Gruppe der Beteiligten zählt, so dass

---

[839] Zu diesem und anderen Kritikpunkten vgl. *M. Zimmermann*, S. 230f.; *Zimmermann*, in: *Frewer/Winau*, S. 92.

unklar ist, wessen behandlungsbedingter Nutzen und Schaden bei der Abwägung einzubeziehen ist.

Eine weitere Schwäche dieses Ethikmodells liegt im Subjektivismus der Güterabwägung.[840] Jede Abwägung erfolgt auf der Basis bestimmter leitender Zielvorstellungen, die auf einem subjektiven Wertesystem beruhen, denn jedes einzelne Individuum hat seine eigenen Wertvorstellungen und seine eigene Werthierarchie. Um hierauf abzustellen, müssen diese aber bekannt sein. Das führt im Fall eines Neugeborenen freilich zu großen Schwierigkeiten, weil weder zu seinen Wertvorstellungen noch zu deren Gewichtung etwas bekannt ist und es in der aktuellen Situation auch nicht befragt werden kann. Es ist daher unter dem Gesichtspunkt der Patientenautonomie ethisch (und auch rechtlich) höchst fragwürdig, aus der Binnenperspektive des Kindes zu argumentieren und abzuwägen, wenn sich die daraus resultierende Entscheidung nur als Fremdbestimmung über die Lebensqualität des Frühgeborenen und nicht als seine autonome Entscheidung darstellt, zumal sie den Tod dieses Lebens zur Folge hat. Theoretisch könnte man die ethische Abwägung zwar auch verobjektivieren und Lebensqualität aus anderer Perspektive, also von außen beurteilen. Zu Recht macht der Mediziner *Volker von Loewenich* in diesem Zusammenhang darauf aufmerksam, dass diejenigen Frühgeborenen, um deren Lebensqualität man sich die meisten Sorgen macht, gar nicht solche sind, die später über ihre Lebensqualität überhaupt nachdenken können.[841] Andererseits lässt sich jedoch empirisch belegen, dass adoleszente ehemalige Frühgeborene Lebensqualität anders und sehr oft wesentlich höher einschätzen als Ärzte und Eltern.[842]

Insgesamt betrachtet, wird nach dieser Handlungsweise das ethische Dilemma zwischen der Unverletzlichkeit menschlichen Lebens und der Pflicht, kein (lebenslanges) Leiden zu verursachen, nicht mehr einseitig zugunsten der Lebenserhaltungspflicht aufgelöst. Es wird eine selektive Medizin betrieben, die am gesundheitlichen Zustand des Frühgeborenen und damit letztlich an qualitativen Erwägungen zum Lebenswert anknüpft. Solch eine selektive Behandlung wegen körperlicher und geistiger Schädigungen steht grundsätzlich im Verdacht, Behinderte zu diskriminieren. Denn ob gewollt oder nicht, den „ausselektierten" Frühgeborenen wird durch das Unterlassen lebenserhaltender Intensivmaßnahmen zwar ein mögliches, schweres Leiden erspart, doch ihnen wird gleichzeitig auch ihr Lebensrecht abgesprochen. Die ethische Interessenabwägung kollidiert daher aus rechtlicher Sicht zwangsläufig mit den Lebensschutzprinzipien. Ob und wie sich eine selektive Behandlungspraxis rechtlich umsetzen lässt, wird also noch zu untersuchen sein.

---

[840] Vgl. *M. Zimmermann*, S. 231f.; *Brüdermüller*, S. 109.

[841] *Von Loewenich*, Monatsschrift Kinderheilkunde 151 (2003), S. 1263 (1268).

[842] *Kind*, Der Gynäkologe 34 (2001), S. 744 (746f.); mit kritischer Würdigung der Ergebnisse *Saigal*, Clinics in perinatology 27 (2000), S. 403 (411ff.).

c) Aktive Früheuthanasie (Infantizid)

Schließlich lässt sich auch eine ärztliche Intervention zur aktiven Tötung des Frühgeborenen ethisch begründen. Da das Unterlassen einer lebenserhaltenden Therapie nicht immer auch ein Sterben des Frühgeborenen in kürzester Zeit bedeutet, sondern die Sterbephase sich über Wochen und Monate hin erstrecken und für die betroffenen Kinder zudem auch noch schmerzvoll sein kann, wird überlegt, ob anstelle eines passiven Sterbenlassens nicht eher ein rascher und schmerzloser Tod durch eine aktive Tötung moralisch geboten ist. Vor allem Bioethiker und Philosophen, die wie *Richard M. Hare* und seine Schüler *Peter Singer* und *Helga Kuhse* in der Tradition des angelsächsischen Utilitarismus stehen, aber auch deutsche Rechtsphilosophen wie *Norbert Hoerster* oder *Reinhard Merkel* plädieren in ihren Schriften aus unterschiedlichen Gründen für die Zulässigkeit einer aktiven Früheuthanasie.[843] Es würde den Rahmen dieser Arbeit sprengen, sich im Detail mit all diesen Ansichten auseinanderzusetzen.[844] Aufgezeigt werden an dieser Stelle daher nur in aller Kürze die Stärken und Schwächen dieses teleologischen Ethikverständnisses, wobei exemplarisch auf den Ansatz der australischen Ethiker *Peter Singer* und *Helga Kuhse* eingegangen wird.

Nach konsequentialistischer Ethik ist das aktive Eingreifen des Arztes, um das Leben des Frühgeborenen zu beenden, richtig, weil es der Leidensminderung dient. Die aktive Herbeiführung des Todes ist hier deshalb höher zu bewerten, weil sie schneller zu dem gewünschten Handlungsziel führt. Von der Perspektive der Handlungsfolgen aus betrachtet, besteht außerdem kein moralisch bedeutsamer Unterschied zwischen einer aktiven Tötung und einem passiven Sterbenlassen.[845] Beide Male ist der Tod des Frühgeborenen das erklärte Ziel. Töten ist hiernach nicht in sich moralisch schlecht, sondern kann je nach den Umständen gerechtfertig sein.

Diesen utilitaristischen Ansatz modifiziert *Peter Singer* zum sog. Präferenz-Utilitarismus.[846] Dabei folgt er zunächst den klassischen Prinzipien des Utilitarismus: Entsprechend des Konsequenzprinzips wird die Richtigkeit einer Handlung mittels einer Folgenabschätzung von ihren Wirkungen her bestimmt. Dabei orientiert sich die moralische Bewertung gemäß dem Utilitätsprinzip an dem Maß der Nützlichkeit der Handlung für die Maximierung von Glück und Minimierung von Leiden (Hedonismusprinzip) für die größtmögliche Zahl der Betroffenen (Universalitäts-Prinzip), wobei nach dem Rationalitätsprinzip nur die Vernunft die Grund-

---

[843] *Singer*, S. 218ff., 232ff.; *Merkel*, Früheuthanasie, S. 578ff.; *ders.*, Medizin-Recht-Ethik, S. 154ff.; *Hoerster*, Neugeborene, S. 107ff., der sich allerdings nicht als Utilitarist versteht. Zu weiteren Vertretern vgl. *M. Zimmermann,* S. 232ff.

[844] Eine ausführliche, im Einzelnen mehr oder weniger überzeugende Auseinandersetzung findet sich bei *M. Zimmermann*, S. 232ff.; *Conradi*, S. 281ff.; *Everschor*, S. 163ff.; *Picker*, FS für *Flume*, S. 163ff.

[845] *Singer*, S. 267f.; *Kuhse*, S. 51ff.; *Kuhse/Singer*, S. 105ff., insb. S. 132f.

[846] So die eigene Etikettierung von *Singer*, S. 128.

lage der Universalisierbarkeit moralischer Entscheidungen sein kann.[847] Neu an dem Denkansatz von *Peter Singer* ist die zusätzliche Einbeziehung der Interessen (Präferenzen) der an der Handlung Beteiligten als alleinige Grundlage für die ethische Beurteilung der Handlung. Sein Modell einer rationalen Ethik der Interessen bestreitet, dass es übergeordnete Prinzipien gibt, mit deren Hilfe ein Konsens in ethischen Konfliktfragen herbeigeführt werden kann.[848] Solche Prinzipien seien angesichts des gesellschaftlichen Pluralismus immer im Streit. Ethische Urteile hätten vielmehr der Verhaltensweise den Vorzug zu geben, die möglichst viele Präferenzen möglichst vieler Beteiligter berücksichtigt. Daraus folgt, dass grundsätzlich nur diejenigen Beteiligten innerhalb der ethischen Abwägung berücksichtigt werden müssten, die ihrerseits überhaupt zur Entwicklung von Präferenzen fähig sind.[849] Allein die Zugehörigkeit zur menschlichen Gattung begründet danach kein Lebensrecht.[850] Rechte und Würde seien vielmehr nur solchen menschlichen Lebewesen einzuräumen, die über bestimmte Eigenschaften verfügen, was heißt die Fähigkeit, Präferenzen zu haben, und denen deshalb der moralische Status zukommt, „Personen" zu sein. Entscheidend seien Kriterien wie Autonomie, Selbstbewusstsein und Rationalität.[851] Wer nicht darüber verfüge, könne prinzipiell zur Tötung frei gegeben werden. Neugeborenen in einem Alter von weniger als einem Monat zählen hiernach nicht zu den moralisch relevanten „Personen", da sie die Präferenz zu leben beziehungsweise nicht getötet werden zu wollen, nicht haben. Sie seien zwar empfindungsfähige Wesen und hätten deshalb Interesse an der Schmerzvermeidung, weil sie aber nicht autonom und vernunftbegabt seien, tue man ihnen kein Unrecht, wenn man sie aus Gründen, die dem besseren Wohl anderer dienen, töte.[852] Demzufolge sind es Lebensqualität und die Fremdinteressen der Eltern, Familie oder der Gesellschaft, die im Falle der extremen Unreife oder schwersten Schädigung bei der „gleichen Interessenabwägung"[853] für die Tötung des Neugeborenen sprechen.[854] Ein übergeordnetes Recht auf Leben muss nach dieser Theorie aufgrund des fehlenden Personenstatus nicht beachtet werden; auch besitzt danach biologisches Leben von sich aus keinen Wert.

---

[847] Vgl. *Zimmermann*, in: *Frewer/Winau*, S. 95; *M. Zimmermann*, S. 263; *Honecker*, JWE 1999, S. 97.

[848] *Singer*, S. 31; *Honecker*, JWE 1999, S. 98f.

[849] *Huber*, S. 149. Ähnlich *Merkel*, Früheuthanasie, S. 439ff., der in enger Verwandtschaft mit *Hoerster* einen interessenethischen Ansatz verfolgt, wonach kein (moralisches) Lebensrecht hat, wer keine Lebensinteressen besitzt.

[850] Zur Unhaltbarkeit des Spezies-Arguments vgl. auch *Merkel*, Früheuthanasie, S. 464ff.; *ders.*, Medizin-Recht-Ethik, S. 123ff.

[851] *Singer*, S. 118f., 219ff., 233ff., *Kuhse/Singer*, S. 176ff.; *Kuhse*, S. 258.

[852] *Singer*, S. 221, 232ff.; *Kuhse/Singer*, S. 245ff. *Kuhse*, S. 265f.

[853] Zum Prinzip der gleichen Interessenabwägung als grundlegendes Prinzip der Gleichheit siehe *Singer*, S. 39ff.; dazu kritisch *M. Zimmermann*, S. 293ff.

[854] Näher zu dieser Interessenbilanz *Zimmermann*, in: *Frewer/Winau*, S. 98f.; kritisch *Seifert*, S. 149f.

Für die ethische Rechtfertigung eines Infantizids kann, da es sich um eine besondere Ausformung eines auf utilitaristischen Überlegungen basierenden Selektionsmodells handelt, zunächst auf die grundsätzlich mit diesem ethischen Denkansatz verbundenen Vor- und Nachteile verwiesen werden, insbesondere auf die nur bedingt kalkulierbare Folgenabschätzung. Zusätzlich ist folgendes anzumerken: Grundvoraussetzung dieses Modells ist, dass man die Prämisse teilt, zwischen Tun und Unterlassen bestehe nur eine formale, aber keine moralisch relevante Differenz. Das geht freilich nur, wenn man einer teleologischen Ethik folgt, denn sieht man mit der traditionellen abendländischen Lehre in der einzelnen Handlung oder Absicht das Objekt moralischer Bewertung, muss man zu einem anderen Ergebnis gelangen. Es bedeutet nämlich einen grundlegenden Unterschied, der nur in Grenzfällen verschwimmt, ob der Arzt das Leben seines Patienten bewusst durch einen eigenhändigen todbringenden Akt beendet, oder ob er den Tod durch das Unterlassen medizinischer Maßnahmen geschehen lässt.[855] Darüber hinaus wird der ärztliche Heilauftrag zu einem ambivalenten Doppelmandat aus Heilen und Töten verkehrt. Zu keiner Zeit und in keinem Kulturkreis war das Töten aber eine ärztliche Aufgabe.[856] Ein solches Handeln entspricht nicht dem ärztlichen Verständnis vom Nichtschadensprinzip.[857] Das erklärt auch, warum Ärzte intuitiv Vorbehalte gegen eine aktive Sterbehilfe haben. Dies zeigen Studienergebnisse, wonach aktive Tötungshandlungen durch Medikamentenabgabe nicht nur von deutschen Ärzten, sondern in Europa weit überwiegend abgelehnt werden.[858] Allerdings darf nicht vergessen werden, dass andererseits auch ein Schwangerschaftsabbruch zu den ärztlichen Aufgaben gezählt wird, was näher besehen nichts anderes ist als eine aktive vorgeburtliche Tötungshandlung.

Die moralische Rechtfertigung der Tötung eines Neugeborenen nach dem Präferenzutilitarismus folgt auf dem Schluss, dass Neugeborene wegen fehlender Autonomie legitimerweise getötet werden dürfen. Doch die diesem Urteil zugrunde liegenden Prämissen sind keineswegs unumstritten. So ist bereits sein Personbegriff nur einer unter vielen, die allesamt nicht konsensfähig sind.[859] Warum gerade Autonomie, Selbstbewusstsein und Rationalität als Entscheidungsgrundlage für den Personstatus gewählt werden, erscheint willkürlich; sie sind moralisch durch nichts determiniert.[860] *Peter Singer* springt hier vom Sein ins Sollen und definiert die zu fordernden Qualitäten selbst. Zugrunde gelegt wird ein bestimmtes

---

[855] Vgl. *Beauchamp/Childress*, S. 142; *Conradi*, S. 357f.; *Eibach*, MedR 2000, S. 10 (12).

[856] *Oduncu/Eisenmenger*, MedR 2002, S. 327 (336); *Sahm*, ZfL 2005, S. 45 (47); *Wuermeling*, S. 103; *M. Zimmermann*, S. 237.

[857] Dies entspricht im Ergebnis auch einer „Ethik der Würde", wie sie *Wolfgang Huber* vertritt, vgl. *Huber*, S. 151.

[858] Nach *Cuttini et al.*, Lancet 355 (2000), S. 2112 (2114ff.), bekennen sich bis auf französische und niederländische Ärzte europaweit nur wenige Ärzte (<5%) zu aktiven Tötungshandlungen. Zu einer deutschen Umfrage vgl. *M. Zimmermann*, S. 100f.

[859] Weiterführend *Honecker*, JWE 1999, S. 102ff.

[860] Näher *Picker*, FS für *Flume*, S. 203ff.; *M. Zimmermann*, S. 289f.; kritisch auch *Joerden*, S. 119ff., der für die Gehirntätigkeit als Kriterium plädiert.

Menschenbild, das philosophisch nicht genügend abgestützt wird.[861] Auch ist das Abstellen auf die aktuelle Autonomiefähigkeit beim Personenbegriff problematisch, weil Autonomie theoretisch auch bloß teilweise vorhanden sein oder langsam nachlassen kann. Es stellt sich die unbeantwortete Frage nach Abgrenzungskriterien. Offen ist zudem, warum die fehlende Interessenfähigkeit die generelle Schutzunwürdigkeit bedingt.[862]

Kritisch zu hinterfragen ist ferner, warum „Interessen" zur Basis moralischen Urteilens erhoben werden und was diese sowie der mehrdeutige Begriff „Präferenzen" überhaupt besagen.[863] Keine Rolle spielt in diesem Zusammenhang für *Peter Singer* außerdem der Gesichtspunkt einer Stellvertretung bei der Interessenwahrnehmung, also bei der Ausübung der Selbstbestimmung, wenn – wie beim Neugeborenen der Fall – dieser dazu selbst nicht in der Lage ist. Das Autonomieprinzip muss aber auch hier gelten. Es ist eine bloße Behauptung, dass Neugeborene nicht autonomiefähig sind, keine Präferenzen haben. Das Argument hat keine empirische Basis. Vielmehr verfügt ein Neugeborenes sehr wohl über Autonomie und ist in sehr diskreter Weise auch zur Kommunikation fähig.[864] Die von *Peter Singer* in solchen Fällen angebotene Kompensation über eine rationale Abwägung von Schmerz, Leid und Wohl ist daher ethisch bedenklich, sofern keine Anhaltspunkte dafür vorhanden sind, dass es sich um die Eigeninteressen des Kindes handelt. Ansonsten werden eigene Wertvorstellungen in das Neugeborene hineinprojiziert und zum Maßstab der Abwägung. Das ist Fremdbestimmung, was, gerade wenn es um die Bewertung der Lebensqualität im Hinblick auf eine Tötung geht, ethisch nicht zu legitimieren ist.

Singers verobjektivierte Argumentation vom Standpunkt eines „idealen Beobachters" anstatt aus der Perspektive des betroffenen Kindes ist überdies noch aus einem anderen Grund bedenklich. Sie ist nach seinen Prämissen zwar folgerichtig, die Konzeption verkennt aber, dass damit verschiedene Blickwinkel bestehen, die zu unterschiedlichen Ergebnissen führen können. Eine vernünftige Interessenabwägung und die individuellen Interessen des Betroffenen sind nicht ohne weiteres gleichzusetzen.[865] Darüber hinaus begründet eine allein auf Fremdinteressen basierende Rechtfertigung einer aktiven Tötungshandlung keine selbstlose Hilfe zum Sterben mehr, sondern bereitet mental den Boden für eine fremdnützige Euthanasie.[866]

---

[861] Dieser Kritikpunkt trifft auch auf die interessenethische Position von *Merkel* zu, vgl. die Rezensionen von *Michael Pawlik*, Fürs Töten reicht es nicht, FAZ vom 31.05.2001, S. 60, sowie von *Stephan Rixen*, GA 2002, S. 293 (297).

[862] Vgl. *Joerden*, S. 120, der stattdessen an eine Pflegschaft denkt.

[863] Vgl. *M. Zimmermann*, S. 293ff.; *Honecker*, JWE 1999, S. 106f. Zur gleichen Kritik an *Merkels* Ethik vgl. *Michael Pawlik*, Fürs Töten reicht es nicht, FAZ vom 31.05.2001, S. 60; *Stephan Rixen*, GA 2002, S. 293 (297).

[864] Dazu *von Loewenich*, in: *Hegselmann/Merkel*, S. 148f. und in: der kinderarzt 27 (1996), S. 135 (141f.); *Seifert*, S. 146f.

[865] Vgl. *Honecker*, JWE 1999, S. 109.

[866] *Picker*, FS für *Flume*, S. 167.

Endlich ist anzuführen, dass der auf dem Hedonismusprinzip beruhende Ansatz der unbewiesenen Grundannahme folgt, dass ein Nichtsein gegenüber einem leidvollen Leben moralisch vorzuziehen ist. Und auch das Dammbruchargument kann bemüht werden, weil zum einen die bei der Abwägung zu berücksichtigenden Fremdinteressen von der jeweils herrschenden Werthaltung der Gesellschaft abhängen, womit sie in gewissem Maße der Willkürsetzung überlassen sind, zum anderen Ausnahmen vom Tötungsverbot stets dem Risiko der Nichtkontrollierbarkeit und des Missbrauchs unterliegen.[867]

Insgesamt betrachtet, ist die ethische Begründung einer aktiven Früheuthanasie als gebotene ärztliche Verhaltensweise eher fragwürdig als überzeugend. Neben den aufgezeigten Kritikpunkten kommt hinzu, dass das von *Peter Singer* entworfene und mit ihm von *Helga Kuhse* vertretene Denkmodell in vielen Bereichen keine innere Konsistenz aufweist und sich widerspricht.[868] Abgesehen davon, ist die an den Personenstatus geknüpfte Relativierung des Lebensschutzes nicht mit Art. 1 bis 3 GG vereinbar. Der von *Peter Singer* propagierte Präferenzutilitarismus entspricht daher nicht dem Wertessystem des Grundgesetzes.

II. Das Standesrecht der Ärzte

Neben ethischen Gesichtspunkten bestimmt ferner das ärztliche Standesrecht den ärztlichen Heilauftrag. Es regelt die beruflichen Rechte und Pflichten des Arztes, wobei es im Kern die aus dem ärztlichen Ethos folgenden moralischen Verpflichtungen des Berufsstandes aufnimmt und normiert.[869] Dieses Berufsrecht im engeren Sinne ergänzt und erweitert die Berufspflichten wie sie sich bereits aus den allgemein geltenden Normen des BGB, StGB und Grundgesetz ergeben.[870] Die Rechtsverbindlichkeit der ärztlichen Berufsregeln folgt aus deren Erlass als autonome Satzung der Landesärztekammern. Hierzu sind die Ärztekammern aufgrund der Kammergesetze der Länder ermächtigt.[871] Da alle deutschen Ärzte Pflichtmitglieder einer Landesärztekammer sind, binden diese Satzungen jeden Arzt. Von Interesse ist hier die Berufsordnung der Ärzte, die im Einzelnen festlegt, was der Arzt bei der Ausübung seines Berufes zu beachten und was er unter Vermeidung berufsgerichtlicher Sanktionen zu unterlassen hat.

Da die Gesetzgebungskompetenz im Bereich der ärztlichen Berufsausübung in die Länderhoheit fällt, verläuft die inhaltliche Ausarbeitung einer ärztlichen Be-

---

[867] So etwa *Conradi*, S. 359ff.; *M. Zimmermann*, S. 298ff.

[868] Eingehend *Picker*, FS für Flume, S. 209ff.; *M. Zimmermann*, S. 276ff.

[869] *Ulsenheimer*, Ärztliches Standesrecht, S. 256; *Laufs*, in: *Laufs/Uhlenbruck*, § 3 Rn. 11. Darüber hinaus kommen Standesordnungen aber umgekehrt auch erhebliche Bedeutung bei der Herausbildung des Berufsethos zu, vgl. *Taupitz*, Standesordnungen, S. 475ff.

[870] *Laufs*, Arztrecht, Rn. 67.

[871] *Laufs*, in: *Laufs/Uhlenbruck*, § 5 Rn. 5. Im Gegensatz zur Bundesärztekammer, die als nichtrechtsfähiger Verein organisiert ist, sind die Ärztekammern der Länder Körperschaften des öffentlichen Rechts, vgl. nur § 1 Heilberufsgesetz (HeilBerG) M-V.

rufsordnung in Deutschland zweistufig. Entsprechend ihrer satzungsgemäßen Aufgaben, auf eine möglichst einheitliche Regelung der ärztlichen Berufspflichten und der Grundsätze für die ärztliche Tätigkeit auf allen Gebieten hinzuwirken, verfasst die Bundesärztekammer zunächst einen Musterentwurf, der, nachdem er auf dem Deutschen Ärztetag als Musterberufsordnung beschlossen wird,[872] von den jeweiligen Landesärztekammern meist mit nur geringen Veränderungen übernommen und auf der Grundlage der Kammer- und Heilberufsgesetze der Länder[873] verabschiedet wird. Ihre Rechtsverbindlichkeit als Satzungsrecht gewinnt die Berufsordnung sodann mit der anschließenden Genehmigung durch das zuständige Landesministerium.[874] Derzeit gültig ist die Muster-Berufsordnung für die deutschen Ärztinnen und Ärzte (MBO-Ä 1997) in der Fassung von 2004, wie sie von dem 107. Deutschen Ärztetag beschlossen wurde. Sie soll hier für das Standesrecht exemplarisch herangezogen werden.[875]

§ 1 Abs. 2 MBO-Ä[876] definiert die Grundpflichten der ärztlichen Berufsausübung: Ohne Einschränkungen oder nähere Erläuterungen hält die Bestimmung an der Aufgabe des Arztes fest, Leben zu erhalten, die Gesundheit zu schützen und wiederherzustellen sowie Leiden zu lindern. Insoweit kommt es nicht zu einer näheren Ausgestaltung der allgemeinen gesetzlichen Pflichten. Allerdings benennt sie als ärztliche Aufgabe ausdrücklich auch „den Sterbenden Beistand zu leisten." Die Berufsordnung erkennt damit in der Sterbebegleitung eine eigene Kategorie ärztlichen Handelns, die ergänzend zur Lebenserhaltungpflicht hinzutritt. Deren Verhältnis zueinander weiter zu konkretisieren, unterbleibt jedoch an dieser Stelle. Doch zeigt diese Einbeziehung, dass der Sterbevorgang „nicht zur Resignation einer nur am Heilungserfolg interessierten Medizin führen muss."[877]

Bei seiner Behandlung hat der Arzt gemäß § 7 Abs. 1 MBO-Ä die Menschenwürde des Patienten zu wahren sowie dessen Persönlichkeit, Willen und insbesondere das Selbstbestimmungsrecht zu achten. Die Vorschrift ist damit eine Ausprägung des Menschenbildes, das dem Grundgesetz in Art. 1 und 2 GG zugrunde

---

[872] Der Bundesärztekammer ist es nicht verwehrt, als Bundesverband der Landesärztekammern eine unverbindliche Musterberufsordnung zu schaffen, *Taupitz*, Standesordnungen, S. 785ff.

[873] Für Mecklenburg-Vorpommern siehe § 33 Heilberufsgesetz (HeilBerG) M-V.

[874] *Ratzel/Lippert*, MBO, § 1 Rn. 4; *Laufs*, Arztrecht, Rn. 66. Die Muster-Berufsordnung selbst stellt für die Ärzte weder objektives noch privatrechtlich geschaffenes Recht dar, näher *Taupitz*, Standesordnungen, S. 748ff.

[875] Als Anhang zum Kapitel 1 ist die MBO-Ä 1997 in der Fassung von 2000 abgedruckt in: *Laufs/Uhlenbruck*, S. 39ff. Für Mitglieder der Ärztekammer Mecklenburg-Vorpommern gilt noch die Berufsordnung für die Ärztinnen und Ärzte in Mecklenburg-Vorpommern vom 26. Januar 2000.

[876] Diese wie die folgenden aus der MBO-Ä 1997/2004 zitierten Bestimmungen sind wortidentisch mit den entsprechenden Regelungen in der Berufsordnung für die Ärztinnen und Ärzte in Mecklenburg-Vorpommern vom 26. Januar 2000.

[877] *M. u. R. Zimmermann*, ZEE 43 (1999), S. 86 (94), die darin einen richtungsweisenden Impuls erkennen.

liegt.[878] Eine nähere Ausformung der verfassungsrechtlichen Rahmenbedingungen folgt aus der Berufsordnung allerdings nicht.

In § 16 MBO-Ä erfolgt schließlich die Konkretisierung der aus § 1 Abs. 2 MBO-Ä folgenden allgemeinen Lebenserhaltungspflicht bei Sterbenden. Genannt werden Voraussetzungen, wonach ausnahmsweise das Sterbenlassen eines Patienten durch Verzicht auf lebensverlängernde Maßnahmen zulässig sein soll. Dies soll dann der Fall sein, „wenn ein Hinausschieben des unvermeidbaren Todes für die sterbende Person lediglich eine unzumutbare Verlängerung des Leidens bedeuten würde." Darüber, wann diese Situation vorliegt, schweigt die Vorschrift jedoch. Der aktiven Verkürzung des Lebens wird hingegen ausdrücklich eine Absage erteilt. § 16 MBO-Ä hat sich damit zwar nicht näher mit der Problematik von Ausnahmesituationen befrachtet, dafür vielmehr ein weiteres Mal die Lebenserhaltungspflicht des Arztes herausgestellt und sich unmissverständlich zum Verbot der aktiven Sterbehilfe bekannt.

III. Richtlinien und Empfehlungen

Schließlich sind an dieser Stelle noch die als „Richtlinien", „Leitlinien", „Empfehlungen" oder auch „Grundsätze" verabschiedeten Verlautbarungen von medizinischen Fachgesellschaften und interdisziplinären Arbeitsgemeinschaften sowie der Bundesärztekammer zu nennen. Sie stehen quasi zwischen Gesetzesrecht und ethischen Prinzipien und haben große praktische Bedeutung. Sie sind Instrumente der Sicherung der Qualität ärztlichen Handelns und dienen dem Patientenschutz. Ihr Verbindlichkeitsgrad ist in erster Linie eine Funktion fachlicher Bewertungen.[879]

Will man in feiner Semantik zwischen „Richtlinien", „Leitlinien" und „Empfehlungen" unterscheiden, so kommt den Richtlinien der höchste Verbindlichkeitsgrad zu, Empfehlungen der geringste.[880] Rechtsverbindlichkeit besitzen die Verlautbarungen jedoch nicht. Sie gewinnen Rechtsverbindlichkeit erst durch ihre Erhebung zu Satzungsrecht, mittelbare Wirksamkeit möglicherweise mit der Rezeption durch die Gerichte über § 276 BGB als Standards oder Sorgfaltsgebote.[881] In § 13 I MBO-Ä wird zwar bestimmt, dass der Arzt bei speziellen medizinischen Maßnahmen oder Verfahren „Empfehlungen" der Ärztekammer zu beachten hat, womit – obwohl wörtlich nur von „Empfehlungen" die Rede ist – eine Richtlinienkompetenz der Ärztekammer beschrieben und eine unmittelbare Bindungswirkung suggeriert wird.[882] Die Richtlinien erhalten durch diese Verweisung je-

---

[878] *Ratzel/Lippert*, MBO, § 7 Rn. 1.

[879] *Hart*, MedR 1998, S. 8 (10 f.) m.N.; *Laufs*, in: *Laufs/Uhlenbruck*, § 5 Rn. 11.

[880] *Hart*, MedR 1998, S. 8 (16) spricht hinsichtlich Richtlinien von „Zwang", in Bezug auf Empfehlungen von „Rat". Vgl. hierzu auch *J.P. Beckmann*, JWE 1999, S. 421.

[881] *Laufs*, in: *Laufs/Uhlenbruck*, § 5 Rn. 11; *Ratzel/Lippert*, MBO, § 13 Rn. 1; *Künschner*, S. 214; *Tolmein*, MedR 1997, S. 534 (538f.).

[882] *Ratzel/Lippert*, MBO, § 13 Rn. 1.

doch nicht den Rang von verbindlichen Satzungsvorschriften. Normative Bindung ist allein dem von den Aufsichtsbehörden genehmigten Satzungsrecht zuzuerkennen.[883]

Festhalten lässt sich somit, dass die Verlautbarungen professioneller Institutionen dem Arzt orientierende Hilfe für sein Handeln im Einzelfall wie auch bei der Auslegung des geltenden Rechts bieten. Sie vermögen den Arzt aber nicht von zwingenden Rechtsvorschriften zu entbinden. Letztendlich ist es dem Arzt überlassen, ob er ihnen folgt oder nicht. Soweit sie sich mit dem vorliegenden Thema beschäftigen, sollen diese institutionell gesetzten ärztlichen Handlungsregeln nachfolgend näher behandelt werden.

1) Die „Einbecker Empfehlungen"

Speziell mit den Grenzen der ärztlichen Behandlungspflicht bei schwerstgeschädigten Neugeborenen beschäftigt sich eine „Empfehlung" der Deutschen Gesellschaft für Medizinrecht (DGMR). Vor dem Hintergrund fehlender Rechtssicherheit und mangelnder allgemeiner Rechtsüberzeugung unternahm die DGMR im Frühsommer 1986 den Versuch, auf einem interdisziplinären Symposium von Medizinern verschiedener Fachrichtungen, Juristen, Theologen und Ethikern Empfehlungen zu erarbeiten, um den im einzelnen Fall vor Ort tätigen Ärzten „Entscheidungshilfen" zu geben und um „zu mehr Rechtssicherheit" zu gelangen.[884] Das Ergebnis dieser Tagung waren die sog. „Einbecker Empfehlungen" vom 29.Juni 1986.[885] Im Hinblick auf die seit 1986 „eingetretenen Veränderungen der diagnostischen, therapeutischen und prognostischen Situation bei schwerstgeschädigten Neugeborenen",[886] aber auch angesichts der anhaltenden und weiter differenzierten ethischen Diskussion wurden die „Einbecker Empfehlungen" Anfang der 1990er Jahre nochmals diskutiert und als „revidierte Fassung" 1992 veröffentlicht.[887] Diesmal wurden die Empfehlungen nicht nur von der DGMR erarbeitet und getragen, sondern auch die Deutsche Gesellschaft für Kinderheilkunde und die Akademie für Ethik in der Medizin zeichnen als Urheber verantwortlich. Ausdrückliche Regelungen zum Umgang mit extrem unreifen Frühgeborenen enthalten indes beide Fassungen nicht. Da aber auch die extrem unreifen Frühgeborenen zu den schwerstgeschädigten Neugeborenen zu zählen sind, können die Empfehlungen auch insoweit herangezogen werden.

---

[883] *Vesting*, MedR 1998, S. 168 (169f.); *Taupitz*, Standesordnungen, S. 776ff.; *Laufs*, in: *Laufs/Uhlenbruck*, § 5 Rn. 11.

[884] So die Einleitung des Tagungsberichts zum 1. Einbecker Workshop, vgl. *Hiersche/Hirsch/Graf-Baumann*, S. VII.

[885] Abgedruckt in *Hiersche/Hirsch/Graf-Baumann*, S. 183ff. sowie in MedR 1986, S. 281f.

[886] So die Präambel der Revidierten Fassung 1992.

[887] Abgedruckt u.a. in MedR 1992, S. 206f.

a) Zum Inhalt der Einbecker Empfehlungen von 1986

Die Einbecker Empfehlungen von 1986 nannten erstmalig Voraussetzungen, unter denen der Arzt bei schwerstgeschädigten Neugeborenen die medizinischen Behandlungsmöglichkeiten nicht ausschöpfen muss. Hierin liegt ihre Besonderheit. Angelehnt an die Verfassung und die Berufsordnung betonen die Empfehlungen unter Ziffer I. zunächst die „vorrangige ärztliche Aufgabe", das menschliche Leben als „Wert höchsten Ranges innerhalb unserer Rechts- und Sittenordnung" zu erhalten. Hierbei darf es keinerlei Differenzierung geben, etwa nach der sozialen Wertigkeit und Nützlichkeit oder dem körperlichen oder geistigen Zustand. Folgerichtig enthält Ziffer III. das Verbot, durch aktive Eingriffe gezielt das Leben eines Neugeborenen zu verkürzen. Ziffer IV. bestimmt anfänglich zwar noch, dass der Arzt verpflichtet ist, „das Beste, das Wirksamste zu tun, um das Leben zu erhalten und bestehende Schädigungen zu mildern oder zu beheben". Doch diese Behandlungspflicht werde nicht allein durch die medizinischen Möglichkeiten bestimmt, sondern auch durch den Heilauftrag des Arztes und ethische Beurteilungskriterien. Durch diesen Rückgriff auf außerrechtliche, ethische Kriterien wird der Weg geebnet für eine Begrenzung der ärztlichen Behandlungspflicht, die wegen des verfassungsrechtlichen Lebensschutzes unter rein rechtlichen Gesichtspunkten so nicht ohne weiteres gezogen werden könnte. Dem folgend wird konstatiert, es gebe Fälle, in denen der Arzt seine Behandlungsmöglichkeiten nicht ausschöpfen müsse, jedoch gemäß Ziffer VIII. die Basisversorgung zu garantieren habe. Diese Fälle werden unter Ziffer V. anhand von drei Grundkonstellationen konkretisiert, die ihrerseits jeweils unter einer Auflistung von Krankheitsbildern kurz erläutert werden. Die Fallgruppen, die es danach rechtfertigen, eine Behandlung nicht aufzunehmen oder abzubrechen, sind:

1. Neugeborene, deren Leben durch die ärztliche Behandlung nicht „auf Dauer erhalten" werden kann, sondern bei denen nur der „sichere Tod hinausgezögert" wird;
2. Neugeborene, die trotz der Behandlung nie „die Fähigkeit zur Kommunikation" erlangen werden;
3. Neugeborene, deren „Vitalfunktionen auf Dauer nur durch intensivmedizinische Maßnahmen aufrechterhalten werden können"

In sonstigen Fällen wird dem Arzt nach Ziffer VI. ein Beurteilungsrahmen zugebilligt, wobei dieser Bereich eingegrenzt wird auf Neugeborene, denen eine Behandlung nur ein Leben mit „schwersten, nicht behebbaren Schäden" ermöglichen würde; dem gleichgesetzt werden „multiple Schäden". Der Umstand, dass dem Neugeborenen ein Leben mit Behinderungen bevorsteht, rechtfertigt ausdrücklich keinen Behandlungsabbruch bzw. -verzicht (Ziffer VII.), womit klargestellt ist, dass außer in den in Ziffer V. und VI. genannten Fällen grundsätzlich eine absolute Behandlungspflicht besteht. Während also in Fällen der Ziffer V. der Arzt nicht zu behandeln braucht, muss bei der unter Ziffer VII. fallenden Gruppe behandelt

werden. Dazwischen liegt eine „Grauzone" mit Beurteilungsspielraum.[888] Mit der
Beteiligung der Eltern an der Entscheidungsfindung beschäftigt sich schließlich
Ziffer IX.

b) Zur Kritik an den Empfehlungen von 1986

Die Einbecker Empfehlungen von 1986 waren der erste Versuch, etwas Licht in
die am Beginn stehende wissenschaftliche Diskussion dieser Spezialmaterie zu
bringen. Es verwundert daher nicht, wenn die Grundkonzeption der Einbecker
Empfehlungen im In- und Ausland Beachtung und Anerkennung fand.[889] Andererseits wurden sie im Detail auch zu Recht kritisiert.[890]

Kritik entfachte sich zwar nicht bereits daran, dass die Grenzen der ärztlichen
Behandlungspflicht nicht – wie anfänglich noch von den Teilnehmern der Einbecker Arbeitstagung erhofft – mittels einer festen Einteilung anhand eines Katalogs
von Krankheitsbildern in den Kategorien „Behandlungspflicht", „keine Behandlungspflicht" und „Beurteilungsspielraum" vorgenommen wurde.[891] Es wurde
deutlich, dass dieser Weg nicht gangbar ist, vielmehr einzelfallbezogene Entscheidungen zu treffen sind, wofür Richtpunkte gefunden wurden, die dem Arzt Entscheidungshilfen bei der Frage nach Behandlungsabbruch oder Behandlungsfort-
führung geben. An dieser Stelle setzt die Kritik ein, vor allem wurde die Auflistung beispielhafter Krankheitsbilder heftig kritisiert.[892] Die den einzelnen Fallgruppen zugeordneten speziellen medizinischen Erscheinungsbilder machten nämlich das Ganze zwar plastischer, doch diese Beispiele waren medizinisch nicht im
erforderlichen Umfang abgesichert.[893] Auch verzichteten die Empfehlungen auf
eine genaue Beschreibung der nicht mehr behandlungspflichtigen Schweregrade
dieser Krankheitsbilder. Bemängelt wurde ferner der zu große Beurteilungsspielraum des Arztes, sowie dass mehrfach auf Prognoseentscheidungen abgestellt
wird, deren potentielle Fehlerhaftigkeit aber nicht thematisiert wird. So lassen sich
die dauerhafte Erhaltung des Lebens ebenso wie die Kommunikationsfähigkeit
von Neugeborenen mit schwersten Hirnschädigungen oder ein Leben mit schwers-

---

[888] So ausdrücklich *Weißauer* in der Abschlussdiskussion des Einbecker Workshop, vgl.
Hiersche/Hirsch/Graf-Baumann, S. 154.

[889] *Laufs*, Arztrecht, Rn. 305, spricht von „differenzierenden, ausgewogenen Maßgaben"
zu den Grenzen der ärztlichen Behandlungspflicht bei schwerstgeschädigten Neugeborenen; vgl. auch *ders.*, FS für *Weißauer*, S. 95.

[890] *Ulsenheimer*, Z. ärztl. Fortbild. 87 (1993), S. 875 (876); näher zur Kritik *M. Zimmermann*, S. 154f. m.N.

[891] Auf diese Vorstellung geht *Hirsch* in der Abschlussdiskussion des Einbecker Workshop
kurz ein, vgl. *Hiersche/Hirsch/Graf-Baumann*, S. 138.

[892] Näher zur Kritik *Everschor*, S. 211f. m.w.N. So spricht *Obladen*, Z. ärztl. Fortbild. 87
(1993), S. 867 (870) von „unglücklichen und missverständlichen Beispielen", *Bonfranchi*, Soziale Medizin 1993, S. 28 (30) von „in höchstem Masse fragwürdigen Beispielen".

[893] So *Ulsenheimer* in einem Diskussionsbeitrag zum Thema „Neonatalperiode – Behandlungspflicht beim Früh- und Neugeborenen, Z. ärztl. Fortbild. 87 (1993), S. 883.

ten, nicht behebbaren bzw. multiplen Schäden fast nie mit absoluter Sicherheit beurteilen. Aufs heftigste kritisiert und als „Verstoß gegen verfassungsmäßige Grundrechte (Art. 1 und 2 GG) und einschlägige Gesetze (insbesondere §§ 212, 223ff., 323c StGB)" angesehen wurden die Einbecker Empfehlungen von 1986 in der sog. „Wulfes-Petition" vom 27. Dezember 1990.[894]

Überzeugend ist vor allem die Kritik von *Reinhard Merkel*, der auf einen offenen logischen Widerspruch hinweist: Grundprämisse der Empfehlungen ist der unter Ziffer I.2. ausgeführte uneingeschränkte Lebensschutz. Gleichzeitig werden vor diesem Hintergrund aber in Ziffer V. und VI. Ausnahmesituationen benannt, in denen wegen körperlicher oder geistiger Schädigungen auf eine Behandlung verzichtet werden kann oder nicht weiter behandelt zu werden braucht. Der Grad einer Schädigung soll damit zum einen kein rechtlich und sittlich zulässiges Differenzierungskriterium im Bereich des Lebensschutzes sein, zum anderen wird aber gerade danach die Behandlungspflicht eingegrenzt und ein ansonsten strafbares Sterbenlassen von Neugeborenen erlaubt. Die Empfehlungen widersprechen sich somit evident selbst.[895]

c) Zum Inhalt der Revidierten Fassung von 1992

Die Revidierte Fassung von 1992 berücksichtigt die Kritik ebenso wie die in der Praxis aufgetretenen Missdeutungen des 1986er Textes, bleibt in der Neufassung jedoch bei den Kernaussagen.[896]

Vorangestellt wird den Empfehlungen nunmehr eine Präambel, die ausdrücklich betont, dass die Empfehlungen nicht als Handlungsanweisung aufzufassen sind, sondern als Orientierungshilfe[897] für den Arzt im konkreten Einzelfall. Sie sollen gleichermaßen der Entscheidungsfindung und der Beratung dienen. Dem Arzt wird weiterhin ein Beurteilungsspielraum eingeräumt (Ziffer IV.2. und VI.), wobei in der Präambel bereits postuliert wird, dass trotz grundsätzlicher „Unverfügbarkeit menschlichen Lebens in jeder Entwicklungs- und Altersstufe" die in

---

[894] So genannt nach der Heilpädagogin Frau Prof. *Sieglinde Wulfes*, unter deren Leitung eine „Petition für ein klareres Verbot der Eingrenzung ärztlicher Behandlungspflichten bei vermeintlich schwerstkranken oder schwerstbehinderten Neugeborenen" erarbeitet wurde. Die Petition ist in Auszügen abgedruckt als Anlage 5 in: <u>Diakonisches Werk der Evangelisch-Lutherischen Kirche in Bayern, Diakonie-Kolleg Bayern</u> (Hrsg.): Ethik und Humanwissenschaften im Dialog: Wenn Mitleid töten könnte... Die „neue" Euthanasiediskussion, 1991, S. 79ff. Ein anderer Veröffentlichungsort ist mir bedauerlicherweise nicht bekannt.

[895] *Merkel*, Früheuthanasie, S. 137. In diesem Sinne übte *Merkel* bereits an früherer Stelle Kritik, vgl. *ders.*, in: *Hegselmann/Merkel*, S. 109, aber auch seinen Diskussionsbeitrag zum Thema „Neonatalperiode – Behandlungspflicht beim Früh- und Neugeborenen, Z. ärztl. Fortbild. 87 (1993), S. 881.

[896] Auf die einzelnen sprachlichen und inhaltlichen Änderungen geht auch *M. Zimmermann*, Geburtshilfe als Sterbehilfe?, S. 155f. ein; vgl. ferner *Everschor*, S. 212.

[897] *Von Loewenich,* Monatsschrift Kinderheilkunde 151 (2003), S. 1263 (1268), spricht von „Denkanleitungen".

den Empfehlungen genannten Grenzsituationen dazu führen können, „dass dem Bemühen um Leidensvermeidung oder Leidensminderung im wohlverstandenen Interesse des Patienten ein höherer Stellenwert eingeräumt werden muss als dem Bemühen um Lebenserhaltung oder Lebensverlängerung." Im Unterschied zu den Empfehlungen von 1986 verzichtet die Revidierte Fassung von 1992 bei der Umschreibung dieser Grenzsituationen in den Ziffern V. und VI. auf eine Konkretisierung anhand spezieller medizinischer Krankheitsbilder.[898] Korrigiert wird unter Ziffer VI. insbesondere für die 1986 in Ziffer V.1. genannte Fallgruppe der Neugeborenen ohne dauerhafte Lebenserhaltung das Merkmal Hinauszögern des „sicheren Todes" in ein Hinauszögern eines „in Kürze zu erwartenden Todes". Wie aus dem Zusammenhang mit Ziffer IV.3. folgt, ist dies nunmehr der einzige Fall, indem nicht vollumfänglich behandelt werden muss, das passive Sterbenlassen des Neugeborenen durch Nichtausschöpfen der medizinischen Behandlungsmöglichkeiten mithin zulässig ist. Das damals unter Ziffer V.2. genannte Kriterium der „Kommunikationsfähigkeit" entfällt damit ebenso wie die in Ziffer V.3. des 1986er Textes aufgeführte Fallgruppe.[899] Auch die alte Formulierung eines Lebens mit „schwersten, nicht behebbaren Schäden" in den Fällen, in denen dem Arzt ein Beurteilungsrahmen zugesprochen wurde, wird ersetzt. In Ziffer VI. wird nun von einem Leben mit „äußerst schweren Schädigungen, für die keine Besserungschancen bestehen" gesprochen. Insoweit ist die Gleichsetzung mit „multiplen Schäden" gestrichen worden. Die ärztliche Behandlungspflicht ist demnach – grob zusammengefasst – begrenzt bei Neugeborenen mit kurzer Lebenserwartung und bei Neugeborenen mit mehr oder minder schwer geschädigtem Leben. Der Umstand, dass dem Neugeborenen ein Leben mit Behinderungen bevorsteht, rechtfertigt nach Ziffer II.2. weiterhin keinen Behandlungsabbruch bzw. –verzicht. Gemäß Ziffer VI. hat der Arzt ferner zu prüfen, „ob die Belastung durch gegenwärtig zur Verfügung stehende Behandlungsmöglichkeiten die zu erwartende Hilfe übersteigt und dadurch der Behandlungsversuch ins Gegenteil verkehrt wird." Überarbeitet wurden schließlich die Empfehlungen zur Beteiligung der Eltern (Ziffer VII.).

d) Zur Kritik an der Revidierten Fassung

Auch die Revidierte Fassung von 1992 lässt sich in mehrfacher Hinsicht kritisieren.[900] So hat die Neufassung der Einbecker Empfehlungen zwar dazu geführt, dass „schwammige" Formulierungen des 1986er Textes entfallen sind oder ersetzt wurden. Doch die neuen Umschreibungen für die Fälle eines zulässigen Behandlungsverzichts sind nicht weniger vage und abstrakt und bedürfen gleichfalls einer Präzisierung, worauf neben *Ernst Ludwig Grauel* auch *Norbert Hoerster* hin-

---

[898] *Merkel* sieht in der Streichung der Beispiele den Versuch, den von ihm aufgezeigten Widerspruch zu beseitigen, vgl. *ders.*, JZ 1996, S. 1145 (1147); in: *Brudermüller*, S. 136 sowie zuletzt in: Früheuthanasie, S. 137.

[899] Positiv zur Streichung der „verhängnisvollen Formulierung" in Ziffer V.2. *Weber/Vogt-Weber*, Arztrecht 1999, S. 4 (6).

[900] Aus behindertenpolitischer Sicht bewertet *Bonfranchi*, Soziale Medizin 1993, S. 28ff. die Revidierte Fassung.

weist.[901] Darüber hinaus kritisiert *Hoerster* die kategorische Ablehnung der aktiven Sterbehilfe.[902] Seiner Ansicht nach sei außerdem der in Ziffer VI. verwendete Gesichtspunkt der „Behandlungsbelastung" in seiner inhaltlichen Weite alles andere als unproblematisch und werfe aus rechtsethischer Sicht Fragen auf.[903] „Ungereimtheiten und Lücken"[904] macht aber nicht nur *Hoerster* in den Empfehlungen aus. Auf weitere Inkonsistenzen weist *Reinhard Merkel* hin – und zwar zwischen der Ziffer I.2. einerseits und den Ziffern V. und VI. andererseits: Die Möglichkeit gemäß den Ziffern V. und VI. auf eine lebenserhaltende Maßnahme zu verzichten beruhe nämlich genau genommen auf einer nach Ziffer I.2 unzulässigen Abstufung des Lebensschutzes nach dem körperlichen Zustand des Neugeborenen.[905]

e) Stellungnahme

Die Einbecker Empfehlungen von 1986 sowie die Revidierte Fassung von 1992 müssen aufgrund ihrer Entstehungsgeschichte als Dokumente der ärztlichen Praxis in diesem Bereich der Neonatologie angesehen werden. Augenscheinlich ist außerdem, dass sie sich inhaltlich im großen Maße mit den Ergebnissen decken wie sie bis dahin von dem überwiegenden Teil der strafrechtlichen Literatur vertreten wurden, was angesichts der Teilnahme namhafter Arzt- und Strafrechtler an der Einbecker Arbeitstagung freilich nicht verwundert. Die Einbecker Empfehlungen bringen eine weithin unter Ärzten akzeptierte Vorgehensweise zum Ausdruck, wollen dem Arzt aber keine Handlungsanweisung, sondern nur eine Orientierungshilfe bei Beratung und Entscheidungsfindung geben.[906] Entsprechend ihrer Zielrichtung stellt die Revidierte Fassung von 1992[907] daher keine verbindlichen Maßstäbe auf, sondern postuliert für den Arzt einen „Beurteilungsrahmen" beziehungsweise das „Prinzip der verantwortungsvollen Einzelfallentscheidung nach sorgfältiger Abwägung".[908] Dadurch bleibt es letztendlich dem jeweiligen Arzt

---

[901] *Hoerster*, Neugeborene, S. 80 f., aber auch *Grauel*, S. 24, für den die Empfehlungen „so wie sie kurz formuliert sind, immer noch irreleitend" sind. Es gibt aber auch Stimmen, die zumindest sprachlich die Neufassung begrüßen, vgl. hierzu *Bonfranchi*, Soziale Medizin 1993, S. 28 (29) sowie die Nachweise bei *Everschor*, S. 214.

[902] *Hoerster*, Neugeborene, S. 90ff., 98.

[903] Näher und mit Lösungsansätzen *Hoerster*, Neugeborene, S. 82ff. Entgegen *Hoerster* und seiner Kritik an einer zu starken Berücksichtigung dieses Gesichtspunkts argumentiert aus ethischer Sicht *Merkel*, Früheuthanasie, S. 562ff.

[904] *Hoerster*, Neugeborene, S. 100.

[905] *Merkel*, Früheuthanasie, S. 136ff.

[906] *Hoerster*, Neugeborene, S. 85, scheint erstaunt zu sein, dass die Verfasser der Einbecker Empfehlungen „offenbar gar keine *verbindlichen Maßstäbe* für die Zulässigkeit passiver Sterbehilfe gegenüber Neugeborenen formulieren" wollten. Dabei folgt dies sowohl aus der Präambel der Revidierten Fassung als auch aus der Entstehungsgeschichte der Urfassung von 1986.

[907] Als die derzeit gültige Fassung der Einbecker Empfehlungen wird nachfolgend allein auf deren Text abgestellt.

[908] Ziffer VI. einerseits und Ziffer IV.2. andererseits.

überlassen, in den Extremsituationen am Lebensbeginn die Behandlungsmöglichkeiten voll auszuschöpfen oder nicht: Er muss nicht immer behandeln, aber er
darf. Jedenfalls gibt es keine Situation, in der dem Arzt eine Behandlung untersagt
wird. Ihm wird ein Freiraum für eine persönliche, individuelle und verantwor-
tungsvolle Gewissenentscheidung zugebilligt, wobei unter den Ziffern V. und VI.
die bei einer Entscheidung zu berücksichtigenden Gesichtspunkte genannt sind.
Doch die Gesichtspunkte „kurze Lebenserwartung", „geschädigtes Leben" und
„Behandlungsbelastung" sind alles andere als eindeutig und führen zu einem weiten Beurteilungsspielraum des Arztes; auch ist ihre Gewichtung offen. Die Empfehlungen nennen jedenfalls keine objektiven Maßstäbe, die diese Begriffe näher
definieren helfen und damit die Entscheidung, dass der Tod für das Neugeborene
besser ist als ein Weiterleben, nachprüfbar macht. So hängt der Lebensschutz
letztendlich von den subjektiven Erfahrungen des Arztes und seinem Augenmaß
ab. Daran würde sich auch nur bedingt etwas ändern, wenn der Arzt bei seiner
Entscheidungsfindung zur Klärung der Begriffe wieder auf typische Krankheitsbilder zurückgriffe. Soll das Sterbenlassen von Neugeborenen in Grenzsituationen
nicht die Regel werden, so ist indes eine gewisse Bestimmtheit aus rechtlicher
Sicht notwendig, jedenfalls wenn man es mit dem Lebensschutz ernst meint und
nicht aus grundsätzlichen Erwägungen bereits generell gegen eine Behandlungspflicht ist. Immerhin geht es bei der Behandlungsbegrenzung um die Frage, inwiefern eine Strafbarkeit wegen Totschlags durch Unterlassen nach §§ 212, 13 StGB
in Betracht kommt. An dieser Bestimmtheit fehlt es den Empfehlungen aber.

Zutreffend ist die von *Reinhard Merkel* und *Norbert Hoerster* an Ziffer VI. geübte Kritik. Ausgehend von der Präambel leitet *Hoerster* völlig korrekt das „Prinzip des Patienteninteresses" als Leitgedanke der Empfehlungen ab. Hiernach ist
der Verzicht auf medizinische Versorgung immer dann zulässig, wenn ein solcher
Verzicht dem wohlverstandenen Interesse des Neugeborenen besser dient als eine
Behandlung. Weiter führt er aus:

> „Wenn tatsächlich jedes Neugeborene – also auch jedes extrem Frühgeborene – (…)
> ein eigenes Recht auf Leben hat, dann muss es auch wie jedes gewöhnliche Klein-
> kind von seinen Eltern und Ärzten jedenfalls solange unter Ausnutzung aller beste-
> henden Möglichkeiten medizinisch behandelt werden, wie seine eigenen Interessen
> dem nicht zweifelsfrei entgegenstehen."[909]

Angesichts des gleichen Lebensrechtes für alle kann dem nur zugestimmt werden.
Über die nach Ziffer VI. zu beachtende „Behandlungsbelastung" soll nun aber
dennoch bei Neugeborenen in Grenzsituationen ein Sterbenlassen gerechtfertigt
sein. Das lässt sich jedoch nur schwer begründen. Zwar handelt es sich bei der
„Behandlungsbelastung" um einen Wertungsgesichtspunkt, der grundsätzlich im
Rahmen der anzustellenden Nutzen-Risiko-Abwägung zu beachten ist. Geht es
freilich um Belastungen durch eine lebenserhaltende Maßnahme, kollidiert diese
wertende Überlegung mit dem in Punkt I.2. konstatierten und aus der Verfassung

---

[909] *Hoerster*, Neugeborene, S. 93.

folgenden Verbot einer Differenzierung des Lebensschutzes nach dem körperlichen Zustand. Nichts anderes ist nämlich ein Abstellen auf die mit einer Behandlung verbundene Belastung, mag es auch vordergründig weniger der körperliche und geistige Zustand des Neugeborenen als vielmehr die Behandlung selbst sein, welche das Nichtausschöpfen der Behandlungsmöglichkeiten erlaubt.[910] Ist demnach eine Lebenserhaltung ohne Rücksicht auf den damit verknüpften körperlichen Zustand geboten, dann ist auch ein Behandlungsversuch, der die Lebenserhaltung nur unter Inkaufnahme einer „Behandlungsbelastung" ermöglichst, schlicht geboten und wird durch seine Vornahme keineswegs wie Ziffer VI. meint, „ins Gegenteil verkehrt."[911] Zu Recht wird deshalb bei Behandlungsentscheidungen außerhalb der Neonatologie eine Unterlassung auch nicht auf eine Behandlungsbelastung durch die lebenserhaltende Maßnahme gestützt. Der Gesichtspunkt der „Behandlungsbelastung" erscheint so gesehen als ein „Manöver der Selbsttäuschung".[912] Zu einem Behandlungsverzicht kann man indes dann kommen, was *Hoerster* allerdings nicht sieht, wenn man die „Behandlungsbelastung" als ein Kriterium ansieht, dass bei der Ermittlung des mutmaßlichen Willens zu berücksichtigen ist und auf diese Weise das Patienteninteresse am (Über-)Leben relativiert. Dies wird insbesondere von *Reinhard Merkel* bejaht.[913] Ob ihm gefolgt werden kann, wird noch an entsprechender Stelle geklärt.

Auf einer Lebensqualitätserwägung beruht außerdem der Behandlungsverzicht nach Satz 1 der Ziffer VI., denn wenn eine Behandlung unterbleiben kann, „wenn diese dem Neugeborenen nur ein Leben mit äußerst schweren Schädigungen ermöglichen würde, für die keine Besserungschancen bestehen", dann wird offensichtlich der Lebensschutz an die Schwere von Schädigungen geknüpft. Die Grenze der Behandlungspflicht wird demnach auch in diesem Fall am „körperlichen Zustand" festgemacht. Eben das verbietet aber Ziffer I.2. strikt.

Schließlich ist auch die Kritik von *Merkel* an Ziffer V. stichhaltig. Unter Ziffer V. wird festgestellt, dass Leben nicht unter allen und jeden Umständen ohne jede Ausnahme zu erhalten ist, wenn „ein in Kürze zu erwartender Tod nur hinausgezögert" wird. Damit verwendet Ziffer V. – wie übrigens bereits Ziffer V.1. der Empfehlungen von 1986 – als Grenze der Behandlungspflicht ein Lebensquantitätsargument. Das widerspricht sowohl der zentralen Botschaft der Revidierten Fassung von 1992, die lautet, dass menschliches Leben im Prinzip unantastbar ist, als auch der Grundaussage in Ziffer I.2., handelt es sich doch bei der Lebensdauer um ein Merkmal des „körperlichen Zustands". *Merkel* kann nach alldem nur beigepflichtet werden, wenn er festhält, dass die logische Bereinigung durch die Revidierte Fassung nicht gelungen ist.[914] Widersprüchlichkeiten wurden nur vermeintlich beseitigt.

---

[910] So auch *Merkel*, Früheuthanasie, S. 139.
[911] *Merkel*, Früheuthanasie, S. 138.
[912] *Merkel*, Früheuthanasie, S. 140.
[913] *Merkel*, Früheuthanasie, S. 560ff.
[914] *Merkel*, JZ 1996, S. 1145 (1147) und in: *Brudermüller*, S. 136 sowie zuletzt und am ausführlichsten in: Früheuthanasie, S. 137ff.

Es ist sicher richtig, und die bis heute andauernde Diskussion um Behandlungspflichten am Lebensbeginn ist ja ein Beleg dafür, dass es hier um einen schwierigen und komplexen Lebensbereich geht, so dass fraglich ist, ob eine genaue und präzise Regelung dieses Bereichs überhaupt gelingen kann und ob es sie geben soll.[915] Diese Frage soll an dieser Stelle jedoch bewusst offen bleiben, denn wichtiger als diese Frage ist die Frage nach Stimmigkeit und Überzeugungskraft einer Regelung[916] – und dieser Gesichtspunkt spricht wegen der aufgezeigten Lücken und Widersprüchlichkeiten entscheidend gegen die in der revidierten Fassung der Einbecker Empfehlungen festgelegten Behandlungsgrenzen bei schwerstgeschädigten Neugeborenen und extrem unreifen Frühgeborenen. Gewiss, den Einbecker Empfehlungen ist einerseits zuzustimmen, als sie dem Arzt einen Beurteilungsspielraum für seine Behandlungsentscheidung einräumen, geht es doch um konkrete Einzelfälle, die nur unter Berücksichtigung der individuellen Gegebenheiten gelöst werden können. Andererseits haben die Einbecker Empfehlungen deutlich gemacht, dass, will man die Entscheidungsprobleme und das moralische Empfinden der Ärzte in der Praxis nicht ignorieren und in schlüssiger Weise Behandlungsgrenzen statuieren, um dem Arzt in bestimmten Grenzsituationen auch die Möglichkeit zu geben, die medizinischen Behandlungsmöglichkeiten nicht voll auszuschöpfen, dies jedenfalls nicht konsistent möglich ist, wenn man gleichzeitig an der Grundprämisse des uneingeschränkten Lebensschutzes festhält. Soll dieses Dilemma aufgelöst werden, so ist bereits jetzt ersichtlich, dass der Weg dahin nur über die Preisgabe dieser Grundprämisse oder jenes moralischen Empfindens führt.[917]

2) Die Grundsätze der Bundesärztekammer zur ärztlichen Sterbebegleitung

Von Bedeutung sind ferner die von der Bundesärztekammer verabschiedeten „Grundsätze zur ärztlichen Sterbebegleitung". Sie wurden erstmals am 11. September 1998[918] verabschiedet und im Frühjahr 2004 neu gefasst.[919] Diese Neufassung vom 30. April 2004 lässt sich vorwiegend als eine redaktionelle Bearbeitung

---

[915] Siehe nur *Laufs*, Recht und Gewissen, S. 13ff.

[916] In diesem Sinne auch schon *Hoerster*, Neugeborene, S. 87.

[917] So auch *Merkel*, Früheuthanasie, S. 141, der sich für die erstere Lösung ausspricht.

[918] Abgedruckt u.a. in der NJW 1998, S. 3406f. Bereits 1979 hatte die Bundesärztekammer „Richtlinien für die Sterbehilfe" veröffentlicht, in denen sie die ersten „Richtlinien für Sterbehilfe" der SAMW aus dem Jahre 1976 nahezu wörtlich übernahm. Die 1998er Grundsätze zur ärztlichen Sterbebegleitung sind die Fortschreibung einer 1993 aktualisierten Fassung, näher zur Historie *Beleites*, Heidelberger Workshop, S. 65ff.; *Schreiber*, FS für *Deutsch*, S. 774. Erhellend ist auch die Anmerkung von *Eggert Beleites*, dem Vorsitzenden der Kommission für Medizinisch-Juristische Grundsatzfragen der Bundesärztekammer, die sich abgedruckt finden bei *Uhlenbruck/Ulsenheimer*, in: *Laufs/Uhlenbruck*, § 132 Rn. 18ff.

[919] Abgedruckt etwa im DÄBl. 101 (2004), S. A-1298f.

begreifen.[920] Inhaltlich folgen die Grundsätze den von der Schweizerischen Akademie der Medizinischen Wissenschaften (SAMW) erarbeiteten „Medizinisch-ethischen Richtlinien für die ärztliche Betreuung sterbender und zerebral schwerst geschädigter Patienten" von 1996.[921]

a) Zum Inhalt

Die Grundsätze[922] der Bundesärztekammer beschäftigen sich im Kern mit den Grenzen der ärztlichen Behandlungspflicht sowohl bei Sterbenden als auch bei Patienten, die sich noch nicht im Sterbeprozess befinden. In ihrer Präambel bestimmen sie in Anlehnung an § 1 Abs. 2 MBO-Ä nicht nur die Aufgabe des Arztes, sondern stellen zugleich fest, dass die ärztliche Verpflichtung zur Lebenserhaltung nicht unter allen Umständen besteht, es vielmehr auch Situationen gibt, „in denen sonst angemessene Diagnostik und Therapieverfahren nicht mehr angezeigt und Begrenzungen geboten sein können". Ein Abbruch der Behandlung wird in diesen Situationen jedoch nicht gestattet, vielmehr ist das Therapieziel von kurativ in Richtung palliativ-medizinische Maßnahmen zu ändern; eine Basisbetreuung für alle Patienten wird für unverzichtbar erklärt. Einer aktiven Sterbehilfe wird hier wie an späterer Stelle eine klare Absage erteilt. Abschnitt II. widmet sich sodann dem „Verhalten bei Patienten mit infauster Prognose". An dieser Stelle finden sich auch Ausführungen, die sowohl schwerstgeschädigte Neugeborene als auch extrem unreife Frühgeborene betreffen. Im Einzelnen heißt es dort:

> „Bei Neugeborenen mit schwersten Beeinträchtigungen durch Fehlbildungen oder Stoffwechselstörungen, bei denen keine Aussicht auf Heilung oder Besserung besteht, kann nach hinreichender Diagnostik und im Einvernehmen mit den Eltern eine lebenserhaltende Behandlung, die ausgefallene oder ungenügende Vitalfunktionen ersetzen soll, unterlassen oder nicht weitergeführt werden. Gleiches gilt für extrem unreife Kinder, deren unausweichliches Sterben abzusehen ist und für Neugeborene, die schwerste Zerstörungen des Gehirns erlitten haben. Eine weniger schwere Schädigung ist kein Grund zur Vorenthaltung oder zum Abbruch lebenserhaltender Maßnahmen, auch dann nicht, wenn Eltern dies fordern. Wie bei Erwachsenen gibt es keine Ausnahmen von der Pflicht zu leidensmindernder Behandlung und Zuwendung, auch nicht bei unreifen Frühgeborenen."

Konkret werden somit folgende Fallgruppen genannt:

1. Neugeborene mit schwersten Beeinträchtigungen durch Fehlbildungen, bei denen keine Aussicht auf Heilung oder Besserung besteht;[923]

---

[920] Zum Hintergrund der Überarbeitung und den Änderungen *Eggert Beleites*, Grundsätze zur Sterbebegleitung neu gefasst, DÄBl. 101 (2004), S. A-1297.

[921] Mit Kommentar abgedruckt etwa in NJW 1996, S. 767ff.

[922] Anstelle von bisher „Richtlinien" wird hier erstmalig der Begriff „Grundsätze" gewählt. Zur interessanten Deutung dieser Ersetzung unter ethischen Aspekten (spezielle Maximen oder generelle Prinzipien) s. *J.P. Beckmann*, JWE 1999, S. 421ff.

[923] *M. u. R. Zimmermann*, ZEE 43 (1999), S. 86 (93), wollen die Einschränkung „bei denen keine Aussicht auf Heilung oder Besserung besteht", nur auf die unter 2. genannte Fall-

2. Neugeborene mit schwersten Beeinträchtigungen durch Stoffwechselstörungen, bei denen keine Aussicht auf Heilung oder Besserung besteht;

3. extrem unreife Kinder, deren unausweichliches Sterben abzusehen ist;

4. Neugeborene, die schwerste Zerstörungen des Gehirns erlitten haben.

Diese Auflistung ist erheblich differenzierter als die im Richtlinienentwurf; dort war nur von „Neugeborenen mit schwersten kongenitalen Fehlbildungen oder perinatalen Läsionen" die Rede.[924] Zum zentralen Kriterium für eine Begrenzung der Behandlung wird damit ein bestimmter Schädigungsgrad des Neugeborenen.

In den Abschnitten IV. und V. beschäftigen sich die Grundsätze schließlich mit der Bedeutung und der Ermittlung des Patientenwillens, dessen Stärkung diese Grundsätze gegenüber früheren Verlautbarungen geradezu kennzeichnet. Im Falle des einwilligungsunfähigen Neugeborenen hat hiernach grundsätzlich der gesetzliche Vertreter den mutmaßlichen Willen zu ermitteln und zum Wohl des Patienten zu entscheiden; sofern dieser sich allerdings gegen eine ärztlich indizierte lebenserhaltende Maßnahme ausspricht, soll sich der Arzt an das zuständige Gericht wenden. Nur in Eilfällen hat der Arzt ausnahmsweise selbst den mutmaßlichen Willen zu erforschen und danach zu handeln, wobei in Zweifelsfällen die Entscheidung für eine Lebenserhaltung erfolgen soll.

b) Kritik

Gegen die Grundsätze zur Sterbebegleitung von 1998 wurde verschiedentliche Kritik vorgebracht, die auch noch für die Neufassung gilt: So stößt der erneute Rückgriff auf Fallgruppen, was bereits bei den Einbecker Empfehlungen von 1986 kritisiert worden war, auf Unverständnis.[925] Ferner seien die Grundsätze an verschiedenen Stellen nicht eindeutig und bei der Beschreibung von Fallgruppen würden weitgehend unbestimmte Begriffe – nicht selten in Kombination – verwendet werden, was angesichts der weit reichenden Folgen, die sich aus der Auslegung ergeben sollen, nicht akzeptabel sei. Insbesondere Abschnitt II. leide unter „einem gehörigen Maß an Unbestimmtheit".[926] Unter welchen Voraussetzungen eine Behandlung unterlassen oder nicht weitergeführt werden kann, werde „nicht präzise genug" beschrieben.[927] Auch seien die Fallgruppen zur Früheuthanasie

---

gruppe anwenden. Schon der Wortlaut von 1998 hat beide Lesarten erlaubt. Diese Auslegung ist m.E. aber im Hinblick auf Sinn und Zweck der Regelung damals wie heute nicht zutreffend. Nur über diese und die Einschränkung auf durch Stoffwechselstörungen bedingte schwerste Beeinträchtigungen wird der Anwendungsbereich sachgerecht eingegrenzt.

[924] Vgl. Abschnitt II. des Richtlinienentwurfs. Ein Abdruck befindet sich als Anhang im Anschluss an den Beitrag von *Schreiber*, FS für *Deutsch*, S. 783ff.

[925] *M. u. R. Zimmermann*, ZEE 43 (1999), S. 86 (93).

[926] *M. u. R. Zimmermann*, ZEE 43 (1999), S. 86 (93).

[927] *M. u. R. Zimmermann*, ZEE 43 (1999), S. 86 (93f.); *Everschor*, S. 215 m.N. Noch auf den Richtlinienentwurf bezieht sich die Kritik von *Reiter*, MedR 1997, S. 412 (414); *Tolmein*, MedR 1997, S. 534 (536ff.) und *Lachwitz*, BTPrax 1998, S. 208ff.

unsystematisch eingeordnet worden.[928] Doch gibt es auch positive Stimmen. Insbesondere *Hans-Ludwig Schreiber* begrüßt die Grundsätze. Er spricht von „sehr engen Grenzen"[929] für einen Behandlungsverzicht bei Neugeborenen und bescheinigt den Grundsätzen, trotz bestehender Einwände „auf dem Boden des geltenden Rechts in die richtige Richtung" zu gehen.[930]

c) Stellungnahme

Die Grundsätze der Bundesärztekammer zur ärztlichen Sterbebegleitung[931] führen einerseits zu einer Konkretisierung der Handlungspflichten bei der Therapie von schwerstgeschädigten Neugeborenen und extrem unreifen Frühgeborenen. Überdies wird die Bedeutung des Selbstbestimmungsrechts des Patienten zu Recht stark betont und aus Sicht der Sterbehilfe erfolgt mit dem Hinweis, eine weniger schwere Schädigung sei kein Grund zur Vorenthaltung oder zum Abbruch lebenserhaltender Maßnahmen, auch eine formal korrekte Begrenzung des Anwendungsbereichs.[932] Der Kritik ist jedoch insoweit beizupflichten, dass andererseits die Extremsituationen am Lebensbeginn, in denen die lebenserhaltende Behandlung begrenzt werden kann, nur sehr unbestimmt beschrieben werden. Die Übergänge zwischen einer „weniger schweren Schädigung" und den in den Fallgruppen genannten schwersten Schädigungen sind fließend und deshalb ungeeignet, um für oder gegen das Recht auf Leben zu entscheiden.[933] Auch wann ein Sterben als „unausweichlich" angesehen werden kann, lässt sich nicht objektiv festlegen. Gewiss, die in der klinischen Praxis tätigen Ärzte haben mit der Zeit ohne Zweifel ihre je an der eigenen Erfahrung geschulten Kategorien, welche Neugeborenen unter die einzelnen Fallgruppen fallen, so dass die gewählten Umschreibungen letztendlich bestimmbar sind.[934] Allerdings zeigen diese Kategorien eine relative breite und so nicht hinnehmbare Auslegungsvarianz; zudem sind sie durch die Prognoseunsicherheit gerade bei Neugeborenen zusätzlich belastet.[935]

Entscheidend tritt hinzu, dass man auch bei den Grundsätzen der Bundesärztekammer zur ärztlichen Sterbebegleitung erneut dem inneren logischen Widerspruch begegnet, der auch die Einbecker Empfehlungen kennzeichnet. Auch die

---

[928] *Saliger*, KritV 2001, S. 382 (426), der von einem Sonderstatus der Früheuthanasie spricht.

[929] *Schreiber*, FS für *Hanack*, S. 740.

[930] So noch zum Entwurf *Schreiber*, FS für *Deutsch*, S. 783. Im Ergebnis lobend auch *Reiter*, MedR 1997, S. 412 (414) und *Uhlenbruck/Ulsenheimer*, in: *Laufs/Uhlenbruck*, § 132 Rn. 30 („guter Wegweiser").

[931] Der Begriff „Sterbebegleitung" ist nicht sehr geschickt gewählt, denn neben der Lesart als Begleitung in der Sterbephase ist auch die Interpretation des Begriffs als Begleitung im Sterben möglich, was freilich nicht stimmt, da der Begleiter nicht stirbt. Kritisch zum Begriff äußert sich auch *Saliger*, KritV 2001, S. 382 (396).

[932] *Saliger*, KritV 2001, S. 382 (426).

[933] *Lachwitz*, BtPrax 1998, S. 208 (210). A.A. *Saliger*, KritV 2001, S. 382 (427).

[934] Darauf stellt *Saliger*, KritV 2001, S. 382 (427), ab.

[935] *M. u. R. Zimmermann*, ZEE 43 (1999), S. 86 (93).

Grundsätze folgen nämlich dem „Doppelprinzip"[936], sich zum einen klar zur Lebenserhaltungspflicht des Arztes zu bekennen, zum anderen aber Grenzsituationen zu benennen, in denen anknüpfend an den körperlichen Zustand des Neugeborenen diese Pflicht eingeschränkt werden kann, mit der Folge, dass Leidensminderung und palliativ-medizinische Versorgung zum Ziel des Behandlungsauftrages werden. Eine wirkliche Hilfe bei der Klärung ärztlicher Handlungspflichten in der neonatologischen Intensivmedizin ist diese Verlautbarung der Bundesärztekammer in der Sache daher nicht.

3) Die Leitlinien der DGAI für die Grenzen intensivmedizinischer Behandlungspflicht

Als Ergänzung zu den Grundsätzen der Bundesärztekammer zur ärztlichen Sterbebegleitung verstehen sich die „Leitlinien für die Grenzen intensivmedizinischer Behandlungspflicht", die das Präsidium der Deutschen Gesellschaft für Anästhesiologie und Intensivmedizin (DGAI) 1999 beschlossen hat.[937] Auch wenn die Leitlinien sich nicht ausdrücklich mit der Behandlung von schwerstgeschädigten Neugeborenen oder extrem unreifen Frühgeborenen befassen, sind sie an dieser Stelle von Bedeutung, weil sie sich an den intensivmedizinisch tätigen Arzt wenden und ihm eine Entscheidungshilfe bei der Frage der medizinischen Indikation von Maßnahmen zur künstlichen Aufrechterhaltung gestörter Vitalfunktionen geben sollen. Damit betreffen die Leitlinien immer dann die Behandlung dieser jungen Patienten, wenn es um die Einleitung lebensrettender intensivmedizinischer Maßnahmen geht. Zu denken ist insbesondere an die Indikation einer initialen Reanimation bei Totgeburten.

a) Zum Inhalt

Wie die anderen berufsständischen Verlautbarungen billigen auch die Leitlinien dem Arzt bei seiner Entscheidung einen Beurteilungs- und Ermessensspielraum zu. Die aktive Sterbehilfe wird „kategorisch" abgelehnt. Lebensverlängernde intensivmedizinische Behandlungsmaßnahmen sind hiernach nicht mehr indiziert, „wenn sie bei aussichtsloser Grunderkrankung für den Patienten keine Hilfe mehr bedeuten, sondern nur noch das Leiden und den unvermeidlichen Sterbevorgang verlängern." Zum Umfang der ärztlichen Hilfspflicht wird zudem eine ausreichende Schmerztherapie gezählt, dies ausdrücklich selbst dann, wenn durch die Medikamention als unvermeidbare Nebenwirkung der Todeseintritt des unheilbar Erkrankten beschleunigt wird. Schließlich gehen sie knapp auf das Einwilligungserfordernis des Patienten ein.

---

[936] *M. u. R. Zimmermann*, ZEE 43 (1999), S. 86 (87).

[937] Abgedruckt in Auszügen bei *Uhlenbruck/Ulsenheimer*, in: *Laufs/Uhlenbruck*, § 132 Rn. 30b. Eine vollständige Fassung der Leitlinien lässt sich online aufrufen unter http://www.leitlinien.net.

b) Stellungnahme

Insgesamt betrachtet, unterscheiden sich die zitierten Leitlinien der DGAI damit kaum von den anderen berufsständischen Verlautbarungen. Sie knüpfen an die konkrete Situation des Einzelfalls an und machen davon die weiteren ärztlichen Handlungspflichten abhängig. Dieser Ansatz ist zwar prinzipiell richtig. Aber auch hier lässt sich die Verwendung von ausfüllungsbedürftigen Begriffen wie „aussichtslose Grunderkrankung" oder „unvermeidlicher Sterbevorgang" zur Beschreibung der situativen Voraussetzungen von Behandlungsgrenzen feststellen und rügen. Doch die Antwort, die die Autoren der Leitlinien, die Mediziner *Hans Wolfgang Opderbecke* und *Walther Weißauer,* auf die Unbestimmtheit und das Ausbleiben konkreter Handlungsanweisung geben, klingt plausibel. Es seien die „Unwägbarkeiten biologischen Geschehens mit seinen fließenden Übergängen", die „strikte Reglementierungen" verhindern und nur Beurteilungsspielräume zulassen.[938]

4) Die Gemeinsame Empfehlung zur Frühgeburt an der Grenze der Lebensfähigkeit des Kindes

Gleichfalls 1999 haben die Deutsche Gesellschaft für Gynäkologie und Geburtshilfe, die Deutsche Gesellschaft für Kinderheilkunde und Jugendmedizin, die Deutsche Gesellschaft für Perinatale Medizin sowie die Gesellschaft für Neonatologie und Pädiatrische Intensivmedizin am 26. Februar eine „Gemeinsame Empfehlung zur Frühgeburt an der Grenze der Lebensfähigkeit des Kindes" veröffentlicht.[939] Sie wurde bislang weder aktualisiert noch ist eine Überarbeitung geplant. Nach eigener Aussage ist diese Empfehlung als eine Hilfe zu verstehen, ethisch und rechtlich begründete Entscheidungen zu treffen. Sie wendet sich an alle an der medizinischen Betreuung Beteiligten und an die Eltern.

a) Zum Inhalt

Ausgehend von den jeweiligen Behandlungsergebnissen des einzelnen Krankenhauses hinsichtlich Sterblichkeit und „outcome" extrem unreifer Frühgeborener soll hiernach eine ärztliche Beratung der Eltern stattfinden, deren Ergebnis „im besten Interesse des Kindes" den Einsatz lebenserhaltender Maßnahmen vor, während und nach der Geburt bestimmt. Das Ergebnis der Beratung müsse u.a. außerdem die „seelischen, körperlichen und sozialen" Belastungen der Mutter beziehungsweise der Eltern berücksichtigen. Wachsende Bedeutung komme mit zunehmendem Schwangerschaftsalter schließlich den Interessen des Kindes zu, da mit dem Reifegrad auch die Überlebenschancen des Frühgeborenen deutlich steigen. Es wird der Grundsatz aufgestellt, dass lebenserhaltende Maßnahmen zu ergreifen sind, „wenn für das Kind auch nur eine kleine Chance zum Leben be-

---

[938] *Opderbecke/Weißauer,* MedR 1998, S. 395 (398).
[939] Abgedruckt bei *Pohlandt,* Z. Geburtsh. Neonatol. 202 (1998), S. 261ff. Die Gemeinsame Empfehlung lässt sich online aufrufen unter http://leitlinien.net.

steht". Anhand aktueller Behandlungsergebnisse werden sodann in Abhängigkeit von der Schwangerschaftsdauer folgende Behandlungsgrenzen formuliert:

- Bei einer Frühgeburt vor der 22. Schwangerschaftswoche p.m. soll eine reine Sterbebetreuung erfolgen, weil diese Frühgeborenen in der Regel nicht lebensfähig sind. Bei offensichtlicher Diskrepanz zwischen festgestellten Gestationsalter und Reifegrad ist der Verzicht auf lebenserhaltende Maßnahmen ärztlicherseits zu überdenken.

- Aufgrund der höheren Überlebenschance samt einhergehender Morbiditätsrate sollen bei Frühgeburten nach 22 bis 23 Schwangerschaftswochen p.m. und 6 Tagen bei den geburtshilflichen und neonatologischen Entscheidungen nicht nur die Interessen des Frühgeborenen, sondern auch die der Eltern/Mutter Berücksichtigung finden.

- Wegen der hohen Überlebenschance bei nach der 24. Schwangerschaftswoche p.m. und später geborenen Frühgeborenen sollte bei diesen Kindern, sofern keine lebensbedrohlichen Gesundheitsstörungen bestehen, regelmäßig versucht werden, die Vitalfunktionen zu erhalten. Im Hinblick auf das Lebensrecht seien Frühgeborene dieses Reifegrads Kindern jeden Alters gleichzusetzen, was die Ärzte dazu berechtigen soll, gegebenenfalls gegen die Wünsche der Eltern zu handeln. Bei der geburtshilflichen Entscheidung hingegen seien neben den mütterlichen auch die kindlichen Interessen zu berücksichtigen.

- Schließlich wird hinsichtlich Frühgeborenen mit schwersten angeborenen und perinatal erworbenen Gesundheitsstörungen für deren Zustand keine Aussicht auf Besserung besteht, eine Prüfung dahingehend empfohlen, ob es angesichts des Schädigungsgrades im Interesse des Kindes liegt, die Behandlungspflicht einzuschränken, auch wenn dadurch der Tod vorzeitig eintreten sollte.

b) Stellungnahme

Bei der Gemeinsamen Empfehlung fällt zunächst positiv auf, dass bei allen Entscheidungen über Behandlungsmaßnahmen beim Frühgeborenen das Wohl des Frühgeborenen im Vordergrund zu stehen hat, wobei gleichzeitig der medizinische Fortschritt nicht außer Acht gelassen wird. Die jeweilige Entscheidung soll möglichst in Übereinstimmung mit den Eltern getroffen werden, für deren bestmögliche Information zu sorgen ist. Aber auch hier wird einerseits das Lebensrecht des Frühgeborenen ausdrücklich betont, wenn der Grundsatz aufgestellt wird, dass lebenserhaltende Maßnahmen zu ergreifen sind, sofern „für das Kind auch nur eine kleine Chance zum Leben besteht." Andererseits werden quasi im gleichen Atemzug Behandlungsgrenzen gesetzt, die den vorzeitigen Tod des Neugeborenen zur Folge haben.

Zum Maßstab für die jeweilige Vorgehensweise des Arztes machen die Empfehlungen das Schwangerschaftsalter des Kindes. Der Umfang des ärztlichen Behandlungsauftrags hängt dann von der daraus folgenden statistischen Überlebens- und Schädigungsrate ab. Mag das Gestationsalter auch ein medizinisch beachtenswerter Aspekt sein, der Lebensschutz des Frühgeborenen wird damit an eine objektive Größe und statistische Wahrscheinlichkeiten gekoppelt. Auf diese Weise wird das Lebensrecht bloß formal, nicht auch inhaltlich beachtet. Freilich handelt es sich bei den am jeweiligen Gestationsalter festgemachten Behandlungsgrenzen um keine unüberwindbaren Schwellen. Die Verfasser der Empfehlungen sehen selbst, dass ein Abstellen auf statistische Größen als Prognosemaßstab mit Schwierigkeiten verbunden ist, weil Schädigungsrate und Sterblichkeitsquote nicht unveränderlich sind und besonders bei kleinen Fallzahlen nur bedingte Aussagekraft besitzen. Die gesetzten Behandlungsgrenzen dienen daher zur Orientierung und sind nicht absolut, was nicht nur angesichts der Rechtslage, sondern auch der biologisch-medizinischen Ausgangssituation wegen, möglicherweise der richtige Weg ist. Das bringt allerdings regelmäßige Überprüfungen und Anpassungen mit sich und bedingt eine gewisse Ungenauigkeit. Offen bleiben soll an dieser Stelle bewusst noch, ob eine derartige Einbindung von Schwangerschaftsdauer und statistischen Aussagen bei der Entscheidungsfindung überhaupt zulässig ist, betrifft dies doch die erst später ausführlich zu behandelnde Frage nach geeigneten Kriterien für Diagnose und Prognose. An dieser Stelle daher nur soviel: Es lässt sich bezweifeln, ob statistische Werte über die Beurteilung des individuellen Krankheitsfalls hinaus überhaupt eine individuelle Prognose zulassen – insbesondere dann, wenn wie hier noch nicht viele Langzeitdaten über die Entwicklung der Kinder vorhanden sind.

Gegen den in der Gemeinsamen Empfehlung gewählten Ansatz bestehen jedoch weitere Bedenken. So soll etwa bei Frühgeburten vor der 22. Schwangerschaftswoche, also an der derzeitigen Grenze der Lebensfähigkeit, trotz postulierter grundsätzlicher Behandlungspflicht, in der Regel zunächst keine intensivmedizinische Behandlung beginnen. Dies scheint selbst eine Lebendgeburt zu betreffen, anders ist jedenfalls nicht zu verstehen, dass die Kinder „entsprechend ihrer Würde im Sterben betreut" werden sollen. Die Bedenken werden nur bedingt dadurch zerstreut, dass es im Falle, dass der tatsächliche Zustand des Frühgeborenen nach der Geburt von der vorgeburtlichen Einschätzung abweicht, zu einem „Überdenken" kommen soll. Zwar wird damit beachtet, dass maßgeblich immer nur die konkreten Überlebenschancen sein dürfen.[940] Aber ob nunmehr gemäß dem Grundsatz eine lebenserhaltende Maßnahme ergriffen wird, steht im Hinblick auf die Vorgehensweise bei Frühgeburten bis zur 24. Schwangerschaftswoche nicht fest. Entscheidend ist dort nämlich eine Interessenabwägung. Der Reifegrad wird auf diese Weise jedenfalls zu keinem neuen „Selektionskriterium", genau betrachtet fließt er vielmehr als eine Voraussetzung bei der Bestimmung der möglichen Behandlungsmaßnahmen in die individuelle Nutzen-Risiko-Abwägung ein. Nach dieser Konzeption sagt das Gestationsalter für die Entscheidung, ob bei Frühgeborenen Maßnahmen der Lebenserhaltung zu treffen sind, folglich nicht viel aus, denn einerseits kann trotz grundsätzlich bestehender Pflicht nach der Schwangerschaftsdauer mit besonderer Begründung davon abgesehen werden (so bei Frühgeborenen, die nach der 22. Schwangerschaftswoche zur Welt gekommen sind, oder nach 24 Schwangerschaftswochen, sofern angeborene und perinatal erworbene Gesundheitsstörungen vorliegen), andererseits dürfen aber vor Erreichung dieses Schwangerschaftsalters mit besonderer Begründung solche Maß-

---

[940] *Spann/Eisenmenger*, MMW 127 (1985), S. 39 (40 f.).

nahmen auch eingesetzt werden. Letztlich wird damit einer individualisierten Prognosestrategie gefolgt.

Vom Ansatz her erfreulich ist, dass die Gemeinsame Empfehlung es entgegen der zuvor diskutierten Verlautbarungen vermeidet, die Begrenzung der Behandlungspflicht bei schwersten angeborenen und perinatal erworbenen Schädigungen allein auf diesen körperlichen Zustand zu stützen. Ein innerer Widerspruch zur aufgestellten grundsätzlichen Pflicht, auch bei noch so kleinen Lebenschancen lebenserhaltende Maßnahmen zu ergreifen, wird hiermit ebenso vermieden wie eine Verletzung von Art. 2 Abs. 2 GG. Entscheidend ist vielmehr eine Interessenabwägung. Doch welche „kindlichen Interessen" hier zu beachten sind und den Ausschlag für die Einschränkung intensivmedizinischer Maßnahmen geben sollen, wird an keiner Stelle ausgeführt, womit ein weiteres Manko der Empfehlung angesprochen ist, denn häufig geht es doch gerade um diese Grauzone, in der eine medizinische Indikation nicht eindeutig für eine Behandlungsmaßnahme ausfällt. Das Abstellen auf den Grad einer körperlichen und geistigen Schädigung wegen der dadurch bedingten Änderung der Überlebenschance ist jedenfalls nicht plausibel. Dem liegt wohl die Überlegung zugrunde, dass mit größerer Überlebenschance auch das Lebensinteresse steigt. Das ist aber kein allgemeiner Erfahrungssatz, sondern eine bloße Vermutung, die meines Erachtens auch nicht zutrifft, denn jemand, dessen Tod immer wahrscheinlicher ist, will nicht unbedingt auch weniger leben. Auch ein allgemeiner Erfahrungssatz, wonach die Interessen des Frühgebornen umso höher einzuschätzen sind, je reifer und damit lebensfähiger das Frühgeborene ist, besteht nicht. Rechtlich betrachtet haben die Interessen des Frühgeborenen vielmehr immer im Vordergrund zu stehen – und zwar unabhängig vom Reifegrad.

Nicht gelungen ist ferner die Einbindung der mütterlichen/elterlichen neben den kindlichen Interessen bei den anstehenden Entscheidungen. Nachvollziehbar ist, dass bei geburtshilflichen Fragen, bei denen primär die Mutter die Patientin ist, deren Interessen zu beachten sind. Aber bei den neonatologischen Fragen entscheiden die Eltern anstelle des Kindes, weshalb nach den bisherigen Ergebnissen auch nur die kindlichen Interessen Eingang in die Interessenabwägung finden können. Würden zusätzlich die „seelischen, körperlichen und sozialen Belastungen der Mutter/Eltern" berücksichtigt, läge im Ergebnis eine Fremdbestimmung vor, die zudem nicht im Einklang mit der Einleitung der Empfehlung stünde, in der noch von einer Entscheidung „im besten Interesse des Kindes" die Rede ist. Auch eine Berücksichtigung der Interessen der Mutter/Eltern im Rahmen des ärztlichen Abwägungsprozesses bei der Indikationsstellung erscheint auf den ersten Blick nicht einleuchtend, hat der Arzt sich doch am Wohl des Patienten und nicht an dem Dritter zu orientieren.

Gefährlich ist es schließlich, wenn die Ärzte bei der Behandlung von Frühgeborenen nach der 24. Schwangerschaftswoche dazu aufgefordert werden, gegebenenfalls auch gegen die Wünsche der Eltern zu handeln, sofern diese sich gegen eine lebenserhaltende Maßnahme aussprechen. Hintergrund dieser Konstruktion könnte sein, dass der elterlichen Entscheidung dann nicht der Vorrang gebühren soll, wenn die Risiko-Nutzen-Abwägung wie eben bei Frühgeburten nach 24 Schwangerschaftswochen, wegen der hohen Überlebenschancen klar für eine lebenserhaltende Behandlung spricht; eine Lösung, die sich im weitesten Sinne mit der medizinisch-sozialen Indikation beim Schwangerschaftsabbruch vergleichen lässt. In der gegebenen neonatalen Situation werden beide Seiten jedoch davon ausgehen, dass ihre Entscheidung zum Wohle des Kindes ist. Art. 6 Abs. 2 GG räumt allerdings der Ansicht der Eltern den Vorrang ein. Das muss ärztlicherseits beachtet werden. Die Ärzte dürfen sich mithin nicht ohne weiteres über deren Entscheidung hinwegsetzen, sondern haben gemäß § 1666 BGB das Familiengericht einzuschalten, das klären wird, ob die Eltern durch die Ablehnung der vital indizierten Behandlung ihres Kindes die elterliche Sorge missbräuchlich ausüben. Anderenfalls liegt ein rechtlich verbotenes paternalistisches Handeln vor.

Insgesamt betrachtet, betont auch die Gemeinsame Empfehlung die grundsätzliche Lebenserhaltung als Behandlungsauftrag. Ihr liegt in modifizierter Form das ethische Modell eines „The Clinical-judgement-settles-the-matter approach" zugrunde. Die Annahme einer Kombination mit dem „A-threshold-limit approach" soweit es die Behandlung von Frühgeborenen mit einem Gestationsalter unter 22 Schwangerschaftswochen betrifft, liegt zwar nahe. Doch genau genommen liegt in dieser Behandlungsschwelle keine willkürliche Grenzziehung, sondern eine biologisch bedingte, weil sie die natürliche Grenze der extrauterinen Überlebensfähigkeit beschreibt. Unterhalb dieses Gestationsalters hat noch nie ein Frühgeborenes überlebt, weswegen sich die Vornahme lebenserhaltender Maßnahmen am besten mit dem aus dem angloamerikanischen Raum kommenden Begriff „futility", der sinnlosen Vergeblichkeit, beschreiben lässt.[941] Aus rechtlicher Sicht gelingt es freilich auch dieser Verlautbarung nicht, in Ausnahmefällen das gleiche Lebensrecht für alle mit einer Einschränkung intensivmedizinischer Maßnahmen schlüssig zu vereinbaren. Allerdings weist sie den richtigen Weg, indem sie Behandlungsgrenzen nicht an starren Kriterien fest macht, sondern auf eine Interessenabwägung abstellt.

5) Die Empfehlungen der SGN zur Betreuung von Frühgeborenen

Als letztes möchte ich kurz auf die Empfehlungen der Arbeitsgruppe der Schweizerischen Gesellschaft für Neonatologie (SGN) zur „Betreuung von Frühgeborenen an der Grenze der Lebensfähigkeit" aus dem Jahre 2002 eingehen, die sich auf die Betreuung von Frühgeborenen zwischen der 22. und 26. Schwangerschaftswoche p.m. beziehen.[942] Sie richten sich zwar nicht an den deutschen Arzt, sollen aber dennoch diskutiert werden, weil sie die jüngste fachwissenschaftliche Verlautbarung sind.

a) Zum Inhalt

Die Empfehlungen der SGN sollen helfen, dass bei der Therapie von Frühgeborenen an der Grenze der Lebensfähigkeit die Maßnahmen ergriffen werden, die „im

---

[941] Ebenso *von Loewenich,* Monatsschrift Kinderheilkunde 151 (2003), S. 1263 (1267).
[942] Abgedruckt in: SÄZ 83 (2002), S. 1589ff.; zur Entstehungsgeschichte vgl. *Bucher/ Hohlfeld,* SÄZ 83 (2002), S. 1551.

Interesse des Kindes als die besten erachtet werden."[943] Sie richten sich gleichermaßen an Ärzte und alle anderen Berufsgruppen, die bei der Betreuung von extrem unreifen Frühgeborenen mitwirken.

Primär erklärtes Ziel der Empfehlungen ist es, dass ein Frühgeborenes mit „akzeptabler Lebensqualität" überlebt. Gestützt auf aktuelle Statistiken über Mortalität und Langzeitmorbidität sowie anerkannter ethischer Prinzipien bedeutet dies, dass bis zur 24. Schwangerschaftswoche beim Frühgeborenen a priori keine Wiederbelebung oder künstliche Beatmung durchgeführt wird. Die Betreuung ist in der Regel auf Palliativmaßnahmen beschränkt, was indirekte Sterbehilfemaßnahmen, jedoch keine aktive Sterbehilfe, einschließt.[944] Gesprochen wird von sog. „comfort care". Allerdings ist auch hier die Schwangerschaftsdauer keine unüberwindbare Schwelle, denn scheint das Frühgeborene nach der Geburt erheblich reifer oder bestehen die Eltern auf einer lebenserhaltenden Behandlung, so wird das Kind ausnahmsweise vorläufig intensivmedizinisch unterstützt.[945]

Diese als „provisional intensive care" bezeichnete vorläufige medizinische Betreuung ist ferner das Vorgehen bei Frühgeburten ab der 24. bis zur 26. Schwangerschaftswoche sowie bei unsicherem Gestationsalter. Hier beurteilt sich der Einsatz intensivmedizinischer Maßnahmen grundsätzlich je nach individueller Situation; entschieden wird erst im Gebärsaal. Dabei wird das individuelle Vorgehen durch folgende Aspekte beeinflusst: Pränatale Faktoren (Gestationsalter, Geburtsgewicht, Lungenreifungsinduktion, intrauterine Wachstumsretardierung, Amnioninfekt, fetale Fehlbildungen, Mehrlingsschwangerschaft), Wünsche der Eltern und der Zustand des Frühgeborenen unmittelbar nach der Geburt (Asphyxie, Herzfrequenz, Aktivität, Ansprechen auf initiale Reanimationsmaßnahmen).[946] Durch die vorläufige intensivmedizinische Unterstützung im Gebärsaal und anschließende Verlegung des Kindes in die Neugeborenenintensivstation soll eine umfassendere Beurteilung des kindlichen Zustandes zu einem späteren Zeitpunkt ermöglicht werden, so dass eine Entscheidung bezüglich Fortsetzung oder Abbruch der intensivmedizinischen Maßnahmen besser begründet werden kann. Besteht aufgrund „engmaschiger Beurteilungen" berechtigte Hoffnung darauf, dass das Frühgeborene mit einer „akzeptablen Lebensqualität" überleben wird und sind die derzeit notwendigen Therapien „zumutbar", werden die ergriffenen Maßnahmen fortgesetzt.[947] Steht das Leiden durch die Therapie hingegen in keinem Verhältnis zum erwarteten Nutzen, so wechselt das Behandlungsziel. Nunmehr steht der Aspekt der Leidensminderung im Vordergrund. Auf weitere lebenserhaltende Interventionen wird verzichtet, sog. „redirection of care". Zum Regeleinsatz intensivmedizinischer Maßnahmen kommt es somit erst ab der 26. Schwangerschaftswoche.

---

[943] SÄZ 83 (2002), S. 1589.
[944] SÄZ 83 (2002), S. 1589 (1594).
[945] SÄZ 83 (2002), S. 1589 (1594).
[946] SÄZ 83 (2002), S. 1589 (1593).
[947] SÄZ 83 (2002), S. 1589 (1594).

b) Stellungnahme

Wie die Gemeinsame Empfehlung der DGGG und anderer Fachgesellschaften von 1999 raten auch die Schweizer Empfehlungen formal zu einer an die Schwangerschaftsdauer gekoppelten bestimmten Vorgehensweise unter Berücksichtigung der Wünsche der Eltern. Die gesetzten Schwellen basieren wiederum auf den unterschiedlichen statistischen Überlebens- und Schädigungsraten im jeweiligen Schwangerschaftsalter. Die zuvor insoweit geäußerte Kritik zur Gemeinsamen Empfehlung trifft damit auch hier zu: Das gleiche Lebensrecht für alle bleibt so unbeachtet.

Freilich sehen die Verfasser auch hier, dass sowohl die eingeschränkte Präzision der Bestimmung des Gestationsalters als auch die biologische Variabilität das Vorgehen im individuellen Fall entscheidend beeinflussen können. Die auf „comfort care" beschränkte neonatologische Betreuung von Frühgeborenen mit einem Gestationsalter unter 24 Schwangerschaftswochen, wohl ein Ausdruck davon, dass deren Behandlung als Experiment und nicht als „außerordentliche Notfallsituation"[948] betrachtet wird, beschreibt somit den grundsätzlichen Behandlungsansatz, der sich im konkreten Fall eines reiferen als pränatal geschätzten Kindes, oder wenn die aufgeklärten Eltern intensivmedizinische Maßnahmen verlangen, ändert und zu einer vorläufigen intensivmedizinischen Behandlung führt. Abgesehen von diesen begründeten Ausnahmefällen bleibt es damit bei Palliativmaßnahmen. Der Behandlungsauftrag bei Frühgeburten dieser Altersstufe umfasst dann keine lebenserhaltenden Interventionen, was gerade bei Lebendgeburten bedenklich ist. Auf diese Weise wird bei 24 Schwangerschaftswochen eine Behandlungsgrenze gesetzt, die mehr ist als eine „erste Orientierung" für das weitere Vorgehen.[949]

Dieses Vorgehen ist Ausdruck der ethischen Grundhaltung ihrer Verfasser. Sie sehen ihre Empfehlungen als einen Kompromiss zwischen den ethischen Extremhaltungen einer unbedingten Lebenserhaltung mit der Gefahr der Übertherapie einerseits und der einer Lebenserhaltung nur bei hoher Lebensqualität mit daraus folgender Diskriminierung Behinderter andererseits.[950] In dem so beschriebenen Spielraum sind die medizinischen Maßnahmen zu ergreifen, die im besten Interesse des Kindes sind. Mithin wird eine individualisierte Prognosestrategie verfolgt, die bei der Entscheidung über die Behandlung von Frühgeborenen mit einem Gestationsalter unter 24 Schwangerschaftswochen im Hinblick auf die schlechten statistischen Daten im Regelfall zu einer „Ermessensreduzierung auf Null" führt und insoweit dem „A-threshold-limit approach" entspricht. Mag so betrachtet die Motivation für das hiermit verbundene therapeutische Abwägen zwischen Nutzen und Leiden auch nicht von eugenischen Gesichtspunkten, sondern vom moralischen Empfinden geleitet sein, dem Frühgeborenen unverhältnismäßig großes

---

[948] So aber SÄZ 83 (2002), S. 1589 (1593).
[949] So aber die Verfasser der Empfehlungen in einem Leserbrief, vgl. *T.M. Berger et al.,* Monatsschrift Kinderheilkunde 152 (2004), S. 329; wie hier *von Loewenich,* Monatsschrift Kinderheilkunde 152 (2004), S. 329 (330).
[950] SÄZ 83 (2002), S. 1589 (1591).

Leiden zu ersparen.[951] Dadurch wird in rechtlich nicht zulässiger Weise bewusst ein Urteil über die Lebensqualität gesprochen. Das Dilemma zwischen verfassungsrechtlichem Lebensschutz und moralischem Empfinden wird so zwar zugunsten letzterem aufgelöst. Die Empfehlungen kommen auf diesem Weg aber höchstens zu einer in Deutschland ethisch, nicht aber auch rechtlich vertretbaren Lösung.[952] Besonders deutlich wird das beim Frühgeborenen von unter 24 Schwangerschaftswochen, wo im Regelfall auch bei Lebenszeichen des individuellen Kindes allein aufgrund der statistischen Daten von Intensivmaßnahmen abgesehen wird. Das Frühgeborene wird damit zum bloßen Objekt degradiert und selektiert, mithin menschenunwürdig behandelt. Aber auch der einzig auf statistische Angaben zu Mortalität und Morbidität gestützten Prognose als Entscheidungsgrundlage begegnen die bereits genannten Zweifel.[953]

Doch auch darüber hinaus lassen sich die Empfehlungen kritisieren, denn sie versäumen es, den Begriff „Lebensqualität" zu definieren. Das wiegt schwer, denn somit beurteilt jeweils das konkrete Behandlungsteam nach eigenem Verständnis was „akzeptable Lebensqualität" bedeutet und bestimmt hierüber das für eine dauerhafte Intensivbehandlung primäre Behandlungsziel. Hinzu kommt, dass keine Kriterien genannt werden, welche die die Abwägung leitenden Gesichtspunkte Behandlungsbelastung und Behandlungsnutzen näher erklären. Die Anwendung einheitlicher Maßstäbe ist jedoch in einem Rechtsstaat zu fordern, weil dadurch eine Nachprüfung des Abwägungsprozesses ermöglicht und widersprüchliche Bewertungen des Rechtsguts Leben vermieden werden. Die ethische Folgenabwägung muss rational nachvollziehbar sein.[954] Hier bleibt aber jede Beurteilung des Arztes, etwa warum die Behandlung mehr schadet als nutzt, höchst subjektiv, was angesichts der existentiellen Bedeutung der Entscheidung ebenso rechtlichen Bedenken ausgesetzt ist wie überhaupt die bereits an früherer Stelle kritisierte Berücksichtigung der Behandlungsbelastung bei der Entscheidung. Eine mit den Empfehlungen angestrebte und unter Gerechtigkeitserwägungen begrüßenswerte Vereinheitlichung der Behandlungsentscheidungen bei Frühgeborenen kommt so nicht zustande,[955] wobei offen ist, was die Verfasser mit „Gerechtigkeit" meinen. Völlig zu Recht fragt der Mediziner *Volker von Loewenich*, ob Gerechtigkeit hier etwa meint, dass in der Regel keinem Kind unter einem bestimmten Gestationsalter zum Leben verholfen wird?[956] Sicher ist allerdings, dass trotz hoher Kosten einer Intensivbehandlung wirtschaftliche Aspekte bei der Güterabwägung im Einzelfall keine Berücksichtigung finden, weil es sich bei der Frage um die Rationierung der Mittel im Gesundheitswesen um eine auf der Gesellschaftsebene zu

---

[951] So ausdrücklich SÄZ 83 (2002), S. 1589 (1591).

[952] Anders freilich als in der Schweiz, vgl. *Kind*, Der Gynäkologe 34 (2001), S. 744 (749).

[953] In diesem Sinne auch *von Loewenich*, Monatsschrift Kinderheilkunde 151 (2003), S. 1263 (1266).

[954] *Kutzer*, MedR 2002, S. 24.

[955] Zu den Zielen vgl. *Bucher/Hohlfeld*, SÄZ 83 (2002), S. 1551.

[956] Näher *von Loewenich*, Monatsschrift Kinderheilkunde 152 (2004), S. 329 (330).

treffende Entscheidung handelt.[957] Ob dieses moralisch begrüßenswerte Ergebnis überdies rechtlich zwingend ist, wird noch zu klären sein[958].

Zu Recht wird hingegen vom Ansatz her bei der Diagnose und Prognose auf den tatsächlichen gesundheitlichen Zustand des Frühgeborenen und andere medizinische Kriterien abgestellt, wobei freilich die Gewichtung und die Aussagekraft der einzelnen genannten pränatalen Faktoren unklar bleibt. Und auch die Ad-hoc-Entscheidung im Gebärsaal, das Frühgeborene bis zur besseren Beurteilung des kindlichen Zustandes zunächst nur vorläufig, wenngleich optimal intensivmedizinisch zu betreuen, ist aus rechtlicher Sicht gut mit dem Lebensschutz vereinbar und sollte für die Mediziner eine Selbstverständlichkeit sein. Wenn man von der rechtlich bedenklichen Behandlungsschwelle bei 24 Schwangerschaftswochen absieht, bedeutet dieses Vorgehen nämlich eine zumindest initiale Reanimation des Frühgeborenen. Schließlich erscheinen die Eltern im Entscheidungsprozess ausreichend eingebunden. Sie werden fortlaufend von ärztlicher Seite informiert, und die Entscheidungen werden „in einem kontinuierlichen Dialog zwischen allen Beteiligten"[959] erarbeitet. Zwar treffen die Ärzte im Gebärsaal unter Umständen zunächst eine eigene Entscheidung über den vorläufigen Einsatz von intensivmedizinischen Maßnahmen, insbesondere wenn das Kind reifer ist als pränatal geschätzt. Dies ist aber mit deren Eilkompetenz vereinbar.

Insgesamt betrachtet, weichen die Empfehlungen der SGN klar von denen anderer Länder ab.[960] Sie setzen eine willkürliche Behandlungsschwelle bei 24 Schwangerschaftswochen und betonen die eingeschränkte Lebenserhaltungspflicht stärker, was als Zeichen dafür gedeutet werden kann, dass in Deutschland der Druck der Neonatologen größer war, um das Leben dieser extrem Frühgeborenen zu kämpfen.[961] Im Gegensatz zu den anderen untersuchten Verlautbarungen bestimmen die Empfehlungen der SGN den Behandlungsauftrag indes nicht mit grundsätzlicher Lebenserhaltungspflicht, sondern primäres therapeutisches Ziel der neonatologischen Betreuung ist, dass bei zumutbarer Behandlung das Frühgeborene mit akzeptabler Lebensqualität überleben wird. Auf diese Weise lässt sich der eingeschränkte Einsatz intensivmedizinischer Maßnahmen zwar schlüssig erklären; auch folgt er ethisch vertretbaren Überlegungen. Den rechtlichen Anforderungen, die das deutsche Recht an den Lebensschutz stellt, genügen die Empfehlungen damit aber nicht. Sie liegen jenseits des Erlaubten und Gesollten und können folglich nicht zur Begründung eines nur auf bedingte Lebenserhaltung ausgerichteten ärztlichen Heilauftrags bei der Indikationsstellung herangezogen werden.

---

[957] SÄZ 83 (2002), S. 1589 (1591).
[958] Dazu unten E.II.
[959] SÄZ 83 (2002), S. 1589 (1591).
[960] Was gewollt war, vgl. *Bucher/Hohlfeld*, SÄZ 83 (2002), S. 1551.
[961] In diese Richtung äußert sich der Frauenarzt und Geburtshelfer Prof. *Wolfgang Holzgreve* in einem Interview, vgl. Der Spiegel 24/2002, S. 143.

IV. Die medizinische Literatur

Abschließend soll noch ein Blick darauf geworfen werden, wie in der medizinischen Fachliteratur die Diskussion über die Grenzen ärztlicher Behandlungspflichten bei Frühgeborenen geführt wird.

Nur selten finden sich dort Stimmen, die eine Lebenserhaltung um jeden Preis fordern und sich nach der „Wait Until Certainty"- Strategie für eine aggressive Intensivtherapie aussprechen. Am ehesten ist noch *Klaus Dietmar Bachmann* in diesem Sinne zu verstehen. Er weist 1982, also noch am Beginn der Diskussion, darauf hin, dass intensivmedizinische Maßnahmen bei Frühgeborenen von Anfang an notwendig seien, um die intrauterinen Lebensbedingungen zu imitieren, damit eine extrauterine Nachreifung möglich ist. Zwar sei es nicht Aufgabe der intensivmedizinischen Behandlung, allein das biologische Leben des Frühgeborenen zu erhalten, vielmehr solle sie den Weg für die Entwicklung einer altersgerechten humanen Existenz offen halten. Doch für diese therapeutische Abwägung fehlten „Beweise und Fakten im Sinne des Messbaren, Wägbaren, Berechenbaren, Reproduzierbaren", weshalb es im Ergebnis keine strikten Grenzen für die Behandlungspflicht geben könne. Die Frage laute allein, ob der Arzt heilen oder nur helfen könne.[962] Hiernach wäre es die Aufgabe des Arztes, das Leben des Frühgeborenen zu bewahren und die jeweilige Schädigung soweit wie irgend möglich zu minimieren und Hilfen anzubieten. Die Entscheidung zum Leben wird somit im Kreißsaal getroffen, womit die intensivmedizinische Erstversorgung des Neugeborenen oft nur den ersten Schritt auf einem langen Weg darstellt.

Ausgehend vom Nichtschadensprinzip kommen die Befürworter einer Behandlungsbegrenzung hingegen zu einer Entscheidung für Sterbehilfemaßnahmen, wenn eine Lebensrettung mehr schädigt als das Sterben. Erforderlich ist nach ihrer Ansicht eine ethische Güterabwägung zwischen Lebenserhaltung und Verminderung von Leiden im Einzelfall.[963] Woran sich der Arzt bei dieser Nutzen-Schaden-Abwägung orientieren soll, wird freilich unterschiedlich beurteilt. Schon im Hinblick auf die sonst nicht mögliche Weiterentwicklung der Medizin spricht sich die Mehrzahl der Mediziner gegen ein striktes „hands-off"- Gestationsalter oder - Geburtsgewicht als Schwellenwert aus.[964] Doch gibt es auch Stimmen, die von einer natürlichen Grenze der extrauterinen Lebensfähigkeit ausgehen und sich demzufolge für eine Behandlung erst ab Erreichen dieses Schwellenwertes aus-

---

[962] *Bachmann*, S. 99f.

[963] *Kollmann*, Deutsche Krankenpflege-Zeitschrift 1991, S. 489 (490f.); *von Loewenich*, MedR 1985, S. 30f.; *ders.*, Neonatologie, Sp. 750; *Obladen*, Z. ärztl. Fortbild. 87 (1993), S. 867 (871); *Grauel/Heller*, S. 97ff..

[964] *Dudenhausen*, Z. ärztl. Fortbild. 87 (1993), S. 883 (886); *Kollmann*, Deutsche Krankenpflege-Zeitschrift 1991, S. 489 (490f.); *von Loewenich*, MedR 1985, S. 30 (32), und zuletzt in Monatsschrift Kinderheilkunde 151 (2003), S. 1263 (1265ff.). Anders *Danish Council of Ethics*, Debate Outline, S. 7f. (recommendation I, 3), 28f.

sprechen.[965] Auch eine primäre Weichenstellung anhand abstrakter statistischer Aussagen zu Überlebens- und Schadenswahrscheinlichkeiten („Statistical Prognostic Strategy") wird kritisch betrachtet, weil bei diesem Ansatz keine Individualentscheidung getroffen wird.[966] Letztlich sind es im deutschsprachigen Gebiet nur Schweizer Ärzte, die sich publizistisch für eine Orientierung an der erreichbaren Überlebensqualität des Frühgeborenen bei der Abwägung einsetzen.[967] Die Mehrheit folgt vielmehr der „Individualized Prognostic Strategy", wonach die ärztliche Einschätzung der individuellen Reife und Vitalität des Frühgeborenen maßgeblich ist. Danach sind zu Beginn stets intensivmedizinische Maßnahmen zu ergreifen, deren Angemessenheit aber in regelmäßigen Abständen hinterfragt wird. Verschlechtert sich der Gesundheitszustand des Frühgeborenen, so kann zu einem späteren Zeitpunkt die Behandlung abgebrochen werden. Eine Kontraindikation wird etwa angenommen, wenn im konkreten Fall der in Kürze zu erwartende Tod auch durch die Anwendung lebenserhaltender Maßnahmen nicht verhindert werden könnte, ärztliches Handeln mithin ausschließlich eine Verlängerung des Leidens oder des Sterbens bedeuten würde.[968]

Dies ist aber nicht der einzige Rückgriff auf die Einbecker Empfehlungen, was nicht verwundert, bringen die Empfehlungen doch eine weithin unter Ärzten akzeptierte Vorgehensweise zum Ausdruck. Auch auf die dort vorgenommene Kategorisierung anhand bereits eingetretener Schädigungen wird ebenso abgestellt wie auf eine fehlende Kommunikationsfähigkeit oder irreversible Bewusstlosigkeit.[969] Ferner wird eine Lebenserhaltung als sinnlos angesehen, sobald die Überlebenswahrscheinlichkeit gegen Null tendiert[970] oder das Neugeborene sich seines eigenen Daseins nicht bewusst werden kann.[971] Befürwortet wird ein Behandlungsver-

[965] *Von Loewenich*, Monatsschrift Kinderheilkunde 151 (2003), S. 1263 (1267); *Obladen*, Z. ärztl. Fortbild. 87 (1993), S. 867 (871); *Spann/Eisenmenger*, MMW 127 (1985), S. 39 (41); *Grauel/Heller*, S. 98.

[966] *Lemburg*, Der Gynäkologe 25 (1992), S. 160 (162); *von Loewenich*, MedR 1985, S. 30 (32), wiederholend in Einbecker Workshop 1986, S. 48 und zuletzt in Monatsschrift Kinderheilkunde 151 (2003), S. 1263 (1265ff.). A.A. *Kind*, Der Gynäkologe 34 (2001), S. 744ff.

[967] *Schneider*, Geburtsh. Frauenheilk. 62 (2002), S. 607 (609); *Kind*, Der Gynäkologe 34 (2001), S. 744ff.

[968] *Kollmann*, Deutsche Krankenpflege-Zeitschrift 1991, S. 489 (490f.); *von Loewenich*, MedR 1985, S. 30f.; *ders.*, Neonatologie, Sp. 750; *Obladen*, Z. ärztl. Fortbild. 87 (1993), S. 867 (871); *Spann/Eisenmenger*, MMW 127 (1985), S. 39 (40); *Regenbrecht*, in: Diakonie-Kolleg Bayern, S. 12.

[969] *Von Loewenich*, Einbecker Workshop 1986, S. 48; *ders.*, Neonatologie, Sp. 750; *Kollmann*, Deutsche Krankenpflege-Zeitschrift 1991, S. 489 (490f.); *A.M. Holschneider/V. Holschneider*, Arztrecht 1998, S. 97 (98f.); *Hepp*, Der Gynäkologe 25 (1992), S. 130 (133); *Fritsche*, S. 13.

[970] *A.M. Holschneider/V. Holschneider*, Arztrecht 1998, S. 97 (98f.); *Kollmann*, Deutsche Krankenpflege-Zeitschrift 1991, S. 489 (490f.); *Fritsche*, S. 13; *Spann/Eisenmenger*, MMW 127 (1985), S. 39 (41).

[971] *Obladen*, Z. ärztl. Fortbild. 87 (1993), S. 867 (871).

zicht schließlich, wenn „keine Hoffnung auf ein menschenwürdiges Leben über einen nennenswerten Zeitraum" besteht.[972] So schreibt der Pädiater *Hans Ewerbeck*: „Sind wir berechtigt, ein Leben zwar zu erhalten, aber für ein Individuum, das nicht imstande sein wird zu sprechen, vernünftig zu handeln, sich zumindest bei den vitalen Funktionen selbst zu versorgen, ein Individuum, das mit großer Wahrscheinlichkeit nicht einmal die Fähigkeit des Gehens erlernen wird?"[973] Insoweit wird von ärztlicher Seite sogar gefordert, dass sich das Recht an die Verhältnisse in der Praxis anpassen müsse(!).[974] Dass dies im Hinblick auf die Menschenwürde gefährlich ist, wurde bereits an früherer Stelle dargelegt. Denn hier steht das bloße Dasein des Neugeborenen im Mittelpunkt, mit der Folge, dass es nicht mehr um die eigentlich zu stellende Frage geht, ob für die bestimmte Situation eine Therapie geboten ist, sondern darum, ob das Leben eines bestimmten Patienten als sinnvoll erachtet wird. „Was wir auch tun, ob wir das Sterben hinausschieben, oder kommen lassen, wir können nur das kleinere Übel wählen. Entweder werden wir schuldig am Sterben eines Menschen oder an seinem unerträglichen, sinnlosen Leben."[975] Auch wenn es so von den genannten Medizinern vielleicht nicht gemeint war, das klingt nach Eugenik.

Da mangels geeigneter Indices für eine fundierte Diagnose und Prognose sich die Frage, ob auf einen Einsatz lebensverlängernder intensivmedizinischer Maßnahmen verzichtet werden darf und kann, im Kreißsaal nicht unverzüglich beantworten lässt, wird in der medizinischen Literatur vielfach die Auffassung vertreten, dass es besser sei, bis zur Abklärung stets und sofort alle nur denkbaren therapeutischen Maßnahmen zu ergreifen, die dem raschen Ersatz beziehungsweise der Stabilisierung ausgefallener Vitalfunktionen dient, als im Kreißsaal zu diskutieren. Gerade eine zügige Beatmung sei wichtig, weil ansonsten die Gefahr bestehe, dass das Neugeborene in einem Depressionszustand einen Sauerstoffmangel erleide.[976] Diese etwa in Großbritannien bevorzugte Vorgehensweise führt zu einer vorläufigen intensivmedizinischen Behandlung unter kontinuierlicher Überwachung ihrer Gebotenheit. Auf diese Weise kann in einer ruhigeren Phase, wenn eine gesicherte Prognose erarbeitet wurde, Nutzen und Schaden einer Weiterbehandlung abgewogen und endgültig entschieden werden.[977] Die intensivmedizinische Erstbehandlung bedingt folglich nicht zwangsläufig eine Maximaltherapie. Einigkeit scheint des weiteren darüber zu bestehen, dass die interdisziplinäre Zusammenarbeit zwischen Geburtshelfern und Neonatologen bei einer Frühgeburt wichtig, sowie die

---

[972] *Bünte*, S. 108; ähnlich *Ewerbeck*, DÄBl. 81 (1984), S. C-2488 (C-2489); *Regenbrecht*, MMW 115 (1973), S. 601 (603) und später in: Diakonie-Kolleg Bayern, S. 21.

[973] *Ewerbeck*, DÄBl. 81 (1984), S. C-2488 (C-2489).

[974] *Regenbrecht*, MMW 115 (1973), S. 601 (603) und später in: Diakonie-Kolleg Bayern, S. 21.

[975] *Regenbrecht*, in: Diakonie-Kolleg Bayern, S. 21.

[976] *Lemburg*, Der Gynäkologe 25 (1992), S. 160 (162).

[977] *Dudenhausen*, Z. ärztl. Fortbild. 87 (1993), S. 883 (865); *Hepp*, Der Gynäkologe 25 (1992), S. 130 (133); *von Loewenich*, MedR 1985, S. 30 (32); *ders.*, Neonatologie, Sp. 751; *Fritsche*, S. 14; *Sauer et al.*, Eur J Pediatr 160 (2001), S. 364 (367).

vorherige Verlegung der Schwangeren in ein Perinatalzentrum empfehlenswert ist.[978] Der Gynäkologe *Herrmann Hepp* spricht insoweit sogar von einem „ärztlich-ethischen Gebot".[979]

Insgesamt betrachtet, zeigt sich, dass die vorliegende Problematik bereits seit über 25 Jahren Gegenstand von Veröffentlichungen ist, vielfach mit dem mehr oder minder deutlichen Anspruch, klare Grenzen für eine Behandlung von Frühgeborenen festzulegen, unterhalb derer, selbst bei Vorliegen von Lebenszeichen, keine ärztliche Intervention erfolgen soll. Während frühe Veröffentlichungen eine inhaltliche Nähe zu den Einbecker Empfehlungen in der jeweils geltenden Fassung erkennen lassen, lassen sich die jüngeren Aufsätze eher der Gemeinsamen Empfehlung der DGGG und anderer Fachgesellschaften von 1999 und den Empfehlungen der SGN zuordnen. Gewiss ist indes, dass sich die Mediziner in Deutschland mehrheitlich gegen eine maximale Therapie des Frühgeborenen entschieden haben, aber auch aktive Sterbehilfehandlungen ablehnen.[980]

V. Ergebnis

Eine Indikation lässt sich nicht ohne genaue Zielvorgabe stellen. Die Zielsetzung ärztlichen Handelns wiederum folgt aus dem ärztlichen Heilauftrag, der den Inhalt und die Grenzen einer medizinischen Behandlung bestimmt und damit festlegt, was die Medizin selbst als „behandlungswürdig" einschätzt. In diesem Abschnitt wurde daher untersucht, wie die Ärzteschaft ihren Heilauftrag im Bereich der Frühgeborenenmedizin selbst definiert, das heißt, welche Leitlinien sie für ihr Handeln aus Standesethik und Standesrecht gewinnt.

1. Folgt man in der medizinethischen Debatte einem prinzipienorientierten Ansatz, so erlegt die im traditionellen hippokratischen Ethos wurzelnde Standesethik dem Arzt die prinzipiellen Pflichten auf, dem Patienten Gutes zu tun (*bonum facere,* Prinzip des Wohltuns), sowie ihm mehr zu helfen als zu schaden (*primum nil nocere,* Nichtschadensprinzip). Zusätzlich prägen die zentralen, weithin anerkannten Prinzipien der Gerechtigkeit und der Autonomie den ärztlichen Heilauftrag bei der Behandlung extrem unreifer Frühgeborener. Ihnen folgend hat der Arzt Leben zu retten und zu heilen und, wo das nicht mehr geht, zumindest den Gesundheitszustand zu erhalten und Schmerzen zu

---

[978] *Hepp,* Der Gynäkologe 25 (1992), S. 130 (132f.); *Dudenhausen,* Z. ärztl. Fortbild. 87 (1993), S. 863 (866); *Schneider,* Geburtsh. Frauenheilk. 62 (2002), S. 607.

[979] *Hepp,* Der Gynäkologe 25 (1992), S. 130 (132).

[980] Gegen aktive Sterbehilfe etwa *Obladen,* Z. ärztl. Fortbild. 87 (1993), S. 867 (872); *Menzel,* S. 56f.; *Fritsche,* S. 22ff.; *Oduncu/Eisenmenger,* MedR 2002, S. 327 (337); die Grundsätze der Bundesärztekammer zur ärztlichen Sterbebegleitung unter Punkt I. (DÄBl. 101 (2004), S. A-1298); Punkt 3.2.2.3 der Empfehlungen der Arbeitsgruppe der Schweizerischen Gesellschaft für Neonatologie zur „Betreuung von Frühgeborenen an der Grenze der Lebensfähigkeit" (SÄZ 83 (2002), S. 1589 (1594)); Punkt II.1 der Revidierten Fassung der Einbecker Empfehlungen (MedR 1992, S. 206).

lindern. Die Bekämpfung des Todes selbst ist hingegen keine Aufgabe der Medizin. Der Arzt ist vom Selbstverständnis her kein Herr über Leben und Tod. Es steht das Wohl des Patienten an erster Stelle, wobei gilt, dass nicht der Arzt, sondern der Patient selbst entscheidet, was zu seinem Wohl ist. Doch angesichts der Unfähigkeit des Frühgeborenen, sich eindeutig zu äußern, der modernen medizinischen Möglichkeiten und der Pluralität von Wertvorstellungen in unserer Gesellschaft, ist die Anwendung dieser Prinzipien auf die Situation des extrem unreifen Frühgeborenen konfliktreich. So fällt es schwer, im *bonum facere* und *primum nil nocere* das rechte Maß für die Lebenserhaltung zu finden, weshalb eine definitive Aufteilung von Gutem und Nachteiligem sich nicht vornehmen lässt. Die genannten Maximen können daher in ihrer Grundsätzlichkeit dem Arzt bei seiner Entscheidung, ob und welche Maßnahmen zur Behandlung des extrem unreifen Frühgeborenen geboten sind, keine eindeutige Antwort vorgeben; sie belassen ihm stattdessen einen Handlungs- und Entscheidungsspielraum und markieren so nur Eckpunkte ärztlichen Handelns. Festhalten lässt sich indes zweierlei: Erstens, dass aus der Standesethik keine unbeschränkte und unbedingte Lebenserhaltungspflicht mehr folgt. Das Leben ist nicht mehr oberste Norm im ethischen Diskurs, sondern vielmehr selbst Gegenstand einer Güterabwägung. Es besitzt keine „Würde der Absolutheit" mehr. Zweitens, dass mit dem Autonomieprinzip im medizinethischen Bereich der Basis des Selbstbestimmungsrechts herausragende Bedeutung zufällt.

2. Vor diesem Hintergrund lassen sich drei ethische Grundkonzepte mit verschiedenen Zielvorstellungen zur Behandlungspflicht bei extrem unreifen Frühgeborenen ausmachen, die faktisch fast nur in Mischformen vorkommen. Eine nähere Analyse dieser Modelle zeigt, dass alle ihre Stärken und Schwächen haben, sich mithin keine der daraus folgenden Verhaltensalternativen (Maximale Behandlung, Selektive Behandlung, Infantizid) stimmig begründen lässt. Es gibt somit nicht nur eine ethisch richtige Handlung, sondern verschiedene ethisch gerechtfertigte Handlungsmöglichkeiten, was nicht verwundert, da es in erster Linie nicht Sinn und Zweck ethischer Reflexion ist, fertige Antworten zu liefern, sondern die richtigen und notwendigen Fragen zu stellen. Die Leistungsfähigkeit angewandter medizinischer Ethik im neonatologischen Entscheidungskonflikt liegt deshalb wohl eher in der Reflexion und Begleitung der Praxis statt in der Verordnung präskriptiver Handlungsanweisungen.[981] Welches ethische Konzept nun den ärztlichen Heilauftrag bestimmt, ist deshalb letztlich abhängig von den eigenen Moralvorstellungen, dem eigenen Menschenbild samt dem daraus folgenden Lebensschutz. Eine Unantastbarkeit und Absolutheit der Entscheidung ist ausgeschlossen, die eigene Position lediglich postulierbar. So wird die Behandlungsentscheidung beim extrem unreifen Frühgeborenen zu einer Wahl zwischen der Scylla der unbedingten Lebenserhaltung und der Charybdis einer legitimierten Tötungsmöglichkeit. Darüber hinaus wird deutlich, dass angesichts der verschiedenen ethisch ge-

---

[981] *Zimmermann*, in: *Frewer/Winau*, S. 107f.; *Steinvorth*, S. 46f.

rechtfertigten Verhaltensweisen, die alle auch nicht grundsätzlich widerrechtlich sind, es sich bei der ärztlichen Entscheidung um keinen der seltenen Konflikte zwischen Recht und Moral handelt.

3. Im Bereich des Standesrechts erlangt sodann die Musterberufsordnung Bedeutung. Sie enthält die wichtigsten moralischen Normen der medizinischen E-
thik und ist in diesen Fragen weitgehend unumstritten.[982] Dies erstaunt nicht,
denn die standesrechtlichen Regelungen sind sehr allgemein gehalten. So ver-
bleibt eine erhebliche Detailarbeit, wenn man bestimmen will, was die weithin
akzeptierten Normen ärztlichen Handelns im konkreten Fall bedeuten. Insofern kann die Musterberufsordnung zwar Orientierung über die grundlegenden
Normen ärztlichen Handelns liefern. Unbeantwortet bleibt jedoch auch hier
die Frage nach den konkreten Handlungspflichten gegenüber extrem unreifen
Frühgeborenen. Eine Konkretisierung der bereits aus dem allgemeinen Recht
folgenden Pflichten folgt aus der Musterberufsordnung jedenfalls nicht. Die
Ausnahmeregelung des § 16 MBO-Ä zum Beistand für den Sterbenden lässt
jedoch erkennen, dass es Situationen geben kann, in denen Lebenserhaltung
nicht mehr primäres Ziel des Heilauftrages ist, und Sterbehilfe als eine ärztliche Aufgabe wahrgenommen wird.

4. Darüber hinaus hat sich gezeigt, dass auch fachwissenschaftliche Richtlinien
und Empfehlungen bei der näheren Bestimmung des ärztlichen Heilauftrags
für die Behandlung extrem unreifer Frühgeborener nur bedingt weiterhelfen.
Sie empfehlen für die Urteilsfindung eine ethische Güterabwägung im Einzelfall zwischen Nutzen und Schaden einer Intensivbehandlung. Fast immer wird
dabei die Pflicht zur Lebenserhaltung als grundsätzliches Gebot ärztlichen
Handelns genannt, wobei in extremen Einzelfällen Ausnahmen zugelassen
werden, so dass die Leidensminderung vor eine Lebenserhaltung tritt. Diese
Begrenzung der ärztlichen Lebenserhaltungspflicht wird jedoch bereits gemessen an den jeweils eigenen Vorgaben in keiner der so verfahrenden berufsständischen Verlautbarung ohne innere Widersprüche formuliert. Aber
auch gegen die in den Verlautbarungen praktizierte Festlegung von Behandlungsgrenzen anhand objektiver Kriterien, wie bestimmte schwere Krankheiten oder körperliche oder geistige Schäden, Gestationsalter oder Überlebensqualität, sowie gegen diese Maßstäbe an sich, bestehen Bedenken, vor allem
rechtliche. Besser machen es neuere Verlautbarungen, die auf das Wohl des
Frühgeborenen und seine Interessen abstellen. Hierüber wäre die gewünschte
Einschränkung der Behandlungspflicht im Einzelfall möglich, ohne dass es zu
Verallgemeinerungen kommt, die auf ein bestimmtes Behandlungskriterium
hinauslaufen, welches dann mit dem Verbot einer Differenzierung im Lebensschutz kollidiert. Das würde die Entscheidung zwar nicht einfacher machen,
jedoch zu mehr Begründungssicherheit führen. Das wiederum setzt voraus,
dass dem Arzt, aber auch den Eltern, einheitliche Maßstäbe für die Interessenabwägung an die Hand gegeben werden, die ihnen helfen, eine Entscheidung
zu treffen, die den medizinischen, ethischen und rechtlichen Maßstäben ge-

---

[982] *Wiesing*, Die Berufsordnung – Einführung, S. 60.

nügt. Da die berufständischen Verlautbarungen diesem Erfordernis nicht nachkommen, lassen sich insoweit aus ihnen keine praktisch handhabbaren Handlungsanweisungen ableiten. Es bleibt vielmehr bei prozeduralen Anweisungen für die Entscheidungsfindung und beim potentiell gefährlichen Subjektivismus der Entscheidungen.

5. Schließlich spiegelt auch die medizinische Literatur deutlich den Umstand wieder, dass ein klarer ärztlicher Heilauftrag für die Behandlung von Frühgeborenen an der Grenze zur Lebensfähigkeit nicht besteht. Eine einheitlich vertretene Position lässt sich nicht ausmachen.

Nach alldem lässt sich eine Begrenzung der Behandlungspflicht bei extrem unreifen Frühgeborenen zwar an sich ethisch begründen, doch auch nur annähernd einheitliche Maßstäbe zur näheren Bestimmung von Behandlungsschwellen im Rahmen der Indikationsstellung fehlen schon. Der Medizin fällt es angesichts der biologischen Variabilität schwer, exakte Vorgaben dahingehend zu machen, welche Frühgeborenen sie selbst als „behandlungswürdig" einschätzt und welche nicht. Dies erklärt auch, weswegen sich bislang noch keine ärztlichen Standards ausbilden konnten. So erweist es sich für den Arzt als schwierig, eine „richtige" Entscheidung im „richtigen" Moment zu treffen. Diese Einschätzung relativiert sich auch nur bedingt dadurch, dass die eingangs gestellte Indikation korrigierbar ist, sich also auf Grund ihrer Abhängigkeit von der Kenntnis um den Zustand des Patienten vielmehr immer wieder im Verlauf der Behandlung verändern kann. Entweder ist das Frühgeborene nämlich bereits tot oder es wurde unter Umständen zu lang behandelt, was gegebenenfalls unnötiges Leiden für das Kind sowie Kosten verursacht hat. Gewiss ist allerdings, dass sich die Mediziner in Deutschland mehrheitlich sowohl gegen eine maximale Therapie des Frühgeborenen als auch gegen aktive Sterbehilfehandlungen entschieden haben.

D. Entscheidungskriterien im Bereich Diagnose und Prognose

Gegenstand der Prüfung in diesem Abschnitt ist die Frage, ob die im medizinischen Bereich diskutierten Ansätze für eine Behandlungsbegrenzung trotz der bekannten, vor allem rechtlichen Bedenken nicht doch tauglich sind, um den Arzt bei seiner Entscheidung hinsichtlich der Behandlung eines individuellen Frühgeborenen an der Grenze zur Lebensfähigkeit leiten zu können. Nur wenn solche Entscheidungskriterien für die Indikationsprüfung gefunden werden können, ist es angesichts des grundsätzlich primären lebenserhaltenden Behandlungsauftrags möglich, losgelöst vom mutmaßlichen Willen des Frühgeborenen von einer intensivmedizinischen Behandlung zu Maßnahmen der Früheuthanasie zu wechseln. Das Therapieziel wandelt sich dann von Lebenserhaltung zu Leidminderung.

Zunächst ist nach Kriterien zu suchen, die dem Arzt helfen, die Situation auf der tatsächlichen Ebene zu erfassen und es damit erlauben, im Bereich Diagnose und Prognose eine gesicherte Indikation zu stellen. Es geht um die Feststellung klinischer Fakten, die das weitere ärztliche Handeln bestimmen. Diskutiert werden die in den fachwissenschaftlichen Verlautbarungen und in der medizinischen Literatur häufig genannten Richtgrößen für die Entscheidung über Leben (Behandlung) und Tod (Behandlungsverzicht). Hierbei ist zweierlei zu bedenken: zum einen, dass im „Normalfall" weder die Zeit noch die Möglichkeit besteht, umfangreiche Feststellungen zu treffen, zum anderen, dass die Entscheidung strafrechtliche und zivilrechtliche Folgen haben kann, weswegen es aus Gründen der Rechtssicherheit präziser und klarer Maßstäbe für eine Behandlungsgrenze bedarf.

I. Behandlungsmöglichkeiten

Im Rahmen der Erfassung der tatsächlichen Situation hat sich der Arzt Gedanken über die Behandlungsmöglichkeiten, deren Nutzen und Risiken zu machen.[983] Das bedeutet, er muss sich Folgendes überlegen:

- Welche technische Ausrüstung steht mir zur Verfügung?
- Welche Fachkompetenz besitzen das Behandlungsteam und ich?
- Welche festgestellten Schädigungen können in welchem Umfang behoben werden?

Diese Fragen klären die Möglichkeit einer Behandlung ab. Kommt der Arzt zu dem Ergebnis, die Behandlung sei ihm unmöglich, so ergibt sich daraus für viele eine dem Grunde nach unstreitige Behandlungsgrenze.[984] Denn wie jede rechtliche Hilfs- und Erfolgsabwendungspflicht steht auch die ärztliche Behandlungspflicht unter dem Vorbehalt des tatsächlich Möglichen. Nur wer trotz eigener Handlungsmöglichkeit eine geeignete Rettungshandlung unterlässt, kann rechtlich belangt werden.[985] Ist daher die Erfolgsabwendung faktisch unmöglich, so fehlt bei unterlassener Behandlung die individuelle Handlungsfähigkeit des Arztes, wobei im Strafrecht Unmöglichkeit der Erfolgsabwendung nicht bedeutet, dass die Handlungsunfähigkeit absolut und in jeder Hinsicht bestehen muss. Es reicht aus, wenn die betreffende Person nicht imstande ist, in sinnvoller Weise tätig zu werden.[986] Dem Arzt kann deswegen kein Strafdelikt vorgeworfen werden und auch zivilrechtlich entfällt wegen der Unmöglichkeit der Behandlung eine Haftung des Arztes auf Schadensersatz. Behandelt der Arzt trotzdem, so haftet er gleichwohl unter dem Aspekt des Übernahmeverschuldens, sofern er weiß oder erkennen

---

[983] Missverständlich BGH NJW 2003, S. 1588, wonach die fehlende Möglichkeit der Behandlung als Oberbegriff für die fehlende Indikation oder Sinnlosigkeit der Behandlung angesehen werden kann. Vgl. hierzu *Höfling/Rixen*, JZ 2003, S. 884 (888).

[984] Etwa *Eser*, FS für *Narr*, S. 57; *Kaufmann*, JZ 1982, S. 481 (485); *Ulsenheimer*, MedR 1994, S. 425 (427); *Laber*, MedR 1990, S. 182 (186); *Hanack*, MedR 1985, S. 33 (36): „klare Grenze". Kritisch *Everschor*, S. 241f.

[985] Ausdrücklich schon *Eser*, in: *Lawin/Huth*, S. 85; vgl. auch *Roxin*, AT/II, § 31 Rn. 8ff., 15; *Trück*, S. 34.

[986] *Roxin*, AT/II, § 31 Rn. 9; *Trück*, S. 34.

kann, dass an sich die dafür erforderlichen technischen und persönlichen Voraussetzungen fehlen.[987] Mit anderen Worten: „Wer etwas nicht weiß, muss sich informieren; wer etwas nicht kann, muss es lassen."[988]

1) Technische Ausrüstung und Fachkompetenz

Die beiden ersten Fragen betreffen die technische Ausstattung des Arztes zur Intensivbehandlung, seine fachliche Qualifikation und die des ihm zur Seite stehenden Behandlungsteams. Es klingt einleuchtend und ist es auch, dem frei oder im Krankenhaus praktizierenden Arzt in den Fällen, in denen ihm die zu einer Behandlung des Frühgeborenen erforderliche intensivmedizinische Ausrüstung, geschultes Fachpersonal oder die eigene fachliche Qualifikation fehlen, keine Behandlungspflicht aufzuerlegen. Der Arzt kann dem Frühgeborenen in dieser Situation nämlich aufgrund der tatsächlichen Gegebenheiten nicht helfen. Wer etwa kein Reanimationsgerät oder keinen Inkubator hat, kann sie auch nicht anwenden.[989] Der Mangel an notwendigem technischem Gerät oder auch personellem Know-how führt zur faktischen Unmöglichkeit und damit zu einer Grenze der rechtlichen Behandlungspflicht. Arzt und Recht müssen hier resignieren.[990] Allerdings ist zu beachten, dass die fehlende Verpflichtung zur medizinischen Behandlung des Frühgeborenen nicht die ärztliche Hilfspflicht vollends beseitigt. Aufgrund seiner bestehenden Garantenstellung hat er vielmehr weiterhin die Pflicht, die Rechtsgüter des Frühgeborenen zu schützen, was bedeutet, er hat anderweitig sinnvolle Hilfe zu leisten, um Schaden abzuwenden. Sofern das Frühgeborene transportfähig und die Überführung auch nicht mit zu großen Risiken verbunden ist, hat der Arzt daher die Pflicht, die Eltern darüber aufzuklären und gegebenenfalls dafür zu sorgen, dass das Kind schnellstmöglich in ein Perinatalzentrum oder zumindest in ein anderes Krankenhaus verlegt wird, das die entsprechende Ausstattung besitzt.[991] Sonst ist bis zum Todeseintritt die Basisversorgung des Frühgeborenen aufrecht zu erhalten.

2) Versorgungsengpass

Jedes Krankenhaus stößt gelegentlich an die Grenzen seiner Kapazität, weil die räumlichen und personellen, insbesondere aber die apparativ-medizinischen Möglichkeiten notwendigerweise beschränkt sind. Dennoch liegt kein Fall einer faktischen Unmöglichkeit vor, wenn die zur Behandlung notwendigen apparativen Mittel und (oder) personellen Voraussetzungen zwar vorhanden, aber nicht im benötigtem Umfang verfügbar sind. In dieser Situation ist eine Behandlung grundsätzlich möglich und kann nur deshalb nicht vorgenommen werden, weil die Kapazitäten bereits anderweitig eingesetzt sind. Bei einem solchem Versorgungseng-

---

[987] BGHSt 3, 91; 10, 133; 43, 306 (311); vgl. auch *Künschner*, S. 243f.
[988] *Roxin*, AT/I, § 24 Rn. 34.
[989] So bereits *Bockelmann*, S. 115.
[990] *Kaufmann*, JZ 1982, S. 481 (485).
[991] So auch *Laber*, S. 233; *Everschor*, S. 239.

pass greift der Gesichtspunkt der Unmöglichkeit somit nur bedingt durch, denn der Arzt könnte dem Frühgeborenen ja helfen, wenngleich nur auf Kosten eines Dritten. Hier geht es vielmehr um die Frage, wer konkret in den Genuss der nicht im ausreichenden Umfang verfügbaren Kapazitäten kommen soll – das Frühgeborene oder ein zur gleichen Zeit hilfsbedürftig gewordener anderer Patient. Es geht also um die richtige „Verwaltung des Mangels". Übereinstimmend wird in der Literatur dem Arzt in dieser Triage-Situation ein Auswahlermessen eingeräumt, das lediglich einer richterlichen Missbrauchskontrolle unterliegt.[992] Spätestens in diesem Moment zeigt sich, dass hier kein Fall einer objektiven oder subjektiven Unmöglichkeit vorliegt, sondern über das rein faktische Helfenkönnen hinaus normative Wertungen und Abwägungen eine Rolle spielen. Im Ergebnis kann daher eine Behandlungspflicht allenfalls unter dem Gesichtspunkt der Unzumutbarkeit einer Behandlung für den Arzt wegfallen.[993] Aufzulösen ist diese Konfliktsituation nach den Grundsätzen der Pflichtenkollision, so dass der Arzt als Garant der Patienten nur einer seiner Handlungspflichten nachkommen muss.[994] Verlangte in dieser Konfliktsituation die Rechtsordnung die Behandlung beider Patienten durch den Arzt, so würde sie Unmögliches fordern.

3) Erfolgsaussichten einer Lebenserhaltung

Die dritte Frage beschäftigt sich mit den Erfolgsaussichten einer Behandlung. Hier geben nicht die äußeren Umstände der konkreten Situation den Ausschlag für einen Behandlungsverzicht, sondern die medizinischen Möglichkeiten, den Krankheitszustand des Frühgeborenen zu therapieren.

a) Aussichtslose Lebensverlängerung

Nach Ansicht *Albin Esers* liegt ein unstreitiger Fall der faktischen Unmöglichkeit und damit eine Behandlungsgrenze vor, wo eine weitere Lebensverlängerung „aussichtslos" erscheint.[995] Die ärztliche Behandlungspflicht findet danach ihre Grenze, wenn es unmöglich ist, den Sterbevorgang aufzuhalten. Mit anderen Worten: „Ein Abbruchgrund ist nicht schon die Feststellung, dass man eine bestimmte Schädigung nicht beheben könnte, sondern dass wegen der Schädigung der Todeseintritt ohnehin nicht hinauszuzögern ist."[996] Nicht ausreichend ist somit die Aussichtslosigkeit, körperliche oder geistige Schädigungen zu beheben. Folglich geht es um Situationen, in denen das Frühgeborene als „lebensunfähig" zu bezeichnen ist.

---

[992] Vgl. etwa *Eser*, FS für *Narr*, S. 58, und in: *Auer/Menzel/Eser,* S. 133f.; *Ulsenheimer*, MedR 1994, S. 425 (427); *Bockelmann*, S. 115.

[993] So auch *Eser*, in: *Lawin/Huth,* S. 85; *Laber*, S. 233.

[994] *Bockelmann*, S. 25, 115f.; LK-*Jähnke*, Vor § 211 Rn. 19. Allgemein zu diesem Rechtfertigungsgrund etwa *Kühl*, AT, § 18 Rn. 134ff.; *Roxin*, AT/I, § 16 Rn. 101ff.

[995] *Eser*, FS für *Narr*, S. 57.

[996] *Eser*, FS für *Narr*, S. 58; ähnlich Sch/Sch-*Eser*, Rn. 29 vor §§ 211ff.; *Kaufmann*, JZ 1982, S. 481 (485); *Jähnke*, Einbecker Workshop 1986, S. 101; *Weber/Vogt-Weber*, Arztrecht 1999, S. 4 (6) sowie *dies.*, MedR 1999, S. 204 (207).

Der Eintritt einer faktischen Unmöglichkeit wird so freilich stark eingeschränkt, denn solange das Leben medizinisch-technisch erhalten oder verlängert
werden kann, ist eine intensivmedizinische Maßnahme danach nicht aussichtslos.
Dass die Zeitspanne einer Lebenserhaltung bei der Beurteilung der Unmöglichkeit
der Erfolgsabwendung keine Rolle spielen darf, entspricht dem aus Art. 2 Abs. 2
GG folgenden Lebensschutz, denn alles menschliche Leben ist gleichwertig, weshalb eine Abhängigkeit des Schutzes von der Lebensdauer nicht zulässig ist. Dies
kommt auch zum Ausdruck, wenn ein sinnvolles Hilfeleisten, mithin die persönliche Handlungsfähigkeit, dann angenommen wird, wo die Handlung Entscheidendes zur Rettung des Rechtsguts beiträgt, wobei auch eine zeitliche Verzögerung
des an sich unvermeidbaren Erfolgseintritts in Rechnung zu stellen ist.[997] Dies
beachtet *Ernst-Walter Hanack* nicht, wenn er zur Unmöglichkeit auch solche Fälle
zählt, in denen der Eintritt des Todes durch die technischen Möglichkeiten der
Intensivmedizin hinausgezögert werden könnte.[998] Denn in dieser Situation ist
eine lebenserhaltende Behandlung sehr wohl möglich und, weil dem Arzt kein
Urteil aus eigener Lebensauffassung über Sinn und Wert einer so gewonnenen
Lebensspanne für das Frühgeborene zusteht, auch sinnvoll. Mit der von *Hanack*
gegebenen Argumentation dient aber ein unzulässiges Lebensquantitätsargument
der Begründung einer Behandlungsgrenze, die sich einzig aus den tatsächlichen
Umständen ergeben soll. Offen ist damit aber, ob eine Lebenserhaltung in dieser
Situation nicht aus anderen Gründen normativ nicht geboten ist. Man denke an
den von *Paul Fritsche* geschilderten Fall, in dem ein Frühgeborenes in der ersten
Nacht vierzehnmal einen Herzstillstand erlitten hat und jedes Mal wieder belebt
wurde, bis diese Maßnahmen ergebnislos blieben.[999]

b) Erfolglosigkeit einer lebenserhaltenden Behandlung

Nach anderer Formulierung besteht dann keine Veranlassung des Arztes zur Einleitung von lebensrettenden Sofortmaßnahmen, wenn die Erfolglosigkeit des Ret-
tungsbemühen sicher vorhersehbar ist,[1000] oder wie *Klaus Ulsenheimer* formuliert,
wo „die beabsichtigten Maßnahmen mit Gewissheit zum Tod des Kindes führen".[1001] Solch eine gesicherte Prognose kann sich zwar bei Erwachsenen geradezu
zwingend aus der Art der Erkrankung oder Schädigung ergeben. Angesichts des
fehlenden Wissens um das Ausmaß der Schädigungen infolge der Unreife bei
Frühgeborenen sowie der daraus resultierenden Prognoseunsicherheit, kann aber,

---

[997] Sch/Sch-*Stree*, Rn. 142 vor §§ 13ff.
[998] *Hanack*, MedR 1985, S. 33 (36). Wie sich aus den nachfolgenden Sätzen ergibt, scheint
Hanack aber eher Fälle zu meinen, wo die Lebensfähigkeit des Neugeborenen nicht o-
der nicht mehr gegeben ist.
[999] *Fritsche,* S. 12. Ähnlich auch der Fall, wo ein britisches Gericht ein Ärzteteam von der
Pflicht zur Wiederbelebung eines mit weniger als 500 Gramm in der 26. Schwangerschaftswoche geborenen todkranken Kindes befreit hat, sollte dessen Atmung zum vier-
ten Mal aussetzen, vgl. SZ vom 9./10.10.2004, S. 12.
[1000] *Roxin*, AT/II, § 31 Rn. 10; *Menzel*, S. 55; *Hennies*, Arztrecht 1998, S. 127.
[1001] *Ulsenheimer*, MedR 1994, S. 425 (427).

zumindest im Kreißsaal, oft noch nicht mit Sicherheit gesagt werden, dass die beabsichtigte Behandlung zum Tode und nicht zum Weiterleben des Kindes führt. Anders ist die Situation nur dann zu beurteilen, wenn tatsächlich feststehen sollte, dass das Frühgeborene an einer nicht therapierbaren Erkrankung oder Schädigung leidet, die zum schnellen Tod führt. Es geht, mit anderen Worten, auch hier um Sachlagen, bei denen die Lebensfähigkeit des Frühgeborenen nicht oder nicht mehr besteht.

c) Die Lebensunfähigkeit

Die Lebensunfähigkeit erscheint auf den ersten Blick als geeignetes Kriterium für eine Behandlungsgrenze unter Unmöglichkeitserwägungen.[1002] Doch bei näherer Betrachtung bestehen in mehrerlei Hinsicht Probleme. Das betrifft neben der Unsicherheit hinsichtlich der klinischen Prognose die grundsätzliche Frage, wann überhaupt von Lebensunfähigkeit gesprochen werden kann. Setzt diese Prognose nur das Unterlassen oder a priori die Wirkungslosigkeit von intensivmedizinischen Maßnahmen voraus? Fraglich ist ferner, ob auch Fälle erfasst werden, in denen unter Einsatz der Medizin dem Frühgeborenen ein kurzes Überleben gegeben ist und bejahendenfalls, wie kurz dieses Überleben allenfalls dauern darf, ohne Lebensfähigkeit zu indizieren. Die Beantwortung der gerade aufgeworfenen Fragen gestaltet sich als schwierig, da eine verbindliche deutsche Festlegung des Begriffs „Lebensunfähigkeit" nicht existiert.[1003] Es verwundert daher nicht, dass die semantische Reichweite des Kriteriums „Lebensunfähigkeit" in der Literatur kontrovers diskutiert wird.[1004] Beinahe zwangsläufiges Ergebnis dieser Diskussion ist eine solch erhebliche Unbestimmtheit des Begriffes „Lebensunfähigkeit", die eine kontrollierbare Anwendung ausschließt.[1005] Es wäre meines Erachtens indes zu kurz gegriffen, an dieser Stelle Halt zu machen und allein im Hinblick auf die bestehende Konturlosigkeit eine Lebensunfähigkeit als Entscheidungskriterium abzulehnen, zumal, wie sich nachfolgend zeigt, der Begriff durchaus klarer gefasst werden kann.

Ausgangspunkt der Definition hat der grundgesetzliche Lebensbegriff zu sein. Leben ist darum nicht wertend zu verstehen, Art. 2 Abs. 2 Satz 1 Alt. 1 GG

[1002] Auf dieses Kriterium stellen u.a. ab: *Hanack*, MedR 1985, S. 33 (36); *Jähnke*, Einbecker Workshop 1986, S. 100, 108; *Lorenz*, in: HStR VI, § 128 Rn. 50; *Schlund*, Arztrecht 1991, S. 109 (111). Für *Ulsenheimer*, MedR 1994, S. 425 (427), liegen die Fälle fehlender Lebensfähigkeit hingegen auf der Grenzlinie zwischen dem Gesichtspunkt der Unmöglichkeit und der Unzumutbarkeit. Im Rahmen eines Schwangerschaftsabbruchs nach § 218a StGB a.F. diskutieren *Hiersche/Jähnke*, MDR 1986, S. 1ff. die Lebensfähigkeit als Maßstab.

[1003] Definitionsbeispiele nennt *Mieth*, Das sehr kleine Frühgeborene, S. 48.

[1004] Näher zu dieser Diskussion *Everschor*, S. 291ff.; *Merkel*, Früheuthanasie, S. 370ff., jeweils m.N.

[1005] Ebenso *Merkel*, Früheuthanasie, S. 373; *Everschor*, S. 299; früher bereits *Eser*, FS für *Narr*, S. 58, und *von Loewenich* in einem Diskussionsbeitrag beim Einbecker Workshop, vgl. *Hiersche/Hirsch/Graf-Baumann*, S. 132.

schützt vielmehr bereits das körperliche Dasein, das heißt die biologisch-physische Existenz eines Menschen an sich.[1006] Reicht somit bloßes biologisches Leben als Schutzobjekt aus, kann es auf bestimmte geistige oder körperliche Qualitäten nicht ankommen, um von Lebensfähigkeit zu sprechen. Lebensunfähig als das Gegenteil von Lebensfähigkeit, meint also eine physische Lebensunfähigkeit. Sodann ist zu klären, ob von physischer Lebensunfähigkeit schon gesprochen werden kann, wenn das Kind ohne Behandlung nicht überlebt, oder ob dies die Feststellung voraussetzt, dass das Leben des Frühgeborenen selbst durch den Einsatz intensivmedizinischer Maßnahmen nicht erhalten werden könnte. Für Letzteres spricht, dass wegen der medizinisch-technischen Möglichkeiten heutzutage der Tod kaum noch als unmittelbare und „natürliche" Folge einer Erkrankung oder Schädigung angesehen werden kann, sondern meist das Ergebnis einer Entscheidung ist, die lebensbewahrende medizinische Behandlung oder Medikation nicht fortzusetzen.[1007] In die gleiche Richtung weist überdies die Definition des U.S. Supreme Court für „Viability" aus der ersten Abtreibungsentscheidung „Roe v. Wade", wonach extrauterine Lebensfähigkeit „the capacity for meaningful life outside the womb, albeit with artificial aid"[1008] meint. Frei übersetzt ist Lebensfähigkeit damit die Fähigkeit zu einem sinnvollen Leben außerhalb des Mutterleibes, wenn auch mit künstlicher Hilfe.

Folgt man auch darüber hinaus der Definition des U.S. Supreme Court, so beinhaltet der Begriff „lebensunfähig" eine Wertung, denn vorausgesetzt wird mehr als ein bloß biologisches Leben, nämlich ein „sinnvolles" Leben. Dies eröffnet die Möglichkeit, von physischer Lebensunfähigkeit selbst dann noch zu sprechen, wenn das Frühgeborene mit intensivmedizinischen Maßnahmen nur für eine gewisse Zeit am Leben erhalten werden kann (Fall A),[1009] wie auch, wenn für ein Überleben vitale Körperfunktionen dauerhaft maschinell übernommen werden müssen, mithin das Frühgeborene außerstande ist, aus eigener Kraft zu überleben, es vielmehr in existentieller Abhängigkeit zum Arzt und zur Maschine steht (Fall B).[1010] Als Beispiel mag der Fall eines seit seiner zu frühen Geburt respiratorab-

---

[1006] *Jarass*/Pieroth, Art. 2 Rn. 80, 84; *Kunig*, in: *von Münch/Kunig*, GKK I, Rn. 47 zu Art. 2.

[1007] *Giesen*, JZ 1990, S. 929.

[1008] Zitiert nach *Beller*, Z. Geburtsh. Neonatol. 202 (1998), S. 220 m.N. Vgl. auch *Merkel*, Früheuthanasie, S. 377.

[1009] In diesem Sinne etwa *Hiersche/Jähnke*, MDR 1986, S. 1 (2), die eine Lebensunfähigkeit jedenfalls ausschließen, wenn das Kind prognostisch „ein Lebensalter erreichen wird in dem es zu selbständiger, von fremder Fürsorge unabhängiger Existenz in der Lage ist"; zur amerikanischen Literatur und Rechtsprechung vgl. *Merkel*, Früheuthanasie, S. 372f.

[1010] In diesem Sinne *Jähnke*, Einbecker Workshop 1986, S. 100, 103; sich daran orientierend *Schlund*, Arztrecht 1991, S. 109 (111); ähnlich *Ulsenheimer*, MedR 1994, S. 425 (427). Vgl. zudem Ziffer 3.5 der „Medizinisch-ethischen Richtlinien für die ärztliche Betreuung sterbender und zerebral schwerst geschädigter Patienten" der SAMW von 1995, NJW 1996, S. 767 (768).

hängigen Kleinkindes gelten, das seinen Respirator hinter sich her ziehend über die Intensivstation läuft.[1011] Im Fall A wird der Begriff der mangelnden Lebensfähigkeit erweitert auf fehlende Lebenserwartung: Das Leben des Frühgeborenen kann hier nicht „auf Dauer" erhalten werden. Aber wegen der Sterblichkeit des Menschen kann genau genommen kein Leben dauerhaft erhalten werden. Das macht Wertungen erforderlich, wobei die Schwierigkeit besteht, den Zeitkorridor genau zu bestimmen, in welchem trotz voraussichtlichem Überleben noch von einer Lebensunfähigkeit gesprochen werden kann. Nur wenn das gelänge, wäre eine Anwendung überhaupt rechtlich kontrollierbar und Rechtssicherheit geschaffen. Warum aber ein nur Minuten, Stunden oder Tage dauerndes Leben nicht „sinnvoll" sein soll oder ein mehrwöchiges, -monatiges oder gar mehrjähriges, nach welchen Maßstäben dies bemessen werden soll und wo genau die Grenze zu ziehen ist, all das lässt sich nur schwer begründen, zumal auch das lebensunfähige Frühgeborene in den Schutzbereich des Art. 2 Abs. 2 Satz 1 Alt. 1 GG fällt und vor den Tod bringenden Eingriffen geschützt wird. Völlig zutreffend daher die Frage von *Adolf Laufs*: „Doch bis zu welcher Lebensspanne mag ein Kind, das seiner schwersten Gebrechen wegen nicht groß werden kann, als dem Tode geweihtes und damit sterbendes gelten? Die Grenze lässt sich schwer bestimmen. Die Krankheitsverläufe lassen sich überdies zeitlich kaum je ganz genau prognostizieren."[1012] Und auch *Reinhard Merkel* legt die Hand auf die Wunde, wenn er schreibt: „Wer käme auf den Gedanken, die ärztliche Behandlungspflicht im Falle eines schwerkranken alten Menschen *allein deshalb* enden zu lassen, weil dessen Lebenserwartung drei Monate (oder gar „ein, zwei Jahre") nicht mehr überschreitet?"[1013] Um es auf den Punkt zu bringen, entscheidend gegen ein derartiges Verständnis von „Lebensunfähigkeit" spricht, dass der Lebensschutz die absolute Gleichwertigkeit allen menschlichen Lebens fordert, was es sowohl verbietet, eine bestimmte Zeitspanne im Leben eines Neugeborenen weniger zu schützen als eine andere, als auch das Leben eines Neugeborenen im Vergleich zum Erwachsenen für weniger schützenswert zu halten.[1014]

Das als Fall B bezeichnete Verständnis von Lebensunfähigkeit wird von *Burkhard Jähnke* in die Diskussion eingeführt. Er sieht die Aufgabe des Arztes darin, Neugeborene zu selbständiger Existenz außerhalb des Mutterleibs zu führen, das heißt, sie müssen in der Lage sein zu leben, ohne in existentieller Abhängigkeit vom Arzt zu sein.[1015] Die Behandlungspflicht sei daher aufgehoben, wenn dies

---

[1011] *Von Loewenich* berichtet von diesem Fall, vgl. MedR 1985, S. 30 (32) und *ders.*, Einbecker Workshop 1986, S. 44. Zur weiteren Entwicklung des Kindes bis 1995 vgl. *Heinemann*, S. 261.

[1012] *Laufs*, Recht und Gewissen, S. 13.

[1013] *Merkel*, Früheuthanasie, S. 373.

[1014] Ähnlich *Weber/Vogt-Weber*, Arztrecht 1999, S. 4 (6); *Jähnke*, Einbecker Workshop 1986, S. 100; *Merkel*, Früheuthanasie, S. 373, spricht anderenfalls von einem „verfassungsrechtlich höchst prekären Legitimationsproblem".

[1015] Zum geschichtlichen Hintergrund der Selbständigkeit als Aspekt der Lebensfähigkeit vgl. *Peters*, S. 249f.

infolge unzureichender Organbildung auf Dauer unmöglich sei, selbst wenn das Kind künstlich noch am Leben gehalten werden könne.[1016] Die dauerhafte Abhängigkeit von externer medizinisch-technischer Hilfe, ohne dass Aussicht auf Besserung dieses Zustandes besteht, führt somit zur Lebensunfähigkeit. Genauer schreibt er:

> „Aufgabe des Geburthelfers und des Neonatologen ist es zunächst, den Übergang des Kindes aus der schützenden und nährenden Hülle des Mutterleibs in die Außenwelt mit dem Ziel zu bewirken, es zu selbständiger Existenz zu befähigen. An dieser Aufgabe scheitert der Arzt, sofern das Kind auf nicht absehbare Zeit konstitutionell außerstande ist, aus eigener Kraft zu leben. Wenn medizinische Technik ohne absehbare zeitliche Begrenzung den Gasaustausch vornehmen muss, weil die Lungen unzureichend ausgebildet sind, wenn die Arbeit fehlender Nieren zu ersetzen ist, dann nehmen die Apparate des Arztes dauerhaft die Funktion eines Ersatzuterus mit Nabelschnur und Plazenta wahr. In einem solchen Falle ist der Übergang des Kindes in die Außenwelt in Wahrheit nicht vollzogen. Ist er nicht vollziehbar, braucht der Arzt sich darum auch nicht zu bemühen. In einer spezifischen Ausprägung schlägt auch hier der Gedanke der Unmöglichkeit, welche die Handlungspflicht aufhebt, durch. Der Arzt ist eben nicht bloßer Techniker, der Lebensäußerungen zu produzieren hat; er steht dem Leben in einer seinem Berufsbild gemäßen Funktion gegenüber."[1017]

Diese Deutung von Lebensunfähigkeit korrespondiert mit der Ansicht, dass intensivmedizinische Maßnahmen nur vorübergehend eingesetzt werden sollten, um vitale Funktionen des Körpers zu unterstützen oder zu ersetzen. Eine lebenserhaltende Behandlung ist hiernach stets eine „zeitweilige Hilfe zur Selbsthilfe des Organismus".[1018] Doch ungeachtet der empirischen Unsicherheit angesichts der klinischen Prognose einer solchen dauernden Maschinenabhängigkeit kurz nach der Geburt, bestehen starke Zweifel an diesem Verständnis von Intensivmedizin und der von *Jähnke* genannten ärztlichen Aufgabe. Denn auch Erwachsene können auf Dauer maschinenabhängig werden (z.B. Respirator, Dialysegerät oder Herzschrittmacher), können also in Situationen kommen, in denen sie ohne den Einsatz medizinischer Geräte nicht überleben. Das führt dort freilich nicht zur Feststellung einer fehlenden Lebensfähigkeit wegen existentieller medizinisch-technischen Abhängigkeit und einer daraus folgenden fehlenden Verpflichtung zur andauernden Behandlung. Ließe man das Maschinenabhängigkeitskriterium allerdings zu, so müsste man konsequenterweise auch, um der postulierten Gleichwertigkeit allen Lebens gerecht zu werden, bei diesen Erwachsenen, einen Anspruch auf dauerhafte medizinische Betreuung verneinen, was im Ergebnis ihr (vorzeitiges) Sterbenlassen legitimieren würde. Das wird von den Befürwortern dieser Ansicht in ihrer Argumentation nicht berücksichtigt, was allein schon dafür spricht, dieses Kriterium zu verwerfen.[1019] Es ist auch nicht ersichtlich, warum das

---

[1016] *Jähnke*, Einbecker Workshop 1986, S. 109 und LK-*Jähnke*, Vor § 211 Rn. 20d.

[1017] *Jähnke*, Einbecker Workshop 1986, S. 103.

[1018] So *Baust*, zitiert nach *Everschor*, S. 296; vgl. auch *Kröll/Gaßmayr*, S. 9.

[1019] Ablehnend auch *Merkel*, Früheuthanasie, S. 380ff.

erstmalige Verhelfen zur eigenen Existenz bei Neugeborenen anders zu beurteilen ist als deren Aufrechterhaltung und Wiederherstellung in einer späteren Altersstufe. Das (zu frühe) Neugeborene ist nicht weniger Mensch oder ein weniger wertvoller Mensch als der Erwachsene. *Reinhard Merkel* macht zudem darauf aufmerksam, dass Menschen, denen von Geburt an der Darmtrakt fehlt, so dass sie auf natürlichem Wege keine Nahrung zu sich nehmen können und lebenslang auf eine parenterale (den Verdauungstrakt umgehende) Ernährung angewiesen sind, nach der Argumentation von *Jähnke* auch als volljährige, „wahlberechtigte, in Leben und Beruf stehende Staatsbürger" den Übergang „in die Außenwelt in Wahrheit nicht vollzogen"[1020] hätten, weil mit der direkt mittels eines Katheders oder eines fest installierten Ports über die Blutbahn stattfindenden Ernährung apparativ eine Funktion wahrgenommen wird, die intrauterin über Nabelschnur und Plazenta erfolgt.[1021] Ein weiterer Grund für die Unhaltbarkeit dieser Beweisführung. Der von *Jähnke* beschriebene Heilauftrag ist in seiner Auslegung deshalb mit dem Lebensschutz nicht vereinbar. Sobald das Neugeborene mit intensivmedizinischer Unterstützung am Leben erhalten werden kann, kann daher richtigerweise nicht mehr von einer physischen Lebensunfähigkeit des Kindes gesprochen werden. Das gilt auch, wenn vitale Funktionen niemals unabhängig von der Medizintechnik funktionieren können. Die daraus folgende dauernde Maschinenabhängigkeit ändert nichts an der grundsätzlichen, wenngleich nicht selbständigen Lebensfähigkeit.[1022]

Die dauernde Maschinenabhängigkeit ist deshalb kein klinisches Faktum, das eine Lebensunfähigkeit indiziert und die ärztliche Behandlungspflicht unter dem Aspekt der faktischen Unmöglichkeit begrenzt. Das Kriterium kann außerdem nicht – wie es andere sehen – unter dem Gesichtspunkt der Unzumutbarkeit für einen Behandlungsverzicht mit tödlicher Folge sprechen, denn warum soll eine dauerhafte Lebenserhaltung dem Neugeborenen nicht zugemutet werden können? Die oftmals mit der Abhängigkeit von medizinischen Apparaturen verbundene Immobilität kann jedenfalls ebensowenig wie die totale Abhängigkeit des Lebens von der Maschine oder die Belastung infolge der dauerhaften Behandlung das Unerträgliche der Situation begründen.[1023] Insbesondere der Begründungsweg über eine darin zu sehende Verletzung der Menschenwürde überzeugt nicht. Bereits an früherer Stelle habe ich dargelegt, dass in Fällen einer „kunstfertigen" Lebenserhaltung das Neugeborene nicht „verobjektiviert" wird, weshalb eine dauerhafte Maschinenabhängigkeit für sich alleine nicht menschenunwürdig ist. Ausschlaggebend für den Vorrang des Lebens gegenüber dem Tod bleibt, dass Art. 2 Abs. 2 Satz 1 Alt. 1 GG es verbietet, den Lebensschutz von derartigen Wertungen über die Qualität des prognostizierbaren Lebens abhängig zu machen. Das

---

[1020] *Jähnke*, Einbecker Workshop 1986, S. 103.

[1021] *Merkel*, Früheuthanasie, S. 385 (auch Zitat).

[1022] Ebenso *Everschor*, S. 301; auch *Hirsch* spricht in seinem Diskussionsbeitrag beim Einbecker Workshop von „selbständiger Lebensfähigkeit", vgl. *Hiersche/Hirsch/Graf-Baumann*, S. 125.

[1023] Dazu näher *Merkel*, Früheuthanasie, S. 380ff.; *Heinemann*, S. 261ff.

sieht auch *Burkhard Jähnke*, wenn er an anderer Stelle betont, dass die Frage, „welch ein Leben dem Kind bevorsteht" für die Entscheidungsfindung definitiv unzulässig sei.[1024] Dennoch ist seine Argumentation nicht inkonsistent – wie ihm *Reinhard Merkel* vorwirft – da seiner Erlaubnis zum Sterbenlassen bei dauernder Maschinenabhängigkeit eine – verfehlte – Vorstellung von Unmöglichkeit zugrunde liegt.[1025] Noch offen und an späterer Stelle zu klären bleibt zweierlei: zum einen, ob in dieser Situation nicht von „sinnlosen" lebenserhaltenden Bemühungen gesprochen werden kann, so dass aus diesem Grund intensivmedizinische Maßnahmen generell nicht indiziert sind;[1026] zum anderen, ob im Falle einer dauernden Abhängigkeit von einer Maschine der mutmaßliche Wille des Frühgeborenen nicht gegen eine Behandlung spricht, mithin im Einzelfall die Patientenautonomie zu einer Behandlungsgrenze führt. Nach all dem ist nach meiner Ansicht von einer physischen Lebensunfähigkeit des Frühgeborenen und damit von einer faktischen Unmöglichkeit der Lebenserhaltung nur auszugehen, wenn nach der Geburt keine ärztlichen Maßnahmen ergriffen werden können, die ein Überleben des Frühgeborenen ermöglichen, indem fehlende oder ausgefallene Vitalfunktionen des Kindes adäquat ersetzt werden.[1027] Zwar unterfällt auch das lebensunfähige Frühgeborene dem Schutzbereich des Art. 2 Abs. 2 Satz 1 GG, was an sich eine lebenserhaltende Behandlung gebietet. Das Sterbenlassen kann hier jedoch wegen der Unmöglichkeit der Lebenserhaltung nicht mit dem verfassungsrechtlichen Lebensschutz kollidieren, es fehlt insoweit an einem Eingriff.

Nach dieser Definition führen über die Unreife hinausgehende angeborene Schädigungen des Frühgeborenen unter dem Aspekt der Unmöglichkeit nicht zu einer Behandlungsgrenze. Denn, wie bereits im Ersten Teil dieser Arbeit dargestellt, ermöglichen selbst die schwersten angeborenen oder perinatal erworbenen Schädigungen ein zeitlich befristetes, wenn auch kurzes Leben.[1028] Auch wenn hier das Grundleiden nicht behoben werden kann, so besteht doch die Möglichkeit, das Leben des Frühgeborenen einen gewissen Zeitraum zu verlängern, mögen es auch nur Stunden, Tage oder vielleicht Wochen sein. Anders ist die Situation allerdings zu beurteilen, wenn die Weiterentwicklung des Frühgeborenen außerhalb des Mutterleibes technisch derzeit unmöglich ist, das Frühgeborene also aufgrund seiner Unreife keinerlei Überlebenschancen hat. Ausweislich der bereits im Ersten Teil zitierten Untersuchungsergebnisse trifft das auf Frühgeburten vor der 22. Schwangerschaftswoche p.m. zu. Unterhalb dieses Gestationsalters hat jedenfalls noch nie ein Frühgeborenes überlebt.[1029] Die fehlende Lebensfähigkeit

---

[1024] *Jähnke*, Einbecker Workshop 1986, S. 99.

[1025] *Jähnke*, Einbecker Workshop 1986, S. 103; *Merkel*, Früheuthanasie, S. 384.

[1026] Hierauf stellt letztlich *Ulsenheimer*, MedR 1994, S. 425 (427), ab; vgl. auch *Everschor*, S. 301.

[1027] Im Ergebnis ebenso NK-StGB-*Merkel*, § 218 Rn. 77; *Everschor*, S. 246.

[1028] Vgl. Gruppe E unter § 2.D.III.5.

[1029] *Pohlandt*, Z. Geburtsh. Neonatol. 202 (1998), S. 261ff.; ebenso die Empfehlungen der Arbeitsgruppe der Schweizerischen Gesellschaft für Neonatologie zur Betreuung von Frühgeborenen an der Grenze der Lebensfähigkeit, SÄZ 83 (2002), S. 1589 (1590);

lässt sich damit erklären, dass erst mit 24 Schwangerschaftswochen p.m. die Luftwege und die Lungenbläschen anatomisch soweit entwickelt sind, dass sie die Funktion des Gaswechsels übernehmen können.[1030] Die biologische Variabilität berücksichtigt, das genannte Alter beschreibt sozusagen nur die Größenordnung, stellt eine Tragzeit von 22 Wochen mithin die unterste Grenze der extrauterinen Lebensfähigkeit dar.[1031] *Ernst-Walter Hanack* spricht insoweit sogar von einer „natürlichen Grenze der neonatologischen Intensivbehandlung", was nicht ganz stimmt, sofern man „natürlich" im Sinne von starr und absolut betrachtet. Denn auch wenn diese Grenze ihren Ausgangspunkt in der anatomischen Entwicklung der Lunge hat, steht und fällt sie doch mit der Weiterentwicklung der neonatalen Intensivmedizin. Sollte es also eines Tages möglich sein, die Lungenunreife eines Frühgeborenen zu behandeln, verschiebt sich die Grenze der Lebensfähigkeit entsprechend.[1032] Momentan ist die Vornahme lebenserhaltender Maßnahmen an der genannten Schwelle jedenfalls von einer „sinnlosen Vergeblichkeit" geprägt, weil eine Weiterentwicklung des Frühgeborenen ex utero unmöglich ist. Nur in diesem Ausnahmefall besteht daher keine ärztliche Pflicht, die äußersten Mittel der Medizin einzusetzen, also einen „Kampf um den letzten Atemzug"[1033] zu führen, was nicht selten auch einen Kampf um den ersten bedeutet.

Angesichts der technischen Möglichkeiten der Medizin, Vitalfunktionen aufrecht zu erhalten, stellt die Frage des Arztes nach den Erfolgsaussichten einer Lebenserhaltung, insgesamt betrachtet, somit weniger eine Entscheidung darüber dar, ob und wie lange es möglich ist, den Todeseintritt des Frühgeborenen hinauszuzögern, als vielmehr welche Risiken eingegangen und welche Chancen versäumt werden dürfen, ohne die Lebenserhaltungspflicht zu verletzen. Sie betrifft somit mehr die Zumutbarkeit einer Maßnahme für das Kind denn deren Unmöglichkeit.[1034] Unter dem Gesichtspunkt der Unmöglichkeit ergibt sich daher auch nur ausnahmsweise eine Behandlungsgrenze.

d) Behandlungsbelastung und fehlende Standardbehandlungsmethode

Als weitere Fälle einer faktischen Unmöglichkeit nennt *Klaus Ulsenheimer* Konstellationen, wo die beabsichtigten Maßnahmen mit Gewissheit die Behinderungen

---

Pawlowski et al., S. 376f. m.N.; *Allen et al.*, N Engl J Med 329 (1993), S. 1597 (1598); *von Loewenich*, Monatsschrift Kinderheilkunde 151 (2003), S. 1263 (1267).

[1030] *Grauel*, S. 9; *Weber/Vogt-Weber*, Arztrecht 1999, S. 4 (10).

[1031] So auch *Pohlandt*, Z. Geburtsh. Neonatol. 202 (1998), S. 261ff.; vgl. auch die Diskussion über diese Tragzeitgrenze während des Einbecker Workshops 1986 in: *Hiersche/ Hirsch/Graf-Baumann*, S. 66f.; *Helmke*, ZRP 1995, S. 441 (442); *Weber/Vogt-Weber*, Arztrecht 1999, S. 4 (10), gehen davon aus, dass die Lebensfähigkeit „jedenfalls nach der 24. Schwangerschaftswoche nicht mehr verneint werden kann."

[1032] Ich habe jedoch keinen Hinweis in der medizinischen Literatur gefunden, dass damit in absehbarer Zeit zu rechnen ist.

[1033] *Hanack*, MedR 1985, S. 33 (36).

[1034] Im Ergebnis ebenso *Everschor*, S. 246; *Künschner*, S. 178.

des Kindes nicht beheben, sie sogar vergrößern.[1035] In ähnlicher Weise äußerte sich schon früher *Albin Eser*, der diese Fälle allerdings unter der Rubrik „medizinische Indikation zum Behandlungsverzicht" einordnet.[1036] Hier wird ganz klar deutlich, dass der entscheidende Gesichtspunkt kein faktischer, sondern ein normativer ist, nämlich die mit der Behandlungsbelastung verbundene Lebensqualität. Situationen einer faktischen Unmöglichkeit der Lebenserhaltung stellen solch wirkungslose oder sogar schädigende Maßnahmen indes nicht dar.

Ferner ordnet *Klaus Ulsenheimer* die Situation, dass noch keine medizinisch gesicherten Standard-Behandlungsmethoden zur Lebenserhaltung unreifer Neugeborener zur Verfügung stehen, den Unmöglichkeitsfällen zu.[1037] Auch das ist bei näherem Hinsehen nur bedingt haltbar. Art und Umfang der ärztlichen Leistung werden angesichts der in der Medizin geltenden Therapie- und Methodenfreiheit weitgehend vom Arzt bestimmt.[1038] Bei seiner Wahl wird ihm ein Beurteilungs- und Entscheidungsraum eingeräumt, denn es gibt in der Humanmedizin aufgrund der unterschiedlichen menschlichen Organismen keine universelle Regeltherapie. Der ärztliche Ermessensspielraum wird jedoch insoweit begrenzt, als die gewählte Therapie dem medizinischen Standard entsprechen muss. Unter Standardbehandlung wird deshalb diejenige Behandlung verstanden, die üblicherweise von Ärzten und Fachärzten auf diesem Gebiet oder in Kliniken dieser Spezialisierung angewendet wird.[1039] Um rechtliche Folgen zu vermeiden, darf dieser Standard nicht unterschritten werden. Auf mehr hat der Patient keinen Anspruch. Verbesserte Behandlungsmethoden brauchen ebensowenig angeboten zu werden, wie erst an wenigen Spezialkliniken erprobte oder noch nicht eingeführte Verfahren.[1040] Dass es keine Standardmethode gibt, heißt also nicht automatisch, dass überhaupt keine Behandlungsmöglichkeiten gegeben sind. Bedeutung erlangt die Frage, ob und wann bei Fehlen eines gesicherten ärztlichen Standards die Behandlungspflicht von Frühgeborenen entfällt, insbesondere dann, wenn es um die Durchführung von Organtransplantationen geht. Die Meinungen in der Literatur hierzu sind geteilt, was nicht zuletzt damit zusammenhängt, dass Spenderorgane für Neugeborene kaum zur Verfügung stehen.[1041]

Wer bei einer fehlenden Standardbehandlungsmethode unter dem Aspekt der faktischen Unmöglichkeit eine Behandlungsgrenze setzen will und es mit der Lebenserhaltungspflicht ernst meint, muss darlegen, dass andere gleichwertige Behandlungsmethoden nicht bestehen oder der Arzt zu dieser Behandlung subjek-

---

[1035] *Ulsenheimer*, MedR 1994, S. 425 (427).

[1036] *Eser*, FS für *Narr*, S. 58. Wie sich zeigt, ist die Bildung einer Behandlungsgrenze der medizinischen Indikation nicht zwingend, weil sie inhaltlich entweder Aspekte der Unmöglichkeit oder der Unzumutbarkeit betrifft.

[1037] *Ulsenheimer*, MedR 1994, S. 425 (427).

[1038] Vgl. nur *Katzenmeier*, S. 304ff.

[1039] *Deutsch/Spickhoff*, Rn. 651.

[1040] *Gehrlein*, Rn. B 12.

[1041] *Obladen*, Z. ärztl. Fortbild. 87 (1993), S. 867 (870f.); *Grauel*, S. 12; *Hiersche/Jähnke*, MDR 1986, S. 1 (3).

tiv nicht in der Lage ist. Letztgenannter Fall unterliegt indes schon der o.g. Fallgruppe der fehlenden technischen Ausrüstung und Fachkompetenz. Stehen hingegen weitere Behandlungsmöglichkeiten zur Lebenserhaltung zur Verfügung, die sich allerdings noch im Stadium des Experiments befinden, kann von einer faktisch unmöglichen Behandlung nicht gesprochen werden.[1042] Zu denken ist hier an Heilversuche und rein wissenschaftliche Versuche. In diesen Fällen muss darüber nachgedacht werden, ob das medizinisch Mögliche auch normativ geboten ist, um zu einer Grenze der Behandlungspflicht zu kommen. Wird insoweit postuliert, es gebe keine Behandlungspflicht des Arztes, welche auf der Anwendung wissenschaftlich ungesicherter Methoden basiere, so dass eine Pflicht zu lebenserhaltenden Operationen und zur Erhaltung unreifer Frühgeborener nur im Rahmen der ärztlichen Standards bestehe,[1043] so verdient das Zustimmung. Zustimmung verdient diese Feststellung zum einen, soweit sie den rein wissenschaftlichen Versuch betrifft. Dieser hat nämlich bloßen experimentellen Charakter, fördert die Gesundheit des konkreten Patienten also nicht; er ist wegen des aus ihm folgenden Erkenntnisgewinns allein für die Allgemeinheit von Vorteil. Zum anderen ist diese Aussage aber auch hinsichtlich eines mit Heilabsicht ins Werk gesetzten Heilversuchs richtig. Die Forschung ist nämlich frei und niemand ist rechtlich zur Entwicklung wissenschaftlich noch ungesicherter Methoden verpflichtet; auch gegenüber Neugeborenen gibt es insoweit keine gesetzliche oder vertragliche Pflicht zur Behandlung.[1044] Der Arzt ist folglich bei Frühgeborenen nicht verpflichtet, im Wege eines Heilversuchs, und um einen solchen wird es sich hier regelmäßig handeln,[1045] lebenserhaltende Maßnahmen zu ergreifen, auch wenn die technischen Apparaturen prinzipiell zur Verfügung stehen und ein Erfolg möglich erscheint. Unbenommen bleibt dem Arzt aber, die Eltern des Frühgeborenen auf die Möglichkeit eines Heilversuchs hinzuweisen, wenn der Arzt und die Klinik eine solche Neulandbehandlung durchführen können. Wohl kaum ein Arzt wird in der Praxis diesen Schritt nicht in Erwägung ziehen, wenn und weil der Heilversuch die letzte Hoffnung des Frühgeborenen ist.

[1042] Angesichts der nahezu gleich bleibenden hohen Schädigungsrate bei sich statistisch ständig verbesserter Überlebenschance sehen viele Mediziner intensivmedizinische Maßnahmen bei extrem unreifen Frühgeborenen als Experiment an, vgl. *de Leeuw et al.*, J Pediatr 137 (2000), S. 608 (611) m.N.; *Wenderlein*, Geburtsh. Frauenheilk. 63 (2003), S. 280 (281).

[1043] In diesem Sinne *Eser*, FS für *Narr*, S. 58; *LK-Jähnke*, Vor § 211 Rn. 20d; *Kapp*, Sp. 753.

[1044] *LK-Jähnke*, Vor § 211 Rn. 20d und *ders.*, Einbecker Workshop 1986, S. 107; *Laufs*, in: *Laufs/Uhlenbruck*, § 130 Rn. 25.

[1045] In diesem Sinne die Mediziner *von Loewenich und Hiersche* in einer Diskussion beim Einbecker Workshop 1986, vgl. *Hiersche/Hirsch/Graf-Baumann*, S. 68f.

II. Statistische Aussagen als Prognosekomponenten

Für die Stellung einer Indikation hat der Arzt neben der Klärung der Behandlungsmöglichkeiten auch den zukünftigen Krankheits- und den Entwicklungsverlauf des Frühgeborenen zu prognostizieren. Längst sind hierbei statistische Aussagen zur Sterblichkeitsrate und Schädigungsquote praktische Maßstäbe für die Behandlungsentscheidung geworden, denn regelmäßig steht bei der spontanen Frühgeburt das Ausmaß der Schädigung infolge der Unreife nicht fest. Es stellt sich daher die Frage, inwiefern diese abstrakten Daten als Entscheidungsgrundlage herangezogen werden dürfen (sog. „Statistical Prognostic Strategy").[1046]

Für eine Berücksichtigung könnte eine Parallele zu den Grundsätzen der allgemeinen Sterbehilfe sprechen, da in diesem Kontext vom Bundesgerichtshof unter anderen auf die „altersbedingte Lebenserwartung" abgestellt wird, die ebenfalls eine statistische Größe ist.[1047] Doch eine bloß statistische Betrachtungsweise wird der klinischen Situation bei Frühgeborenen nicht gerecht. Anhand der Statistiken ist zwar feststellbar, welcher prozentuale Anteil überlebt und gesund wird, so dass eine bestimmte Wahrscheinlichkeit für eine gewisse Schädigung oder den baldigen Tod des Frühgeborenen spricht. Betrachtet man sich aber die hinter den einzelnen Prozentzahlen stehenden absoluten Fallzahlen, die, gerade wenn es sich um lokale Daten handelt, im Grenzbereich der Lebensfähigkeit oft nur wenige extrem unreife Frühgeborene umfassen, so ist schon die Aussagekraft einer solchen Statistik wissenschaftlich fraglich.[1048] Außerdem vermögen Statistiken allein nichts über die Unreife des gerade geborenen Kindes und den damit verbundenen Schädigungen auszusagen. Ob das individuelle Frühgeborene also gesund ist oder nicht, ist damit noch nicht diagnostiziert. Und selbst wenn bekannt ist, welche konkreten gesundheitlichen Schädigungen infolge der Unreife vorliegen, können statistische Aussagen höchstens Anhaltspunkte für die Beurteilung des individuellen Krankheitsfalls liefern, lassen aber eine stimmige Prognose für den Einzelfall nicht ohne Weiteres zu.[1049] Statistische Aussagen zur Sterblichkeit und zu Schädigungen vermögen mithin im konkreten Einzelfall keine rechtlichen, geschweige denn rational begründbare Maßstäbe für die Grenzen der Behandlungspflicht zu

---

[1046] Auf die aktuellen Mortalitäts- und Morbiditätsraten abstellend: die Gemeinsame Empfehlung zur Frühgeburt an der Grenze der Lebensfähigkeit des Kindes, vgl. *Pohlandt*, Z. Geburtsh. Neonatol. 202 (1998), S. 261ff.; die Empfehlungen der Arbeitsgruppe der Schweizerischen Gesellschaft für Neonatologie (SGN) zur „Betreuung von Frühgeborenen an der Grenze der Lebensfähigkeit" aus dem Jahre 2002, SÄZ 83 (2002), S. 1589ff.

[1047] BGHSt 40, 257 – Kemptener Fall.

[1048] Kritisch auch *Wenderlein*, Geburtsh. Frauenheilk. 63 (2003), S. 280; der Vergleich der Sterberaten ist zudem durch unterschiedliche Definitionen erschwert, vgl. *Genzel-Boroviczény/Friese*, DÄBl. 103 (2006), S. A 1960 (A 1961).

[1049] *Von Loewenich*, Einbecker Workshop 1986, S. 48.

liefern.[1050] Treffend beschreibt der pädiatrische Intensivmediziner *Peter Lemburg* die Situation:

> „Es nützt einer Mutter überhaupt nichts, ihr zu sagen, dass ihr Kind eine Überlebenswahrscheinlichkeit von 50 oder 80% hat, dass es möglicherweise blind sein wird und schlecht hören kann. Es ist ganz natürlich, dass mich viele Mütter nach solchen Gesprächen aufrichtig ansahen und bekannten: „Aber bei meinem Kind muss das gar nicht zutreffen! Ich habe diese Hoffnung!" Vor diesen Sätzen kann dann der Arzt nur kapitulieren und die Hoffnung der Mutter zu seiner eigenen machen."[1051]

Hinzu kommt, dass statistische Aussagen zur Sterblichkeit und Schädigungsquote bloß selten bei annähernd 0% oder 100% liegen. Hierin liegt ein weiterer Grund, der gegen statistische Aussagen als Entscheidungsgrundlage spricht: Es scheint für die meisten Menschen nämlich sehr schwierig zu sein, dazwischen liegende Wahrscheinlichkeiten konsistent für Einzelfallentscheidungen zu nutzen, was in vergleichbaren Fällen zu unterschiedlichen Ergebnissen führt. Darüber hinaus kann die genaue Kenntnis der aktuellen Daten in der klinischen Praxis nicht als selbstverständlich vorausgesetzt werden; gerade bei tiefem Gestationsalter ist die Einschätzung der Neonatologen und Geburtshelfer oft zu pessimistisch.[1052] Insgesamt betrachtet, sind die Erfolgsaussichten für eine Behandlung wohl statistisch belegbar, hinsichtlich des individuellen Frühgeborenen aber kaum zuverlässig abschätzbar. Es besteht die Gefahr einer Fehleinschätzung, weshalb es unter dem Gesichtspunkt des Lebensschutzes rechtlich nicht zulässig ist, aus einer abstrakten rechnerischen Größe eine Schlussfolgerung für den Einzelfall zu ziehen und die Entscheidung über Leben und Tod allein von einer mehr oder minder hohen Wahrscheinlichkeit für eine gewisse Schädigung abhängig zu machen. Eine bestimmte Schädigungswahrscheinlichkeit darf nicht zur Folge haben, dass wegen des statistischen Risikos eines Schädigungseintritts im individuellen Fall eine Behandlung unterbleibt. Wer das will, muss sich bewusst sein, dass er die Lebensqualität bewertet, was rechtlich verboten ist. Darüber hinaus eröffnete dies den Weg, aus Gleichheitserwägungen auch außerhalb der neonatalen Phase Behandlungsgrenzen anzuerkennen, die bislang aus guten Gründen nicht bestehen.[1053]

Daraus folgt, dass statistisch geringe Überlebenschancen oder eine hohe Schädigungswahrscheinlichkeit für sich genommen keine Faktoren sind, die in jedem Einzelfall eine Grenze der Behandlungspflicht begründen können. Vielmehr muss – zumindest vorläufig – intensivmedizinisch gehandelt werden, sobald nach den statistischen Aussagen ein Überleben nicht ausgeschlossen ist, wobei – um es ausdrücklich zu betonen – allein die konkreten Überlebenschancen maßgeblich sind. Statische Aussagen bilden daher für den Arzt neben seiner Erfahrung allen-

---

[1050] Wie hier *Jähnke*, Einbecker Workshop 1986, S. 109; *Ulsenheimer*, MedR 1994, S. 425 (426).

[1051] *Lemburg,* Der Gynäkologe 25 (1992), S. 160 (162).

[1052] Zum ganzen *Kind*, Der Gynäkologe 34 (2001), S. 744 (745, 748).

[1053] *Jähnke*, Einbecker Workshop 1986, S. 106; *Weber/Vogt-Weber*, Arztrecht 1999, S. 4 (8).

falls eine Orientierungshilfe bei der Prognose der weiteren Entwicklung des individuellen Frühgeborenen und zeigen darüber hinaus den aktuellen medizinischen Behandlungsstandard auf. Jedenfalls ist der Schluss von der statistischen Wahrscheinlichkeit auf die Zukunft die rationalste Prognosetechnik.[1054] Soll dennoch eine Behandlung unterbleiben, so müssen im Einzelfall entweder andere klinische Umstände hinzutreten, die dann den Ausschlag zu einer negativen Nutzen-Risiko-Abwägung geben, oder der mutmaßliche Wille des Frühgeborenen muss der vital indizierten Maßnahme entgegenstehen. Für dieses Vorgehen spricht außerdem ein psychologisches Moment. Denn unterließe man wegen der statistisch schlechten Prognose bereits die weitere Intensivbehandlung und bereitete die Eltern auf den möglichen Tod ihres Kindes vor, würden die Eltern sich bereits innerlich darauf einstellen. Überlebte ihr Kind nun wider Erwarten, unter Umständen schwer geschädigt, wären erhebliche psychische Probleme bei den Eltern sowie ein gestörtes Eltern-Kindverhältnis nahezu vorprogrammiert.

Schließlich sei noch etwas zur vom Bundesgerichtshof benannten „altersbedingten Lebenserwartung" gesagt: Meines Erachtens ist die altersbedingte Lebenserwartung als Kriterium im Zusammenhang mit einer Sterbehilfeentscheidung untauglich, auch als Indiz für einen bestimmten mutmaßlichen Willen. Es lässt sich nämlich keine „vernünftige" Vermutung begründen, jemand verzichte einzig wegen seiner altersbedingt geringen (statistischen) Lebenserwartung auf intensivmedizinische Maßnahmen. Auch der letzte Lebensabschnitt kann Sinn und Wert haben, nicht nur für den Betroffenen, sondern auch für die Familie und die Gesellschaft.[1055] Die hier zum Ausdruck kommende altersabhängige Wertung des Lebens verstößt sowohl gegen das Recht auf Leben als auch gegen die Menschenwürde. Geringes Alter darf für sich betrachtet ebenso wenig Grund für eine medizinische Behandlung sein wie hohes Alter dagegen.

III. Das Geburtsgewicht als Prognosekriterium

Können statistische Aussagen bei der individuellen Prognose nur begrenzt weiterhelfen, so stellt sich die Frage, ob nicht andere medizinische Kriterien möglicherweise dem Arzt bei seiner Behandlungsentscheidung helfen. Angesichts der Unsicherheit über den aktuellen Gesundheitszustand des Frühgeborenen in der postnatalen Situation ist es nicht verwunderlich, dass sich Geburtshelfer wie Neonatologen nach einer festen Größe sehnen, unterhalb derer intensivmedizinische Bemühungen um das Überleben des Frühgeborenen nicht mehr angestellt werden müssen Dies erweist sich gerade beim extrem unreifen Frühgeborenen allerdings als ein schwieriges Unterfangen, weil seine gesundheitliche Schädigung regelmäßig auf der altersbedingten Unreife infolge der verfrühten Geburt beruht, weshalb auf Vergleichsmaßstäbe aus dem Krankengut der Erwachsenen ebenso wenig zurück-

---

[1054] Darauf weist zutreffend *Everschor*, S. 234, hin.
[1055] *Fritsche*, S. 11; Im Ergebnis ebenso *Trück*, S. 143.

gegriffen werden kann wie auf brauchbare Prognosescores.[1056] Dennoch wünschen sich die Ärzte, nicht zuletzt auch wegen der rechtlichen Folgen ihres Handelns, die Festlegung von Schwellenwerten, die abstrakt ihre Behandlungspflicht gegenüber einer Gruppe von Frühgeborenen näher bestimmen. Vor diesem Hintergrund erklären sich die beiden jüngsten Empfehlungen zur Behandlung von Frühgeborenen, die Gemeinsame Empfehlung mehrerer deutscher medizinischer Fachgesellschaften aus dem Jahr 1999 einerseits und die Empfehlungen der Arbeitsgruppe der Schweizerischen Gesellschaft für Neonatologie aus dem Jahre 2002 andererseits.[1057] Da die Überlebensfähigkeit und die Rate der Schädigung von der Reife des Frühgeborenen abhängt, der Reifegrad sich aber nicht so einfach und sicher bestimmen lässt, werden klinische Kriterien gesucht, die schnell feststellbar sind und als prognostische Indizes einen Rückschluss auf die Reife des Frühgeborenen zulassen. In der Literatur häufig genannt wird insoweit das Geburtsgewicht des Frühgeborenen.[1058] Diese klinische Größe ist nicht nur bedeutsam für die Unterscheidung zwischen Lebend-, Tot- und Fehlgeburt und damit für die Eintragung ins Personenstandsregister. Das Geburtsgewicht lässt darüber hinaus Rückschlüsse auf den Reifegrad des Kindes zu und weist eine inverse Korrelation zur Mortalität und Morbidität auf: je leichter das Frühgeborene bei der Geburt ist, desto höher ist die Rate der Spätschäden und die Sterblichkeit. Zu erörtern ist daher, inwieweit die Intensität der geburtshilflichen und neonatologischen Bemühungen vom Geburtsgewicht abhängig gemacht werden können.

Viele Klassifizierungen von Frühgeborenen benutzen starre Grenzwerte, die sich an dezimalen Gewichten orientieren. Daraus lässt sich entnehmen, dass sich in der Praxis das Geburtsgewicht als Maß für die Prognose als handlich erwiesen haben muss und vordergründig ein gewisses Maß an Sicherheit und Objektivität bringt. Gleichwohl bestehen schon unter medizinischen Gesichtspunkten Bedenken gegen die Eignung des Geburtsgewichts als Maßstab für die Begrenzung ärztlicher Handlungspflichten. So fehlen definierte Bedingungen für die Wägung, weswegen die Genauigkeit und die Aussagekraft einer Wägung als mangelhaft erscheinen. Ungeklärt ist etwa die Frage, ob das Frühgeborene mit oder ohne Nabelschnur beziehungsweise vor oder nach Absetzen des Urins und Stuhls gewogen werden soll.[1059] Zweifelhaft ist auch, ob in der Geburtssituation überhaupt genügend Zeit besteht, das Kind zu wiegen, geht es hier doch vielfach um die schnelle Einleitung von intensivmedizinischen Maßnahmen. Ferner ist die Festsetzung einer jeden Gewichtsgrenze willkürlich. Sie ist letztlich ein statistischer Kunstgriff. Wie nämlich die Klassen, die zur Berechnung der Sterblichkeits- und Morbiditätsraten gebildet werden müssen und die später als Grundlage für die Behandlungsgrenzen dienen, zugeschnitten werden, bleibt dem Untersucher über-

---

[1056] *Jähnke*, Einbecker Workshop 1986, S. 109; *von Loewenich*, Einbecker Workshop 1986, S. 48; *Hepp*, Der Gynäkologe 25 (1992), S. 130 (133).

[1057] Siehe oben C.III.4. und 5.

[1058] Vgl. statt vieler die Nachweise bei *Everschor*, S. 335f.

[1059] *Von Loewenich*, MedR 1985, S. 30 (31), und zuletzt in: Monatsschrift Kinderheilkunde 151 (2003), S. 1263 (1266); ihm folgend *Everschor*, S. 337; *Eser*, FS für *Narr*, S. 60.

lassen. Und auch die verwendeten runden Zahlen bieten sich allein wegen unseres metrischen Systems an. Gewichtsgrenzen stellen daher keinesfalls naturgegebene, biologische Grenzen dar.[1060] Gegen das Geburtsgewicht als alleiniges prognostisches Indiz spricht überdies seine fehlende Spezifität, das heißt, die statistische Wahrscheinlichkeit, dass dieses klinische Faktum auch kennzeichnend ist für den Eintritt des vorhergesagten Ergebnisses.[1061] Diese Spezifität kann zwar nie 100% erreichen, so dass immer Unsicherheiten bestehen bleiben. Doch gerade beim Geburtsgewicht hat die Vergangenheit gezeigt, dass es kein hinreichend sicheres Kriterium zur Bestimmung des Reifegrades und einer darauf basierenden Lebensfähigkeit und gesundheitlichen Schädigung ist.[1062] Keine der definierten Grenzen hat gehalten, sie sind vielmehr mit ständig steigenden Erfolgen unterschritten worden.[1063] Jüngst hat sogar ein Frühgeborenes mit nur knapp 244 Gramm überlebt.[1064]

Das Geburtsgewicht kann darum lediglich als „Notbehelf" zur Bestimmung des Reifegrades angesehen werden. Das hängt damit zusammen, dass es nicht nur von der Schwangerschaftsdauer, sondern auch von der Funktion der Plazenta abhängt, weswegen es erheblichen Schwankungen unterliegt.[1065] Beispielsweise ist ein Gewicht von 500 Gramm nur im Mittel zwischen der 24. und 25. Schwangerschaftswoche p.m. erreicht; die Schwankungen reichen von der 23. bis zur 29 Schwangerschaftswoche p.m.[1066] Zu berücksichtigen sind ferner regionale Unterschiede, denn auch länderspezifisch variieren trotz gleicher Schwangerschaftsdauer die Geburtsgewichte bei Neugeborenen. Es gibt folglich aus medizinischer Sicht bereits genügend Gründe, die gegen am Geburtsgewicht orientierte strikte Behandlungsschwellen sprechen.

Davon abgesehen, gibt es gewichtige rechtliche Bedenken. Der Versuch, anhand des Geburtsgewichts eine Grenze der Behandlungspflicht zu ziehen, ist ungeachtet der medizinischen Fragwürdigkeit rechtlich unzulässig, weil es auf diese

---

[1060] *Von Loewenich*, MedR 1985, S. 30 (31), und wiederholend in: Einbecker Workshop 1986, S. 48; *Zimmermann*, in *Frewer/Winau*, S. 82.

[1061] Vgl. *von Loewenich*, in: *Hegselmann/Merkel*, S. 142.

[1062] So auch *Weber/Vogt-Weber*, Arztrecht 1999, S. 4 (9); *Jähnke*, Einbecker Workshop 1986, S. 101; *Eser*, FS für Narr, S. 60; *Ulsenheimer*, Z. ärztl. Fortbild. 87 (1993), S. 875 (878) und wiederholend in: MedR 1994, S. 425 (426); *Kollmann*, Deutsche Krankenpflege-Zeitschrift 1991, S. 489 (490).

[1063] Näher *Von Loewenich*, MedR 1985, S. 30 (31) und in: *Hegselmann/Merkel*, S. 143; *Kollmann*, Deutsche Krankenpflege-Zeitschrift 1991, S. 489 (490).

[1064] Vgl. SZ v. 24.12.2005, S. 12. Nach der Agenturmeldung handelt es sich um einen 26 Wochen alten Säugling, der in den Vereinigten Staaten zur Welt kam und sich „prächtig" entwickelt.

[1065] *Von Loewenich*, Einbecker Workshop 1986, S. 44 (Zitat), 48; *Kollmann*, Deutsche Krankenpflege-Zeitschrift 1991, S. 489 (490); *Weber/Vogt-Weber*, Arztrecht 1999, S. 4 (9).

[1066] *Hanke*, S. 17 m.N. (Angaben dort allerdings in p.c., S. 10). Nach *Beller*, Z. Geburtsh. Neonatol. 202 (1998), S. 220, ist eine Gestationsdauer von 24 Wochen ungefähr mit einem Geburtsgewicht von 500-600 Gramm gleichzusetzen.

Weise zu einer Kategorisierung kommt, die dem einzelnen menschlichen Wesen nicht gerecht wird. Eigentliche Richtschnur des Handelns sind die hinter dem Grenzwert stehenden statistischen Daten zur Mortalität und Morbidität, die individuell nicht zutreffen müssen. Nur aufgrund statistischer Merkmale werden Frühgeborene somit in Gruppen eingeteilt, die pauschal über Art und Umfang einer Behandlung entscheiden.[1067] Es spielt keine Rolle, ob das individuelle Frühgeborene vital ist und welche Reife es besitzt. Das Geburtsgewicht steht auf diese Weise keinesfalls für den medizinischen Wert der Behandlungsmaßnahme, sondern kann nur als Ausdruck für die statistische Lebenschance und den Lebenswert des Frühgeborenen verstanden werden. Damit wird das aus den Lebensschutzprinzipien folgende Lebensbewertungsverbot ebenso verletzt wie die Menschenwürde des Frühgeborenen und das aus Art. 3 GG folgende Diskriminierungsverbot.

IV. Das Gestationsalter als Prognosekriterium

Das Gestationsalter, das heißt die Tragzeit, lässt ebenfalls Rückschlüsse auf den Reifegrad des Frühgeborenen und somit auf seine Überlebensfähigkeit und den Schädigungsgrad zu, weswegen auch diese klinische Größe als prognostischer Index für Behandlungsgrenzen diskutiert wird.[1068]

Der Reifegrad hängt prinzipiell vom Gestationsalter ab. Dieses ist als das postmenstruelle Alter definiert und berechnet sich anhand von Ultraschallmessungen in der Frühschwangerschaft und/oder der Angabe des Termins der letzten Regelblutung. Doch beide Berechnungsmethoden sind ungenau. So liegt die Präzision des Früh-Ultraschalls bei ±4 Tagen und diejenige der anamnestischen Angabe bei -6 bis +14 Tagen.[1069] Es gibt zwar auch klinische Scores, die anhand morphologischer und neurologischer Kriterien die ungefähre Bestimmung des Gestationsalters postnatal zulassen. Diese Schemata werden jedoch immer ungenauer, je unreifer das Frühgeborene ist.[1070] Ihre Anwendung ließe sich darüber hinaus auch kaum mit der ad hoc nach der Geburt zu treffenden Entscheidung des Arztes vereinbaren, die zur Vermeidung weiterer Komplikationen notwendig ist.

[1067] Zutreffend *von Loewenich*, Monatsschrift Kinderheilkunde 151 (2003), S. 1263 (1266).

[1068] Vgl. die Empfehlungen der Arbeitsgruppe der Schweizerischen Gesellschaft für Neonatologie zur „Betreuung von Frühgeborenen an der Grenze der Lebensfähigkeit", SÄZ 83 (2002), S. 1589ff.; *Pohlandt, Z.* Geburtsh. Neonatol. 202 (1998), S. 261ff.; *Mieth*, Das sehr kleine Frühgeborene, S. 54f.; *Grauel/Heller*, S. 98; aus Sicht des Geburtshelfers: *Schneider*, Geburtsh. Frauenheilk. 62 (2002), S. 607 (608f.).

[1069] Vgl. *Weber/Vogt-Weber*, Arztrecht 1999, S. 4 (9); Empfehlungen der Arbeitsgruppe der Schweizerischen Gesellschaft für Neonatologie zur „Betreuung von Frühgeborenen an der Grenze der Lebensfähigkeit", SÄZ 83 (2002), S. 1589 (1590); *Hentschel et al.*, Der Gynäkologe 34 (2001), S. 697 (698): ±5-10 Tagen.

[1070] *Von Loewenich*, MedR 1985, S. 30 (31f.), und wiederholend in: Einbecker Workshop 1986, S. 48; Laut *Mieth*, Das sehr kleine Frühgeborene, S. 49, überschätzt die postnatale Bestimmung unterhalb 26 Schwangerschaftswochen in der Regel das fetale Alter bis zu zwei Wochen.

Schon deshalb lässt die Terminierung anhand der Schwangerschaftswoche oftmals eine größere Bandbreite an Reifegradentwicklung zu, so dass auch dem Gestationsalter letztlich im Einzelfall nur eine Indizwirkung für die Reife des Frühgeborenen zukommt. Dies gilt umso mehr, als man außerdem die biologische Variabilität bei Frühgeborenen im Auge behalten muss, die zu wesentlichen Reifeunterschieden trotz identischem Gestationsalter führen kann, was sich seinerseits auf die individuellen Mortalitäts- und Morbiditätsrisiken auswirkt.

Aus diesen Gründen und in Anbetracht des Reifefortschritts, den gerade im kritischen Bereich zwischen der 22. und 26. Schwangerschaftswoche eine Woche bringen kann, darf bei der Prognose nicht allein auf das Gestationsalter abgestellt und daran die ärztliche Behandlungspflicht gekoppelt werden. Im Übrigen bestehen hinsichtlich der Klassenbildung und deren Folgen die gleichen medizinischen und rechtlichen Bedenken wie beim Geburtsgewicht. Auch hier wäre nicht die tatsächliche Reife der Gradmesser einer Behandlung, sondern einzig die statistische Überlebens- und Schädigungswahrscheinlichkeit der entsprechenden Altersgruppe. Das Selektionskriterium „Geburtsgewicht" würde bloß durch den Aspekt „Gestationsalter" ersetzt. Es verbietet sich daher die häufig gestellte Frage danach, wann „klein" zu klein ist. Sie zuzulassen würde bedeuten, im Bereich der allgemeinen Sterbehilfe auch danach zu fragen, wann „alt" zu alt ist, wenn es um eine lebenserhaltende Maßnahme geht. Zugegebenermaßen hat der Bundesgerichtshof, ob bewusst oder unbewusst, diesen Weg schon in seiner „Kemptener Entscheidung" aufgezeigt. Es ließe sich allenfalls fragen: „How sick is too sick?"[1071]

Ein Unterschied zum Geburtsgewicht als Maßstab besteht allerdings. Es lässt sich mit der 22. Schwangerschaftswoche p.m. nämlich eine Untergrenze zur Behandlung, ein sog. „Cut-off"-Alter, definieren. Wie bereits zuvor dargelegt,[1072] kann in dieser Behandlungsschwelle keine willkürliche Grenzziehung und Kategorisierung gesehen werden, so dass die aufgeführten rechtlichen Bedenken hier nicht bestehen. Das Gestationsalter beschreibt vielmehr die biologisch bedingte Grenze der extrauterinen Überlebensfähigkeit, unterhalb derer – die Ungenauigkeit der Tragzeitberechnung und die biologische Streuung eingerechnet – das Frühgeborene außerhalb des Mutterleibes wegen seiner Organentwicklung nach dem derzeitigen Stand der medizinischen Wissenschaft nicht am Leben erhalten werden kann. Ein vor diesem Zeitpunkt zur Welt gekommenes Frühgeborenes hat noch nie überlebt. Hierbei handelt es sich um keine absolute und starre, sondern um eine dynamische Behandlungsgrenze, die von der Weiterentwicklung der neonatalen Intensivmedizin abhängt. Solange aber medizinische Maßnahmen, die Lungenunreife eines Frühgeborenen dieses Alters zu behandeln, von einer sinnlosen Vergeblichkeit geprägt sind, und dieser Zustand dauert schon eine gewisse Weile, ohne dass Fortschritte erkennbar sind, bleibt dieses „Cut-off"-Alter als Grenze des biologisch Machbaren bestehen. Dass bei extrem unreifen Frühgeborenen vor der 22. Schwangerschaftswoche p.m. folglich keine ärztliche Behandlungspflicht besteht, bedeutet jedoch nicht, dass der Arzt im Einzelfall nicht trotz-

---

[1071] So von *Loewenich*, Einbecker Workshop 1986, S. 48.
[1072] Im Abschnitt D.I.3.c.

dem behandeln kann. Liegen die Voraussetzungen für einen Heilversuch vor, so kann er nach entsprechender Aufklärung der Eltern diesen vornehmen, will man nicht den medizinischen Fortschritt auf der Suche nach Erfolg versprechenden neuen Behandlungsmethoden hemmen

V. Ergebnis

Die Erörterung von Entscheidungskriterien im Bereich Diagnose und Prognose bei der Indikationsprüfung hat Folgendes zu den Grenzen einer ärztlichen Behandlungspflicht ergeben:

1. Unter dem Gesichtspunkt der faktischen Unmöglichkeit ist eine Behandlungsgrenze zu bejahen, wenn eine Lebenserhaltung des Frühgeborenen aufgrund der tatsächlichen Gegebenheiten, das heißt wegen fehlender technischer oder personeller Ausstattung oder fehlender Fachqualifikation des behandelnden Arztes ausgeschlossen ist (externer Faktor). Der Behandlungsauftrag reduziert sich dann auf die Basisversorgung des Frühgeborenen. Als sinnvolle Möglichkeit zur Erfolgabwendung ist aber nach entsprechender Aufklärung auch eine Verlegung des Frühgeborenen in eine andere Klinik mit weiter reichenden Behandlungsmöglichkeiten in Erwägung zu ziehen.

2. Nach meiner Ansicht ist darüber hinaus von einer faktischen Unmöglichkeit der Lebenserhaltung auszugehen, wenn nach der Geburt keine ärztlichen Maßnahmen ergriffen werden können, die ein Überleben des Frühgeborenen ermöglichen, indem fehlende oder ausgefallene Vitalfunktionen des Kindes adäquat ersetzt werden, das Frühgeborene mithin lebensunfähig ist (patientenbezogener Faktor). Diese Sachlage trifft allerdings nur auf Frühgeburten vor der 22. Schwangerschaftswoche p.m. zu. Unterhalb dieses Gestationsalters ist die Weiterentwicklung des Frühgeborenen außerhalb des Mutterleibes derzeit technisch unmöglich, das Frühgeborene hat aufgrund seiner Unreife keinerlei Überlebenschancen. Die unterste Grenze der Lebensfähigkeit ist erreicht.

3. Auch eine fehlende Standardbehandlungsmethode kann unter dem Aspekt der faktischen Unmöglichkeit eine Behandlungsgrenze darstellen, wenn nämlich gleichwertige andere Behandlungsmethoden nicht bestehen oder der Arzt zu dieser Behandlung subjektiv nicht in der Lage ist. Letztgenannter Fall unterliegt indes schon der o.g. Fallgruppe der fehlenden technischen Ausrüstung und Fachkompetenz. Stehen weitere Behandlungsmöglichkeiten zur Lebenserhaltung zur Verfügung, die sich allerdings noch im Stadium des Experiments befinden, liegt zwar keine faktische Unmöglichkeit vor, es gibt aber auch keine gesetzliche oder vertragliche Pflicht, diese Neulandbehandlung durchzuführen. Wo der Arzt und die Klinik einen solchen Heilversuch vornehmen können, steht es ihnen vielmehr frei, die Eltern des Frühgeborenen auf diese Möglichkeit hinzuweisen.

4. Kein Fall der Unmöglichkeit ist hingegen ein momentaner Versorgungsengpass. Ein Behandlungsverzicht kann in diesen Situationen nur unter dem Gesichtspunkt der Unzumutbarkeit gerechtfertigt sein, wobei es im Ermessen des

Arztes steht, wen er behandeln soll. Zur Überprüfung seiner Ermessensaus-
übung sind die Grundsätze der Pflichtenkollision heranzuziehen. Eine einschlägige Gerichtsentscheidung zur Orientierung besteht indes soweit ersichtlich nicht.[1073]

5. Die Beurteilung der Erfolgsaussichten einer Lebenserhaltung durch die Behandlung ist angesichts der technischen Möglichkeiten der Medizin, Vitalfunktionen aufrecht zu erhalten, oberhalb der 22. Schwangerschaftswoche regelmäßig eine Frage nach der Zumutbarkeit. Gleiches gilt, wenn die beabsichtigten Maßnahmen mit Gewissheit die Behinderungen des Kindes nicht beheben oder gar vergrößern. Intensivmedizinische Maßnahmen sind hier grundsätzlich möglich, allein der Ausgang ist ungewiss, weswegen es genau genommen nur darum geht, welche Risiken eingegangen und welche Chancen
versäumt werden dürfen, ohne die Lebenserhaltungspflicht zu verletzen, mithin welche Maßnahme für das Frühgeborene noch zumutbar oder schon unzumutbar ist. Wer dennoch wie *Klaus Ulsenheimer* das Kriterium der sinnvollen Hilfe im Rahmen der Prüfung einer Behandlungsgrenze unter dem Gesichtspunkt der Unmöglichkeit derart betont, verdeckt, dass es hier eben nicht
mehr um objektiv oder subjektiv Unmögliches im empirischen Sinne geht,
sondern um anhand normativer Wertungen zu beurteilende Fragen.[1074] Die
Strafrechtsdogmatik lässt das zwar zu. Meines Erachtens wäre sie allerdings
gut beraten, wenn sie den Begriff der Handlungsfähigkeit von dem normativen Kriterium der Sinnhaftigkeit befreit. Dadurch ließe sich nämlich tatsächlich unmögliches Handeln präziser vom normativ unzumutbaren Handeln unterscheiden – und nur um Ersteres geht es hier.

6. Ist eine lebenserhaltende Behandlung möglich und liegen keine schwer patho-
logischen Ultraschallbefunde vor, lassen sich keine klinischen Faktoren finden, die jeweils für sich genommen als prognostische Kriterien konkrete Aussagen über die unreifebedingte Lebensfähigkeit und Schädigung des individuellen Frühgeborenen zulassen und hierüber alleine bestimmend für die Indikationsstellung werden. Es ist nicht nur gefährlich, sondern wegen der damit
verbundenen Lebenswertfragen auch rechtlich unzulässig, in Abhängigkeit
vom Gestationsalter oder dem einfach messbaren Geburtsgewicht, die naturgemäß mit einer beachtlichen Fehlerquote belastet sind, absolute Behandlungsgrenzen zu setzen und anhand dieser Kriterien Entscheidungen über Leben oder Nichtleben des Frühgeborenen fällen zu wollen.[1075] Wie die schon
mehrfach zitierten Umfragen gezeigt haben, sind derartige Behandlungsgrenzen, die sich nicht an der individuellen Reife des Frühgeborenen orientieren,
bei deutschen Ärzten außerdem nicht konsensfähig;[1076] sie hemmen überdies

---

[1073] Ein kleiner Beispielsfall findet sich aber bei *Eser*, FS für *Narr*, S. 58; vgl. auch *Everschor*, S. 240f.; *Bünte*, S. 104; *Grauel/Heller*, S. 100.

[1074] So auch *Künschner*, S. 177.

[1075] Wie hier *von Loewenich*, MedR 1985, S. 30 (31), und wiederholend in: *Hegselmann/
Merkel*, S. 145; zustimmend *Jähnke*, Einbecker Workshop 1986, S. 101.

[1076] *M. Zimmermann*, S. 89.

den medizinischen Fortschritt, weswegen auch überindividuelle Interessen dagegen sprechen.[1077] Nutzbar gemacht werden können Geburtsgewicht und Gestationsalter allerdings als Orientierungshilfe für statistische Aussagen über die Sterblichkeit und die Schädigungsrate von extrem unreifen Frühgeborenen.

7. Um die ärztliche Behandlungspflicht bei extrem unreifen Frühgeborenen möglichst genau zu bestimmen, ist deshalb auf den jeweiligen Zustand des Kindes im Einzelfall abzustellen. Es ist eine individuelle Prognose zu erarbeiten, bei der die Schwangerschaftsdauer zwar mehr als das Geburtsgewicht ein wichtiger Aspekt ist, beide als Parameter einzeln, aber auch gemeinsam nicht ausreichen. Entscheidend für die Prognose ist vielmehr eine Synopse aller medizinisch einholbaren Informationen.[1078] Eine statistische Prognosestrategie ist daher abzulehnen. Da der Gesundheitszustand des extrem unreifen Frühgeborenen stark von seinem Lungenzustand und der zerebralen Pathologie geprägt ist, sind zur Absicherung von Diagnose und Prognose zumindest Lunge und Gehirn mittels Einsatz von bildgebenden Verfahren zu untersuchen.

E. Objektive Kriterien für den Abwägungsprozess

Der Blick soll nunmehr auf die normative Wertungsebene gerichtet werden. Wie schon erwähnt, findet nach der Erfassung der klinischen Situation ein therapeutischer Abwägungsprozess statt, der in drei Schritten erfolgt: Zu bewerten ist zunächst der Zustand mit und ohne einer Behandlung, also der Nutzen. Sodann sind die mit einer Behandlung verbundenen Belastungen und Schmerzen, also der Schaden oder das Risiko, einzuschätzen. Schließlich sind der Nutzen und das Risiko gegeneinander abzuwägen. Nur wenn der Patient von der Behandlung einen überwiegenden Nutzen hat, sie eine Besserung verspricht, ist sie auch indiziert. Auch in diesem Bereich bestehen Probleme. Zum einen hängt die Entscheidung für oder gegen eine medizinische Behandlung davon ab, auf welche Interessen bei der Nutzen-Risiko-Abwägung abgestellt wird. Zählt hier bloß das persönliche Wohl des Frühgeborenen oder können auch drittorientierte Interessen wie elterliche oder gesellschaftliche Interessen berücksichtigt werden? Dies wird in einem ersten Schritt zu diskutieren sein. Zum anderen sind objektive Kriterien zu finden, die beim Abwägungsprozess die Durchführung von lebenserhaltenden Maßnahmen beim Frühgeborenen als nachteilhaft, sprich: unzumutbar, erscheinen lassen. Genau genommen dienen solche Kriterien damit der Konkretisierung eines nicht mehr im Sinne unbedingter Lebenserhaltung zu verstehenden ärztlichen Heilauftrags. Wie aus der bisherigen Analyse deutlich wurde, gestaltet sich frei-

---

[1077] *Von Loewenich*, MedR 1985, S. 30 (32), und wiederholend in: *Hegselmann/Merkel*, S. 145; *Heinemann*, S. 272.

[1078] *Von Loewenich*, MedR 1985, S. 30 (32) sowie *ders.* in: Einbecker Workshop 1986, S. 49 und in: *Hegselmann/Merkel*, S. 145.

lich gerade dies angesichts des verfassungsrechtlichen Lebensschutzes, der die absolute Gleichwertigkeit allen menschlichen Lebens fordert, als problematisch.

I. Der Maßstab: „Patientenwohl" oder das „Wohl aller"?

Erörtert werden muss also als erstes die Frage, ob individuelle oder auch überindividuelle Interessen den Wertungsmaßstab bilden. Da es bei der Indikationsstellung im Grunde um die Feststellung der Zumutbarkeit einer (lebens-) erhaltenden Behandlung für den einzelnen Patienten im konkreten Fall geht, spricht vieles dafür, lediglich dessen eigene Behandlungsinteressen und nicht auch die außenstehender Dritter oder der Gesellschaft zu berücksichtigen. Wertungsmaßstab wäre daher einzig das persönliche Wohl des Patienten. Hierfür spricht darüber hinaus das ethische Verständnis ärztlichen Handelns, das sich in der Formel „salus aegroti suprema lex" äußert. Dennoch fließen immer häufiger, offen oder verdeckt, auch soziale Gesichtspunkte „in die Selektionserwägungen"[1079] ein, so dass das familiäre und soziale Umfeld letzten Endes den Behandlungsumfang mitbestimmt.[1080] Abgestellt wird in diesen Fällen auf die tatsächlichen Verhältnisse, in die das Frühgeborene im Falle seines Überlebens entlassen wird, insbesondere auf die Situation der Eltern, die sich ein Leben mit einem durch die Frühgeburt geschädigten Kind nicht vorstellen können, aber auch auf die mit der Aufnahme und Pflege des Kindes verbundenen Belastungen, die von den Angehörigen vielfach als unzumutbar empfunden werden. Begründet wird dies damit, dass man auch diese Personen durch die Behandlungsentscheidung möglicherweise schädigen und dadurch das Gebot des „nil nocere" verletzen könne.[1081] Darüber hinaus könne unter Hinweis auf die unzureichenden staatlichen Hilfen und die gesellschaftlichen Rahmenbedingungen für die betroffenen Familien auch das gesellschaftliche Interesse am Weiterleben von extrem unreifen und anderen schwerstgeschädigten Neugeborenen bei den Erwägungen nicht außer Acht bleiben.

Solch eine Einbeziehung von sozialen Aspekten ist innerhalb der pränatalen Ethikdiskussion längst üblich. Kaum ein Neonatologe würde auch bestreiten, dass die Behandlungsentscheidung bei einem Frühgeborenen als erstes Kind einer 40-jährigen nach mehreren Unfruchtbarkeitsbehandlungen vor einem anderen Hinter-

---

[1079] *Zimmermann*, in: *Frewer/Winau*, S. 106.

[1080] So etwa die Gemeinsame Empfehlung zur Frühgeburt an der Grenze der Lebensfähigkeit des Kindes, vgl. *Pohlandt*, Z. Geburtsh. Neonatol. 202 (1998), S. 261ff.; vgl. ferner *Danish Council of Ethics*, Debate Outline, S. 27f.; *von Loewenich*, Monatsschrift Kinderheilkunde 151 (2003), S. 1263 (1268f.); *Wenderlein*, Geburtsh. Frauenheilk. 63 (2003), S. 280 (281); *Obladen*, Z. ärztl. Fortbild. 87 (1993), S. 867 (870); *Grauel/Heller*, S. 100; *Regenbrecht*, MMW 115 (1973), S. 601 (603), und in: Diakonie-Kolleg Bayern, S. 21; wohl im Ergebnis auch Sch/Sch-*Eser*, Rn. 32a vor §§ 211ff.; *Roxin*, Medizinstrafrecht, S. 118.

[1081] So ausdrücklich *von Loewenich*, Monatsschrift Kinderheilkunde 151 (2003), S. 1263 (1268).

grund gefällt wird als bei einem schwerstgeschädigten Neugeborenen einer 20-jährigen.[1082] Außerdem bestimmen elterliche Faktoren die spätere Entwicklungsprognose kleiner Frühgeborener ganz wesentlich, beeinflussen also erheblich dessen künftige Lebensqualität.[1083] Aber auch wenn ein extrem unreifes Frühgeborenes aufgrund seiner bereits vorhandenen oder prognostizierten Schädigungen ohne Zweifel für die Eltern und die Familie zu einer schweren Belastung führen und es auch für die Gesellschaft werden kann, darf es nicht vergessen werden, dass es bei der Indikationsstellung allein darum geht, ob bei abwägender Betrachtung dem individuellen Frühgeborenen aus medizinischer Sicht eine lebenserhaltende Behandlung zugemutet werden kann. Es geht allein um sein Leben und nicht darum, was den Eltern oder der Gesellschaft zumutbar ist.[1084]. Zutreffend schreibt daher *Burkhard Jähnke*:[1085]

> „Die Fragen, welch ein Leben dem Kind bevorsteht, welche Opfer den Angehörigen im Interesse des Kindes auferlegt werden dürfen und welche Lasten etwa die Gemeinschaft zu tragen hat, sind dennoch unzulässig. Sein Leben ist nicht als mehr oder minder erhaltenswürdig bewertbar. Das Leid der Angehörigen fordert die Zuwendung einer menschlichen Gesellschaft: es kann aber nicht Rechtsgrund einer Vernichtung der Existenz des Kindes sein."

Selbst berechtigte elterliche Bedenken und Ängste für ihr eigenes Wohl lassen sich folglich ebenso wenig im Rahmen der ärztlichen Indikation gegen das Lebensrecht des Kindes aufrechnen wie gesellschaftliche Interessen. Sicher, auf diese Weise wird insbesondere den Eltern mit Folgen für ihr Kind eine Belastung zugemutet, welche die Gesellschaft angesichts der fehlenden Solidarbereitschaft weder bereit ist noch in absehbarer Zeit bereit sein wird, im angemessenen Umfang mit zu übernehmen. Aber es wäre falsch, nun doch die elterlichen Interessen mit der Begründung zu berücksichtigen, der Staat erscheine desto weniger berechtigt, den unmittelbar Betroffenen unter Strafandrohung Pflichten aufzubürden, deren Folgelasten die Allgemeinheit nicht mitzutragen bereit ist, je weniger eine solche Solidarbereitschaft mit den Eltern bestehe.[1086] Lebensrecht und Lebensschutz dürfen nicht zu einer von der staatlichen Bereitschaft zum Lebensschutz abhängigen Variablen werden.[1087] Wer als Arzt daher unter sozialen Gesichtspunkten bei gegebener Überlebenschance des Frühgeborenen gegen eine ärztliche Maßnahme votiert, weil er diesem und eventuell anderen Personen ein vermeint-

---

[1082] *Zimmermann*, in: *Frewer/Winau*, S. 106; vgl. auch *Merkel*, Früheuthanasie, S. 570.

[1083] *Kind*, Der Gynäkologe 34 (2001), S. 744 (747); näher hierzu *M. Zimmermann*, S. 159ff.

[1084] Ebenso *Kaufmann*, JZ 1982, S. 481 (485); *Heinemann*, S. 255, 265; *Keyserlingk*, ZStW 97 (1985), S. 178 (192); *Kind*, Der Gynäkologe 34 (2001), S. 744 (747); *Conradi*, S. 501f.

[1085] *Jähnke*, Einbecker Workshop 1986, S. 99.

[1086] In diesem Sinne *Sch/Sch-Eser*, Rn. 32a vor §§ 211ff.; *Grauel/Heller*, S. 103; *M. Zimmermann*, S. 352; zur sozialen Wirklichkeit *Weber/Vogt-Weber*, Arztrecht 1999, S. 4 (11).

[1087] *Peters*, S. 254; vgl. auch *Merkel*, Früheuthanasie, S. 571.

lich schweres Los ersparen will, muss sich bewusst sein, dass er in rechtlich unzulässiger Weise als Außenstehender das Lebensrecht und den Lebenssinn des Frühgeborenen beurteilt. Dies kommt, ob gewünscht oder nicht, im Ergebnis einer gesellschaftsnützlichen Eugenik gefährlich nahe. Das darf nicht sein, weswegen die Berücksichtigung familiärer und gesellschaftlicher Aspekte nicht einmal ausnahmsweise zuzulassen ist. Wer dennoch anderes will, muss sich mit diesem Vorwurf auseinandersetzen. Es gehört nicht zu den Aufgaben des Arztes, über die Indikationsstellung die Folgen einer verfehlten Sozialpolitik auszugleichen.[1088] Es ist vielmehr die Aufgabe von Staat und Gesellschaft, die geeigneten Rahmenbedingungen zu schaffen, unter denen diese Kinder „annehmbar" werden.[1089] Insgesamt betrachtet, bilden deshalb, trotz denkbarer Grenzfälle, allein die individuellen Behandlungsinteressen des Frühgeborenen den Maßstab bei der Nutzen-Risiko-Abwägung.

II. Insbesondere: Wirtschaftliche Unverhältnismäßigkeit

Immer dann, wenn der Arzt im Krankenhaus oder in seiner Praxis über das Ob und Wie einer Behandlung seines Patienten entscheidet, trifft er zugleich eine Entscheidung über Geld. Gerade die neonatologische Intensivbehandlung von extrem unreifen Frühgeborenen ist kostenintensiv. So werden in der Literatur als Kosten für den ersten Klinikaufenthalt mit Intensivbetreuung bis zu 150.000 Euro genannt und die Belastungen, die pro Geburtenjahrgang durch schwerstgeschädigte Kinder auf die Gesellschaft zukommen, werden auf ca. 500 Millionen Euro geschätzt.[1090] Vergleicht man die statistisch mit einer kostspieligen lebenserhaltenden Behandlung von extrem unreifen Frühgeborenen verbundenen, oftmals nur minimalen Überlebenschancen sowie die zum Teil sehr ungünstige kindliche Prognose der Überlebenden auf der einen Seite, mit den beachtlichen medizinischen Bedürfnissen von Patienten außerhalb der Neonatologie auf der anderen Seite, verwundert es nicht, dass angesichts des hohen finanziellen Aufwands von einem „Verlustgeschäft" gesprochen und nicht selten bezweifelt wird, ob sich ein solcher Aufwand tatsächlich lohnt, wo doch in anderen Bereichen des Gesundheitswesens finanzielle Mittel zur angemessenen Behandlung von Patienten mit besseren Heilungschancen fehlen.[1091] Aufgeworfen ist damit die Frage, ob wirtschaftliche Erwägungen den Einsatz medizinisch-technischer Mittel beeinflussen und zu einer Behandlungsgrenze führen dürfen. Diese Frage scheint mit Blick auf die Literatur zur Sterbehilfe und Früheuthanasie eine zentrale Rolle in der Prob-

---

[1088] *Hanack*, MedR 1985, S. 33 (36); *Merkel*, Früheuthanasie, S. 438.

[1089] Ein beispielhafter Forderungskatalog findet sich bei *Seifert*, S. 150f.

[1090] *Wenderlein*, Geburtsh. Frauenheilk. 63 (2003), S. 280 (281); *Hentschel et al.*, Der Gynäkologe 34 (2001), S. 697; *Everschor*, S. 435 m.N.; vgl. auch *Schürch*, S. 56; Der Spiegel 34/2002, S. 143.

[1091] *Everschor*, S. 332; *Chatzikostas*, S. 108; *von Loewenich*, der kinderarzt 27 (1996), S. 135f.; *ders.*, Einbecker Workshop 1986, S. 49.

lematik der Verteilung von begrenzten medizinischen Ressourcen zu spielen.[1092] Aus ethischer Sicht lässt sie sich als Frage nach einer gerechten Verteilung der verfügbaren Mittel im Gesundheitswesen formulieren.[1093]

Zwei Ansichten stehen sich gegenüber: Zum einen wird argumentiert, dass Leben keinen Preis habe, weswegen Geld bei der Behandlungsentscheidung keine Rolle spielen dürfe. Es wird von einer ansonsten „budgetierten Menschenwürde"[1094] gesprochen und die Rechte des Patienten auf Leben und körperliche Unversehrtheit sowie das Gleichheitsprinzip werden als verletzt angesehen. Hiergegen wird eingewandt, dass diese Sicht die nur begrenzten Ressourcen im Gesundheitswesen verkennt. Ärztliche Maßnahmen seien jedenfalls nicht „ökonomieresistent". Neben medizinischen müssten deshalb auch ökonomisch bedingte Gesichtspunkte bei der Indikationsstellung Berücksichtigung finden. Der bei dieser Mischkalkulation enthaltene Abwägungsprozess folge außerdem dem Verhältnismäßigkeitsgrundsatz, weshalb der Individualrechtsschutz in angemessener Weise gewahrt werde.

Da die Medizin und die Rechtsordnung nicht unter dem Primat der Ökonomie stehen,[1095] folgt die Beantwortung der Frage nach wirtschaftlichen Behandlungsgrenzen im Grunde schon aus den Ausführungen des vorigen Abschnitts, denn auch hier geht es darum, inwieweit das Patientenwohl von drittorientierten Interessen, wie eben wirtschaftliche Aspekte, mitbestimmt werden darf. Und da sich der Arzt einzig am Wohl des Patienten zu orientieren hat, dürfen außerhalb liegende Umstände nicht berücksichtigt werden. Aber auch andere Gründe sprechen entscheidend gegen eine Grenzziehung in der Behandlung extrem unreifer Frühgeborener nach ökonomischen Aspekten. So ist die Feststellung der Wirtschaftlichkeit der Neugeborenenintensivmedizin schon deswegen problematisch, weil Unsicherheiten bei der Beurteilung der Kosten und des Nutzens bestehen.[1096] Darüber hinaus ist der Ansatzpunkt für die Anerkennung einer Behandlungsgrenze wegen Unverhältnismäßigkeit von Aufwand und potentiellen Erfolg eine Art „Pflege-Ökonomie" bei Sterbenden.[1097] Hierum geht es bei einem lebensfähigen Frühgeborenen, auch wenn es bloß eine geringe Lebenschance besitzt, aber primär gar nicht, weshalb sich auch die Frage nach einer „Pflege-Ökonomie" verbietet. Selbst *Albin Eser* als Vertreter dieses Ansatzes stellt die Frage für diesen Fall nicht. Zu Recht, denn medizinische Leistungen aufgrund einer Kosten-Nutzen-Abwägung trotz Lebensfähigkeit dem individuellen Frühgeborenen vorzuenthalten, begegnet schwerwiegenden rechtlichen Bedenken. Eine solche Rationierung

---

[1092] Zum Meinungsspektrum vgl. z.B. *Everschor*, S. 455ff.; *Künschner*, S. 149f., der an anderer Stelle auch einen historischen Rückblick zur Relativierung des Lebensschutzes aus wirtschaftlichen Gründen gibt (S. 30f.); *Uhlenbruck*, MedR 1995, S. 427ff.

[1093] *Kind*, Der Gynäkologe 34 (2001), S. 744 (746); *Giesen*, JZ 1990, S. 929 (942).

[1094] *Dauster*, Heidelberger Workshop, S. 96.

[1095] Näher *Taupitz*, Sterbemedizin, S. 119ff.

[1096] Näher *von Loewenich*, der kinderarzt 27 (1996), S. 135 (136f.).

[1097] Vgl. nur Sch/Sch-*Eser*, Rn. 30 vor §§ 211ff.; ders., FS für *Narr*, S. 61; ders., in: *Auer/Menzel/Eser*, S. 133.

bedeutet nämlich, dass ein Klassifizierungsmaßstab gefunden und darauf basierend eine Demarkationslinie gezogen werden müsste, zum Beispiel extrem unreife Frühgeborene bis zu einem bestimmten Gestationsalter, damit ein solches System sachgerecht funktioniert. Das geht aber nur, wenn der Wert des Lebens für das Frühgeborene abgeschätzt und in lebenswertes und nicht lebenswertes Leben unterteilt wird. Damit ist man in Wahrheit aber bei einer nach Art. 2 Abs. 2 GG unzulässigen Fremdbewertung des Lebens.[1098] Überdies verbietet auch Art. 1 GG ein altersspezifisches Rationierungsmodell wie das oben genannte.[1099] Und auch das unmittelbare Abstellen auf die Höhe der anfallenden Kosten für eine Intensivbehandlung samt Nachbehandlung als Selektionsmaßstab ist bei der Behandlungsentscheidung nicht mit der menschlichen Würde vereinbar, hätte ansonsten doch mit dem Marktpreis ein Sachwert Vorrang vor dem kranken Mensch als Person und das, obwohl nicht einmal Leben gegen Leben abwägbar ist.[1100] Aus diesen Gründen ist ein wirtschaftlicher Behandlungsverzicht beim extrem unreifen Frühgeborenen verfassungsrechtlich unzulässig und strafrechtlich nicht gerechtfertigt.

Auch unter ethischen Aspekten ist die Frage nach der Wirtschaftlichkeit lebenserhaltender Maßnahmen unhaltbar. Kosten-Nutzen-Überlegungen sind kein Mittel, schwierige ethische Urteile zu vermeiden.[1101] Die Funktion eines Gerechtigkeitsprinzips kann ein ökonomisches Kalkül jedenfalls in dieser Form nicht übernehmen, sagt eine wirtschaftlich orientierte Nutzenmaximierung doch nichts aus über die Kriterien der Nutzenverteilung. So bleibt die Frage offen, warum gerade die Behandlung extrem unreifer Frühgeborener als ein vergleichsweise besonders entbehrlicher Luxus anzusehen sein soll, so dass ihre Nichtbehandlung zu mehr Verteilungsgerechtigkeit führt.[1102] Aus Kostenüberlegungen eine gruppenbezogene Selektion vorzunehmen und eine hilfsbedürftige Patientengruppe völlig von der medizinischen Versorgung auszunehmen, erscheint mir mit dem Gerechtigkeitsprinzip nicht vereinbar. Dass die medizinische Pflege und Betreuung eines mit schwersten Schädigungen überlebenden Frühgeborenen häufig langwierig und kostspielig sein kann und Eltern wie Kind in vielen Fällen stark

---

[1098] Insoweit verdienen *Laber*, MedR 1990, S. 182 (188), und *Kaufmann*, JZ 1982, S. 481 (484), Zustimmung. Vgl. auch *Weber/Vogt-Weber*, MedR 1999, S. 204 (209); *Kröll/Gaßmayr*, S. 17; *Taupitz*, Sterbemedizin, S. 132f.; *Künschner*, S. 268f., 308. Widersprüchlich *Uhlenbruck*, MedR 1995, S. 427ff., der sich einerseits dagegen ausspricht, Art und Umfang der medizinischen Versorgung vom Alter oder von der Lebensqualität abhängig zu machen (433), andererseits aber kostenaufwendige Behandlungen schwerstbehinderter Neugeborenen und von Frühgeburten mit absehbar lebenslangen Mangelfolgen ablehnt (436).

[1099] Vgl. BVerfGE 88, 203 (267) - Schwangerschaftsabbruch II; *Höfling*, Rationierung, S. 153f.

[1100] Vgl. BVerfGE 39, 1 (59) - Schwangerschaftsabbruch I; *Dürig*, in: *Maunz/Dürig*, Art. 1 Abs. 1 Rn. 33 (1958); im Ergebnis ebenso *von Loewenich*, der kinderarzt 27 (1996), S. 135 (141).

[1101] *Von Manz*, S. 74; *Honecker*, Sozialethik, S. 114; *Ribhegge*, S. 120.

[1102] Vgl. *von Loewenich*, Monatsschrift Kinderheilkunde 152 (2004), S. 329 (330).

belastet, soll nicht geleugnet werden. Das gibt aber kein moralisches Recht, sich dieser Kinder bereits bei ihrer Geburt aus bloßen wirtschaftlichen Erwägungen zu entledigen. Ihre Tötung ist weder rechtlich noch ethisch ein adäquates Mittel zur Lösung der sozialen Folgen ihres Überlebens. Finanzierbarkeit darf nicht zum Maß aller Dinge werden, das Gesundheitssystem nicht über eine Anpassung der Behandlungspraxis an die Bedürfnisse der Solidargemeinschaft saniert werden. Wie bei der allgemeinen Sterbehilfe gilt auch hier, dass die Lebenserwartung nicht von Versicherungsmathematikern bestimmt werden darf.[1103] In Anbetracht der nicht beliebig zur Verfügung stehenden Ressourcen kann aber durchaus über einen rationellen Einsatz der verfügbaren Behandlungsmöglichkeiten nachgedacht werden, mit der Folge, dass etwa bestimmte Leistungen mit sehr ungünstigem Kosteneffektivitätsverhältnis nicht mehr ergriffen werden müssen, was in meinen Augen gerecht ist, weil dies nicht nur eine, sondern gleichermaßen alle Patientenkategorien betrifft.

Die Frage, wie die knappen Gesundheitsmittel verteilt werden sollen, können Arzt oder Krankenhausträger folglich nicht alleine beantworten. Da aber kein Weg an einer Rationierung in der Medizin vorbeiführt, bleibt noch die Möglichkeit, auf der sog. Makroebene über die Zuteilung von finanziellen Mitteln im Gesundheitswesen nachzudenken. Eine Rationierung auf der Makroebene hat den Vorteil, dass anders als im konkreten Arzt-Patienten-Verhältnis, der sog. Mikroebene, über „statistisches" Leben und nicht über individuelles Leben entschieden wird, was normativ weniger eng reglementiert ist.[1104] Hierbei handelt es sich um Abwägungsprozesse grundlegender Art, die allein dem Gesetzgeber vorbehalten sind. Wie viel eine lebenserhaltende Maßnahme kosten darf, ist ebenso eine gesellschaftliche Entscheidung, die eines demokratisch legitimierten Konsenses bedarf, wie die Frage nach Rationierungskriterien.[1105] Auch wenn dieser Weg einer Rationierung kein Patentrezept ist, hierüber lässt sich regeln, dass ein unbegrenzter Anspruch des Einzelnen gegenüber der Gesellschaft auf Vornahme aller für die Erhaltung des eigenen Lebens möglichen und nützlichen medizinischen Maßnahmen nicht besteht, sondern von Anfang an immanent begrenzt ist.[1106] Aus der individuellen Behandlungsentscheidung des Arztes sind wirtschaftliche Überle-

---

[1103] Vgl. aber DIE ZEIT Nr. 35 vom 19.08.2004, S. 28.

[1104] Zu rechtlichen Bedenken vgl. *Höfling*, Rationierung, S. 146ff.; *Kutzer*, MedR 2001, S. 77 (79); BVerfG MedR 2000, S. 28ff. Zu weiteren Vor- und Nachteilen einer Makroversus Mikrorationierung im Gesundheitswesen aus ökonomischer Sicht *Ribhegge*, S. 121ff.

[1105] Näher zur legislatorischen Entscheidungsverantwortung *Höfling*, Rationierung, S. 151ff.

[1106] *Ulsenheimer*, Z. ärztl. Fortbild. 87 (1993), S. 875 (879); MedR 1994, S. 425 (428) unter Verweis auf *Sch/Sch-Eser*, Rn. 30 vor §§ 211ff.; *ders.*, FS für *Narr*, S. 61; kritisch *Künschner*, S. 274f. So gesehen hängen Unverhältnismäßigkeit und Unmöglichkeit miteinander zusammen, denn die Entscheidung über die Vorhaltung von Technik und Personal im intensivmedizinischen Bereich ist mitbestimmend für die Möglichkeit einer Lebenserhaltung.

gungen zur Unverhältnismäßigkeit nach all dem herauszuhalten.[1107] Dieses Ergebnis deckt sich im Übrigen mit der mehrfach erwähnten Medizinerbefragung von 1995/1996. Danach haben Kostenerwägungen bei einer Entscheidung gegen eine Behandlung kaum Bedeutung (2%).[1108]

III. Nicht-patientenbezogene Kriterien für Behandlungsgrenzen

Ist damit die Frage nach dem Wertungsmaßstab geklärt, soll nunmehr untersucht werden, ob sich objektive Kriterien finden lassen, die zu einem negativen Saldo bei der Nutzen-Risiko-Abwägung führen und den Arzt dadurch ausnahmsweise berechtigen, in bestimmten Sonderfällen und bei sorgfältiger Begründung wegen ihrer Unzumutbarkeit für das Frühgeborene eine lebenserhaltende Behandlung als kontraindiziert abzulehnen. Um näher zu bestimmen, wann eine Behandlung die Grenze zur Unzumutbarkeit überschreitet, wird teilweise auf Kriterien zurückgegriffen, die auch hinsichtlich der Sterbehilfe für Erwachsene diskutiert werden. Hierzu zählen die Versuche, die Unzumutbarkeit einer lebenserhaltenden Maßnahme durch externe, nicht-patientenbezogene Aspekte wie „Natürlichkeit" und „Schicksalhaftigkeit" des Todes oder „Sinnlosigkeit" und „Gewöhnlichkeit" der Maßnahmen zu umschreiben.

1) Sinnlosigkeit weiterer Maßnahmen

Die immanenten Grenzen der ärztlichen Behandlungspflicht sind nach Meinung vieler erreicht, wenn eine medizinische Behandlung dem Frühgeborenen keine Hilfe mehr bringen kann, sie mit anderen Worten „sinnlos", „zwecklos", „aussichtslos" oder, englisch ausgedrückt, „futile" ist. Dieser Ansatz geht auf den Medizinethiker *Paul Fritsche* zurück und wird vor allem von Medizinern vertreten.[1109]

[1107] So im Ergebnis auch die Empfehlungen der Arbeitsgruppe der Schweizerischen Gesellschaft für Neonatologie zur „Betreuung von Frühgeborenen an der Grenze der Lebensfähigkeit" unter 2.3.3., SÄZ 83 (2002), S. 1589 (1591); *Kind*, Der Gynäkologe 34 (2001), S. 744 (748); *Roxin*, Medizinstrafrecht, S. 103f.; *Merkel*, Früheuthanasie, S. 438; *Schürch*, S. 72; *Uhlenbruck*, MedR 1995, S. 427 (431); *Wiesing*, Arztrolle, S. 195.

[1108] *M. Zimmermann*, S. 93f.; *M. u. R. Zimmermann/von Loewenich*, Ethik Med 9 (1997), S. 56 (63).

[1109] In diesem Sinne äußern sich *von Loewenich*, Monatsschrift Kinderheilkunde 151 (2003), S. 1263 (1268); *Opderbecke/Weißauer*, MedR 1998, S. 395 (397); *Mildenberger*, Z. ärztl. Fortbild. 87 (1993), S. 873 (875); vgl. auch die Empfehlungen der Arbeitsgruppe der Schweizerischen Gesellschaft für Neonatologie zur „Betreuung von Frühgeborenen an der Grenze der Lebensfähigkeit" aus dem Jahre 2002, SÄZ 83 (2002), S. 1589 (1594); aus der juristischen Literatur: *Ulsenheimer*, MedR 1994, S. 425 (427); eher beiläufig *Roxin*, FS für *Engisch*, S. 398f.; *Maurach/Schroeder/Maiwald*, § 1 Rn. 43; grundsätzlich auch *Kaufmann*, JZ 1982, S. 481 (485), der Unzumutbarkeit aus

Diese Ansicht vermag jedoch aus mehreren Gründen nicht zu überzeugen. So ist bereits unklar, was unter diesen Begriffen zu verstehen ist, und worauf sich die „Sinn- und Zwecklosigkeit" beziehen soll. Gemeint sein kann das Leben des Frühgeborenen, seine Lebenserhaltung oder auch die Prognose, durch eine Behandlung das Leben zu erhalten oder gar nur eine Schädigung zu heilen.[1110] Soweit es hier lediglich um die aussichtslose Lebenserhaltung oder um die Erfolglosigkeit einer lebenserhaltenden Maßnahme gehen soll, bringt dieses Kriterium jedenfalls inhaltlich nichts Neues, denn eine Behandlungspflicht entfällt in diesen Fällen bereits aus Gründen der zuvor erörterten Unmöglichkeit. Es würden folglich nur die Begriffe ausgetauscht werden. Versteht man das Kriterium hingegen anders und wendet es auch auf faktisch mögliche Lebenserhaltungsmaßnahmen an, so ist nicht ausgeschlossen, dass mit dem ärztlichen Verdikt „Sinnlosigkeit" eine negative Lebensbewertung getroffen wird. Das Verfassungsrecht verbietet es jedoch, das Leben eines anderen zu bewerten und darüber zu befinden, ob das Weiterleben eines kranken Patienten sinnvoll ist oder nicht; dem Arzt steht hierüber kein Urteil zu.[1111] Dies zu beurteilen ist allein Sache des Patienten. Seine Sicht über den Sinn weiterer ärztlicher Bemühungen ist entscheidend, weshalb es insoweit auf den mutmaßlichen Willen des Frühgeborenen ankommt wie ihn die Eltern ermittelt haben. Nur im Notfall steht diese Ermittlungskompetenz auch dem Arzt zu. Dürfte indessen der Arzt generell die Frage nach dem „Sinn" im Rahmen der Indikation stellen, käme dies einer Bevormundung gleich, von einer Selbstbestimmung des Patienten über sein Leben und seine körperliche Unversehrtheit könnte dann keine Rede mehr sein.[1112] Der Arzt hätte vielmehr in unzulässiger Weise eine externe Wertung über menschliches Leben getroffen. Darüber hinaus besteht die evidente Gefahr, dass bei der ärztlichen Einschätzung, was sinnvoll ist, auch seine eigene sowie die Sicht der Eltern und der Gesellschaft einbezogen werden. Erneut stünde damit der Vorwurf im Raum, auf diese Weise gesellschaftsnützliche Eugenik zu betreiben.

Freilich könnte man diesen Bedenken mit dem Hinweis begegnen, dass der Gegenstand des Abwägungsprozesses hinsichtlich einer lebenserhaltenden Maßnahme nicht der Sinn menschlichen Lebens, sondern der Sinn weiterer ärztlichen Handelns ist. Wie bereits an früherer Stelle dargelegt, urteilt der Arzt bei der Indikationsstellung nämlich über den medizinischen Wert der Behandlungsmaßnahme im konkreten Fall und nicht über den Lebenswert des betroffenen Patienten im

---

einer Verknüpfung von „Sinnlosigkeit" und „Zielsetzung des ärztlichen Heilauftrages" hergeleitet; weitere Nachweise bei *Merkel*, Früheuthanasie, S. 295 und *Eser*, in: *Auer/Menzel/Eser*, S. 126.

[1110] Erhellend zu möglichen Bedeutungen des „Sinnlosigkeit"-Kriteriums *Merkel*, Früheuthanasie, S. 296ff.; vgl. auch *Eser*, in: *Auer/Menzel/Eser*, S. 126f.

[1111] So bereits *Opderbecke*, S. 110; *Bockelmann*, S. 25.

[1112] Ebenso *Eser*, in: *Auer/Menzel/Eser*, S. 127.

Grenzbereich zwischen Leben und Tod.[1113] *Albin Eser* hat jedoch schon früh darauf aufmerksam gemacht, dass dies ein Trugschluss ist, da der Sinn ärztlichen Handelns sich nicht losgelöst vom Lebenswert des Patienten feststellen lässt.[1114] Vordergründig wird zwar eine medizinische Entscheidung getroffen, die „Sinn-Frage" impliziert aber auch anthropologische Wertungen, deren zugrunde liegende Kriterien indes nicht transparent sind. Insgesamt betrachtet, kann daher nicht in allen Fällen mit befriedigender Klarheit zwischen der Sinnlosigkeit der Behandlung und der Sinnlosigkeit des Lebens des Patienten unterschieden werden. Ein Abstellen auf die Sinnlosigkeit weiterer Maßnahmen als maßgebliche Richtschnur beim Abwägungsprozess ist nach all dem ohne Offenlegung seiner die Einschätzung leitenden Kriterien abzulehnen.[1115] Das Kriterium ist so „zu vage"[1116] und zu abstrakt, um konkrete Einzelfälle zu entscheiden.

2) Schicksalhaftigkeit und Natürlichkeit des Todes

Man könnte des weiteren daran denken, eine Maßnahme dann nicht mehr als geboten anzusehen und damit die ärztliche Behandlungspflicht dort enden zu lassen, wo der Tod des Patienten „schicksalhaft" auftritt, oder nur noch ein sonst längst durch den „natürlichen Tod" abgeschlossenes, unaufhaltsam verlöschendes Leben künstlich verlängert wird.[1117]

Doch auch dieses Kriterium erscheint im Hinblick auf den verfassungsrechtlich zu gewährleistenden Lebensschutz inhaltlich als zu unbestimmt und rechtlich kaum zu handhaben.[1118] Wiederum werden Definitionsprobleme offenbar, denn was etwa haben die Formulierungen zu bedeuten, und ab welchem Zeitpunkt kann von einem „schicksalhaft unabwendbaren" oder „natürlichen Tod" gesprochen werden? Außerdem ist es gerade Aufgabe der Medizin, mit den ihr zur Verfügung stehenden Mitteln Einfluss auf das Schicksal des Patienten zu nehmen. Dies beim Sterbeprozess anders zu sehen, käme einer „Selbstaufgabe der Medizin" gleich.[1119] Ferner ist angesichts der intensivmedizinischen Möglichkeiten zur Lebenserhaltung heutzutage kein Tod innerhalb medizinischer Institutionen mehr bloß eine „natürliche" Folge der Erkrankung, sondern vielmehr Folge eines Abbruchs oder

---

[1113] *Opderbecke,* S. 111; *Opderbecke/Weißauer,* MedR 1998, S. 395 (397); *Sahm,* ZfL 2005, S. 45 (49); *Gründel,* Einbecker Workshop 1986, S. 79; *Eibach,* MedR 2000, S. 10 (14, 16); *Kaufmann,* JZ 1982, S. 481 (485).

[1114] *Eser,* in: *Auer/Menzel/Eser,* S. 128; vgl. auch *Merkel,* in: *Hegselmann/Merkel,* S. 98; *Laber,* MedR 1990, S. 182 (187); *Künschner,* S. 186.

[1115] Nach Ansicht von *Merkel,* Früheuthanasie, S. 301, sollte es sogar aus der strafrechtlichen Diskussion um die passive Sterbehilfe gestrichen werden.

[1116] *Kaufmann,* JZ 1982, S. 481 (485); Sch/Sch-*Eser,* Rn. 29 vor §§ 211ff.: „nicht hinreichend objektivierbar".

[1117] Vgl. *Auer,* S. 34ff.; weitere Nachweise bei *Eser,* in: *Auer/Menzel/Eser,* S. 56; *Everschor,* S. 259f.

[1118] Ablehnend bereits *Eser,* in: *Lawin/Huth,* S. 86; *Kaufmann,* JZ 1982, S. 481 (485); *Laber,* MedR 1990, S. 182 (187); *Everschor,* S. 263.

[1119] *Eser,* in: *Auer/Menzel/Eser,* S. 129.

des Verzichts auf die lebensbewahrende medizinische Behandlung oder Medikation. Die „Schicksalhaftigkeit" oder „Natürlichkeit" des Todes kann höchstens Bedeutung gewinnen, wenn es um ein „nach der Natur" schon gar nicht lebensfähiges Frühgeborenes geht, man mithin die „Natürlichkeit" oder „Schicksalhaftigkeit" des Todes mit der „Unmöglichkeit der Lebenserhaltung" gleichsetzt. Das Kriterium vermag deshalb allenfalls den normalen Alterstod zu erfassen.[1120] Darüber hinaus hilft es bei einer Indikationsstellung in der Geburtsphase nicht weiter. Das Kriterium kann also auch nicht die Behandlungspflicht des Arztes bei extrem unreifen Frühgeborenen begrenzen.

3) Gewöhnliche und außergewöhnliche Maßnahmen

Schließlich kann auch die maßgeblich auf die katholische Moraltheologie zurückgehende und auf eine Äußerung von Papst Pius XII. aus dem Jahre 1957 gestützte Unterscheidung zwischen gewöhnlichen („remedia ordinaria") und außergewöhnlichen Maßnahmen („remedia extraordinaria") aufgrund der immer im Fluss bleibenden Entwicklung der modernen Medizin kein verlässliches Abwägungskriterium bilden.[1121] Schon die Ausgangsthese ist ungenau, weil unklar ist, unter welchen Voraussetzungen eine lebenserhaltende Maßnahme als gewöhnlich oder ungewöhnlich bezeichnet werden kann. Die Folge ist, dass wie bei dem Begriff „Sinnlosigkeit", auch hier letztendlich weitere, nicht offen liegende Kriterien erforderlich sind, die den Ausschlag geben und die eigentlichen Leitmaximen sind. Hinzu kommt, dass die Kennzeichnung als „gewöhnlich" erheblich vom jeweiligen Stand der Medizin abhängt.[1122] Die „außergewöhnliche" Maßnahme, die gestern noch Spezialisten unter großem Aufwand und Risiko gewagt haben, kann heute schon medizinischer Standard sein. Außerdem ist die Tatsache zu berücksichtigen, dass die einzelnen Krankenhäuser und Perinatalkliniken unterschiedliche Behandlungsniveaus haben, so dass eine Behandlung, die in einem Krankenhaus „gewöhnlich" erfolgt, in einem anderen als eher „außergewöhnlich" betrachtet werden kann. Von einem solchen unscharf umrissenen Kriterium darf das Ergreifen und die die Fortführung einer medizinischen Maßnahme nicht abhängig sein. Die Differenzierung erweist sich daher im Abwägungsprozess als

---

[1120] *Eser*, in: *Auer/Menzel/Eser*, S. 129; *Laber*, S. 241 und *ders.*, MedR 1990, S. 182 (187).

[1121] Wie hier ablehnend *Eser*, in: *Auer/Menzel/Eser*, S. 128f.; *Kaufmann*, JZ 1982, S. 481 (485); *Heyers*, S. 31; *Künschner*, S. 190; *Laber*, MedR 1990, S. 182 (187); *Merkel*, Früheuthanasie, S. 263f.; *von Loewenich*, MedR 1985, S. 30 (33); befürwortend etwa *Opderbecke/Weißauer*, MedR 1998, S. 395 (399) = „Leitlinien für die Grenzen intensivmedizinischer Behandlungspflicht" der Deutschen Gesellschaft für Anästhesiologie und Intensivmedizin (DGAI) von 1999; vgl. auch Punkt II.3.5. und den Kommentar zu Punkt II.1.2. der „Medizinisch-ethischen Richtlinien für die ärztliche Betreuung sterbender und zerebral schwerst geschädigter Patienten" der Schweizerischen Akademie der Medizinischen Wissenschaften (SAMW) von 1996, NJW 1996, S. 767 (768); *Laufs*, NJW 1998, S. 3399 (3400); *Gründel*, MedR 1985, S. 2 (6).

[1122] Zutreffend erkannt und in die Diskussion eingeführt von *Eser*, in: *Auer/Menzel/Eser*, S. 128; ihm folgend *Laber*, MedR 1990, S. 182 (187).

kaum hilfreich, zumal im Ergebnis nicht die Gewöhnlichkeit der Maßnahme, sondern andere Kriterien den Ausschlag geben. Sie ist deshalb für die Festlegung des Umfangs von Behandlungspflichten nicht sachdienlich.[1123] Sollte daher eine Lebenserhaltung möglich sein, ist der Arzt bei der Wahl der Mittel nicht auf „gewöhnliche" beschränkt.

IV. Patientenbezogene Kriterien für Behandlungsgrenzen

Neben den gerade genannten Kriterien werden in der Literatur ferner klinische Faktoren diskutiert, welche sich auf den Zustand des Frühgeborenen beziehen und die Abwägung in Richtung eines Behandlungsverzichts lenken sollen. Bei der Untersuchung dieser Überlegungen zur Begrenzung der Behandlungspflicht ist freilich eines zu beachten: Hier geht es nicht nur um die Gesundheit, sondern auch und gerade um das Leben des Frühgeborenen, weswegen bei der Abwägung die Bedeutung des Lebensschutzes, der die grundsätzliche Gleichwertigkeit allen menschlichen Lebens verlangt, nicht aus dem Blick geraten darf.

1) Todesnähe und infauste Prognose

Vielfach wird in der Diskussion um die Sterbehilfe bei Erwachsenen ebenso wie um Behandlungsgrenzen bei schwerstgeschädigten Neugeborenen erwogen, bei der Behandlungsentscheidung auf die Todesnähe und das Vorliegen einer infausten Prognose abzustellen. Infaust bedeutet, dass die Prognose keine Aussicht auf Besserung verspricht, die diagnostizierte Krankheit oder Schädigung so gut wie ausnahmslos zum Tode führt. Auf diese Weise wird der weitere Krankheitsverlauf, sprich: die konkreten Überlebenschancen und gegebenenfalls die verbleibende Lebensdauer bei einer Behandlung, zum Maßstab der ablehnenden Behandlungsentscheidung gemacht. So hat in seiner Entscheidung zum Kemptener Fall der Bundesgerichtshof unter anderem beide Kriterien als objektive Anhaltspunkte angeführt.[1124] Zwar sieht der Bundesgerichtshof in ihnen Indizien zur Ermittlung des mutmaßlichen Patientenwillens. Richtigerweise betreffen die Todesnähe und eine infauste Prognose jedoch mehr die medizinische Indikation, handelt es sich doch um klinische Aspekte, die letztlich auf Verhältnismäßigkeitsüberlegungen im Sinne einer Risiko-Nutzen-Analyse zurückgeführt werden können.[1125] Ähnliche Formulierungen finden sich auch in den Grundsätzen der Bundesärztekammer zur ärztlichen Sterbebegleitung, wenn es dort heißt, dass bei extrem unreifen Kindern, deren „unausweichliches Sterben abzusehen" ist, nach hinreichender Diagnostik und im Einvernehmen mit den Eltern eine lebenserhaltende Behandlung unterlas-

---

[1123] Dies gilt insbesondere auch, wenn es um die Durchführung eines Heilversuches geht. Die Nichtvornahme in diesem Fall mit der Beschränkung auf „gewöhnliche" Maßnahmen zu begründen, wäre zwar denkbar, würde aber die wahren Gründe (vgl. oben unter D.3.d.) verdecken. Ähnlich *Künschner*, S. 191.

[1124] BGHSt 40, 257ff.

[1125] So auch *Verrel*, JZ 1996, S. 224 (228).

sen oder nicht weitergeführt werden kann;[1126] ferner unter Ziffer V. der Revidierten Fassung der Einbecker Empfehlungen[1127] oder in den Leitlinien der DGAI zu Grenzen der intensivmedizinischen Behandlungspflicht beim Sterbenden und beim Schwerstkranken mit infauster Prognose.[1128] Und auch das übrige Schrifttum sieht zum Teil eine Behandlungsgrenze als erreicht an, wenn der Sterbeprozess begonnen hat. Beispielsweise plädieren die Mediziner *Ernst Ludwig Grauel* und *Karla Heller* dafür, „Säuglingen, die im Krankenhaus nur auf den Tod warten und die mit Sicherheit nicht nach Hause entlassen werden oder zu den besuchenden Eltern Kontakt aufnehmen können, nur soweit therapeutisch zu helfen, als es ihre Leiden lindert."[1129] Wegen der mit einer Behandlung verbundenen Belastung soll dem Neugeborenen allein die Basispflege zukommen, darüber hinausgehende Maßnahmen wie beispielsweise eine aktive Reanimation bräuchten demnach nicht ergriffen zu werden. Entsprechende Äußerungen finden sich zudem in der juristischen Literatur.[1130]

Doch die Häufigkeit der Nennung ist, wie so oft, kein zwingendes Indiz für die Richtigkeit. Schwierigkeiten bestehen bereits in der praktischen Handhabung. So ist bei dem Kriterium der Todesnähe problematisch, dass Leben und Sterben keine Zustände sind, die sich gegenseitig ausschließen, Sterben vielmehr einen Vorgang erfasst, der weder medizinisch noch juristisch eindeutig abzugrenzen ist. „Schließlich gehen wir alle unserem Tod entgegen."[1131] Letzte Sicherheit, dass das Frühgeborene definitiv verloren ist, gibt allein die Diagnose des Todes. Ab welchem Zeitpunkt ein Sterben als „unausweichlich" angesehen werden kann, oder „ein in Kürze zu erwartender Tod nur hinausgezögert wird", lässt sich somit nicht eindeutig bestimmen. Die Formulierungen sind also für sich schon zu unbestimmt, um angesichts des zu gewährleistenden Lebensschutzes eine nur relativ enge Auslegungsvarianz zuzulassen; ein Umstand, der durch die Prognoseunsicherheit bei extrem unreifen Frühgeborenen zusätzlich verschärft wird. Die Unsicherheit von Diagnose und Prognose ist außerdem der Grund, weswegen im Kreißsaal ein anfänglicher Behandlungsverzicht nicht allein auf eine infauste Prognose gestützt werden kann. Die infauste Prognose müsste nämlich erwiesen sein, um die Behandlung nicht durchführen zu müssen. Das ist unmittelbar nach der Geburt aber noch nicht gegeben. Das gebietet dem Arzt, bei jedem Zweifel an der infausten

---

[1126] Unter Punkt II. (Verhalten bei Patienten mit infauster Prognose), DÄBl. 101 (2004), S. A-1298f.

[1127] MedR 1992, S. 206: „ein in Kürze zu erwartender Tod nur hinausgezögert wird".

[1128] Unter Punkt 2. („den unvermeidlichen Sterbevorgang verlängern"), siehe *Uhlenbruck/ Ulsenheimer*, in: *Laufs/Uhlenbruck*, § 132 Rn. 30b.

[1129] *Grauel/Heller*, S. 99; ferner *Obladen*, Z. ärztl. Fortbild. 87 (1993), S. 867 (871): Irreversibilität des Sterbeprozesses; *von Loewenich*, MedR 1985, S. 30 (31): Behandlungsgrenze bei infauster Prognose.

[1130] *Jähnke*, Einbecker Workshop 1986, S. 101; *Eser*, FS für *Narr*, S. 59; *Ulsenheimer*, MedR 1994, S. 425 (427); *Hanack*, MedR 1985, S. 33 (36); *Keyserlingk*, ZStW 97 (1985), S. 178 (196).

[1131] So treffend *von Loewenich*, Monatsschrift Kinderheilkunde 151 (2003), S. 1263 (1268).

Prognose den Patienten zumindest vorläufig bis zur Absicherung der Prognose lebenserhaltend zu behandeln. Daher wird in Zweifelsfällen am Anfang immer ein Therapieversuch indiziert sein.[1132]

Schwerer fällt jedoch ins Gewicht, dass hier ein Lebensquantitätsargument als Grenze für eine Behandlungspflicht verwendet wird. Bei jeder der gewählten Umschreibungen, die auf eine infauste Prognose und eine gewisse Todesnähe abstellen, ergibt sich deshalb zwangsläufig die Frage, welche Lebensspanne die Behandlung dem Patienten noch gewährt, und ob die Qualität dieses Lebens dem Betroffenen zumutbar erscheint oder nicht. Solche Erwägungen zum Wert des Lebens, darf – wie schon mehrfach erwähnt – rechtlich betrachtet aber allein der Betroffene treffen. Alles andere wäre eine unzulässige Fremdbestimmung. Dem Arzt steht deshalb bei dieser existentiellen Frage kein Urteil aus eigener Lebensauffassung zu.[1133] Überdies endet das Lebensrecht nicht per se mit Beginn des Sterbeprozesses, was in der in Art. 2 Abs. 2 Satz 1 GG zum Ausdruck gekommenen Grundentscheidung der Verfassung deutlich wird, wonach der Mensch prinzipiell sein Leben geachtet wissen will und sein Interesse nur ausnahmsweise nicht auf die Abwehr entsprechender Eingriffe gerichtet ist, mag die medizinische Maßnahme auch nur geringe Lebenschancen bieten.[1134]

Aus diesen Gründen stellen eine infauste Prognose und die Todesnähe beim extrem unreifen Frühgeborenen keine Indizien dar, die, für sich genommen, gegen eine Behandlung sprechen. Vielmehr gehört die künstliche Lebenserhaltung in den Bereich der Behandlungspflicht.[1135] Selbst wenn also der Sterbeprozess unwiderruflich eingesetzt hat und die lebenserhaltende Maßnahme eine Belastung für das Frühgeborene bedeutet, ist eine Indikation zu bejahen. Zu prüfen bleibt freilich, ob der mutmaßliche Wille des Frühgeborenen in dieser Situation nicht auf einen Abbruch oder Verzicht der Behandlung gerichtet ist. So betrachtet, bleibt es noch zu untersuchen, ob die Todesnähe und eine infauste Prognose, wenngleich keine hinreichenden, so doch notwendige Voraussetzungen sind, um im konkreten Fall eine lebenserhaltende Behandlungspflicht zu verneinen.[1136]

2) Schwere Schädigungen ohne Besserungschancen

Einen Anhaltspunkt gegen eine Behandlung soll ferner die problematische Situation liefern, in der das Leben des Frühgeborenen zwar erhalten werden könnte, jedoch nur um den Preis bleibender schwerer Schädigungen und eventuell auch nur für eine kurze Zeitspanne. Diese Fallgruppe lässt sich noch dahingehend variieren, dass bereits Schädigungen vorliegen, es sich um schwere multiple Schädigungen handelt, oder die Behandlung selbst erst Leiden und Schäden verur-

---

[1132] Ebenso *Kaufmann*, JZ 1982, S. 481 (486); *Laber*, MedR 1990, S. 182 (188); *Menzel*, S. 73.

[1133] *Opderbecke*, S. 110; *Bockelmann*, S. 114f.

[1134] Zutreffend *Höfling*, JuS 2000, S. 111 (117). In diesem Sinne auch *Opderbecke/Weißauer*, MedR 1998, S. 395 (396).

[1135] *Eser*, FS für *Narr*, S. 59.

[1136] Dazu unten § 8.C.

sacht.[1137] Für diese Frühgeborenen mit schwersten angeborenen oder perinatal erworbenen Gesundheitsstörungen wird in verschiedenen Richtlinien und in der Literatur eine Einzelfallprüfung empfohlen, da jedwede Entscheidung, die Leben erhalte, zugleich mögliches Leid schaffe und verlängere.[1138] Insoweit sei zu beurteilen, ob angesichts des Schädigungsgrades und der Behandlungsbelastung für das Kind, aufgrund der fehlenden Aussicht auf Besserung eine lebenserhaltende Therapie überhaupt zumutbar sei.[1139]

Auch eine Orientierung an diesem patientenbezogenen Kriterium wirft rechtliche Probleme auf. Gegen das Abstellen auf bestimmte schwere Krankheiten und auf bleibende Schädigungen wegen der dadurch bedingten Änderung der Überlebenschance, sowie der daraus erwachsenden Behandlungsbelastung, spricht schon, dass aufgrund der Diagnose- und Prognoseunsicherheit und der kurzen Zeit, die in der Praxis zur Verfügung steht, um das Überleben eines neugeborenen Kindes zu ermöglichen, eine gesicherte Diagnose und Prognose gar nicht gestellt werden kann. Darüber hinaus ist unklar, wo genau die Behandlungsgrenzen zu ziehen sind, das heißt welcher Schädigungsgrad und welche Lebenserwartung eine lebenserhaltende Therapie gebieten soll und welche nicht. Eine Konkretisierung dieser klinischen Eckdaten anhand nachvollziehbarer Merkmale fehlt bislang, so dass es bei der Anwendung an der notwendigen Bestimmtheit und Rechtssicherheit mangelt, hängt die Vornahme einer lebenserhaltenden Maßnahme und damit das Überleben des Frühgeborenen, so doch von der subjektiven Einschätzung des Arztes und seinem Augenmaß ab. Und selbst wenn man hier zu einer Klärung der inhaltlichen und zeitlichen Voraussetzungen käme, bliebe es dabei, dass dieses Kriterium auf der externen Bewertung eines bestimmten körperlichen Zustands samt ihm zugeschriebenen Lebenswert und Lebensqualität fußt, was dem Gleichheitsgebot beim Lebensschutz ebenso widerspricht wie der Menschenwürde und der Patientenautonomie. Letztlich geht es somit erneut allein um die verbotene qualitative Bewertung des Lebens eines anderen. Das Lebensrecht wird von der Lebenskraft abhängig gemacht und zum Vorschein kommt die alte, archaische Furcht des Menschen vor seiner eigenen Missgestalt und Schwäche. Aber auch geistig oder körperlich schwer geschädigte Frühgeborene, wie auch Missgeburten, sind Menschen, deren Leben verfassungsrechtlich und strafrechtlich geschützt wird. Ihr Leben ist genauso zu achten wie das Leben eines Erwachsenen mit den gleichen klinischen Symptomen. Wer das Nichtsein als besser erachtet als ein

---

[1137] Zur letztgenannten Alternative vgl. den Fall „Andrew Stinton" aus dem Jahr 1976, der – soweit ersichtlich – von *Merkel* erstmalig in JZ 1996, S. 1145 (1146), in die Diskussion eingeführt würde. Spätere Fundstellen sind: *ders.*, in: *Brudermüller*, S. 132; *ders.*, Medizin-Recht-Ethik, S. 115f., sowie *ders.*, Früheuthanasie, S. 50f.

[1138] Exemplarisch *Bottke*, S. 128.

[1139] So oder ähnlich Ziffer VI. der Revidierten Einbecker Empfehlungen; die Gemeinsame Empfehlung zur Frühgeburt an der Grenze der Lebensfähigkeit des Kindes, Z. Geburtsh. Neonatol. 202 (1998), S. 261ff.; MünchKommStGB/*Schneider*, Vor §§ 211ff. Rn. 131; *von Loewenich*, Einbecker Workshop 1986, S. 49; *Ulsenheimer*, MedR 1994, S. 425 (427); *Hanack*, MedR 1985, S. 33 (37); *Schlund*, Arztrecht 1991, S. 109 (111).

kurzes Dasein mit Defekten, macht nicht nur die Lebensqualität und die Lebens-
quantität zum Selektionsmaßstab. Wer hier das Patientenwohl in der Einschränkung intensivmedizinischer Maßnahmen sieht, geht darüber hinaus von der Überlegung aus, dass mit der Schwere der Schädigung und der Behandlungsbelastung
das Lebensinteresse abnimmt. Das ist aber kein allgemeiner Erfahrungssatz, sondern eine bloße Vermutung, die nicht erwiesen ist. Denn es gibt weder im Bereich
der Früheuthanasie noch im Bereich der allgemeinen Sterbehilfe Umfragewerte,
die belegen, dass jemand, der die Wahl hat zwischen Tod ohne Behandlung und
Leben bei belastender Therapie und bleibenden gesundheitlichen Schädigungen
hohen Grades, desto stärker am Sterben interessiert ist, je höher die aus der Behandlung und Schädigung erwachsende Belastung ist. Im Ergebnis sind daher
angeborene oder auch perinatal erworbene Schädigungen, selbst wenn sie inkura-
bel und schwerwiegend sind, kein Gesichtspunkt, der beim Abwägungsprozess
gegen eine lebenserhaltende Maßnahme spricht.[1140] Dem Arzt ist es nicht erlaubt,
deswegen das extrem unreife Frühgeborene sterben zu lassen.

3) Schwere Hirnschädigungen und irreversible Bewusstlosigkeit

Es finden sich viele Stimmen in der Literatur, die bei Neugeborenen für einen
Behandlungsverzicht oder einen Behandlungsabbruch plädieren, sofern bei dem
Kind schwerste, inkurable Hirnschädigungen vorliegen, so dass ihm ein „emotio-
nal-kognitives Erleben" verwehrt ist, oder es infolge einer „irreversiblen Bewusstlosigkeit" nie die Fähigkeit zu Wahrnehmung und Kommunikation erlangen
wird.[1141] Diese Säuglinge liegen weder im Sterben noch sind sie aufgrund ihrer
zerebralen Schädigungen hirntot. Es geht mithin um ein Sterbenlassen von Neugeborenen, die möglicherweise noch Jahre überleben könnten. Die Nichtbehandlung wird bei ihnen unter Berufung auf eine human-personale Zielsetzung des
ärztlichen Heilauftrages befürwortet, die das Gesamtwohl des Menschen vor Auge
hat, weswegen Leben nicht um seiner selbst willen zu verlängern sei, sondern um
damit zumindest noch ein Minimum personaler Selbstverwirklichung zu ermöglichen und zu erhalten.[1142]

[1140] Ebenfalls ablehnend *Weber/Vogt-Weber*, Arztrecht 1999, S. 4 (10); *Laber*, MedR 1990,
S. 182 (185); *Pap*, S. 142; kritisch auch *Peters*, S. 246f.

[1141] Das Kriterium wurde noch in den Einbecker Empfehlungen von 1986 unter Punkt V.2.
ausdrücklich genannt (MedR 1986, S. 281), fehlt aber in der revidierten Fassung. Vgl.
auch die Grundsätze der Bundesärztekammer zur ärztlichen Sterbebegleitung unter
Punkt II. (DÄBl. 101 (2004), S. A-1298). Weitere Befürworter sind *Bottke*, S. 127f.;
Eser, in: *Auer/Menzel/Eser*, S. 131, 142; Sch/Sch-*Eser*, Rn. 29 vor §§ 211ff.; *Gründel*,
Einbecker Workshop 1986, S. 79; *Jähnke*, Einbecker Workshop 1986, S. 101; *Kapp*,
Sp. 753; *Laber*, MedR 1990, S. 182 (187); *Roxin*, Medizinstrafrecht, S. 118; *Schlund*,
Arztrecht 1991, S. 109 (111); *Keyserlingk*, ZStW 97 (1985), S. 178 (196f.); *Lorenz*, in:
HStR VI, § 128 Rn. 50; *Ulsenheimer*, MedR 1994, S. 425 (427); *Opderbecke/Weißau-
er*, MedR 1998, S. 395 (397).

[1142] *Eser*, in: *Lawin/Huth*, S. 87; *Laber*, MedR 1990, S. 182 (187); LK-*Jähnke*, Vor § 211
Rn. 20d; *Horn*, in: SK-StGB[2000], § 212 Rn. 26c; *Menzel*, S. 59; *Regenbrecht*, in: Diako-

Wie die anderen zuvor, vermag auch dieses Kriterien aus mehreren Gründen nicht zu überzeugen. Das fängt schon bei der inhaltlichen Bestimmtheit an. Die Formulierungen erwecken zwar den Anschein eines objektiven Kriteriums, das auf klinische Fakten abhebt. Wie genau jedoch „Erlebnisfähigkeit" zu interpretieren oder was unter „irreversibler Bewusstlosigkeit" oder „Kommunikationsfähigkeit" zu verstehen ist, ist nicht allgemeingültig definiert.[1143] Ein Sterbenlassen kommt nach den meisten Stellungnahmen jedenfalls noch nicht bei einem prognostizierten bloßen sprachlichen Unvermögen oder sonstigen Kommunikationsstörungen in Betracht, sondern nur in Fällen, in denen die sinnliche Wahrnehmung sowie die Möglichkeit, sich anderen mitzuteilen, dauernd und völlig ausgeschlossen erscheinen.[1144] Darüber hinaus ist zweifelhaft, ob der ärztliche Heilauftrag tatsächlich so formuliert werden kann, haben doch Standesethik, Standesrecht und die einschlägigen Richtlinien und Empfehlungen gezeigt, dass ein klarer ärztlicher Auftrag hinsichtlich der Behandlung von extrem unreifen Frühgeborenen nicht besteht. Auf diese Weise wird vielmehr ein von vielen als wünschenswert erachtetes Ergebnis ohne nähere Begründung apodiktisch festgestellt. Das reicht als Beleg, um den Lebensschutz hier einzuschränken, nicht aus.

Aber selbst wenn man solch einen (beschränkten) Behandlungsauftrag annähme, würde dies nicht weiter helfen, weil ein derartiger ärztlicher Heilauftrag rechtlich nicht haltbar ist. Ausgangspunkt eines so verstandenen Heilauftrags ist die Annahme, dass das spezifisch Menschliche mit dem Funktionieren des Gehirns untrennbar zusammenhängt. Indem auf die Fähigkeit zur personalen Selbstwahrnehmung und Selbstverwirklichung abgestellt wird, wird eine neue „Qualitätsstufe" des menschlichen Lebens eingeführt.[1145] Wird diese Stufe nicht erreicht, ist das Leben als nicht erhaltenswert anzusehen, mit der Folge, dass eine Versagung lebenserhaltender Maßnahmen rechtlich zulässig sein soll. Weiter gedacht hätte das außerhalb des Bereichs der Früheuthanasie zur Konsequenz, dass in diesen Fällen selbst ein auf Weiterbehandlung lautender Patientenwille, wie er aus einer Patientenverfügung oder einer Mutmaßung folgt, unbeachtlich wäre.[1146] Deutlich wird, dass ein so verstandener ärztlicher Heilauftrag nicht nur die Patientenautonomie und die Menschenwürde verletzt, sondern außerdem die Absage an einen puren Biologismus ist. Damit wird menschliches Leben bewertet, das Recht auf Leben

---

nie-Kolleg Bayern, S. 21; im Ansatz genauso *Kaufmann*, JZ 1982, S. 481 (485f.); *Ankermann*, MedR 1999, S. 387 (389); gefährlich *Denninger*, KJ 1992, S. 282 (287f.), der bezweifelt, ob man es hier überhaupt mit einem Menschen zu tun hat, dessen Würde geschützt werden müsste.

[1143] Vgl. nur *Rieger*, S. 142ff.; *Everschor*, S. 331f.

[1144] Vgl. etwa *Laber*, MedR 1990, S. 182 (187), unter Berufung auf *Kaufmann*, JZ 1982, S. 481 (486); *Eser*, in: *Auer/Menzel/Eser*, S. 132, sowie Sch/Sch-*Eser*, Rn. 29 vor §§ 211ff.

[1145] So ausdrücklich *Coester-Waltjen*, FS für *Gernhuber*, S. 841; vgl. auch *Conradi*, S. 489.

[1146] Sehr bedenklich daher *Bottke*, S. 121, der diese Konsequenz zieht; ähnlich *Otto*, Grundkurs Strafrecht, BT, § 6 Rn. 33. Zu Recht a.A. MünchKommStGB/*Schneider*, Vor §§ 211ff. Rn. 119.

aufgrund Erwägungen zur Lebensqualität relativiert. Das sehen auch die Befürworter[1147], ohne allerdings die darin liegende Diskrepanz zum puren biologistischen Verständnis des Grundrechts auf Leben zu beseitigen. Zudem ist die „Selbstverwirklichungsthese" inhaltlich wegen ihrer Unbestimmtheit als Grenzmarkierung des Heilauftrags ungeeignet.[1148] Somit stimmt ein solcher Heilauftrag, sollte er überhaupt existieren, nicht mit der Rechtsordnung überein und ist abzulehnen. Er ist überdies gefährlich, weil er in die Richtung des Gedankens vom „lebensunwerten Leben" führt.[1149] Genau genommen ist es nämlich allein die Außenwelt, die in den schweren Hirnschädigungen eine Belastung erkennt und einen Leidensdruck erfährt. Beim betroffenen Neugeborenen fehlt jedenfalls bedingt durch den Defekt ein entsprechendes Bewusstsein.

Davon abgesehen, wäre die praktische Umsetzung problematisch. Voraussetzung für ein Eingreifen dieses Kriterium ist nämlich eine genaue Diagnose und Prognose.[1150] Das setzt zwar, wie sonst auch, keine „absolute Sicherheit" voraus, als ausreichend ist wegen der grundsätzlichen Prognoseunsicherheit vielmehr bereits eine „an Sicherheit grenzende Wahrscheinlichkeit" anzusehen.[1151] Doch bedenkt man die schon bei Erwachsenen bestehenden Schwierigkeiten eine irreversible Bewusstlosigkeit zu prognostizieren, so wird sich angesichts der hohen Regenerationsfähigkeit von Neugeborenen die erforderliche sichere Prognose trotz bildgebender Verfahren wie Ultraschalluntersuchungen oder Computer-Tomographie (CT) praktisch nie treffen lassen.[1152] Hinzu kommt, dass bei extrem unreifen Frühgeborenen keine Meßmethoden bestehen, um einen Hirntod sicher zu diagnostizieren. Wie soll dann erst eine irreversible Bewusstlosigkeit einwandfrei erwiesen werden? Folglich wäre auch in dieser klinischen Situation stets eine vorläufige intensivmedizinische Therapie indiziert, da der Arzt nicht auf Verdacht eine Behandlung unterlassen darf. Die Diagnosesicherung muss dem Arzt immer oberstes Gebot sein.[1153] Entscheidendes Regulativ für einen Behandlungsverzicht kann somit auch hier nur ein entsprechender mutmaßlicher Wille des Frühgeborenen sein. Im Abwägungsprozess sind nach hier vertretener Ansicht schwere zereb-

---

[1147] Vgl. nur *Eser*, in: *Auer/Menzel/Eser*, S. 132; LK-*Jähnke*, Vor § 211 Rn. 20d. Eine kritische Auseinandersetzung mit ihrer Argumentation findet sich bei *Merkel*, Früheuthanasie, S. 350ff.

[1148] *Merkel*, Früheuthanasie, S. 347f.

[1149] *Kaufmann*, JZ 1982, S. 481 (486); *Hanack*, MedR 1985, S. 33 (36); kritisch auch *Heinemann*, S. 259f.; verneinend *Coester-Waltjen*, FS für *Gernhuber*, S. 841.

[1150] *Eser*, FS für *Narr*, S. 60; *Kaufmann*, JZ 1982, S. 481 (486); *von Loewenich*, MedR 1985, S. 30 (31).

[1151] Vgl. aber auch BGH NJW 2003, S. 1588 (1590); *Höfling/Rixen*, JZ 2003, S. 884 (887).

[1152] Kritisch zur Prognose eines irreversiblen Bewusstseinsverlust auch *Conradi*, S. 493f.; *Heinemann*, S. 260; *Heyers*, S. 30; *Everschor* S. 309; vgl. auch *von Loewenich*, in: *Hegselmann/Merkel*, S. 140. Man kann in diesem Zusammenhang durchaus auch an den Fall der Karen Ann Quinlan denken, hierzu näher *Eser*, in: *Auer/Menzel/Eser*, S. 76 oder *Everschor*, S. 309 (FN 272).

[1153] *Kaufmann*, JZ 1982, S. 481 (486); *Laber*, MedR 1990, S. 182 (188), unter Berufung auf *Hanack*, MedR 1985, S. 33 (38).

rale Schädigungen oder eine irreversible Bewusstlosigkeit jedenfalls keine rechtlich akzeptablen Faktoren zur Billigung einer Behandlungsgrenze.

4) Die Überlebensqualität

Schließlich dient inzwischen auch der aus anderen Bereichen der Medizin bekannte Begriff der Lebensqualität – oder besser: der Überlebensqualität, denn die medizinischen Maßnahmen zielen ja auf das Überleben des Frühgeborenen – als Kriterium bei der klinischen Abwägungsentscheidung.[1154] Der Aspekt der Lebensqualität wurde von den Philosophen über utilitaristische Ethikmodelle in die Diskussion eingeführt. Sie rückten als erste Fragen nach der Qualität und dem Wert des Lebens in das Zentrum ihrer Argumentation. Dass die Überlebensqualität als Entscheidungskriterium nunmehr auch in der medizinischen und juristischen Literatur sowie in der klinischen Praxis Berücksichtigung findet, scheint mir eine Folge der Erkenntnis zu sein, dass die bislang formulierten medizinischen Kriterien sich als untauglich zur gewünschten Begrenzung der Behandlungspflichten erwiesen haben, hinter ihnen aber qualitative Erwägungen zum Leben stehen, die hierzu besser geeignet sind und helfen, einer Übertherapie vorzubeugen. Zum Ausdruck kommt damit ein Paradigmenwechsel, weg von der „Heiligkeit des Lebens" und hin zur „Qualität des Lebens".[1155]

In der Anwendung bestimmt das Kriterium der Überlebensqualität im Rahmen der therapeutischen Nutzen-Schaden-Relation, ob das Therapieziel statt Lebenserhaltung nunmehr Leidensminderung heißt. An dieser Stelle beginnen bereits die Probleme, weil schon kein Konsens über die Lebensqualitätskriterien besteht, welche die Bilanzierung von Nutzen und Schaden durch die Behandlung leiten. Die von *Christian Kind* vorgenommene Definition des möglichen Therapienutzens als den wahrscheinlichen Gewinn an Lebensfreude, Beziehungsmöglichkeiten und Erlebnisfähigkeit einerseits, sowie des zwangsläufig durch die Therapie zugefügten Schadens als Zuwachs an Schmerzen, Belastungen und Einschränkungen andererseits, ist keinesfalls zwingend.[1156] Der Gebrauch einheitlicher Maßstäbe ist jedoch in einem Rechtsstaat zu fordern, weil erst dadurch eine Nachprüfung der Abwägung ermöglicht und widersprüchliche Bewertungen des Rechtsguts Leben vermieden werden. Auf jeden Fall werden so statistische Daten zu Morbidität und Mortalität, die individuell nicht zutreffen müssen, aber auch kognitive, emotionale und soziale Leistungszeichen zur Richtschnur für das Ausmaß der Behandlung.[1157]

[1154] Jüngst etwa die Empfehlungen der SGN zur „Betreuung von Frühgeborenen an der Grenze der Lebensfähigkeit" aus dem Jahre 2002, SÄZ 83 (2002), S. 1589ff.: „akzeptable Lebensqualität". Zur vielfältigen Verwendung des Begriffs im medizinischen Bereich vgl. *von Manz*, S. 65ff.

[1155] In diesem Sinne bereits *Eser*, in: *Auer/Menzel/Eser*, S. 141, oder in: *Lawin/Huth*, S. 91: „Die rein quantitativ-biologische Lebenserhaltung beginnt einer qualitativen Lebensbetrachtung zu weichen."

[1156] *Kind*, Der Gynäkologe 34 (2001), S. 744 (747). Aufschlussreich zur Argumentationsstrategie *von Manz*, S. 78ff.

[1157] Kritisch auch *Zimmermann*, in: *Frewer/Winau*, S. 105f.; *von Manz*, S. 79f.

Fraglich ist zudem, wessen Perspektive die maßgebliche ist. Eigentlich kommt nur die Perspektive des betroffenen Frühgeborenen in Betracht, so dass in seinem mutmaßlich besten Interesse zu entscheiden ist. Doch gibt es zu diesem Thema im vorliegend interessierenden Bereich noch zu wenige Untersuchungen, weshalb die Fremdbestimmung der Lebensqualität „im besten Interesse des Kindes" schon vom Ansatz her problematisch ist. Niemand kann wirklich die Binnenperspektive des Kindes ermessen und sich schon gar kein Urteil über den Wert dieses Lebens erlauben. Darüber hinaus zeigen die wenigen Untersuchungen, dass die Urteile von der jeweiligen Sichtweise (Kind, Angehörige, Ärzte) geprägt sind und durchaus sehr verschieden ausfallen können.[1158] Eine weitere Schwierigkeit ist, dass diejenigen Kinder, um deren Lebensqualität wir uns die meisten Sorgen machen müssen, gar nicht solche sind, die später über ihre Lebensqualität überhaupt nachdenken können.[1159] Auch hierin zeigt sich die fehlende Eignung des Kriteriums als Instrument zur Entscheidungsfindung. Und auch die Verknüpfung von fehlender Lebensqualität mit der Entscheidung, eine lebenserhaltende Maßnahme nicht zu ergreifen oder fortzuführen, ist nicht zwingend.[1160] Schon wenn es um das eigene Leben geht, bedeutet eine negative Beurteilung der eigenen Überlebensqualität nicht notwendig ein Interesse am baldigen Tod. Der Tod mag zwar die logische Konsequenz aus der eigenen Lebensbewertung sein, er ist aber nicht die einzige Handlungsfolge: Ich kann mich dennoch für ein Weiterleben entscheiden, eine Pflicht zu sterben besteht nicht. In der Diskussion um die Behandlungspflicht von extrem unreifen Frühgeborenen wird die negative Bilanzierung freilich zum Imperativ der Lebensbeendigung. Das vermag nicht zu überzeugen.

Letztlich entscheidendes Argument gegen eine Orientierung an der Lebensqualität bei der Indikationsstellung ist, dass der Begriff Lebensqualität hier nicht bloß als therapeutisches Zielkriterium bei der Bewertung des Gesundheitszustands des extrem unreifen Frühgeborenen dient, sondern das mit einem bestimmten körperlichen Zustand verbundene Leben selbst bewertet, mithin als Selektionskriterium eingesetzt wird. Die Motivation des Arztes ist zwar eine andere, nämlich das Bestreben, dem Neugeborenen unverhältnismäßig großes Leiden zu ersparen.[1161] Die Befürworter betonen ausdrücklich, dass es nicht etwa darum geht, zu verhindern, dass ein Kind mit bestimmten Schädigungen überlebt. Dennoch bedeutet das negative Urteil zur erwartbaren Lebensqualität im Grunde nichts anderes als eine handlungsrelevante Lebensbewertung im Sinne einer Zuschreibung des Lebensrechts. Die schlechte Überlebensqualität führt zur Lebensbeendigung, mit anderen Worten, behandlungswürdig ist nur, wessen Leben lebenswert ist. Die Lebensqualität wird so zum entscheidenden Moment in der Beurteilung von menschlichem Leben überhaupt.[1162] Das ist jedoch genauso wenig mit dem Postulat der Gleichheit im Lebensschutz und den daraus abgeleiteten Qualifizierungs- und Quantifi-

---

[1158] *Kind*, Der Gynäkologe 34 (2001), S. 744 (746f.); *von Manz*, S. 81.

[1159] *Von Loewenich*, Monatsschrift Kinderheilkunde 151 (2003), S. 1263 (1268).

[1160] *Von Manz*, S. 81.

[1161] Stellvertretend *Kind*, Der Gynäkologe 34 (2001), S. 744 (747).

[1162] *Von Manz*, S. 76.

zierungsverboten in Einklang zu bringen, wie mit der Menschenwürdegarantie, da auf diese Weise die Überlebensqualität zu einem Ausschlusskriterium für eine Behandlung wird. Das Ergebnis mag ethisch begründbar sein, eine rechtlich vertretbare Lösung ist es nicht. Eine therapeutische Abwägung unter dem Gesichtspunkt der Überlebensqualität des Frühgeborenen ist daher abzulehnen.

V. Ergebnis

Die Handlungsmöglichkeiten des Arztes bei der Therapie von extrem unreifen Frühgeborenen lauten: Behandeln und Überleben des Kindes oder Nichtbehandeln und dessen Tod. Mit dem Ergreifen von Intensivmaßnahmen dient der Arzt in dieser Ausgangssituation einem Höchstwert unserer Rechtsordnung, nämlich dem Leben als vitaler Basis der Menschenwürde des Patienten. Deshalb muss im Grundsatz jedes Mittel eingesetzt werden, um das Leben zu schützen. Die Suche nach Behandlungsgrenzen für extrem unreife Frühgeborene bei der Indikationsstellung zielt somit inhaltlich auf Ausnahmen, welche die lebenserhaltende Behandlungspflicht einschränken. Da bei der Grenzziehung im Rahmen der Indikation von Intensivmaßnahmen stets die Gefahr besteht, dass anhand klinischer Fakten nicht nur Sinn und Gesamtnutzen der medizinischen Maßnahme beurteilt, sondern mittelbar auch das Leben des Frühgeborenen unzulässig durch den Arzt bewertet wird, gestaltet sich die Suche nach objektiven Entscheidungskriterien für den Abwägungsprozess schwierig. Im Einzelnen gilt:

1. Bei der Nutzen-Risiko-Abwägung einer medizinischen Behandlung bilden allein die individuellen Behandlungsinteressen des Frühgeborenen den Maßstab. Es zählt das persönliche Wohl des Frühgeborenen, das soziale Faktoren wie elterliche oder gesellschaftliche Interessen nicht einschließt.
2. Insbesondere dürfen wirtschaftliche Erwägungen bei der Behandlungsentscheidung im individuellen Fall keine Rolle spielen. Es bleibt dem Gesetzgeber vorbehalten, angesichts der begrenzten Mittel im Gesundheitswesen, über eine Rationierung zu entscheiden.
3. Externe, nicht unmittelbar patientenbezogene Abwägungskriterien können die Behandlungspflicht nicht begrenzen. Sie erweisen sich aufgrund ihrer Unbestimmtheit als höchst unbefriedigend und nicht sachdienlich, um klare Festlegungen im Einzelfall erzielen zu können. Ihre Berücksichtigung hätte verheerende Folgen für das Lebensrecht und das Selbstbestimmungsrecht des Frühgeborenen sowie seine Würde. Sie sind daher wegen mangelnder Tauglichkeit abzulehnen.
4. Nichts anderes gilt für die vorgeschlagenen patientenbezogenen Kriterien. Ihnen allen ist eines gemein: Ungeachtet ihrer Unbestimmtheit in der Formulierung wird stets die Qualität oder die Quantität des Lebens bewertet und hieran der Umfang der Behandlungspflicht geknüpft. Die rein quantitativ-biologische Lebenserhaltung weicht einer qualitativen Lebensbetrachtung. Solche Fremderwägungen des Arztes zum Wert des Lebens seines kleinen Patienten widersprechen jedoch dem Gleichheitsgebot beim Lebensschutz und

der Menschenwürde des Betroffenen. Es ist ausschließlich Sache des Frühgeborenen, sein Leben zu messen und zu bemessen. Einzig ihm stehen entsprechende Wertungen zu. Dies gebietet die Beachtung seines Selbstbestimmungsrechts. Ein anderes Vorgehen kann leicht als gesellschaftsnützliche Eugenik gedeutet werden. Aus diesen Gründen können die patientenbezogenen Kriterien bei der Abwägung keine Behandlungsgrenze begründen. Ausgeschlossen ist demnach eine Abwägung, die bereits in der Lebenserhaltung, welche nur ein Leben mit schwersten, inkurablen Schädigungen des Körpers und des Gehirns ermöglicht, keinen Gesamtnutzen sieht. Ohne Bedeutung muss es bei der Indikation ferner bleiben, wenn der Sterbeprozess begonnen hat oder dem Frühgeborenen, insbesondere bei infauster Prognose, von vornherein nur eine begrenzte Lebensdauer zugemessen wird. Erst recht unberücksichtigt müssen Überlegungen zur Überlebensqualität bleiben und auch eine irreversible Bewusstlosigkeit schränkt die Behandlungspflicht nicht ein. Demnach kann keines der diskutierten objektiven Kriterien bei der Abwägung den Ausschlag für eine Nichtbehandlung geben. Vor Eintritt des Todes kann von ärztlicher Seite somit nicht von lebenserhaltenden Maßnahmen abgesehen werden, diese sind vielmehr stets indiziert.

5. Es sind die ersten Minuten bei der Versorgung eines Frühgeborenen, die oft über sein ganzes Leben entscheiden, weshalb es einer raschen, überlegten Entscheidung bedarf, welche Maßnahmen zu ergreifen sind. Doch angesichts der bei einer spontanen Frühgeburt im Kreißsaal regelmäßig herrschenden Unsicherheit hinsichtlich Diagnose und Prognose, lässt sich eine sichere Aussage über den Zustand und die weitere Entwicklung des Frühgeborenen praktisch nie treffen. Es ist für den Arzt äußerst schwierig zu beurteilen, ob eine Lebenserhaltung geboten ist oder bereits eine Situation vorliegt, die einen Behandlungsverzicht erlaubt. Außerdem muss er immer bedenken, dass eine Nichtbehandlung noch nicht garantiert, dass das Frühgeborene auch wirklich stirbt. Möglich ist vielmehr, dass es schwerer geschädigt weiterlebt und ihm durch den Behandlungsverzicht zusätzliche Leiden bereitet werden.[1163] Dies Gefahr einer sekundären Schädigung spricht dafür, in Zweifelsfällen unbedingt weiterzubehandeln, um hier nicht den entscheidenden Zeitpunkt für einen ärztlichen Eingriff zu versäumen. Vor einer „hands-off"-Taktik ist dagegen zu warnen.[1164] Aus diesen Gründen ist – wenn eine lebenserhaltende Behandlung faktisch möglich ist – eine wenigstens vorläufige intensivmedizinische Betreuung des Frühgeborenen geboten.[1165] Zur Anwendung kommt die „Individualized Prognostic"-Strategie. Sie ist dem „Wait Until Certainty"-Ansatz vorzuziehen, weil sie das individuelle Frühgeborene im Blick hat und weil die permanente Möglichkeit einer Entscheidungsrevision besteht. Der Arzt hat sich folglich unter Aufrechterhaltung der Vitalfunktionen, um eine gesicherte Diagnose und Prognose zu bemühen. Es ist deshalb zunächst ein-

---

[1163] *Von Loewenich*, MedR 1985, S. 30 (33); *Kaufmann*, JZ 1982, S. 481 (486).

[1164] *Eser*, FS für *Narr*, S. 60; *von Loewenich*, Ethik Med 13 (2001), S. 196 (197).

[1165] So auch *von Loewenich*, MedR 1985, S. 30 (32) sowie *Everschor*, S. 345f. m.N.

mal alles zur Lebenserhaltung zu tun, was durchaus einen gewissen Automatismus des Vorgehens bedeutet, damit eine Schädigung des Kindes durch den verzögerten Einsatz der Intensivbehandlung vermieden wird. Daher wird am Anfang immer ein Therapieversuch indiziert sein. Erst dann, wenn eine bessere Entscheidungsgrundlage gegeben ist, kann darüber entschieden werden, ob aus medizinischer Sicht die laufenden Intensivmaßnahmen weiterhin indiziert sind oder abgebrochen werden können. Diese Vorgehensweise ist freilich weitaus schwieriger als eine primäre Weichenstellung aufgrund der zum Teil auf den ersten Blick griffig erscheinenden, aber abzulehnenden klinischen Kriterien. Aber nur sie entspricht dem rechtlich gebotenen Schutz der Rechtsgüter des extrem unreifen Frühgeborenen. Wie immer sich der Arzt auch entscheidet, wegen der Unsicherheit bei der Entscheidungsgrundlage muss er stets die Möglichkeit einer Revision im Auge behalten. Gegebenenfalls muss er eine Reanimation, die sich doch als nutzlos erweist, ebenso abbrechen wie umgekehrt rasch und unterstützend eingreifen, wenn ein Kind, das man aufgegeben hat, sich doch als reifer erweist und weiterlebt.[1166]

6. In Anbetracht der begrenzten Prognosesicherheit besteht für den Arzt bei der Indikationsstellung in dem von mir abgesteckten rechtlichen Rahmen ein Beurteilungsspielraum bei der Einschätzung der klinischen Situation. Dies bedeutet kein Handlungsermessen in dem Sinne, dass er „selbstherrlich" entscheiden kann, ob und was zu unternehmen ist. Einen derartigen Rückzug des Rechts aus der ärztlichen Entscheidungspraxis verbietet schon das aus dem Grundgesetz folgende Verständnis vom Lebensschutz. Dem Arzt steht vielmehr ein „Ermessen" bei der Feststellung zu, ob die Voraussetzungen für einen Behandlungsverzicht oder -abbruch vorliegen.[1167]

Solange dem Lebensschutz ein biologistisches Verständnis vom Leben zugrunde liegt, kann über die Indikation nach all dem die lebenserhaltende Behandlungspflicht nur in Unmöglichkeitsfällen beschränken werden. Eine Therapie ist dann kontraindiziert, womit genau genommen sogar kein Behandlungsrecht, vielmehr eine Pflicht zur Unterlassung besteht. Der mutmaßliche Wille des Frühgeborenen ist demzufolge unbeachtlich. Jenseits einer faktischen Unmöglichkeit kann eine (noch so gut gemeinte und ethisch vertretbare) Begrenzung der Behandlungspflicht nicht schlüssig formuliert werden, weil jede Begrenzung der Behandlungspflicht letztlich ein Werturteil über das Leben des Patienten beinhaltet, das zu fällen rechtlich dem Patienten vorbehalten ist. Eine Entscheidungskompetenz der Ärzteschaft anhand der eigenen Wertvorstellungen besteht nicht.[1168] Ist hingegen aufgrund der klinischen Situation eine Lebenserhaltung klar indiziert, aber auch,

---

[1166] *Kind*, Der Gynäkologe 34 (2001), S. 744 (749).

[1167] *Eser,* in: *Auer/Menzel/Eser,* S. 82; *Kaufmann,* JZ 1982, S. 481 (486); *Jähnke,* Einbecker Workshop 1986, S. 109, 125; *Merkel,* Früheuthanasie, S. 543; *Heinemann,* S. 255; *Ulsenheimer,* MedR 1994, S. 425 (428); vgl. auch Punkt VI. der revidierten Fassung der Einbecker Empfehlungen, MedR 1992, S. 206: „Beurteilungsrahmen" oder BGHSt 40, 257 (264) - Kemptener Fall.

[1168] Ähnlich *Schöne-Seifert,* in: Nationaler Ethikrat, S. 19.

wenn eine gesicherte Indikation fehlt, weil das vorhandene Indizienmaterial keine Präferenz für eine Handlungsalternative erlaubt, was insbesondere bei unbestimmter Prognose über Krankheitsverlauf und Behandlungserfolg der Fall ist, dann müssen die Ärzte vorbehaltlich einer am mutmaßlichen Willen des Frühgeborenen orientierten Einwilligung der Eltern behandeln. Es bleibt dann zunächst beim primären Therapieziel der Lebenserhaltung. Soll eine lebenserhaltende medizinische Maßnahme mithin nicht ergriffen werden, muss folglich ein entsprechender mutmaßlicher Wille des extrem unreifen Frühgeborenen vorliegen. Ob und wann ein solcher unterstellt werden kann, ist Thema des nächsten Kapitels.

§ 8 Objektive Kriterien zur Ermittlung des mutmaßlichen Willens

Die bisherigen Untersuchungen haben gezeigt, dass eine Entscheidung über die Nichtvornahme einer medizinischen Behandlung jenseits der Unmöglichkeitsfälle ausschließlich auf Bewertungen zur Quantität und Qualität des Lebens des individuellen Frühgeborenen beruht. Dieses Ergebnis ist zwingend, denn was sonst könnte einen Behandlungsabbruch oder -verzicht legitimieren, wenn nicht der konkrete Lebenszustand des Kindes, zumal überindividuelle Interessen doch unberücksichtigt bleiben müssen? Und wie könnte dieser Zustand anders erfasst werden als in den Kategorien Quantität und Qualität dieses Lebens?[1169] Im Gegensatz zu unzulässigen Fremdbewertungen über das Leben, ist dem Einzelnen jedoch eine autonome Entscheidung in Belangen der eigenen körperlichen Integrität aufgrund einer Interessenabwägung erlaubt. Bei der Suche nach Ausnahmen von einer Behandlungspflicht bei extrem unreifen Frühgeborenen geht es daher abschließend um Behandlungsgrenzen, die aus dem ausgeübten Selbstbestimmungsrecht des kleinen Patienten folgen und trotz der Indikation die Vornahme einer lebenserhaltenden Maßnahme verbieten.

A. Zur Erinnerung: Die Ausgangslage

Unter § 4 wurde aufgezeigt, dass sich die Grundrechtslage des extrem unreifen Frühgeborenen im Wesentlichen als ein Grundrechtsquartett aus den Rechten auf Leben und auf körperliche Unversehrtheit, dem Selbstbestimmungsrecht und der Menschenwürde begreifen lässt, bei dem die einzelnen Grundrechte in einem unauflösbaren inneren und sich symbiotisch wechselseitig beeinflussenden Zusammenhang stehen, weil sich ihre Schutzbereiche wenigstens partiell überschneiden. Diese konkurrierenden Rechtsgüter gilt es nach Maßgabe des Verhältnismäßigkeitsprinzips abzuwägen. Bei dem verhältnismäßigen Ausgleich dieses Binnenkonflikts kann bis auf die unantastbare Menschenwürde keines der involvierten Rechtsgüter einen absoluten Vorrang gegenüber den anderen genießen. Aus dem Grundgesetz folgt zwar eine Werteordnung, jedoch keine Werterangordnung. Daher kann insbesondere das Grundrecht auf Leben bei diesem Abwä-

---

[1169] Insoweit verdient *Merkel*, Früheuthanasie, S. 526, Zustimmung, der schon vergleichbare Fragen formulierte.

gungsprozess keine prinzipielle Vorrangstellung einnehmen. Es kann mithin trotz seines verfassungsrechtlichen Höchstwerts als solches nicht in jedem Fall das entscheidende Kriterium bei der Schaffung eines Ausgleichs darstellen.[1170] Vielmehr erlaubt das Selbstbestimmungsrecht dem Patienten sein Leben nach qualitativen und quantitativen Aspekten zu bewerten, eine Bilanzierung, an die der Arzt gebunden ist. Insoweit ist *Frank Czerner* zuzustimmen, wenn er feststellt, dass je mehr sich menschliches Leben durch unheilbare, schmerzvolle Krankheit dem unentrinnbaren Tode nähere, sich umso stärker das Recht auf Selbstbestimmung in seine Kehrseite der (zumindest partiellen) Dispositionsbefugnis des Grundrechtsinhabers in Richtung einer autonomen Euthanasieentscheidung umwandele.[1171] Wenn die Strafrechtsdogmatik demnach das Rechtsgut Leben stets als das höchste Rechtsgut beschwört, das in Kollisionsfällen als absoluter Wert zu Buche schlägt,[1172] dann stimmt das nur, sofern es um die Bewertung von außen herangetragener, das Tötungstabu berührende Abwägungsprozesse geht, nicht hingegen, wenn die Auflösung widerstreitender Rechtsgüter desselben Rechtsgutsträgers in Rede steht.[1173] Erforderlich ist nach all dem freilich, dass der Patient seinen Willen über die Behandlung entweder tatsächlich äußert oder was hier einzig in Betracht kommt, sein mutmaßlicher Wille feststellbar ist.

Wie bereits dargelegt, ist der mutmaßliche Wille, sei es durch die bei Neugeborenen primär für die Entscheidung zuständigen Eltern oder im Eilfall durch den Arzt, grundsätzlich auf der Grundlage einer unter objektivem Korrekturvorbehalt stehenden subjektiven Interessenabwägung zu ermitteln.[1174] Hierfür sind vorrangig subjektive Kriterien wie die individuellen Interessen, Wünsche, Bedürfnisse und Wertvorstellungen des Patienten heranzuziehen. Solche individuellen Anhaltspunkte für die Willenserforschung beim extrem unreifen Frühgeborenen sind naturgemäß nicht vorhanden. Obwohl der Entscheidungsträger also nichts über die Persönlichkeit des Frühgeborenen weiß, muss er dennoch, meist unter großem Zeitdruck, eine Entscheidung treffen, da die Situation nicht unentschieden bleiben kann. Der mutmaßliche Wille des Kindes ergibt sich dann aus einer rein objektiven Beurteilung seiner Interessen. Das Frühgeborene ist danach zu behandeln, sofern und soweit die lebenserhaltende Behandlung unter Berücksichtigung des Gesundheitszustands und der Prognose entgegen dem natürlichen Krankheitsverlauf bei Abwägung seiner Interessen besser für es ist als eine den Tod bringende Nichtbehandlung. Zu diesem Zweck muss auf objektiv feststellbare Kriterien zurückgegriffen werden, die allgemeinen Wertvorstellungen entsprechen. So betrachtet geht es genau genommen nicht mehr um einen individuellen gemutmaßten Willen, sondern um einen „mutmaßlichen objektivierten Willen des vernünftigen

---

[1170] BVerfGE 88, 203 (253f.) - Schwangerschaftsabbruch II.

[1171] *Czerner,* MedR 2001, S. 354 (358). Ähnlich *Saliger*, KritV 2001, S. 382 (422); *Trück,* S. 144.

[1172] Statt vieler *Lackner/Kühl,* § 34 Rn. 7; *Wessels/Beulke*, AT, Rn. 316; kritisch *Eser/Koch,* Schwangerschaftsabbruch, S. 280f.

[1173] Im Ergebnis wie hier MünchKommStGB/*Schneider*, Vor §§ 211ff. Rn. 103.

[1174] Ausführlich zur Ausgangslage oben § 4.C.III.

Durchschnittspatienten", den der Bundesgerichtshof auch als „individuellen hypothetischen Willen" bezeichnet.

Zu kurz gedacht wäre es, nun ausnahmslos davon auszugehen, dass eine medizinisch gebotene Behandlung stets auch dem mutmaßlichen Willen des Frühgeborenen entspricht, weil beide Male die Interessenabwägung ein kindesspezifisches Patientenwohl als Wertungsmaßstab hat. Zwar stimmt es, dass eine indizierte Maßnahme aufgrund ihrer Orientierung am Patientenwohl gleichfalls im objektiven Interesse des Patienten liegt. Im Gegensatz zur Nutzen-Risiko-Abwägung bei der Indikation können im Rahmen der Interessenabwägung zur Ermittlung des mutmaßlichen Willens, die das Wohl des Kindes als Richtschnur hat, aber auch qualitätsorientierte Bewertungen des menschlichen Lebens angestellt werden. Dies muss nicht unbedingt zu einer anderen Einschätzung der Interessenlage führen, kann aber.

Richtigerweise geht es hier auch nicht um die Erforschung eines Willens des Frühgeborenen zum Abbruch oder Verzicht der Behandlung, sondern um die eines Willens, der die indizierte Behandlung legitimiert, denn Hintergrund der Ermittlung des mutmaßlichen Willens ist die nach den Grundsätzen der Patientenautonomie notwendige Einwilligung in die Vornahme einer medizinischen Maßnahme.[1175] Die mutmaßliche Einwilligung in den Behandlungsabbruch ist zwar für die Beurteilung, ob ein strafbares Tötungsdelikt vorliegt, die logisch vorrangige Frage, angesichts der allgemeinen Prinzipien des ärztlichen Heileingriffs jedoch der falsche Ansatz. Erst langsam setzt sich diese systemkonforme Fragestellung durch, die darauf beruht, dass Behandlungspflicht und Behandlungsrecht des Arztes sich nicht isoliert betrachten lassen.

Nachfolgend gilt es also, objektive Kriterien aufzuzeigen, die zur Ermittlung des mutmaßlichen Willens des Frühgeborenen herangezogen werden können und den Ausschlag für eine (Weiter-) Behandlung oder einen Behandlungsverzicht geben. Damit einerseits ein auf diese Weise ermittelter mutmaßlicher Wille jedoch nicht zum erfundenen Willen wird, andererseits aber auch die der Interessenabwägung zugrunde liegenden, prinzipiell verbotenen fremden Erwägungen zur Lebensqualität legitimiert werden, müssen diese Kriterien eine Individuumsbezogenheit zum konkreten Patienten aufweisen und als „Übersetzungsregeln"[1176] für einen bestimmten Willen des Frühgeborenen sprechen. Nur so kann anschaulich und nachvollziehbar die Behandlungsentscheidung begründet sowie der Vorwurf vermieden werden, auf diese Weise werde nicht die eigene Wahl des Patienten umgesetzt, sondern eine externe Entscheidung durch Dritte getroffen.

[1175] MünchKommStGB/*Schneider*, Vor §§ 211ff. Rn. 121; NK-StGB-*Neumann*, Vor § 211 Rn. 103, 119; *Weber*, Arztrecht 2004, S. 300 (393); *Taupitz*, Gutachten, S. A 44; *Höfling*, JuS 2000, S. 111 (116); kritisch *Trück*, S. 80ff.

[1176] *Höfling/Rixen*, JZ 2003, S. 884 (892).

B. Welche objektiven Kriterien gibt es?

Objektive Kriterien dürfen nach dem eben Gesagten unter zwei Voraussetzungen in die Mutmaßung einfließen: Erstens muss die darauf basierende Zuweisung allgemeiner und als vernünftig anerkannter Vorstellungen an einen Patienten eindeutig und verbreitet sein und zweitens muss eine überragende Wahrscheinlichkeit dafür bestehen, dass diese mit denen des Patienten übereinstimmen.[1177] Nur dann lässt sich der Vorwurf einer „Fremdbestimmung" widerlegen und es kann von einer „Fremdverantwortung" gesprochen werden. Selbst eine über die eigene Klinik hinausgehende geübte Praxis reicht deshalb für die Annahme herrschender Wertvorstellungen nicht aus.[1178]

Eine Schwierigkeit bei der Formulierung maßgeblicher objektiver Kriterien, die allgemein anerkannten Wertvorstellungen entsprechen und zu einer „vernünftigen" Entscheidung führen, besteht bereits darin, dass diese Umschreibung begrifflich unpräzise ist. Die Orientierung an allgemeinen Wertvorstellungen bedeutet nämlich für sich genommen nichts anderes, als dass der Arzt den Patienten so behandeln soll wie anzunehmen ist, dass die Gesellschaft es in ihrer Mehrheit wünsche.[1179] Zwar hat der Bundesgerichtshof in der Kemptener Entscheidung als erster von „allgemeinen Wertvorstellungen" gesprochen, doch ist seine weitere Rechtsprechung hierzu nicht ergiebig, weil er sich bislang nicht veranlasst sah, derartige Wertvorstellungen inhaltlich klarer fassen zu müssen.[1180] Herangezogen werden kann bei der Ermittlung des mutmaßlichen Willens jedenfalls das Prinzip des Interessenvorrangs im Sinne des § 34 StGB. Es stellt eine allgemeine Wertvorstellung dar.[1181] Bei der Willensermittlung ist danach dem nach Auffassung der Bevölkerungsmehrheit in der konkreten Situation höherrangigen Interesse der Vorrang einzuräumen, weil dies nach aller Wahrscheinlichkeit der Wertvorstellung der meisten Betroffenen am nächsten kommt. Lässt sich folglich, dem gewählten Ansatz entsprechend, anhand objektiver Kriterien kein überwiegender situationsbedingter Lebenswille ermitteln, so darf eine an sich gebotene lebenserhaltende Maßnahme nicht ergriffen werden.[1182] Im Ergebnis ist dieser Ansatz folglich behandlungsabbruchfreundlicher. Darüber hinaus erfordert der Rekurs auf allgemeine Wertvorstellungen richtigerweise eine rechtliche und ethische Grundsatzdiskussion auf breiter gesellschaftlicher Basis. Meinungsumfragen allein besitzen nicht die nötige Aussagekraft, da sie nicht unbedingt Ausfluss einer

---

[1177] So auch *Rieger*, S 110.

[1178] A.A. *M. Baumann*, S. 132.

[1179] Ähnlich *Schreiber*, FS für *Hanack*, S. 742; kritisch zur „Definitionshoheit" der Gesellschaft äußert sich *Eibach*, ZfL 2004, S. 38 (42f.).

[1180] Nach *Otto*, NJW 2006, S. 2217 (2220) wollte der BGH zudem nur eine Argumentationsrichtung angeben.

[1181] *Otto*, Jura 1999, S. 434 (436, 439); NK-StGB-*Neumann*, Vor § 211 Rn. 117 unter Berufung auf *Otto*, Jura 2004, S. 679 (682).

[1182] Freilich a.A. BGHSt 40, 257 (262f.) - Kemptener Fall, wo strengere Anforderungen postuliert werden.

reflektierten Auseinandersetzung der Befragten mit der Problematik sind.[1183] Wenn überhaupt, dann lässt sich also nur auf diesem Wege mit einem Anspruch auf gesellschaftliche Akzeptanz die schwierige Frage klären, wann vom Prinzip der Lebenserhaltung abgewichen werden darf.

I. Kriterien gegen eine Behandlung (mutmaßlicher Sterbewille)

Nun werden zwar, dem Ansatz der höchstrichterlichen Rechtsprechung folgend, für die Entscheidung über die Aufnahme oder Beendigung der Behandlung von extrem unreifen oder schwerstgeschädigten Neugeborenen fachübergreifend in der Literatur spezielle Kriterien genannt, deren Vorliegen im Interesse des Neugeborenen die lebenserhaltende Behandlungspflicht begrenzen sollen. Sie orientieren sich an klinischen Faktoren wie der Schwere der vorhandenen und prognostizierten Schädigungen, an seinem Leiden und seiner Lebensqualität. Sie stimmen insoweit mit den oben genannten patientenbezogenen Kriterien überein.[1184] Doch diese Ansichten zu Behandlungsgrenzen in der Neonatologie weisen alle ein Begründungsdefizit auf: Ihnen fehlt der Nachweis, dass die Kriterien für ein Sterbeinteresse auf allgemein anerkannten Wertvorstellungen in der Gesellschaft beruhen. Das trifft insbesondere auch für die irreversible Bewusstlosigkeit zu. Umfragen belegen zwar eine verbreitete Angst in der Gesellschaft vor diesem Zustand des „Dahinvegetierens", so dass eine gewisse statistische Wahrscheinlichkeit für ein Sterbeinteresse spricht.[1185] Doch die empirischen Daten beziehen sich nicht auf Deutschland, zudem ist fraglich, ob tatsächlich eine Mehrheit in der Gesellschaft dieser Auffassung ist und nicht bloß in Fachkreisen.[1186] Hier wie bei den anderen vermeintlichen Indizien für einen Sterbewillen zeigt sich, dass wir bei den Fragen der Früheuthanasie noch nicht einmal am Beginn eines gemeinsamen Nachdenkens in der Gesellschaft sind, was zur Ausbildung einer herrschenden Auffassung zu diesem Fragenkomplex jedoch zwingend notwendig wäre. Es fehlt eine öffentliche Debatte wie es sie ansatzweise bei der Sterbehilfe gibt. Bevor aber eine intensive Auseinandersetzung mit diesem Thema, gerade weil es rechtliche wie ethische Grenzbereiche berührt, nicht zu einem von einem breiten Konsens in der Gesellschaft getragenen Ergebnis gekommen ist, fehlt es an allgemeinen Wertvor-

---

[1183] *Tolmein*, MedR 1997, S. 534 (536).

[1184] Unter § 7.E.III.2.-4.

[1185] *Merkel*, ZStW 107 (1995), S. 545 (559) m.N.; NK-StGB-*Neumann*, Vor § 211 Rn. 120; *Rieger*, S. 149.

[1186] Meines Erachtens ist außerdem die Verknüpfung zwischen fehlender Aussicht auf zwischenmenschliche Kommunikationsfähigkeit und Sterbewille nicht zwingend. Zulässig erscheint mir aber ein anderer Schluss, nämlich die Kommunikationsfähigkeit als positives Indiz für einen Lebenswillen. Vgl. auch BGHSt 40, 257 (261) - Kemptener Fall: „Dieser Umstand rechtfertigt jedoch für sich allein die Annahme einer mutmaßlichen Einwilligung der im übrigen lebensfähigen Patientin in den alsbald zum sicheren Tod führenden Behandlungsabbruch nicht."

stellungen, die mittelbar normative Bindungswirkung entfalten können. Bislang basieren die Entscheidungskriterien somit höchstens auf den in bestimmten Fachkreisen herrschenden Vorstellungen. Sie sind geprägt von einem subjektiven, oft auch ideologischen Vorverständnis.[1187]

Das Abstellen auf die genannten klinischen Anhaltspunkte zur Begrenzung der lebenserhaltenden Behandlungspflicht bei der Mutmaßung über den Willen des Frühgeborenen geht aber noch aus einem anderen Grund fehl. Wir wissen nämlich nicht, ob der bei Vorliegen der Kriterien als objektiv vernünftig angesehene Behandlungsabbruch oder –verzicht auf Vorstellungen beruht, die mit den Interessen des Frühgeborenen in dieser Situation übereinstimmen. Auch dies ist aber zur Legitimation erforderlich. Zur Überprüfung wären empirische Daten zu den individuellen Vorstellungen des Frühgeborenen heranzuziehen. Eine breite Datenbasis, die gesicherte Aussagen hierzu zulässt, ist allerdings bislang nicht vorhanden. Das liegt daran, dass im Gegensatz zu medizinischen Maßnahmen in späteren Situationen, bei denen der Patient nur aktuell nicht äußerungsfähig ist, in zeitlicher Nähe aber nachträglich gefragt werden kann, dieser Weg zum Erkenntnisgewinn in der Neonatologie nicht gangbar ist. Es bedarf dazu vielmehr Follow-up-Studien von jugendlichen ehemaligen Frühgeborenen. Solche Untersuchungen gibt es jedoch erst wenige.[1188] Aus den wenigen lässt sich freilich entnehmen, dass die Betroffenen die Lebensqualität hypothetischer Kinder mit verschieden schweren Schädigungen im Vergleich zu ihren Eltern und Ärzten häufig besser einschätzen.[1189] Daraus lässt sich folgern, dass die Einstellung zu Schädigungen und Lebensqualität bei Frühgeborenen, die aufgrund ihrer Defekte überhaupt in der Lage sind, über sich und ihre Lebensqualität nachzudenken, sich nicht mit den Wertvorstellungen anderer Gesellschaftsgruppen decken, die Frühgeborenen bei Zugrundelegung der genannten Entscheidungskriterien vielmehr lebensbejahender entscheiden. Überdies ist es zwar auch denkbar, über das situative Verhalten[1190] der Frühgeborenen zu eindeutigen Vorstellungen über ihre Interessenlage in bestimmten klinischen Situationen zu gelangen. Hier wäre man vor allem auf entsprechende Beobachtungen des Pflegepersonals angewiesen, das ja mit Abstand die meiste Zeit mit den kleinen Patienten verbringt und die jeweilige Situation intensiv erlebt. Aber auch dieser Weg führt bisher nur in eine Sackgasse, weil – soweit ersichtlich – Veröffentlichungen zu diesem Thema nicht vorliegen. In welcher Situation das Frühgeborene folglich kein Interesse an der Verlängerung des Leidenszustandes mehr hat, so dass vernünftigerweise kein Lebensinteresse mehr vermutet werden kann, ist und bleibt unklar.

Somit lässt sich festhalten, dass die speziell für den Bereich der Neonatologie formulierten objektiven Kriterien für einen Sterbewillen vielleicht ethisch be-

---

[1187] Ähnlich *Hahne*, in: Nationaler Ethikrat, S. 6.
[1188] Überblick bei *Saigal*, Clinics in perinatology 27 (2000), S. 403 (413f.).
[1189] *Kind*, Der Gynäkologe 34 (2001), S. 744 (746f.); mit kritischer Würdigung der Ergebnisse *Saigal*, Clinics in perinatology 27 (2000), S. 403 (411ff.).
[1190] Zum Beispiel, wenn das Verhalten Anzeichen für einen gewollten Abschluss von maschineller Versorgung zeigt.

gründbar sind. Sie entsprechen aber weder allgemein anerkannten Wertvorstellungen noch weisen sie eine empirisch belegte Individuumsbezogenheit auf. Sie erlauben es daher nicht, über die Willenserforschung die lebenserhaltende Behandlungspflicht einzuschränken.

II. Kriterien für eine Behandlung (mutmaßlicher Lebenswille)

Als nächstes ist zu untersuchen, wie es auf der Seite des Lebensinteresses aussieht, denn auch der Lebenswille ist situationsabhängig. Sein Bestehen im Einzelfall ist gleichfalls nachzuweisen und kann nicht einfach unterstellt werden. Wer leidet, will nicht zwangsläufig sterben, und wer gesund ist, will nicht unbedingt leben. Doch genauso wenig wie es objektive Kriterien für einen mutmaßlichen Sterbewillen des Frühgebornen gibt, liegen die Voraussetzungen dafür vor, objektive Kriterien zu benennen, die für einen stets vorhandenen Lebenswillen sprechen. Die Annahme, man könne die Ermittlung des mutmaßlichen Willens am Bild eines idealtypischen Patienten orientieren, stößt in der Praxis bei extrem unreifen Frühgeborenen somit auf fast unüberwindliche Schwierigkeiten, weil niemand weiß, wie das extrem unreife Frühgeborene seine individuelle Gesundheitssituation empfindet und den Nutzen und die Belastungen durch eine lebensverlängernde Behandlung für sein Leben bewertet.

III. Die Auflösung der Pattsituation

Lassen sich bei der Interessenabwägung somit regelmäßig weder Anhaltspunkte für einen mutmaßlichen Lebenswillen noch für einen mutmaßlichen Sterbewillen des Frühgeborenen finden, so bleibt die Willenserforschung unergiebig. Beide Handlungsalternativen sind gleichrangig. Es liegt ein Fall des non-liquet vor. Ohne Präferenz für eine Handlungsalternative fehlt aber auch die Basis für die Einwilligung. Als Konsequenz bleiben die gleichwertigen strafrechtlichen Pflichten, nämlich die Handlungspflicht zur Lebenserhaltung einerseits sowie andererseits die Pflicht, aus Achtung der körperlichen Integrität und der Selbstbestimmung eigenmächtige Behandlungen zu unterlassen, unvereinbar nebeneinander bestehen. Da diese Pattsituation aber aufgelöst werden muss, könnte man erwägen, in dieser Situation auf das Erfordernis einer vom mutmaßlichen Willen des Frühgeborenen getragenen Einwilligung zu verzichten und stattdessen zur Lösung auf die Regeln der rechtfertigenden Pflichtenkollision zurückzugreifen.[1191] Im Ergebnis käme dies einem Behandlungsrecht ohne damit verbundene Behandlungspflicht gleich. Damit stünde es im Ermessen der Eltern, ob sie ihr Kind behandeln lassen oder nicht. Jedwede Handlungsalternative wäre vom Recht gedeckt, so dass den Eltern ebenso wie dem Arzt kein strafrechtlicher Vorwurf gemacht werden könnte. Dieser Lösungsansatz ist jedoch abzulehnen. Die Figur der

---

[1191] Näher dazu *Rieger*, S. 165ff.

rechtfertigenden Pflichtenkollision sollte mit der h.M. auf die Kollision zwischen zwei Handlungspflichten beschränkt bleiben. Fälle hingegen, in denen wie hier eine Handlungs- und eine Unterlassungspflicht kollidieren, lassen sich dogmatisch besser der Notstandsregelung in § 34 StGB zuordnen.[1192] Ungeachtet der Frage, ob § 34 StGB wiederum zur Lösung von internen Interessenkonflikten taugt, ist allerdings zweifelhaft, ob hierüber überhaupt eine Einschränkung der lebenserhaltenden Behandlungspflicht des Arztes möglich ist. Denn letztendlich müsste die Strafrechtsdogmatik dazu Kriterien formulieren, die einen Behandlungsabbruch mit Todesfolge situationsabhängig als den Interessen des Frühgeborenen entsprechend ausweist. Solche Kriterien können jedoch nur auf Fremdbewertungen des Lebens des Frühgeborenen beruhen, was, wie schon vielfach gesagt, nach dem gängigen Grundrechtsverständnis unzulässig ist.

Denkbar ist aber auch, in solchen Pattsituation die betroffenen Rechtsgüter verstärkt in den Blick zu nehmen und auf die überragende Bedeutung, welche dem menschlichen Leben als zu bewahrendes personales Rechtsgut zukommt, abzustellen.[1193] Daraus lässt sich die Vermutung ableiten, dass Eingriffe in das Lebensgrundrecht gemäß seinem Abwehrcharakter nur ausnahmsweise im Interesse des Grundrechtsträgers liegen, dieser vielmehr die Integrität geachtet und ein unbeeinträchtigtes Fortdauern seines Lebens will. Demzufolge ist bei Nichtermittelbarkeit eines Sterbewillens von einem Lebenswillen auszugehen.[1194] Das bedeutet wiederum nichts anderes, als in Pattsituationen den Vorrang des Lebensschutzes („In dubio pro vita") als Prinzip heranzuziehen, weil im Zweifel gerade so der Wille des Frühgeborenen bei indizierten Intensivmaßnahmen getroffen wird.[1195] Dieses Prinzip dient, obwohl es an sich mit Patientenautonomie nichts zu tun hat, im Fall eines non-liquet auch der Selbstbestimmung des Patienten, denn nur wenn man zunächst die Lebenserhaltung zulässt, besteht für den Patienten überhaupt die Möglichkeit, die Entscheidung später noch zu korrigieren,[1196] was freilich im Fall des extrem unreifen Frühgeborenen aufgrund dessen Unfähigkeit, sich selbst eindeutig zu äußern, und der Einschränkungen, welche mit der Ausübung seines Selbstbestimmungsrechts durch Dritte einhergehen, zugegebenermaßen keine Bedeutung erlangt. Dennoch sprechen insgesamt betrachtet die besseren Gründe für diese Position.

Die Präferenzregel „In dubio pro vita" ermöglicht hier folglich das Entscheidungsdilemma aufzulösen. Da keine verlässlichen subjektiven oder objektiven Anhaltspunkte zur Ermittlung des mutmaßlichen Willens des Frühgeborenen bestehen, ist ferner gewährleistet, dass der Zweifelssatz weder die Selbstbestimmung

---

[1192] *Roxin*, AT/I, § 16 Rn. 103; *Kühl*, AT, § 18 Rn. 134 m.N.

[1193] Vgl. hierzu *Rieger*, S. 165; *Lackner/Kühl*, § 34 Rn. 6ff.

[1194] Näher zur Herleitung *Höfling*, JuS 2000, S. 111 (117); im Ergebnis genauso *Trück*, S. 152.

[1195] Auf dieses Prinzip stellen u.a. ebenfalls ab: BGHSt 40, 257 (263) - Kemptener Fall; *Taupitz*, Gutachten, S. A 45 m.N.; *Trück*, S. 129.

[1196] Das betonen ausdrücklich *Roxin*, AT/I, § 18 Rn. 25; *Trück*, S. 151f.

noch die Würde des Patienten übergeht.[1197] Arzt und Eltern handeln deshalb im Zweifel im mutmaßlichen Willen und zum Wohl des Frühgeborenen, wenn zunächst diejenigen ärztlichen Maßnahmen ergriffen werden, die vital indiziert sind.[1198] Die Einwilligung des Frühgeborenen in die Behandlung wird auf diese Weise zur Regelvermutung. Diese Betonung der überragenden Bedeutung des Lebensschutzes sorgt im Interesse der Rechtssicherheit und Rechtsklarheit für Prioritäten und Gleichbehandlung. Wo es um das das Recht auf Leben geht, ist in einer modernen Großgesellschaft eine klare und widerspruchsfreie Regelung unverzichtbar.[1199] Das Risiko, im Einzelfall ungewollt durch eine lebenserhaltende Maßnahme schwerstgeschädigt am Leben zu bleiben, liegt beim Patienten. Dies ist der Preis, den er nicht nur in der Neonatologie für die Sicherheit zahlen muss, um in den Genuss der Intensivmedizin mit ihren Chancen und Erfolgen zu kommen.

Zu untersuchen ist bei dieser Sachlage allerdings noch die Frage, ob extrem unreife Frühgeborene mangels legitimierter objektiver Kriterien für ein Sterbeinteresse bei Vorliegen bestimmter Schädigungen angesichts des Grundsatzes *„In dubio pro vita"* nun ad infinitum behandelt werden müssen. Die folgenden Ausführungen beschäftigen sich deshalb mit der Frage, ob nicht ebenso wie bei Erwachsenen die allgemeinen Sterbehilferegeln auch bei Frühgeborenen Anwendung finden, so dass unter diesen Voraussetzungen ein Abbruch oder Verzicht auf die Behandlung objektiv interessengerecht ist. Ansonsten wäre man mangels bestehender Behandlungsgrenzen bei extrem unreifen Frühgeborenen im Ergebnis doch bei einer Strategie des „Wait Until Certainty" und der daraus folgenden aggressiven Lebenserhaltung.

C. Interessengerechte Sterbehilfemaßnahmen („Früheuthanasie")

Über die Zulässigkeit der Sterbehilfe hat sich in den vergangenen Jahrzehnten ein weitgehender Grundkonsens in der Gesellschaft herausgebildet. Sie ist gesellschaftspolitisch akzeptiert und höchstrichterlich bestätigt.[1200] Allerdings besteht

---

[1197] Ein Vorwurf, der von Kritikern gerne erhoben wird, vgl. *Hufen,* NJW 2001, S. 849 (855); NK-StGB-*Neumann,* Vor § 211 Rn. 119.

[1198] So auch die Grundsätze der Bundesärztekammer zur ärztlichen Sterbebegleitung unter Punkt IV. am Ende, vgl. DÄBl. 101 (2004), S. A-1299; *Tolmein,* MedR 1997, S. 534 (538); *Taupitz,* Gutachten, S. A 74; *Conradi,* S. 167; *Heyers,* S. 242. Zweifelnd angesichts der statistischen Schadenswahrscheinlichkeit bei intensivmedizinischer Intervention *Diederichsen,* Einbecker Workshop 1995, S. 107.

[1199] *Hoerster,* Neugeborene, S. 69.

[1200] Für die Rspr. siehe BGHSt 40, 257 - Kemptener Fall; 46, 279 (284f.) m.N. - Exit. Für das Schrifttum vgl. *Kunig,* in: *von Münch/Kunig,* GKK I, Rn. 36 (Stichwort : „Sterbehilfe") zu Art. 1 sowie Rn. 72 (Stichwort: Selbstbestimmung des Patienten) zu Art. 2;

die grundsätzliche Einigung zwischen den Rechtswissenschaftlern, Medizinern, Theologen und Ethikern nur im Ergebnis, nicht auch über den Weg dorthin; insoweit werden verschiedene Ansätze kontrovers und ohne Aussicht auf baldige Annäherung diskutiert. Vor diesem Hintergrund ist es nicht Ziel dieser Arbeit tiefer in die Strafrechtsdogmatik einzugreifen und einen Lösungsweg als den „Königsweg" zu benennen. Anhand der Handlungskategorien der Sterbehilfe bleibt die Prüfung vielmehr darauf beschränkt, unter welchen Voraussetzungen bei extrem unreifen Frühgeborenen Sterbehilfemaßnahmen erlaubt sind. Dem gewählten Ansatz entsprechend besteht freilich eine Präferenz für einen Begründungsweg, der auf dem Autonomiegedanken basiert und weitestgehend auf die tatsächliche oder mutmaßliche Einwilligung des Patienten zurückgreift.

Bei der vorzunehmenden Interessenabwägung ist davon auszugehen, dass der Patient sich bei seiner Entscheidung am größtmöglichen Schutz seiner Rechtsgüter orientiert, wobei nach den bisherigen Ergebnissen zu unterstellen ist, dass er seine Würde gewahrt wissen will und sich im Zweifel nicht zu Lasten seines Lebens entscheidet. Soll die Abwägung also gegen eine lebenserhaltende Behandlungsmaßnahme und für eine Sterbehilfe ausfallen, setzt dies voraus, dass in der internen Abwägung andere höchstgewichtige Rechtsgüter das Lebensrecht überwiegen und in der konkreten Situation ein Sterbeinteresse wahrscheinlicher machen. Hierfür müssten objektive Anhaltspunkte gefunden werden.

I. Reine Sterbehilfe („reine Früheuthanasie")

Als reine Sterbehilfe wird der Fall bezeichnet, dass einem Sterbenden gegenüber schmerzlindernde (palliative) oder bewusstseinsdämpfende Mittel verabreicht werden, die aber mit keinerlei Lebensverkürzung verbunden sind. Solche Maßnahmen zur Erleichterung des Sterbeprozesses sind unproblematisch zulässig, sofern sie dem tatsächlichen oder mutmaßlichen Patientenwillen entsprechen.[1201] Letzteres ist hier der Fall. Das Lebensrecht des Frühgeborenen wird durch die sog. Hilfe im Sterben nicht tangiert. Beeinträchtigt werden kann zwar seine Körperintegrität, nämlich dann, wenn die Linderung des Leidens mit einem invasiven Eingriff verbunden ist, beispielsweise einer Injektion. In Anbetracht des Nutzens und der Geringfügigkeit dieses Eingriffs einerseits sowie des Umstands, dass keine Gründe bei Neugeborenen ersichtlich sind, die andererseits für eine besondere Tapferkeit oder ein gewolltes klares Bewusstsein im Angesicht des Todes sprechen, ist es allerdings wahrscheinlicher, dass jede nur denkbare Schmerzbekämp-

---

Jarass/Pieroth, Art. 2 Rn. 100; *Roxin*, Medizinstrafrecht, S. 94; *Czerner,* MedR 2001, S. 354 (357f.).

[1201] Statt vieler MünchKommStGB/*Schneider*, Vor §§ 211ff. Rn. 90; *Roxin*, Medizinstrafrecht, S. 94; für eine gesetzliche Klarstellung Straflosigkeit *Verrel*, Beilage zu NJW Heft 22/2006, S. 14 (16); zur moraltheologischen Sicht vgl. *Gründel*. MedR 1985, S. 2 (6).; näher zu den einzelnen Behandlungsmaßnahmen *Cignacco et al.*, Z Geburtsh Neonatol 208 (2004), S. 155 (157ff.).

fung sowie all das, was ihm in dieser Situation Ruhe und Erleichterung verschaffen kann, wegen der darin liegenden Verbesserung des eigenen Wohlbefindens dem mutmaßlichen Willen des Frühgeborenen entspricht. Kein Mensch leidet freiwillig.[1202]

Voraussetzung für eine straflose Hilfe im Sterben ist, dass sich das Frühgeborene in der finalen Sterbephase befindet, es sich folglich beim Frühgeborenen um einen Sterbenden handelt. Gemäß Punkt I. der „Grundsätze der Bundesärztekammer zur ärztlichen Sterbebegleitung" ist von einem sterbenden Patienten auszugehen, wenn es sich um einen Kranken oder Verletzten mit infauster Prognose handelt, bei dem eine oder mehrere vitale Funktionen irreversibel versagen und der Eintritt des Todes in kurzer Zeit zu erwarten ist.[1203] Das Zeitmoment „Tod in kurzer Zeit" bedeutet dabei, dass der Tod „wegen lebensgefährlicher Komplikationen bevor(steht)."[1204] Dieser Definition folgt auch die höchstrichterliche Rechtsprechung.[1205]

Wird eine Schmerzlinderung entgegen dem mutmaßlichen Willen des Frühgeborenen unterlassen, so kommt eine Strafbarkeit des Behandelnden nach §§ 223, 229, 13 StGB wegen vorsätzlicher oder fahrlässiger Körperverletzung in Betracht.[1206]

II. Aktive Sterbehilfe („aktive Früheuthanasie")

Das Grundrecht auf Leben schützt den Einzelnen auch im ärztlichen Bereich vor der aktiven gezielten Lebensverkürzung durch einen anderen. Daran ändert auch das Selbstbestimmungsrecht des Patienten nichts. Aus ihm lässt sich zwar eine „Freiheit zum Sterben" herleiten, aber kein „Recht auf Sterben" mit Hilfe anderer. § 216 StGB unterstreicht diesen Befund im strafrechtlichen Bereich, indem er nach allgemeiner Ansicht eine verbindliche Einwilligungssperre für die Tötungsdelikte konstituiert.[1207] So betrachtet sollte es eigentlich auf der Hand liegen, und ein Blick auf die juristische und medizinische Literatur bestätigt es auch, dass extrem unreife Frühgeborene innerhalb unseres gültigen Rechtssystems nicht

---

[1202] Ähnlich *Hufen*, NJW 2001, S. 849 (856).

[1203] Vgl. DÄBl. 101 (2004), S. A-1298; in diesem Sinne auch schon die älteren Sterberichtlinien der Bundesärztekammer von 1979, zitiert nach der Wiederveröffentlichung in: MedR 1985, S. 38 (39). In ähnlicher Weise definieren auch die „Medizinisch-ethischen Richtlinien für die ärztliche Betreuung sterbender und zerebral schwerstgeschädigter Patienten" der Schweizerischen Akademie der medizinischen Wissenschaften unter Punkt I. den Begriff.

[1204] So der Kommentar zu den Sterberichtlinien der Bundesärztekammer von 1979, MedR 1985, S. 38 (39).

[1205] Vgl. BGHSt 40, 257 (260) - Kemptener Fall.

[1206] *Roxin*, Medizinstrafrecht, S. 95; *Bottke*, S. 114; MünchKommStGB/*Schneider*, Vor §§ 211ff. Rn. 90.

[1207] Sch/Sch-*Eser*, § 216 Rn. 13; Sch/Sch-*Lenckner*, Rn. 37 vor §§ 32; *Ingelfinger*, ZfL 2005, S. 38 (39).

durch eine aktive medizinische Maßnahme getötet werden dürfen.[1208] Dennoch gibt es im juristischen Schrifttum Stimmen, die entgegen der weit vorherrschenden Auffassung in extremen Ausnahmekonstellationen eine Rechtfertigung zuzulassen. Vor allem *Reinhard Merkel* setzt sich gegen das absolute Verbot einer gezielten aktiven Tötung in der Neonatalmedizin ein.[1209]

In Anbetracht der klaren Verfassungslage will ich mich in dieser Arbeit jedoch nicht ausführlich mit diesem eher rechtspolitischen Aspekt der Diskussion befassen, zumal er bislang eine Mindermeinung geblieben ist, die im medizinischen Bereich – soweit ersichtlich – keine Gefolgschaft gefunden hat. Nur kurz dazu: Die angeführten Argumente haben durchaus etwas Verführerisches; auch sehe ich, dass eine aktive Tötung weitaus „humaner" als ein passives Sterbenlassen sein könnte. Doch die Erfahrungen der Hospize und der Palliativmedizin zeigen, dass die meisten Menschen in der letzten Phase ihres Lebens keinen schnellen Tod wollen. Sie wollen nicht leiden, sie wollen aber auch nicht sterben.[1210] Zwar ließe sich hiergegen noch argumentieren, dass dies bei Frühgeborenen anders sei, weil sie im Gegensatz zu alten Menschen nicht auf ein gelebtes Leben zurückblicken, an dem sie noch hängen. Entscheidend gegen eine aktive Früheuthanasie sprechen für mich jedoch noch immer der anders lautende ärztliche Heilauftrag, eine größere Rechtssicherheit und Kontrollierbarkeit der Patientenautonomie vor missbräuchlicher Fremdbestimmung. Einen berechtigten Kern beinhaltet auch das „Slippery Slope-" oder auch: Dammbruchargument, völlig überzeugen kann es bei näherer Betrachtung aber nicht.[1211] Nicht zuletzt angesichts der niederländischen Erfahrungen[1212] und vor dem Hintergrund der angesprochenen Rationierungszwänge im Gesundheitswesen sollten die Folgen eines solchen Schrittes sorgfältig erwogen werden. Vielleicht noch mehr als beim Sterbenlassen birgt eine aktive Sterbehilfe bei Patienten, die sich zu dieser Frage überhaupt nicht verständig äu-

---

[1208] Sch/Sch-*Eser*, Rn. 24 vor §§ 211ff.; MünchKommStGB/*Schneider*, Vor §§ 211ff. Rn. 131; LK-*Jähnke*, Vor § 211 Rn. 20d; *Laber*, MedR 1990, S. 182 (184); *Kaufmann*, JZ 1982, S. 481 (483f.); aus dem medizinischen Bereich: *Fritsche*, S. 22ff.; *Oduncu/ Eisenmenger*, MedR 2002, S. 327 (337); die Grundsätze der Bundesärztekammer zur ärztlichen Sterbebegleitung unter Punkt I. (DÄBl. 101 (2004), S. A-1298); Punkt 3.2.2.3 der Empfehlungen der Arbeitsgruppe der Schweizerischen Gesellschaft für Neonatologie zur „Betreuung von Frühgeborenen an der Grenze der Lebensfähigkeit" (SÄZ 83 (2002), S. 1589 (1594)); Punkt II.1 der Revidierten Fassung der Einbecker Empfehlungen (MedR 1992, S. 206).

[1209] *Merkel*, Früheuthanasie, S. 578ff.; vgl. auch *Maurach/Schroeder/Maiwald*, § 1 Rn. 39. Für eine Legitimation der aktiven beabsichtigten Sterbehilfe in Extremfällen plädieren u.a. *Otto*, Jura 1999, S. 434 (441); *Saliger*, KritV 2001, S. 382 (435f.); *Kutzer*, MedR 2001, S. 77 (78); *Roxin*, Medizinstrafrecht, S. 116f.; StGB-*Neumann*[2002], Vor § 211 Rn. 127ff. m.N.

[1210] *Oduncu/Eisenmenger*, MedR 2002, S. 327 (332, 336); vgl. auch *Der Spiegel* 30/2004, S. 88.

[1211] Eingehend zur fehlenden Plausibilität *Merkel*, Früheuthanasie, S. 595ff.

[1212] Dazu jüngst *DIE ZEIT* Nr. 6 vom 03.02.2005, S. 29, zur aktiven Sterbehilfe bei Neugeborenen. Allgemeiner *Duttge*, ZfL 2004, S. 30 (35f.).

ßern können, zudem die Gefahr, dass derjenige, der sie ausübt, nach und nach jeden Respekt vor dem menschlichen Leben verliert.[1213] Zu Recht fragt *Giesen*: „Wenn man davon ausgeht, dass wir bereits die Beendigung von Leben zulassen, das wir auch retten könnten, weil wir meinen, dies diene dem Wohl der betroffenen Person, haben wir dann nicht bereits unsere tiefe Abneigung gegen das Töten erstickt und unsere eigene Abwehr gegen unverantwortliche Gleichgültigkeit oder Schlimmeres in verhängnisvoller Weise geschwächt?"[1214] Dem gilt es weiter vorzubeugen. Im unter § 3.B.I.6. geschilderten Münchner Fall erfolgte deshalb völlig zu Recht eine Verurteilung der Ärzte.

III. Indirekte Sterbehilfe („indirekte Früheuthanasie")

Demgegenüber soll wieder genauer untersucht werden, ob auch ärztliche Maßnahmen der indirekten Sterbehilfe dem mutmaßlichen Willen des extrem unreifen Frühgeborenen entsprechen können und straflos sind. Hiervon gehen jedenfalls unter Punkt 3.2.2.3 die Empfehlungen der Arbeitsgruppe der Schweizerischen Gesellschaft für Neonatologie zur „Betreuung von Frühgeborenen an der Grenze der Lebensfähigkeit" aus.[1215]

1) Ausgangslage

Die Zulässigkeit und prinzipielle Straflosigkeit dieser Rechtsfigur ist im Wesentlichen anerkannt und wird auch von den Medizinern und Ethikern ganz überwiegend befürwortet.[1216] Sie umfasst nicht nur den Fall, dass ärztlich gebotene schmerzlindernde Interventionen beim Patienten unbeabsichtigt, quasi als „palliativmedizinischer Kollateralschaden", den Todeseintritt beschleunigen, sondern auch lebensverkürzende Handlungen, die schwere Leidenszustände anderer Art (Angst-, Unruhezustände) lindern.[1217] Hintergrund der aktiven, unbeabsichtigten Sterbehilfe ist der Wunsch, dem nach Schmerzlinderung nachsuchenden Patienten nicht unter allen Umständen ein ungewolltes, leidvolles Weiterleben bis zum Tod zuzumuten. Dabei stützt man sich zur Rechtfertigung auf die Erwägung, dass in diesem Fall die Pflicht zur längstmöglichen Lebenserhaltung nach der Interessen-

---

[1213] Vgl. *von Loewenich*, MedR 1985, S. 30 (33).

[1214] *Giesen*, JZ 1990, S. 929 (943).

[1215] SÄZ 83 (2002), S. 1589 (1594). *Sauer et al.*, Eur J Pediatr 160 (2001), S. 364 (367); wohl auch LG München I, abgedruckt bei *Koch*, in: *Eser/Koch* (Materialien zur Sterbehilfe), S. 118 (120) -hiesiger Fall 6.

[1216] Zu Rspr. und Schrifttum vgl. statt vieler BGHSt 46, 279 (284) - Exit; StGB-*Neumann*²⁰⁰², Vor § 211 Rn. 95; *Conradi*, S. 461f.; Eine kritische Analyse der verschiedenen Lösungsansätze findet sich bei *Merkel*, Früheuthanasie, S. 151ff. Auch die Grundsätze der Bundesärztekammer zur ärztlichen Sterbebegleitung sehen unter Punkt I. die indirekte Sterbehilfe als zulässig an (DÄBl. 101 (2004), S. A-1298).

[1217] LK-*Jähnke*, Vor § 211 Rn. 15; *Roxin*, Medizinstrafrecht, S. 98; *Otto*, NJW 2006, S. 2217 (2221).

abwägung des Patienten hinter der Pflicht zur Leidensminderung zurücktrete, weil ein etwas kürzeres Leben ohne schwere Schmerzen wertvoller sei als ein unwesentlich längeres Leben, welches von kaum erträglichen Schmerzen begleitet werde.[1218] Als objektive Abwägungskriterien dienen die Schwere der Schmerzen, die insgesamt hoffnungslose Lage des Kranken und dessen Todesnähe.[1219] Diese Überlegungen können freilich keine Bedeutung erlangen, wenn eine ausdrückliche Willensäußerung des Patienten vorliegt und allein in der Einwilligung der Grund für die Straflosigkeit gesehen wird.[1220] Denn nimmt man das Selbstbestimmungsrecht des Patienten und sein Recht auf körperliche Unversehrtheit (Schmerzfreiheit) ernst, dann muss die Entscheidung für die lebensverkürzende Schmerzbehandlung ohne weiteres stets Vorrang haben.[1221] Klärungsbedürftig ist jedoch, ob die genannten Kriterien nicht von Bedeutung sind, um einen die indirekte Sterbehilfe befürwortenden mutmaßlichen Willen des extrem unreifen Frühgeborenen zu ermitteln.

2) Voraussetzungen einer „indirekten Früheuthanasie"

Zunächst ist festzuhalten, dass der Neugeborenenstatus einer aktiven, unbeabsichtigten Sterbehilfe nicht entgegensteht. Diese Handlungsform ist selbst dann zulässig, wenn keine ausdrückliche Zustimmung des Patienten vorliegt und zwar ungeachtet dessen, dass der nicht äußerungsfähige Patient jemals in einwilligungsfähigem Zustand einen Willen hat formulieren können. Zu Recht weist *Wilfried Bottke* darauf hin, dass es nicht anginge, gerade denen, die zu schwach seien, ihren eigenen Willen zu artikulieren, die Wohltat der Leidminderung zu versagen.[1222] Betrachtet man sodann die fallspezifische Güterkollision, so stehen sich die Patientenautonomie, das Recht auf körperliche Unversehrtheit und das Rechtsgut Leben gegenüber. Soll nun die Durchführung einer indirekten Früheuthanasie dem mutmaßlichen Willen des Frühgeborenen entsprechen, müssen gewichtige Indizien dafür vorliegen, dass in dieser Ausnahmesituation das Frühgeborenen sein körperliches Wohlbefinden höher einschätzt als sein Leben, das heißt, dass sein Interesse an der lebensverkürzenden Schmerzlinderung sein Interesse an einem längeren Leben unter unerträglichen Schmerzen überwiegt.

a) Die Todesnähe

Was die Zeitspanne „Todesnähe" als Abwägungskriterium betrifft, so sehe ich dem Grunde nach darin einen vernünftigen Anhaltspunkt für die Interessenlage des Frühgeborenen. Dahinter steht der allgemeine Gedanke, dass je näher ein Patient dem Tode ist, je zeitlich geringer sich also die lebensverkürzende Wirkung

---

[1218] Vgl. *Roxin*, Medizinstrafrecht, S. 97; *Ingelfinger*, ZfL 2005, S. 38 (40).

[1219] BGHSt 42, 301 (305); MünchKommStGB/*Schneider*, Vor §§ 211ff. Rn. 101 m.N.

[1220] Anders aber, wenn mit der h.M. zur Rechtfertigung § 34 StGB herangezogen wird, vgl. nur MünchKommStGB/*Schneider*, Vor §§ 211ff. Rn. 101ff.

[1221] So auch LK-*Jähnke*, Vor § 211 Rn. 15, der diese Feststellung freilich nicht gutheißt.

[1222] *Bottke*, S. 117; allgemeiner, auf Fälle der Einwilligungsunfähigkeit bezogen, *Conradi*, S. 469f.; *Hahne*, in: Nationaler Ethikrat, S. 5.

einer Sterbehilfemaßnahme auf die verbleibende Lebensdauer auswirkt, umso gewichtiger wird für einen auf Sterbehilfe gerichteten mutmaßlichen Willen des Patienten die Indizwirkung von weiteren objektiven Kriterien, welche die klinische Situation des Patienten kennzeichnen.[1223] Die Vermutungsregel „*In dubio pro vita*" verliert demnach mit Näherrücken des Todes an Bedeutung. Auch wenn empirische Nachweise für diesen Ansatz fehlen, erscheint es mir vernünftig, dass Frühgeborene spätestens dann nicht mehr unbedingt gewillt sind, gegen den Tod anzukämpfen, wenn sie sich in der Endphase ihres noch jungen Lebens befinden. Solch eine Haltung lässt sich jedenfalls bei sterbenden Erwachsenen ausmachen, wenngleich nicht mit der gewünschten Eindeutigkeit.[1224] Doch im Gegensatz zu alten Menschen blicken Frühgeborene nicht auf ein gelebtes Leben zurück, ein Leben, mit dem sie Erinnerungen, aber auch noch Erwartungen verknüpfen, an das sie sich gewöhnt haben und an dem sie nicht zuletzt aus den genannten Gründen noch hängen. Deshalb spricht für mich bei sterbenskranken Frühgeborenen die größere Wahrscheinlichkeit für die resignierende Haltung. Allerdings besteht zudem das Problem, dass Leben und Sterben keine Zustände sind, die sich gegenseitig ausschließen, Sterben vielmehr einen Vorgang erfasst, der weder medizinisch noch juristisch eindeutig abzugrenzen ist. „Schließlich gehen wir alle unserem Tod entgegen."[1225] Es ist deshalb sowohl die Frage zu beantworten, welche Zeitspanne unter „Todesnähe" zu verstehen ist, als auch zu klären, in welcher Sterbens- oder Todesnähe ein Wille des Frühgeborenen im Hinblick auf die Anwendung von indirekter Sterbehilfe noch positiv zu vermuten ist.

In Anbetracht der ohnehin geringen Lebensdauer ist beides sicher anzunehmen, wenn sich das Frühgeborene bereits in der finalen Sterbephase befindet. Ausgangspunkt der Überlegung ist, dass niemand gerne Schmerzen erträgt, vor allem wenn abzusehen ist, dass am Ende des Leidenszustands der baldige Tod steht. Da es entscheidend auf ein Erleiden von subjektiv unzumutbaren Schmerzen ankommt, besteht aber kein Grund, die Straflosigkeit dieser Form der Sterbehilfe wie die reine Sterbehilfe allein auf Interventionen zu Gunsten Sterbender zu beschränken.[1226] Es ist nicht ersichtlich, warum das Einsetzen des eigentlichen Sterbevorgangs eine zwingende zeitliche Zäsur bilden sollte. Außerdem erscheint es ethisch bedenklich, einen kranken Patienten, der seine Schmerzen als unerträglich empfindet und zur Schmerzbekämpfung eine gewisse Todesbeschleunigung hinnimmt, diese Schmerzlinderung solange vorzuenthalten und damit sein Leiden zu verlängern, bis bei ihm (endlich) der Sterbeprozess begonnen hat. Lebensverkürzende schmerztherapeutische Maßnahmen sind deshalb grundsätzlich auch in

---

[1223] Ähnlich *Czerner*, MedR 2001, S. 354 (358); *Saliger*, KritV 2001, S. 382 (422).

[1224] *Duttge*, ZfL 2004, S. 30 (37) m.N.

[1225] So treffend *von Loewenich*, Monatsschrift Kinderheilkunde 151 (2003), S. 1263 (1268).

[1226] So aber BGHSt 42, 301; ebenso die Grundsätze der Bundesärztekammer zur ärztlichen Sterbebegleitung unter Punkt I. (DÄBl. 101 (2004), S. A-1298).

einem früheren Stadium zulässig.[1227] Sterbehilfe lässt sich schon begrifflich nicht auf Sterbende begrenzen.[1228] Hierfür sprechen ferner praktische Erwägungen, die zum einen in der Prognoseunsicherheit bei extrem unreifen Frühgeborenen begründet sind, zum anderen in der Schwierigkeit, den Beginn der Terminalphase eindeutig bestimmen zu können,[1229] weil der Sterbeprozess vom Grundleiden abhängig ist und dessen Dauer sich je nach Krankheit über einen unterschiedlich langen Zeitraum erstrecken kann. Die Kriterien, in welchem Krankheitsstadium sich der individuelle Patient befindet, sind häufig nicht eindeutig und schon gar nicht formal bestimmbar.[1230] Werden außerdem die intensivmedizinischen Möglichkeiten, den Beginn des eigentlichen Sterbevorgangs zu beeinflussen, berücksichtigt, lassen diese Ungewissheiten es daher als gerechtfertigt erscheinen, auch schon in der Vorsterbephase, grundsätzlich Sterbehilfemaßnahmen bei extrem unreifen Frühgeborenen zuzulassen und dem Arzt einen gewissen Beurteilungsspielraum in dieser „Grauzone" zwischen Leben und Tod einzuräumen.[1231]

Angesichts des hohen verfassungsrechtlichen Stellenwerts des Lebens kann jede zeitliche Extension von Sterbehilfe indes nur eng verstanden werden, besteht ansonsten die Gefahr, dass es wie in den Niederlanden zu „Mitleidstötungen" kommt.[1232] Als Mindestvoraussetzung ist deshalb grundsätzlich eine diagnostizierte schwere unheilbare Erkrankung mit gesicherter infauster Prognose zu verlangen.[1233] Der 12. Zivilsenat des Bundesgerichtshofes fordert in seinem „Sterbehil-

---

[1227] MünchKommStGB/*Schneider*, Vor §§ 211ff. Rn. 95; StGB-*Neumann*[2002], Vor § 211 Rn. 95; *Roxin*, Medizinstrafrecht, S. 98; *Eser*, in: *Auer/Menzel/Eser*, S. 89; *Otto*, NJW 2006, S. 2217 (2221).

[1228] Eingehend *Saliger*, KritV 2001, S. 382 (400ff.) m.N.; *Otto*, Jura 1999, S. 434 (435).

[1229] So eher beiläufig *Zuck*, ZRP 2006, S. 173 (174).

[1230] *Müller-Busch*, in: Nationaler Ethikrat, S. 9.

[1231] *Storr*, MedR 2002, S. 436 (441).

[1232] Ebenso *Storr*, MedR 2002, S. 436 (441). Näher zur Praxis in den Niederlanden *Oduncu/ Eisenmenger*, MedR 2002, S. 327ff.; *Markus Zimmermann-Acklin, Das niederländische Modell - ein richtungweisendes Konzept?*, in: Holderegger, Adrian (Hrsg.): Das medizinisch assistierte Sterben: Zur Sterbehilfe aus medizinischer, ethischer, juristischer und theologischer Sicht, 1999, S. 351, 363f. Zu einer Studie über Sterbehilfehandlungen niederländischer Neonatologen vgl. *Cuttini et al.*, Lancet 355 (2000), S. 2112 (2116). Seit 1997 soll in den Niederlanden in 22 Fällen das Leben von unheilbar kranken Neugeborenen sogar durch aktive Sterbehilfe beendet worden sein, so SZ vom 24.01.2005, S. 8; vgl. dazu auch einen Bericht in: *DIE ZEIT* Nr. 6 vom 03.02.2005, S. 29.

[1233] *Saliger*, KritV 2001, S. 382 (419); *Roxin*, Medizinstrafrecht, S. 98; ähnlich *Taupitz*, Gutachten, S. A 47f.; NK-StGB-*Neumann*, Vor § 211 Rn. 95. Die Leitlinien für die „Grenzen intensivmedizinischer Behandlungspflicht", die das Präsidium der Deutschen Gesellschaft für Anästhesiologie und Intensivmedizin 1999 beschlossen hat, sprechen hingegen bei der indirekten Sterbehilfe (Punkt 3.) bloß von der palliativen Behandlung eines „Schwerstkranken". Völlig auf das Moment der Todesnähe verzichtet BGH NJW 2003, S. 1588ff., der stattdessen die Kategorie des „irreversiblen tödlichen Verlaufs" einführt. Näher dazu *Hahne*, in: Nationaler Ethikrat, S. 6.

fe"-Beschluss vom März 2003 zwar eine „letzte Sicherheit" bei der Prognose.[1234] Doch dieses Erfordernis ist insofern praxisfremd, da es nicht berücksichtigt, dass eine solche Sicherheit bei der Prognosestellung von der Medizin als induktiv-probalistisch argumentierende Wissenschaft nicht erwartet werden kann. Will man auf diesem Wege nicht zur Unzulässigkeit der Sterbehilfe kommen, weil sich die erforderliche Sterbehilfesituation faktisch kaum bejahen lässt, wird man „letzte Sicherheit" so zu verstehen haben, dass es eine Prognosestellung nach dem aktuellen Wissensstand mit größtmöglicher Sorgfalt meint.[1235] Darüber hinaus wird in Anlehnung an die Grundsätze der Bundesärztekammer zur ärztlichen Sterbebegleitung zu fordern sein, dass „die Krankheit weit fortgeschritten" ist, so dass der Patient „in absehbarer Zeit sterben werde",[1236] weil anderenfalls auch Fälle, in denen zwischen der Stellung der infausten Prognose und dem Beginn der eigentlichen Sterbephase Jahre liegen können, noch todesnah wären.[1237] Eine Auslegung, die schon sprachlich schwer vermittelbar ist. Aber auch inhaltliche Gründe sprechen für die Eingrenzung, denn, wie gesagt, sind Kriterien zum Gesundheitszustand des Patienten in der Abwägung umso aussagekräftiger, je näher der Patient dem Tode ist. Dem entspricht diese Konkretisierung des Todesnähebegriffs, weil auf diese Weise wieder zeitlich näher an die Terminalphase herangerückt wird, so dass der Grad der Schmerzen weiterhin ein gewichtiges Indiz für einen mutmaßlichen Willen in Richung indirekter Sterbehilfe darstellen kann. Bis zu dieser vorderen Grenze kann folglich bei unerträglichen Schmerzzuständen angesichts der fehlenden Aussicht auf Gesundung und Überleben ein vorrangiges Interesse des Frühgeborenen an der lebensverkürzenden Schmerzlinderung vernünftigerweise vermutet werden. Was sollte das Frühgeborene denn in dieser hoffungslosen Situation noch auf der Welt halten? Ich bin mir freilich bewusst, dass diese Definition der maßgeblichen Zeitspanne immer noch recht unbestimmt ist. Hier zeigt sich erneut, dass sich ärztliches Handeln mit der von Juristen geliebten scharfen Begriffsdezision nicht verträgt. Letztendlich kann Rechtssicherheit allenfalls auf kasuistischem Weg erreicht werden.

b) Der Grad der Schmerzen

Mit dem Prinzip „*In dubio pro vita*" ist eine lebensverkürzende Schmerztherapie augenscheinlich nicht zu vereinbaren. Das Recht auf Schmerzfreiheit kann das Rechtsgut Leben nur dann überwiegen, wenn eine Relativierung dieses Rechtsgutes über Aspekte der Lebensqualität und der Lebensdauer erfolgt, wozu allein der

---

[1234] BGH NJW 2003, S. 1588 (1590).

[1235] *Höfling/Rixen*, JZ 2003, S. 884 (887).

[1236] So unter Punkt II. (DÄBl. 101 (2004), S. A-1298).

[1237] Wie hier *Saliger*, KritV 2001, S. 382 (424f.). Seinem Vorschlag, als weiteres Konkretisierungselement der Sterbensnähe das Kriterium aufzunehmen, eine lebenserhaltende Behandlung sei menschenunwürdig, kann nach der hier vertretenen Ansicht, wonach Art. 1 GG aus der Sterhilfediskussion weitgehend herauszuhalten sei, nicht gefolgt werden.

Rechtsgutsträger über sein Selbstbestimmungsrecht befugt ist.[1238] Indirekte Sterbehilfe basiert daher wie jede andere Form der Sterbehilfe entscheidend auf dem ausgeübten Selbstbestimmungsrecht des Betroffenen. Das setzt im Fall des nicht äußerungsfähigen, extrem unreifen Frühgeborenen voraus, dass die statt seiner entscheidenden Personen aufgrund seines Verhaltens zu der Überzeugung gelangen müssen, dass er unter solchen Schmerzen leidet, dass jede nur denkbare Schmerz- und Leidensbekämpfung seinem mutmaßlichen Willen entspricht, selbst wenn die Therapie als Nebenwirkung das Sterben beschleunigt. Was theoretisch vielleicht noch problemlos erscheint, führt bei der praktischen Umsetzung jedoch zu Schwierigkeiten, weil es sich bei dem Schmerz von Frühgeborenen gleichermaßen wie bei Termingeborenen um ein multifaktorielles Geschehen handelt, das bereits außerordentlich schwierig zu erfassen ist. Außerdem fällt es schwer, den Schmerz in seiner Intensität objektiv einzuschätzen.[1239] Ohne den Einsatz validierter Instrumente der Schmerzerfassung, was in der Praxis meistens der Fall ist, bleibt Ärzten und Pflegepersonal so nur die subjektive Einschätzung als Grundlage. Mehr als bei anderen Patientengruppen höheren Lebensalters scheint es im Hinblick auf extrem unreife Frühgeborene für Außenstehende ohne spezielle Schmerzerfassungsinstrumente allerdings besonders schwer zu sein, gravierende Leidenszustände zu erkennen. Die Schmerzen von Neugeborenen werden eher unterschätzt als überschätzt.[1240] Mehr noch, es gibt Indizien, dass Frühgeborene ab der 25. Schwangerschaftswoche sogar schmerzempfindlicher sind als ältere Kinder oder Erwachsene.[1241] Für die Durchführung einer lebensverkürzenden Schmerztherapie bei Frühgeborenen wird somit zur Wahrung des Lebensschutzes der Einsatz eines validierten Schmerzerfassungsinstruments wie beispielsweise das „Berner Schmerzscore für Neugeborene"[1242] zu fordern sein.

Allein durch diese Form der Schmerzbestimmung ist aber die weitere Voraussetzung für eine indirekte Sterbehilfe noch nicht geklärt, nämlich ob die festgestellten Schmerzen das Frühgeborene solchermaßen beherrschen, dass anzunehmen ist, es könne diese nicht mehr aushalten und wolle nichts mehr als seine „unerträglichen" Schmerzen auch um den Preis einer Lebensverkürzung gelindert wissen. Der Bundesgerichtshof spricht insoweit von sog. „Vernichtungsschmerzen".[1243] Nun lässt sich zwar anhand des Schmerzscores feststellen, dass besonders gravierende Schmerzzustände des Frühgeborenen bestehen. Doch ob dieser Schmerz überdies vom Frühgeborenen als unerträglich empfunden wird, lässt sich

---

[1238] *Verrel*, JZ 1996, S. 224 (226).

[1239] Näher *Cignacco et al.*, Die Hebamme 2002, S. 160; *Cignacco et al.*, Z Geburtsh Neonatol 208 (2004), S. 155 (156).

[1240] *Cignacco et al.*, Die Hebamme 2002, S. 160 m.N.; *Cignacco et al.*, Z Geburtsh Neonatol 208 (2004), S. 155 (156). Lange Zeit wurde sogar angenommen, Neugeborene empfänden keinen Schmerz, vgl. *von Loewenich*, MedR 1985, S. 30.

[1241] *Merkel*, Medizin-Recht-Ethik, S. 108 m.N.

[1242] Dazu näher *Cignacco et al.*, Die Hebamme 2002, S. 160f.; *Cignacco et al.*, Z Geburtsh Neonatol 208 (2004), S. 155 (156f.).

[1243] BGHSt 42, 301 (305).

wegen des stark von subjektiven Komponenten abhängigen Schmerzempfindens nicht mit letzter Sicherheit durch Dritte feststellen. Will man aus diesem Grund die Zulässigkeit indirekter Früheuthanasie nicht rundum ablehnen, bleibt unter Berücksichtigung des hohen Stellenwerts des Lebensrechts bloß der Ausweg, den Einsatz einer lebensverkürzenden Schmerztherapie zusätzlich an die Feststellung eines bestimmten Schmerzwertes zu binden. Diesen Wert festzulegen, ist Sache der Mediziner. Die Bestimmung einer Schmerzgrenze hätte zur Folge, dass erst ab diesem Punkt eine lebensverkürzende Schmerzbehandlung gerechtfertigt wäre. Bis zu diesem Grenzwert wäre bei der Ermittlung des mutmaßlichen Willens des Frühgeborenen sein Recht auf Leben höher als sein Recht auf Schmerzfreiheit zu bewerten, so dass zu vermuten ist, das Frühgeborene wolle den Schmerzzustand ohne eine lebensverkürzende Behandlung ertragen. Ärztlicherseits besteht dann kein Recht für eine riskante Schmerztherapie mit dem Risiko der Lebensverkürzung. Diese Verfahrensweise respektiert die grundsätzliche Ablehnung aktiver Sterbehilfe und führt nur in Ausnahmefällen zur an sich unerwünschten Indikation von lebensverkürzenden Maßnahmen der aktiven, unbeabsichtigten Sterbehilfe, nämlich wenn sonst keine milderen Maßnahmen zur Leidenslinderung zur Verfügung stehen. Die Gefahr eines vorzeitigen Ergreifens von Sterbehilfemaßnahmen, eine Sorge, die bei fehlender dahingehender Patientenerklärung stets besteht, wird damit klein gehalten.

3) Ergebnis

Geht man diesen letzten Schritt mit, so ist im Grundsatz eine „indirekte Früheuthanasie" bei extrem unreifen Frühgeborenen zulässig. Sie setzt medizinisch voraus, dass es an einer schweren unheilbaren Erkrankung leidet, deren Prognose infaust ist und die bereits so weit fortgeschritten ist, dass das Frühgeborene in absehbarer Zeit stirbt. Ferner sind zur Vermutung eines entsprechenden Willens des Frühgeborenen der Einsatz eines validierten Schmerzerfassungsinstruments und die Festlegung einer bestimmten Schmerzgrenze notwendig, weil lediglich dann objektive Indizien dafür vorliegen, dass aufgrund eines unerträglichen Schmerzzustands sein Interesse an der lebensverkürzenden Schmerzlinderung sein Interesse an einem längeren Leben unter unerträglichen Schmerzen überwiegt. Liegen diese Voraussetzungen vor und haben die Eltern zugestimmt, weil sie einen entsprechenden Willen ihres Kindes vermuten, dann ist für den Arzt eine Sterbehilfe geboten, will er sich nicht den Vorwurf einer Körperverletzung nach §§ 223, 229, 13 StGB aussetzen.[1244] Es lässt sich derzeit allerdings nicht abschließend übersehen, ob derartige Fallkonstellationen in der Praxis überhaupt in nennenswertem Maße bedeutsam sind.[1245]

[1244] StGB-*Neumann*[2002], Vor § 211 Rn. 96.
[1245] So MünchKommStGB/*Schneider*, Vor §§ 211ff. Rn. 95; *Conradi*, S. 443f., beide indes auf die indirekte Sterbehilfe im Allgemeinen bezogen.

IV. Passive Sterbehilfe („passive Früheuthanasie")

Zu klären bleibt damit noch die Frage, ob ärztliche Maßnahmen der passiven Sterbehilfe bei extrem unreifen Frühgebornen statthaft sind.

1) Ausgangslage

Bei der Kategorie der passiven Sterbehilfe geht es um die Nichtaufnahme oder Beendigung lebenserhaltender Maßnahmen in Fällen, in denen weder eine Heilung noch eine ursächliche Leidensbekämpfung möglich ist, weshalb eine Behandlung nur noch das bevorstehende Sterben hinausschiebt. Es handelt sich mithin um eine Sterbehilfe durch Unterlassen. Über deren Zulässigkeit besteht heute weithin Einigkeit. Die Zulässigkeit und Straflosigkeit passiver Sterbehilfe basiert auf dem Autonomieprinzip. Wie bereits näher ausgeführt,[1246] ist es mit dem Selbstbestimmungsrecht des Patienten nicht vereinbar, ihn gegen seinen Willen zu behandeln. Als Konsequenz gilt der Grundsatz des Vorrangs des Willens des Patienten gegenüber dem Ziel eines intendierten Lebensschutzes. Der Patient ist demzufolge befugt, eine vital indizierte Maßnahme abzulehnen, auch wenn dies mit Sicherheit zu seinem Tod führt.[1247] Ist der Patient wie im Fall des extrem unreifen Frühgeborenen entscheidungsunfähig, so wird sein mutmaßlicher Wille für die Behandlungsentscheidung bedeutsam.[1248] Um dem selbstbestimmungszentrierten Ansatz eines straflosen Sterbenlassens gerecht zu werden, müssen folglich medizinische Faktoren gefunden werden, die bei der notwendigen objektiven Interessenabwägung zur Willenserforschung Rückschluss auf ein bestimmtes Interesse des Frühgeborenen geben. Zu berücksichtigen und zum Ausgleich zu bringen sind dabei sein Grundrecht auf Leben und, weil es sich fast immer um invasive lebenserhaltende Maßnahmen handelt, das Recht auf körperliche Unversehrtheit.

2) Voraussetzungen einer „passiven Früheuthanasie"

Es ist somit zu prüfen, unter welchen medizinischen Voraussetzungen lebenserhaltende Interventionen der Ärzte noch dem objektiven Interesse des Frühgeborenen entsprechen, oder anders formuliert, wann eine „passive Früheuthanasie" mutmaßlich von ihm gewollt ist.

a) Die Todesnähe

Als erstes muss für das Sterbenlassen im mutmaßlichen Willen des Frühgeborenen eine gewisse Todesnähe gefordert werden, um seinen Sterbewillen anhand objektiver Kriterien überhaupt positiv vermuten zu können. Wie im Rahmen der Voraussetzungen der „indirekten Früheuthanasie" ausgeführt, ist hier die Nähe zum

---

[1246] Unter § 4.C.

[1247] *Lackner/Kühl*, Vor § 211 Rn. 8; MünchKommStGB/*Schneider*, Vor §§ 211ff. Rn. 105; StGB-*Neumann*[2002], Vor § 211 Rn. 103.

[1248] BGHSt 37, 376 (379); 40, 257 (260) - Kemptener Fall; StGB-*Neumann*[2002], Vor § 211 Rn. 113.

Tod bei der Ermittlung des mutmaßlichen Willens von Bedeutung, weil unterstellt werden kann, dass das Prinzip „In dubio pro vita" mit größer werdender Todesnähe an Bedeutung verliert, die Wahrscheinlichkeit einer Fremdbestimmung also abnimmt. Sicher ist deshalb, dass lebenserhaltende Maßnahmen nicht schon allein deshalb eingestellt werden dürfen, weil sich die Krankheit des extrem unreifen Frühgeborenen als unheilbar herausgestellt hat und somit eine Gesundung nicht mehr möglich ist.[1249] Ein solch frühzeitiges Sterbeinteresse lässt sich weder auf empirische Studien stützen noch bestehen entsprechende allgemeine Wertvorstellungen. Um einem ungewollten und vorzeitigen Sterbenlassen entgegenzuwirken, liegt es vielmehr näher, in diesem Krankheitsstadium den Selbstbestimmungsaspekt genauso wie die körperliche Unversehrtheit gegenüber dem Lebensrecht in den Hintergrund treten zu lassen und eher von einem auf Lebenserhaltung gerichteten Interesse des Frühgeborenen auszugehen. Für diese Erwägung sprechen die medizinische Indikation, die der lebenserhaltenden Maßnahme einen überwiegenden objektiven Nutzen bescheinigt, sowie die Vermutungsregel zugunsten des Integritätsschutzes, wonach der Mensch im Zweifel sein Leben geachtet wissen will und sein Interesse nur ausnahmsweise nicht auf die Abwehr entsprechender Eingriffe gerichtet ist, selbst wenn die medizinische Maßnahme nur geringe Überlebenschancen bietet.[1250] Die hier vertretene, vom Grundsatz: „In dubio pro vita" getragene Auffassung[1251] steht damit diametral einer Auslegung entgegen, die von einem Sterbensinteresse ausgeht und einen Abbruch der Behandlung für zulässig hält, falls Anhaltspunkte für die Einstellung des Patienten zur Frage des Behandlungsabbruchs fehlen, was bei Neugeborenen generell der Fall ist.[1252]

Erweist sich die zur Lebenserhaltung eingeleitete Intensivbehandlung in ihrem weiteren Verlauf allerdings als aussichtslos, bedarf die weitere Behandlung einer neuen Legitimation. Für die Frage, ab welcher Todesnähe nun ein Sterbenlassen durch Abbruch oder Verzicht auf die Behandlung seinem objektiven Interesse entspricht, so dass ein entsprechender Sterbewille des Frühgeborenen zu vermuten ist, kann auf die entsprechenden Erwägungen zur „indirekten Früheuthanasie" abgestellt werden. Auch die „passive Früheuthanasie" ist danach nicht auf Sterbende in der Terminalphase beschränkt. Von einer Zulässigkeit der passiven Sterbehilfe in Vorsterbephasen gehen daher nicht nur die Rechtsprechung und das strafrechtliche Schrifttum aus,[1253] sondern auch die Bundesärztekammer, die in

---

[1249] Ähnlich *Conradi*, S. 475, 503; *Opderbecke*, in: *Lawin/Huth*, S. 110.

[1250] Zutreffend *Höfling*, JuS 2000, S. 111 (117). In diesem Sinne auch *Opderbecke/Weißauer*, MedR 1998, S. 395 (396).

[1251] Etwa *Weber/Vogt-Weber*, MedR 1999, S. 204 (207); *Taupitz*, Gutachten, S. A 45 sowie in: Sterbemedizin, S. 127; *Spickhoff*, NJW 2000, S. 2297 (2299); *Höfling*, JuS 2000, S. 111 (117); *Giesen*, MML, Rn. 966, sowie wiederholend in JZ 1990, S. 929 (941): favor vitae.

[1252] In diesem Sinne etwa *Merkel*, ZStW 107 (1995), S. 545 (573); ähnlich *Bottke*, S. 119; MünchKommStGB/*Schneider*, Vor §§ 211ff. Rn. 121.

[1253] Stellvertretend BGHSt 40, 257 - Kemptener Fall; MünchKommStGB/*Schneider*, Vor §§ 211ff. Rn. 106; Sch/Sch-*Eser*, Rn. 21, 27ff. vor §§ 211ff.; NK-StGB-*Neumann*, Vor

den erwähnten Grundsätzen zur ärztlichen Sterbebegleitung neben Sterbenden auch Patienten aufführt, bei denen der eigentliche Sterbeprozess noch nicht eingesetzt hat.[1254] Die für Maßnahmen der „passiven Früheuthanasie" zu fordernde Todesnähe ist deshalb gegeben, wenn eine irreversible, schwere Erkrankung des Frühgeborenen bereits so weit fortgeschritten ist, dass es in absehbarer Zeit stirbt. Um die Gefahr eines vorzeitigen todbringenden und damit selbstbestimmungswidrigen Behandlungsverzichts zu vermeiden, ist der so umschriebene Zeitrahmen jedoch eng zu verstehen. Das bedeutet, dass das Sterbenlassen den prognostizierten Todeseintritt nur um einen unerheblichen Zeitraum vorverlegen darf, oder anders ausgedrückt, die beabsichtigte Therapie das Leben lediglich geringfügig verlängert haben dürfte.

b) Sonstige Voraussetzungen: Der Schmerzzustand

Die Beachtung der zeitlichen Reichweite für eine „passive Früheuthanasie" bedeutet freilich nicht, dass nunmehr ein Sterbenlassen stets dem mutmaßlichen Willen des extrem unreifen Frühgeborenen entspricht. Es lässt sich nämlich nicht pauschal behaupten, dass der Patientenwille in der letzten Lebensphase darauf gerichtet ist, nicht sämtlichen denkbaren lebensverlängernden medizinischen Maßnahmen, die mitunter auch schmerzverlängernd sein können, unterzogen zu werden.[1255] Es müssen vielmehr weitere Umstände hinzukommen, damit nunmehr ein Sterbeinteresse angenommen werden kann. Weiterhelfende, allgemeine Wertvorstellungen bestehen - wie festgestellt – nicht. Genau wie bei der „indirekten Früheuthanasie" ist aber zu vermuten, dass der aktuelle Schmerzzustand die Interessenlage beeinflusst. Erst dann also, wenn objektiv erkennbar für das Frühgeborene aufgrund seiner Schmerzen in der (kurzfristigen) Lebensverlängerung kein Vorteil mehr zu sehen ist, kann ein überwiegendes Sterbeinteresse vermutet werden. Als weitere medizinische Voraussetzung sind somit schwere, unerträgliche Schmerzen zu fordern, die selbst bei einer Behandlung das Frühgeborene den Rest seines Lebens begleiten würden. Ausschlaggebend für diese Bewertung sind die Rechte des Frühgeborenen auf körperliche Unversehrtheit und auf Selbstbestimmung, die insoweit gegenüber dem Lebensrecht in den Vordergrund rücken, weil nicht auszuschließen ist, dass die Lebensverlängerung für das Frühgeborene in dieser Situation gleichbedeutend einer Leidensverlängerung oder selbstbestimmungswidrig ist. Folglich kann bei der Interpretation des mutmaßlichen Willens des Frühgeborenen davon ausgegangen werden, dass in Anbetracht der nicht mehr bestehenden Rettungschance sowie dem Recht auf körperliche Unversehrtheit nun kein Interesse an lebens- und leidensverlängernden Maßnahmen mehr besteht, so dass der Beginn oder die Fortsetzung der lebenserhaltenden Therapie unerwünscht ist.

---

§ 211 Rn. 105; *Wessels/Hettinger*, BT/1, Rn. 39; a.A. LG München I, abgedruckt bei *Koch*, in: *Eser/Koch* (Materialien zur Sterbehilfe), S. 118 (120) -hiesiger Fall 6; grundsätzlich *Duttge*, ZfL 2004, S. 30 (37); *Müller-Busch*, in: Nationaler Ethikrat, S. 10.

[1254] DÄBl. 101 (2004), S. A-1298f.

[1255] So aber *Hahne*, in: Nationaler Ethikrat, S. 7.

3) Ergebnis

Im Ergebnis ist bei extrem unreifen Frühgeborenen somit ein Sterbenlassen durch Unterlassen einer lebenserhaltenden Maßnahme unter den gleichen Voraussetzungen zulässig wie Handlungen einer „indirekten Früheuthanasie". Die maßgeblichen medizinischen Kriterien sind identisch, was aber bedeutet, dass auch hier der Schmerzzustand Bedeutung erlangt und man die Kopplung der Schmerzbestimmung an ein objektives Schmerzerfassungsinstrument für statthaft erachten muss. Unter dieser Bedingung und im Hinblick auf die im Vergleich zur verbleibenden Lebensdauer selbst bei einer Behandlung nur geringen lebensverkürzenden Wirkung der „passiven Früheuthanasie", dürfte es nicht sonderlich gewagt sein, die Annahme eines Sterbeinteresses bei dem unter unerträglichen Schmerzen leidenden extrem unreifen Frühgeborenen bei objektiver Abwägung seiner Interessen als die wahrscheinlichere Alternative anzunehmen. Dem Frühgeborenen wird deswegen das Lebensrecht nicht abgesprochen, vielmehr wird der Tatsache Rechnung getragen, dass der Tod nahe bevorsteht und der Kampf um die Lebenserhaltung in nächster Zeit verloren sein wird. Der Tod wird hier nicht gezielt beschleunigt, sondern bloß nicht weiter verzögert; er wird zugelassen. In diesem Sinne ausgelegt, verdienen die Grundsätze der Bundesärztekammer zur ärztlichen Sterbebegleitung Zustimmung, wenn sie unter Punkt II. bei extrem unreifen Kindern, deren unausweichliches Sterben abzusehen ist, das Unterlassen oder Nichtweiterführen einer lebenserhaltenden Behandlung für zulässig erachten.[1256] Aus strafrechtlicher Sicht wäre in den unter § 3.B.I.1. und 2. vorgestellten Fällen somit zu fragen, ob nicht für die jeweils lebenserhaltend behandelnden Ärzte ein rechtlich bindendes Behandlungsveto der Eltern vorlag, das zum Erlöschen des Behandlungsrechtes beim Frühgeborenen führte, so dass den Ärzten eine als Körperverletzung strafbare eigenmächtige Heilbehandlung vorzuwerfen ist. Im Fall 3 (§ 3.B.I.3.) wäre dagegen zu klären, ob die Voraussetzungen für ein Sterbenlassen des Frühgeborenen bestanden oder sich Behandlungsseite und Eltern stattdessen nicht eines Tötungsdeliktes strafbar gemacht haben.

D. Zusammenfassung

Die Suche nach Behandlungsgrenzen, die aus dem ausgeübten Selbstbestimmungsrecht des kleinen Patienten folgen und trotz vitaler Indikation die Vornahme einer lebenserhaltenden Maßnahme verbieten, hat Folgendes ergeben:

1. Ausgangslage ist, dass sich der mutmaßliche Wille des extrem unreifen Frühgeborenen mangels subjektiver Indizien bloß aus einer rein objektivierten Beurteilung seiner Interessen ergeben kann. Zu diesem Zweck muss auf objektiv feststellbare Kriterien zurückgegriffen werden, die allgemeinen Wertvorstellungen entsprechen, wobei eine überragende Wahrscheinlichkeit dafür beste-

---

[1256] DÄBl. 101 (2004), S. A-1298.

hen muss, dass diese Vorstellungen auch mit denen des Frühgeborenen übereinstimmen. Nur dann lässt sich der Vorwurf einer Fremdbestimmung widerlegen und sich von Fremdverantwortung reden. Eine Identität von vermuteten
Patientenwillen und den Interessen der Allgemeinheit darf nicht einfach unterstellt werden. Zu achten ist überdies auf die korrekte Fragestellung. Da es um
die notwendige Einwilligung in die Vornahme einer medizinischen Maßnahme geht, ist nicht ein Abbruch- oder Verzichtswille (Sterbewille) des Frühgeborenen zu erforschen, sondern sein Wille, die indizierte Behandlung durchführen zu lassen (Lebenswille).

2. Der Rückgriff auf allgemeine Wertvorstellungen zur Beantwortung der Frage,
    wann hier vom Prinzip der Lebenserhaltung abgewichen werden darf, erfor-
    dert zu deren Legitimation eine rechtliche und ethische Grundsatzdiskussion
    auf breiter gesellschaftlicher Basis. Diese Diskussion hat – wenn überhaupt –
    aber erst begonnen, so dass es bisher keine allgemein gültigen abstrakten
    Wertvorstellungen im hier interessierenden Bereich gibt. Es bleibt auch offen,
    ob es sie jemals geben wird. Hinzu kommt, dass man noch viel zu wenig dar-
    über weiß, was extrem unreife Frühgeborene in dieser Grenzsituation des Le-
    bens wollen und empfinden. Somit können die bislang formulierten objekti-
    ven Kriterien für ein Sterbeinteresse wie etwa Schwere der Schädigungen,
    Überlebensqualität oder irreversibler Bewusstlosigkeit nicht zur Willenserfor-
    schung herangezogen werden. Sie entsprechen weder allgemein anerkannten
    Wertvorstellungen noch weisen sie eine empirisch belegte Individuumsbezo-
    genheit auf. Sie begründen keine Behandlungsgrenzen.

3. Da bei der Interessenabwägung jedoch auch keine objektiven Anhaltspunkte
    für ein situatives Behandlungsinteresse bei dem extrem unreifen Frühgebore-
    nen existieren, muss die Willenserforschung an sich unergiebig bleiben und es
    liegt eine Pattsituation vor. Die gleichwertigen Pflichten zur Lebenserhaltung
    einerseits sowie zur Unterlassung eigenmächtiger Behandlungen andererseits
    bleiben unvereinbar nebeneinander bestehen. Dieses Entscheidungsdilemma
    ist im Interesse der Rechtssicherheit und Rechtsklarheit am besten über die
    Präferenzregel *„In dubio pro vita"* aufzulösen. Arzt und Eltern handeln des-
    halb im Zweifel im mutmaßlichen Willen und zum Wohl des Frühgeborenen,
    wenn zunächst diejenigen Maßnahmen ergriffen werden, die vital indiziert
    sind. Auf diese Weise wird die Einwilligung des Frühgeborenen in die Be-
    handlung zur Regelvermutung.

4. Dies bedeutet indes nicht, dass extrem unreife Frühgeborene nun unbegrenzt
    lebenserhaltend behandelt werden müssen. Vielmehr finden in modifizierter
    Form die allgemeinen Sterbehilferegeln Anwendung. Die prinzipielle prog-
    nostische Unsicherheit hinsichtlich der kindlichen Entwicklung erlaubt somit
    eine „individualisierte prognostische Strategie." Möglich ist eine straflose Hil-
    fe im Sterben, wenn sich das Frühgeborene in der finalen Sterbephase befin-
    det, weil die Eltern in dieser Situation einen Sterbewillen ihres Kindes vermu-
    ten können. Medizinische Voraussetzungen für rechtlich zulässige Maßnah-
    men der indirekten und passiven Sterbehilfe sind hingegen, dass das extrem
    unreife Frühgeborene an einer schweren unheilbaren Erkrankung leidet, deren
    Prognose infaust ist und die bereits so weit fortgeschritten ist, dass es in ab-

sehbarer Zeit stirbt. Bedingt die Unreife folglich „nur" schwerste Schädigungen, so reicht das nicht aus. Ferner sind zur Vermutung eines entsprechenden Willens des Frühgeborenen der Einsatz eines validierten Schmerzerfassungsinstruments und die Festlegung einer bestimmten Schmerzgrenze notwendig, weil lediglich dann objektive Indizien dafür vorliegen, dass aufgrund eines unerträglichen Schmerzzustands das Interesse des Frühgeborenen am Abbruch oder Verzicht auf die Behandlung sein Interesse an einer Lebenserhaltung überwiegt. Nennenswerte Bedeutung für die Willensermittlung erlangen somit sowohl das Akutstadium der Erkrankung als auch die Absicherung des weiteren Verlaufs durch die ärztliche Prognose. Anders gesagt: Je sicherer sich ein Sterben und die Belastung durch weitere medizinische Maßnahmen abzeichnen, desto verlässlichere Schlüsse auf den mutmaßlichen Sterbewillen des Patienten können daraus gezogen werden.[1257] Aktive Sterbehilfehandlungen schließlich sind rechtlich verboten.

5. Die hier vertretene Ansicht hat zwar zur Folge, dass auch Entscheidungen für die Fortsetzung der Behandlung getroffen werden, die angesichts der damit verknüpften Leiden des extrem unreifen Frühgeborenen für die Ärzte, vor allem aber für die Eltern aus emotionalen, psychischen oder finanziellen Gründen nur schwer erträglich sein mögen. Verhindert wird auf diese Weise aber – und das ist entscheidend – dass es zu verpönten Fremdbewertungen über die Lebensqualität kommt und dem extrem unreifen Frühgeborenen vorschnell ein Lebensrecht abgesprochen wird, weil externe Interessen mit denen des Kindes als identisch angesehen werden. Zugleich wird der mutmaßliche Wille des Kindes aber auch nicht ausnahmslos im Sinne eines schlichten Lebenswillens interpretiert, sondern anerkannt, dass es im neonatalen Bereich durchaus Situationen gibt, in denen sich eine medizinisch indizierte Intensivbehandlung des Frühgeborenen nicht als interessengerecht darstellt. Auch in diesen Situationen eine Entscheidung im Zweifel für das Leben treffen zu müssen, würde den Verfassungsauftrag verfälschen und die Grundrechte aus Art. 1, 2 GG auf die Vitalfunktionen des Menschen begrenzen. Kein Mensch leidet freiwillig gern, besonders wenn er sterbenskrank ist.

Die bisherigen Untersuchungen haben gezeigt, dass eine Entscheidung über die Nichtvornahme einer medizinischen Behandlung jenseits der Unmöglichkeitsfälle ausschließlich auf Bewertungen zur Quantität und Qualität des Lebens des individuellen Frühgeborenen beruht. Dieses Ergebnis ist zwingend, denn was sonst könnte einen Behandlungsabbruch oder -verzicht legitimieren, wenn nicht der konkrete Lebenszustand des Kindes, zumal überindividuelle Interessen doch unberücksichtigt bleiben müssen? Und wie könnte dieser Zustand anders erfasst werden als in den Kategorien Quantität und Qualität dieses Lebens?[1258] Im Gegensatz zu unzulässigen Fremdbewertungen über das Leben, ist dem Einzelnen jedoch

---

[1257] Auf beide Aspekte hat übrigens bereits der Bundesgerichtshof in seiner Kemptener Entscheidung hingewiesen, vgl. BGHSt 40, 257 (260).

[1258] Insoweit verdient *Merkel*, Früheuthanasie, S. 526, Zustimmung, der schon vergleichbare Fragen formulierte.

eine autonome Entscheidung in Belangen der eigenen körperlichen Integrität aufgrund einer Interessenabwägung erlaubt. Bei der Suche nach Ausnahmen von einer Behandlungspflicht bei extrem unreifen Frühgeborenen geht es daher abschließend um Behandlungsgrenzen, die aus dem ausgeübten Selbstbestimmungsrecht des kleinen Patienten folgen und trotz der Indikation die Vornahme einer lebenserhaltenden Maßnahme verbieten.

§ 9 Der zivilrechtliche Schutz des Frühgeborenen

Der Arzt ist jedoch nicht nur strafrechtlich für das Frühgeborene verantwortlich. Der strafrechtliche Schutz des Frühgeborenen als Patient wird vielmehr flankiert durch eine zivilrechtliche Arzthaftung, denn das Behandlungsverhältnis zwischen dem Patienten auf der einen und dem frei praktizierenden oder im Krankenhaus tätigen Arzt auf der anderen Seite ist in aller Regel als ein Rechtsverhältnis privatrechtlicher Natur zu werten.[1259] Das der strafrechtlichen Behandlungspflicht korrespondierende Recht des Arztes zur Behandlung beruht zivilrechtlich auf einem Vertrag oder der faktischen Behandlungsübernahme. Dieser Abschnitt gibt darum einen kurzen Überblick über die Sorgfaltspflichten, die das Zivilrecht dem Arzt im Allgemeinen und bei der Behandlung von extrem unreifen Frühgeborenen im Besonderen auferlegt.

A. Die Arzthaftung

Das Zivilrecht statuiert gleich dem Strafrecht Verhaltenspflichten, die der Arzt bei der Behandlung des Neugeborenen zu beachten hat, denn Rechtsgüterschutz ist nicht nur eine Aufgabe des Strafrechts, sondern auch zivilrechtlich werden Rechtsgutverletzungen sanktioniert. Dies verdeutlicht § 823 Abs. 1 BGB ausdrücklich für deliktische Handlungen und folgt für vertragliche Schuldverhältnisse aus den §§ 280ff. BGB. Der Unterschied im Schutz besteht dabei vor allem auf der Rechtsfolgenseite: Während im Strafrecht der Staat hoheitlich gegenüber dem Arzt auftritt und diesem bei einer Rechtsgutverletzung als Straftäter gemäß §§ 38ff. StGB Freiheitsstrafe oder Geldstrafe für seine Zuwiderhandlung drohen, geht es im zivilen Haftungsrecht primär nicht um eine staatliche Sanktion, sondern um den Ausgleich eines Vermögensschadens zwischen dem Schädiger und dem Geschädigten.[1260] Bei Vorliegen einer pflichtwidrigen Rechtsgutverletzung haftet der Arzt danach als Schädiger dem geschädigten Patienten für den durch die ärztliche Behandlung erlittenen Schaden auf Schadensersatz. Durch die zivilrechtliche Berufshaftpflicht sollen dem Patienten so Schadenslasten aus Qualitätsmängeln

---

[1259] Zu den Ausnahmen *Laufs*, Arztrecht, Rn. 87; *Giesen*, Arzthaftungsrecht, Rn. 6; *Steffen/ Dressler*, Rn. 6f., jeweils m.N.

[1260] Zum zivilrechtlichen Sanktionscharakter näher *Frank Bohn*, Der Sanktionsgedanke im Bürgerlichen Recht, Dissertation, Rostock, 2003.

der medizinischen Behandlung abgenommen werden.[1261] Zu ersetzen sind alle Schäden, die dem Frühgeborenen infolge der pflichtwidrigen Behandlung an seinen Rechtsgütern entstanden sind. Als ersatzfähiger Schaden kommt gemäß §§ 249ff. BGB jeder Vermögensschaden sowie unter den Voraussetzungen des § 253 Abs. 2 BGB auch ein Schmerzensgeld in Betracht.

Nun kennt – was nach dem Befund zum Strafrecht wenig verwundert – auch das Zivilrecht keine detaillierten, spezielle Rechtsnormen, die sich ausdrücklich an den Arzt wenden und den Umgang mit extrem unreifen Frühgeborenen näher regeln. Die vom Arzt zu beachtenden Pflichten bei der Behandlung von Neugeborenen ergeben sich vielmehr aus den allgemein gehaltenen Haftungsvorschriften des Schuldrechts, das heißt aus den Pflichten, wie sie einerseits freiwillig aus der ordnungsgemäßen Erfüllung des privatautonom abgeschlossenen Arztvertrags[1262] folgen, sowie fremdbestimmt aus der Beachtung der Rechtsregeln guter ärztlicher Berufsausübung andererseits.[1263]

B. Die Rechtsbeziehungen zwischen Arzt und Neugeborenen

I. Der Arztvertrag

Der ärztlichen Behandlung des Neugeborenen wird – sofern es um eine ambulante Behandlung in freier Praxis geht – regelmäßig ein Vertrag[1264] zugrunde liegen, den die Eltern oder sonstige sorgeberechtigte Personen als die gesetzlichen Vertreter des Kindes in eigenen Namen direkt mit dem behandelnden Arzt abschließen und der das Kind mit einschließt.[1265] Durch Auslegung ist im Einzelfall festzustellen, ob es sich um einen echten Arztvertrag zugunsten des Kindes gemäß § 328 BGB handelt oder um einen Arztvertrag mit Schutzwirkung für das Kind.[1266] Da

---

[1261] *Steffen/Dressler*, Rn. 128.

[1262] Die Pflichten zielen mithin ab auf ein „pacta sunt servanda".

[1263] Hier folgen die Pflichten aus dem „neminem laedere".

[1264] Die nachfolgenden Ausführungen beziehen sich nur auf das Rechtsverhältnis zwischen Arzt und Privatpatienten. Auf die Darstellung der komplizierteren Rechtsbeziehung zwischen Vertragsarzt und Kassenpatient wird hier verzichtet, weil die Behandlungspflicht in beiden Fällen dieselbe ist und hinsichtlich der Sorgfaltspflichten gemäß § 76 Abs. 4 SGB V die Vorschriften des bürgerlichen Vertragsrechts gelten.

[1265] *Medicus*, SchuldR II, Rn. 348; *Brox/Walker*, § 27 Rn. 3.

[1266] Zur Erinnerung: Der Vertrag mit Schutzwirkung für Dritte bewirkt lediglich eine Haftungserweiterung. Der Dritte wird dergestalt in den Schutzbereich des Vertrages einbezogen, dass ihm bei der Verletzung vertraglicher Sorgfalts- und Obhutspflichten nicht nur ein deliktischer, sondern auch ein eigener Schadensersatzanspruch aus dem fremden Vertrag zusteht. Im Unterschied zu § 328 BGB steht hingegen der Anspruch auf die Hauptleistung allein dem Vertragsgläubiger zu, der Dritte erwirbt demgemäß kein eigenes Forderungsrecht, vgl. nur Palandt/*Heinrichs*, § 328 Rn. 13.

es im Falle eines Neugeborenen um die ärztliche Behandlung eines geschäftsunfähigen Kindes geht, kann grundsätzlich davon ausgegangen werden, dass die gesetzlichen Vertreter des Kindes diesem kein eigenes Forderungsrecht auf die Durchführung einer fachgerechten Behandlung verschaffen wollen, so dass die Annahme eines Vertrags mit Schutzwirkung für das Neugeborene nahe liegt.[1267] Gleiches gilt, wenn es um die ärztliche Betreuung der Schwangeren bis einschließlich der Entbindung des Kindes geht.[1268] Behandlungsverpflichteter und damit auch der Verantwortliche im Falle einer ärztlichen Pflichtverletzung ist immer der den Behandlungsauftrag übernehmende Arzt.[1269]

1) Rechtsnatur

Der Arztvertrag ist allerdings kein im Bürgerlichen Gesetzbuch besonders geregelter Vertragstypus. Richtigerweise wird er allgemein als ein Dienstvertrag nach § 611 BGB über höhere Dienste, die der Patient dem Arzt vertrauensvoll überträgt, eingeordnet und nicht als Werkvertrag, denn der Arzt kann und will im Regelfall lediglich das sorgfältige Bemühen um Hilfe und Heilung versprechen und nicht einen bestimmten Behandlungserfolg.[1270] Eine Gesundungsgarantie widerspräche der Funktion des Arztvertrages in der sozialen Wirklichkeit. Etwas anderes gilt nur, wenn der Arzt ausdrücklich für den Erfolg seiner ärztlichen Leistung einstehen will, mithin ein Erfolgsversprechen abgibt.

Beim Arztvertrag handelt es sich mithin um einen gegenseitigen Schuldvertrag, der den Arzt zur fachgerechten Behandlung und den Patienten zur Zahlung des Honorars verpflichtet. Doch diese reine „handwerkliche" Einordnung des Arztvertrages durch den Juristen in das Vertragssystem des Bürgerlichen Gesetzbuchs wird allein den Besonderheiten der ärztlichen Tätigkeit nicht gerecht. Der Patient hat dem Arzt zu vertrauen, denn immer wieder müssen sensible Fragen angesprochen werden. Arzt und Patient können daher nicht nur als bloße Partner eines bürgerlich-rechtlichen Vertrages betrachtet werden. Wegen des besonderen Vertrauensverhältnisses, welches „in starkem Maße in der menschlichen Beziehung wurzelt, in die der Arzt zu dem Kranken tritt"[1271], der Fürsorge und der Orientierung des ärztlichen Handelns an humanitären Idealen wurde und wird das Verhältnis zwischen Arzt und Patient – vielleicht etwas idealisierend, doch im Ansatz richtig – von Rechtswissenschaft und Rechtsprechung als weit mehr als eine bloße

---

[1267] Ebenso *Uhlenbruck/Laufs*, in: *Laufs/Uhlenbruck*, § 40 Rn. 25; wohl auch *Deutsch/Spickhoff*, Rn. 81, 344, 563; a.A. *Roth*, NJW 2006, S. 2814; *Bender,* MedR 1997, S. 7 (10), der stets einen echten Vertrag zugunsten des minderjährigen Patienten annimmt.

[1268] BGHZ 86, 240 (253); 106, 153 (162); MünchKommBGB/*Wagner*, § 823 Rn. 644; *Giesen*, Arzthaftungsrecht, Rn. 47; *Schwall/Itzel*, MedR 2001, S. 565.

[1269] *Katzenmeier*, S. 103.

[1270] MünchKommBGB/*Wagner*, § 823 Rn. 643; *Giesen*, Arzthaftungsrecht, Rn. 7; *Uhlenbruck/Laufs*, in: *Laufs/Uhlenbruck*, § 39 Rn. 10ff.; *Medicus*, SchuldR II, Rn. 349; einen eigenen Typus des Arztvertrages annehmend *Deutsch/Spickhoff,* Rn. 88.

[1271] BGHZ 29, 46 (53) unter Berufung auf den alten Heidelberger Rechtslehrer und Arztrechtler *Eberhard Schmidt*.

juristische Vertragsbeziehung angesehen.[1272] Dieses Bild hat sich freilich in den letzten Jahrzehnten gewandelt und die Arzt-Patienten-Beziehung wird, weil zunehmend von Misstrauen und juristischen Absicherungsstrategien geprägt, heutzutage nüchterner betrachtet.[1273] *Wilhelm Uhlenbruck* spricht in diesem Zusammenhang treffend von einer „Säkularisierung" des Arztrechts.[1274] Aber auch wenn diese „nüchterne" Betrachtungsweise angesichts der wissenschaftlichen Entwicklungen und zunehmenden technischen Möglichkeiten im Bereich der Medizin möglicherweise zu einer besseren rechtlichen Kontrolle der Medizin führt und auf diesem Wege die Rechte des Patienten wahrt sowie insoweit dem Arztrecht zuträglich ist, als damit die Gefahr der Ausbildung eines stark von den persönlichen Anschauungen des jeweiligen Kommentators oder Richters geprägten Sonderrechts für Ärzte gebannt wird. Letztendlich birgt die vollständige Ausblendung der Besonderheiten der ärztlichen Tätigkeit die Gefahr, die ärztliche Leistungspflicht zu stark zu objektivieren und zu einer Entwicklung beizutragen, an deren Ende eine „vollständige juristische Organisation des Verhältnisses zwischen Arzt und Patient"[1275] steht. Soweit darf indessen die notwendige rechtliche Kontrolle nicht führen. Es muss vielmehr den standesrechtlichen und ethischen Bindungen des Arztes ausreichend Rechnung getragen werden. Der Arztvertrag ist mehr als ein rechtsgeschäftliches Austauschverhältnis im Sinne eines do ut des.[1276] Deshalb sind nach wie vor bei der Bestimmung der vertraglichen Rechte und Pflichten im Arzt-Patienten-Verhältnis dessen Besonderheiten angemessen zu berücksichtigen.[1277]

2) Besonderheiten bei der Krankenhausbehandlung

Besonderheiten in anderer Hinsicht bestehen, wenn es um die stationäre Behandlung des Patienten im Krankenhaus geht. Hier kommt nämlich nicht nur der Klinikträger als Vertragspartner in Betracht, weswegen zunächst zu bestimmen ist, wer die Behandlungsaufgabe vertraglich übernommen und für daraus resultierende Pflichtverletzungen einzustehen hat. Im Einzelnen ist bei der stationären Behandlung zwischen drei Vertragsformen[1278] zu unterscheiden: Im Regelfall wird bei der Aufnahme eines Patienten im Krankenhaus ein sog. totaler Krankenhausvertrag

---

[1272] In diesem Sinne hat bereits 1957 *Eberhard Schmidt* das Verhältnis zwischen Arzt und Patient gekennzeichnet, s. Arzt im Strafrecht, S. 2. Auf ihn verweist auch BVerfGE 52, 131 (169f.) - Arzthaftungsprozess; vgl. auch Ehlers/*Broglie*, Rn. 609; *Wiesing*, Arztrolle, S. 187.

[1273] *Giesen*, Arzthaftungsrecht, Rn. 2. Ausführlich *Uhlenbruck/Laufs*, in: *Laufs/Uhlenbruck*, § 39 Rn. 6ff. m.N.

[1274] *Uhlenbruck/Laufs*, in: *Laufs/Uhlenbruck*, § 39 Rn. 5.

[1275] *Laufs*, Arztrecht, Rn. 23.

[1276] *Conradi*, S. 29.

[1277] Ebenso *Uhlenbruck/Laufs*, in: *Laufs/Uhlenbruck*, § 39 Rn. 8.

[1278] Eine erste kurze Übersicht zu den unterschiedlichen Gestaltungsformen des Krankenhausvertrages findet sich bei *Brox/Walker*, § 27 Rn. 6ff. oder *Medicus*, SchuldR II, Rn. 352ff. Ergänzend *Martis/Winkhart*, S. 403ff.

geschlossen. Dieser umfasst sowohl die Unterbringung und Verpflegung als auch die gesamte medizinische Behandlung und Pflege. In diesem Fall haftet lediglich der Krankenhausträger vertraglich nach § 278 BGB, nicht auch der behandelnde Klinikarzt.[1279] Anderes gilt jedoch beim sog. gespaltenen Krankenhausvertrag, der hauptsächlich vorliegt, wenn es sich um die ambulant begonnene und stationär fortgesetzte Behandlung durch einen Belegarzt in einem Krankenhaus handelt. Hier ist hinsichtlich der geschuldeten ärztlichen Hauptleistungen im Krankenhaus allein der Belegarzt Vertragspartner des Patienten, so dass auch bloß ihm die vertragliche Einstandspflicht für ärztliche Fehlleistungen trifft.[1280] Hingegen werden die Pflege- und Versorgungsleistungen sowie die ärztliche Versorgung, die nicht persönlich vom Belegarzt in dessen Fachgebiet erbracht werden kann, vom Krankenhaus übernommen. Diese Vertragsform findet sich gerade im Bereich der Geburtshilfe sehr häufig.[1281] Schließlich gibt es noch den Sonderfall, dass Arzt und Krankenhausträger nebeneinander für Behandlungsfehler haften.[1282] Bei diesem sog. totalen Krankenhausvertrag mit Arztzusatzvertrag, dieses Modell ist übrigens als Regelfall anzusehen,[1283] verpflichtet sich der Klinikträger gegenüber dem Patienten ebenso wie bei dem totalen Krankenhausvertrag zur Erbringung der ärztlichen Behandlung wie auch der übrigen Versorgung. Daneben nimmt der Patient ein Angebot des Krankenhausträgers auf weitere ärztliche Leistungen als Wahlleistung an und schließt zusätzlich einen Vertrag mit dem Chefarzt oder einem sonstigen liquidationsberechtigten Klinikarzt ab, der den Arzt zur persönlichen Behandlung verpflichtet. Bei dieser vertraglichen Gestaltung schulden mithin der Krankenhausträger und der behandelnde Arzt die ärztlichen Leistungen. Beide haben deshalb auch für ärztliche Pflichtverletzungen gesamtschuldnerisch einzustehen.

Vertragspartner bei der stationären Behandlung im Krankenhaus ist demgemäß in der Regel der Träger des Krankenhauses. Nur in Sonderfällen kommt es zu einem Behandlungsvertrag zwischen dem Patienten und dem behandelnden Arzt, wobei dieser Vertrag sowohl alternativ als auch kumulativ hinzutreten kann. Doch dies bedeutet selbstverständlich nicht, dass in den Fällen, in denen der Krankenhausträger Vertragspartner geworden ist, dem Klinikarzt als Nichtschuldner keine Verhaltenspflichten bei der Behandlung des Patienten treffen. Zwar haftet aus dem Vertrag allein der Krankenhausträger, aber nur, weil ihm im Rahmen der vertikalen Arbeitsteilung das Fehlverhalten von Hilfspersonen bei der Erfüllung des Arztvertrages, also auch das des bei ihm beschäftigten Klinikarztes, über § 278 BGB zugerechnet wird. Der Klinikarzt hat daher bei der Behandlung darauf zu

---

[1279] Näher zur Haftung *Martis/Winkhart*, S. 405ff.; MünchKommBGB/*Wagner*, § 823 Rn. 647.

[1280] Näher zur Haftung *Schwall/Itzel*, MedR 2001, S. 565ff.; *Martis/Winkhart*, S. 414ff.; MünchKommBGB/*Wagner*, § 823 Rn. 650.

[1281] *Schwall/Itzel*, MedR 2001, S. 565.

[1282] Näher zur Haftung *Martis/Winkhart*, S. 409ff.; MünchKommBGB/*Wagner*, § 823 Rn. 648.

[1283] *Katzenmeier*, S. 108; *Martis/Winkhart*, S. 408.

achten, dass er das aus dem Vertrag zwischen dem Krankenhausträger und dem Patienten geschuldete Pflichtprogramm einhält. Darüber hinaus haftet er aufgrund seiner Garantenstellung für die übernommene Behandlung freilich auch deliktisch für eigene Fehler in seinem Kontrollbereich.

3) Beendigung des Arztvertrages

Das Dienstvertragsverhältnis zwischen Arzt und Patient endet regelmäßig mit Erfüllung aller aus dem Schuldverhältnis folgenden Pflichten, im günstigsten Fall gemäß § 620 Abs. 2 BGB durch Zweckerreichung nach Behandlungsabschluss, wenn der Patient genesen und damit der Zweck des Arztvertrages erreicht ist. Darüber steht es Arzt wie Patienten frei, jederzeit die Behandlung einverständlich durch Abschluss eines Aufhebungsvertrages zu beenden. Versterben Arzt oder Patient, so endet gleichfalls nach § 620 Abs. 2 BGB der Arztvertrag mit sofortiger Wirkung, weil durch den Todesfall das Dienstverhältnis nach Zweck und Beschaffenheit an seine natürliche Grenze stößt. Schließlich können sich Arzt und Patient jederzeit unter bestimmten Voraussetzungen einseitig über eine außerordentliche Kündigung gemäß § 627 BGB vom Behandlungsvertrag lösen.[1284]

II. Die Behandlungsübernahme im Eilfall

Aber auch dort, wo es nicht vom Patienten oder seinem Vertreter eingeräumt wurde, kann ein der Pflicht korrespondierendes Behandlungsrecht des Arztes mit bestimmten Verhaltenspflichten gegenüber dem Patienten bestehen. Zu denken ist etwa daran, dass der ärztliche Behandlungsvertrag nichtig ist – eine Problematik allerdings, die in der Praxis nur selten wichtig wird, weshalb hierauf nicht weiter eingegangen wird. Weitaus häufiger kommen indes Situationen vor, in denen es an einer vorherigen Kontaktaufnahme zwischen Arzt und Patient fehlt. Beispielsweise ist das der Fall, wenn die Schwangere kurz vor der Geburt als Notfall eingeliefert wird, so dass ihre Behandlung ebenso wie die des Neugeborenen angesichts der sachlichen und zeitlichen Dringlichkeit ohne rechtsgeschäftliche Berechtigung erfolgen muss.

Bei einer solchen Behandlungsübernahme im Eil- oder Notfall kann es unter dem Gesichtspunkt der Geschäftsführung ohne Auftrag durch das ärztliche Tätigwerden gemäß §§ 677, 683 BGB zu einem quasi-vertraglichen Rechtsverhältnis zwischen Arzt und Neugeborenen mit Behandlungspflichten kommen.[1285] Die fehlende Geschäftsfähigkeit des Frühgeborenen als Geschäftsherrn ist unerheblich. Der Fremdgeschäftsführungswille des Arztes wird hier vermutet, weil es sich um ein objektiv fremdes Geschäft handelt, das den Eltern als Sorgeberechtigten obliegt. Erforderlich ist aber, dass eine sofortige ärztliche Maßnahme geboten ist und

---

[1284] Ausführlich zu Beendigungsgründen *Uhlenbruck/Laufs*, in: *Laufs/Uhlenbruck*, § 46; *Deutsch/Spickhoff*, Rn. 99.

[1285] *Laufs*, Arztrecht, Rn. 125f.; *Uhlenbruck/Laufs*, in: *Laufs/Uhlenbruck*, § 40 Rn. 6ff. und § 45 Rn. 19.

der Arzt die Behandlung im objektiven Interesse des Frühgeborenen, also zum Wohl seines Patienten, und mit Rücksicht auf dessen mutmaßlichen Willen vornimmt. Da nach der hier vertretenen Ansicht das unter Würdigung der Gesamtumstände zu bestimmende objektive Interesse des Frühgeborenen bereits eine Hilfe ist, seinen mutmaßlichen Willen zu ermitteln, wird die willensgemäße ärztliche Übernahme der Behandlung stets auch seinem Wohl entsprechen. Mangels aussagekräftiger Indizien für einen bestimmten, zu vermutenden Willen des Frühgeborenen sind nämlich mutmaßlicher Wille und objektives Interesse regelmäßig gleichzusetzen.[1286] Die Feststellung des vorrangig zu ermittelnden mutmaßlichen Willens des Frühgeborenen verliert in diesem Zusammenhang jegliche eigenständige Bedeutung. Im Ergebnis können deshalb allein medizinische Aspekte die Eilfallentscheidung des Arztes leiten. Der hat sich zu fragen, ob die Behandlungsübernahme in der konkreten Situation für das Frühgeborene objektiv nützlich ist.[1287] Zur Richtschnur für die Behandlungsübernahme wird damit die medizinische Indikation, handelt es sich hierbei doch um eine am Patientenwohl orientierte standardisierte Nutzen-Risiko-Abwägung.

Denken könnte man jedoch an eine Ausnahme in den Fällen, in denen eine Sterbehilfe dem mutmaßlichen Willen des Frühgeborenen entspricht. In der klinischen Praxis werden allerdings wohl nur höchst selten, wenn überhaupt, die hierfür notwendigen medizinischen Voraussetzungen, wie insbesondere die gesicherte infauste Prognose und die Feststellung eines bestimmten Schmerzgrades, bereits bei der Behandlungsübernahme im Eilfall als Befund vorliegen, weshalb nur schwer vorstellbar ist, dass sich die Frage nach Sterbehilfe bei Übernahme der Behandlung praktisch überhaupt stellt. Darüber hinaus ist dem Selbstbestimmungsrecht und dem Lebensrecht des Frühgeborenen sowie dem Elternrecht besser dadurch Rechnung zu tragen, dass man die Entscheidung über das Ergreifen von Sterbehilfemaßnahmen den primär zur Willensermittlung zuständigen Eltern überlässt und die ärztliche Tätigkeit auf die dringend indizierten Maßnahmen beschränkt, solange die Eltern nur vorübergehend nicht zur Entscheidung fähig sind. Sollte es freilich daran fehlen, weil etwa die Mutter bei der Geburt stirbt, der Kindsvater unbekannt ist und die Behandlungsbedürftigkeit es nicht erlaubt, einen Vormund oder Pfleger zu bestellen oder einen bereits bestellten gesetzlichen Vertreter zu informieren, dann steht dem Arzt die Eilfallkompetenz zu, die Behandlungsübernahme nicht bloß auf die Vornahme der im Augenblick (vital) indizierten Maßnahmen zu beschränken, sondern gegebenenfalls auch Sterbehilfe zu leisten. Nebenbei wird bei dieser Handhabung die zumindest ungewohnt klingende, aber mit der berechtigten Geschäftsführung ohne Auftrag verbundene Feststellung nur selten zu treffen sein, Sterbehilfemaßnahmen seien in der konkreten Situation für den Patienten „nützlich" gewesen. Somit zeigt sich, dass der fehlende Vertragsschluss starken Einfluss auf den Inhalt der Behandlungspflichten hat, denn

---

[1286] MünchKommBGB/*Seiler*, § 683 Rn. 10.
[1287] Allgemeine Ansicht, vgl. statt vieler MünchKommBGB/*Seiler*, § 683 Rn. 4.

der Arzt ohne Auftrag darf in diesen Eilfällen in der Regel zunächst nur die vital oder absolut indizierten Maßnahmen treffen.[1288]

III. Das deliktische Arzt-Patienten-Verhältnis

Rechtsbeziehungen zwischen Arzt und Patient mit daraus folgenden Pflichten können – wie gerade gesehen - auch aus dem Gesetz entstehen. Es kommt aber nicht nur eine Geschäftsführung ohne Auftrag in Betracht, vielmehr ist das Behandlungsverhältnis zwischen Arzt und Patient grundsätzlich auch deliktischer Natur, denn dass ärztliche Maßnahmen Körper, Gesundheit oder das Leben des Patienten beeinträchtigen können, ist unstreitig. Im Unterschied zur vertraglichen Behandlungsbeziehung, die an die vereinbarte Behandlungsaufgabe anknüpft, betont das deliktische Arzt-Patienten-Verhältnis allerdings nicht die Sonderbeziehung zwischen Arzt und Patient, sondern basiert auf der allgemeinen Rechtspflicht des Arztes, die Rechtsgüter des ihm anvertrauten Patienten nicht zu schädigen. Ausgangspunkt ist die durch die faktische Behandlungsübernahme entstandene Garantenstellung des Arztes für die Steuerung der physiologischen Abläufe, insbesondere der Krankheitsrisiken in seinem Berufsfeld.[1289] Der Arzt darf hiernach im Rahmen seiner Tätigkeit nicht widerrechtlich und schuldhaft in den Rechtskreis des Patienten eingreifen, das heißt die Rechtsgüter des Patienten verletzen oder den in einem Schutzgesetz normierten Tatbestand erfüllen; anderenfalls macht er sich schadenersatzpflichtig. Fehler bei der Behandlung können daher nicht nur eine vertragliche Pflichtverletzung darstellen,[1290] sondern sie bedingen auch eine Verletzung der in § 823 Abs. 1 BGB genannten Rechtsgüter Leben, Körper oder Gesundheit.[1291] Der Arzt, der bei seiner Behandlung nicht die allgemein geltenden Berufspflichten beachtet, kann sich weder auf die Therapiefreiheit noch auf die Einwilligung des Patienten berufen.[1292] Darüber hinaus erfüllt, wie im Strafrecht auch im Bereich des Zivilrechts, die medizinisch gebotene und lege artis ausgeführte ärztliche Behandlung nach ständiger, in der Literatur zum Teil

---

[1288] BGB-RGRK-*Nüßgens*, § 823 Anh. II Rn. 209, 40; *Gehrlein*, Rn. A 17; *Katzenmeier*, S. 109f.; *Steffen/Dressler*, Rn. 63; *Martis/Winkhart*, S. 50; vgl. auch Punkt VIII.3. der Revidierten Fassung der Einbecker Empfehlungen, MedR 1992, S. 206.

[1289] *Steffen/Dressler*, Rn. 1; *Gehrlein*, Rn. A 40.

[1290] Da der Arzt eine Tätigkeit und keinen Heilerfolg schuldet, ist von einem handlungsbezogenen Begriff der Pflichtverletzung auszugehen, der bei der Prüfung eines Schadenersatzanspruchs aus § 280 Abs. 1 BGB stets positiv festgestellt werden muss.

[1291] Die Unterscheidung zwischen Körper- und Gesundheitsverletzung ist haftpflichtrechtlich nahezu bedeutungslos. Auf diese Problematik soll daher nicht weiter eingegangen werden, vgl. hierzu nur *Laufs*, in: *Laufs/Uhlenbruck*, § 103 Rn. 4. Außer nach § 823 Abs. 1 BGB kommt ferner eine Haftung nach § 823 Abs. 2 BGB in Verbindung mit einem Schutzgesetz wie etwa eines der Strafgesetze zum Schutz des menschlichen Lebens oder der körperlichen Unversehrtheit in Betracht. Dieser Haftung kommt jedoch neben § 823 Abs. 1 BGB kaum eigenständige Bedeutung zu.

[1292] *Katzenmeier*, S. 112.

widersprochener Rechtsprechung den Tatbestand einer Körperverletzung, so dass auch hier zur Rechtfertigung des Eingriffs eine wirksam erteilte Einwilligung nach vorheriger Aufklärung des Patienten erforderlich ist.[1293]

Insgesamt betrachtet, bestehen somit im Arzt-Patienten-Verhältnis zum Schutze des Patienten nicht nur besondere vertragliche, sondern auch allgemeine deliktsrechtliche Verhaltenspflichten, die den Arzt zur Sorgfalt bei der Behandlung zwingen, will er sich nicht schadensersatzpflichtig machen. Diese Sorgfaltspflichten sind in gleicher Weise und mit demselben Inhalt auf den Schutz der Rechtsgüter des Patienten bezogen.[1294] Dem Patienten, sprich hier: dem Frühgeborenen, kommt daher der gleiche Schutz zu.

C. Die ärztliche Behandlungspflicht

Nach den Entstehungsgründen soll nunmehr untersucht werden, welche vertraglichen und deliktischen Verhaltenspflichten dem Arzt bei der Behandlung von extrem unreifen Frühgeborenen obliegen. Beleuchtet werden der Umfang der Behandlungspflicht, ihre Grenzen und mögliche Behandlungsfehler.

I. Therapiefreiheit und Sorgfaltsmaßstab

Aufgrund des Arztvertrages oder der faktischen Behandlungsübernahme schuldet der Arzt jedem Patienten als Hauptpflicht[1295] eine Behandlung. Die Behandlungs-

---

[1293] Zur Körperverletzungsdoktrin statt vieler MünchKommBGB/*Wagner*, § 823 Rn. 661ff.; s. auch die kritische Darstellung bei *Katzenmeier*, S. 112ff.

[1294] MünchKommBGB/*Wagner*, § 823 Rn. 643; *Gehrlein*, Rn. B 3; *Giesen*, Arzthaftungsrecht, Rn. 4; *Laufs*, in: *Laufs/Uhlenbruck*, § 97 Rn. 11, 13; *Katzenmeier*, S. 82. Auch darüber hinaus bestehen nach der Schuldrechtsreform durch das Gesetz zur Modernisierung des Schuldrechts vom 26. November 2001 (BGBl. 2001 I 3138ff.) und der Reform des Schadenersatzrechts durch das Zweite Gesetz zur Änderung schadensersatzrechtlicher Vorschriften vom 25. Juli 2002 (BGBl. 2002 I 2674ff.) im Jahre 2002 kaum noch Unterschiede zwischen deliktischer und vertraglicher Haftung. So wurde zunächst durch die Schuldrechtsreform das Verjährungsrecht grundlegend geändert und für vertragliche wie gesetzliche Ansprüche vereinheitlicht (§ 195 BGB). Im Rahmen der Änderung schadensersatzrechtlicher Vorschriften wurde sodann mit § 253 Abs. 2 BGB zudem ein vom Haftungsgrund unabhängiger Anspruch auf Schmerzensgeld geschaffen. Unterschiede bestehen somit nur noch bei der Einstandspflicht für das Verhalten von Hilfspersonen sowie im Ersatz für Unterhaltsverlust bei Tod (§ 844 Abs. 2 BGB).

[1295] *Uhlenbruck/Laufs*, in: *Laufs/Uhlenbruck*, § 44 Rn. 2. Auf die weiteren Pflichten des Arztes aus Behandlungsübernahme und Arztvertrag wie insbesondere Aufklärungspflicht, Schweigepflicht oder Dokumentationspflicht wird hier nicht näher eingegangen, weil sie für unser Thema nicht von unmittelbarer Bedeutung sind. Wer sich näher damit

pflicht umfasst alle Maßnahmen, die zur Erkennung und Behandlung der Krankheit erforderlich sind. Sie hat dem Erkenntnisstand der medizinischen Wissenschaft zum Zeitpunkt der Behandlung zu entsprechen.[1296] Dieser Begriffsbestimmung lässt sich zwar als subjektives Erfordernis eine gewisse Heiltendenz[1297] der Behandlung entnehmen, über den näheren Inhalt und Umfang besagt die Definition aber nichts. Eine erste Orientierung kann aber § 28 Abs. 1 SGB V bieten, wonach die ärztliche Behandlung die Tätigkeit des Arztes umfasst, die zur Verhütung, Früherkennung und Behandlung von Krankheiten nach den Regeln der ärztlichen Kunst ausreichend und zweckmäßig ist.[1298]

Im Prinzip hat der Arzt das Recht, auf der Grundlage seiner medizinischen Kenntnisse Art und Umfang der ärztlichen Leistung selbst zu wählen. Diese Therapiefreiheit des Arztes wird von der Rechtslehre und der Rechtsprechung anerkannt.[1299] Erst in Grenzbereichen kommt das Recht zum Zuge und muss der Medizin sagen, wo im Integritätsinteresse des Patienten eine Therapie beendet werden muss.[1300] Begründet wird die Therapiefreiheit damit, dass es in der Humanmedizin aufgrund der unterschiedlichen menschlichen Organismen keine universelle Regeltherapie gibt. Der Arzt muss vielmehr immer den einzelnen Patienten vor Augen haben und eine Einzelfallentscheidung treffen. Nur so kann er dessen Individualität gerecht werden und berücksichtigen, dass nicht jeder Organismus gleichermaßen auf eine Therapie anspricht. Bei seiner Wahl wird dem Arzt daher ein Beurteilungs- und Entscheidungsraum eingeräumt. Sein Ermessensspielraum wird jedoch dahingehend begrenzt, dass die gewählte Therapie dem medizinischen Standard entsprechen muss und das Ergebnis einer Risiko-Nutzen-Abwägung ist. Der Arzt hat also unter Berücksichtigung des Patienteninteresses, das in erster Linie auf Heilung gerichtet ist, nicht stets die sicherste Therapie auszuwählen.[1301] Geschuldet wird auch nicht das jeweils neueste Therapiekonzept mit apparativer Ausstattung auf neuesten Stand.[1302]

Mit der Berücksichtigung des „Stands der medizinischen Wissenschaft", des „Standards" oder vergleichbarer Termini bei der Formulierung der geschuldeten ärztlichen Leistung wird darüber hinaus deutlich, dass der Arzt, der eine Behandlung übernommen hat, von Rechts wegen gewisse medizinische Anforderungen

---

auseinandersetzen möchte, sei auf die entsprechenden Kapitel in *Laufs/Uhlenbruck*, Handbuch des Arztrechts, verwiesen.

[1296] *Ehlers/Broglie*, Rn. 626; *Steffen/Dressler*, Rn. 166; *Martis/Winkhart*, S. 195f.

[1297] Kritisch zu diesem hergebrachten Begriff der Heilbehandlung äußern sich angesichts der heute zahlreichen Eingriffe ohne direkte Heiltendenz *Uhlenbruck/Laufs*, in: *Laufs/Uhlenbruck*, § 52 Rn. 2.

[1298] Näher *Uhlenbruck/Laufs*, in: *Laufs/Uhlenbruck*, § 44 Rn. 3ff.

[1299] *Laufs*, in: *Laufs/Uhlenbruck*, § 99 Rn. 19 m.w.N.; *Katzenmeier*, S. 304ff.

[1300] *Steffen/Dressler*, Rn. 152 a.E.; ähnlich *Giesen*, Arzthaftungsrecht, Rn. 107f.

[1301] *Katzenmeier*, S. 310f.; *Martis/Winkhart*, S. 199; aber *Uhlenbruck/Laufs*, in: *Laufs/Uhlenbruck*, § 44 Rn. 8.

[1302] BGHZ 102, 17 (24); *Spindler,* in: *Bamberger/Roth*, § 823 Rn. 595; *Martis/Winkhart*, S. 197; *Steffen/Dressler*, Rn. 161.

einzuhalten hat, über die er sich trotz seiner Therapiefreiheit nicht beliebig hinwegsetzen darf. Es wird erwartet, dass er ein angemessenes Maß an Sorgfalt anwendet, welches am objektiv-typisierenden Sorgfaltsmaßstab des § 276 Abs. 2 BGB zu messen ist.[1303] Dieser Verschuldensmaßstab und nicht die Haftungsbeschränkung des § 680 BGB, findet nach richtiger Ansicht ebenfalls bei der Notfallbehandlung Anwendung.[1304] Der Arzt muss hiernach diejenigen Maßnahmen ergreifen, die von einem gewissenhaften und aufmerksamen Arzt aus berufsfachlicher Sicht seines Fachgebietes vorausgesetzt und erwartet werden, sog. Facharztstandard.[1305] Außer Betracht zu lassen sind seine persönlichen Möglichkeiten. Mit diesem Prinzip der Gruppenfahrlässigkeit knüpft der zivilrechtliche Sorgfaltsmaßstab an die Haftungsaufgabe an, ein Unterschreiten des Standards guter ärztlicher Behandlung wenigstens finanziell auszugleichen. Die schuldrechtliche Arzthaftung will eben keine persönliche Schuld ahnden wie das Strafrecht, sondern Qualitätsmängel anmelden.[1306]

Zeitlich beurteilt sich die ärztliche Sorgfaltspflicht – wie bereits erwähnt – nach dem Erkenntnisstand der medizinischen Wissenschaft zum Zeitpunkt der Behandlung. Da die medizinische Wissenschaft und ärztliche Erfahrung sich allerdings in ständigem Fluss befinden, ist der gebotene Behandlungsstandard nicht starr; er ändert sich mit den Fortschritten in der Medizin. Große praktische Bedeutung kommen daher zunehmend Empfehlungen, Leitlinien oder Richtlinien ärztlicher Fachgesellschaften wie der Bundesärztekammer oder anderer sachkundiger Organisationen zu. Die hier thematisch bedeutsamen habe ich bereits unter § 7.C.III. genannt. Solche Verlautbarungen sind interprofessionell entwickelte normative Aussagen der Medizin über gute ärztliche Behandlung im Allgemeinen, die dem Patientenschutz dienen.[1307] Will man zwischen den einzelnen Formen unterscheiden, kommt Richtlinien für den Mediziner freilich ein höherer Verbindlichkeitsgrad zu als Empfehlungen, sind Letztgenannte doch weniger als Zwang als vielmehr als Rat zu verstehen, von dem abgewichen werden kann.[1308] Da es rechtlich betrachtet freilich nicht auf die von medizinischer Seite gewählte Bezeichnung ankommt, sondern auf den Inhalt der Regel, ergeben sich aus der Bezeichnung für das zivilrechtliche Haftungsrecht sachlich keine Konsequenzen. Diese Verlautbarungen können des weiteren nicht pauschal mit dem ärztlichen Standard gleichge-

---

[1303] BGH NJW 2003, S. 2311; MünchKommBGB/*Wagner*, § 823 Rn. 676; *Giesen*, Arzthaftungsrecht, Rn. 72; *Gehrlein*, Rn. B 9.

[1304] *Uhlenbruck/Laufs*, in: *Laufs/Uhlenbruck*, § 40 Rn. 12 sowie § 45 Rn. 19; *Katzenmeier*, S. 110f.; *Brox/Walker*, § 27 Rn. 5; auf die entsprechende höchstrichterliche Rspr. – allerdings ohne entsprechende Nachweise – weisen *Steffen/Dressler*, Rn. 65, hin. Differenzierend OLG München NJW 2006, S. 1883 (1885). Zur Gegenansicht vgl. etwa *Deutsch/Spickhoff*, Rn. 486; *Roth*, NJW 2006, S. 2814 (2816); BGB-RGRK-*Nüßgens*, § 823 Anh. II Rn. 209, 42.

[1305] *Laufs*, in: *Laufs/Uhlenbruck*, § 99 Rn. 11; *Martis/Winkhart*, S. 194.

[1306] *Steffen/Dressler*, Rn. 133.

[1307] *Hart*, MedR 1998, S. 8 (9f.); *Dressler*, FS für *Geiß*, S. 379.

[1308] *Hart*, MedR 1998, S. 8 (10).

setzt werden. Sie besitzen keine unmittelbare Rechtsverbindlichkeit und vermögen auch nicht, den Arzt von zwingenden Rechtsvorschriften zu entbinden, sondern müssen sich im Rahmen der Verfassung und der Gesetze halten. Sie geben im Bereich des Arzthaftungsrechts dem Arzt aber orientierende Hilfe für sein Handeln im Einzelfall und konkretisieren den gesetzlichen Terminus der „im Verkehr erforderlichen Sorgfalt" in § 276 Abs. 2 BGB, indem sie dem Arzt wie Juristen zumindest deutliche Anhaltspunkte für den aktuellen Standard guter ärztlicher Behandlung geben und dadurch dessen Feststellung erleichtern.[1309] Auf diese Weise prägen sie den Behandlungsstandard aus, wobei nicht mehr als ein Indiz für eine Standardverletzung bei ihrer Nichtbeachtung aus ihnen abgeleitet werden kann.[1310] Solche Verlautbarungen können also nicht den ärztlichen Standard konstitutiv begründen, sich jedoch zum medizinischen Standard des jeweiligen Fachgebiets entwickeln.

Nach all dem lässt sich an dieser Stelle festhalten, dass der behandelnde Arzt prinzipiell das Recht hat, seinen Patienten nach seiner Methode zu therapieren. Zu beachten hat er dabei allerdings, dass die ausgewählten Therapiemaßnahmen zum Zeitpunkt der Behandlung dem aktuellen medizinischen Behandlungsstandard in seinem Fachgebiet entsprechen. Richtlinien oder andere Verlautbarungen ärztlicher Fachorganisationen geben hierfür Anhaltspunkte. Kommt der Arzt seiner Behandlungspflicht nicht fachgerecht nach, unterlässt er also schuldhaft die medizinisch gebotenen Therapiemaßnahmen oder nimmt sachwidrig welche vor, so verstößt er nicht nur gegen seine vertraglichen Pflichten, sondern auch gegen die deliktischen Sorgfaltspflichten, weil er durch einen solchen Behandlungsfehler[1311] zumindest die körperliche Integrität (Gesundheit), wenn nicht sogar das Leben des Frühgeborenen rechtswidrig verletzt. Er haftet dann auf Ersatz des hierdurch verursachten Gesundheits- und Vermögensschadens. Gleiches gilt, wenn er außerhalb seiner Berufspflichten handelt. In beiden Fällen kann er sich nicht auf eine etwaige Einwilligung berufen.[1312]

[1309] BGB-RGRK-*Nüßgens*, § 823 Anh. II Rn. 183; *Spindler*, in: *Bamberger/Roth*, § 823 Rn. 593; *Steffen/Dressler*, Rn. 161b; *Ulsenheimer*, Frauenarzt 1998, S. 1540 (1542); *Laufs*, NJW 2000, S. 1757 (1762); *Dressler*, FS für *Geiß*, S. 380, 384f.

[1310] *Laufs*, in: *Laufs/Uhlenbruck*, § 5 Rn. 11; *Deutsch/Spickhoff*, Rn. 163; *Spindler*, in: *Bamberger/Roth*, § 823 Rn. 593; MünchKommBGB/*Wagner*, § 823 Rn. 678; *Martis/ Winkhart*, S. 196, 237f.; a.A. wohl *Tolmein*, MedR 1997, S. 534 (539).

[1311] Zum Begriff *Gehrlein*, Rn. B 4; *Martis/Winkhart*, S. 194. Kritisch zu „Reduktionsversuchen" des weiten, umfassenden Behandlungsfehlerbegriffs, die danach streben, für den Ärztestand ein Sonderrecht der Fahrlässigkeit einzuführen, *Giesen*, Arzthaftungsrecht, Rn. 104ff.

[1312] *Katzenmeier*, S. 112.

II. Grenzen der Behandlungspflicht im Allgemeinen

Doch ist der Arzt – fast möchte man sagen selbstverständlich – nicht ausnahmslos zur Behandlung verpflichtet. Zivilrechtliche Grenzen ärztlicher Behandlungspflicht bestehen zum einen dann, wenn der Patient eine Behandlung verlangt, die dem Arzt gesetzlich oder standesrechtlich untersagt ist. Zu denken ist hauptsächlich an den auf eine aktive Tötung durch den Arzt gerichteten Patientenwillen, dessen Befolgung durch § 216 StGB oder – sofern der Patient „nur" einwilligt - § 212 StGB sanktioniert ist, sowie an eine dem Wunsch des Patienten entsprechende sittenwidrige Körperverletzung, die § 228 StGB untersagt. Darauf gerichtete Arztverträge hätten die Erbringung einer rechtlich unmöglichen Leistung zum Gegenstand und wären gemäß § 134 BGB, im letztgenannten Fall zudem nach § 138 BGB nichtig.[1313]

Aber auch wenn der Arzt an die Grenzen seiner fachlichen, personellen oder technischen Möglichkeiten gelangt, sind die Grenzen seiner Behandlungspflicht erreicht und er ist zum Behandlungsabbruch verpflichtet. In dieser Situation kann das Schuldverhältnis zwischen Arzt und Patient nicht mehr ordnungsgemäß abgewickelt werden. Es liegt ein Fall der Unmöglichkeit vor, der den Arzt gemäß § 275 BGB von seiner vertraglichen Behandlungspflicht befreit; auch eine deliktische Schadensersatzpflicht entfällt. Nicht anders ist die Situation zu betrachten, wenn der Arzt an die Grenzen der therapeutischen Möglichkeiten stößt oder aus medizinischen Gründen die beabsichtigte Heilung oder Gesundung des Patienten nicht mehr erreicht werden kann. Hier ist der Arzt an sich verpflichtet, auf die Behandlung zu verzichten beziehungsweise sie abzubrechen.[1314] Übernimmt der Arzt dennoch die Behandlung, obwohl er vor ihrer Durchführung hätte erkennen müssen, dass die Behandlung die Grenzen seines Fachbereichs, seiner persönlichen Fähigkeiten oder der ihm zur Verfügung stehenden technischen Ausstattung überschreitet und ihn überfordert, so ist ihm ein Behandlungsfehler in Form eines Übernahmeverschuldens vorzuwerfen und er haftet aus Vertrag und Delikt.[1315]

Die ärztliche Behandlungspflicht endet ferner dann, wenn es sich um eine ärztliche Maßnahme handelt, die medizinisch nicht indiziert und ungeeignet ist, selbst wenn der Patient trotz Aufklärung behandelt werden möchte. Das Selbstbestimmungsrecht des Patienten reicht nicht soweit, dass er generell den Umfang der Behandlung beeinflussen kann.[1316] Der Wille des Patienten ist bloß eine notwendige und keine hinreichende Bedingung für eine ärztliche Behandlungsmaßnahme.[1317]

[1313] So zu § 216 StGB nach ausführlicher Diskussion im Ergebnis auch *Conradi*, S. 420.

[1314] *Uhlenbruck/Laufs*, in: *Laufs/Uhlenbruck*, § 58 Rn. 1.

[1315] *Martis/Winkhart*, S. 201; *Uhlenbruck/Laufs*, in: *Laufs/Uhlenbruck*, § 43 Rn. 2; *Deutsch/Spickhoff*, Rn. 160; *Giesen*, Arzthaftungsrecht, Rn. 85.

[1316] *Taupitz*, Gutachten, S. A 23f.; *Lilie*, Heidelberger Workshop, S. 80; *Spindler*, in: *Bamberger/Roth*, § 823 Rn. 590; LG Karlsruhe NJW 1992, S. 756.

[1317] *Taupitz*, Gutachten, S. A 24; *Conradi*, S. 58.

Anders ist die rechtliche Situation zu beurteilen, wenn der Patient eine medizinisch gebotene Maßnahme zurückweist, er also eine mögliche Behandlung ablehnt. Nach der aufgezeigten Rechtslage ist der Arzt generell verpflichtet, alle medizinischen Maßnahmen zu treffen, um einen gesundheitlichen Schaden von seinem Patienten abzuwenden oder ihn am Leben zu erhalten, wobei Art und Ausmaß der Behandlung in seiner Verantwortung stehen. Das macht den Arzt in bestimmten Situationen aber nicht zum Herrn über Leben und Tod. Er trägt zwar berufsbedingt dem menschlichen Leben gegenüber eine besondere Verantwortung. Gegen den Willen des Patienten gibt es aber weder ein ärztliches Behandlungsrecht noch eine entsprechende Pflicht zur Lebenserhaltung mit allen Mitteln und um jeden Preis.[1318] Es ist der Patient, der entscheidet, welche Behandlung er sich zumuten will. Hierbei ist es aus dem Blickwinkel des Selbstbestimmungsrechts des Patienten gleichgültig, ob es um den Abbruch einer Behandlung geht oder um die erstmalige Behandlungsaufnahme. Es ergibt demnach keinen Unterschied, ob der Patient bereits „an der Maschine hängt" oder nicht.[1319] Hier tritt neben seinem Recht auf körperliche Unversehrtheit die Patientenautonomie in den Vordergrund. Die Behandlungspflicht des Arztes findet mit anderen Worten nunmehr ihre Grenze in dem im Grundgesetz verorteten Selbstbestimmungsrecht des Patienten,[1320] dem ein vertragliches Direktionsrecht gegenüber dem Arzt entspricht.[1321] Nicht die (vitale) Indikation ist entscheidend, sondern der Patientenwille. Verzichtet der Patient demnach auf eine weitere Behandlung, so hat der Arzt den Patientenwillen zu respektieren und es besteht für ihn eine entsprechende vertragliche Pflicht, die er zu erfüllen hat. Selbst wenn es der Wunsch des Patienten ist, der Arzt möge ihn sterben lassen, hat er sich weiterer lebenswahrender Behandlungsmaßnahmen, die über eine palliativ-medizinische Versorgung hinausgehen, zu enthalten, mag dies aus ärztlicher Sicht auch unvernünftig erscheinen.[1322] An dieser Stelle kommt es daher auf die Voraussetzungen an, unter denen ärztliche Sterbehilfemaßnahmen strafrechtlich zulässig sind. Insoweit der Sterbehilfe mit §§ 212, 216 StGB ein gesetzliches Verbot im Sinne des § 134 BGB entgegensteht, kann sie nicht zum Gegenstand des ärztlichen Behandlungsauftrages erhoben werden. Die strafrechtlichen Kriterien bilden so gesehen den äußeren Rahmen innerhalb dessen zivil- und standesrechtliche Behandlungspflichten des Arztes nur bestehen können. Hiernach zählen reine Sterbehilfemaßnahmen, also eine Hilfe im Sterben durch Fortsetzung der Grundpflege in Verbindung mit der Schmerz- und Leidensminderung im Finalstadium, zu den allgemeinen und vertraglichen Rechtspflichten des

---

[1318] *Uhlenbruck/Laufs*, in: *Laufs/Uhlenbruck*, § 52 Rn. 9 sowie konkret im Bereich der Sterbehilfe § 58 Rn. 6; *Uhlenbruck/Ulsenheimer*, in: *Laufs/Uhlenbruck*, § 132 Rn. 31.

[1319] *Taupitz*, Gutachten, S. A 22.

[1320] BGHZ 90, 103 (111); BGHSt 11, 111 (113f.) - Myom; 40, 257 (262) - Kemptener Fall; *Taupitz*, Gutachten, S. A 22.

[1321] *Uhlenbruck/Laufs*, in: *Laufs/Uhlenbruck*, § 58 Rn. 6; *Höfling*, JuS 2000, S. 111 (115).

[1322] MünchKommBGB/*Wagner*, § 823 Rn. 666; vgl. auch BGHSt 40, 257 (260) - Kemptener Fall - im Anschluss an BGHSt 11, 111 (113f.) - Myom.

Arztes und des Pflegepersonals.[1323] Aber auch das Verlangen des Patienten nach Hilfe zum Sterben in Form der indirekten oder passiven Sterbehilfe begrenzt die lebenserhaltende Behandlungspflicht und reduziert die ärztlichen Pflichten auf leidensmindernde Maßnahmen.[1324] Ignoriert der Arzt hingegen das neu gesetzte Behandlungsziel des Patienten und behandelt eigenmächtig weiter, so handelt er pflichtwidrig und es kommt wegen des Behandlungsfehlers eine zivilrechtliche Haftung in Betracht.

III. Die Behandlungspflicht und ihre Grenzen in der Neonatologie

Welche Verhaltenspflichten obliegen dem Arzt nach alldem nun bei der Behandlung von Neugeborenen in dem hier interessierenden Bereich der Neonatologie?

1) Grundsatz: Lebenserhaltende Behandlungspflicht

Ganz allgemein besteht aus zivilrechtlicher Sicht die ärztliche Pflicht, im Einverständnis mit den Sorgeberechtigten das extrem unreife Frühgeborene im Rahmen der Möglichkeiten der Geburtshilfe und Neonatologie zu behandeln. Primäres Ziel ist hierbei die Lebenserhaltung. Das gilt auch im Rahmen einer fehlgeschlagenen Abtreibung. Von einem grundsätzlichen Lebenswillen des Frühgeborenen ist in der Regel auszugehen. Bei der Behandlungsentscheidung ist stets auf den Zustand des individuellen Kindes abzustellen. Es ist eine individuelle Prognose zu erarbeiten, bei der die Schwangerschaftsdauer zwar mehr als das Geburtsgewicht ein wichtiger Aspekt ist, beide als Parameter einzeln, aber auch gemeinsam nicht ausreichen. Entscheidend für die Prognose sind vielmehr alle medizinisch einholbaren Informationen. Zu berücksichtigen sind sowohl pränatale Faktoren (etwa Lungenreifungsinduktion, intrauterine Wachstumsretardierung, Amnioninfekt, Mehrlingsschwangerschaft, fetale Fehlbildungen) als auch der Zustand des Frühgeborenen unmittelbar nach der Geburt (Asphyxie, Herzfrequenz, Aktivität, Ansprechen auf initiale Reanimationsmaßnahmen).[1325]

Die bei einer spontanen Frühgeburt im Kreißsaal regelmäßig herrschende Unsicherheit hinsichtlich Diagnose und Prognose führt zu einer individualisierten Prognosestrategie („Individualized Prognostic Strategy"). Danach ist stets eine vorläufige intensivmedizinische Betreuung des Frühgeborenen geboten. Nur bei Aufrechterhaltung der Vitalfunktionen kann der Arzt eine gesicherte Diagnose erstellen und über weitere Behandlungsmaßnahmen entscheiden. Dem Kind ist deshalb die bestmögliche intensivmedizinische Hilfe zukommen zu lassen, auch um sekundäre Schädigungen möglichst zu vermeiden. Es sind also alle zur indivi-

---

[1323] *Uhlenbruck/Ulsenheimer*, in: *Laufs/Uhlenbruck*, § 132 Rn. 5.

[1324] *Uhlenbruck/Ulsenheimer*, in: *Laufs/Uhlenbruck*, § 132 Rn. 32.

[1325] Ähnlich die Empfehlungen der Arbeitsgruppe der Schweizerischen Gesellschaft für Neonatologie zur „Betreuung von Frühgeborenen an der Grenze der Lebensfähigkeit" unter 3.2.1, SÄZ 83 (2002), S. 1589 (1593).

duellen Erstversorgung notwendigen Maßnahmen zu ergreifen, was durchaus zu einem gewissen Automatismus im Vorgehen führt. Daher wird am Anfang immer ein Therapieversuch indiziert sein, was bedeutet, dass die in vielen Kliniken praktizierte „hands-off Taktik" im Gebärsaal bei faktisch möglicher Behandlung ausscheidet. Die Frühgeburt kann als eine Notfallsituation angesehen werden, in welcher der Arzt ohne nähere Kenntnis des Gesundheitszustandes seines Patienten massive Mittel zum Einsatz bringen muss, um zunächst die vitalen Funktionen des extrem unreifen Frühgeborenen in einer lebensgefährdenden Situation zu stabilisieren. Erst wenn das Frühgeborene stabilisiert und nach hinreichender Diagnostik eine bessere Entscheidungsgrundlage gegeben ist, kann über die weitere Therapie entschieden werden – und zwar auf der Neugeborenenintensivstation und ohne Zeitdruck.[1326] Diese Vorgehensweise ist zwar weitaus schwieriger als eine primäre Weichenstellung aufgrund der zum Teil auf den ersten Blick griffig erscheinenden, aber abzulehnenden klinischen Kriterien. Aber nur sie entspricht dem rechtlich gebotenen Schutz der Rechtsgüter des extrem unreifen Frühgeborenen. Da die Entscheidungen über die intensivmedizinische Versorgung des Frühgeborenen im Kreißsaal komplex und schwierig sind und oft über sein ganzes Leben entscheiden, sollte die Geburt eines extrem unreifen Frühgeborenen von einem erfahrenen Neonatologieteam betreut werden.[1327]

2) Zur Reanimationspflicht bei extrem unreifen Frühgeborenen

Bei extrem unreifen Frühgeborenen setzen bedingt durch die Unreife Atmung und Herzschlag sehr oft erst nach künstlicher Sauerstoffbeatmung ein. Zu den „Eckpfeilern" einer erfolgreichen neonatologischen Intensivtherapie gehört deshalb die Beatmung von Frühgeborenen mit Apnoen und respiratorischer Insuffizienz durch Surfactantmangel.[1328] Aufgrund ärztlicher Erfahrungen ist zwar bekannt, dass falsche aktive Maßnahmen bei der Reanimation Frühgeborener sehr viel mehr Schaden anrichten können, als das Unterlassen von Maßnahmen. Erwähnt sei nur die Trachealbeatmung, die nicht nur zu einer Schädigung des Lungengewebes, sondern auch zu Seh- und Gehörschäden führen kann.[1329] Das darf aber nicht dazu führen, dass aufgrund derartiger Risiken und juristischer Folgen sowie in falscher Rücksichtnahme auf die betroffenen Eltern das Frühgeborene unmittelbar nach der Geburt womöglich in einem Depressionszustand einen Sauerstoffmangel erleidet, weil die behandelnden Ärzte über das weitere Vorgehen beraten oder sich für eine

---

[1326] Ebenso die Empfehlungen der Arbeitsgruppe der Schweizerischen Gesellschaft für Neonatologie zur „Betreuung von Frühgeborenen an der Grenze der Lebensfähigkeit" unter 3.2.1.2, SÄZ 83 (2002), S. 1589 (1594); *von Loewenich*, MedR 1985, S. 30 (32); vgl. auch *Everschor*, S. 345f.; *Kettler/Mohr*, S. 7.

[1327] Hierfür sprechen sich auch die Empfehlungen der Arbeitsgruppe der Schweizerischen Gesellschaft für Neonatologie zur „Betreuung von Frühgeborenen an der Grenze der Lebensfähigkeit" unter 3.2.1.1 aus, SÄZ 83 (2002), S. 1589 (1594); vgl. auch *von Loewenich*, Ethik Med 13 (2001), S. 196 (197).

[1328] *Wauer*, S. 271.

[1329] *Weber/Vogt-Weber*, Arztrecht 1999, S. 4 (10).

schonende Erstbehandlung entschieden haben. Um nicht einen Behandlungsfehler zu begehen, haben der Arzt und sein kompetentes Behandlungsteam daher die rechtliche Pflicht, unverzüglich mit der Intensivbehandlung zu beginnen und das extrem unreife Frühgeborene künstlich zu beatmen sowie es bei Einsetzen der Eigenatmung und des Herzschlages intensivmedizinisch zu betreuen.[1330] Erst nach bereits erfolgter Reanimation wird sich in sehr vielen Fällen klären lassen, durch welche Ursachen dieser schwerwiegende Ausfall der Vitalfunktionen hervorgerufen wurde und welche Heilungschancen bestehen. Dieses Vorgehen betrifft insbesondere extrem unreife Frühgeborenen ohne primäre Lebenszeichen, die intrauterin noch sichtbare Lebenszeichen zeigten. Bei ihnen darf nicht vorschnell von einer Totgeburt ausgegangen und per se der Anspruch auf Reanimationsmaßnahmen und Intensivpflege versagt werden.[1331] In jedem Falle ist es besser, das Frühgeborene zunächst intensivmedizinisch zu versorgen, als im Kreiß- oder Operationssaal über die Intensivbehandlung zu diskutieren.[1332] Hierbei ginge kostbare Zeit verloren. Im Einzelnen verläuft die intensivmedizinische Erstversorgung dann prinzipiell nach dem gleichen Schema wie bei einem reifen Neugeborenen. Im Vordergrund steht die schnelle Stabilisierung der kardiorespiratorischen Funktion.[1333]

3) Standardtherapie und Heilversuch

Neben der im Kreißsaal initiierten und auf der Station fortgesetzten intensivmedizinischen Betreuung umfasst die Behandlungspflicht alle Maßnahmen, die zur Erkennung und Behandlung einer unreifebedingten Schädigung medizinisch geboten sind. Da der Gesundheitszustand des extrem unreifen Frühgeborenen stark von seinem Lungenzustand und der zerebralen Pathologie geprägt ist, sind zur Absicherung von Diagnose und Prognose zumindest Lunge und Gehirn mittels Einsatz bildgebender Verfahren zu untersuchen. Es ist prinzipiell das Recht des Arztes, der die Behandlung eines extrem unreifen Frühgeborenen übernommen hat, seinen kleinen Patienten nach der Methode seiner Wahl zu therapieren. Bei seiner Therapiewahl steht dem Arzt ein Ermessensspielraum zu, der jedoch insoweit begrenzt ist, als die ausgewählte Therapiemaßnahme im Zeitpunkt der Behandlung dem aktuellen medizinischen Standard in seinem Fachgebiet entsprechen und auf einer Risiko-Nutzen-Abwägung basieren muss. Für die Behandlung extrem unreifer Frühgeborener hat das zur Folge, dass der Arzt oder Krankenhausträger nur die Therapie schuldet, die dem allgemeinen Soll-Standard entspricht, also allein die Diagnose- und Behandlungsmethoden, die üblicherweise von Fachärzten oder in Frauenkliniken insoweit angewendet werden. Dieser Standard darf nicht unterschritten werden. Einen weiter gehenden Anspruch auf eine Behandlungsmethode,

---

[1330] *Ullmann*, NJW 1994, S. 1575; hierauf verweisend *Helmke*, ZRP 1995, S. 441 (442); ebenso *Weber/Vogt-Weber*, Arztrecht 1999, S. 4 (10); zu ethischen Aspekten der kardiopulmonalen Reanimation vgl. *Kettler/Mohr*, S. 1ff.

[1331] *Grauel/Heller*, S. 98.

[1332] *Lemburg*, Gynäkologe 25 (1992), S. 160 (162).

[1333] Näher *Harms*, S. 344ff.

die klinisch und experimentell noch nicht abgesichert ist, hat das Frühgeborene als
Patient nicht. Weder das objektive Recht noch der Arztvertrag begründen grundsätzlich solch eine Pflicht.[1334] Der Arzt ist folglich von Rechts wegen nicht verpflichtet, im Wege eines Heilversuchs neue diagnostische oder therapeutische
Methoden, die vielleicht erst in wenigen Spezialkliniken erprobt und durchgeführt
werden, zu ergreifen.[1335] Allerdings hat er die Eltern des Frühgeborenen in einem
solchen Fall auf die dort praktizierte neue Methode hinzuweisen, unter Umständen
sogar das Frühgeborene dorthin zu überweisen, wenn der Heilversuch die einzige
Möglichkeit ist oder zumindest die deutlich besseren Heilungschancen verspricht,
oder wenn die Neulandbehandlung risikoärmer und für den Patienten weniger
belastend ist.[1336] Wo der Arzt oder der Klinikträger einen solchen Heilversuch
freilich vor Ort durchführen können und wollen, bleibt es ihnen unbenommen, die
Eltern des Frühgeborenen darüber aufzuklären und eine entsprechende vertragliche Vereinbarung zu treffen.

4) Unmöglichkeit als Behandlungsgrenze

Eine Verpflichtung zur lebenserhaltenden Behandlung besteht dann nicht (mehr),
wenn die erforderliche ärztliche Leistung gemäß § 275 BGB unmöglich ist. Das
ist der Fall, wenn es noch gar keine Behandlungsmethode gibt oder die Behandlung wegen externer Faktoren wie fehlender technischer oder personeller Ausstattung oder fehlender Fachkompetenz des Behandelnden ausgeschlossen ist. Das
Gleiche trifft aber auch zu, wenn der Grund, weswegen keine medizinische Maßnahme ergriffen werden kann, in der Person des Patienten liegt. Diese Situation ist
gegeben, wenn es sich um ein vor der 22. Schwangerschaftswoche p.m. zur Welt
gekommenes Frühgeborenes handelt, das aufgrund seiner Unreife außerhalb des
Mutterleibes derzeit keinerlei Überlebenschancen besitzt, mithin nicht lebensfähig
ist. Dann braucht etwa eine primäre Animation des Kindes nicht vorgenommen
werden.[1337] Voraussetzung ist allerdings, dass das Gestationsalter des Frühgeborenen sicher ist. Ansonsten bleibt es bei der intensivmedizinischen Betreuung.

Eine ärztliche Pflicht zu entsprechenden medizinischen Maßnahmen besteht
ferner nicht, wenn die Sorgeberechtigten eine aktive Tötungshandlung vom Arzt
verlangen, denn direkte Eingriffe zur Lebensbeendigung sind – wie aus § 216
StGB folgt – strafrechtlich unzulässig, was zur rechtlichen Unmöglichkeit führt.
Ein darauf gerichteter Behandlungsvertrag zwischen dem Arzt und den Sorgeberechtigten ist nach § 134 BGB nichtig und ruft dementsprechend keine ärztlichen
Tötungspflichten hervor. Darüber hinaus besteht nach der Rechtsprechung des

---

[1334] *Uhlenbruck/Laufs*, in: *Laufs/Uhlenbruck*, § 44 Rn. 9; *Laufs*, in: *Laufs/Uhlenbruck*,
§ 130 Rn. 25; *Steffen/Dressler*, Rn. 171f., 177.
[1335] *Gehrlein*, Rn. B 12; *Martis/Winkhart*, S. 197.
[1336] Vgl. *Martis/Winkhart*, S. 197; *Uhlenbruck/Laufs*, in: *Laufs/Uhlenbruck*, § 44 Rn. 9.
[1337] Ähnlich *Menzel*, S. 55, 72. Zu weitgehend *Grauel/Heller*, S. 98, die sich bereits bei
einer infausten Prognose ohne weiteres gegen Animationsversuche aussprechen. Gegen
eine primäre Intubation allein aufgrund von Unreife oder Geburtsgewicht *Siegert*,
S. 221.

Bundesgerichthofes auch keine vorgelagerte unmittelbare Pflicht des Arztes, bereits die Geburt eines Kindes deshalb zu verhindern, weil es voraussichtlich oder sogar mit einiger Sicherheit mit Schädigungen behaftet sein wird, „die sein Leben aus der Sicht der Gesellschaft oder aus seiner unterstellten eigenen Sicht (für die naturgemäß nicht der geringste Anhalt besteht) „unwert" erscheinen lässt".[1338]

5) Patientenautonomie als Behandlungsgrenze

Von größerem Interesse ist hier freilich die Frage, in welchen Situationen der Arzt erlaubterweise auf mögliche intensivmedizinische Maßnahmen bei extrem unreifen Frühgeborenen verzichten oder diese abbrechen darf, obwohl der ärztliche Heilauftrag als Primärziel an sich eine Maximaltherapie gebietet. Das moderne Konzept des perinatalmedizinischen Managements im Grenzbereich der Lebensfähigkeit muss selbstverständlich auch die Möglichkeit einer nachträglichen Korrektur oder Anpassung des Therapieziels beinhalten. So ändert sich das therapeutische Ziel in Richtung Leidensminderung bis hin zur Sterbehilfe, wenn sich die medizinische Situation des Frühgeborenen derart verschlechtert, dass das primäre Ziel der Lebenserhaltung nicht mehr erreicht werden kann. Die Empfehlungen der Arbeitsgruppe der Schweizerischen Gesellschaft für Neonatologie zur „Betreuung von Frühgeborenen an der Grenze der Lebensfähigkeit" sprechen von einer „redirection of care".[1339] Entgegen anders lautender medizinischer Empfehlungen ist von Rechts wegen nach hier vertretener Meinung ein Verzicht oder Abbruch der vital indizierten Maßnahmen aber nur dann zulässig, wenn ein entsprechender mutmaßlicher Wille des Frühgeborenen angenommen werden kann. Klinische Faktoren, die gegen eine Indikation lebenserhaltender Maßnahmen sprechen, gibt es – wie dargelegt – bis auf die benannten Fälle einer faktischen Unmöglichkeit nicht.[1340] Die lebenserhaltende Behandlungspflicht findet ihre Grenze mithin in der Patientenautonomie. Immer dann also, wenn sich ein mutmaßlicher Behandlungswille des Frühgeborenen nicht ermitteln lässt, hat der Arzt von der vital indizierten Behandlung abzusehen, will er sich nicht einer zivilrechtlichen Haftung aussetzen. Ein solcher Wille lässt sich nach hier vertretener Ansicht nur ausnahmsweise vermuten, und zwar wenn es sich um ein sterbendes Frühgeborenes handelt. Allein in diesem Fall ist unter den genannten medizinischen Voraussetzungen mit Zustimmung der Eltern die Behandlungsseite rechtlich zu Sterbehilfemaßnahmen verpflichtet.

6) Zur Bedeutung der einschlägigen Verlautbarungen ärztlicher Fachgesellschaften

Bei der Frage nach Behandlungsgrenzen ist allerdings zu berücksichtigen, dass sich der Arzt fachgerecht verhält, wenn er nach dem aktuellen Erkenntnisstand der medizinischen Wissenschaft behandelt. Hier geraten die genannten einschlägigen

---

[1338] Grundlegend BGHZ 86, 240 (251).
[1339] Vgl. SÄZ 83 (2002), S. 1589ff.
[1340] Näher dazu § 8.D. und E.

Empfehlungen, Leitlinien oder Richtlinien ärztlicher Fachorganisationen wieder in den Blick, weil sie deutliche Anhaltspunkte für den aktuellen Standard guter ärztlicher Behandlung geben. Diese markieren indes andere, weiter gehende Behandlungsgrenzen als hier. Das führt nun dazu, dass bei einem Arzt, der sich bei der Behandlung von extrem unreifen Frühgeborenen an die genannten Verlautbarungen der zuständigen medizinischen Fachgesellschaften orientiert, vermutet wird, dass er den gebotenen medizinischen Standard beachtet hat. Eine Haftung kommt dann nicht ohne weiteres in Betracht. Daran ändern auch die gegen die Verlautbarungen vorgebrachten rechtlichen Bedenken nichts. Denn solange die Rechtswidrigkeit nicht verbindlich festgestellt wurde, wird sich der Arzt angesichts der bestehenden Rechtsunsicherheit zumindest auf einen Rechtsirrtum berufen können, so dass ihm im Ergebnis kein schuldhafter Behandlungsfehler vorzuwerfen ist.

7) „Comfort care"

Das Nichtergreifen oder Einstellen einer lebenserhaltenden, intensivmedizinischen Behandlung als Sterbehilfe bedeutet nicht das abrupte Ende der medizinischen Versorgung. Das Frühgeborene gehört wie jeder andere sterbende Mensch vielmehr weiterhin so gut wie möglich ärztlich und pflegerisch betreut, sog. comfort care.[1341] Es wäre ein grober Behandlungsfehler[1342], es, wie in München 1982 geschehen,[1343] einfach „wegzulegen" und seinem Schicksal zu überlassen. Abbruch oder Verzicht auf eine Behandlung führen vielmehr dazu, dass eine Eskalation der Behandlungsmaßnahmen verhindert wird, indem keine neuen Therapien mehr angefangen und medizinische Maßnahmen schrittweise und adäquat reduziert werden bis hin zur sog. Basisbetreuung[1344], also palliativ-medizinischen und pflegerischen Maßnahmen. Dazu gehören Schmerzbekämpfung und Linderung von Atemnot und Übelkeit, Stillen von Hunger und Durst als subjektive Empfindungen, Körperpflege und intensive menschliche Zuwendung, also Haut- und Körperkontakt, sowie eine menschenwürdige Unterbringung.[1345]

[1341] Vgl. nur Punkt VII. der Revidierten Fassung der Einbecker Empfehlungen, MedR 1992, S. 206; *Kaufmann*, JZ 1982, S. 481 (487); *Hanack*, MedR 1985, S. 33 (38); . Lesenswert die kritischen Ausführungen zur Basisbetreuung von *Merkel*, Früheuthanasie, S. 248ff.

[1342] Ein grober Behandlungsfehler ist gegeben, wenn ein Fehlverhalten des Arztes vorliegt, das aus objektiver ärztlicher Sicht nicht mehr verständlich und verantwortbar erscheint, weil ein solcher Fehler dem Arzt aus dieser Sicht schlechterdings nicht unterlaufen darf, vgl. nur *Spindler*, in: *Bamberger/Roth*, § 823 Rn. 795. Das ist bei einem bloßen Liegenlassen der Fall, weil dieses Verhalten eindeutig gegen bewährte ärztliche Behandlungsregeln verstößt.

[1343] Näher Fall 6 unter § 3.B.I.6.

[1344] Synonym werden auch die Begriffe Basistherapie, Basisversorgung und Basispflege verwandt. *Merkel*, Früheuthanasie, S. 262, möchte stattdessen lieber von „Restpflege" sprechen.

[1345] Zum Umfang der Basisbetreuung vgl. nur die Grundsätze der Bundesärztekammer zur ärztlichen Sterbebegleitung, DÄBl. 101 (2004), S. A-1298; *Cignacco et al.*, Z Geburtsh

Bereits der Aufenthalt ihres Kindes auf der neonatologischen Intensivstation nach der Frühgeburt bedeutet für die Eltern eine enorme emotionale Belastung.[1346] Verfügen sie über keine eigenen emotionalen und sozialen Ressourcen, um diese Krise zu bewältigen sowie eine stabile Eltern-Kind-Beziehung aufzubauen, bedürfen sie der psychologischen Unterstützung.[1347] Das gebietet aber auch, sobald auf lebenserhaltende Maßnahmen verzichtet wird, den Eltern die Möglichkeit zu geben, ihr Kind bis zum Tode selbst zu begleiten.[1348] Sie müssen es kennen lernen, um Abschied nehmen zu können. Eine Phase des nahen Kontaktes kann die Verarbeitung des Todes ihres Kindes während oder kurz nach der Geburt begünstigen. Bei diesem Einstieg in einen heilenden Trauerprozess hat das betreuende Neonatologieteam, auf Wunsch zusammen mit einem Seelsorger, die Eltern psychisch zu unterstützen.[1349] Um die Eltern nicht „verrückt zu machen", muss freilich sicher sein, dass der Behandlungsabbruch oder –verzicht in kurzer Zeit zum Tode ihres Kindes führt, eine intensivmedizinische Versorgung mit dem Behandlungsziel Lebenserhaltung also nicht mehr erreicht werden kann. Mit der Trauerarbeit darf daher nicht zu früh begonnen werden.[1350] Eine psychosomatische Betreuung ist darüber hinaus auch bei Totgeburten zu erwägen.[1351]

D. Auswirkungen der Behandlungspflicht auf andere ärztliche Pflichten

Der Umfang und Inhalt der Behandlungspflicht hat auch Auswirkungen auf andere ärztliche Pflichten. Dies soll anhand zweier weiterer, wichtiger ärztlicher Pflichten kurz aufgezeigt werden.

Neonatol 208 (2004), S. 155ff.; *Everschor*, S. 215ff. m.N.; *Obladen*, Z. ärztl. Fortbild. 87 (1993), S. 867 (871); *Menzel*, S. 73.

[1346] *Cignacco et al.*, Z Geburtsh Neonatol 208 (2004), S. 155 (159); *Panagl et al.*, Geburtsh. Frauenheilk. 62 (2002), S. 369 (370, 373f.); *Jenewein et al.*, Geburtsh. Frauenheilk. 66 (2006), S. 745 (748, 749f.).

[1347] Ausführlich zu den elterlichen Belastungen *Jenewein et al.*, Geburtsh. Frauenheilk. 66 (2006), S. 745ff.

[1348] *Pohlandt*, Z. Geburtsh. Neonatol. 202 (1998), S. 261 (263); Punkt 3.2.2.3 der Empfehlungen der Arbeitsgruppe der Schweizerischen Gesellschaft für Neonatologie zur „Betreuung von Frühgeborenen an der Grenze der Lebensfähigkeit", SÄZ 83 (2002), S. 1589 (1594); Danish Council of Ethics' recommendation II, 6 on extreme prematurity, in: Debate Outline, S. 10; *Palm*, Geburtsh. Frauenheilk. 62 (2002), S. 90.

[1349] *Kind*, Der Gynäkologe 34 (2001), S. 744 (749); *von Loewenich*, Ethik Med 13 (2001), S. 196 (197);*Cignacco et al.*, Z Geburtsh Neonatol 208 (2004), S. 155 (159f.).

[1350] *Von Loewenich*, Ethik Med 13 (2001), S. 196 (197f.).

[1351] *Palm*, Geburtsh. Frauenheilk. 62 (2002), S. 90f.; *Rohde*, Wer ist zuständig für die psychische Betreuung der Frauen?, Geburtsh. Frauenheilk. 62 (2002), S. 88f.; krit. *Kelm-Kahl*, Sehen und Berühren des toten Kindes kann Mütter langwierig traumatisieren, Geburtsh. Frauenheilk. 62(2002), S. 1138.

I. Ärztliche Dokumentationspflicht

Zu den Pflichten des Arztes, die sowohl aus dem Behandlungsvertrag als auch aus Delikt entspringen, zählt die Pflicht zur Dokumentation der ärztlichen Tätigkeit, weil gerade eine unzulängliche Erfassung des Behandlungsverlaufs die weitere Behandlung entscheidend erschweren kann.[1352] Zweck der Dokumentation ist primär die Sicherstellung einer ordnungsgemäßen Behandlung, indem eine verlässliche Information über deren Verlauf geschaffen wird, in zweiter Linie dient die Dokumentation aber auch der Beweissicherung und Rechenschaftslegung.[1353] Letztgenannter Zweck ist der Grund, weshalb dem verantwortlichen Arzt im Hinblick auf eine mögliche rechtliche Kontrolle der Behandlungsentscheidung, insbesondere wenn Behandlungsmaßnahmen unterbleiben, eine sorgfältige Dokumentation in beweiskräftiger Form zu empfehlen ist.[1354] Die Dokumentation muss inhaltlich die wesentlichen medizinischen Fakten und Befunde sowie alle Überlegungen und Gründe enthalten, welche die Entscheidung samt Entscheidungsfindung nachvollziehbar machen. So sind bei einer Nichtbehandlung beispielsweise die Gründe nachhaltig festzuhalten, die zur Unmöglichkeit führten oder eine Sterbehilfe erlaubten, und möglichst durch Zeugen zu belegen. Zu nennen sind aber auch die Umstände, aus denen sich gegebenenfalls eine Notfallsituation ergeben hat, etwa die Dringlichkeit der Maßnahme sowie allfälliger (erfolgloser) Bemühungen, die Eltern des Frühgeborenen zu erreichen.[1355] Jedenfalls sollte es der Arzt tunlichst vermeiden, schon durch eine fehlende oder lückenhafte Dokumentation beim beurteilenden Juristen Misstrauen zu erwecken.[1356]

II. Beratungsumfang der Eltern

Notwendiger Bestandteil einer kunstgerechten ärztlichen Behandlung ist unter therapeutischen Gesichtspunkten die Verpflichtung des Arztes zur Beratung und

---

[1352] *Uhlenbruck/Schlund*, in: *Laufs/Uhlenbruck*, § 59 Rn. 1 ff.

[1353] *Spindler*, in: *Bamberger/Roth*, § 823 Rn. 737; *Ulsenheimer*, Ärztliches Standesrecht, S. 258; zum umstrittenen Beweissicherungszweck vgl. die zutreffende Argumentation von *Uhlenbruck/Schlund*, in: *Laufs/Uhlenbruck*, § 59 Rn. 8; a.A. OLG Zweibrücken NJW-RR 2000, S. 235 (236); *Steffen/Dressler*, Rn. 457.

[1354] *Weber/Vogt-Weber*, Arztrecht 1999, S. 4 (11); *Obladen*, Z. ärztl. Fortbild. 87 (1993), S. 867 (872); *Hanack*, MedR 1985, S. 33 (38).

[1355] Vgl. hierzu die Empfehlungen der Schweizerischen Gesellschaft für Neonatologie zur Betreuung von Frühgeborenen an der Grenze der Lebensfähigkeit, SÄZ 2002, S. 1589 (1594); *M. Baumann*, S. 132. Zur Geburtsdokumentation hat die Deutsche Gesellschaft für Gynäkologie und Geburtshilfe (DGGG) bereits im Oktober 1997 eine Empfehlung erarbeitet, das sog. „Partogramm". Diese „Empfehlungen zur Dokumentation der Geburt" sind abgedruckt in: Frauenarzt 39 (1998). Die im Mai 2004 zuletzt überarbeitete Fassung ist online abrufbar unter http://www.uni-duesseldorf.de/AWMF/ll/015-017.htm.

[1356] Ebenso *Weber/Vogt-Weber*, Arztrecht 1999, S. 4 (11); *Hanack*, MedR 1985, S. 33 (38).

Aufklärung des Patienten. Die ärztlichen Informationen sollen das medizinisch Notwendige ermöglichen, vorbereiten oder unterstützen. Des weiteren erfordert die Einwilligung als Wirksamkeitsvoraussetzung aus Gründen der Patientenautonomie eine Aufklärung über den konkreten Eingriff, seinen Verlauf sowie die damit verbundenen Chancen und Risiken. Dieser Verpflichtung kommt der behandelnde Arzt nach, indem er laufend die Eltern als Entscheidungsträger offen und wahrheitsgemäß über die Behandlung ihres Kindes aufklärt und berät und ihnen vor Entscheidungen genügend Zeit zur Verarbeitung der Informationen gibt. Der Arzt sollte sich dabei auch und gerade der für die Eltern dramatischen Situation sowie der angstvollen Gespanntheit der Eltern bewusst sein. Es ist bei der Beratung der Eltern wichtig, Einsicht in die Wünsche und Sorgen der Eltern zu bekommen; klare Entscheidungen sind dabei nicht zu erwarten.

Im Einzelnen ist bei einer drohenden Frühgeburt zu fordern, dass der behandelnde Frauenarzt die Eltern rechtzeitig auf den Vorteil der vorgeburtlichen Verlegung der Risiko-Schwangeren in ein Perinatalzentrum hinweist.[1357] Steht die Geburt eines extrem unreifen Frühgeborenen bevor, ist es sinnvoll, die Eltern bereits vor der Geburt unter Hinzuziehung eines kompetenten Geburtshelfers und eines Neonatologen über die Chancen und Risiken sowohl der in Betracht kommenden geburtsmedizinischen Maßnahmen als auch der wahrscheinlich in den ersten Lebenstagen einzusetzenden neonatologischen Intensivmaßnahmen zu informieren sowie über die voraussichtliche kindliche Prognose.[1358] Angesichts der Prognoseunsicherheit ist es freilich schwierig, die Eltern auf die gesundheitliche Zukunft ihres Kindes vorzubereiten. Als Ausweg bleibt hier nur der Rückgriff auf die aktuellen nach Gestationsalter oder Geburtsgewicht abgestuften Statistiken zur Mortalität und Morbidität. Dieses statistische Material kann als wichtiger Baustein im Dialog mit den Eltern angesehen werden. Da man sich aber insoweit bei der Beratung an den lokalen Behandlungsergebnissen zu orientieren hat, diese jedoch wegen der meist kleinen Fallzahlen im einzelnen Krankenhaus regelmäßig keine nennenswerte Aussagekraft besitzen, sind die Eltern auf die Ungenauigkei-

---

[1357] So Punkt 3.1.1. der Empfehlungen der Schweizerischen Gesellschaft für Neonatologie zur Betreuung von Frühgeborenen an der Grenze der Lebensfähigkeit, SÄZ 2002, S. 1589 (1592); *Pohlandt*, Z. Geburtsh. Neonatol. 202 (1998), S. 261; *Genzel-Boroviczény/Friese*, DÄBl. 103 (2006), S. A 1960 (A 1963f.); vgl. dazu auch die Leitlinie: „Antepartaler Transport von Risiko-Schwangeren" der Gesellschaft für Neonatologie und Pädiatrische Intensivmedizin vom 01. September 1996, abgedruckt in: PerinatalMedizin 9 (1997), S. 68. Die im Juni 2003 zuletzt überarbeitete Fassung ist abrufbar unter http://www.uni-duesseldorf.de/AWMF/ll/024-001.htm.

[1358] So auch die Punkte 3.1.2. und 3.1.3 der Empfehlungen der Schweizerischen Gesellschaft für Neonatologie zur Betreuung von Frühgeborenen an der Grenze der Lebensfähigkeit, SÄZ 2002, S. 1589 (1592f.); *Pohlandt*, Z. Geburtsh. Neonatol. 202 (1998), S. 261; vgl. auch *Spindler*, in: *Bamberger/Roth*, § 823 Rn. 656.

ten der verfügbaren Daten hinzuweisen.[1359] Zur besseren Aufklärung über die zu erwartende Langzeitmorbidität extrem unreifer Frühgeborener ist darüber hinaus die repräsentative Erfassung der weiteren Entwicklung dieser Kinder durch neonatologische Nachsorgeuntersuchungen mindestens bis zur Einschulung zu fordern.[1360]

Aufzuklären ist gegebenenfalls über die besseren Behandlungsmöglichkeiten in anderen Krankenhäusern und die Möglichkeit einer Verlegung.[1361] Auch ein Heilversuch erfordert eine gesteigerte Aufklärungspflicht, weil er sich durch das Verlassen des ärztlichen Standards auszeichnet.[1362] Außerdem sind die Eltern, am besten bereits vor der Geburt, auf die nicht exakt mögliche Bestimmung des Gestationsalters und die damit verknüpften Folgen für die Behandlung des Frühgeborenen hinzuweisen.[1363] Die Beratung der Eltern sollte ferner den Hinweis auf ihre Entscheidungskompetenz hinsichtlich des Behandlungsumfanges ihres Kindes umfassen.[1364] Für den Fall, dass das Frühgeborene kurz nach der Geburt stirbt, sollte den Eltern schließlich die Gelegenheit einer psychologischen Betreuung zur Verarbeitung des Todes aufgezeigt werden.

E. Die Entscheidung über die Behandlung – Zur praktischen Umsetzung

Wie dargelegt, ist es gemäß Art. 6 Abs. 2 GG in Verbindung mit §§ 1626, 1631 Abs. 1 BGB die alleinige Aufgabe der Sorgeberechtigten, in der Regel also der Eltern, darüber zu entscheiden, welche therapeutischen Schritte dem mutmaßlichen Willen ihres Kindes und seinem Wohl entsprechen. Doch nicht stets sind Arzt und Eltern einer Meinung. So kommt es immer wieder vor, dass sich der Arzt für eine Behandlung ausspricht, die Eltern die Einwilligung in die vital indizierte Behandlung ihres Kindes jedoch trotz eindringlicher Aufklärung verweigern. Will der Arzt den Elternwillen überwinden, erfordert dies die Anrufung des Familien-

---

[1359] *Pohlandt*, Z. Geburtsh. Neonatol. 202 (1998), S. 261; kritisch zur Aufklärung anhand Statistiken, denen kleine Fallzahlen zugrunde liegen *Wenderlein*, Geburtsh. Frauenheilk. 63 (2003), S. 280.

[1360] *Wenderlein*, Geburtsh. Frauenheilk. 63 (2003), S. 280 (282); *Hentschel et al.*, Der Gynäkologe 34 (2001), S. 697 (705); *Genzel-Boroviczény/Friese*, DÄBl. 103 (2006), S. A 1960 (A 1964); Punkt 4. der Empfehlungen der Schweizerischen Gesellschaft für Neonatologie zur Betreuung von Frühgeborenen an der Grenze der Lebensfähigkeit, SÄZ 2002, S. 1589 (1594f.).

[1361] *Ulsenheimer*, Z. ärztl. Fortbild. 87 (1993), S. 875 (880) sowie in: MedR 1994, S. 425 (428).

[1362] *Spindler*, in: *Bamberger/Roth*, § 823 Rn. 771.

[1363] Vgl. Punkt 2.1. der Empfehlungen der Schweizerischen Gesellschaft für Neonatologie zur Betreuung von Frühgeborenen an der Grenze der Lebensfähigkeit, SÄZ 2002, S. 1589 (1590).

[1364] *Pohlandt*, Z. Geburtsh. Neonatol. 202 (1998), S. 261.

gerichts, welches nach § 1666 BGB die Entscheidung korrigieren kann, sofern es die missbräuchliche Ausübung der elterlichen Sorge feststellt. § 1666 BGB gewährt dabei den Eltern durch das Abstellen auf einen Sorgerechtsmissbrauch formal zwar einen recht großen Beurteilungsspielraum. Allerdings wird man den Eltern eine nicht am Kindeswohl orientierte Entscheidung zumindest dann vorwerfen können, wenn sie lebenserhaltende Maßnahmen an ihrem Kind oder eine vorläufige Intensivtherapie ablehnen, obwohl eine Lebenserhaltung möglich ist und die medizinischen Voraussetzungen für eine Sterbehilfe noch nicht bestehen.[1365] Das Familiengericht kann in dieser Situation entweder anstelle der Eltern selbst entscheiden und gemäß § 1666 Abs. 3 BGB die fehlende Einwilligung der Eltern durch die eigene Zustimmung ersetzen oder insoweit eine Pflegschaft anordnen. Die Eingriffsvoraussetzungen des § 1666 Abs. 1 BGB liegen gleichfalls vor und „der elterliche Unverstand droht zur Gefahr für das Kind zu werden"[1366], wenn die Eltern die Untersuchung ihres Kindes zu Diagnosezwecken ablehnen, obwohl die konkrete Maßnahme nicht mit erheblichen Belastungen oder Risiken verbunden ist, oder wenn sich die Eltern gegen die Basistherapie und palliativmedizinische Maßnahmen aussprechen.

Aber auch im umgekehrten Fall, wenn also die Eltern eine lebenserhaltende Maßnahme ergriffen wissen wollen, die Ärzte dies aber ablehnen, kann das Familiengericht angerufen werden, dieses Mal indes von den Eltern, um die im ärztlichen Verhalten liegende Gefährdung des Kindeswohls abzuwenden.[1367] Entscheidend ist hier, ob im konkreten Fall eine Sachlage vorliegt, die den Arzt zur Behandlungsverweigerung berechtigt. Eine Rechtspflicht zum Handeln besteht nach hiesiger Ansicht lediglich dann nicht, wenn eine lebenserhaltende Behandlung nicht indiziert ist, weil diese entweder unmöglich ist oder weil das extrem unreife Frühgeborenen nicht lebensfähig ist. Insbesondere ist es dem Arzt, da es die Eltern sind, die sich anstelle ihres Kindes für Sterbehilfemaßnahmen aussprechen müssen, verwehrt, unter Berufung auf die gegebenen medizinischen Voraussetzungen ohne Zustimmung der Eltern die Behandlung eigenmächtig einzustellen. In jedem Fall hat der Arzt die Eltern zuvor über den klinischen Zustand ihres Kindes umfassend aufzuklären und zu beraten und gegebenenfalls auf externe Behandlungsmöglichkeiten hinzuweisen. Kommt etwa eine Verlegung in Betracht, so wird sich darüber der Konflikt lösen lassen. Aus rechtsberatender, praktischer Sicht ist dem Arzt freilich anzuraten, angesichts der bestehenden rechtlichen Unsicherheiten im

---

[1365] Zu weitgehend *Diederichsen*, Einbecker Workshop 1995, S. 107, und *Ulsenheimer*, Einbecker Workshop 1995, S. 80f., die bei Risikoäquivalenz und unklarer Nutzen-Risiko-Verteilung die Missbrauchsschwelle des § 1666 BGB im Zweifel für nicht erreicht halten und damit im Ergebnis auch im Vorfeld des Sterbens einen Behandlungsabbruch oder –verzicht beim extrem unreifen Frühgeborenen zulassen.

[1366] *Ulsenheimer*, Einbecker Workshop 1995, S. 80.

[1367] Diese Fallvariante wird von der Literatur als „praktisch außerordentlich selten und fast nur von theoretischem Interesse" eingestuft, s. *Ulsenheimer*, Einbecker Workshop 1986, S. 117; ähnlich die Äußerungen von *Holschneider* und *Zander* in der Abschlussdiskussion des Einbecker Workshops, vgl. *Hiersche/Hirsch/Graf-Baumann*, S. 180.

Zweifel nicht gegen den Willen der Eltern auf die Behandlung zu verzichten, sondern auf eine einvernehmliche Lösung hinzuwirken.[1368]

Zu einem Einschreiten des Familiengerichts von Amts wegen oder durch Anrufung von dritter Seite kann es darüber hinaus in den Fällen kommen, in denen sich die Eltern und die Behandlungsseite gemeinsam gegen die Vornahme ärztlicher Maßnahmen aussprechen. Solch ein beiderseitig gewolltes Untätigbleiben bestand beispielsweise in den geschilderten Fällen aus Freiburg und Oldenburg.[1369] Auch hier kommt es darauf an, ob im individuellen Einzelfall keine rechtliche Handlungspflicht besteht, weil eine der genannten Behandlungsgrenzen existiert. Trifft das nicht zu, stellt sich das Unterlassen der indizierten Behandlung nicht nur als strafbare Handlung dar, sondern darin liegt auch ein Gefährdung des Kindeswohls, die das Gericht berechtigt, die elterliche Zustimmung zur Nichtbehandlung zurückzunehmen und für sofortige medizinische Rettungsmaßnahmen zu sorgen. Hierbei ist es auf die Anordnung von Notmaßnahmen beschränkt.[1370]

F. Zusammenfassung

1. Das extrem unreife Frühgeborene ist bei seiner Behandlung auch zivilrechtlich geschützt. Die zivilrechtlichen Behandlungspflichten korrespondieren dabei mit den strafrechtlichen Behandlungspflichten. Die Haftpflicht des Arztes gegenüber dem Frühgeborenen als Patienten kann sowohl aus einem mit den Eltern abgeschlossenen Dienstvertrag mit Schutzwirkung für das Neugeborene folgen als auch, ausgelöst durch die faktische Behandlungsübernahme, aus dem Deliktsrecht. Haftungsrechtliche Besonderheiten bestehen bei der stationären Behandlung im Krankenhaus. Als Rechtsfolge einer Missachtung der vertraglichen oder deliktischen Verhaltenspflichten haftet die Behandlungsseite gemäß § 280 Abs. 1 BGB und §§ 823ff. BGB auf Schadensersatz.

2. Aufgrund des Arztvertrages oder der faktischen Behandlungsübernahme schuldet der Arzt dem Frühgeborenen im Einverständnis mit den Sorgeberechtigten als Hauptpflicht eine Behandlung. Deren primäres Ziel ist die Lebenserhaltung. Umfang und Inhalt der medizinischen Maßnahmen bestimmt sich nach dem Zustand des einzelnen Kindes. Da nur bei Aufrechterhaltung der Vitalfunktionen der Arzt eine gesicherte Diagnose erstellen und über weitere Behandlungsmaßnahmen entscheiden kann, wird wegen der bei einer Frühgeburt im Kreißsaal regelmäßig herrschenden Unsicherheit hinsichtlich Diagnose und kindlicher Prognose stets eine vorläufige intensivmedizinische Erstversorgung des Frühgeborenen geboten sein. Das Behandlungsteam hat unverzüglich mit der Intensivbehandlung zu beginnen, was zu einer grund-

---

[1368] So auch *Ulsenheimer*, Einbecker Workshop 1986, S. 118 und wiederholend in: MedR 1994, S. 425 (428); *Hanack*, MedR 1985, S. 33 (38); *Hennies*, Arztrecht 1998, S. 102f.

[1369] Näher § 3.B.I.4. und 5.

[1370] *Ulsenheimer*, Einbecker Workshop 1986, S. 115.

sätzlichen Reanimationspflicht beim extrem unreifen Frühgeborenen führt. Dies gilt auch und gerade im Fall einer Totgeburt. Aufgrund der komplexen Situation sollte die Geburt von einem kompetenten Neonatologieteam betreut werden.

3. Der Arzt ist in der Wahl seiner Therapie frei. Er darf mit seiner Behandlung allerdings nicht den allgemeinen Soll-Standard unterschreiten. Hier erlangen die genannten einschlägigen Empfehlungen, Leitlinien oder Richtlinien ärztlicher Fachorganisationen Bedeutung, denn ihnen kommt eine Indizwirkung für den aktuellen Standard guter ärztlicher Behandlung zu. Es gilt daher die Vermutung, dass der Arzt, der sich bei der Behandlung von extrem unreifen Frühgeborenen an den genannten fachmedizinischen Verlautbarungen orientiert, den gebotenen medizinischen Standard einhält. Daran ändern auch die hiergegen vorgebrachten rechtlichen Bedenken nichts. Davon abgesehen, ist von Rechts wegen der Arzt jedenfalls nicht verpflichtet, im Wege eines Heilversuchs neue diagnostische oder therapeutische Methoden zu ergreifen, selbst wenn sie ihm möglich sind. Unter Umständen besteht aber die Pflicht, die Eltern des Frühgeborenen über die Möglichkeit eines Heilversuchs in der eigenen oder einer anderen Klinik aufzuklären und das Frühgeborene entweder zu überweisen oder vor Ort nach einer entsprechenden vertraglichen Vereinbarung zu behandeln.

4. Zivilrechtliche Grenzen ärztlicher Behandlungspflicht bestehen dann, wenn die Eltern des Kindes eine Behandlung verlangen, die dem Arzt gesetzlich oder standesrechtlich untersagt ist. Ein darauf gerichteter Arztvertrag hätte die Erbringung einer rechtlich unmöglichen Leistung zum Gegenstand und wäre nach §§ 134, 138 BGB nichtig. Auch wenn die erforderliche ärztliche Leistung gemäß § 275 BGB unmöglich ist, besteht keine Verpflichtung (mehr) zur lebenserhaltenden Behandlung. Außerdem findet die lebenserhaltende Behandlungspflicht ihre Grenze in der Patientenautonomie. Eine „redirection of care" kommt danach in Betracht, wenn ein entsprechender mutmaßlicher Wille des Frühgeborenen angenommen werden kann. Solch ein fehlender Behandlungswille lässt sich nach hier vertretener Ansicht jedoch nur ausnahmsweise vermuten, und zwar wenn es sich um ein sterbendes Frühgeborenes handelt. In diesem Fall sind unter den genannten medizinischen Voraussetzungen Maßnahmen der Sterbehilfe mit Zustimmung der Eltern zulässig. Die Erfüllung seiner primär auf Lebenserhaltung gerichteten Behandlungspflicht ist dem Arzt dann rechtlich unmöglich. Es kommt zur sog. Basisbetreuung („comfort care"). Sobald lebenserhaltende Maßnahmen abgebrochen werden oder auf diese verzichtet wird, sollten darüber hinaus die Eltern die Möglichkeit erhalten, ihr Kind bis zum Tode selbst zu begleiten und Abschied zu nehmen.

5. Sind die Eltern, der Arzt oder Dritte der Ansicht, dass die konkrete Behandlungsentscheidung das kindesspezifische Patientenwohl gefährdet, so können sie gemäß § 1666 BGB das Familiengericht anrufen, welches die Entscheidung korrigieren kann. Aus praktischer Sicht sollten Eltern und Arzt nach Möglichkeit aber versuchen, die unter medizinischen, ethischen und rechtli-

chen Aspekten höchst komplexe und unsichere Situation einvernehmlich zu lösen – freilich unter Wahrung der Rechtsordnung.

§ 10 Fazit

Am Ende dieser Arbeit angekommen, stehen für mich als Quintessenz zwei Sätze. Als erstes der Satz: „Wir irren uns empor."

Auf diese Kurzformel bringt *Hannes Stein* die Erkenntnis, dass man Wahrheiten nie beweisen, sondern nur widerlegen kann, sich das Denken in Gegensätzen und Irrtümern vollzieht, so dass immer klügere Irrtümer einander auslöschen.[1371] Mein „Irrtum" ist ein Lösungsansatz, der die lebenserhaltende Behandlungspflicht bei extrem unreifen Frühgeborenen beschränkt und dabei die Behandlungsgrenzen in der Neonatalmedizin enger fasst als andere Auffassungen. Verbindliche Handlungsanweisungen an Ärzte und Eltern für die Behandlungsentscheidung, die lediglich vollstreckt werden müssen, sind damit allerdings nicht normiert worden. Es erscheint mir insgesamt betrachtet auch zweifelhaft, ob in dieser komplexen Grenzsituation des Lebens, die gekennzeichnet ist durch Prognoseunsicherheit und fehlendes Wissen um die Willenslage des Neugeborenen, das Recht überhaupt Arzt und Eltern den „richtigen" Weg weisen kann. Den Beitrag, den das Recht in diesem Bereich leisten kann, ist bestenfalls ein anderer: Es schafft Klarheit und Sicherheit, indem es die Grenzen der Verfassung und der einfachen Gesetze aufzeigt, den dogmatischen Spielraum für verschiedene Auslegungen und Entscheidungsmöglichkeiten erörtert und die Gründe benennt, die jeweils dafür oder dagegen sprechen.[1372] Mehr darf nicht erwartet werden. Das Recht als verbindliche Festschreibung des ethischen Minimums kann deshalb Arzt und Eltern die Entscheidung im individuellen Fall nicht abnehmen. Die geltende Rechtslage gibt ihnen neben einen ethischen Mindeststandard allenfalls noch Orientierungspunkte vor. Deren Beachtung im Einzelfall führt zu vertretbaren Ergebnissen, so dass am Ende Arzt und Eltern nicht völlig allein gelassen sind in diesem Entscheidungsdilemma. Dieser Not des Handelnden sowie der Unzulänglichkeit der juristischen Maßstäbe in dieser Situation sollte sich indes jeder Jurist bewusst sein, der über die Rechtmäßigkeit der Behandlungsentscheidung zu urteilen hat.

Der zweite Satz lautet: „While there is hope, there is life."

Damit verbinde ich die in dieser Arbeit zum Ausdruck kommende, helfende Rolle des Arztes. Er ist, auch in der Neonatologie, kein Herr über Leben und Tod, sondern seine primäre Aufgabe ist die Lebenserhaltung. Nur in wenigen Ausnahmesituationen ist ärztliche Hilfe gleichbedeutend mit Sterbehilfe – und auch das

---

[1371] *Hannes Stein*, Endlich Nichtdenker!, 2004, S. 28.
[1372] In diesem Sinne bereits *Reinhold Zippelius,* Forum: An den Grenzen des Rechts auf Leben, JuS 1983, S. 659 (663).

nur, wenn es dem autonomen Willen des Patienten entspricht. Auch wenn die „Heiligkeit des Lebens" als tragfähiges moralisches Prinzip für mein Behandlungsmodell ausscheidet, trifft es in gewisser Weise zu, wenn *Herbert Landau* schreibt: „Der Glaube an die Heiligkeit des Lebens ist leicht und tröstlich, welchen Wert der Tod dagegen hat, wird nie ein lebender Mensch wissen."[1373]

[1373] *Herbert Landau*, „Heiligkeit des Lebens und Selbstbestimmung im Sterben", ZRP 2005, S. 50 (54).

Literaturverzeichnis

Einmalig zitierte Literatur wurde nicht in das Literaturverzeichnis aufgenommen. Statt dessen enthält der jeweilige Nachweis die vollständige Bibliographie.

Ach, Johann S./Wiesing, Urban, Zwischen Selbstbestimmung und Fremdtötungsverbot, in: Geburtsh. Frauenheilk. 62 (2002), S. 294ff.

Allen, Marilee C./Donohue, Pamela K./Dusman, Amy E., The limit of viability – Neonatal outcome of infants born at 22 to 25 weeks' gestation, in: N Engl J Med 329 (1993), S. 1597ff.; cit. Allen et al.

Alternativkommentar zum Grundgesetz, Kommentar zum Grundgesetz für die Bundesrepublik Deutschland (Reihe Alternativkommentare), hrsg. von *Denninger, Erhard/ Hoffmann-Riem, Wolfgang/Schneider, Hans-Peter/Stein, Ekkehart,* Bd. 1, 3. Aufl. 2001, Stand: 2. Lfg. August 2002; cit. AK-GG-Bearbeiter

Amato, Maurizio, Manual der Neonatologie, 1992

Anderson, Marianne S./Hay, William W. Jr., Intrauterine Growth Restriction and the Small-for-Gestational-Age Infant, in: *Avery, Gordon B./Fletcher, Mary Ann/ Mac Donald, Mhairi G.* (Hrsg.): Neonatology: pathophysiology and management of the newborn, 5. Ed. 1999, S. 411ff.; cit. Anderson/Hay in: Neonatology

Anderweit, Sabine/Licht, Christoph/Kribs, Angela/Woopen, Christiane/Bergdolt, Klaus/ Roth, Bernhard, Das Problem der verantworteten Therapieentscheidung in der Neonatologie, in: Ethik Med 16 (2004), S. 37ff.; cit. Anderweit et al.

Andreas, M., Straf- und haftungsrechtliche Aspekte der unterlassenen Schmerzbehandlung, in: Arztrecht 1999, S. 232ff.

Ankermann, Ernst, Verlängerung sinnlos gewordenen Lebens?, in: MedR 1999, S. 387ff.

Arzt, Gunther/Weber, Ulrich, Strafrecht, Besonderer Teil, 2000; cit. Arzt/Weber (Bearbeiter kursiv)

Auer, Alfons, Die Unverfügbarkeit des Lebens und das Recht auf einen natürlichen Tod, in: *Auer, Alfons/Menzel, Hartmut/Eser, Albin:* Zwischen Heilauftrag und Sterbehilfe, 1977, S. 1ff.

Bachmann, Klaus Dietmar, Grenzen der Behandlungspflicht in der Neonatologie, in: *Lawin, Peter/Huth, Hanno* (Hrsg.): Grenzen der ärztlichen Aufklärungs- und Behandlungspflicht, 1982, S. 95ff.

Bamberger, Heinz Georg/Roth, Herbert (Hrsg.), Kommentar zum Bürgerlichen Gesetzbuch, Bd. 3, 2003; cit. Bearbeiter, in: Bamberger/Roth

Baumann, Jürgen/Weber, Ulrich/Mitsch, Wolfgang, Strafrecht: Allgemeiner Teil, 11. Aufl. 2003; cit. Baumann/Weber/Mitsch (Bearbeiter kursiv)

Baumann, Max, Probleme der Neonatologie aus rechtlicher Sicht – Ein Diskussionsvorschlag, in: *Medizin-Ethischer Arbeitskreis Neonatologie des Universitätsspitals Zürich:* An der Schwelle zum eigenen Leben, 2002, S. 123ff.

Baumann-Hölzle, Ruth, Medizin- und pflegeethische Entscheidungsfindung in einer pluralistischen Gesellschaft – ein historischer Überblick, in: *Medizin-Ethischer Arbeitskreis Neonatologie des Universitätsspitals Zürich:* An der Schwelle zum eigenen Leben, 2002, S. 57ff.

Beauchamp, Tom L./Childress, James F., Principles of Biomedical Ethics, 5. Ed. 2001

Beckmann, Jan P., Die „Grundsätze der Bundesärztekammer zur ärztlichen Sterbebegleitung" vom 11. September 1998, in: *Honnefelder, Ludger/Streffer, Christian* (Hrsg.): Jahrbuch für Wissenschaft und Ethik, Bd. 4, 1999, S. 419ff.; cit. J.P. Beckmann, JWE 1999

Beckmann, Rainer, Der „Wegfall" der embryopathischen Indikation, in: MedR 1998, S. 155ff.

Beleites, Eggert, Grundsätze der Bundesärztekammer zur ärztlichen Sterbebegleitung, Historie und aktuelle Diskussion, in: *Wienke, Albrecht/Lippert, Hans-Dieter* (Hrsg.): Der Wille des Menschen zwischen Leben und Sterben: Patientenverfügung und Vorsorgevollmacht, 2001, S. 65ff.; cit. Beleites, Heidelberger Workshop

Beller, Fritz K., Lebensfähigkeit ex utero im Zusammenhang mit dem Spätabort, in: Z. Geburtsh. Neonatol. 202 (1998), S. 220ff.

Beller, Fritz K., Wie klein ist zu klein, wie groß ist zu groß?, in: Der Frauenarzt 1996, S. 929ff.

Bender, Albrecht W., Zeugen Jehovas und Bluttransfusionen, in: MedR 1999, S. 260ff.

Bender, Albrecht, Das Verhältnis von ärztlicher Schweigepflicht und Informationsanspruch bei der Behandlung Minderjähriger, in: MedR 1997, S. 7ff.

Biller-Adorno, Nikola, „Fürsorge" in der Medizinethik: Prinzip oder Perspektive?, in: *Honnefelder, Ludger/Streffer, Christian* (Hrsg.): Jahrbuch für Wissenschaft und Ethik, Bd. 7, 2002, S. 101ff.; cit. Biller-Adorno, JWE 2002

Bockelmann, Paul, Strafrecht des Arztes, 1968

Bonfranchi, Riccardo, Grenzen ärztlicher Behandlungspflicht bei Neugeborenen, in: Soziale Medizin 1993, S. 28ff.

Bottke, Wilfried, Strafrechtliche Probleme am Lebensbeginn und am Lebensende. Bestimmungsrecht versus Lebenserhaltung?, in: *Bottke, Wilfried/Fritsche, Paul/Huber, Wolfgang/Schreiber, Hans-Ludwig (Deutsche Sektion der Internationalen Juristen-Kommission)* (Hrsg.): Lebensverlängerung aus medizinischer, ethischer und rechtlicher Sicht, 1995, S. 35ff.

Brox, Hans/Walker, Wolf-Dietrich, Besonderes Schuldrecht, 30. Aufl. 2005

Brudermüller, Gerd, Ethikkommissionen und ethischer Diskurs, in: *Brudermüller, Gerd* (Hrsg.): Angewandte Ethik und Medizin, 1999, S. 85ff.

Bucher, Hans Ulrich/Hohlfeld, P., Lebenserhaltende Intensivmaßnahmen bei extrem frühgeborenen Kindern, in: SÄZ 83 (2002), S. 1551

Bünte, H., Grenzen der Behandlungspflicht in der operativen Medizin, in: *Lawin, Peter/Huth, Hanno* (Hrsg.): Grenzen der ärztlichen Aufklärungs- und Behandlungspflicht, 1982, S. 102ff.

Chatzikostas, Konstantinos, Die Disponibilität des Rechtsgutes Leben in ihrer Bedeutung für die Probleme von Suizid und Euthanasie, 2001

Cignacco, Eva/Stoffel, L./Raio, L./Schneider, H./Nelle, M., Empfehlungen zur Palliativpflege von sterbenden Neugeborenen, in: Z Geburtsh Neonatol 208 (2004), S. 155ff.; cit. Cignacco et al.

Cignacco, Eva/Gessler, Peter/Müller, Romano/Hamers, Jan P.H., Der „Berner Schmerzscore für Neugeborene", in: Die Hebamme 2002, S. 160ff.; cit. Cignacco et al.

Coester-Waltjen, Dagmar, Der nasciturus in der hirntoten Mutter, in: *Lange, Hermann/ Nörr, Knut Wolfgang/Westermann, Harm Peter* (Hrsg.): Festschrift für Joachim Gernhuber zum 70. Geburtstag, 1993, S. 837ff.

Conradi, Matthias, Der Arzt an den Grenzen seines Behandlungsauftrages, 2002

Cuttini, Marina/Nadai, Michela/Kaminski, Monique/Hansen, Gesine/Leeuw, Richard de/Lenoir, Sylvie/Persson, Jan/ Rebagliato, Marisa/Reid, Margaret/de Vonderweid, Umberto/Lenard Hans G./Orzalesi, M./Saracci, Rudolfo u.a., End-of-life decisions in neonatal intensive care: physicians' self-reported practices in seven European countries, in: Lancet 355 (2000), S. 2112ff.; cit. Cuttini et al.

Czerner, Frank, Aktive Sterbehilfe auch gegenüber Kindern? zur Übertragbarkeit der aktuellen Diskussion in den Niederlanden auf die Bundesrepublik Deutschland unter verfassungsrechtlichen Gesichtspunkten, in: MedR 2001, S. 354ff.

The Danish Council of Ethics, Debate Outline Extreme Prematurity Ethical Aspects, 1995; cit. Danish Council of Ethics, Debate Outline

Dauster, Manfred, Betreuungsrechtliche Aspekte des Arzt-Patienten-Verhältnisses in der letzten Lebensphase, in: *Wienke, Albrecht/ Lippert, Hans-Dieter* (Hrsg.): Der Wille des Menschen zwischen Leben und Sterben: Patientenverfügung und Vorsorgevollmacht, 2001, S. 89ff.; cit. Dauster, Heidelberger Workshop

Dauth, Sabine/di Pol, Gerhard, Tötung von Frühgeborenen? – Vorwürfe und Reaktionen aus Ost und West, in: DÄBl. 89 (1992), S. C-453f.

Denninger, Erhard, Rechtsethische Anmerkungen zum Schwangerschaftsabbruch und zur sogenannten „Früheuthanasie", in: KJ 1992, S. 282ff.

Deutsch, Erwin, Behandlungsverzicht/Behandlungsabbruch, 2. Rechtlich, in: *Korff, Wilhelm* (Hrsg.): Lexikon der Bioethik, Bd. 1, 1998, S. 314ff.; cit. Deutsch, Behandlungsverzicht

Deutsch, Erwin/Spickhoff, Andreas, Medizinrecht, 5. Aufl. 2003

Diederichsen, Uwe, Zustimmungsersetzung bei der Behandlung bösartiger Erkrankungen von Kindern und Jugendlichen, in: *Dierks, Christian/Graf-Baumann, Toni/Lenard, Hans-Gerd* (Hrsg.): Therapieverweigerung bei Kindern und Jugendlichen, 1995, S. 97ff.; cit. Diederichsen, Einbecker Workshop 1995

Dreher, Eduard/Tröndle, Herbert, Strafgesetzbuch, 47. Aufl. 1995

Dreier, Horst, Stufungen des vorgeburtlichen Lebensschutzes, in: ZRP 2002, S. 377ff.

Dreier, Horst (Hrsg.), Grundgesetz-Kommentar, Bd. 1, 2. Aufl. 2004; cit. Bearbeiter, in: Dreier, GK I

Dressler, Wolf Dieter, Ärztliche Leitlinien und Arzthaftung, in: *Brandner, Hans Erich/ Hagen, Horst/Stürner, Rolf* (Hrsg.): Festschrift für Karlmann Geiß: Zum 65. Geburtstag, 2000, S. 379ff.; cit. Dressler, FS für Geiß

Dudenhausen, Joachim W., Behandlungspflicht beim Früh- und Neugeborenen aus geburtsmedizinischer Sicht, in: Z. ärztl. Fortbild. 87 (1993), S. 863ff.

Duttge, Gunnar, Lebensschutz und Selbstbestimmung am Lebensende, in: ZfL 2004, S. 30ff.

Eberbach, Wolfram, Ausgewählte zivilrechtliche Aspekte des Arzt-Patienten-Verhältnisses am Ende des Lebens, in: *Wienke, Albrecht/Lippert, Hans-Dieter* (Hrsg.): Der Wille des Menschen zwischen Leben und Sterben: Patientenverfügung und Vorsorgevollmacht, 2001, S. 11ff.; cit. Eberbach, Heidelberger Workshop

Eberbach, Wolfram H., Pränatale Diagnostik - Fetaltherapie – selektive Abtreibung: Angriffe auf § 218 a Abs. 2 Nr. 1 StGB (embryopathische Indikation), in: JR 1989, 265ff.

Ehlers, Alexander P.F./Broglie, Maximilian G. (Hrsg.), Arzthaftungsrecht, 3. Aufl. 2005; cit. Ehlers/Broglie (Bearbeiter kursiv)

Eibach, Ulrich, Aktive Euthanasie und Beihilfe zur Selbsttötung, in: ZfL 2004, S. 38ff.

Eibach, Ulrich, „Du sollst Menschenleben nicht töten!" – Zwischen aktiver und passiver Sterbehilfe, in: MedR 2000, S. 10ff.

Engisch, Karl, Konflikte, Aporien und Paradoxien bei der rechtlichen Beurteilung der ärztlichen Sterbehilfe, in: *Jescheck, Hans-Heinrich/Lüttger, Hans* (Hrsg.): Festschrift für Eduard Dreher zum 70. Geburtstag, 1977, S. 309ff.; cit.: Engisch, FS für Dreher

Eser, Albin, Ziel und Grenzen der Intensivpädiatrie aus rechtlicher Sicht, in: *Kamps, Hans/Laufs, Adolf* (Hrsg.): Arzt- und Kassenarztrecht im Wandel, Festschrift für Prof. Dr. iur. Helmut Narr zum 60. Geburtstag, 1988, S. 47ff.; cit.: Eser, FS für Narr

Eser, Albin, Grenzen der Behandlungspflicht aus juristischer Sicht, in: *Lawin, Peter/Huth, Hanno* (Hrsg.): Grenzen der ärztlichen Aufklärungs- und Behandlungspflicht, 1982, S. 77ff.; cit. Eser, in: Lawin/Huth

Eser, Albin, Lebenserhaltungspflicht und Behandlungsabbruch in rechtlicher Sicht, in: *Auer, Alfons/Menzel, Hartmut/Eser, Albin*: Zwischen Heilauftrag und Sterbehilfe, 1977, S. 75ff.; cit. Eser, in: Auer/Menzel/Eser

Eser, Albin/Koch, Hans-Georg, Schwangerschaftsabbruch und Recht, 2003; cit. Eser/Koch, Schwangerschaftsabbruch

Eser, Albin/Koch, Hans-Georg, Materialien zur Sterbehilfe: eine internationale Dokumentation, 1991; cit. Bearbeiter in: Eser/Koch (Materialien zur Sterbehilfe)

Everschor, Monika, Probleme der Neugeboreneneuthanasie und der Behandlungsgrenzen bei schwerstgeschädigten Kindern und ultrakleinen Frühgeborenen aus rechtlicher und ethischer Sicht, 2001

Ewerbeck, Hans, Krankheitsbilder schwerstgeschädigter Neugeborener, in: *Hiersche, Hans-Dieter/Hirsch, Günter/Graf-Baumann, Toni* (Hrsg.): Grenzen ärztlicher Behandlungspflicht bei schwerstgeschädigten Neugeborenen, 1. Einbecker Workshop der Deutschen Gesellschaft für Medizinrecht, 27.-29. Juni 1986, 1987, S. 17ff.; cit. Ewerbeck, Einbecker Workshop 1986

Ewerbeck, Hans, Intensivmedizinische Maßnahmen bei Neugeborenen und Kindern mit Mißbildungen, in: DÄBl. 81 (1984), S. C-2488f.

Fink, Udo, Der Schutz des menschlichen Lebens im Grundgesetz - zugleich ein Beitrag zum Verhältnis des Lebensrechts zur Menschenwürdegarantie, in: Jura 2000, S. 210ff.

Fleischman, Alan R., Ethical Issues in Neonatology, in: *Mc Millan, Julia A./DeAngelis, Cathrine/Feigin, Ralph D./Warshaw, Joseph B.* (Hrsg.): Oski's pediatrics: Principles and Practice, 3. Ed. 1999, S. 214ff.; cit. Fleischman, in: Oski's pediatrics

Foth, Eberhard, Überlegungen zur Spätabtreibung, in: JR 2004, S. 367ff.

Friauf, Karl Heinrich/Höfling, Wolfram (Hrsg.), Berliner Kommentar zum Grundgesetz, 2000, Stand: 11. Lfg. Dezember 2004; cit. Bearbeiter, in: Friauf/Höfling

Fritsche, Paul, Ärztlich- ethische Aspekte zur Ambivalenz der Lebensverlängerung, in: *Bottke, Wilfried/Fritsche, Paul/Huber, Wolfgang/Schreiber, Hans-Ludwig* (Hrsg.): Lebensverlängerung aus medizinischer, ethischer und rechtlicher Sicht, 1995, S. 3ff.

Fritsche, Paul, Der Arzt und seine Verpflichtung zur Sterbehilfe, in: MedR 1993, S. 126ff.

Fröschle, Tobias, Maximen des Betreuerhandelns und die Beendigung lebenserhaltender Eingriffe, in: JZ 2000, S. 72ff.

Gehrlein, Markus, Leitfaden zur Arzthaftpflicht, 2000

Genzel-Boroviczény, Orsolya/Friese, Klaus, Frühgeborene an der Grenze der Lebensfähigkeit, in: DÄBl. 103 (2006), S. A 1960ff.

Gescher, Susanne, Rechtsprobleme des Schwangerschaftsabbruchs bei Anenzephalen, 1994

Giesen, Dieter, Arzthaftungsrecht, 4. Aufl. 1995; cit. Giesen, Arzthaftungsrecht

Giesen, Dieter, Ethische und rechtliche Probleme am Ende des Lebens, in: JZ 1990, S. 929ff.

Giesen, Dieter, International Medical Malpractice Law, 1988; cit. Giesen, MML

Grauel, Ernst Ludwig, Grenzen der Lebensbewahrung in der Neugeborenen-Intensivmedizin, 1997

Grauel, Ernst Ludwig/Heller, Karla, Grenzsituationen ärztlichen Handelns in der Intensivtherapie Neugeborener, in: *Körner, Uwe/ Seidel, Karl/Thom, Achim* (Hrsg.): Grenzsituationen ärztlichen Handelns, 3. Aufl. 1984, S. 94ff.

Gropp, Walter, Der Embryo als Mensch: Überlegungen zum pränatalen Schutz des Lebens und der körperlichen Unversehrtheit, in: GA 2000, S. 1ff.

Gründel, Johannes, Grenzen der ärztlichen Behandlungspflicht bei schwerstgeschädigten Neugeborenen aus theologisch- ethischer Sicht, in: *Hiersche, Hans-Dieter/Hirsch, Günter/Graf-Baumann, Toni* (Hrsg.): Grenzen ärztlicher Behandlungspflicht bei schwerstgeschädigten Neugeborenen, 1. Einbecker Workshop der Deutschen Gesellschaft für Medizinrecht, 27.-29. Juni 1986, 1987, S. 73ff.; cit. Gründel, Einbecker Workshop 1986

Gründel, Johannes, Sterbehilfe aus ethischer Sicht, in: MedR 1985, S. 2ff.

Hanack, Ernst-Walter, Grenzen ärztlicher Behandlungspflicht bei schwerstgeschädigten Neugeborenen aus juristischer Sicht, in: MedR 1985, S. 33ff.

Hanack, Ernst-Walter, Zum Schwangerschaftsabbruch aus sogenannter kindlicher Indikation als Grenzproblem, in: *Hauser, Robert/ Rehberg, Jörg/Stratenwerth, Günter* (Hrsg.): Gedächtnisschrift für Peter Noll, 1984, S. 197ff.; cit. Hanack, Noll-GedSchr

Hanau, Peter, Verrechtlichung, in: *Ahrens, Hans-Jürgen u.a.* (Hrsg.): Festschrift für Erwin Deutsch: Zum 70. Geburtstag, 1999, S. 959ff.; cit.: Hanau, FS für Deutsch

Hanke, Thomas, Nachsorgender Schutz menschlichen Lebens, Zum Umgang mit Spätabtreibungen im Personenstands-, Bestattungs- und Strafprozessrecht 2002

Harms, Karsten, Erstversorgung von sehr unreifen Frühgeborenen, in: *Friese, Klaus/ Plath, Christian/Briese, Volker* (Hrsg.): Frühgeburt und Frühgeborenes, 2000, S. 339ff.

Hart, Dieter, Ärztliche Leitlinien – Definitionen, Funktionen, rechtliche Bewertungen, in: MedR 1998, S. 8ff.

Heinemann, Nicola, Frau und Fötus in der Prä- und Perinatalmedizin aus strafrechtlicher Sicht, 2000

Helmke, Thomas, Kritische Anmerkungen zum neuen Abtreibungsrecht, in: ZRP 1995, S. 441f.

Hennies, Günter, Ergänzende Rechtsgedanken zum Behandlungsgeschehen, in: Arztrecht 1998, S. 102f.

Hennies, Günter, Schwangerschaftsabbruch bei schweren embryonalen Schäden?, in: Arztrecht 1998, S. 127ff.

Hentschel, Juliane/Arlettaz, R./Bührer, C., Überlebenschancen und Langzeitprognose bei Geburt in der Grauzone der Lebensfähigkeit, in: Der Gynäkologe 34 (2001), S. 697ff.; cit. Hentschel et al.

Hentschel, Roland, Besonderheiten ethischer Fragestellungen in der Neonatologie, in: Ethik Med 11 (1999), S. 246ff.

Hepp, Herrmann, Pränatalmedizin und reformierter § 218 a StGB – oder: die „versteckte Indikation", in: Der Gynäkologe 29 (1996), S. 407ff.

Hepp, Herrmann, Mangel- und Frühgeburt. Ethische Aspekte aus der Sicht des Geburtshelfers, in: Der Gynäkologe 25 (1992), S. 130ff.

Hepting, Reinhard/Gaaz, Berthold, Personenstandsrecht, Kommentar, Stand: 37. Lfg. November 2001

Herzberg, Rolf Dietrich, Der Fall Hackethal: Strafbare Tötung auf Verlangen?, in: NJW 1986, S. 1635ff.

Herzberg, Rolf/Herzberg, Annika I., Der Beginn des Menschseins im Strafrecht: Die Vollendung der Geburt, in: JZ 2001, S. 1106ff.

Heyers, Johannes, Vormundschaftsgerichtlich genehmigte Sterbehilfe – BGH, NJW 2003, 1588, in: JuS 2004, S. 100ff.

Heyers, Johannes, Passive Sterbehilfe bei entscheidungsunfähigen Patienten und das Betreuungsrecht, 2001

Hiersche, Hans-Dieter, Ultraschalldiagnostik in der Pränatal-Medizin aus medizinrechtlicher Sicht, in: MedR 1989, S. 304ff.

Hiersche, Hans-Dieter, Einführungsreferat, in: *Hiersche, Hans-Dieter/Hirsch, Günter/ Graf-Baumann, Toni* (Hrsg.): Grenzen ärztlicher Behandlungspflicht bei schwerstgeschädigten Neugeborenen, 1. Einbecker Workshop der Deutschen Gesellschaft für Medizinrecht, 27.-29. Juni 1986, 1987, S. 1ff.; cit. Hiersche, Einbecker Workshop 1986

Hiersche, Hans-Dieter, Schwangerschaftsabbruch und Anencephalus, in: MedR 1984, S. 215f.

Hiersche, Hans Dieter/Jähnke, Burkhard, Der todkranke Foetus – Probleme des Schwangerschaftsabbruchs aus sog. kindlicher Indikation, in: MDR 1986, S. 1ff.

Hiersche, Hans-Dieter/Hirsch, Günter/Graf-Baumann, Toni, Grenzen ärztlicher Behandlungspflicht bei schwerstgeschädigten Neugeborenen, 1. Einbecker Workshop der Deutschen Gesellschaft für Medizinrecht, 27.-29. Juni 1986, 1987

Hoerster, Norbert, Ethik des Embryonenschutzes, 2002; cit. Hoerster, Embryonenschutz

Hoerster, Norbert, Neugeborene und das Recht auf Leben, 1995; cit. Hoerster, Neugeborene

Höfling, Wolfram, Das Tötungsverbot und die Grenzen seiner Einschränkbarkeit aus verfassungsrechtlicher Sicht, in: ZfL 2002, S. 34ff.

Höfling, Wolfram, Forum: „Sterbehilfe" zwischen Selbstbestimmung und Integritätsschutz, in: JuS 2000, S. 111ff.

Höfling, Wolfram, Rationierung von Gesundheitsleistungen im grundrechtsgeprägten Sozialstaat, in: *Feuerstein, Günter/Kuhlmann, Ellen* (Hrsg.): Rationierung im Gesundheitswesen, 1998, S. 143ff.; cit. Höfling, Rationierung

Höfling, Wolfram/Rixen, Stephan, Vormundschaftsgerichtliche Sterbeherrschaft?, in: JZ 2003, S. 884ff.

Holschneider, Alexander Matthias, Chirurgische intrauterine Interventionen und die Bewertung ihrer Folgen aus ärztlicher Sicht, in: *Hiersche, Hans-Dieter/Hirsch, Günter/*

Graf-Baumann, Toni (Hrsg.): Grenzen ärztlicher Behandlungspflicht bei schwerstge-schädigten Neugeborenen, 1. Einbecker Workshop der Deutschen Gesellschaft für Me-dizinrecht, 27.-29. Juni 1986, 1987, S. 52ff.; cit. Holschneider, Einbecker Workshop 1986

Holschneider, Alexander Matthias/Holschneider, V., Behandlung Neugeborener mit schwersten angeborenen Fehlbildungen, in: Arztrecht 1998, S. 97ff.

Honecker, Martin, Dimensionen der Diskussion um Peter Singer, in: *Honnefelder, Lud-ger/Streffer, Christian* (Hrsg.): Jahrbuch für Wissenschaft und Ethik, Bd. 4, 1999, S. 93ff.; cit. Honecker, JWE 1999

Honecker, Martin, Grundriß der Sozialethik, 1995; cit. Honecker, Sozialethik

Huber, Wolfgang, Grenzen des medizinischen Fortschritts aus ethischer Sicht, in: *Bottke, Wilfried/Fritsche, Paul/Huber, Wolfgang/ Schreiber, Hans-Ludwig (Deutsche Sektion der Internationalen Juristen-Kommission)* (Hrsg.): Lebensverlängerung aus medizini-scher, ethischer und rechtlicher Sicht, 1995, S. 147ff.

Hufen, Friedhelm, In dubio pro dignitate, in: NJW 2001, S. 849ff.

Illing, Stephan, Das gesunde und das kranke Neugeborene, 1993

Ingelfinger, Ralph, Tötungsverbot und Sterbehilfe, ZfL 2005, S. 38ff.

Irrgang, Bernhard, Grundriß der medizinischen Ethik, 1995

Isemer, Friedrich-Eckart/Lilie, Hans, Rechtsprobleme bei Anencephalen, in: MedR 1988, S. 66ff.

Isensee, Josef, Das Grundrecht als Abwehrrecht und als staatliche Schutzpflicht, in: *Isen-see, Josef/Kirchhof, Paul* (Hrsg.): Handbuch des Staatsrechts der Bundesrepublik Deutschland, Bd. 5, 2. Aufl. 2000; cit. Isensee, in: HStR V

Jäger, Christian, Die Delikte gegen Leben und körperliche Unversehrtheit nach dem 6. Strafrechtsreformgesetz – Ein Leitfaden für Studium und Praxis, JuS 2000, S. 31ff.

Jähnke, Burkhard, Grenzen der ärztlichen Behandlungspflicht bei schwerstgeschädigten Neugeborenen aus juristischer Sicht, in: *Hiersche, Hans-Dieter/Hirsch, Günter/Graf-Baumann, Toni* (Hrsg.): Grenzen ärztlicher Behandlungspflicht bei schwerstgeschädig-ten Neugeborenen, 1. Einbecker Workshop der Deutschen Gesellschaft für Medizin-recht, 27.-29. Juni 1986, 1987, S. 99ff.; cit. Jähnke, Einbecker Workshop 1986

Jakobs, Günther, Die Ingerenz in der Rechtsprechung des Bundesgerichtshofs, in: *Roxin, Claus/Widmaier, Gunter* (Hrsg.): 50 Jahre Bundesgerichtshof: Festgabe aus der Wissen-schaft, Bd. IV, 2000, S. 29ff.; cit. Jakobs, BGH-FG-Wiss

Jakobs, Günther, Strafrecht, Allgemeiner Teil, 2. Aufl. 1993

Jarass, Hans D./Pieroth, Bodo, Grundgesetz für die Bundesrepublik Deutschland, Kom-mentar, 8. Aufl. 2006; cit. Jarass/Pieroth (Bearbeiter kursiv)

Jenewein, Josef/Fauchère, J. C./Glaser, A./Mörgeli, H. P./Büchi, S., Was belastet Eltern nach dem Tod ihres extrem frühgeborenen Kindes? Eine qualitative Studie, in: Ge-burtsh. Frauenheilk. 66 (2006), S. 745ff.

Joerden, Jan C., Strafrechtsschutz an den Grenzen des Lebens als Funktion des rechtsethi-schen Personbegriffs, in: *Frewer, Andreas/ Rödel, Claus* (Hrsg.): Person und Ethik: his-torische und systematische Aspekte zwischen medizinischer Anthropologie und Ethik, 1993, S. 111ff.

Kainer, Franz, Pränataldiagnostik: Verantwortliche ärztliche Tätigkeit im Grenzbereich, in: DÄBl. 99 (2002), S. A-2545ff.

Kapp, Wolfgang, Neonatologie, 2. Recht, in: *Eser, Albin/Lutterotti, Markus von/Sporken, Paul* (Hrsg.): Lexikon Medizin-Ethik-Recht, 1989, Sp. 751ff.

Katzenmeier, Christian, Arzthaftung, 2002

Kaufmann, Arthur, Zur ethischen und strafrechtlichen Beurteilung der sogenannten Früheuthanasie, in: JZ 1982, S. 481ff.

Kettler, Dietrich/Mohr, Michael, Ethische Aspekte der kardiopulmonalen Reanimation, in: *Bernat, Erwin/Kröll, Wolfgang*: Intensivmedizin als Herausforderung für Recht und Ethik, 1999, S. 1ff.

Keyserlingk, Edward W., Die Strafbarkeit der Nichtbehandlung von Neugeborenen und Kindern in Kanada und in den Vereinigten Staaten von Amerika, in: ZStW 97 (1985), S. 178ff.

Kind, Christian, Ethische Überlegungen als besondere Herausforderung für den Geburtshelfer und den Neonatologen, in: Der Gynäkologe 34 (2001), S. 744ff.

Kirschner, Wolf/Hoeltz, Jürgen, Epidemiologie der Frühgeburtlichkeit, in: *Friese, Klaus/ Plath, Christian/Briese, Volker* (Hrsg.): Frühgeburt und Frühgeborenes, 2000, S. 117ff.

Klinkhammer, Gisela, Pränatale Diagnostik: „Ein für Ärzte bedrückendes Dilemma", in: DÄBl. 96 (1999), S. A-1332ff.

Knopp, Lothar, Aktive Sterbehilfe – Europäische Entwicklungen und „Selbstbestimmungsrecht" des Patienten aus verfassungsrechtlicher Sicht, in: MedR 2003, S. 379ff.

Koch, Hans-Georg, Landesbericht Bundesrepublik Deutschland, in: *Eser, Albin/Koch, Hans-Georg* (Hrsg.): Schwangerschaftsabbruch im internationalen Vergleich, Teil 1: Europa, 1988; cit. Koch, Landesbericht Bundesrepublik Deutschland, in: Eser/Koch

Koletzko, Berthold, von Harnack Kinderheilkunde, 11. Aufl. 2000; cit. Bearbeiter, in: von Harnack Kinderheilkunde (Koletzko, Hrsg.)

Kollmann, Walter, Ethik in der Neonatologie. Frühgeborenenbetreuung – eine ethische Herausforderung an den Neonatologen, in: Deutsche Krankenpflege-Zeitschrift 1991, S. 489ff.

Koppernock, Martin, Das Grundrecht auf bioethische Selbstbestimmung, 1997

Kreuzer, Arthur, Definitionsprozesse bei Tötungsdelikten, in: Kriminalistik 1982, S. 491ff.

Kröll, Wolfgang/Gaßmayr, Susanne E., Rationalisierung oder Rationierung knapper medizinischer Ressourcen?, in: *Bernat, Erwin/ Kröll, Wolfgang*: Intensivmedizin als Herausforderung für Recht und Ethik, 1999, S. 9ff.

Kühl, Kristian, Strafrecht – Allgemeiner Teil, 5. Aufl. München 2005; cit. Kühl, AT

Kuhse, Helga, Die „Heiligkeit des Lebens" in der Medizin, 1994

Kuhse, Helga/Singer Peter, Muß dieses Kind am Leben bleiben?, 1993

Künschner, Alfred, Wirtschaftlicher Behandlungsverzicht und Patientenauswahl. Knappe medizinische Ressourcen als Rechtsproblem, 1992

Küper, Wilfried, Strafrecht, Besonderer Teil: Definitionen und Erläuterungen, 5. Aufl. 2002

Küper, Wilfried, Mensch oder Embryo? Der Anfang des „Menschseins" nach neuem Strafrecht, in: GA 2001, S. 515ff.

Kutzer, Klaus, Embryonenschutzgesetz – Wertungswidersprüche zu den Regelungen bei Schwangerschaftsabbruch, Früheuthanasie, Sterbehilfe und Transplantation?, in: MedR 2002, S. 24ff.

Kutzer, Klaus, Sterbehilfeproblematik in Deutschland: Rechtsprechung und Folgen für die klinische Praxis, in: MedR 2001, S. 77ff.

La Pine, Timothy R./Jackson, J. Craig/Bennett, Forrest C., Outcome of Infants Weighing Less Than 800 Grams at Birth: 15 Years' Experience, in: Pediatrics 96 (1995), S. 479ff.; cit. La Pine et al.

Laber, Jörg, Der Schutz des Lebens im Strafrecht, 1997

Laber, Jörg, Die rechtlichen Probleme der Früheuthanasie, in: MedR 1990, S. 182ff.

Labisch, Alfons/Paul, Norbert, Ärztliche Gelöbnisse, in: *Korff, Wilhelm* (Hrsg.): Lexikon der Bioethik, Bd. 1, 1998, S. 249ff.

Lachwitz, Klaus, Schwerstgeschädigte Neugeborene im Grenzbereich zwischen Lebensschutz und Behandlungsabbruch, in: BtPrax 1998, S. 208ff.

Lackner, Karl, Strafgesetzbuch, 21. Aufl. 1995

Lackner, Karl/Kühl, Kristian, Strafgesetzbuch, 25. Aufl. 2004, cit. Lackner/Kühl; 24. Aufl. 2001; cit. Lackner/Kühl[24]

Laufs, Adolf, Nicht der Arzt allein muss bereit sein, das Notwendige zu tun, in: NJW 2000, S. 1757ff.

Laufs, Adolf, Arztrecht, in: *Korff, Wilhelm* (Hrsg.): Lexikon der Bioethik, Bd. 1, 1998, S. 261ff.; cit. Laufs, Arztrecht (Lexikon der Bioethik)

Laufs, Adolf, Zivilrichter über Leben und Tod?, in: NJW 1998, S. 3399ff.

Laufs, Adolf, Arztrecht, 5. Aufl. 1993; cit. Laufs, Arztrecht

Laufs, Adolf, Arzt und Recht im Wandel der Zeit, in: MedR 1986, S. 163ff.

Laufs, Adolf, Standesregeln und Berufsrecht der Ärzte, in: *Heberer, Georg/Opderbecke, Hans Wolfgang/Spann, Wolfgang* (Hrsg.): Ärztliches Handeln - Verrechtlichung eines Berufstandes, Festschrift für Walther Weißauer zum 65. Geburtstag, 1986, S. 88ff.; cit. Laufs, FS für Weißauer

Laufs, Adolf, Recht und Gewissen des Arztes, in: Heidelberger Jahrbücher, Bd. XXIV, 1980, S. 1ff.; cit. Laufs, Recht und Gewissen

Laufs, Adolf/Uhlenbruck, Wilhelm, Handbuch des Arztrechts, 3. Aufl. 2002; cit. Bearbeiter in Laufs/Uhlenbruck

Leeuw, Richard de/Cuttini, Marina/Nadai, Michela/Berbik, István/Hansen, Gesine/ Kucinskas, Audrunas/Lenoir, Sylvie/ Levin, Adik/Persson, Jan/Rebagliato, Marisa/Reid, Margaret/Schroell, Marco/de Vonderweid, Umberto u.a., Treatment choices for extremely preterm infants: An international perspective, in: J Pediatr 137 (2000), S. 608ff.; cit. De Leeuw et al.

Leipziger Kommentar zum StGB, hrsg. von *Jähnke, Burkhard/Laufhütte, Heinrich Wilhelm/Odersky, Walter,* 11. Aufl. 1992 ff., 47. Lfg. Juli 2004; cit. LK-Bearbeiter; hrsg. von *Jescheck, Hans-Heinrich/Ruß, Wolfgang/Willms, Günther,* Bd. 5, 10. Aufl. 1989; cit. LK[10]-Bearbeiter

Lemburg, Peter, Ethische Aspekte der Intensivmedizin beim Früh- und Neugeborenen, in: Der Gynäkologe 25 (1992), S. 160ff.

Lenckner, Theodor, Arzt und Strafrecht, in: *Forster, Balduin* (Hrsg.): Praxis der Rechtsmedizin, 1986, S. 569ff.

Lilie, Hans, Strafrechtliche Gesichtspunkte, in: *Wienke, Albrecht/Lippert, Hans-Dieter* (Hrsg.): Der Wille des Menschen zwischen Leben und Sterben: Patientenverfügung und Vorsorgevollmacht, 2001, S. 75ff.; cit. Lilie, Heidelberger Workshop

Lipp, Volker, Freiheit und Fürsorge: Der Mensch als Rechtsperson, 2000

Loch, Ernst-Gerhard, Pränatale Diagnostik - in bestimmten Fällen ein interdisziplinäres Problem, in: *Hiersche, Hans-Dieter/Hirsch, Günter/Graf-Baumann, Toni* (Hrsg.): Grenzen ärztlicher Behandlungspflicht bei schwerstgeschädigten Neugeborenen, 1. Einbecker Workshop der Deutschen Gesellschaft für Medizinrecht, 27.-29. Juni 1986, 1987, S. 7ff.; cit. Loch, Einbecker Workshop 1986

Loewenich, Volker von, Ethische Entscheidungen in der Neonatologie – Erwiderung, in: Monatsschrift Kinderheilkunde 152 (2004), S. 329f.

Loewenich, Volker von, Ethische Probleme bei Frühgeborenen, in: Monatsschrift Kinderheilkunde 151 (2003), S. 1263ff.

Loewenich, Volker von, Kommentar I, in: Ethik Med 13 (2001), S. 196ff.

Loewenich, Volker von, Grenzen der Behandlung Frühgeborener – Ökonomische Aspekte – in: der kinderarzt 27 (1996), S. 135ff.

Loewenich, Volker von, Ethische Fragen in der Perinatal- Medizin aus neonatologischer Sicht, in: *Hegselmann, Rainer/Merkel, Reinhard* (Hrsg.): Zur Debatte über Euthanasie, 2. Aufl. 1992, S. 128ff.; cit. Von Loewenich, in: Hegselmann/Merkel

Loewenich, Volker von, Neonatologie, 1. Medizin, in: *Eser, Albin/Lutterotti, Markus von/ Sporken, Paul* (Hrsg.): Lexikon Medizin-Ethik-Recht, 1989, Sp. 743ff.; cit. von Loewenich, Neonatologie

Loewenich, Volker von, Therapiemöglichkeiten und ihre Bewertung bei schwerstgeschädigten Neugeborenen aus ärztlicher Sicht, in: *Hiersche, Hans-Dieter/Hirsch, Günter/ Graf-Baumann, Toni* (Hrsg.): Grenzen ärztlicher Behandlungspflicht bei schwerstgeschädigten Neugeborenen, 1. Einbecker Workshop der Deutschen Gesellschaft für Medizinrecht, 27.-29. Juni 1986, 1987, S. 41ff.; cit. von Loewenich, Einbecker Workshop 1986

Loewenich, Volker von, Grenzen der ärztlichen Behandlungspflicht bei schwerstgeschädigten Neugeborenen aus ärztlicher Sicht, in: MedR 1985, S. 30ff.

Lorenz, Dieter, Recht auf Leben und körperliche Unversehrtheit, in: *Isensee, Josef/ Kirchhof, Paul* (Hrsg.): Handbuch des Staatsrechts der Bundesrepublik Deutschland, Bd. 6, 2. Aufl. 2001; cit. Lorenz, in: HStR VI

Lorenz, John M./Wooliever, Diane E./Jetton, James R./Paneth, Nigel, A Quantitative Review of Mortality and Developmental Disability in Extremely Premature Newborns, in: Arch Pediatr Adolesc Med 152 (1998), S. 425ff.; cit. Lorenz et al.

Lüttger, Hans, Der Beginn der Geburt und das Strafrecht, in: JR 1971, S. 133ff.

Maiwald, Manfred, Grundlagenprobleme der Unterlassungsdelikte, in: JuS 1981, S. 473ff.

Mangoldt, Hermann von/Klein, Friedrich/Starck, Christian, Das Bonner Grundgesetz, Bd. 1, 4. Aufl. 1999; cit. Bearbeiter, in: v. Mangoldt/Klein/Starck, GG I

Manz, Hans Georg von, Lebensqualität und Bewertung menschlichen Lebens, in: *Brudermüller, Gerd* (Hrsg.): Angewandte Ethik und Medizin, 1999, S. 65ff.

Martis, Rüdiger/Winkhart, Martina, Arzthaftungsrecht aktuell, 2003

Maunz, Theodor/Dürig, Günter, Grundgesetz, Kommentar, Bd. I, 7. Aufl. 1991ff., Stand: 46. Lfg. März 2006; cit. Bearbeiter, in: Maunz/Dürig (Jahr)

Maurach, Reinhart/Schroeder, Friedrich-Christian/Maiwald, Manfred, Strafrecht, Besonderer Teil, Teilband 1, Straftaten gegen Persönlichkeits- und Vermögenswerte, 9. Aufl. 2003

Medicus, Dieter, Schuldrecht II – Besonderer Teil, 13. Aufl. 2006; cit. Medicus, SchuldR II

Medicus, Dieter, Bürgerliches Recht, 20. Aufl. 2004; cit. Medicus, BR

Mendling, Werner, Ethische Probleme in der modernen Geburtsmedizin, in: *Joerden, Jan C.* (Hrsg.): Der Mensch und seine Behandlung in der Medizin: bloß ein Mittel zum Zweck?, 1999, S. 143ff.

Ment, Laura R., Intraventricular Hemorrhage of the Preterm Infant, in: *Mc Millan, Julia A./DeAngelis, Cathrine/Feigin, Ralph D./Warshaw, Joseph B.* (Hrsg.): Oski's pediatrics: Principles and Practice, 3. Ed. 1999, S. 230ff.; cit. Ment, in: Oski's pediatrics

Menzel, Hartmut, Ziel und Grenzen ärztlichen Handelns im Extrembereich menschlicher Existenz, in: *Auer, Alfons/Menzel, Hartmut/ Eser, Albin*: Zwischen Heilauftrag und Sterbehilfe, 1977, S. 53ff.

Merkel, Reinhard, Früheuthanasie, 2001; cit. Merkel, Früheuthanasie

Merkel, Reinhard, Ärztliche Entscheidungen über Leben und Tod in der Neonatalmedizin, in: *Brudermüller, Gerd* (Hrsg.): Angewandte Ethik und Medizin, 1999, S. 131ff.; cit. Merkel, in: Brudermüller

Merkel, Reinhard, Extrem unreife Frühgeborene und der Beginn des strafrechtlichen Lebensschutzes, in: *Orsi, Giuseppe/Seelmann, Kurt/Smid, Stefan/Steinvorth, Ulrich* (Hrsg.): Medizin-Recht-Ethik, 1998, S. 103ff.; cit. Merkel, Medizin-Recht-Ethik

Merkel, Reinhard, Ärztliche Entscheidungen über Leben und Tod in der Neonatalmedizin, in: JZ 1996, S. 1145ff.

Merkel, Reinhard, Tödlicher Behandlungsabbruch und mutmaßliche Einwilligung bei Patienten im apallischen Syndrom, in: ZStW 107 (1995), S. 545ff.

Merkel, Reinhard, Teilnahme am Suizid, Tötung auf Verlangen, Euthanasie, in: *Hegselmann, Rainer/Merkel, Reinhard* (Hrsg.): Zur Debatte über Euthanasie, 2. Aufl. 1992, S. 71ff.; cit. Merkel, in: Hegselmann/Merkel

Mieth, Diego, Das sehr kleine Frühgeborene, in: *Medizin-Ethischer Arbeitskreis Neonatologie des Universitätsspitals Zürich*: An der Schwelle zum eigenen Leben, 2002, S. 47ff.; cit. Mieth, Das sehr kleine Frühgeborene

Mieth, Diego, Warum ich mich im medizin-ethischen Arbeitskreis Neonatologie engagier(t)e, in: *Medizin-Ethischer Arbeitskreis Neonatologie des Universitätsspitals Zürich*: An der Schwelle zum eigenen Leben, 2002, S. 25f.; cit. Mieth, Arbeitskreis

Monset-Couchard, M./de Bethmann, O./Kastler, B., Mid- and Long-Term Outcome of 89 Premature Infants Weighing Less than 1,000 g at Birth, All Appropriate for Gestational Age, in: Biol Neonate 70 (1996), S. 328ff.; cit. Monset-Couchard et al.

Müller, Egon, Von der Körperverletzung zur eigenmächtigen Heilbehandlung, in: DRiZ 1998, S. 155ff.

Münch, Ingo von/Kunig, Philip (Hrsg.), Grundgesetz-Kommentar, Bd. 1, 5. Aufl. 2000; cit. Bearbeiter, in: von Münch/Kunig, GKK I

Münchener Kommentar zum Bürgerlichen Gesetzbuch, hrsg. von *Rebmann, Kurt/ Säcker, Franz Jürgen/Rixecker, Roland,* Bd. 1, 4. Aufl. 2001, Bd. 4, 4. Aufl. 2005, Bd. 5, 4. Aufl. 2004; cit. MünchKommBGB/Bearbeiter

Münchener Kommentar zum Strafgesetzbuch, hrsg. von *Joecks, Wolfgang,* Bd. 3, 2003; cit. MünchKommStGB/ Bearbeiter

Murrer, Andrea, Der Behandlungsabbruch aus der Sicht des Pflegepersonals, in: *Bernat, Erwin/Kröll, Wolfgang*: Intensivmedizin als Herausforderung für Recht und Ethik, 1999, S. 20ff.

Nationaler Ethikrat, Wortprotokoll über das Forum Bioethik zum Thema: „Zwischen Fürsorge und Selbstbestimmung – Über die Grenzen von Patientenautonomie und Patientenverfügung" vom 11. Juni 2003, abrufbar: http://www.nationalerethikrat.de/ veranstaltungen/forum_bioethik.html; cit. Teilnehmer, in: Nationaler Ethikrat

Nomos-Kommentar zum Strafgesetzbuch, *Kindhäuser, Urs/Neumann, Ulfried/Paeffgen, Hans-Ullrich* (Hrsg.), Bd. 1 und 2, 2. Aufl. 2005; cit. NK-StGB-Bearbeiter; 1. Aufl. 1995, Stand: 14. Lfg. November 2003; cit. NK-StGB-Bearbeiter[Jahr]

Obladen, Michael, Grenzen der Behandlungspflicht beim Früh- und Neugeborenen, in: Z. ärztl. Fortbild. 87 (1993), S. 867ff.

Oduncu, Fuat S./Eisenmenger, Wolfgang, Euthanasie – Sterbehilfe – Sterbebegleitung, in: MedR 2002, S. 327ff.

Opderbecke, Hans Wolfgang, Grenzen der Intensivtherapie, in: *Lawin, Peter/Huth, Hanno* (Hrsg.): Grenzen der ärztlichen Aufklärungs- und Behandlungspflicht, 1982, S. 109ff.

Opderbecke, Hans Wolfgang/Weißauer, Walther, Ein Vorschlag für Leitlinien – Grenzen der intensivmedizinischen Behandlungspflicht, in: MedR 1998, S. 395ff.

Otto, Harro, Patientenautonomie und Strafrecht bei der Sterbebegleitung, in: NJW 2006, S. 2217ff.

Otto, Harro, Einwilligung, mutmaßliche, gemutmaßte und hypothetische Einwilligung, in: Jura 2004, S. 679ff.

Otto, Harro, Grundkurs Strafrecht, Allgemeine Strafrechtslehre, 7. Aufl. 2004; cit. Otto, Grundkurs Strafrecht, AT

Otto, Harro, Grundkurs Strafrecht, Die einzelnen Delikte, 6. Aufl. 2002; cit. Otto, Grundkurs Strafrecht, BT

Otto, Harro, Die strafrechtliche Problematik der Sterbehilfe, in: Jura 1999, S. 434ff.

Palandt, Otto, Bürgerliches Gesetzbuch, 65. Aufl. 2006; cit. Palandt/Bearbeiter

Palm, Gerda, (K)ein Grund zur Trauer?, in: Geburtsh. Frauenheilk. 62 (2002), S. 90f.

Panagl, Agnes/Kohlhauser, Christina/Fuiko, Renate/Pollak, A., Belastungen von Eltern auf neonatologischen Intensivstationen – Selbsteinschätzung versus Fremdeinschätzung, in: Geburtsh. Frauenheilk. 62 (2002), S. 369ff.; cit. Panagl et al.

Pap, Michael, Juristische Stellungnahme zur Frage der Euthanasie an Säuglingen, in: *Dörr, Günter/Grimm, Rüdiger/Neuer-Miebach, Therese* (Hrsg.): Aneignung und Enteignung: der Zugriff der Bioethik auf Leben und Menschenwürde, 2000, S. 137ff.

Papageorgiou, Apostolos/Bardin, Claudette L., The Extremely-Low-Birth-Weight Infant, in: *Avery, Gordon B./Fletcher, Mary Ann/ MacDonald, Mhairi G.* (Hrsg.): Neonatology: pathophysiology and management of the newborn, 5. Ed. 1999, S. 445ff.; cit. Papageorgiou/ Bardin, in: Neonatology

Pawlik, Michael, Der Polizeibeamte als Garant zur Verhinderung von Straftaten, in: ZStW 111 (1999), S. 335ff.

Pawlowski, Peter/Böttcher, Dirk-Rainer/Gietzelt, Joachim, Outcome/Ergebnisqualität bei Kindern mit einem Geburtsgewicht unter 1500 g, in: *Friese, Klaus/Plath, Christian/ Briese, Volker* (Hrsg.): Frühgeburt und Frühgeborenes, 2000, S. 373ff.

Peterec, Steven M./Warshaw, Joseph B., The Premature Newborn, in: *Mc Millan, Julia A./DeAngelis, Cathrine/Feigin, Ralph D./Warshaw, Joseph B.* (Hrsg.): Oski's pediatrics: Principles and Practice, 3. Ed. 1999, S. 85ff.; cit. Peterec/Warshaw, in: Oski's pediatrics

Peters, Ralf, Der Schutz des neugeborenen, insbesondere des mißgebildeten Kindes, 1988

Philipp, Wolfgang, Aufgezwungene Pflichtenkollisionen – Frauenärzte im Konflikt, in: Frauenarzt 1998, S. 1504ff.

Picker, Eduard, Menschenwürde und Menschenleben – Zum Auseinandertriften zweier fundamentaler Werte als Ausdruck moderner Tendenzen zur Relativierung des Menschen, in: *Jakobs, Horst Heinrich u.a.:* Festgabe für Werner Flume zum 90. Geburtstag, 1998, S. 155ff.; cit. Picker, FS für Flume

Piecuch, Robert E./Leonard, Carol H./Cooper, Bruce A./Sehring, Sally A., Outcome of Extremely Low Birth Weight Infants (500 to 999 Grams) Over a 12-Year Period, in: Pediatrics 100 (1997), S. 633ff.; cit. Piecuch et al.

Pieroth, Bodo /Schlink, Bernhard, Grundrechte. Staatsrecht II, 21. Aufl. 2005

Pluschke, Stefanie, Geburtszeitpunkt beeinflusst neonatale Mortalität, in: Geburtsh. Frauenheilk. 62 (2002), S. 622

Pohlandt, Frank, (zugleich: Gemeinsame Empfehlung der Deutschen Gesellschaft für Gynäkologie und Geburtshilfe, Deutschen Gesellschaft für Kinderheilkunde und Jugendmedizin, Deutschen Gesellschaft für Perinatale Medizin und Gesellschaft für Neonatologie und Pädiatrische Intensivmedizin), Frühgeburt an der Grenze der Lebensfähigkeit des Kindes, in: Z. Geburtsh. Neonatol. 202 (1998), S. 261ff.

Ratzel, Rudolf/Lippert, Hans-Dieter, Kommentar zur Musterberufsordnung der deutschen Ärzte (MBO),2. Aufl. 1998

Regenbrecht, Josef, Medizinische und rechtliche Aspekte der Euthanasie am Beispiel schwerstbehinderter Neugeborener – Bericht aus der Praxis einer deutschen Kinderklinik, in: *Diakonisches Werk der Evangelisch-Lutheranischen Kirche in Bayern, Diakonie-Kolleg Bayern* (Hrsg.): Ethik und Humanwissenschaften im Dialog: Wenn Mitleid töten könnte... Die „neue" Euthanasiediskussion, Fachtagung des Diakonie-Kolleg Bayern 26.02.-27.02.1991 in Augsburg, 1991, S. 10ff.; cit. Regenbrecht in: Diakonie-Kolleg Bayern

Regenbrecht, Josef, Zum Problem der „Sterbehilfe" - Gedanken zur Operationsindikation bei schwersten Fehlbildungen Neugeborener, in: MMW 115 (1973), S. 601ff.

Reichsgerichtsrätekommentar zum Bürgerlichen Gesetzbuch, Das Bürgerliche Gesetzbuch mit besonderer Berücksichtigung der Rechtsprechung des Reichsgerichts und des Bundesgerichtshofs: Kommentar, hrsg. von Mitgliedern des Bundesgerichtshofes, bearbeitet u.a. von *Dunz, Walter,* Bd. II, 5. Teil, 12. Aufl. 1989; cit. BGB-RGRK-Bearbeiter

Reiter, Johannes, Zwischen Ärztepflicht und Patientenautonomie - Neuer Richtlinienentwurf der Bundesärztekammer zur Sterbehilfe, in: MedR 1997, 412ff.

Rengier, Rudolf, Strafrecht, Besonderer Teil II, Delikte gegen die Person und die Allgemeinheit, 7. Aufl. 2006

Rettwitz-Volk, Werner, Mortalität und Morbidität von Frühgeborenen – eine Zusammenfassung der deutschen Neonatalerhebungen 2001, in: Z Geburtsh Neonatol 207 (2003), S. 143ff.

Ribhegge, Hermann, Rationierung und kollektive Entscheidungen im Bereich des Gesundheitswesens, in: *Joerden, Jan C.* (Hrsg.): Der Mensch und seine Behandlung in der Medizin: bloß ein Mittel zum Zweck?, 1999, S. 115ff.

Rieger, Gregor, Die mutmaßliche Einwilligung in den Behandlungsabbruch, 1998

Rixen, Stephan, Lebensschutz am Lebensende, 1999

Röhl, Klaus F., Praktische Rechtstheorie: Die Abgrenzung von Tun und Unterlassen und das fahrlässige Unterlassungsdelikt, in: JA 1999, S. 895ff.

Rössler, Dietrich, Heilauftrag, in: *Eser, Albin/Lutterotti, Markus von/Sporken, Paul* (Hrsg.): Lexikon Medizin-Ethik-Recht, 1989, Sp. 455ff.

Roth, Herbert, Der Arzt als Samariter und das Haftungsrecht, in: NJW 2006, S. 2814ff.

Roxin, Claus, Strafrecht, Allgemeiner Teil, Bd. I, 4. Aufl. 2006; cit. Roxin, AT/I

Roxin, Claus, Strafrecht, Allgemeiner Teil, Bd. II, 2003; cit. Roxin, AT/II

Roxin, Claus, Zur strafrechtlichen Beurteilung der Sterbehilfe, in: *Roxin, Claus/Schroth, Ulrich:* Medizinstrafrecht, 2. Aufl. 2001, S. 93ff.; cit. Roxin, Medizinstrafrecht

Roxin, Claus, An der Grenze von Begehung und Unterlassung, in: *Bockelmann, Paul/ Kaufmann, Arthur/Klug, Ulrich* (Hrsg.): Festschrift für Karl Engisch zum 70. Geburtstag, 1969, S. 380ff.; cit. Roxin, FS für Engisch

Sachs, Michael (Hrsg.), Grundgesetz, Kommentar, 3. Aufl. 2003; cit. Bearbeiter, in: Sachs

Sahm, Stephan, Sterbehilfe in der aktuellen Diskussion – ärztliche und medizinisch-ethische Aspekte, ZfL 2005, S. 45ff.

Saigal, Saroj, Perception of Health Status and Quality of Life of Extremely Low-Birth Weight Survivors, in: Clinics in perinatology 27 (2000), S. 403ff.

Saliger, Frank, Sterbehilfe ohne Strafrecht? Eine Bestimmung des Anwendungsbereichs von Sterbehilfe als Grundstein für ein intradisziplinäres Sterbehilferecht, in: KritV 2001, S. 382ff.

Saliger, Frank, Sterbehilfe nach Verfahren, Betreuungs- und strafrechtliche Überlegungen im Anschluß an BGHSt 40,257, in: KritV 1998, S. 118ff.

Saling, Erich/Al-Taie, Thomas/Lüthje, Jürgen, Zur Vermeidung sehr früher Frühgeburten, in: *Friese, Klaus/Plath, Christian/Briese, Volker* (Hrsg.): Frühgeburt und Frühgeborenes, 2000, S. 150ff.; cit. Saling et al., in: Friese/Plath/Briese

Saling, Erich/Al-Taie, Thomas/Schreiber, M., Vermeidung sehr früher Frühgeburten - Aktueller Stand, in: Frauenarzt 2000, S. 52ff.; cit. Saling et. al.

Sass, Hans-Martin, Einführung, in: *Sass, Hans-Martin* (Hrsg.): Medizin und Ethik, 1999, S. 5ff.

Sauer, Pieter J. J. and the members of the Working Group, Ethical dilemmas in neonatology: recommendations of the Ethics Working Group of the CESP (Confederation of European Specialists in Paediatrics), in: Eur J Pediatr 160 (2001), S. 364ff.; cit. Sauer et al.

Sauve, Reg S./Robertson, Charlene/Etches, Philip/Byrne, Paul J./Dayer-Zamora, Véronique, Before Viability: A Geographically Based Outcome Study of Infants Weighing 500 Grams or Less at Birth, in: Pediatrics 101 (1998), S. 438ff.; cit. Sauve et al.

Schlund, Gerhard H., Grenzen ärztlicher Behandlungspflicht bei schwerstgeschädigten Neugeborenen, in: Arztrecht 1991, S. 109ff.

Schmidt, Eberhard, Der Arzt im Strafrecht, in: *Ponsold, Albert* (Hrsg.): Lehrbuch der gerichtlichen Medizin, 2. Aufl. 1957; cit. Eb. Schmidt, Arzt im Strafrecht

Schmitt, Rudolf, Eugenische Indikation vor und nach der Geburt, in: *Kohlmann, Günter* (Hrsg.): Festschrift für Ulrich Klug zum 70. Geburtstag, 1983, S. 329ff.; cit. Schmitt, FS für Klug

Schmitt, Rudolf, Euthanasie aus der Sicht des Juristen, in: JZ 1979, S. 462ff.

Schneider, Henning, Maximaltherapie oder „hands off" – Stellungnahme aus Sicht des Geburtshelfers, in: Geburtsh. Frauenheilk. 62 (2002), S. 607ff.

Schneider, Henning, Prospektive Geburtsleitung bei kleinen Frühgeborenen, in: *Friese, Klaus/Plath, Christian/Briese, Volker* (Hrsg.): Frühgeburt und Frühgeborenes, 2000, S. 329ff.; cit. Schneider, in: Friese/Plath/Briese

Schöne-Seifert, Bettina/Eickhoff, Clemens/Friedrich, Hannes, Behandlungsverzicht bei Schwerstkranken: Wie würden Ärzte und Pflegekräfte entscheiden?, in: *Brudermüller, Gerd* (Hrsg.): Angewandte Ethik und Medizin, 1999, S. 209ff.; cit. Schöne-Seifert et al.

Schönke, Adolf/Schröder, Horst, Strafgesetzbuch, 27. Aufl. 2006; cit. Sch/Sch-Bearbeiter; 24. Aufl. 1991; cit. Sch/Sch[24]-Bearbeiter

Schreiber, Hans-Ludwig, Strafrecht der Medizin, in: *Roxin, Claus/Widmaier, Gunter* (Hrsg.): 50 Jahre Bundesgerichtshof, Festgabe aus der Wissenschaft, Bd. IV, 2000, S. 503ff.; cit.: Schreiber, BGH-FG-Wiss

Schreiber, Hans-Ludwig, Ein neuer Entwurf für die Richtlinie der Bundesärztekammer zur Sterbehilfe, in: *Ahrens, Hans-Jürgen u.a.* (Hrsg.): Festschrift für Erwin Deutsch: Zum 70 Geburtstag, 1999, S. 773ff.; cit. Schreiber, FS für Deutsch

Schreiber, Hans-Ludwig, Sterbehilfe und Therapieabbruch, in: *Ebert, Udo* (Hrsg.): Festschrift für Ernst-Walter Hanack zum 70. Geburtstag am 30. August 1999, 1999, S. 735ff.; cit. Schreiber, FS für Hanack

Schreiber, Hans-Ludwig, Kriterien des Hirntodes, in: JZ 1983, S. 593ff.

Schreiber, Hans-Ludwig, Recht und Ethik – am Beispiel des Arztrechts, in *Hanack, Ernst-Walter/Rieß, Peter/Wendisch, Günter* (Hrsg.): Festschrift für Hanns Dünnebier zum 75. Geburtstag, 1982, S. 633ff.; cit. Schreiber, FS für Dünnebier

Schultz, Michael, Aufhebung von Garantenstellungen und Beteiligung durch Unterlassen – BGH, NJW 1984, 2639, in: JuS 1985, S. 270ff.

Schumann, Eva/Schmidt-Recla, Adrian, Die Abschaffung der embryopathischen Indikation - eine ernsthafte Gefahr für den Frauenarzt?, in: MedR, 1998, S. 497ff.

Schürch, Sibylle, Rationierung in der Medizin und Sterbehilfe. Verteilung knapper medizinischer Güter - strafbares ärztliches Verhalten?, in: *Orsi, Giuseppe/Seelmann, Kurt/ Smid, Stefan/Steinvorth, Ulrich* (Hrsg.): Medizin-Recht-Ethik, 1998, S. 55ff.

Schwall, Karin/Itzel, Peter, Grundstrukturen der zivilrechtlichen Haftung von Belegarzt, Hebamme und Belegkrankenhaus im Rahmen der Geburtshilfe, in: MedR 2001, S. 565ff.

Seifert, Monika, Zur Rolle des schwerstbehinderten Kindes und seiner Eltern im Kontext der Euthanasie-Debatte, in: *Dörr, Günter/ Grimm, Rüdiger/Neuer-Miebach, Therese* (Hrsg.): Aneignung und Enteignung: der Zugriff der Bioethik auf Leben und Menschenwürde, 2000, S. 143ff.

Seitz, Walter, Das OLG Frankfurt a.M. und die Sterbehilfe, in: ZRP 1998, S. 417ff.

Siegert, Tina, Behandlung Frühgeborener mit einem Geburtsgewicht von 500 bis 1500 g, 2001

Singer, Peter, Praktische Ethik, 2. Aufl. 1994

Sordyl, Carmen, Versorgungsmanagement bei Frühgeburten, in: *Friese, Klaus/Plath, Christian/Briese, Volker* (Hrsg.): Frühgeburt und Frühgeborenes, 2000, S. 125ff.

Sowada, Christoph, Die Garantenstellung aus vorangegangenem Tun (Ingerenz), in: Jura 2003, S. 236ff.

Spann, W./Eisenmenger, W., Todesdefinition – insbesondere bei Neu- und Frühgeborenen, in MMW 127 (1985), S. 39ff.

Spickhoff, Andreas, Die Patientenautonomie am Lebensende: Ende der Patientenautonomie?, in: NJW 2000, S. 2297ff.

Sporken, Paul, Medizinische Ethik, in: *Eser, Albin/Lutterotti, Markus von/Sporken, Paul* (Hrsg.): Lexikon Medizin-Ethik-Recht, 1989, Sp. 711-724

Staudinger, Julius von, Kommentar zum Bürgerlichen Gesetzbuch, §§ 1638-1683, Neubearbeitung 2004; cit. Staudinger/Bearbeiter (Jahr)

Steffen, Erich/Dressler, Wolf-Dieter, Arzthaftungsrecht, 9. Aufl. 2002

Steinvorth, Ulrich, Angewandte Ethik und Zivilgesellschaft, in: *Brudermüller, Gerd* (Hrsg.): Angewandte Ethik und Medizin, 1999, S. 25ff.

Stjernqvist, K./Svenningsen, N.W., Extremely low-birth-weight infants less than 901 g: development and behaviour after 4 years of life, in: Acta Pædiatr 84 (1995), S. 500ff.

Stockhausen, Hans-Burckhard von, Die perinatale und neonatale Mortalität und das Personenstandsgesetz in der Bundesrepublik, in: DÄBl. 90 (1993), S. C-2224ff.

Storr, Stefan, Der rechtliche Rahmen für die Entscheidung zum Therapieabbruch, in: MedR 2002, S. 436ff.

Systematischer Kommentar zum Strafgesetzbuch, hrsg. von *Rudolphi, Hans-Joachim/ Horn, Eckhard/Samson, Erich,* Bd. 2, Besonderer Teil, 7. bzw.8. Aufl. 1994 ff., Stand: 64. Lfg. Oktober 2005;cit. Bearbeiter in SK-StGB[Jahr]

Tag, Brigitte, Der Körperverletzungstatbestand im Spannungsfeld zwischen Patientenautonomie und Lex artis, 2000

Taupitz, Jochen, Sterbemedizin unter Kostendruck – Herausforderung für die Rechtsordnung, in: *Arbeitsgemeinschaft Rechtsanwälte im Medizinrecht e.V.* (Hrsg.): Ärztliche Behandlung an der Grenze des Lebens, 2004, S. 119ff.;cit. Taupitz, Sterbemedizin

Taupitz, Jochen, Empfehlen sich zivilrechtliche Regelungen zur Absicherung der Patientenautonomie am Ende des Lebens?, Gutachten A zum 63. Deutschen Juristentag, 2002;cit. Taupitz, Gutachten

Taupitz, Jochen, Die Standesordnungen der freien Berufe, 1991; cit. Taupitz, Standesordnungen

Tolmein, Oliver, Der Entwurf der Richtlinien zur Sterbehilfe der Bundesärztekammer - Absage an die Rechtsprechung des Bundesgerichtshofes oder Rückzug aus der Auseinandersetzung?, in: MedR 1997, S. 534ff.

Tröndle, Herbert, Unzeitgemäße Betrachtungen zum "Beratungsschutzkonzept", in: *Britz, Guido/Jung, Heike/Koriath, Heinz/Müller, Egon* (Hrsg.): Grundfragen staatlichen Strafens: Festschrift für Heinz Müller-Dietz zum 70. Geburtstag, 2001, S. 919ff.; cit. Tröndle, FS für Müller-Dietz

Tröndle, Herbert, Anmerkung zu StA Oldenburg NStZ 1999, S. 461f., in: NStZ 1999, S. 462ff.

Tröndle, Herbert, Zum Problem der Spätabtreibungen, in: Schriftenreihe der Juristen-Vereinigung Lebensrecht e.V. zu Köln Nr. 16, 1999, S. 95ff.; cit. Tröndle, JVL

Tröndle, Herbert/Fischer, Thomas, Strafgesetzbuch, 53. Aufl. 2006; cit. Tröndle/Fischer; 50. Aufl. 2001; cit. Tröndle/Fischer[50]

Trück, Thomas, Mutmaßliche Einwilligung und passive Sterbehilfe durch den Arzt, 2000

Uhlenbruck, Wilhelm, Rechtliche Grenzen einer Rationalisierung in der Medizin, in: MedR 1995, S. 427ff.

Uhlenbruck, Wilhelm, Recht auf den eigenen Tod?, in: ZRP 1986, S. 209ff.

Ullmann, Christian, Neues Kriterium für Fehlgeburt, in: NJW 1994, S. 1575

Ullmann, Christian, Ratifizierung unter Vorbehalt – 2000 Kinder ohne Lebensrecht?, in: ZRP 1992, S. 72

Ulsenheimer, Klaus, Arztstrafrecht in der Praxis, 3. Aufl. 2003; cit. Ulsenheimer, Arztstrafrecht

Ulsenheimer, Klaus, Ärztliches Standesrecht, in: *Korff, Wilhelm* (Hrsg.): Lexikon der Bioethik, Bd. 1, 1998, S. 256ff.; cit. Ulsenheimer, Ärztliches Standesrecht

Ulsenheimer, Klaus, Haftungsrechtliche Anmerkungen zum Thema "Leitlinien", in: Frauenarzt 1998, S. 1540ff.

Ulsenheimer, Klaus, Therapieverweigerung bei Kindern – strafrechtliche Aspekte, in: *Dierks, Christian/Graf-Baumann, Toni/Lenard, Hans-Gerd* (Hrsg.): Therapieverweigerung bei Kindern und Jugendlichen, 1995, S. 65ff.; cit. Ulsenheimer, Einbecker Workshop 1995

Ulsenheimer, Klaus, Therapieabbruch beim schwerstgeschädigten Neugeborenen, in: MedR 1994, S. 425ff.

Ulsenheimer, Klaus, Behandlungspflicht beim Früh- und Neugeborenen aus juristischer Sicht, in: Z. ärztl. Fortbild. 87 (1993), S. 875ff.

Ulsenheimer, Klaus, Kompetenzprobleme bei der Entscheidung über die Behandlung oder Nichtbehandlung schwerstgeschädigter Neugeborener, in: *Hiersche, Hans-Dieter/ Hirsch, Günter/Graf-Baumann, Toni* (Hrsg.): Grenzen ärztlicher Behandlungspflicht bei schwerstgeschädigten Neugeborenen, 1. Einbecker Workshop der Deutschen Gesellschaft für Medizinrecht, 27.-29. Juni 1986, 1987, S. 111ff.; cit. Ulsenheimer, Einbecker Workshop 1986

Verrel, Torsten, Sterbebegleitung – eine Regelungsaufgabe des Strafrechts, in: Beilage zu NJW Heft 22/2006, S. 14ff.

Verrel, Torsten, Vormundschaftsgerichte in der Beletage? Bemerkungen zum fortdauernden Streit über die Anwendbarkeit von § 1904 BGB auf die Begrenzung lebenserhaltender Maßnahmen, in: KritV 2001, S. 440ff.

Verrel, Torsten, Selbstbestimmungsrecht contra Lebensschutz, in: JZ 1996, S. 224ff.

Vesting, Jan W., Die Verbindlichkeit von Richtlinien und Empfehlungen der Ärztekammern nach der Musterordnung 1997, in: MedR 1998, S. 168ff.

Viehweg, Brigitte, Prävention der Frühgeburt, in: *Friese, Klaus/Plath, Christian/Briese, Volker* (Hrsg.): Frühgeburt und Frühgeborenes, 2000, S. 137ff.

Vogt-Weber, Beate/Weber, Ralph, Rechtsfragen der Transplantationsmedizin, in: Traditio et Innovatio 2000, S. 33ff.

Wassermann, Rudolf, Das Recht auf den eigenen Tod, in: *Winau, Rolf/Rosemeier, Hans Peter* (Hrsg.): Tod und Sterben, 1984

Wauer, Roland R., Beatmungsstrategien für Frühgeborene, in: *Friese, Klaus/Plath, Christian/Briese, Volker* (Hrsg.): Frühgeburt und Frühgeborenes, 2000, S. 252ff.

Weber, Ralph, Die Patientenverfügung – eine Hilfe für Mediziner und Juristen?!, in: Arztrecht 2004, S. 300ff.

Weber, Ralph, Der Hirntodbegriff und der Tod des Menschen, ZfL 2002, S. 94ff.

Weber, Ralph, Rechtsethische Aspekte der Frühgeburt am Rande der Lebensfähigkeit, in: *Friese, Klaus/Plath, Christian/Briese, Volker* (Hrsg.): Frühgeburt und Frühgeborenes, 2000, S. 397ff.; cit. Weber, in: Friese/Plath/Briese

Weber, Ralph/Vogt-Weber, Beate, Computerprognose – Ärztliche Entscheidung zwischen Statistik und Intuition, in: MedR 1999, S. 204ff.

Weber, Ralph/Vogt-Weber, Beate, Grenzen der ärztlichen Behandlungspflicht bei Kindern mit einem Geburtsgewicht zwischen 500 und 1000 Gramm, in: Arztrecht 1999, S. 4ff.

Weiß, Axel, Zur Strafbarkeit der Körperverletzung und Tötung Ungeborener, vor und nach der Nidation, in: GA 1995, S. 373ff.

Wenderlein, J.M., Mehr Daten zur Aufklärung über kindliche Schäden infolge extrem unreifer Geburt nötig, in: Geburtsh. Frauenheilk. 63 (2003), S. 280ff.

Wessels, Johannes/Beulke, Werner, Strafrecht, Allgemeiner Teil, 35. Aufl. 2005; cit. Wessels/Beulke, AT

Wessels, Johannes/Hettinger, Michael, Strafrecht, Besonderer Teil/1, Straftaten gegen Persönlichkeits- und Gemeinschaftswerte, 29. Aufl. 2005; cit. Wessels/Hettinger, BT/1

Wiebe, Knut, Anmerkung zu AG Oldenburg ZfL 2004, S. 117f., in: ZfL 2004, S. 118ff.

Wiebe, Knut, Mitten ins Herz, in: ZfL 2002, S. 73f.

Wiesing, Urban, Die Berufsordnung – Einführung, in: *ders.* (Hrsg.): Ethik in der Medizin – Ein Reader, 2000, S. 56ff.; cit. Wiesing, Die Berufsordnung – Einführung

Wiesing, Urban, Der Hippokratische Eid – Einführung, in: *ders* (Hrsg.): Ethik in der Medizin – Ein Reader, 2000, S. 21ff.; cit. Wiesing, Der Hippokratische Eid – Einführung

Wiesing, Urban, Die Integrität der Arztrolle in Zeiten des Wandels, in: *Brudermüller, Gerd* (Hrsg.): Angewandte Ethik und Medizin, 1999, S. 185ff.; cit. Wiesing, Arztrolle

Wolff, F., Prävention der Frühgeburt, in: Der Gynäkologe 30 (1997), S. 726ff.

Wolff, Hanns P., Arzt und Patient, in: *Sass, Hans-Martin* (Hrsg.): Medizin und Ethik, 1999, S. 184ff.

Wölk, Florian, Der minderjährige Patient in der ärztlichen Behandlung, in: MedR 2001, S. 80ff.

Wood, Nicholas S./Marlow, Neil/Costeloe, Kate/Gibson, Alan T./Wilkinson, Andrew R., Neurologic and Developmental Disability After Extremely Preterm Birth, in: N Engl J Med 343 (2000), S. 378ff.; cit. Wood et al.

Wuermeling, Hans-Bernhard, Sind Anfang und Ende der Person biologisch definierbar - oder wie sonst?, in: *Frewer, Andreas/ Rödel, Claus* (Hrsg.): Person und Ethik: historische und systematische Aspekte zwischen medizinischer Anthropologie und Ethik, 1993, S. 101ff.

Wulf, Karl-Heinrich, Frühgeburt und Grenzen, in: DÄBl. 94 (1997), S. A-2061ff.

Wulf, Karl-Heinrich, Frühgeburt und Grenzen, in: Der Gynäkologe 30 (1997), S. 539ff.

Zimmermann, Mirjam, Geburtshilfe als Sterbehilfe?: Zur Behandlungsentscheidung bei schwerstgeschädigten Neugeborenen und Frühgeborenen, 1997; cit. M. Zimmermann

Zimmermann, Mirjam/Zimmermann, Ruben, Die Grundsätze der Bundesärztekammer zur ärztlichen Sterbebegleitung, in: ZEE 1999, S. 86ff.

Zimmermann, Mirjam/Zimmermann, Ruben, „Muß dieses Kind am Leben bleiben?" - Ethische Fragen bei Behandlungskonflikten in der Neonatologie, in: *Frewer, Andreas/ Winau, Rolf* (Hrsg.): Ethische Fragen zu Beginn des menschlichen Lebens, 1999, S. 78ff.; cit. Zimmermann, in: Frewer/Winau

Zimmermann, Mirjam/Zimmermann, Ruben/von Loewenich, Volker, Die Behandlungspraxis bei schwerstgeschädigten Neugeborenen und Frühgeborenen an deutschen Kliniken, in: Ethik Med 9 (1997), S. 56ff.

Zuck, Rüdiger, Passive Sterbehilfe und die Initiative des Gesetzgebers, in: ZRP 2006, S. 173ff.